මහමෙව්නාවේ බෝධිඥාන ත්‍රිපිටක ග්‍රන්ථ මාලා 16

සූත්‍ර පිටකයට අයත්

ආශ්චර්යවත් ශ්‍රී සද්ධර්මය

අංගුත්තර නිකාය

(සිව්වෙනි කොටස)

ඡක්ක සහ සත්තක නිපාත

පරිවර්තනය

පූජ්‍ය කිරිබත්ගොඩ ඤාණානන්ද ස්වාමීන් වහන්සේ

ප්‍රකාශනය

මහාමේඝ ප්‍රකාශකයෝ

වඩුවාව, යටිගල්ඔළුව, පොල්ගහවෙල.

දුර : 037 2053300, 076 8255703

ඊ-මේල් : mahameghapublishers@gmail.com

ශ්‍රී. බු.ව. 2557 ව්‍යවහාර වර්ෂ : 2014

මහමෙව්නාවේ බෝධිඥාන ත්‍රිපිටක ග්‍රන්ථ මාලාව - 16

සූත්‍ර පිටකයට අයත් ආශ්චර්යවත් ශ්‍රී සද්ධර්මය

අංගුත්තර නිකාය - 4 කොටස
(ඡක්ක සහ සත්තක නිපාතය)

පරිවර්තනය : පූජ්‍ය කිරිබත්ගොඩ ඤාණානන්ද ස්වාමීන් වහන්සේ

ISBN : 978-955-687-035-0

ප්‍රථම මුද්‍රණය : ශ්‍රී බුද්ධ වර්ෂ 2557/ ව්‍යවහාරික වර්ෂ 2014

- පරිගණක අකුරු සැකසුම සහ ප්‍රකාශනය -
මහාමේඝ ප්‍රකාශකයෝ
වඩුවාව, යටිගල්ඔළුව, පොල්ගහවෙල.
දුර : (+94) 37 20 53 300, (+94) 76 82 55 703
ඊ-මේල් : mahameghapublishers@gmail.com

Mahamevnawa Bodhiñāna Tripitaka Series, Volume 16

The Wonderful Dhamma in the Suttantapitaka

ANGUTTARA NIKĀYA

(THE FURTHER-FACTORED DISCOURSES
OF THE
TATHĀGATA SAMMĀSAMBUDDHA)

(Part 04)
CAKKA NIPĀTA & SATTAKA NIPĀTA

(BOOK OF THE SIXES AND SEVENS)

Translated
By

VEN. KIRIBATHGODA ÑĀNĀNANDA BHIKKHU

PUBLISHED BY:

Mahamegha Publishers
Waduwawa, Yatigal-oluwa, Polgahawela, Sri Lanka.
Tel : (+94) 37 20 53 300, (+94) 76 82 55 703
e-mail : mahameghapublishers@gmail.com

B. E. 2557   C.E. 2014

"ධම්මෝ හි වාසෙට්ඨා, සෙට්ඨෝ ජනේතස්මිං
දිට්ඨේ චේව ධම්මේ, අභිසම්පරායේච."

වාසෙට්ඨයෙනි, මෙලොවෙහි ත්, පරලොවෙහි ත් සත්වයන් අතර
ධර්මය ම ශ්‍රේෂ්ඨ වෙයි !

- අපගේ ශාස්තෘන් වහන්සේ

පටුන

අංගුත්තර නිකායේ ඡක්ක නිපාතය
(කරුණු සය බැගින් ඇතුළත් වන දේශනා)

පළමු පණ්ණාසකය
1. ආහුනෙය්‍ය වර්ගය

2. සාරාණීය වර්ගය

3. අනුත්තරිය වර්ගය

4. දේවතා වර්ගය

5. ධම්මික වර්ගය

දෙවෙනි පණ්ණාසකය
1. මහා වර්ගය

2. අනාගාමී වර්ගය

3. අරහත්ත වර්ගය

4. සීති වර්ගය

5. ආනිසංස වර්ගය

පණ්ණාසක අතිරේක වර්ගයෝ

1. තික වර්ගය

2. සාමඤ්ඤ වර්ගය

රාගාදී පෙයයාලය

ඡක්ක නිපාතය අවසන් විය.

අංගුත්තර නිකායේ සත්තක නිපාතය

(කරුණු සත බැගින් ඇතුළත් වන දේශනා)

පළමු පණ්ණාසකය

1. ධන වර්ගය

2. අනුසය වර්ගය

3. වජ්ජිසත්තක වර්ගය

4. දේවතා වර්ගය

දෙවෙනි පණ්ණාසකය

1. අබ්‍යාකත වර්ගය

2. මහා වර්ගය

3. විනය වර්ගය

රාගාදී පෙය‍්‍යාලය

සත්තක නිපාතය අවසන් විය.

දසබලසේලප්පභවා නිබ්බානමහාසමුද්දපරියන්තා අට්ඨංග මග්ගසලිලා ජිනවචනනදී චිරං වහතූති

දසබලයන් වහන්සේ නමැති ශෛලමය පර්වතයෙන් පැන නැගී
අමා මහ නිවන නම් වූ මහා සාගරය අවසන් කොට ඇති
ආර්ය අෂ්ටාංගික මාර්ගය නම් වූ සිහිල් දිය දහරින් හෙබි
උතුම් ශ්‍රී මුඛ බුද්ධ වචන ගංගාව (ලෝ සතුන්ගේ සසර දුක් නිවාලමින්)
බොහෝ කල් ගලාබස්නා සේක්වා !

(සළායතන සංයුත්තය - උද්දාන ගාථා)

සූත්‍ර පිටකයට අයත්

අංගුත්තර නිකාය

(සිව්වෙනි කොටස)

ඡක්ක නිපාතය – සත්තක නිපාතය

(කරුණු හය බැගින් වදාළ දෙසුම් සහ
කරුණු හත බැගින් වදාළ දෙසුම්
ඇතුළත් කොටස)

නමෝ තස්ස භගවතෝ අරහතෝ සම්මාසම්බුද්ධස්ස
ඒ භාග්‍යවත් අරහත් සම්මා සම්බුදුරජාණන් වහන්සේට නමස්කාර වේවා!

සූත්‍ර පිටකයට අයත්

අංගුත්තර නිකාය
ඡක්ක නිපාතය

පළමු පණ්ණාසකය

1. ආහුනෙය්‍ය වර්ගය

6.1.1.1.
පඨම ආහුනෙය්‍ය සූත්‍රය
දන් පැන් පිදීමට සුදුසු බව ගැන වදාළ පළමු දෙසුම

මා විසින් මෙසේ අසන ලදී. එක් සමයක භාග්‍යවතුන් වහන්සේ සැවැත් නුවර ජේතවනය නම් අනේපිඬු සිටුහුගේ ආරාමයෙහි වැඩ වසන සේක. එකල්හී භාග්‍යවතුන් වහන්සේ "මහණෙනි" යි කියා භික්ෂූන් අමතා වදාළ සේක. "පින්වතුන් වහන්සැ"යි ඒ භික්ෂූහු භාග්‍යවතුන් වහන්සේට පිළිවදන් දුන්හ. භාග්‍යවතුන් වහන්සේ මෙය වදාළ සේක.

මහණෙනි, කරුණු හයකින් සමන්විත වූ භික්ෂුව දන් පැන් පිදීමට සුදුසු වෙයි. ආගන්තුක සත්කාරයට සුදුසු වෙයි. පින් රැස්කරගැනීම පිණිස උපස්ථාන ලැබීමට සුදුසු වෙයි. වැඳුම් පිදුම් ලැබීමට සුදුසු වෙති. ලෝකයාගේ අනුත්තර වූ පින් කෙත වෙයි. ඒ කවර සය කරුණකින් ද යත්;

මහණෙනි, මෙහිලා භික්ෂුව ඇසින් රූපයක් දැක සතුටු වන්නේ ද නොවෙයි. නොසතුටු වන්නේ ද නොවෙයි. උපේක්ෂාවෙන් යුතුව මනා සිහි නුවණින් යුතුව වාසය කරයි. කනින් ශබ්දයක් අසා ....(පෙ).... නාසයෙන් ගන්ධයක් ආඝ්‍රාණය කොට ....(පෙ).... දිවෙන් රස විඳ ....(පෙ).... කයෙන් පහස ලබා ....(පෙ).... මනසින් අරමුණක් දැන සතුටු වන්නේ ද නොවෙයි. නොසතුටු වන්නේ ද නොවෙයි. උපේක්ෂාවෙන් යුතුව මනා සිහි නුවණින් යුතුව වාසය කරයි.

මහණෙනි, මේ කරුණු හයෙන් සමන්විත වූ භික්ෂුව දන් පැන් පිදීමට සුදුසු වෙයි. ආගන්තුක සත්කාරයට සුදුසු වෙයි. පින් රැස්කරගැනීම පිණිස උපස්ථාන ලැබීමට සුදුසු වෙයි. වැඳුම් පිදුම් ලැබීමට සුදුසු වෙයි. ලෝකයාගේ අනුත්තර වූ පින් කෙත වෙයි.

භාග්‍යවතුන් වහන්සේ මෙය වදාළ සේක. සතුටු සිත් ඇති ඒ භික්ෂූන් වහන්සේලා භාග්‍යවතුන් වහන්සේගේ භාෂිතය සතුටින් පිළිගත්හ.

සාදු! සාදු!! සාදු!!!

පඨම ආහුනෙය්‍ය සූත්‍රය නිමා විය.

6.1.1.2.
දුතිය ආහුනෙය්‍ය සූත්‍රය
දන් පැන් පිදීමට සුදුසු බව ගැන වදාළ දෙවෙනි දෙසුම

සැවැත් නුවර දී ය ....

මහණෙනි, කරුණු හයකින් සමන්විත වූ භික්ෂුව දන් පැන් පිදීමට සුදුසු වෙයි. ආගන්තුක සත්කාරයට සුදුසු වෙයි. පින් රැස්කරගැනීම පිණිස උපස්ථාන ලැබීමට සුදුසු වෙයි. වැඳුම් පිදුම් ලැබීමට සුදුසු වෙයි. ලෝකයාගේ අනුත්තර වූ පින් කෙත වෙයි. ඒ කවර සය කරුණකින් ද යත්;

1. මහණෙනි, මෙහිලා භික්ෂුව අනේක ප්‍රකාර වූ ඉර්ධි විශේෂයන් කළ හැකි වන්නේ ය. එනම් එක් කෙනෙක් ව සිට බොහෝ අය ලෙස පෙනී සිටියි. බොහෝ අය වී එක් අයෙක් ව පෙනී සිටියි. බිත්ති හරහා යයි, ප්‍රාකාරය හරහා යයි, පර්වත හරහා යයි, අහසින් යන සෙයින් ඒ කිසිවක නොගැටෙමින් යයි. පොළොවෙහි යටට කිමිදෙයි. උඩට මතුවෙයි. ජලයෙහි සේ ය. නොගිලෙමින් ජලයෙහි ඇවිදගෙන යයි. පොළොවෙහි යන සේ ය. පළඟක් බැඳ අහසින් යයි. පක්ෂි ලිහිණියෙකු සේ ය. මෙබඳු මහත් ඉර්ධි ඇති මහත් ආනුභාව ඇති මේ හිරු සඳු දෙක ද අතින් ස්පර්ශ කරයි. පිරිමදියි. බඹලොව සීමා කොට සිය කයින් වසඟයෙහි පවත්වයි.

2. මිනිස් හැකියාව ඉක්මවා ගිය විශුද්ධ වූ දිව්‍ය ශ්‍රවණයෙන් යුක්ත ව දිව්‍ය වූ ද, මනුෂ්‍ය වූ ද දුර හෝ ළඟ හෝ ඇති දෙආකාර ශබ්දයන් අසන්නේ වේ.

3. අන්‍ය සත්වයන්ගේ, අන්‍ය පුද්ගලයන්ගේ සිත තම සිතින් පිරිසිඳ දන්නේ වෙයි. එනම් සරාගී සිත සරාගී සිත යැයි දන්නේ ය. වීතරාගී සිත වීතරාගී සිත යැයි දන්නේ ය. සදෝසී සිත ....(පෙ).... වීතදෝසී සිත ....(පෙ).... සමෝහී සිත ....(පෙ).... වීතමෝහී සිත ....(පෙ).... හැකිළුණු සිත ....(පෙ).... විසිරුණු සිත ....(පෙ).... මහග්ගත සිත ....(පෙ).... අමහග්ගත සිත ....(පෙ).... සඋත්තර සිත ....(පෙ).... අනුත්තර සිත ....(පෙ).... සමාහිත සිත ....(පෙ).... අසමාහිත සිත ....(පෙ).... මිදුණු සිත ....(පෙ).... නොමිදුණු සිත නොමිදුණු සිත යැයි දැන ගනී.

4. අනේක ප්‍රකාර වූ පෙර විසූ කඳ පිළිවෙල සිහි කරයි. එනම් එක උපතක් වශයෙන් ද, උපත් දෙකක් වශයෙන් ද, උපත් තුනක් වශයෙන් ද, උපත් සතරක් වහයෙන් ද, උපත් පහක් වශයෙන් ද, උපත් දහයක් වශයෙන් ද, උපත් විස්සක් වශයෙන් ද, උපත් තිහක්, උපත් හතළිහක්, උපත් පණහක්, උපත් සියයක්, උපත් දහසක්, උපත් සිය දහසක් වශයෙන් ද, අනේක වූ සංවට්ට කල්ප, අනේක වූ විවට්ට කල්ප, අනේක වූ සංවට්ට විවට්ට කල්ප වශයෙන් ද සිහි කරයි. 'මම් අසවල් තැන සිටියෙමි. අසවල් නමින් සිටියෙමි. අසවල් ගෝත්‍රයෙන් සිටියෙමි. අසවල් පැහැයෙන් සිටියෙමි. අසවල් ආහාර ගත්තෙමි. අසවල් අයුරින් සැප දුක් වින්දෙමි. අසවල් අයුරින් දිවිය අවසන් කළෙමි. එයින් චුත ව ඒ මම් අසවල් තැන උපන්නෙමි. එහිදී ද මම් අසවල් නමින් සිටියෙමි. අසවල් ගෝත්‍ර නමින් සිටියෙමි. අසවල් පැහැයෙන් සිටියෙමි. අසවල් ආහාර ගත්තෙමි. අසවල් සැප දුක් වින්දෙමි. අසවල් අයුරින් දිවිය අවසන් කළෙමි. ඒ මම් එයින් චුත ව මෙහි උපන්නෙමි' ආදී වශයෙනි. මෙසේ කරුණු සහිත වූ, විස්තර සහිත වූ අනේක ප්‍රකාර වූ පෙර විසූ කඳ පිළිවෙල සිහි කරයි.

5. මිනිස් දැක්ම ඉක්මවා ගිය විශුද්ධ දිව්‍ය නේත්‍රයෙන් චුතවන්නා වූත්, උපදින්නා වූත් සත්වයන් දකියි. ඒ සත්වයන් කර්මානුරූපව පහත් වූත්, උසස් වූත්, මනා පැහැයෙන් ඇත්තා වූත්, විරූපී වූත්, සුගතියේත් දුගතියේත් උපදින අයුරු දනියි. එනම් 'ඒකාන්තයෙන් මේ භවත් සත්වයෝ කාය දුෂ්චරිතයෙන් යුක්ත වූවාහු ය. වචී දුෂ්චරිතයෙන් යුක්ත වූවාහු ය. මනෝ දුෂ්චරිතයෙන් යුක්ත වූවාහු ය. ආර්යයන් හට නින්දා අපහාස කළාහු ය. මිසදිටු ගත්තාහු ය. මිසදිටු ක්‍රියායෙහි යෙදුණාහු ය. ඔවුහු කය බිඳී මරණින් මතු අපාය නම් වූ, දුගතිය නම් වූ යටට වැටෙන නිරයෙහි උපන්නාහු ය. එසේ ම මේ භවත් සත්වයෝ කාය සුචරිතයෙන් යුක්ත වූවාහු ය. වචී සුචරිතයෙන් යුක්ත වූවාහු ය. මනෝ සුචරිතයෙන් යුක්ත වූවාහු ය. ආර්යයන් හට නින්දා අපහාස නොකළාහු ය. සම්දිටු ගත්තාහු ය. සම්දිටු ක්‍රියායෙහි යෙදුණාහු ය. ඔවුහු කය බිඳී මරණින් මතු සුගති නම් වූ ස්වර්ග ලෝකයෙහි උපන්නාහු ය. මෙසේ මිනිස් දැක්ම ඉක්මවා ගිය විශුද්ධ දිව්‍ය නේත්‍රයෙන් චුතවන්නා වූත්, උපදින්නා වූත් සත්වයන් දකියි. ඒ සත්වයන් කර්මානුරූපව පහත් වූත්, උසස් වූත්, මනා පැහැයෙන් ඇත්තා වූත්, විරූපී වූත්, සුගතියේත් දුගතියේත් උපදින අයුරු දනියි.

6. ආශ්‍රවයන් ක්ෂය වීමෙන් අනාශ්‍රව වූ චිත්ත විමුක්තියත්, ප්‍රඥා විමුක්තියත් මේ ජීවිතයේදී ම තම විශිෂ්ට නුවණින් අත්දැක එයට පැමිණ වාසය කරයි.

මහණෙනි, මේ කරුණු හයෙන් සමන්විත වූ භික්ෂුව දන් පැන් පිදීමට සුදුසු වෙයි. ආගන්තුක සත්කාරයට සුදුසු වෙයි. පින් රැස්කරගැනීම පිණිස උපස්ථාන ලැබීමට සුදුසු වෙයි. වැඳුම් පිදුම් ලැබීමට සුදුසු වෙයි. ලෝකයාගේ අනුත්තර වූ පින් කෙත වෙයි.

සාදු! සාදු!! සාදු!!!

දුතිය ආහුනෙය්‍ය සූත්‍රය නිමා විය.

6.1.1.3.
ඉන්ද්‍රිය සූත්‍රය
ඉන්ද්‍රියයන් ගැන වදාළ දෙසුම

සැවැත් නුවර දී ය ....

මහණෙනි, කරුණු හයකින් සමන්විත වූ භික්ෂුව දන් පැන් පිදීමට සුදුසු

වෙති. ....(පෙ).... ලෝකයාගේ අනුත්තර වූ පින් කෙත වෙයි. ඒ කවර සය කරුණකින් ද යත්;

ශ්‍රද්ධා ඉන්ද්‍රියෙන් ය, විරිය ඉන්ද්‍රියෙන් ය, සති ඉන්ද්‍රියෙන් ය, සමාධි ඉන්ද්‍රියෙන් ය, ප්‍රඥා ඉන්ද්‍රියෙන් ය, ආශ්‍රවයන් ක්ෂය වීමෙන් අනාශ්‍රව වූ චිත්ත විමුක්තියත්, ප්‍රඥා විමුක්තියත් මේ ජීවිතයේදී ම තම විශිෂ්ට නුවණින් අත්දැක එයට පැමිණ වාසය කිරීමෙන් ය.

මහණෙනි, මේ කරුණු හයෙන් සමන්විත වූ භික්ෂුව දන් පැන් පිදීමට සුදුසු වෙයි. ....(පෙ).... ලෝකයාගේ අනුත්තර වූ පින් කෙත වෙයි.

සාදු! සාදු!! සාදු!!!

ඉන්ද්‍රිය සූත්‍රය නිමා විය.

6.1.1.4.
බල සූත්‍රය
බලයන් ගැන වදාළ දෙසුම

සැවැත් නුවර දී ය ....

මහණෙනි, කරුණු හයකින් සමන්විත වූ භික්ෂුව දන් පැන් පිදීමට සුදුසු වෙයි. ....(පෙ).... ලෝකයාගේ අනුත්තර වූ පින් කෙත වෙයි. ඒ කවර සය කරුණකින් ද යත්;

ශ්‍රද්ධා බලයෙන් ය, විරිය බලයෙන් ය, සති බලයෙන් ය, සමාධි බලයෙන් ය, ප්‍රඥා බලයෙන් ය, ආශ්‍රවයන් ක්ෂය වීමෙන් අනාශ්‍රව වූ චිත්ත විමුක්තියත්, ප්‍රඥා විමුක්තියත් මේ ජීවිතයේදී ම තම විශිෂ්ට නුවණින් අත්දැක එයට පැමිණ වාසය කිරීමෙන් ය.

මහණෙනි, මේ කරුණු හයෙන් සමන්විත වූ භික්ෂුව දන් පැන් පිදීමට සුදුසු වෙයි. ....(පෙ).... ලෝකයාගේ අනුත්තර වූ පින් කෙත වෙයි.

සාදු! සාදු!! සාදු!!!

බල සූත්‍රය නිමා විය.

6.1.1.5.
පඨම ආජානීය සූත්‍රය
ආජානේය අශ්වයා ගැන වදාළ පළමු දෙසුම

සැවැත් නුවර දී ය ....

මහණෙනි, සය කරුණකින් යුක්ත වූ රජුගේ සොඳුරු ආජානේය අශ්වයා රාජ යෝග්‍ය වෙයි. රාජ පරිහරණයට සුදුසු වෙයි. රජුගේ අංගයක් ය යන සංඛ්‍යාවට වැටෙයි. ඒ කවර කරුණු සයකින් ද යත්;

මහණෙනි, මෙහිලා රජුගේ සොඳුරු ආජානේය අශ්වයා රූපයන් ඉවසයි, ශබ්දයන් ඉවසයි, ගන්ධයන් ඉවසයි, රසයන් ඉවසයි, පහසවල් ඉවසයි, මනා පැහැයෙන් යුක්ත වෙයි.

මහණෙනි, මේ සය කරුණෙන් යුක්ත වූ රජුගේ සොඳුරු ආජානේය අශ්වයා රාජ යෝග්‍ය වෙයි. රාජ පරිහරණයට සුදුසු වෙයි. රජුගේ අංගයක් ය යන සංඛ්‍යාවට වැටෙයි.

මේ අයුරින් ම මහණෙනි, සය ධර්මයකින් සමන්විත වූ භික්ෂුව ආහුනෙය්‍ය වෙයි. ....(පෙ).... ලොවට උතුම් පින්කෙත වෙයි. ඒ කවර සය දහමකින් ද යත්;

මහණෙනි, මෙහිලා භික්ෂුව රූපයන් ඉවසයි, ශබ්දයන් ඉවසයි, ගන්ධයන් ඉවසයි, රසයන් ඉවසයි, පහසවල් ඉවසයි, අරමුණු ඉවසයි.

මහණෙනි, මේ සය කරුණෙන් සමන්විත වූ භික්ෂුව ආහුනෙය්‍ය වෙයි. පාහුනෙය්‍ය වෙයි. ....(පෙ).... ලොවට උතුම් පින්කෙත වෙයි.

සාදු! සාදු!! සාදු!!!

පඨම ආජානීය සූත්‍රය නිමා විය.

6.1.1.6.
දුතිය ආජානීය සූත්‍රය
ආජානේය අශ්වයා ගැන වදාළ දෙවෙනි දෙසුම

සැවැත් නුවර දී ය ....

මහණෙනි, සය කරුණකින් යුක්ත වූ රජුගේ සොඳුරු ආජානේය අශ්වයා රාජ යෝග්‍ය වෙයි. රාජ පරිහරණයට සුදුසු වෙයි. රජුගේ අංගයක් ය යන සංඛ්‍යාවට වැටෙයි. ඒ කවර කරුණු සයකින් ද යත්;

මහණෙනි, මෙහිලා රජුගේ සොඳුරු ආජානේය අශ්වයා රූපයන් ඉවසයි, ශබ්දයන් ඉවසයි, ගන්ධයන් ඉවසයි, රසයන් ඉවසයි, පහසවල් ඉවසයි, බල සම්පන්න වෙයි.

මහණෙනි, මේ සය කරුණෙන් යුක්ත වූ රජුගේ සොඳුරු ආජානේය අශ්වයා රාජ යෝග්‍ය වෙයි. රාජ පරිහරණයට සුදුසු වෙයි. රජුගේ අංගයක් ය යන සංඛ්‍යාවට වැටෙයි.

මේ අයුරින් ම මහණෙනි, සය ධර්මයකින් සමන්විත වූ භික්ෂුව ආහුනෙය්‍ය වෙයි. ....(පෙ).... ලොවට උතුම් පින්කෙත වෙයි. ඒ කවර සය දහමකින් ද යත්;

මහණෙනි, මෙහිලා භික්ෂුව රූපයන් ඉවසයි, ශබ්දයන් ඉවසයි, ගන්ධයන් ඉවසයි, රසයන් ඉවසයි, පහසවල් ඉවසයි, අරමුණු ඉවසයි.

මහණෙනි, මේ සය කරුණෙන් සමන්විත වූ භික්ෂුව ආහුනෙය්‍ය වෙයි. පාහුනෙය්‍ය වෙයි. ....(පෙ).... ලොවට උතුම් පින්කෙත වෙයි.

සාදු! සාදු!! සාදු!!!

දුතිය ආජානීය සූත්‍රය නිමා විය.

6.1.1.7.
තතිය ආජානීය සූත්‍රය
ආජානේය අශ්වයා ගැන වදාළ තෙවෙනි දෙසුම

සැවැත් නුවර දී ය ....

මහණෙනි, සය කරුණකින් යුක්ත වූ රජුගේ සොඳුරු ආජානේය අශ්වයා රාජ යෝග්‍ය වෙයි. රාජ පරිහරණයට සුදුසු වෙයි. රජුගේ අංගයක් ය යන සංඛ්‍යාවට වැටෙයි. ඒ කවර කරුණු සයකින් ද යත්;

මහණෙනි, මෙහිලා රජුගේ සොඳුරු ආජානේය අශ්වයා රූපයන් ඉවසයි, ශබ්දයන් ඉවසයි, ගන්ධයන් ඉවසයි, රසයන් ඉවසයි, පහසවල් ඉවසයි, ජව සම්පන්න වෙයි.

මහණෙනි, මේ සය කරුණෙන් යුක්ත වූ රජුගේ සොඳුරු ආජානේය අශ්වයා රාජ යෝග්‍ය වෙයි. රාජ පරිහරණයට සුදුසු වෙයි. රජුගේ අංගයක් ය යන සංඛ්‍යාවට වැටෙයි.

මේ අයුරින් ම මහණෙනි, සය ධර්මයකින් සමන්විත වූ භික්ෂුව ආහුනෙය්‍ය වෙයි. ....(පෙ).... ලොවට උතුම් පින්කෙත වෙයි. ඒ කවර සය දහමකින් ද යත්;

මහණෙනි, මෙහිලා භික්ෂුව රූපයන් ඉවසයි, ශබ්දයන් ඉවසයි, ගන්ධයන් ඉවසයි, රසයන් ඉවසයි, පහසවල් ඉවසයි, අරමුණු ඉවසයි.

මහණෙනි, මේ සය කරුණෙන් සමන්විත වූ භික්ෂුව ආහුනෙය්‍ය වෙයි. පාහුනෙය්‍ය වෙයි. ....(පෙ).... ලොවට උතුම් පින්කෙත වෙයි.

සාදු! සාදු!! සාදු!!!

තතිය ආජානීය සූත්‍රය නිමා විය.

6.1.1.8.
අනුත්තරිය සූත්‍රය
ශ්‍රේෂ්ඨ වූ දෙය ගැන වදාළ දෙසුම

සැවැත් නුවර දී ය ....

මහණෙනි, මේ ශ්‍රේෂ්ඨ වූ දේවල් සයකි. ඒ කවර සයක් ද යත්;

දකින දේ අතර ශ්‍රේෂ්ඨ වූ දේ ඇත්තේ ය. සවන් දෙන දේ අතර ශ්‍රේෂ්ඨ වූ දේ ඇත්තේ ය. ලැබීම් අතර ශ්‍රේෂ්ඨ වූ දේ ඇත්තේ ය. හික්මෙන දේ අතර ශ්‍රේෂ්ඨ වූ දේ ඇත්තේ ය. උපස්ථාන අතර ශ්‍රේෂ්ඨ වූ දේ ඇත්තේ ය. සිහිකිරීම් අතර ශ්‍රේෂ්ඨ වූ දේ ඇත්තේ ය.

මහණෙනි, මේ වනාහී සය වැදෑරුම් ශ්‍රේෂ්ඨ වූ දේ ය.

සාදු! සාදු!! සාදු!!!

අනුත්තරිය සූත්‍රය නිමා විය.

6.1.1.9.
අනුස්සතිට්ඨාන සූත්‍රය
සිහි කළ යුතු තැන් ගැන වදාළ දෙසුම

සැවැත් නුවර දී ය ....

මහණෙනි, සිහි කළ යුතු මේ තැන් සයකි. ඒ කවර සයක් ද යත්;

බුද්ධානුස්සතිය ය, ධම්මානුස්සතිය ය, සංඝානුස්සතිය ය, සීලානුස්සතිය ය, චාගානුස්සතිය ය, දේවතානුස්සතිය ය.

මහණෙනි, මේ වනාහී සය වැදෑරුම් සිහි කළ යුතු තැන් ය.

සාදු! සාදු!! සාදු!!!

අනුස්සතිට්ඨාන සූත්‍රය නිමා විය.

6.1.1.10.
මහානාම සූත්‍රය
මහානාම ශාක්‍ය රජුට වදාළ දෙසුම

එක් සමයක භාග්‍යවතුන් වහන්සේ ශාක්‍ය ජනපදයෙහි කපිලවස්තුවෙහි නිග්‍රෝධාරාමයෙහි වැඩවසන සේක. එකල්හී මහානාම ශාක්‍ය තෙමේ භාග්‍යවතුන් වහන්සේ වෙත පැමිණියේ ය. පැමිණ භාග්‍යවතුන් වහන්සේට සකසා වැඳ එකත්පස් ව හිඳගත්තේ ය. එකත්පස් ව හුන් මහානාම ශාක්‍ය තෙමේ භාග්‍යවතුන් වහන්සේට මෙය සැළ කළේ ය.

"ස්වාමීනී, මාර්ගඵලයන්ට පත්, බුදු සසුන මැනැවින් දැනගත්, යම් ඒ ආර්ය ශ්‍රාවකයෙක් වෙයි නම්, හේ බහුල වශයෙන් වාසය කරන්නේ කවර විහරණයකින් ද?"

"මහානාමයෙනි, මාර්ගඵලයන්ට පත්, බුදු සසුන මැනැවින් දැනගත්, යම් ඒ ආර්ය ශ්‍රාවකයෙක් වෙයි නම්, හේ බහුල වශයෙන් වාසය කරන්නේ මේ විහරණයෙන් ය.

1. මහානාමයෙනි, මෙහිලා ආර්ය ශ්‍රාවක තෙමේ තථාගතයන් සිහි කරයි. එනම් 'ඒ භාග්‍යවතුන් වහන්සේ මේ මේ කරුණින් අරහං වන සේක. සම්මා සම්බුද්ධ වන සේක. විජ්ජාචරණ සම්පන්න වන සේක. සුගත වන සේක. ලෝකවිදූ වන සේක. අනුත්තරෝ පුරිසදම්ම සාරථී වන සේක. සත්ථා දේවමනුස්සානං වන සේක. බුද්ධ වන සේක. භගවා වන සේක' යනුවෙනි. මහානාමයෙනි, ආර්ය ශ්‍රාවකයා යම් කලෙක තථාගතයන් සිහි කරයි නම්, එසමයෙහි ඔහු තුළ රාගයෙන් යට කොට ගත් සිතක් නැත්තේ ය. ද්වේෂයෙන් යට කොට ගත් සිතක් නැත්තේ ය. මෝහයෙන් යට කොට ගත් සිතක් නැත්තේ ය. එසමයෙහි ඔහුගේ සිත තථාගතයන් වහන්සේගේ ගුණ අරභයා ඍජු බවට පත්වූයේ වෙයි. මහානාමයෙනි, ඍජු බවට පත් වූ සිත් ඇති ආර්ය ශ්‍රාවකයා අරුත් මෙනෙහි කිරීමෙන් සතුට ලබන්නේ ය. ධර්මය තුළින් සතුට ලබන්නේ ය. ධර්මයෙන් හටගත් ප්‍රමුදිත බව ලබන්නේ ය. ප්‍රමුදිත වූවහුට ප්‍රීතිය උපදියි. ප්‍රීති සිත් ඇත්තහුගේ කය සංසිඳෙයි. සංසිඳුණු කය ඇති කෙනා සැපයක් විඳියි. සැප ඇත්තහුගේ සිත සමාධිමත් වෙයි. මහානාමයෙනි, මේ ආර්ය ශ්‍රාවකයා රාග ද්වේෂ මෝහාදියෙන් විෂම බවට ගිය ප්‍රජාව අතර සම බවට පැමිණ

වාසය කරයි කියා ද, දුක් සහිත ප්‍රජාව අතර නිදුක් ව වාසය කරයි කියා ද, දහම් සැඩපහරට පැමිණියේ, බුද්ධානුස්සතිය වඩයි කියා ද කියනු ලැබේ.

2. තව ද මහානාමයෙනි, ආර්ය ශ්‍රාවක තෙමේ ධර්මය සිහි කරයි. එනම් 'භාග්‍යවතුන් වහන්සේ විසින් වදාරණ ලද ධර්මය ස්වාක්ඛාත වන සේක. සන්දිට්ඨික වන සේක. අකාලික වන සේක. ඒහිපස්සික වන සේක. ඕපනයික වන සේක. පච්චත්තං වේදිතබ්බෝ විඤ්ඤූහී වන සේක' යනුවෙනි. මහානාමයෙනි, ආර්ය ශ්‍රාවකයා යම් කලෙක ධර්මය සිහි කරයි නම්, එසමයෙහි ඔහු තුළ රාගයෙන් යට කොට ගත් සිතක් නැත්තේ ය. ද්වේෂයෙන් යට කොට ගත් සිතක් නැත්තේ ය. මෝහයෙන් යට කොට ගත් සිතක් නැත්තේ ය. එසමයෙහි ඔහුගේ සිත ධර්මයෙහි ගුණ අරභයා ඍජු බවට පත්වූයේ වෙයි. මහානාමයෙනි, ඍජු බවට පත් වූ සිත් ඇති ආර්ය ශ්‍රාවකයා අරුත් මෙනෙහි කිරීමෙන් සතුට ලබන්නේ ය. ධර්මය තුළින් සතුට ලබන්නේ ය. ධර්මයෙන් හටගත් ප්‍රමුදිත බව ලබන්නේ ය. ප්‍රමුදිත වූවහුට ප්‍රීතිය උපදියි. ප්‍රීති සිත් ඇත්තහුගේ කය සංසිඳෙයි. සංසිඳුණු කය ඇති කෙනා සැපයක් විඳියි. සැප ඇත්තහුගේ සිත සමාධිමත් වෙයි. මහානාමයෙනි, මේ ආර්ය ශ්‍රාවකයා රාග ද්වේෂ මෝහාදියෙන් විෂම බවට ගිය ප්‍රජාව අතර සම බවට පැමිණ වාසය කරයි කියා ද, දුක් සහිත ප්‍රජාව අතර නිදුක් ව වාසය කරයි කියා ද, දහම් සැඩපහරට පැමිණියේ, ධම්මානුස්සතිය වඩයි කියා ද කියනු ලැබේ.

3. තව ද මහානාමයෙනි, ආර්ය ශ්‍රාවක තෙමේ සංඝයා සිහි කරයි. එනම් 'භාග්‍යවතුන් වහන්සේගේ ශ්‍රාවක සංඝයා වහන්සේ සුපටිපන්න වන සේක. භාග්‍යවතුන් වහන්සේගේ ශ්‍රාවක සංඝයා වහන්සේ උජුපටිපන්න වන සේක. භාග්‍යවතුන් වහන්සේගේ ශ්‍රාවක සංඝයා වහන්සේ ඤායපටිපන්න වන සේක. භාග්‍යවතුන් වහන්සේගේ ශ්‍රාවක සංඝයා වහන්සේ සාමීචිපටිපන්න වන සේක. යුගල වශයෙන් සතර නමක් ද, පුද්ගල වශයෙන් අට නමක් ද වන සේක. භාග්‍යවතුන් වහන්සේගේ ඒ ශ්‍රාවක සංඝයා වහන්සේ ආහුනෙය්‍ය වන සේක. පාහුනෙය්‍ය වන සේක. දක්ඛිණෙය්‍ය වන සේක. අංජලිකරණීය වන සේක. ලෝකයාගේ අනුත්තර පින්කෙත වන සේක' යනුවෙනි. මහානාමයෙනි, ආර්ය ශ්‍රාවකයා යම් කලෙක සංඝයා සිහි කරයි නම්, එසමයෙහි ඔහු තුළ රාගයෙන් යට කොට ගත් සිතක් නැත්තේ ය. ද්වේෂයෙන් යට කොට ගත් සිතක් නැත්තේ ය. මෝහයෙන් යට කොට ගත් සිතක් නැත්තේ ය. එසමයෙහි ඔහුගේ සිත සංඝයාගේ ගුණ අරභයා ඍජු බවට පත්වූයේ වෙයි. මහානාමයෙනි, ඍජු බවට පත් වූ සිත් ඇති ආර්ය ශ්‍රාවකයා අරුත් මෙනෙහි කිරීමෙන් සතුට ලබන්නේ ය. ධර්මය තුළින් සතුට ලබන්නේ ය. ධර්මයෙන් හටගත් ප්‍රමුදිත බව ලබන්නේ

ය. ප්‍රමුදිත වූවහුට ප්‍රීතිය උපදියි. ප්‍රීති සිත් ඇත්තහුගේ කය සංසිඳෙයි. සංසිඳුණු කය ඇති කෙනා සැපයක් විඳියි. සැප ඇත්තහුගේ සිත සමාධිමත් වෙයි. මහානාමයෙනි, මේ ආර්ය ශ්‍රාවකයා රාග ද්වේෂ මෝහාදියෙන් විෂම බවට ගිය ප්‍රජාව අතර සම බවට පැමිණ වාසය කරයි කියා ද, දුක් සහිත ප්‍රජාව අතර නිදුක් ව වාසය කරයි කියා ද, දහම් සැඩපහරට පැමිණියේ, සංඝානුස්සතිය වඩයි කියා ද කියනු ලැබේ.

4. තව ද මහානාමයෙනි, ආර්ය ශ්‍රාවක තෙමේ තමාගේ සිල් සිහි කරයි. එනම් 'කඩ නොවූ ත්, සිදුරු නොවූ ත්, කැලැල් නොවූ ත්, පැල්ලම් නොවූ ත්, තෘෂ්ණාදාස බවට පත් නොවූ ත්, නුවණැත්තන්ගේ පැසසුමට ලක්වන්නා වූ ත්, දෘෂ්ටි ග්‍රහණයට හසු නොවූ ත්, සමාධිය පිණිස පවතින්නා වූ ත් තමාගේ සිල් සිහි කරයි. මහානාමයෙනි, ආර්ය ශ්‍රාවකයා යම් කලෙක සීලය සිහි කරයි නම්, එසමයෙහි ඔහු තුළ රාගයෙන් යට කොට ගත් සිතක් නැත්තේ ය. ද්වේෂයෙන් යට කොට ගත් සිතක් නැත්තේ ය. මෝහයෙන් යට කොට ගත් සිතක් නැත්තේ ය. එසමයෙහි ඔහුගේ සිත සීලය අරභයා ඍජු බවට පත්වූයේ වෙයි. මහානාමයෙනි, ඍජු බවට පත් වූ සිත් ඇති ආර්ය ශ්‍රාවකයා අරුත් මෙනෙහි කිරීමෙන් සතුට ලබන්නේ ය. ධර්මය තුළින් සතුට ලබන්නේ ය. ධර්මයෙන් හටගත් ප්‍රමුදිත බව ලබන්නේ ය. ප්‍රමුදිත වූවහුට ප්‍රීතිය උපදියි. ප්‍රීති සිත් ඇත්තහුගේ කය සංසිඳෙයි. සංසිඳුණු කය ඇති කෙනා සැපයක් විඳියි. සැප ඇත්තහුගේ සිත සමාධිමත් වෙයි. මහානාමයෙනි, මේ ආර්ය ශ්‍රාවකයා රාග ද්වේෂ මෝහාදියෙන් විෂම බවට ගිය ප්‍රජාව අතර සම බවට පැමිණ වාසය කරයි කියා ද, දුක් සහිත ප්‍රජාව අතර නිදුක් ව වාසය කරයි කියා ද, දහම් සැඩපහරට පැමිණියේ, සීලානුස්සතිය වඩයි කියා ද කියනු ලැබේ.

5. තව ද මහානාමයෙනි, ආර්ය ශ්‍රාවක තෙමේ තමාගේ ත්‍යාග ගුණය සිහි කරයි. එනම් 'ඒකාන්තයෙන් ම මට ලාභයකි. ඒකාන්තයෙන් ම මට මනා වූ ලැබීමකි. යම් බඳු මම් මසුරුමලින් යට කොට ගත් ප්‍රජාව අතර මසුරුමල බැහැර වූ සිතින් ගිහි ගෙයි වසමි. දන් දීම පිණිස අත්හළ සිතින් වසමි. දන් දීම පිණිස සේදූ අත් ඇති ව වසමි. දන් දීමෙහි ඇලී සිටිමි. අනුන්ගේ ඉල්ලීමට සුදුස්සෙක්මි. දන් බෙදීමෙහි ඇලී සිටිමි' යි තම ත්‍යාග ගුණය සිහි කරයි. මහානාමයෙනි, ආර්ය ශ්‍රාවකයා යම් කලෙක ත්‍යාගය සිහි කරයි නම්, එසමයෙහි ඔහු තුළ රාගයෙන් යට කොට ගත් සිතක් නැත්තේ ය. ද්වේෂයෙන් යට කොට ගත් සිතක් නැත්තේ ය. මෝහයෙන් යට කොට ගත් සිතක් නැත්තේ ය. එසමයෙහි ඔහුගේ සිත ත්‍යාගය අරභයා ඍජු බවට පත්වූයේ වෙයි. මහානාමයෙනි, ඍජු බවට පත් වූ සිත් ඇති ආර්ය ශ්‍රාවකයා අරුත් මෙනෙහි කිරීමෙන් සතුට ලබන්නේ ය. ධර්මය

තුළින් සතුට ලබන්නේ ය. ධර්මයෙන් හටගත් ප්‍රමුදිත බව ලබන්නේ ය. ප්‍රමුදිත වූවහුට ප්‍රීතිය උපදියි. ප්‍රීති සිත් ඇත්තහුගේ කය සංසිඳෙයි. සංසිඳුණු කය ඇති කෙනා සැපයක් විඳියි. සැප ඇත්තහුගේ සිත සමාධිමත් වෙයි. මහානාමයෙනි, මේ ආර්ය ශ්‍රාවකයා රාග ද්වේෂ මෝහාදියෙන් විෂම බවට ගිය ප්‍රජාව අතර සම බවට පැමිණ වාසය කරයි කියා ද, දුක් සහිත ප්‍රජාව අතර නිදුක් ව වාසය කරයි කියා ද, දහම් සැඩපහරට පැමිණියේ, චාගානුස්සතිය වඩයි කියා ද කියනු ලැබේ.

6. තව ද මහානාමයෙනි, ආර්ය ශ්‍රාවක තෙමේ දේවතානුස්සතිය වඩයි. එනම් 'චාතුර්මහාරාජික දෙවිවරු ඇත්තාහ. තව්තිසාවැසි දෙවිවරු ඇත්තාහ. යාම දෙවිවරු ඇත්තාහ. තුසිත දෙවිවරු ඇත්තාහ. නිම්මාණරතී දෙවිවරු ඇත්තාහ. පරනිම්මිත වසවත්තී දෙවිවරු ඇත්තාහ. බ්‍රහ්මකායික දෙවිවරු ඇත්තාහ. එයට ත් ඉහළ තලවල දෙවිවරු ඇත්තාහ. යම්බඳු වූ ශ්‍රද්ධාවකින් යුතු ඒ දෙවිවරු මේ මනුලොවින් චුත ව එහි උපන්නාහු නම් මා තුළ ද එබඳු වූ ශ්‍රද්ධාවක් දකින්නට ලැබෙයි. යම්බඳු වූ සීලයකින් යුතු ඒ දෙවිවරු මේ මනුලොවින් චුත ව එහි උපන්නාහු නම් මා තුළ ද එබඳු වූ සීලයක් දකින්නට ලැබෙයි. යම්බඳු වූ ශ්‍රැතයකින් යුතු ඒ දෙවිවරු මේ මනුලොවින් චුත ව එහි උපන්නාහු නම් මා තුළ ද එබඳු වූ ශ්‍රැතයක් දකින්නට ලැබෙයි. යම්බඳු වූ ත්‍යාග යකින් යුතු ඒ දෙවිවරු මේ මනුලොවින් චුත ව එහි උපන්නාහු නම් මා තුළ ද එබඳු වූ ත්‍යාගයක් දකින්නට ලැබෙයි. යම්බඳු වූ ප්‍රඥාවකින් යුතු ඒ දෙවිවරු මේ මනුලොවින් චුත ව එහි උපන්නාහු නම් මා තුළ ද එබඳු වූ ප්‍රඥාවක් දකින්නට ලැබෙයි' යනුවෙනි. මහානාමයෙනි, ආර්ය ශ්‍රාවකයා යම් කලෙක තමාගේ ත්, ඒ දෙවියන්ගේ ත් ශ්‍රද්ධාව ත්, සීලය ත්, ශ්‍රැතය ත්, ත්‍යාගය ත්, ප්‍රඥාව ත් සිහි කරයි නම්, එසමයෙහි ඔහු තුළ රාගයෙන් යට කොට ගත් සිතක් නැත්තේ ය. ද්වේෂයෙන් යට කොට ගත් සිතක් නැත්තේ ය. මෝහයෙන් යට කොට ගත් සිතක් නැත්තේ ය. එසමයෙහි ඔහුගේ සිත දෙවියන් අරභයා ඍජු බවට පත්වූයේ වෙයි. මහානාමයෙනි, ඍජු බවට පත් වූ සිත් ඇති ආර්ය ශ්‍රාවකයා අරුත් මෙනෙහි කිරීමෙන් සතුට ලබන්නේ ය. ධර්මය තුළින් සතුට ලබන්නේ ය. ධර්මයෙන් හටගත් ප්‍රමුදිත බව ලබන්නේ ය. ප්‍රමුදිත වූවහුට ප්‍රීතිය උපදියි. ප්‍රීති සිත් ඇත්තහුගේ කය සංසිඳෙයි. සංසිඳුණු කය ඇති කෙනා සැපයක් විඳියි. සැප ඇත්තහුගේ සිත සමාධිමත් වෙයි. මහානාමයෙනි, මේ ආර්ය ශ්‍රාවකයා රාග ද්වේෂ මෝහාදියෙන් විෂම බවට ගිය ප්‍රජාව අතර සම බවට පැමිණ වාසය කරයි කියා ද, දුක් සහිත ප්‍රජාව අතර නිදුක් ව වාසය කරයි කියා ද, දහම් සැඩපහරට පැමිණියේ, දේවතානුස්සතිය වඩයි කියා ද කියනු ලැබේ.

මහානාමයෙනි, මාර්ගඵලයන්ට පත්, බුදු සසුන මැනැවින් දැනගත්, යම් ඒ ආර්‍ය ශ්‍රාවකයෙක් වෙයි නම්, හේ බහුල වශයෙන් වාසය කරන්නේ මේ විහරණයෙන් ය.

සාදු! සාදු!! සාදු!!!

මහානාම සූත්‍රය නිමා විය.

පළමුවෙනි ආහුනෙය්‍ය වර්ගය අවසන් විය.

● එහි පිළිවෙල උද්දානයයි :

ආහුනෙය්‍ය සූත්‍ර දෙක, ඉන්ද්‍රිය සූත්‍රය, බල සූත්‍රය, ආජානීය සූත්‍ර තුන, අනුත්තරිය සූත්‍රය, අනුස්සතිට්ඨාන සූත්‍රය සහ මහානාම සූත්‍රය වශයෙන් මෙහි සූත්‍ර දශයෙකි.

2. සාරාණීය වර්ගය

6.1.2.1.
පඨම සාරාණීය සූත්‍රය
සිහි කළ යුතු දේ ගැන වදාළ පළමු දෙසුම

සැවැත් නුවර දී ය .....

මහණෙනි, මේ සිහි කළ යුතු කරුණු සයකි. ඒ කවර සයක් ද යත්;

1. මහණෙනි, මෙහිලා භික්ෂුව හට සබ්‍රහ්මචාරීන් වහන්සේලා ඉදිරිපිට ත්, නැති විට ත් මෛත්‍රී සහගත කායික ක්‍රියාවන් හොඳින් පිහිටියේ වෙයි. මෙය ද සිහි කළ යුතු කරුණකි.

2. තව ද මහණෙනි, භික්ෂුව හට සබ්‍රහ්මචාරීන් වහන්සේලා ඉදිරිපිට ත්, නැති විට ත් මෛත්‍රී සහගත වචන භාවිතය හොඳින් පිහිටියේ වෙයි. මෙය ද සිහි කළ යුතු කරුණකි.

3. තව ද මහණෙනි, භික්ෂුව හට සබ්‍රහ්මචාරීන් වහන්සේලා ඉදිරිපිට ත්, නැති විට ත් මෛත්‍රී සහගත සිතුවිලි හොඳින් පිහිටියේ වෙයි. මෙය ද සිහි කළ යුතු කරුණකි.

4. තව ද මහණෙනි, භික්ෂුවක් ධාර්මික ව දැහැමින් ලද යම් ඒ ලාභයන් ඇද්ද, අඩුගණනේ තම පාත්‍රයට ලැබුණු යමක් ඇද්ද, එබඳු වූ ලද දෙයක් සම සේ බෙදා වළඳන සුළු වූයේ වෙයි. සිල්වත් සබ්‍රහ්මචාරීන් වහන්සේලා සමඟ සැමට සාධාරණ ව බෙදා වළඳන සුළු වූයේ වෙයි. මෙය ද සිහි කළ යුතු කරුණකි.

5. තව ද මහණෙනි, භික්ෂුවක් යම් ඒ සිල්පද ඇද්ද, කඩ නොවූ ත්, සිදුරු නොවූ ත්, කැලැල් නොවූ ත්, පැල්ලම් නොවූ ත්, තෘෂ්ණාදාස බවට පත් නොවූ

ත්, නුවණැත්තන්ගේ පැසසුමට ලක්වන්නා වූ ත්, දෘෂ්ටි ග්‍රහණයට හසු නොවූ ත්, සමාධිය පිණිස පවතින්නා වූ ත් සිල්පද ඇද්ද, එබඳු වූ සීලයෙන් යුතුව සබ්‍රහ්මචාරීන් වහන්සේලා ඉදිරිපිට ත්, නැති විට ත් සීලයෙන් සමාන බවට පැමිණ වාසය කරයි. මෙය ද සිහි කළ යුතු කරුණකි.

6. තව ද මහණෙනි, භික්ෂුවක් යම් දෘෂ්ටියක් ආර්ය වෙයි ද, නිවන පිණිස පවතියි ද, එයින් යුක්ත වූවහුට මැනැවින් දුක් ගෙවා යයි නම්, එබඳු වූ දෘෂ්ටියකින් යුතුව සබ්‍රහ්මචාරීන් වහන්සේලා ඉදිරිපිට ත්, නැති විට ත් දෘෂ්ටියෙන් සමාන බවට පැමිණ වාසය කරයි. මෙය ද සිහි කළ යුතු කරුණකි.

මහණෙනි, මේ වනාහී සය වැදෑරුම් සාරාණීය ධර්මයෝ ය.

සාදු! සාදු!! සාදු!!!

පඨම සාරාණීය සූත්‍රය නිමා විය.

6.1.2.2.
දුතිය සාරාණීය සූත්‍රය
සිහි කළ යුතු දේ ගැන වදාළ දෙවෙනි දෙසුම

සැවැත් නුවර දී ය .....

මහණෙනි, මේ ප්‍රිය බව ඇති කරන, ගෞරවය ඇති කරන, එක් වීම පිණිස පවතින, විවාද නොවීම පිණිස පවතින, සමඟිය පිණිස පවතින, සුව සේ එකට වාසය කිරීම පිණිස පවතින සාරාණීය ධර්මයන් සයකි. ඒ කවර සයක් ද යත්;

1. මහණෙනි, මෙහිලා භික්ෂුව හට සබ්‍රහ්මචාරීන් වහන්සේලා ඉදිරිපිට ත්, නැති විට ත් මෛත්‍රී සහගත කායික ක්‍රියාවන් හොඳින් පිහිටියේ වෙයි. මෙය ද ප්‍රිය බව ඇති කරන, ගෞරවය ඇති කරන, එක් වීම පිණිස පවතින, විවාද නොවීම පිණිස පවතින, සමඟිය පිණිස පවතින, සුව සේ එකට වාසය කිරීම පිණිස පවතින සාරාණීය ධර්මයකි.

2.-3. තව ද මහණෙනි, භික්ෂුව හට සබ්‍රහ්මචාරීන් වහන්සේලා ඉදිරිපිට ත්, නැති විට ත් මෛත්‍රී සහගත වචන භාවිතය ....(පෙ).... මෛත්‍රී සහගත සිතුවිලි හොඳින් පිහිටියේ වෙයි. මෙය ද ප්‍රිය බව ඇති කරන, ගෞරවය ඇති කරන,

එක් වීම පිණිස පවතින, විවාද නොවීම පිණිස පවතින, සමඟිය පිණිස පවතින, සුව සේ එකට වාසය කිරීම පිණිස පවතින සාරාණීය ධර්මයකි.

4. තව ද මහණෙනි, භික්ෂුවක් ධාර්මික ව දැහැමින් ලද යම් ඒ ලාභයන් ඇද්ද, අඩුගණනේ තම පාත්‍රයට ලැබුණු යමක් ඇද්ද, එබඳු වූ ලද දෙයක් සම සේ බෙදා වළඳන සුළු වූයේ වෙයි. සිල්වත් සබ්‍රහ්මචාරීන් වහන්සේලා සමඟ සැමට සාධාරණ ව බෙදා වළඳන සුළු වූයේ වෙයි. මෙය ද ප්‍රිය බව ඇති කරන, ගෞරවය ඇති කරන, එක් වීම පිණිස පවතින, විවාද නොවීම පිණිස පවතින, සමඟිය පිණිස පවතින, සුව සේ එකට වාසය කිරීම පිණිස පවතින සාරාණීය ධර්මයකි.

5. තව ද මහණෙනි, භික්ෂුවක් යම් ඒ සිල්පද ඇද්ද, කඩ නොවූ ත්, සිදුරු නොවූ ත්, කැලැල් නොවූ ත්, පැල්ලම් නොවූ ත්, තෘෂ්ණාදාස බවට පත් නොවූ ත්, නුවණැත්තන්ගේ පැසසුමට ලක්වන්නා වූ ත්, දෘෂ්ටි ග්‍රහණයට හසු නොවූ ත්, සමාධිය පිණිස පවතින්නා වූ ත් සිල්පද ඇද්ද, එබඳු වූ සීලයෙන් යුතුව සබ්‍රහ්මචාරීන් වහන්සේලා ඉදිරිපිට ත්, නැති විට ත් සීලයෙන් සමාන බවට පැමිණ වාසය කරයි. මෙය ද ප්‍රිය බව ඇති කරන, ගෞරවය ඇති කරන, එක් වීම පිණිස පවතින, විවාද නොවීම පිණිස පවතින, සමඟිය පිණිස පවතින, සුව සේ එකට වාසය කිරීම පිණිස පවතින සාරාණීය ධර්මයකි.

6. තව ද මහණෙනි, භික්ෂුවක් යම් දෘෂ්ටියක් ආර්ය වෙයි ද, නිවන පිණිස පවතියි ද, එයින් යුක්ත වූවහුට මැනැවින් දුක් ගෙවා යයි නම්, එබඳු වූ දෘෂ්ටියකින් යුතුව සබ්‍රහ්මචාරීන් වහන්සේලා ඉදිරිපිට ත්, නැති විට ත් දෘෂ්ටියෙන් සමාන බවට පැමිණ වාසය කරයි. මෙය ද ප්‍රිය බව ඇති කරන, ගෞරවය ඇති කරන, එක් වීම පිණිස පවතින, විවාද නොවීම පිණිස පවතින, සමඟිය පිණිස පවතින, සුව සේ එකට වාසය කිරීම පිණිස පවතින සාරාණීය ධර්මයකි.

මහණෙනි, මේ වනාහී ප්‍රිය බව ඇති කරන, ගෞරවය ඇති කරන, එක් වීම පිණිස පවතින, විවාද නොවීම පිණිස පවතින, සමඟිය පිණිස පවතින, සුව සේ එකට වාසය කිරීම පිණිස පවතින සය වැදෑරුම් සාරාණීය ධර්මයෝ ය.

සාදු! සාදු!! සාදු!!!

දුතිය සාරාණීය සූත්‍රය නිමා විය.

6.1.2.3.
නිස්සාරණීය සූත්‍රය
විමුක්තිය ලබාදෙන කරුණු ගැන වදාළ දෙසුම

සැවැත් නුවර දී ය .....

මහණෙනි, මේ නිස්සාරණීය ධාතු සයකි. ඒ කවර සයක් ද යත්;.

1. මහණෙනි, මෙහිලා භික්ෂුවක් මෙසේ කියයි. 'මවිසින් මෛත්‍රී චිත්ත විමුක්තිය දියුණු කරන ලද්දේ ය. බහුල වශයෙන් ප්‍රගුණ කරන ලද්දේ ය. සැණෙකින් නැග යා හැකි යානාවක් මෙන් කරන ලද්දේ ය. මැනැවින් ලැග සිටිය හැකි බිමක් මෙන් කරන ලද්දේ ය. මැනැවින් සිතෙහි පිහිටුවන ලද්දේ ය. පුරුදු කරන ලද්දේ ය. මැනැවින් ප්‍රගුණ කරන ලද්දේ ය. එසේ නමුත් ද්වේෂය මාගේ සිත යටපත් කරනවා නොවැ' යි. එවිට ඔහුට මෙසේ කිව යුතු වන්නේ ය. 'ආයුෂ්මත, එසේ නොපවසව. භාග්‍යවතුන් වහන්සේට අභූතයෙන් චෝදනා නොකරව. භාග්‍යවතුන් වහන්සේට අභූතයෙන් චෝදනා කිරීම හොඳ දෙයක් නම් නොවෙයි. භාග්‍යවතුන් වහන්සේ ඔය අයුරින් නොවදාළ සේක් ම ය. ආයුෂ්මත, යම් හෙයකින් මෛත්‍රී චිත්ත විමුක්තිය දියුණු කරන ලද්දේ ද, බහුල වශයෙන් ප්‍රගුණ කරන ලද්දේ ද, සැණෙකින් නැග යා හැකි යානාවක් මෙන් කරන ලද්දේ ද, මැනැවින් ලැග සිටිය හැකි බිමක් මෙන් කරන ලද්දේ ද, මැනැවින් සිතෙහි පිහිටුවන ලද්දේ ද, පුරුදු කරන ලද්දේ ද, මැනැවින් ප්‍රගුණ කරන ලද්දේ ද, එකල්හී ද්වේෂය ඔහුගේ සිත යට කොට ගෙන සිටින්නේ ය යන කරුණ විය නොහැක්කකි. වන්නට ඉඩක් නැත්තේ ම ය. එය සිදු නොවන දෙයකි. ආයුෂ්මත, යම් මේ මෛත්‍රී චිත්ත විමුක්තියක් ඇද්ද, මෙය ද්වේෂයෙන් නිදහස් වීම ම ය.'

2. මහණෙනි, මෙහිලා භික්ෂුවක් මෙසේ කියයි. 'මවිසින් කරුණා චිත්ත විමුක්තිය දියුණු කරන ලද්දේ ය. බහුල වශයෙන් ප්‍රගුණ කරන ලද්දේ ය. සැණෙකින් නැගී යා හැකි යානාවක් මෙන් කරන ලද්දේ ය. මැනැවින් ලැග සිටිය හැකි බිමක් මෙන් කරන ලද්දේ ය. මැනැවින් සිතෙහි පිහිටුවන ලද්දේ ය. පුරුදු කරන ලද්දේ ය. මැනැවින් ප්‍රගුණ කරන ලද්දේ ය. එසේ නමුත් හිංසාව මාගේ සිත යටපත් කරනවා නොවැ' යි. එවිට ඔහුට මෙසේ කිව යුතු වන්නේ ය. 'ආයුෂ්මත, එසේ නොපවසව. භාග්‍යවතුන් වහන්සේට අභූතයෙන් චෝදනා නොකරව. භාග්‍යවතුන් වහන්සේට අභූතයෙන් චෝදනා කිරීම හොඳ

දෙයක් නම් නොවෙයි. භාග්‍යවතුන් වහන්සේ ඔය අයුරින් නොවදාළ සේක් ම ය. ආයුෂ්මත, යම් හෙයකින් කරුණා චිත්ත විමුක්තිය දියුණු කරන ලද්දේ ද, බහුල වශයෙන් ප්‍රගුණ කරන ලද්දේ ද, සැණෙකින් නැග යා හැකි යානාවක් මෙන් කරන ලද්දේ ද, මැනැවින් ලැග සිටිය හැකි බිමක් මෙන් කරන ලද්දේ ද, මැනැවින් සිතෙහි පිහිටුවන ලද්දේ ද, පුරුදු කරන ලද්දේ ද, මැනැවින් ප්‍රගුණ කරන ලද්දේ ද, එකල්හී හිංසාව ඔහුගේ සිත යට කොට ගෙන සිටින්නේ ය යන කරුණ විය නොහැක්කකි. වන්නට ඉඩක් නැත්තේ ම ය. එය සිදු නොවන දෙයකි. ආයුෂ්මත, යම් මේ කරුණා චිත්ත විමුක්තියක් ඇද්ද, මෙය හිංසාවෙන් නිදහස් වීම ම ය.'

3. මහණෙනි, මෙහිලා භික්ෂුවක් මෙසේ කියයි. 'මවිසින් මුදිතා චිත්ත විමුක්තිය දියුණු කරන ලද්දේ ය. බහුල වශයෙන් ප්‍රගුණ කරන ලද්දේ ය. සැණෙකින් නැග යා හැකි යානාවක් මෙන් කරන ලද්දේ ය. මැනැවින් ලැග සිටිය හැකි බිමක් මෙන් කරන ලද්දේ ය. මැනැවින් සිතෙහි පිහිටුවන ලද්දේ ය. පුරුදු කරන ලද්දේ ය. මැනැවින් ප්‍රගුණ කරන ලද්දේ ය. එසේ නමුත් අරතිය මාගේ සිත යටපත් කරනවා නොවැ' යි. එවිට ඔහුට මෙසේ කිව යුතු වන්නේ ය. 'ආයුෂ්මත, එසේ නොපවසව. භාග්‍යවතුන් වහන්සේට අභූතයෙන් චෝදනා නොකරව. භාග්‍යවතුන් වහන්සේට අභූතයෙන් චෝදනා කිරීම හොඳ දෙයක් නම් නොවෙයි. භාග්‍යවතුන් වහන්සේ ඔය අයුරින් නොවදාළ සේක් ම ය. ආයුෂ්මත, යම් හෙයකින් මුදිතා චිත්ත විමුක්තිය දියුණු කරන ලද්දේ ද, බහුල වශයෙන් ප්‍රගුණ කරන ලද්දේ ද, සැණෙකින් නැග යා හැකි යානාවක් මෙන් කරන ලද්දේ ද, මැනැවින් ලැග සිටිය හැකි බිමක් මෙන් කරන ලද්දේ ද, මැනැවින් සිතෙහි පිහිටුවන ලද්දේ ද, පුරුදු කරන ලද්දේ ද, මැනැවින් ප්‍රගුණ කරන ලද්දේ ද, එකල්හී අරතිය ඔහුගේ සිත යට කොට ගෙන සිටින්නේ ය යන කරුණ විය නොහැක්කකි. වන්නට ඉඩක් නැත්තේ ම ය. එය සිදු නොවන දෙයකි. ආයුෂ්මත, යම් මේ මුදිතා චිත්ත විමුක්තියක් ඇද්ද, මෙය අරතියෙන් නිදහස් වීම ම ය.'

4. මහණෙනි, මෙහිලා භික්ෂුවක් මෙසේ කියයි. 'මවිසින් උපේක්ෂා චිත්ත විමුක්තිය දියුණු කරන ලද්දේ ය. බහුල වශයෙන් ප්‍රගුණ කරන ලද්දේ ය. සැණෙකින් නැගී යා හැකි යානාවක් මෙන් කරන ලද්දේ ය. මැනැවින් ලැග සිටිය හැකි බිමක් මෙන් කරන ලද්දේ ය. මැනැවින් සිතෙහි පිහිටුවන ලද්දේ ය. පුරුදු කරන ලද්දේ ය. මැනැවින් ප්‍රගුණ කරන ලද්දේ ය. එසේ නමුත් රාගය මාගේ සිත යටපත් කරනවා නොවැ' යි. එවිට ඔහුට මෙසේ කිව යුතු වන්නේ ය. 'ආයුෂ්මත, එසේ නොපවසව. භාග්‍යවතුන් වහන්සේට අභූතයෙන් චෝදනා නොකරව. භාග්‍යවතුන් වහන්සේට අභූතයෙන් චෝදනා කිරීම හොඳ

දෙයක් නම් නොවෙයි. භාග්‍යවතුන් වහන්සේ ඔය අයුරින් නොවදාළ සේක් ම ය. ආයුෂ්මත, යම් හෙයකින් උපේක්ෂා චිත්ත විමුක්තිය දියුණු කරන ලද්දේ ද, බහුල වශයෙන් ප්‍රගුණ කරන ලද්දේ ද, සැණෙකින් නැගී යා හැකි යානාවක් මෙන් කරන ලද්දේ ද, මැනැවින් ලැග සිටිය හැකි බිමක් මෙන් කරන ලද්දේ ද, මැනැවින් සිතෙහි පිහිටුවන ලද්දේ ද, පුරුදු කරන ලද්දේ ද, මැනැවින් ප්‍රගුණ කරන ලද්දේ ද, එකල්හී රාගය ඔහුගේ සිත යට කොට ගෙන සිටින්නේ ය යන කරුණ විය නොහැක්කකි. වන්නට ඉඩක් නැත්තේ ම ය. එය සිදු නොවන දෙයකි. ආයුෂ්මත, යම් මේ උපේක්ෂා චිත්ත විමුක්තියක් ඇද්ද, මෙය රාගයෙන් නිදහස් වීම ම ය.'

5. මහණෙනි, මෙහිලා භික්ෂුවක් මෙසේ කියයි. 'මවිසින් අනිමිත්ත චිත්ත විමුක්තිය දියුණු කරන ලද්දේ ය. බහුල වශයෙන් ප්‍රගුණ කරන ලද්දේ ය. සැණෙකින් නැගී යා හැකි යානාවක් මෙන් කරන ලද්දේ ය. මැනැවින් ලැග සිටිය හැකි බිමක් මෙන් කරන ලද්දේ ය. මැනැවින් සිතෙහි පිහිටුවන ලද්දේ ය. පුරුදු කරන ලද්දේ ය. මැනැවින් ප්‍රගුණ කරන ලද්දේ ය. එසේ නමුත් මාගේ විඤ්ඤාණය නිමිති ඇසුරු කරනවා නොවැ' යි. එවිට ඔහුට මෙසේ කිව යුතු වන්නේ ය. 'ආයුෂ්මත, එසේ නොපවසව. භාග්‍යවතුන් වහන්සේට අභූතයෙන් චෝදනා නොකරව. භාග්‍යවතුන් වහන්සේට අභූතයෙන් චෝදනා කිරීම හොඳ දෙයක් නම් නොවෙයි. භාග්‍යවතුන් වහන්සේ ඔය අයුරින් නොවදාළ සේක් ම ය. ආයුෂ්මත, යම් හෙයකින් අනිමිත්ත චිත්ත විමුක්තිය දියුණු කරන ලද්දේ ද, බහුල වශයෙන් ප්‍රගුණ කරන ලද්දේ ද, සැණෙකින් නැගී යා හැකි යානාවක් මෙන් කරන ලද්දේ ද, මැනැවින් ලැග සිටිය හැකි බිමක් මෙන් කරන ලද්දේ ද, මැනැවින් සිතෙහි පිහිටුවන ලද්දේ ද, පුරුදු කරන ලද්දේ ද, මැනැවින් ප්‍රගුණ කරන ලද්දේ ද, එකල්හී නිමිත්තානුසාරී විඤ්ඤාණය පවතින්නේ ය යන කරුණ විය නොහැක්කකි. වන්නට ඉඩක් නැත්තේ ම ය. එය සිදු නොවන දෙයකි. ආයුෂ්මත, යම් මේ අනිමිත්ත චිත්ත විමුක්තියක් ඇද්ද, මෙය සියළු නිමිති වලින් නිදහස් වීම ම ය.'

6. මහණෙනි, මෙහිලා භික්ෂුවක් මෙසේ කියයි. 'මම වෙමි යි යන හැඟීම මා තුළින් බැහැර විය. මේ මම වෙමි යි යන කිසිවක් නොදකිමි. එසේ නමුත් සැක කටයුතු වූ කෙසේ ද කෙසේ ද යන හුල මාගේ සිත යටපත් කරනවා නොවැ' යි. එවිට ඔහුට මෙසේ කිව යුතු වන්නේ ය. 'ආයුෂ්මත, එසේ නොපවසව. භාග්‍යවතුන් වහන්සේට අභූතයෙන් චෝදනා නොකරව. භාග්‍යවතුන් වහන්සේට අභූතයෙන් චෝදනා කිරීම හොඳ දෙයක් නම් නොවෙයි. භාග්‍යවතුන් වහන්සේ ඔය අයුරින් නොවදාළ සේක් ම ය. ආයුෂ්මත, මම වෙමි යි යන හැඟීම දුරු වූයේ වෙයි ද, මේ මෙම වෙමි යි නොදකින්නේ වෙයි ද, එකල්හි ත් විචිකිච්ඡාවෙන්

යුතු කෙසේ ද කෙසේ ද යන සැක හුල සිත යටකොට සිටින්නේ යන කරුණ විය නොහැක්කකි. වන්නට ඉඩක් නැත්තේ ම ය. එය සිදු නොවන දෙයකි. ආයුෂ්මත, යම් මේ වෙමි යි යන මානය මුළුමනින් ම නැසී යාමක් වෙයි ද, මෙය විචිකිච්ඡාවෙන් යුතු කෙසේ ද කෙසේ ද යන හුලෙන් නිදහස් වීම ම ය.'

මහණෙනි, මේ වනාහී සය වැදෑරුම් නිස්සාරණීය ධාතු ය.

සාදු! සාදු!! සාදු!!!

නිස්සාරණීය සූත්‍රය නිමා විය.

6.1.2.4.
භද්දක සූත්‍රය
සොඳුරු වූ දේ ගැන වදාළ දෙසුම

සැවැත් නුවර දී ය .....

එකල්හී ආයුෂ්මත් සාරිපුත්තයන් වහන්සේ 'ආයුෂ්මත් මහණෙනි' යි භික්ෂූන් ඇමතූ සේක. 'ආයුෂ්මතුන් වහන්සැ'යි ඒ භික්ෂූහු ආයුෂ්මත් සාරිපුත්තයන් වහන්සේට පිළිවදන් දුන්හ. ආයුෂ්මත් සාරිපුත්තයන් වහන්සේ මෙය වදාළ සේක.

ආයුෂ්මත්නි, යම් යම් අයුරකින් වාසය කරන්නා වූ භික්ෂුවට සුන්දර මරණයක් නැද්ද, සුන්දර කළුරිය කිරීමක් නැද්ද, ඒ ඒ අයුරින් භික්ෂුව වාසය කරයි නම්, ආයුෂ්මත්නි, යම් යම් අයුරකින් වාසය කරන්නා වූ භික්ෂුවට සුන්දර මරණයක් නැද්ද, සුන්දර කළුරිය කිරීමක් නැද්ද, ඒ ඒ අයුරින් භික්ෂුව වාසය කරන්නේ කෙසේ ද?

ආයුෂ්මත්නි, මෙහිලා භික්ෂුවක් බාහිර වැඩට ඇළුම් කරන්නේ වෙයි. බාහිර වැඩට ඇලෙමින්, බාහිර වැඩට ඇළුම් කිරීමෙන් නැවත නැවත එහි ම යෙදෙමින් සිටියි. කතාවට ඇළුම් කරන්නේ වෙයි. කතාවට ඇලෙමින්, කතාවට ඇළුම් කිරීමෙන් නැවත නැවත එහි ම යෙදෙමින් සිටියි. නින්දට ඇළුම් කරන්නේ වෙයි. නින්දට ඇලෙමින්, නින්දට ඇළුම් කිරීමෙන් නැවත නැවත එහි ම යෙදෙමින් සිටියි. පිරිසට ඇළුම් කරන්නේ වෙයි. පිරිසට ඇලෙමින්,

පිරිසට ඇළුම් කිරීමෙන් නැවත නැවත එහි ම යෙදෙමින් සිටියි. ගිහියන් හා එක් ව විසීමට ඇළුම් කරන්නේ වෙයි. ගිහියන් හා එක් ව විසීමට ඇලෙමින්, ගිහියන් හා එක් ව විසීමට ඇළුම් කිරීමෙන් නැවත නැවත එහි ම යෙදෙමින් සිටියි. කෙලෙස් වැඩෙන අයුරින් සිත සිතා සිටීමට ඇළුම් කරන්නේ වෙයි. කෙලෙස් වැඩෙන අයුරින් සිත සිතා සිටීමට ඇලෙමින්, කෙලෙස් වැඩෙන අයුරින් සිත සිතා සිටීමට ඇළුම් කිරීමෙන් නැවත නැවත එහි ම යෙදෙමින් සිටියි.

ආයුෂ්මත්නි, යම් යම් අයුරකින් වාසය කරන්නා වූ භික්ෂුවට සුන්දර මරණයක් නැද්ද, සුන්දර කළුරිය කිරීමක් නැද්ද, ඒ ඒ අයුරින් භික්ෂුව වාසය කරන්නේ මේ අයුරිනි. ආයුෂ්මත්නි, මේ භික්ෂුව සක්කායට ඇලී ගියේ, මනා කොට දුක් අවසන් කිරීමට හේතු වන සක්කාය අත් නොහළේ යැයි කියනු ලැබේ.

ආයුෂ්මත්නි, යම් යම් අයුරකින් වාසය කරන්නා වූ භික්ෂුවට සුන්දර මරණයක් ඇද්ද, සුන්දර කළුරිය කිරීමක් ඇද්ද, ඒ ඒ අයුරින් භික්ෂුව වාසය කරයි නම්, ආයුෂ්මත්නි, යම් යම් අයුරකින් වාසය කරන්නා වූ භික්ෂුවට සුන්දර මරණයක් ඇද්ද, සුන්දර කළුරිය කිරීමක් ඇද්ද, ඒ ඒ අයුරින් භික්ෂුව වාසය කරන්නේ කෙසේ ද?

ආයුෂ්මත්නි, මෙහිලා භික්ෂුවක් බාහිර වැඩට ඇළුම් නොකරන්නේ වෙයි. බාහිර වැඩට නොඇලෙමින්, බාහිර වැඩට ඇළුම් නොකිරීමෙන් නැවත නැවත එහි ම නොයෙදෙමින් සිටියි. කතාවට ඇළුම් නොකරන්නේ වෙයි. කතාවට නොඇලෙමින්, කතාවට ඇළුම් නොකිරීමෙන් නැවත නැවත එහි ම නොයෙදෙමින් සිටියි. නින්දට ඇළුම් නොකරන්නේ වෙයි. නින්දට නොඇලෙමින්, නින්දට ඇළුම් නොකිරීමෙන් නැවත නැවත එහි ම නොයෙදෙමින් සිටියි. පිරිසට ඇළුම් නොකරන්නේ වෙයි. පිරිසට නොඇලෙමින්, පිරිසට ඇළුම් නොකිරීමෙන් නැවත නැවත එහි ම නොයෙදෙමින් සිටියි. ගිහියන් හා එක් ව විසීමට ඇළුම් නොකරන්නේ වෙයි. ගිහියන් හා එක් ව විසීමට නොඇලෙමින්, ගිහියන් හා එක් ව විසීමට ඇළුම් නොකිරීමෙන් නැවත නැවත එහි ම නොයෙදෙමින් සිටියි. කෙලෙස් වැඩෙන අයුරින් සිත සිතා සිටීමට ඇළුම් නොකරන්නේ වෙයි. කෙලෙස් වැඩෙන අයුරින් සිත සිතා සිටීමට නොඇලෙමින්, කෙලෙස් වැඩෙන අයුරින් සිත සිතා සිටීමට ඇළුම් නොකිරීමෙන් නැවත නැවත එහි ම නොයෙදෙමින් සිටියි.

ආයුෂ්මත්නි, යම් යම් අයුරකින් වාසය කරන්නා වූ භික්ෂුවට සුන්දර මරණයක් ඇද්ද, සුන්දර කළුරිය කිරීමක් ඇද්ද, ඒ ඒ අයුරින් භික්ෂුව වාසය

කරන්නේ මේ අයුරිනි. ආයුෂ්මත්නි, මේ භික්ෂුව නිවනට ඇලී ගියේ, මනා කොට දුක් අවසන් කිරීමට හේතු වන සක්කාය අත් හළේ යැයි කියනු ලැබේ.

(ගාථා)

1. යමෙක් කෙලෙස් වැඩෙන අයුරින් නැවත නැවත සිත සිතා සිටියි නම්, සතෙකු සේ කෙලෙස් වැඩෙන අයුරින් සිත සිතා සිටීමට ආශා ඇත්නම්, හේ කෙලෙස් යෝගයන්ගෙන් නිදහස් වූ අනුත්තර වූ නිර්වාණය නොලබන්නේ ය.

2. යමෙක් කෙලෙස් වැඩෙන අයුරින් සිත සිතා සිටීම අත්හැර, සමථ විදර්ශනාව නම් වූ ප්‍රපංච රහිත බවෙහි ඇලී වසන්නේ නම්, කෙලෙස් යෝගයන්ගෙන් නිදහස් වූ අනුත්තර වූ නිර්වාණය හේ ලබන්නේ ය.

සාදු! සාදු!! සාදු!!!

භද්දක සූත්‍රය නිමා විය.

6.1.2.5.
අනුතප්ප සූත්‍රය
පසුතැවීම ගැන වදාළ දෙසුම

සැවැත් නුවර දී ය .....

එකල්හී ආයුෂ්මත් සාරිපුත්තයන් වහන්සේ භික්ෂූන් ඇමතූ සේක. ....(පෙ)....

ආයුෂ්මත්නි, යම් යම් අයුරකින් වාසය කරන්නා වූ භික්ෂුවට කළුරිය කිරීම පසුතැවිලි ඇති කරයි ද, ඒ ඒ අයුරින් භික්ෂුව වාසය කරයි නම්, ආයුෂ්මත්නි, යම් යම් අයුරකින් වාසය කරන්නා වූ භික්ෂුවට කළුරිය කිරීම පසුතැවිලි ඇති කරයි ද, ඒ ඒ අයුරින් භික්ෂුව වාසය කරන්නේ කෙසේ ද?"

ආයුෂ්මත්නි, මෙහිලා භික්ෂුවක් බාහිර වැඩට ඇළුම් කරන්නේ වෙයි. බාහිර වැඩට ඇලෙමින්, බාහිර වැඩට ඇළුම් කිරීමෙන් නැවත නැවත එහි ම යෙදෙමින් සිටියි. කතාවට ඇළුම් කරන්නේ වෙයි. ....(පෙ).... නින්දට ඇළුම් කරන්නේ වෙයි. ....(පෙ).... පිරිසට ඇළුම් කරන්නේ වෙයි. ....(පෙ).... ගිහියන්

හා එක් ව විසීමට ඇළුම් කරන්නේ වෙයි. ....(පෙ).... කෙලෙස් වැඩෙන අයුරින් සිත සිතා සිටීමට ඇළුම් කරන්නේ වෙයි. කෙලෙස් වැඩෙන අයුරින් සිත සිතා සිටීමට ඇලෙමින්, කෙලෙස් වැඩෙන අයුරින් සිත සිතා සිටීමට ඇළුම් කිරීමෙන් නැවත නැවත එහි ම යෙදෙමින් සිටියි.

ආයුෂ්මත්නි, යම් යම් අයුරකින් වාසය කරන්නා වූ භික්ෂුවට කළුරිය කිරීම පසුතැවිලි ඇති කරයි ද, ඒ ඒ අයුරින් භික්ෂුව වාසය කරන්නේ මේ අයුරිනි. ආයුෂ්මත්නි, මේ භික්ෂුව සක්කායට ඇලී ගියේ, මනා කොට දුක් අවසන් කිරීමට හේතු වන සක්කාය අත් නොහළේ යැයි කියනු ලැබේ.

ආයුෂ්මත්නි, යම් යම් අයුරකින් වාසය කරන්නා වූ භික්ෂුවට කළුරිය කිරීම පසුතැවිලි ඇති නොකරයි ද, ඒ ඒ අයුරින් භික්ෂුව වාසය කරයි නම්, ආයුෂ්මත්නි, යම් යම් අයුරකින් වාසය කරන්නා වූ භික්ෂුවට කළුරිය කිරීම පසුතැවිලි ඇති නොකරයි ද, ඒ ඒ අයුරින් භික්ෂුව වාසය කරන්නේ කෙසේ ද?

ආයුෂ්මත්නි, මෙහිලා භික්ෂුවක් බාහිර වැඩට ඇළුම් නොකරන්නේ වෙයි. බාහිර වැඩට නොඇලෙමින්, බාහිර වැඩට ඇළුම් නොකිරීමෙන් නැවත නැවත එහි ම නොයෙදෙමින් සිටියි. කතාවට ඇළුම් නොකරන්නේ වෙයි. ....(පෙ).... නින්දට ඇළුම් නොකරන්නේ වෙයි. ....(පෙ).... පිරිසට ඇළුම් නොකරන්නේ වෙයි. ....(පෙ).... ගිහියන් හා එක් ව විසීමට ඇළුම් නොකරන්නේ වෙයි. ....(පෙ).... කෙලෙස් වැඩෙන අයුරින් සිත සිතා සිටීමට ඇළුම් නොකරන්නේ වෙයි. කෙලෙස් වැඩෙන අයුරින් සිත සිතා සිටීමට නොඇලෙමින්, කෙලෙස් වැඩෙන අයුරින් සිත සිතා සිටීමට ඇළුම් නොකිරීමෙන් නැවත නැවත එහි ම නොයෙදෙමින් සිටියි.

ආයුෂ්මත්නි, යම් යම් අයුරකින් වාසය කරන්නා වූ භික්ෂුවට කළුරිය කිරීම පසුතැවිලි ඇති නොකරයි ද, ඒ ඒ අයුරින් භික්ෂුව වාසය කරන්නේ මේ අයුරිනි. ආයුෂ්මත්නි, මේ භික්ෂුව නිවනට ඇලී ගියේ, මනා කොට දුක් අවසන් කිරීමට හේතු වන සක්කාය අත් හළේ යැයි කියනු ලැබේ.

(ගාථා)

1. යමෙක් කෙලෙස් වැඩෙන අයුරින් නැවත නැවත සිත සිතා සිටියි නම්, සතෙකු සේ කෙලෙස් වැඩෙන අයුරින් සිත සිතා සිටීමට ආශා ඇත්නම්, හේ කෙලෙස් යෝගයන්ගෙන් නිදහස් වූ අනුත්තර වූ නිර්වාණය නොලබන්නේ ය.

2. යමෙක් කෙලෙස් වැඩෙන අයුරින් සිත සිතා සිටීම අත්හැර, සමථ විදර්ශනාව නම් වූ ප්‍රපංච රහිත බවෙහි ඇලී වසන්නේ නම්, කෙලෙස් යෝගයන්ගෙන් නිදහස් වූ අනුත්තර වූ නිර්වාණය හේ ලබන්නේ ය.

සාදු! සාදු!! සාදු!!!

අනුතප්ප සූත්‍රය නිමා විය.

6.1.2.6.
නකුලපිතු සූත්‍රය
නකුලපිතු ගෘහපතියාට වදාළ දෙසුම

එක් සමයක භාග්‍යවතුන් වහන්සේ භග්ග ජනපදයෙහි සුංසුමාරගිර භේසකලා වනයෙහි මිගදායෙහි වැඩවසන සේක. එසමයෙහි නකුලපිතු ගෘහපති ත් රෝගී වූයේ, දුකට පත් වූයේ, දැඩි ලෙස ගිලන් වූයේ වෙයි. එකල්හී නකුලමාතා ගෘහපතිනිය නකුලපිතු ගෘහපතියාට මෙය පැවසුවා ය.

1. "ගෘහපතිය, අප ගැන අපේක්ෂාවෙන් මැරෙන්නට එපා! ගෘහපතිය, අපේක්ෂාවෙන් යුතුව මරණයට පත් වීම දුකකි. අපේක්ෂාවෙන් යුතුව මරණයට පත්වීම භාග්‍යවතුන් වහන්සේ විසින් ද ගරහන ලද්දේ ය. ගෘහපතිය, ඔබට මෙසේ සිතෙන්නට පුළුවනි. එනම්, නකුලමාතා ගෘහපතිනිය මාගේ ඇවෑමෙන් දරුවන් පෝෂණය කරන්නට, ගෙදර කටයුතු කරන්නට, නොහැකිවන්නී ය යනුවෙනි. ගෘහපතිය, එය එසේ නොදැක්ක යුතුය. ගෘහපතිය, මම කපු කටින්නට, එළු ලොම් වෙළුම් නෙළන්නට දක්ෂ වෙමි. ගෘහපතිය, ඔබගේ ඇවෑමෙන් දරුවන් පෝෂණය කරන්නට ත්, ගෙදර කටයුතු කරන්නට ත් හැක්කී වෙමි. එහෙයින් ගෘහපතිය, අපේක්ෂාවෙන් මැරෙන්නට එපා! ගෘහපතිය, අපේක්ෂාවෙන් යුතුව මරණයට පත් වීම දුකකි. අපේක්ෂාවෙන් යුතුව මරණයට පත්වීම භාග්‍යවතුන් වහන්සේ විසින් ද ගරහන ලද්දේ ය.

2. ගෘහපතිය, ඔබට මෙසේ සිතෙන්නට පුළුවනි. එනම්, නකුලමාතා ගෘහපතිනිය මාගේ ඇවෑමෙන් අන්‍ය වූ සැමියෙකු කරා යන්නී ය වශයෙනි. ගෘහපතිය, එය එසේ නොදැක්ක යුතුය. ගෘහපතිය, යම් කලක අප විසින් සොළොස් වසක් පුරා ගෘහස්ථ බ්‍රහ්මචරිය සිල් සමාදන් වූයේ ද, එය ඔබ ද දන්නෙහි ය. මම ද දනිමි. එහෙයින් ගෘහපතිය, අපේක්ෂාවෙන් මැරෙන්නට

එපා! ගෘහපතිය, අපේක්ෂාවෙන් යුතුව මරණයට පත් වීම දුකකි. අපේක්ෂාවෙන් යුතුව මරණයට පත්වීම භාග්‍යවතුන් වහන්සේ විසින් ද ගරහන ලද්දේ ය.

3. ගෘහපතිය, ඔබට මෙසේ සිතෙන්නට පුළුවනි. එනම්, නකුලමාතා ගෘහපතිනිය මාගේ ඇවෑමෙන් භාග්‍යවතුන් වහන්සේ දකින්නට කැමති නොවන්නී ය. භික්ෂු සංඝයා දකින්නට කැමති නොවන්නීය වශයෙනි. ගෘහපතිය, එය එසේ නොදැක්ක යුතුය. ගෘහපතිය, ඔබගේ ඇවෑමෙන් මම වඩ වඩා ත් භාග්‍යවතුන් වහන්සේ දකින්නට කැමැත්තී වෙමි. වඩ වඩා ත් භික්ෂු සංඝයා දකින්නට කැමැත්තී වෙමි. එහෙයින් ගෘහපතිය, අපේක්ෂාවෙන් මැරෙන්නට එපා! ගෘහපතිය, අපේක්ෂාවෙන් යුතුව මරණයට පත් වීම දුකකි. අපේක්ෂාවෙන් යුතුව මරණයට පත්වීම භාග්‍යවතුන් වහන්සේ විසින් ද ගරහන ලද්දේ ය.

4. ගෘහපතිය, ඔබට මෙසේ සිතෙන්නට පුළුවනි. එනම්, නකුලමාතා ගෘහපතිනිය මාගේ ඇවෑමෙන් සිල් පිරිපුන් නොකරන්නී ය වශයෙනි. ගෘහපතිය, එය එසේ නොදැක්ක යුතුය. ගෘහපතිය, ඒ භාග්‍යවතුන් වහන්සේගේ ගිහි ශ්‍රාවිකා වූ සුදු වත් හඳින සිල් පිරිපුන් කරන්නියෝ යම්තාක් සිටින්නී ද, මම් ද ඔවුන් අතර එකියක් වෙමි. යමෙකු හට මෙය පිළිබඳ ව සැකයක් හෝ වේවා විමතියක් හෝ වේවා ඇත්නම් ඒ භාග්‍යවතුන් වහන්සේ මෙකල භග්ග ජනපදයෙහි සුංසුමාරගිර භේසකලා වනයෙහි මිගදායෙහි වැඩවසන සේක. ඒ භාග්‍යවතුන් වහන්සේ වෙත එළඹ අසත්වා! එහෙයින් ගෘහපතිය, අපේක්ෂාවෙන් මැරෙන්නට එපා! ගෘහපතිය, අපේක්ෂාවෙන් යුතුව මරණයට පත් වීම දුකකි. අපේක්ෂාවෙන් යුතුව මරණයට පත්වීම භාග්‍යවතුන් වහන්සේ විසින් ද ගරහන ලද්දේ ය.

5. ගෘහපතිය, ඔබට මෙසේ සිතෙන්නට පුළුවනි. එනම්, නකුලමාතා ගෘහපතිනිය තම සිතෙහි සංසිඳීමක් නොලබන්නී ය වශයෙනි. ගෘහපතිය, එය එසේ නොදැක්ක යුතුය. ගෘහපතිය, ඒ භාග්‍යවතුන් වහන්සේගේ ගිහි ශ්‍රාවිකා වූ සුදු වත් හඳින ආධ්‍යාත්මයෙහි චිත්ත සමථය ලබන්නියෝ යම්තාක් සිටින්නී ද, මම් ද ඔවුන් අතර එකියක් වෙමි. යමෙකු හට මෙය පිළිබඳ ව සැකයක් හෝ වේවා විමතියක් හෝ වේවා ඇත්නම් ඒ භාග්‍යවතුන් වහන්සේ මෙකල භග්ග ජනපදයෙහි සුංසුමාරගිර භේසකලා වනයෙහි මිගදායෙහි වැඩවසන සේක. ඒ භාග්‍යවතුන් වහන්සේ වෙත එළඹ අසත්වා! එහෙයින් ගෘහපතිය, අපේක්ෂාවෙන් මැරෙන්නට එපා! ගෘහපතිය, අපේක්ෂාවෙන් යුතුව මරණයට පත් වීම දුකකි. අපේක්ෂාවෙන් යුතුව මරණයට පත්වීම භාග්‍යවතුන් වහන්සේ විසින් ද ගරහන ලද්දේ ය.

6. ගෘහපතිය, ඔබට මෙසේ සිතෙන්නට පුළුවනි. එනම්, නකුලමාතා ගෘහපතිනිය මේ ධර්ම විනය තුළ ස්ථිර පිහිටකට නොපැමිණියා ය. ගැඹුරු අවබෝධයට නොපැමිණියා ය. සැනසුමට නොපැමිණියා ය. විචිකිච්ඡාවෙන් එතෙර නොවුණා ය. කෙසේ ද කෙසේ ද යන සැකය දුරු නොකළා ය. විශාරද බවට පත් නොවුණා ය. ශාස්තෘ ශාසනයෙහි බාහිර උපකාර රහිත බවට නොපැමිණ වසන්නී ය වශයෙනි. ගෘහපතිය, එය එසේ නොදැක්ක යුතුය. ගෘහපතිය, ඒ භාග්‍යවතුන් වහන්සේගේ සුදු වත් හඳින ගිහි ශ්‍රාවිකාවෝ මේ ධර්ම විනයෙහි ස්ථිර පිහිටකට පැමිණියාහු ද, ගැඹුරු අවබෝධයකට පැමිණියාහු ද, සැනසුමට පැමිණියාහු ද, සැකයෙන් එතෙර වූවාහු ද, කෙසේ ද කෙසේ ද යන සැකය දුරු කළාහු ද, විශාරද බවට පත්වූවාහු ද, ශාස්තෘ ශාසනයෙහි බාහිර උපකාර රහිත බවට පැමිණ වසන්නාහු යම්තාක් සිටින්නී ද, මම් ද ඔවුන් අතර එකියක් වෙමි. යමෙකු හට මෙය පිළිබඳ ව සැකයක් හෝ වේවා විමතියක් හෝ වේවා ඇත්නම් ඒ භාග්‍යවතුන් වහන්සේ මෙකල භග්ග ජනපදයෙහි සුංසුමාර ගිර භේසකලා වනයෙහි මිගදායෙහි වැඩවසන සේක. ඒ භාග්‍යවතුන් වහන්සේ වෙත එළඹ අසත්වා! එහෙයින් ගෘහපතිය, අපේක්ෂාවෙන් මැරෙන්නට එපා! ගෘහපතිය, අපේක්ෂාවෙන් යුතුව මරණයට පත් වීම දුකකි. අපේක්ෂාවෙන් යුතුව මරණයට පත්වීම භාග්‍යවතුන් වහන්සේ විසින් ද ගරහන ලද්දේ ය."

ඉක්බිති නකුලමාතා ගෘහපතිනිය විසින් මේ අවවාදයෙන් අවවාද කරනු ලබන කල්හී නකුලපිතු ගෘහපතියාගේ ඒ ආබාධය සැණෙකින් සංසිඳී ගියේ ය. නකුලපිතු ගෘහපති තෙමේ ඒ ආබාධයෙන් නැගිට්ටේ ය. නකුලපිතු ගෘහපතියාගේ ඒ ආබාධය ඒ අයුරින් ම ප්‍රහාණයට පත්වූයේ ය.

එකල්හී නකුලපිතු ගෘහපති තෙමේ ගිලන්බවින් නැගී සිටියේ, ගිලන් බවින් නැගිට සුළු කලකින් සැරයටියක ආධාරයෙන් භාග්‍යවතුන් වහන්සේ යම් තැනක වැඩසිටි සේක් ද, එතැනට පැමිණියේ ය. පැමිණ භාග්‍යවතුන් වහන්සේ සකසා වන්දනා කොට එකත්පස් ව හිඳගත්තේ ය. එකත්පස් ව හුන් නකුලපිතු ගෘහපතියාට භාග්‍යවතුන් වහන්සේ මෙය වදාළ සේක.

"ගෘහපතිය, ඔබට ලාභයකි. ගෘහපතිය, ඔබට මනා වූ ලැබීමකි. යම්බඳු වූ ඔබට නකුලමාතා ගෘහපතිනිය අනුකම්පා ඇත්තී ය. යහපත කැමැත්තී ය. අවවාද දෙන්නී ය. අනුශාසනා කරන්නී ය.

ගෘහපතිය, මාගේ ගිහි ශ්‍රාවිකා වූ සුදු වත් හඳිනා සිල් පිරිපුන් කරන්නියෝ යම්තාක් සිටිත් ද, නකුලමාතා ගෘහපතිනිය ඔවුන් අතර එකියකි. ගෘහපතිය, මාගේ ගිහි ශ්‍රාවිකා වූ සුදු වත් හඳිනා තමා තුළ චිත්ත සමථය ලබන්නියෝ

යම්තාක් සිටිත් ද, නකුලමාතා ගෘහපතිනිය ඔවුන් අතර එකියකි. ගෘහපතිය, සුදු වත් හඳින මාගේ ගිහි ශ්‍රාවිකාවෝ මේ ධර්ම විනයෙහි ස්ථිර පිහිටකට පැමිණියාහු ද, ගැඹුරු අවබෝධයකට පැමිණියාහු ද, සැනසුමට පැමිණියාහු ද, සැකයෙන් එතෙර වූවාහු ද, කෙසේ ද කෙසේ ද යන සැකය දුරු කළාහු ද, විශාරද බවට පත්වූවාහු ද, ශාස්තෘ ශාසනයෙහි බාහිර උපකාර රහිත බවට පැමිණ වසන්නාහු යම්තාක් සිටිත් ද, නකුලමාතා ගෘහපතිනිය ඔවුන් අතර එකියකි.

ගෘහපතිය, ඔබට ලාභයකි. ගෘහපතිය, ඔබට මනා වූ ලැබීමකි. යම්බඳු වූ ඔබට නකුලමාතා ගෘහපතිනිය අනුකම්පා ඇත්තී ය. යහපත කැමැත්තී ය. අවවාද දෙන්නී ය. අනුශාසනා කරන්නී ය.

සාදු! සාදු!! සාදු!!!

නකුලපිතු සූත්‍රය නිමා විය.

6.1.2.7.
කුසල සූත්‍රය
කුසල් ගැන වදාළ දෙසුම

එක් සමයක භාග්‍යවතුන් වහන්සේ සැවැත් නුවර ජේතවනය නම් වූ අනේපිඬු සිටුහුගේ ආරාමයෙහි වැඩවසන සේක. එකල්හී භාග්‍යවතුන් වහන්සේ සවස් යාමයෙහි භාවනාවෙන් නැගිට උපස්ථාන ශාලාවට වැඩි සේක. වැඩම කොට පණවන ලද අසුනෙහි වැඩහුන් සේක.

ආයුෂ්මත් සාරිපුත්තයන් වහන්සේ ද සවස් යාමයෙහි භාවනාවෙන් නැගිට උපස්ථාන ශාලාවට වැඩි සේක. වැඩම කොට භාග්‍යවතුන් වහන්සේට සකසා වන්දනා කොට එකත්පස් ව හිඳගත් සේක. ආයුෂ්මත් මහා මොග්ගල්ලානයන් වහන්සේ ද ....(පෙ).... ආයුෂ්මත් මහා කස්සපයන් වහන්සේ ද ....(පෙ).... ආයුෂ්මත් මහා කච්චායනයන් වහන්සේ ද ....(පෙ).... ආයුෂ්මත් මහා කොට්ඨිතයන් වහන්සේ ද ....(පෙ).... ආයුෂ්මත් මහා චුන්දයන් වහන්සේ ද ....(පෙ).... ආයුෂ්මත් මහා කප්පිනයන් වහන්සේ ද ....(පෙ).... ආයුෂ්මත් අනුරුද්ධයන් වහන්සේ ද ....(පෙ).... ආයුෂ්මත් රේවතයන් වහන්සේ ද ....(පෙ).... ආයුෂ්මත් ආනන්දයන් වහන්සේ ද සවස් යාමයෙහි භාවනාවෙන්

නැගිට උපස්ථාන ශාලාවට වැඩි සේක. වැඩම කොට භාග්‍යවතුන් වහන්සේ සකසා වන්දනා කොට එකත්පස් ව හිඳගත් සේක.

එකල්හී භාග්‍යවතුන් වහන්සේ රාත්‍රී බොහෝ වේලා ගතවන තුරු වාඩිවීමෙන් කල්ගෙවා හුනස්නෙන් නැගිට විහාරයට පිවිසි සේක. ඒ ආයුෂ්මත් තෙරුන් වහන්සේලා ද භාග්‍යවතුන් වහන්සේ වැඩි නොබෝ කලකින් හුනස්නෙන් නැගිට තම තමන්ගේ වෙහෙරට වැඩි සේක. එහි පැවිදි ව වැඩි කලක් නැති යම් ඒ නවක භික්ෂූහු වෙත් ද, මේ ධර්ම විනයට අළුතින් පැමිණියාහු වෙත් ද, ඔවුහු හිරු නැගෙන තෙක් ගොරවමින් සැතපී සිටියහ.

භාග්‍යවතුන් වහන්සේ මිනිස් දැක්ම ඉක්මවා ගිය පිරිසිදු දිවැසින් ඒ හිරු උදාවෙන තෙක් ගොරවමින් සැතපී සිටින භික්ෂූන් දුටු සේක. දැක උපස්ථාන ශාලාවට වැඩම කළ සේක. වැඩම කොට පණවන ලද අසුනෙහි වැඩහුන් සේක. වැඩහුන් භාග්‍යවතුන් වහන්සේ ඒ භික්ෂූන් ඇමතූ සේක.

"මහණෙනි, සාරිපුත්තයෝ කොහි යැ? මහා මොග්ගල්ලානයෝ කොහි යැ? මහා කස්සපයෝ කොහි යැ? මහා කච්චායනයෝ කොහි යැ? මහා කොට්ඨිතයෝ කොහි යැ? මහා චුන්දයෝ කොහි යැ? මහා කප්පිනයෝ කොහි යැ? අනුරුද්ධයෝ කොහි යැ? රේවතයෝ කොහි යැ? ආනන්දයෝ කොහි යැ? මහණෙනි, ඒ ස්ථවිර ශ්‍රාවකයෝ කොහි ගියාහු ද?"

"ස්වාමීනී, භාග්‍යවතුන් වහන්සේ වැඩම කොට නොබෝ වේලාවකින් ඒ ආයුෂ්මත් තෙරුන් වහන්සේලා ද හුනස්නෙන් නැගිට තම තමන්ගේ වෙහෙරට වැඩි සේක."

"මහණෙනි, 'ස්ථවිර භික්ෂූහු වැඩම කළහ' යි කියා නවක වූ ඔබ කුමක් නිසා හිරු නැගෙන තෙක් ගොරවමින් නිදන්නහු ද? මහණෙනි, ඒ කිමෙකැයි සිතව් ද? කිම? ඔටුණු පළන් ක්ෂත්‍රීය රජෙක් කැමති තාක් යහන් සුවයෙහි, ස්පර්ශ සුවයෙහි, නිදි සුවයෙහි යළි යළි යෙදෙමින් වාසය කරන්නේ දිවි ඇති තෙක් රාජ්‍ය කරන්නේ ජනපදවාසීන්ට ප්‍රිය මනාප වූයේ ය කියා ඔබ විසින් දැක තිබේ ද? අසා තිබේ ද?"

"ස්වාමීනී, එය නොවේ ම ය."

"මැනැවි මහණෙනි. ඔටුණු පළන් ක්ෂත්‍රීය රජෙක් කැමති තාක් යහන් සුවයෙහි, ස්පර්ශ සුවයෙහි, නිදි සුවයෙහි යළි යළි යෙදෙමින් වාසය කරන්නේ දිවි ඇති තෙක් රාජ්‍ය කරන්නේ ජනපදවාසීන්ට ප්‍රිය මනාප වූයේ ය කියා මා විසින් ද නොදකින ලද්දේ ය. නොඅසන ලද්දේ ය.

මහණෙනි, ඒ කිමෙකැයි සිතව් ද? කිම? රට වැසියෙක් වේවා ....(පෙ).... පියා සතු දායාදය ලැබුවෙක් වේවා ....(පෙ).... සේනාපතියෙක් වේවා ....(පෙ).... ගම් නායකයෙක් වේවා ....(පෙ).... පිරිස් නායකයෙක් කැමති තාක් යහන් සුවයෙහි, ස්පර්ශ සුවයෙහි, නිදි සුවයෙහි යළි යළි යෙදෙමින් වාසය කරන්නේ දිවි ඇති තෙක් පිරිසට නායකත්වය දරන්නේ පිරිසට ප්‍රිය මනාප වූයේ ය කියා ඔබ විසින් දැක තිබේ ද? අසා තිබේ ද?"

"ස්වාමීනී, එය නොවේ ම ය."

"මැනැවි මහණෙනි. පිරිස් නායකයෙක් කැමති තාක් යහන් සුවයෙහි, ස්පර්ශ සුවයෙහි, නිදි සුවයෙහි යළි යළි යෙදෙමින් වාසය කරන්නේ දිවි ඇති තෙක් පිරිසට නායකත්වය දරන්නේ පිරිසට ප්‍රිය මනාප වූයේ ය කියා මා විසින් ද නොදකින ලද්දේ ය. නොඅසන ලද්දේ ය.

මහණෙනි, ඒ කිමෙකැයි සිතව් ද? කිම? ශ්‍රමණයෙක් වේවා බ්‍රාහ්මණයෙක් වේවා කැමති තාක් යහන් සුවයෙහි, ස්පර්ශ සුවයෙහි, නිදි සුවයෙහි යළි යළි යෙදෙමින් වාසය කරන්නේ, ඉන්ද්‍රියන්හි නොවසා ගත් දොරටු ඇත්තේ, බොජුනෙහි අරුත නොදන්නේ, නිදි වැරීමෙහි නොයෙදුණේ, කුසල ධර්මයන්හි නොයෙදුණේ, රෑ පෙරයමෙහි - පැසුළු යමෙහි බෝධිපාක්ෂික ධර්මයන් දියුණු කිරීමෙහි නොයෙදුණේ, ආශ්‍රවයන් ක්ෂය කොට අනාශ්‍රව වූ චිත්ත විමුක්තිය ත්, ප්‍රඥා විමුක්තිය ත් මෙලොව දී ම තම විශිෂ්ට ඥානයෙන් සාක්ෂාත් කොට එයට පැමිණ වාසය කරන්නේ ය කියා ඔබ විසින් දැක තිබේ ද? අසා තිබේ ද?"

"ස්වාමීනී, එය නොවේ ම ය."

"මැනැවි මහණෙනි. ශ්‍රමණයෙක් වේවා බ්‍රාහ්මණයෙක් වේවා කැමති තාක් යහන් සුවයෙහි, ස්පර්ශ සුවයෙහි, නිදි සුවයෙහි යළි යළි යෙදෙමින් වාසය කරන්නේ, ඉන්ද්‍රියන්හි නොවසා ගත් දොරටු ඇත්තේ, බොජුනෙහි අරුත නොදන්නේ, නිදි වැරීමෙහි නොයෙදුණේ, කුසල ධර්මයන්හි නොයෙදුණේ, රෑ පෙරයමෙහි - පැසුළු යමෙහි බෝධිපාක්ෂික ධර්මයන් දියුණු කිරීමෙහි නොයෙදුණේ, ආශ්‍රවයන් ක්ෂය කොට අනාශ්‍රව වූ චිත්ත විමුක්තිය ත්, ප්‍රඥා විමුක්තිය ත් මෙලොව දී ම තම විශිෂ්ට ඥානයෙන් සාක්ෂාත් කොට එයට පැමිණ වාසය කරන්නේ ය කියා මා විසින් ද නොදකින ලද්දේ ය. නොඅසන ලද්දේ ය.

එහෙයින් මහණෙනි, මෙසේ හික්මිය යුත්තේ ය. 'ඉන්ද්‍රියන්හි වසා ගත් දොරටු ඇත්තහු වන්නෙමු. බොජුනෙහි අරුත දන්නෝ වන්නෙමු. නිදි

වැරීමෙහි යෙදුණෝ වන්නෙමු. කුසල ධර්මයන්හි යෙදුණෝ, රෑ පෙරයමෙහි - පැසුළු යමෙහි බෝධිපාක්ෂික ධර්මයන් දියුණු කිරීමෙහි යෙදුණෝ වන්නෙමු' යි. මහණෙනි, මෙසේ ඔබ විසින් හික්මිය යුත්තේ ය.

සාදු! සාදු!! සාදු!!!

කුසල සූත්‍රය නිමා විය.

6.1.2.8.
මච්ඡික සූත්‍රය
මසුන් මරන්නා ගැන වදාළ දෙසුම

එක් සමයක භාග්‍යවතුන් වහන්සේ කොසොල් ජනපදයෙහි මහත් භික්ෂු සංඝයා සමඟ චාරිකාවෙහි වඩින සේක. එකල්හී භාග්‍යවතුන් වහන්සේ දීර්ඝ මාර්ගයට පිළිපන් සේක. එක්තරා ප්‍රදේශයක දී මසුන් බඳිමින් මසුන් මර මරා විකුණන මසුන් මරන්නෙකු දුටු සේක. දැක මාර්ගයෙන් ඉවත් ව එක්තරා රුක් සෙවණක පණවන ලද අසුනෙහි වැඩහුන් සේක. එසේ වැඩහුන් භාග්‍යවතුන් වහන්සේ භික්ෂූන් ඇමතූ සේක.

"මහණෙනි, ඔබ මසුන් බැඳ මසුන් මර මරා විකුණන්නා වූ අර මසුන් මරන්නා දකිව් ද?"

"එසේ ය ස්වාමීනී."

"මහණෙනි, ඒ කිමෙකැයි සිතව් ද? මසුන් මරන්නෙක් මසුන් බැඳ මසුන් මර මරා විකුණමින් ඒ ක්‍රියාවෙන්, ඒ ජීවිකාවෙන් ඇත් වාහනයෙන් යන්නේ ය කියා හෝ අස් වාහනයෙන් යන්නේ ය කියා හෝ රථයෙන් යන්නේ ය කියා හෝ යානයෙන් යන්නේ ය කියා හෝ මහත් භෝග සම්පත් ඇතිව භෝග සම්පත් බහුල කොට වසන්නේ ය කියා හෝ ඔබ විසින් දකින ලද්දේ ද? අසන ලද්දේ ද?"

"ස්වාමීනී, එය නොවේ ම ය."

"මැනැවි මහණෙනි. මසුන් මරන්නෙක් මසුන් බැඳ මසුන් මර මරා විකුණමින් ඒ ක්‍රියාවෙන්, ඒ ජීවිකාවෙන් ඇත් වාහනයෙන් යන්නේ ය කියා

හෝ අස් වාහනයෙන් යන්නේ ය කියා හෝ රථයෙන් යන්නේ ය කියා හෝ යානයෙන් යන්නේ ය කියා හෝ මහත් භෝග සම්පත් ඇතිව භෝග සම්පත් බහුල කොට වසන්නේ ය කියා හෝ මා විසින් ද නොදකින ලද්දේ ය. නොඅසන ලද්දේ ය.

එයට හේතුව කුමක් ද යත්, මහණෙනි, ඔහු මැරීම පිණිස රැස් කරන ලද ඒ මසුන් ලාමක වූ වධක චිත්තයෙන් ම සොයයි. එහෙයින් ඔහු ඇත් වාහනයෙනුත් නොයයි. අශ්ව වාහනයෙනුත් නොයයි. රථයෙනුත් නොයයි. යානයකින් නොයයි. භෝග සම්පත් අනුභව නොකරයි. මහත් වූ ලැබ වසන්නෙක් නොවෙයි.

මහණෙනි, ඒ කිමෙකැයි සිතව් ද? ගවයන් මරන්නෙක් ගවයන් මර මරා විකුණමින් ඒ ක්‍රියාවෙන්, ඒ ජීවිකාවෙන් ඇත් වාහනයෙන් යන්නේ ය කියා හෝ අස් වාහනයෙන් යන්නේ ය කියා හෝ රථයෙන් යන්නේ ය කියා හෝ යානයෙන් යන්නේ ය කියා හෝ මහත් භෝග සම්පත් ඇතිව භෝග සම්පත් බහුල කොට වසන්නේ ය කියා හෝ ඔබ විසින් දකින ලද්දේ ද? අසන ලද්දේ ද?"

"ස්වාමීනී, එය නොවේ ම ය."

"මැනැවි මහණෙනි. ගවයන් මරන්නෙක් ගවයන් මර මරා විකුණමින් ඒ ක්‍රියාවෙන්, ඒ ජීවිකාවෙන් ඇත් වාහනයෙන් යන්නේ ය කියා හෝ අස් වාහනයෙන් යන්නේ ය කියා හෝ රථයෙන් යන්නේ ය කියා හෝ යානයෙන් යන්නේ ය කියා හෝ මහත් භෝග සම්පත් ඇතිව භෝග සම්පත් බහුල කොට වසන්නේ ය කියා හෝ මා විසින් ද නොදකින ලද්දේ ය. නොඅසන ලද්දේ ය.

එයට හේතුව කුමක් ද යත්, මහණෙනි, ඔහු මැරීම පිණිස රැස් කරන ලද ඒ ගවයන් ලාමක වූ වධක චිත්තයෙන් ම සොයයි. එහෙයින් ඔහු ඇත් වාහනයෙනුත් නොයයි. අශ්ව වාහනයෙනුත් නොයයි. රථයෙනුත් නොයයි. යානයකින් නොයයි. භෝග සම්පත් අනුභව නොකරයි. මහත් වූ ලැබ වසන්නෙක් නොවෙයි.

මහණෙනි, ඒ කිමෙකැයි සිතව් ද? බැටළුවන් මරන්නෙක් ....(පෙ).... ඌරන් මරන්නෙක් ....(පෙ).... ලිහිණි වැද්දෙක් ....(පෙ).... මුවන් මරන්නෙක් මුවන් මර මරා විකුණමින් ඒ ක්‍රියාවෙන්, ඒ ජීවිකාවෙන් ඇත් වාහනයෙන් යන්නේ ය කියා හෝ අස් වාහනයෙන් යන්නේ ය කියා හෝ රථයෙන් යන්නේ ය කියා හෝ යානයෙන් යන්නේ ය කියා හෝ මහත් භෝග සම්පත් ඇතිව

භෝග සම්පත් බහුල කොට වසන්නේ ය කියා හෝ ඔබ විසින් දකින ලද්දේ ද? අසන ලද්දේ ද?"

"ස්වාමීනී, එය නොවේ ම ය."

"මැනැවි මහණෙනි. මුවන් මරන්නෙක් මුවන් මර මරා විකුණමින් ඒ ක්‍රියාවෙන්, ඒ ජීවිකාවෙන් ඇත් වාහනයෙන් යන්නේ ය කියා හෝ අස් වාහනයෙන් යන්නේ ය කියා හෝ රථයෙන් යන්නේ ය කියා හෝ යානයෙන් යන්නේ ය කියා හෝ මහත් භෝග සම්පත් ඇතිව භෝග සම්පත් බහුල කොට වසන්නේ ය කියා හෝ මා විසින් ද නොදකින ලද්දේ ය. නොඅසන ලද්දේ ය.

එයට හේතුව කුමක් ද යත්, මහණෙනි, ඔහු මැරීම පිණිස රැස් කරන ලද ඒ මුවන් ලාමක වූ වධක චිත්තයෙන් ම සොයයි. එහෙයින් ඔහු ඇත් වාහනයෙනුත් නොයයි. අශ්ව වාහනයෙනුත් නොයයි. රථයෙනුත් නොයයි. යානයකින් නොයයි. භෝග සම්පත් අනුභව නොකරයි. මහත් වූ ලැබ වසන්නෙක් නොවෙයි.

එයට හේතුව කුමක් ද? මහණෙනි, ඒ තැනැත්තා මරණයට කැප කරන ලද ඒ මුවන් දෙස වධක සිතින්, පාපී සිතින් බලමින් සිටියි. එහෙයින් හේ ඇත් වාහනයෙන් නොයයි. අස් වාහනයෙන් නොයයි. රථයෙන් නොයයි. යානයෙන් නොයයි. මහත් භෝග සම්පත් නැතිව සිටියි. භෝග සම්පත් බහුල කොට නොවසයි.

මහණෙනි, ඒ තැනැත්තා මරණයට කැප කරන ලද තිරිසන් ගත සතුන් දෙස වධක සිතින්, පාපී සිතින් බලමින් සිටීම හේතුවෙන් ඇත් වාහනයෙන් නොයයි නම්, අස් වාහනයෙන් නොයයි නම්, රථයෙන් නොයයි නම්, යානයෙන් නොයයි නම්, මහත් භෝග සම්පත් නැතිව සිටියි නම්, භෝග සම්පත් බහුල කොට නොවසයි නම්, යම් හෙයකින් මරණයට කැප කරන ලද මනුෂ්‍යයෙකු දෙස වධක සිතින්, පාපී සිතින් බලයි නම් එහි විපාක ගැන කවර කතා ද? මහණෙනි, එය ඔහුට දීර්ඝ කාලයක් අහිත පිණිස, දුක් පිණිස පවතින්නේ ය. කය බිඳී මරණින් මතු අපාය දුර්ගති විනිපාත නම් වූ නිරයෙහි උපදින්නේ ය."

සාදු! සාදු!! සාදු!!!

මච්ඡික සූත්‍රය නිමා විය.

6.1.2.9.
පඨම මරණසති සූත්‍රය
මරණසතිය ගැන වදාළ පළමු දෙසුම

එක් සමයක භාග්‍යවතුන් වහන්සේ නාදිකා නම් ගමෙහි ගඩොලින් කළ ගෙයෙහි වාසය කරන සේක. එකල්හී භාග්‍යවතුන් වහන්සේ "මහණෙනි" යි භික්ෂූන් ඇමතූ සේක. "පින්වතුන් වහන්සැ"යි ඒ භික්ෂූහු භාග්‍යවතුන් වහන්සේට පිළිවදන් දුන්හ. භාග්‍යවතුන් වහන්සේ මෙය වදාළ සේක.

"මහණෙනි, මරණසතිය භාවිත කිරීමෙන්, බහුල ව ප්‍රගුණ කිරීමෙන් මහත්ඵල මහානිශංස ලැබෙන්නේ ය. නිවන පිහිට කොට ඇත්තේ ය. නිවන කෙළවර කොට ඇත්තේ ය. මහණෙනි, ඔබ මරණසතිය වඩන්නහු ද?"

1. මෙසේ වදාළ කල්හී එක්තරා භික්ෂුවක් භාග්‍යවතුන් වහන්සේට මෙය පැවසුවේ ය.

"ස්වාමීනී, මම මරණය පිළිබඳ සිහි කිරීම වඩමි."

"භික්ෂුව, ඔබ මරණසතිය වඩන්නේ කවර අයුරින් ද?"

"ස්වාමීනී, මෙහිලා මට මෙසේ සිතෙයි. 'අහෝ! ඒකාන්තයෙන් මම් එක් රෑ දහවලක් ජීවත් වන්නෙම් නම්, එතෙක් කල් භාග්‍යවතුන් වහන්සේගේ ශාසනය මෙනෙහි කරන්නෙම් නම්, ඒකාන්තයෙන් මා විසින් බොහෝ දෙයක් කරන ලද්දේ වන්නේ ය' වශයෙනි. ස්වාමීනී, මම ඔය අයුරින් මරණසතිය වඩමි."

2. වෙනත් භික්ෂුවක් ද භාග්‍යවතුන් වහන්සේට මෙය පැවසුවේ ය.

"ස්වාමීනී, මම ත් මරණය පිළිබඳ සිහි කිරීම වඩමි."

"භික්ෂුව, ඔබ මරණසතිය වඩන්නේ කවර අයුරින් ද?"

"ස්වාමීනී, මෙහිලා මට මෙසේ සිතෙයි. 'අහෝ! ඒකාන්තයෙන් මම් දහවලක් ජීවත් වන්නෙම් නම්, එතෙක් කල් භාග්‍යවතුන් වහන්සේගේ ශාසනය මෙනෙහි කරන්නෙම් නම්, ඒකාන්තයෙන් මා විසින් බොහෝ දෙයක් කරන ලද්දේ වන්නේ ය' වශයෙනි. ස්වාමීනී, මම ඔය අයුරින් මරණසතිය වඩමි."

3. තවත් භික්ෂුවක් ද භාග්‍යවතුන් වහන්සේට මෙය පැවසුවේ ය.

"ස්වාමීනී, මම ත් මරණය පිළිබඳ සිහි කිරීම වඩමි."

"භික්ෂුව, ඔබ මරණසතිය වඩන්නේ කවර අයුරින් ද?"

"ස්වාමීනී, මෙහිලා මට මෙසේ සිතෙයි. 'අහෝ! ඒකාන්තයෙන් මම් එක් ආහාර වේලක් වළඳන කාලයක් ජීවත් වන්නෙම් නම්, එතෙක් කල් භාග්‍යවතුන් වහන්සේගේ ශාසනය මෙනෙහි කරන්නෙම් නම්, ඒකාන්තයෙන් මා විසින් බොහෝ දෙයක් කරන ලද්දේ වන්නේ ය' වශයෙනි. ස්වාමීනී, මම ඔය අයුරින් මරණසතිය වඩමි."

4. තවත් භික්ෂුවක් ද භාග්‍යවතුන් වහන්සේට මෙය පැවසුවේ ය.

"ස්වාමීනී, මම ත් මරණය පිළිබඳ සිහි කිරීම වඩමි."

"භික්ෂුව, ඔබ මරණසතිය වඩන්නේ කවර අයුරින් ද?"

"ස්වාමීනී, මෙහිලා මට මෙසේ සිතෙයි. 'අහෝ! ඒකාන්තයෙන් මම් සතර පස් පිඬක් ආහාර සපා අනුභව කෙරෙම් ද, එතෙක් කල් ජීවත් වන්නෙම් නම්, එතෙක් කල් භාග්‍යවතුන් වහන්සේගේ ශාසනය මෙනෙහි කරන්නෙම් නම්, ඒකාන්තයෙන් මා විසින් බොහෝ දෙයක් කරන ලද්දේ වන්නේ ය' වශයෙනි. ස්වාමීනී, මම ඔය අයුරින් මරණසතිය වඩමි."

5. තවත් භික්ෂුවක් ද භාග්‍යවතුන් වහන්සේට මෙය පැවසුවේ ය.

"ස්වාමීනී, මම ත් මරණය පිළිබඳ සිහි කිරීම වඩමි."

"භික්ෂුව, ඔබ මරණසතිය වඩන්නේ කවර අයුරින් ද?"

"ස්වාමීනී, මෙහිලා මට මෙසේ සිතෙයි. 'අහෝ! ඒකාන්තයෙන් මම් එක් පිඬක් ආහාර සපා අනුභව කෙරෙම් ද, එතෙක් කල් ජීවත් වන්නෙම් නම්, එතෙක් කල් භාග්‍යවතුන් වහන්සේගේ ශාසනය මෙනෙහි කරන්නෙම් නම්, ඒකාන්තයෙන් මා විසින් බොහෝ දෙයක් කරන ලද්දේ වන්නේ ය' වශයෙනි. ස්වාමීනී, මම ඔය අයුරින් මරණසතිය වඩමි."

6. තවත් භික්ෂුවක් ද භාග්‍යවතුන් වහන්සේට මෙය පැවසුවේ ය.

"ස්වාමීනී, මම ත් මරණය පිළිබඳ සිහි කිරීම වඩමි."

"භික්ෂුව, ඔබ මරණසතිය වඩන්නේ කවර අයුරින් ද?"

"ස්වාමීනී, මෙහිලා මට මෙසේ සිතෙයි. 'අහෝ! ඒකාන්තයෙන් මම් යම් කාලයක් තුළ ආශ්වාස කොට ප්‍රශ්වාස කරන්නෙම් ද, ප්‍රශ්වාස කොට ආශ්වාස කරන්නෙම් ද, එතෙක් කල් ජීවත් වන්නෙම් නම්, එතෙක් කල් භාග්‍යවතුන් වහන්සේගේ ශාසනය මෙනෙහි කරන්නෙම් නම්, ඒකාන්තයෙන් මා විසින් බොහෝ දෙයක් කරන ලද්දේ වන්නේ ය' වශයෙනි. ස්වාමීනී, මම ඔය අයුරින් මරණසතිය වඩමි."

මෙසේ පැවසූ කල්හී භාග්‍යවතුන් වහන්සේ ඒ භික්ෂූන් හට මෙය වදාළ සේක.

"මහණෙනි, යම් මේ භික්ෂුවක් මෙසේ මරණසතිය වඩයි ද, එනම් (1) 'අහෝ! ඒකාන්තයෙන් මම් එක් රෑ දහවලක් ජීවත් වන්නෙම් නම්, එතෙක් කල් භාග්‍යවතුන් වහන්සේගේ ශාසනය මෙනෙහි කරන්නෙම් නම්, ඒකාන්තයෙන් මා විසින් බොහෝ දෙයක් කරන ලද්දේ වන්නේ ය' කියා හෝ මහණෙනි, යම් මේ භික්ෂුවක් මෙසේ මරණසතිය වඩයි ද, එනම් (2) 'අහෝ! ඒකාන්තයෙන් මම් දහවලක් ජීවත් වන්නෙම් නම්, එතෙක් කල් භාග්‍යවතුන් වහන්සේගේ ශාසනය මෙනෙහි කරන්නෙම් නම්, ඒකාන්තයෙන් මා විසින් බොහෝ දෙයක් කරන ලද්දේ වන්නේ ය' කියා හෝ මහණෙනි, යම් මේ භික්ෂුවක් මෙසේ මරණසතිය වඩයි ද, එනම් (3) 'අහෝ! ඒකාන්තයෙන් මම් එක් ආහාර වේලක් වළඳන කාලයක් ජීවත් වන්නෙම් නම්, එතෙක් කල් භාග්‍යවතුන් වහන්සේගේ ශාසනය මෙනෙහි කරන්නෙම් නම්, ඒකාන්තයෙන් මා විසින් බොහෝ දෙයක් කරන ලද්දේ වන්නේ ය' කියා හෝ මහණෙනි, යම් මේ භික්ෂුවක් මෙසේ මරණසතිය වඩයි ද, එනම් (4) 'අහෝ! ඒකාන්තයෙන් මම් සතර පස් පිඩක් ආහාර සපා අනුභව කෙරෙම් ද, එතෙක් කල් ජීවත් වන්නෙම් නම්, එතෙක් කල් භාග්‍යවතුන් වහන්සේගේ ශාසනය මෙනෙහි කරන්නෙම් නම්, ඒකාන්තයෙන් මා විසින් බොහෝ දෙයක් කරන ලද්දේ වන්නේ ය' කියා හෝ වෙයි ද, මහණෙනි, මේ භික්ෂූහු ප්‍රමාදී ව වාසය කරන්නෝ ය. ආශ්‍රවයන් ක්ෂය වීම පිණිස සෙමෙන් මරණසතිය වඩත් යැයි කියනු ලැබේ.

මහණෙනි, යම් මේ භික්ෂුවක් මෙසේ මරණසතිය වඩයි ද, එනම් (5) 'අහෝ! ඒකාන්තයෙන් මම් එක් පිඩක් ආහාර සපා අනුභව කෙරෙම් ද, එතෙක් කල් ජීවත් වන්නෙම් නම්, එතෙක් කල් භාග්‍යවතුන් වහන්සේගේ ශාසනය මෙනෙහි කරන්නෙම් නම්, ඒකාන්තයෙන් මා විසින් බොහෝ දෙයක් කරන ලද්දේ වන්නේ ය' කියා හෝ මහණෙනි, යම් මේ භික්ෂුවක් මෙසේ මරණසතිය වඩයි ද, එනම් (6) 'අහෝ! ඒකාන්තයෙන් මම් යම් කාලයක් තුළ ආශ්වාස කොට ප්‍රශ්වාස කරන්නෙම් ද, ප්‍රශ්වාස කොට ආශ්වාස කරන්නෙම් ද, එතෙක්

කල් ජීවත් වන්නෙම් නම්, එතෙක් කල් භාග්‍යවතුන් වහන්සේගේ ශාසනය මෙනෙහි කරන්නෙම් නම්, ඒකාන්තයෙන් මා විසින් බොහෝ දෙයක් කරන ලද්දේ වන්නේ ය' කියා හෝ වෙයි ද, මහණෙනි, මේ භික්ෂූහු අප්‍රමාදී ව වාසය කරන්නෝ ය. ආශ්‍රවයන් ක්ෂය වීම පිණිස තියුණු ලෙස මරණසතිය වඩත් යැයි කියනු ලැබේ.

එහෙයින් මහණෙනි, මෙසේ හික්මිය යුත්තේ ය. 'අප්‍රමාදී ව වාසය කරන්නෙමු. ආශ්‍රවයන් ක්ෂය වීම පිණිස තියුණු ලෙස මරණසතිය වඩන්නෙමු' යි. මහණෙනි, ඔබ විසින් මෙසේ හික්මිය යුත්තේ ය."

සාදු! සාදු!! සාදු!!!

පඨම මරණසති සූත්‍රය නිමා විය.

6.1.2.10.
දුතිය මරණසති සූත්‍රය
මරණසතිය ගැන වදාළ දෙවෙනි දෙසුම

එක් සමයක භාග්‍යවතුන් වහන්සේ නාදිකා නම් ගමෙහි ගෙඩිගෙයෙහි වාසය කරන සේක. එකල්හී භාග්‍යවතුන් වහන්සේ භික්ෂූන් ඇමතූ සේක.

මහණෙනි, මරණසතිය භාවිත කිරීමෙන්, බහුල ව ප්‍රගුණ කිරීමෙන් මහත්ඵල මහානිශංස ලැබෙන්නේ ය. නිවන පිහිට කොට ඇත්තේ ය. නිවන කෙළවර කොට ඇත්තේ ය. මහණෙනි, කෙසේ භාවිත කරන ලද, කෙසේ බහුල ව ප්‍රගුණ කරන ලද මරණසතිය මහත්ඵල මහානිශංස ලැබ දෙන්නේ ද? නිවන පිහිට කොට ඇත්තේ, නිවන කෙළවර කොට ඇත්තේ ද?

1. මහණෙනි, මෙහිලා භික්ෂුව දහවල් ගෙවී ගොස් රැය එළැඹි කල්හී මෙසේ නුවණින් සළකයි. 'මාගේ මරණයට බොහෝ කාරණාවෝ තිබෙත්. සර්පයෙක් හෝ මට දෂ්ට කරන්නේ ය. ගෝනුස්සෙක් හෝ මට දෂ්ට කරන්නේ ය. පත්තෑයෙක් හෝ මට දෂ්ට කරන්නේ ය. එයින් මාගේ මරණය සිදුවිය හැක්කේ ය. එය මට අනතුරක් විය හැක්කේ ය. පය පැකිළී හෝ මම වැටෙන්නෙම් නම්, මා අනුභව කළ බත හෝ නොදිරවන්නේ නම්, මාගේ පිත හෝ කිපෙයි නම්, මාගේ සෙම හෝ කිපෙයි නම්, ආයුධයක් සේ නපුරු ලෙස මාගේ වාතය

හෝ කිපෙයි නම් ඒ හේතුවෙන් මා මරණයට පත් විය හැක්කේ ය. එය මට අනතුරක් විය හැක්කේ ය' වශයෙනි.

2. මහණෙනි, ඒ භික්ෂුව විසින් මෙසේ නුවණින් සැළකිය යුත්තේ ය. 'රාත්‍රියෙහි මරණයට පත්වන මා හට අන්තරායකර වූ යම් ඒ පාපී අකුසල ධර්මයෝ ඇද්ද, ඒවා මා තුළ අප්‍රහීණ ව තිබෙත් දැ'යි. ඉදින් මහණෙනි, භික්ෂුව නුවණින් සළකා බලද්දී මෙසේ දනියි නම්, එනම් 'රාත්‍රියෙහි මරණයට පත්වන මා හට අනතුරු පිණිස වූ පාපී අකුසල ධර්මයන් මා තුළ අප්‍රහීණ ව ඇත්තේ ය' යි. මහණෙනි, ඒ භික්ෂුව විසින් ඒ පාපී අකුසල ධර්මයන්ගේ ප්‍රහාණය පිණිස ම අධිමාත්‍ර වූ කැමැත්තක් ද, වීර්යයක් ද, උත්සාහයක් ද, බලවත් උත්සාහයක් ද, අත්නොහරින උත්සාහයක් ද, සිහියක් ද, නුවණින් කටයුතු කිරීමක් ද කළ යුත්තේ ය. මහණෙනි, යම් සේ ඇඳි වත ගිනි ගත් කෙනෙක් හෝ හිස ගිනි ගත් කෙනෙක් හෝ ඒ ඇඳි වත වේවා හිස වේවා නිවීම පිණිස අධිමාත්‍ර වූ කැමැත්තක් ද, වීර්යයක් ද, උත්සාහයක් ද, බලවත් උත්සාහයක් ද, අත්නොහරින උත්සාහයක් ද, සිහියක් ද, නුවණින් කටයුතු කිරීමක් කරන්නේ ද එසෙයින් ම මහණෙනි, ඒ භික්ෂුව විසින් ඒ පාපී අකුසල ධර්මයන්ගේ ප්‍රහාණය පිණිස ම අධිමාත්‍ර වූ කැමැත්තක් ද, වීර්යයක් ද, උත්සාහයක් ද, බලවත් උත්සාහයක් ද, අත්නොහරින උත්සාහයක් ද, සිහියක් ද, නුවණින් කටයුතු කිරීමක් ද කළ යුත්තේ ය.

3. ඉදින් මහණෙනි, භික්ෂුව නුවණින් සළකා බලද්දී මෙසේ දනියි නම්, එනම් 'රාත්‍රියෙහි මරණයට පත්වන මා හට අනතුරු පිණිස වූ පාපී අකුසල ධර්මයන් මා තුළ ප්‍රහීණ ව ඇත්තේ ය' යි. මහණෙනි, ඒ භික්ෂුව විසින් ඒ ප්‍රීති ප්‍රමුදිත බවින් ම දවල් රෑ දෙකෙහි කුසල් දහම්හි හික්මෙමින් වාසය කළ යුත්තේ ය.

4. මහණෙනි, මෙහිලා භික්ෂුව රැය ගෙවී ගොස් දහවල් එළැඹි කල්හී මෙසේ නුවණින් සළකයි. 'මාගේ මරණයට බොහෝ කාරණාවෝ තිබෙත්. සර්පයෙක් හෝ මට දෂ්ට කරන්නේ ය. ගෝනුස්සෙක් හෝ මට දෂ්ට කරන්නේ ය. පත්තෑයෙක් හෝ මට දෂ්ට කරන්නේ ය. එයින් මාගේ මරණය සිදුවිය හැක්කේ ය. එය මට අනතුරක් විය හැක්කේ ය. පය පැකිළී හෝ මම වැටෙන්නෙම් නම්, මා අනුභව කළ බත හෝ නොදිරවන්නේ නම්, මාගේ පිත හෝ කිපෙයි නම්, මාගේ සෙම හෝ කිපෙයි නම්, ආයුධයක් සේ නපුරු ලෙස මාගේ වාතය හෝ කිපෙයි නම් ඒ හේතුවෙන් මා මරණයට පත් විය හැක්කේ ය. එය මට අනතුරක් විය හැක්කේ ය' වශයෙනි.

5. මහණෙනි, ඒ භික්ෂුව විසින් මෙසේ නුවණින් සැළකිය යුත්තේ ය. 'දහවල්හි මරණයට පත්වන මා හට අන්තරායකර වූ යම් ඒ පාපී අකුසල ධර්මයෝ ඇද්ද, ඒවා මා තුළ අප්‍රහීණ ව තිබෙත් දැ'යි. ඉදින් මහණෙනි, භික්ෂුව නුවණින් සළකා බලද්දී මෙසේ දනියි නම්, එනම් 'දහවල්හි මරණයට පත්වන මා හට අනතුරු පිණිස වූ පාපී අකුසල ධර්මයන් මා තුළ අප්‍රහීණ ව ඇත්තේ ය' යි. මහණෙනි, ඒ භික්ෂුව විසින් ඒ පාපී අකුසල ධර්මයන්ගේ ප්‍රහාණය පිණිස ම අධිමාත්‍ර වූ කැමැත්තක් ද, වීර්යයක් ද, උත්සාහයක් ද, බලවත් උත්සාහයක් ද, අත්නොහරින උත්සාහයක් ද, සිහියක් ද, නුවණින් කටයුතු කිරීමක් ද කළ යුත්තේ ය. මහණෙනි, යම් සේ ඇඳි වත ගිනි ගත් කෙනෙක් හෝ හිස ගිනි ගත් කෙනෙක් හෝ ඒ ඇඳි වත වේවා හිස වේවා නිවීම පිණිස අධිමාත්‍ර වූ කැමැත්තක් ද, වීර්යයක් ද, උත්සාහයක් ද, බලවත් උත්සාහයක් ද, අත්නොහරින උත්සාහයක් ද, සිහියක් ද, නුවණින් කටයුතු කිරීමක් කරන්නේ ද එසෙයින් ම මහණෙනි, ඒ භික්ෂුව විසින් ඒ පාපී අකුසල ධර්මයන්ගේ ප්‍රහාණය පිණිස ම අධිමාත්‍ර වූ කැමැත්තක් ද, වීර්යයක් ද, උත්සාහයක් ද, බලවත් උත්සාහයක් ද, අත්නොහරින උත්සාහයක් ද, සිහියක් ද, නුවණින් කටයුතු කිරීමක් ද කළ යුත්තේ ය.

6. ඉදින් මහණෙනි, භික්ෂුව නුවණින් සළකා බලද්දී මෙසේ දනියි නම්, එනම් 'දහවල්හි මරණයට පත්වන මා හට අනතුරු පිණිස වූ පාපී අකුසල ධර්මයන් මා තුළ ප්‍රහීණ ව ඇත්තේ ය' යි. මහණෙනි, ඒ භික්ෂුව විසින් ඒ ප්‍රීති ප්‍රමුදිත බවින් ම දවල් රෑ දෙකෙහි කුසල් දහම්හි හික්මෙමින් වාසය කළ යුත්තේ ය.

මහණෙනි, මෙසේ මරණසතිය භාවිත කිරීමෙන්, බහුල ව ප්‍රගුණ කිරීමෙන් මහත්ඵල මහානිශංස ලැබෙන්නේ ය. නිවන පිහිට කොට ඇත්තේ ය. නිවන කෙළවර කොට ඇත්තේ ය.

සාදු! සාදු!! සාදු!!!

දුතිය මරණසති සූත්‍රය නිමා විය.

දෙවෙනි සාරාණීය වර්ගය අවසන් විය.

- එහි පිළිවෙල උද්දානයයි :

සාරාණීය සූත්‍ර දෙක, නිස්සාරණීය සූත්‍රය, භද්දක සූත්‍රය, අනුත්පය සූත්‍රය, නකුල පිතු සූත්‍රය, කුසල සූත්‍රය, මච්ඡික සූත්‍රය සහ මරණසති සූත්‍ර දෙක වශයෙන් මෙහි සූත්‍ර දශයෙකි.

3. අනුත්තරිය වර්ගය

6.1.3.1.
සාමගාමක සූත්‍රය
සාමගාමකයෙහි දී වදාළ දෙසුම

එක් සමයක භාග්‍යවතුන් වහන්සේ ශාක්‍ය ජනපදයෙහි සාමගාමකයෙහි පොක්ඛරණියා නම් වෙහෙරෙහි වැඩවසන සේක. එකල්හී එක්තරා දෙවියෙක් මැදියම් රැයෙහි මනහර වර්ණයෙන් යුතුව මුළු පොක්ඛරණියා වෙහෙර ම බබුළුවාගෙන භාග්‍යවතුන් වහන්සේ වෙත පැමිණියේ ය. පැමිණ භාග්‍යවතුන් වහන්සේට සකසා වන්දනා කොට එකත්පස් ව සිට ගත්තේ ය. එකත්පස් ව සිටි ඒ දෙවියා භාග්‍යවතුන් වහන්සේට මෙය සැළ කළේ ය.

"ස්වාමීනී, මේ කරුණු තුන භික්ෂුවකගේ පිරිහීම පිණිස පවතියි. ඒ කවර කරුණු තුනක් ද යත්; බාහිර වැඩකටයුතුවලට ඇලී සිටීම ය. කතාවට ඇලී සිටීම ය. නින්දට ඇලී සිටීම ය. ස්වාමීනී, මේ වනාහී භික්ෂුවකගේ පිරිහීම පිණිස පවතින කරුණු තුන යි."

ඒ දෙවියා මෙය පැවසුවේ ය. ශාස්තෘන් වහන්සේ එය අනුමත කළ සේක. ඉක්බිති ඒ දෙව් තෙමේ ශාස්තෘන් වහන්සේ මාගේ වචනය අනුමත කළ සේකැයි භාග්‍යවතුන් වහන්සේට සකසා වන්දනා කොට, පැදකුණු කොට එහි ම නොපෙනී ගියේ ය.

ඉක්බිති භාග්‍යවතුන් වහන්සේ ඒ රැය ඇවෑමෙන් භික්ෂූන් ඇමතූ සේක.

"මහණෙනි, මේ රැයෙහි එක්තරා දෙවියෙක් මනහර වර්ණයෙන් යුතුව මුළු පොක්ඛරණියා වෙහෙර ම බබුළුවාගෙන මා වෙත පැමිණියේ ය. පැමිණ මා හට සකසා වන්දනා කොට එකත්පස් ව සිට ගත්තේ ය. එකත්පස් ව සිටි ඒ දෙවියා මට මෙය සැළ කළේ ය.

'ස්වාමීනී, මේ කරුණු තුන භික්ෂුවකගේ පිරිහීම පිණිස පවතියි. ඒ කවර කරුණු තුනක් ද යත්; බාහිර වැඩකටයුතුවලට ඇලී සිටීම ය. කතාවට ඇලී සිටීම ය. නින්දට ඇලී සිටීම ය. ස්වාමීනී, මේ වනාහී භික්ෂුවකගේ පිරිහීම පිණිස පවතින කරුණු තුන යි.'

මහණෙනි, ඒ දෙවියා මෙය පැවසුවේ ය. මෙය පවසා මා හට සකසා වන්දනා කොට, පැදකුණු කොට එහි ම නොපෙනී ගියේ ය.

මහණෙනි, යම් බඳු ඔබ කුසල් දහම් වලින් පිරිහීමට පත්වෙන බව දෙවියෝ පවා දනිත් නම් එය ඔබට අලාභයකි. එය ඔබට නොමනා ලැබීමකි. මහණෙනි, අන්‍ය වූ පිරිහෙන කරුණු තුනකුත් දේශනා කරන්නෙමි. එය අසව්. මැනැවින් මෙනෙහි කරව්. පවසන්නෙමි."

"එසේය ස්වාමීනී" යි ඒ භික්ෂූහු භාග්‍යවතුන් වහන්සේට පිළිවදන් දුන්හ. භාග්‍යවතුන් වහන්සේ මෙය වදාළ සේක.

"මහණෙනි, පිරිහීම ඇති කරවන තුන් කරුණ මොනවා ද? පිරිස් සමඟ ඇලී වාසය කිරීම ය. අකීකරුකම ය. පව්ටු මිතුරන් ඇසුර ය. මහණෙනි, මේ වනාහී පිරිහීම ඇති කරවන තුන් කරුණ යි.

මහණෙනි, යම් කිසිවෙක් අතීත කාලයෙහි කුසල් දහම්වලින් පිරිහී ගියාහු ද, ඒ සියල්ලෝ ම මේ සය කරුණ හේතුවෙන් කුසල් දහම්වලින් පිරිහී ගියාහු ය. මහණෙනි, යම් කිසිවෙක් අනාගත කාලයෙහි කුසල් දහම්වලින් පිරිහී යන්නාහු ද, ඒ සියල්ලෝ ම මේ සය කරුණ හේතුවෙන් කුසල් දහම්වලින් පිරිහී යන්නාහු ය. මහණෙනි, යම් කිසිවෙක් මේ කාලයෙහි කුසල් දහම්වලින් පිරිහී යත් ද, ඒ සියල්ලෝ ම මේ සය කරුණ හේතුවෙන් කුසල් දහම්වලින් පිරිහී යති."

සාදු! සාදු!! සාදු!!!

සාමගාමක සූත්‍රය නිමා විය.

6.1.3.2.
අපරිහානීයධම්ම සූත්‍රය
නොපිරිහෙන කරුණු ගැන වදාළ දෙසුම

සැවැත් නුවර දී ය .....

මහණෙනි, මේ නොපිරිහෙන කරුණු සයක් දේශනා කරන්නෙමි. එය අසව්. මැනැවින් මෙනෙහි කරව්. පවසන්නෙමි. 'එසේ ය ස්වාමීනී' යි ඒ භික්ෂූහු භාග්‍යවතුන් වහන්සේට පිළිවදන් දුන්හ. භාග්‍යවතුන් වහන්සේ මෙය වදාළ සේක.

මහණෙනි, නොපිරිහීම ඇති කරවන සය කරුණ මොනවා ද? බාහිර වැඩ කටයුතුවල නොඇලීම ය. කතාවෙහි නොඇලීම ය. නින්දෙහි නොඇලීම ය. පිරිස් සමඟ නොඇලී වාසය කිරීම ය. කීකරුකම ය. කලණ මිතුරන් ඇසුර ය. මහණෙනි, මේ වනාහී නොපිරිහීම ඇති කරවන සය කරුණ යි.

මහණෙනි, යම් කිසිවෙක් අතීත කාලයෙහි කුසල් දහම්වලින් නොපිරිහී ගියාහු ද, ඒ සියල්ලෝ ම මේ සය කරුණ හේතුවෙන් කුසල් දහම්වලින් නොපිරිහී ගියාහු ය. මහණෙනි, යම් කිසිවෙක් අනාගත කාලයෙහි කුසල් දහම්වලින් නොපිරිහී යන්නාහු ද, ඒ සියල්ලෝ ම මේ සය කරුණ හේතුවෙන් කුසල් දහම්වලින් නොපිරිහී යන්නාහු ය. මහණෙනි, යම් කිසිවෙක් මේ කාලයෙහි කුසල් දහම්වලින් නොපිරිහී යත් ද, ඒ සියල්ලෝ ම මේ සය කරුණ හේතුවෙන් කුසල් දහම්වලින් නොපිරිහී යති.

සාදු! සාදු!! සාදු!!!

අපරිහානීයධම්ම සූත්‍රය නිමා විය.

6.1.3.3.
භය සූත්‍රය
භය ගැන වදාළ දෙසුම

සැවැත් නුවර දී ය .....

මහණෙනි, 'භය' යන මෙය කාමයන්ට කියන නමකි. මහණෙනි, 'දුක' යන මෙය කාමයන්ට කියන නමකි. මහණෙනි, 'රෝගය' යන මෙය කාමයන්ට කියන නමකි. මහණෙනි, 'ගඬුව' යන මෙය කාමයන්ට කියන නමකි. මහණෙනි, 'ඇල්ම' යන මෙය කාමයන්ට කියන නමකි. මහණෙනි, 'මඩ' යන මෙය කාමයන්ට කියන නමකි.

මහණෙනි, කාමයන්ට 'භය' යනුවෙන් පවසන්නේ කුමක් හෙයින් ද? මහණෙනි, කාමරාගයෙහි ඇළුණු ඡන්දරාගයෙන් බැඳුණු තැනැත්තා මෙලොවදී ඇතිවෙන භයෙනුත් නිදහස් නොවෙයි. පරලොව භයෙනුත් නිදහස් නොවෙයි. එනිසා ය කාමයන් හට 'භය' යන නාමය යෙදෙන්නේ. මහණෙනි, කුමක් හෙයින් ද 'දුක' යනුවෙන් ....(පෙ).... 'රෝගය' යනුවෙන් ....(පෙ).... 'ගඬු' යනුවෙන් ....(පෙ).... 'ඇල්ම' යනුවෙන් ....(පෙ).... මහණෙනි, කාමයන්ට 'මඩ' යනුවෙන් පවසන්නේ කුමක් හෙයින් ද? මහණෙනි, කාමරාගයෙහි ඇළුණු ඡන්දරාගයෙන් බැඳුණු තැනැත්තා මෙලොවදී ඇතිවෙන මඩෙනුත් නිදහස් නොවෙයි. පරලොව මඩෙනුත් නිදහස් නොවෙයි. එනිසාය කාමයන් හට 'මඩ' යන නාමය යෙදෙන්නේ.

(ගාථා)

1. භයකි. දුකක් ද වෙයි. රෝගයක් ද වෙයි. ගඬුවකි. ඇලීම හා මඩ යන දෙකෙන් ද යුක්ත ය. යම් පෘථග්ජනයෙක් මෙහි ඇලී සිටිත් ද, එහෙයින් මෙයට කාමයෝ යැයි කියනු ලැබේ.

2. උපත හා මරණය උපදවා දෙන කෙලෙසුන්ට ග්‍රහණය වීමේ බිය දැක ඉපදෙන මැරෙන දෙය නැති නිවනට පැමිණි සත්වයෝ දුකින් නිදහස් වෙත් ද,

3. ඔවුහු නිර්භය ස්ථානයට පැමිණියාහු ය. සැපයට පත්වූවාහු ය. මෙලොව

දී ම නිවී ගියාහු ය. සියළු භය වෛර ඉක්ම ගොස් සියළු දුක් ඉක්ම ගියාහු ය.

සාදු! සාදු!! සාදු!!!

භය සූත්‍රය නිමා විය.

6.1.3.4.
හිමවන්ත සූත්‍රය
හිමවත් පව්ව ගැන වදාළ දෙසුම

සැවැත් නුවර දී ය .....

මහණෙනි, මේ සය කරුණින් සමන්විත වූ භික්ෂුව හිමාල පර්වතරාජයා බිඳලන්නේ ය. ලාමක වූ අවිද්‍යාව බිඳීම ගැන කවර කථා ද? ඒ කවර කරුණු සයකින් ද යත්;

මහණෙනි, මෙහිලා භික්ෂුව සමාධියට සමවැදීමෙහි දක්ෂ වෙයි. සමාධිය පවත්වාගැනීමෙහි දක්ෂ වෙයි. සමාධියෙන් නැගී සිටීමෙහි දක්ෂ වෙයි. සමාධි සිත බබලවන්නට දක්ෂ වෙයි. සමාධියට ගැලපෙන අරමුණු පැවැත්වීමෙහි දක්ෂ වෙයි. මතු මත්තෙහි සමාධිය දියුණු වන අයුරින් ධ්‍යානයන්ට සමවැදීමෙහි දක්ෂ වෙයි.

මහණෙනි, මේ සය කරුණින් සමන්විත වූ භික්ෂුව හිමාල පර්වතරාජයා බිඳලන්නේ ය. ලාමක වූ අවිද්‍යාව බිඳීම ගැන කවර කථා ද?

සාදු! සාදු!! සාදු!!!

හිමවන්ත සූත්‍රය නිමා විය.

6.1.3.5.
අනුස්සතිට්ඨාන සූත්‍රය
සිහි කළ යුතු අරමුණු ගැන වදාළ දෙසුම

සැවැත් නුවර දී ය ....

මහණෙනි, සිහි කළ යුතු අරමුණු සයකි. ඒ කවර සයක් ද යත්;

1. මහණෙනි, මෙහිලා ආර්ය ශ්‍රාවක තෙමේ තථාගතයන් සිහි කරයි. එනම් 'ඒ භාග්‍යවතුන් වහන්සේ මේ මේ කරුණින් අරහං වන සේක. ....(පෙ).... සත්ථා දේවමනුස්සානං වන සේක. බුද්ධ වන සේක. භගවා වන සේක' යනුවෙනි. මහණෙනි, ආර්ය ශ්‍රාවකයා යම් කලෙක තථාගතයන් සිහි කරයි නම්, එසමයෙහි ඔහු තුළ රාගයෙන් යට කොට ගත් සිතක් නැත්තේ ය. ද්වේෂයෙන් යට කොට ගත් සිතක් නැත්තේ ය. මෝහයෙන් යට කොට ගත් සිතක් නැත්තේ ය. එසමයෙහි ඔහුගේ සිත ගේධයෙන් නික්මුණේ, මිදුණේ, නැගී සිටියේ, තථාගතයන් වහන්සේගේ ගුණ අරභයා ඍජු බවට පත්වූයේ වෙයි. මහණෙනි, ගේධ යනු මෙය පංචකාම ගුණයන්ට කියන්නා වූ නමකි. මහණෙනි, මෙය ත් අරමුණු කොට මෙහිලා ඇතැම් සත්වයෝ මෙසේ පිරිසිදු වෙති.

2. තව ද මහණෙනි, ආර්ය ශ්‍රාවක තෙමේ ධර්මය සිහි කරයි. එනම් 'භාග්‍යවතුන් වහන්සේ විසින් වදාරණ ලද ධර්මය ස්වාක්ඛාත වන සේක. ....(පෙ).... පච්චත්තං වේදිතබ්බෝ විඤ්ඤූහී වන සේක' යනුවෙනි. මහණෙනි, ආර්ය ශ්‍රාවකයා යම් කලෙක ධර්මය සිහි කරයි නම්, එසමයෙහි ඔහු තුළ රාගයෙන් යට කොට ගත් සිතක් නැත්තේ ය. ද්වේෂයෙන් යට කොට ගත් සිතක් නැත්තේ ය. මෝහයෙන් යට කොට ගත් සිතක් නැත්තේ ය. එසමයෙහි ඔහුගේ සිත ගේධයෙන් නික්මුණේ, මිදුණේ, නැගී සිටියේ, ධර්මයේ ගුණ අරභයා ඍජු බවට පත්වූයේ වෙයි. මහණෙනි, ගේධ යනු මෙය පංචකාම ගුණයන්ට කියන්නා වූ නමකි. මහණෙනි, මෙය ත් අරමුණු කොට මෙහිලා ඇතැම් සත්වයෝ මෙසේ පිරිසිදු වෙති.

3. තව ද මහණෙනි, ආර්ය ශ්‍රාවක තෙමේ සංඝයා සිහි කරයි. එනම් 'භාග්‍යවතුන් වහන්සේගේ ශ්‍රාවක සංඝයා වහන්සේ සුපටිපන්න වන සේක. ....(පෙ).... ලෝකයාගේ අනුත්තර පින්කෙත වන සේක' යනුවෙනි. මහණෙනි, ආර්ය

ශ්‍රාවකයා යම් කලෙක සංඝයා සිහි කරයි නම්, එසමයෙහි ඔහු තුළ රාගයෙන් යට කොට ගත් සිතක් නැත්තේ ය. ද්වේෂයෙන් යට කොට ගත් සිතක් නැත්තේ ය. මෝහයෙන් යට කොට ගත් සිතක් නැත්තේ ය. එසමයෙහි ඔහුගේ සිත ගේධයෙන් නික්මුණේ, මිදුණේ, නැගී සිටියේ, සංඝයාගේ ගුණ අරභයා ඍජු බවට පත්වූයේ වෙයි. මහණෙනි, ගේධ යනු මෙය පංචකාම ගුණයන්ට කියන්නා වූ නමකි. මහණෙනි, මෙය ත් අරමුණු කොට මෙහිලා ඇතැම් සත්වයෝ මෙසේ පිරිසිදු වෙති.

4. තව ද මහණෙනි, ආර්ය ශ්‍රාවක තෙමේ තමාගේ සිල් සිහි කරයි. එනම් 'කඩ නොවූ ත්, ...(පෙ).... සමාධිය පිණිස පවතින්නා වූ ත් තමාගේ සිල් සිහි කරයි. මහණෙනි, ආර්ය ශ්‍රාවකයා යම් කලෙක සීලය සිහි කරයි නම්, එසමයෙහි ඔහු තුළ රාගයෙන් යට කොට ගත් සිතක් නැත්තේ ය. ද්වේෂයෙන් යට කොට ගත් සිතක් නැත්තේ ය. මෝහයෙන් යට කොට ගත් සිතක් නැත්තේ ය. එසමයෙහි ඔහුගේ සිත ගේධයෙන් නික්මුණේ, මිදුණේ, නැගී සිටියේ, සීලය අරභයා ඍජු බවට පත්වූයේ වෙයි. මහණෙනි, ගේධ යනු මෙය පංචකාම ගුණයන්ට කියන්නා වූ නමකි. මහණෙනි, මෙය ත් අරමුණු කොට මෙහිලා ඇතැම් සත්වයෝ මෙසේ පිරිසිදු වෙති.

5. තව ද මහණෙනි, ආර්ය ශ්‍රාවක තෙමේ තමාගේ ත්‍යාග ගුණය සිහි කරයි. එනම් 'ඒකාන්තයෙන් ම මට ලාභයකි. ඒකාන්තයෙන් ම මට මනා වූ ලැබීමකි. ....(පෙ).... අනුන්ගේ ඉල්ලීමට සුදුස්සෙක්මි. දන් බෙදීමෙහි ඇලී සිටිමි' යි තම ත්‍යාග ගුණය සිහි කරයි. මහණෙනි, ආර්ය ශ්‍රාවකයා යම් කලෙක ත්‍යාගය සිහි කරයි නම්, එසමයෙහි ඔහු තුළ රාගයෙන් යට කොට ගත් සිතක් නැත්තේ ය. ද්වේෂයෙන් යට කොට ගත් සිතක් නැත්තේ ය. මෝහයෙන් යට කොට ගත් සිතක් නැත්තේ ය. එසමයෙහි ඔහුගේ සිත ගේධයෙන් නික්මුණේ, මිදුණේ, නැගී සිටියේ, ත්‍යාගය අරභයා ඍජු බවට පත්වූයේ වෙයි. මහණෙනි, ගේධ යනු මෙය පංචකාම ගුණයන්ට කියන්නා වූ නමකි. මහණෙනි, මෙය ත් අරමුණු කොට මෙහිලා ඇතැම් සත්වයෝ මෙසේ පිරිසිදු වෙති.

6. තව ද මහණෙනි, ආර්ය ශ්‍රාවක තෙමේ දේවතානුස්සතිය වඩයි. එනම් 'චාතුර්මහාරාජික දෙවිවරු ඇත්තාහ. තව්තිසාවැසි දෙවිවරු ඇත්තාහ. යාම දෙවිවරු ඇත්තාහ. තුසිත දෙවිවරු ඇත්තාහ. නිම්මාණරතී දෙවිවරු ඇත්තාහ. පරනිම්මිත වසවත්තී දෙවිවරු ඇත්තාහ. බ්‍රහ්මකායික දෙවිවරු ඇත්තාහ. එයටත් ඉහළ තලවල දෙවිවරු ඇත්තාහ. යම්බඳු වූ ශ්‍රද්ධාවකින් යුතු ඒ දෙවිවරු මේ මනුලොවින් චුත ව එහි උපන්නාහු නම් මා තුළ ද එබඳු වූ ශ්‍රද්ධාවක් දකින්නට ලැබෙයි. යම්බඳු වූ සීලයකින් ....(පෙ).... යම්බඳු වූ ශ්‍රැතයකින් ....(පෙ)....

යම්බඳු වූ ත්‍යාගයකින් ....(පෙ).... යම්බඳු වූ ප්‍රඥාවකින් යුතු ඒ දෙවිවරු මේ මනුලොවින් චුත ව එහි උපන්නාහු නම් මා තුළ ද එබඳු වූ ප්‍රඥාවක් දකින්නට ලැබෙයි' යනුවෙනි. මහණෙනි, ආර්ය ශ්‍රාවකයා යම් කලෙක තමාගේ ත්, ඒ දෙවියන්ගේ ත් ශ්‍රද්ධාව ත්, සීලය ත්, ශ්‍රැතය ත්, ත්‍යාගය ත්, ප්‍රඥාව ත් සිහි කරයි නම්, එසමයෙහි ඔහු තුළ රාගයෙන් යට කොට ගත් සිතක් නැත්තේ ය. ද්වේෂයෙන් යට කොට ගත් සිතක් නැත්තේ ය. මෝහයෙන් යට කොට ගත් සිතක් නැත්තේ ය. එසමයෙහි ඔහුගේ සිත ගේධයෙන් නික්මුණේ, මිදුණේ, නැගී සිටියේ, දෙවියන් අරභයා ඍජු බවට පත්වූයේ වෙයි. මහණෙනි, ගේධ යනු මෙය පංචකාම ගුණයන්ට කියන්නා වූ නමකි. මහණෙනි, මෙය ත් අරමුණු කොට මෙහිලා ඇතැම් සත්වයෝ මෙසේ පිරිසිදු වෙති.

මහණෙනි, මේ වනාහී සිහි කළ යුතු අරමුණු සය යි.

සාදු! සාදු!! සාදු!!!

අනුස්සතිට්ඨාන සූත්‍රය නිමා විය.

6.1.3.6.
මහා කච්චාන සූත්‍රය
මහා කච්චාන තෙරුන් වදාළ දෙසුම

සැවැත් නුවර දී ය ....

එකල්හී ආයුෂ්මත් මහා කච්චානයන් වහන්සේ 'ආයුෂ්මත් මහණෙනි' යි කියා භික්ෂූන් අමතා වදාළ සේක. 'ආයුෂ්මතුන් වහන්සැ'යි ඒ භික්ෂූහු ආයුෂ්මත් මහා කච්චානයන් වහන්සේට පිළිවදන් දුන්හ. ආයුෂ්මත් මහා කච්චානයන් වහන්සේ මෙය වදාළ සේක.

"ආයුෂ්මත්නි, ආශ්චර්යයකි! ආයුෂ්මත්නි, අද්භූත දෙයකි! මේ වනාහී සුභාෂිතයක් ම ය. ඒ සියල්ල දන්නා සියල්ල දක්නා භාග්‍යවත් වූ අරහත් වූ සම්මා සම්බුදුරජාණන් වහන්සේ විසින් සත්වයන්ගේ පිරිසිදු බව පිණිස ත්, ශෝක වැළපීම් ඉක්මවීම පිණිස ත්, දුක් දොම්නස් නැතිවීම පිණිස ත්, නිවන් මග අවබෝධ වීම පිණිස ත්, නිවන සාක්ෂාත් කිරීම පිණිස ත්, පංච කාම ගුණය නම් වූ කරදර මධ්‍යයෙහි ඉඩ අවකාශ ලබාගැනීම අවබෝධ කරන ලද්දේ ය. එනම් මේ සයක් වූ සිහි කරන කරුණු ය. ඒ කවර සයක් ද යත්;

1. ආයුෂ්මත්නි, මෙහිලා ආර්ය ශ්‍රාවක තෙමේ තථාගතයන් සිහි කරයි. එනම් 'ඒ භාග්‍යවතුන් වහන්සේ මේ මේ කරුණින් අරහං වන සේක. ....(පෙ).... සත්ථා දේවමනුස්සානං වන සේක. බුද්ධ වන සේක. භගවා වන සේක' යනුවෙනි. ආයුෂ්මත්නි, ආර්ය ශ්‍රාවකයා යම් කලෙක තථාගතයන් සිහි කරයි නම්, එසමයෙහි ඔහු තුළ රාගයෙන් යට කොට ගත් සිතක් නැත්තේ ය. ද්වේෂයෙන් යට කොට ගත් සිතක් නැත්තේ ය. මෝහයෙන් යට කොට ගත් සිතක් නැත්තේ ය. එසමයෙහි ඔහුගේ සිත ගේධයෙන් නික්මුණේ, මිදුණේ, නැගී සිටියේ, තථාගතයන් වහන්සේගේ ගුණ අරභයා ඍජු බවට පත්වූයේ වෙයි. ආයුෂ්මත්නි, ගේධ යනු මෙය පංචකාම ගුණයන්ට කියන්නා වූ නමකි. ආයුෂ්මත්නි, ඒ ආර්ය ශ්‍රාවක තෙමේ සර්වප්‍රකාරයෙන් ම අහස සම වූ සිතින් විපුල වූ මහද්ගත වූ අප්‍රමාණ වූ අවෛරී නිදුක් සිතින් වාසය කරයි. ආයුෂ්මත්නි, මෙය ත් අරමුණු කොට මෙහිලා ඇතැම් සත්වයෝ මෙසේ පිරිසිදු ස්වභාවයට පත්වෙති.

2. තව ද ආයුෂ්මත්නි, ආර්ය ශ්‍රාවක තෙමේ ධර්මය සිහි කරයි. එනම් 'භාග්‍යවතුන් වහන්සේ විසින් වදාරණ ලද ධර්මය ස්වාක්ඛාත වන සේක. ....(පෙ).... පච්චත්තං වේදිතබ්බෝ විඤ්ඤූහී වන සේක' යනුවෙනි. ආයුෂ්මත්නි, ආර්ය ශ්‍රාවකයා යම් කලෙක ධර්මය සිහි කරයි නම්, එසමයෙහි ඔහු තුළ රාගයෙන් යට කොට ගත් සිතක් නැත්තේ ය. ද්වේෂයෙන් යට කොට ගත් සිතක් නැත්තේ ය. මෝහයෙන් යට කොට ගත් සිතක් නැත්තේ ය. එසමයෙහි ඔහුගේ සිත ගේධයෙන් නික්මුණේ, මිදුණේ, නැගී සිටියේ, ධර්මයේ ගුණ අරභයා ඍජු බවට පත්වූයේ වෙයි. ආයුෂ්මත්නි, ගේධ යනු මෙය පංචකාම ගුණයන්ට කියන්නා වූ නමකි. ආයුෂ්මත්නි, ඒ ආර්ය ශ්‍රාවක තෙමේ සර්වප්‍රකාරයෙන් ම අහස සම වූ සිතින් විපුල වූ මහද්ගත වූ අප්‍රමාණ වූ අවෛරී නිදුක් සිතින් වාසය කරයි. ආයුෂ්මත්නි, මෙය ත් අරමුණු කොට මෙහිලා ඇතැම් සත්වයෝ මෙසේ පිරිසිදු ස්වභාවයට පත් වෙති.

3. තව ද ආයුෂ්මත්නි, ආර්ය ශ්‍රාවක තෙමේ සංඝයා සිහි කරයි. එනම් 'භාග ්‍යවතුන් වහන්සේගේ ශ්‍රාවක සංඝයා වහන්සේ සුපටිපන්න වන සේක. ....(පෙ).... ලෝකයාගේ අනුත්තර පින්කෙත වන සේක' යනුවෙනි. ආයුෂ්මත්නි, ආර්ය ශ්‍රාවකයා යම් කලෙක සංඝයා සිහි කරයි නම්, එසමයෙහි ඔහු තුළ රාගයෙන් යට කොට ගත් සිතක් නැත්තේ ය. ද්වේෂයෙන් යට කොට ගත් සිතක් නැත්තේ ය. මෝහයෙන් යට කොට ගත් සිතක් නැත්තේ ය. එසමයෙහි ඔහුගේ සිත ගේධයෙන් නික්මුණේ, මිදුණේ, නැගී සිටියේ, සංඝයාගේ ගුණ අරභයා ඍජු බවට පත්වූයේ වෙයි. ආයුෂ්මත්නි, ගේධ යනු මෙය පංචකාම ගුණයන්ට

කියන්නා වූ නමකි. ආයුෂ්මත්නි, ඒ ආර්ය ශ්‍රාවක තෙමේ සර්වප්‍රකාරයෙන් ම අහස සම වූ සිතින් විපුල වූ මහද්ගත වූ අප්‍රමාණ වූ අවෛරී නිදුක් සිතින් වාසය කරයි. ආයුෂ්මත්නි, මෙය ත් අරමුණු කොට මෙහිලා ඇතැම් සත්වයෝ මෙසේ පිරිසිදු ස්වභාවයට පත්වෙති.

4. තව ද ආයුෂ්මත්නි, ආර්ය ශ්‍රාවක තෙමේ තමාගේ සිල් සිහි කරයි. එනම් 'කඩ නොවූ ත්, ...(පෙ).... සමාධිය පිණිස පවතින්නා වූ ත් තමාගේ සිල් සිහි කරයි. ආයුෂ්මත්නි, ආර්ය ශ්‍රාවකයා යම් කලෙක සීලය සිහි කරයි නම්, එසමයෙහි ඔහු තුළ රාගයෙන් යට කොට ගත් සිතක් නැත්තේ ය. ද්වේෂයෙන් යට කොට ගත් සිතක් නැත්තේ ය. මෝහයෙන් යට කොට ගත් සිතක් නැත්තේ ය. එසමයෙහි ඔහුගේ සිත ගේධයෙන් නික්මුණේ, මිදුණේ, නැගී සිටියේ, සීලය අරභයා ඍජු බවට පත්වූයේ වෙයි. ආයුෂ්මත්නි, ගේධ යනු මෙය පංචකාම ගුණයන්ට කියන්නා වූ නමකි. ආයුෂ්මත්නි, ඒ ආර්ය ශ්‍රාවක තෙමේ සර්වප්‍රකාරයෙන් ම අහස සම වූ සිතින් විපුල වූ මහද්ගත වූ අප්‍රමාණ වූ අවෛරී නිදුක් සිතින් වාසය කරයි. ආයුෂ්මත්නි, මෙය ත් අරමුණු කොට මෙහිලා ඇතැම් සත්වයෝ මෙසේ පිරිසිදු ස්වභාවයට පත්වෙති.

5. තව ද ආයුෂ්මත්නි, ආර්ය ශ්‍රාවක තෙමේ තමාගේ ත්‍යාග ගුණය සිහි කරයි. එනම් 'ඒකාන්තයෙන් ම මට ලාභයකි. ඒකාන්තයෙන් ම මට මනා වූ ලැබීමකි. ....(පෙ).... අනුන්ගේ ඉල්ලීමට සුදුස්සෙක්මි. දන් බෙදීමෙහි ඇලී සිටිමි' යි තම ත්‍යාග ගුණය සිහි කරයි. ආයුෂ්මත්නි, ආර්ය ශ්‍රාවකයා යම් කලෙක ත්‍යාගය සිහි කරයි නම්, එසමයෙහි ඔහු තුළ රාගයෙන් යට කොට ගත් සිතක් නැත්තේ ය. ද්වේෂයෙන් යට කොට ගත් සිතක් නැත්තේ ය. මෝහයෙන් යට කොට ගත් සිතක් නැත්තේ ය. එසමයෙහි ඔහුගේ සිත ගේධයෙන් නික්මුණේ, මිදුණේ, නැගී සිටියේ, ත්‍යාගය අරභයා ඍජු බවට පත්වූයේ වෙයි. ආයුෂ්මත්නි, ගේධ යනු මෙය පංචකාම ගුණයන්ට කියන්නා වූ නමකි. ආයුෂ්මත්නි, ඒ ආර්ය ශ්‍රාවක තෙමේ සර්වප්‍රකාරයෙන් ම අහස සම වූ සිතින් විපුල වූ මහද්ගත වූ අප්‍රමාණ වූ අවෛරී නිදුක් සිතින් වාසය කරයි. ආයුෂ්මත්නි, මෙය ත් අරමුණු කොට මෙහිලා ඇතැම් සත්වයෝ මෙසේ පිරිසිදු ස්වභාවයට පත්වෙති.

6. තව ද ආයුෂ්මත්නි, ආර්ය ශ්‍රාවක තෙමේ දේවතානුස්සතිය වඩයි. එනම් 'චාතුර්මහාරාජික දෙවිවරු ඇත්තාහ. තව්තිසාවැසි දෙවිවරු ඇත්තාහ. යාම දෙවිවරු ඇත්තාහ. තුසිත දෙවිවරු ඇත්තාහ. නිම්මාණරතී දෙවිවරු ඇත්තාහ. පරනිම්මිත වසවත්තී දෙවිවරු ඇත්තාහ. බ්‍රහ්මකායික දෙවිවරු ඇත්තාහ. එයටත් ඉහළ තලවල දෙවිවරු ඇත්තාහ. යම්බඳු වූ ශ්‍රද්ධාවකින් යුතු ඒ දෙවිවරු මේ මනුලොවින් චුත ව එහි උපන්නාහු නම් මා තුළ ද එබඳු

වූ ශ්‍රද්ධාවක් දකින්නට ලැබෙයි. යම්බඳු වූ සීලයකින් ....(පෙ).... යම්බඳු වූ ශ්‍රැතයකින් ....(පෙ).... යම්බඳු වූ ත්‍යාගයකින් ....(පෙ).... යම්බඳු වූ ප්‍රඥාවකින් යුතු ඒ දෙවිවරු මේ මනුලොවින් චුත ව එහි උපන්නාහු නම් මා තුළ ද එබඳු වූ ප්‍රඥාවක් දකින්නට ලැබෙයි' යනුවෙනි. ආයුෂ්මත්නි, ආර්ය ශ්‍රාවකයා යම් කලෙක තමාගේ ත්, ඒ දෙවියන්ගේ ත් ශ්‍රද්ධාව ත්, සීලය ත්, ශ්‍රැතය ත්, ත්‍යාගය ත්, ප්‍රඥාව ත් සිහි කරයි නම්, එසමයෙහි ඔහු තුළ රාගයෙන් යට කොට ගත් සිතක් නැත්තේ ය. ද්වේෂයෙන් යට කොට ගත් සිතක් නැත්තේ ය. මෝහයෙන් යට කොට ගත් සිතක් නැත්තේ ය. එසමයෙහි ඔහුගේ සිත ගේධයෙන් නික්මුණේ, මිදුණේ, නැගී සිටියේ, දෙවියන් අරභයා ඍජු බවට පත්වූයේ වෙයි. ආයුෂ්මත්නි, ගේධ යනු මෙය පංචකාම ගුණයන්ට කියන්නා වූ නමකි. ආයුෂ්මත්නි, ඒ ආර්ය ශ්‍රාවක තෙමේ සර්වප්‍රකාරයෙන් ම අහස සම වූ සිතින් විපුල වූ මහද්ගත වූ අප්‍රමාණ වූ අවෛරී නිදුක් සිතින් වාසය කරයි. ආයුෂ්මත්නි, මෙය ත් අරමුණු කොට මෙහිලා ඇතැම් සත්වයෝ මෙසේ පිරිසිදු ස්වභාවයට පත්වෙති.

ආයුෂ්මත්නි, ආශ්චර්යයකි! ආයුෂ්මත්නි, අද්භූත දෙයකි! මේ වනාහී සුභාෂිතයක් ම ය. ඒ සියල්ල දන්නා සියල්ල දක්නා භාග්‍යවත් වූ අරහත් වූ සම්මා සම්බුදුරජාණන් වහන්සේ විසින් සත්වයන්ගේ පිරිසිදු බව පිණිස ත්, ශෝක වැළපීම් ඉක්මවීම පිණිස ත්, දුක් දොම්නස් නැතිවීම පිණිස ත්, නිවන් මග අවබෝධ වීම පිණිස ත්, නිවන සාක්ෂාත් කිරීම පිණිස ත්, පංච කාම ගුණය නම් වූ කරදර මධ්‍යයෙහි ඉඩ අවකාශ ලබාගැනීම අවබෝධ කරන ලද්දේ ය. එනම් මේ සයක් වූ සිහි කරන කරුණු ය.

සාදු! සාදු!! සාදු!!!

මහාකච්චාන සූත්‍රය නිමා විය.

6.1.3.7.
පඨම සමය සූත්‍රය
සුදුසු කාලය ගැන වදාළ පළමු දෙසුම

සැවැත් නුවර දී ය .....

එකල්හී එක්තරා භික්ෂුවක් භාග්‍යවතුන් වහන්සේ වෙත පැමිණියේ ය.

පැමිණ භාග්‍යවතුන් වහන්සේට සකසා වන්දනා කොට එකත්පස් ව හිඳ ගත්තේ ය. එකත්පස් ව හුන් ඒ භික්ෂුව භාග්‍යවතුන් වහන්සේට මෙය පැවසුවේ ය.

"ස්වාමීනී, මනෝභාවනීය භික්ෂුවක් දැකීම පිණිස එළඹෙන්නට සුදුසු කල් කෙතෙක් ද?"

"භික්ෂුව, මනෝභාවනීය භික්ෂුවක් දැකීම පිණිස එළඹෙන්නට සුදුසු කල් සයකි. ඒ කවර සය කාලයක් ද යත්;

1. භික්ෂුව, මෙහිලා යම් කලෙක භික්ෂුවක් කාමරාගයෙන් වෙළී, කාමරාගයෙන් යටකොට ගත් සිතින් වාසය කරයි නම්, උපන්නා වූ කාමරාගයෙන් නිදහස් වීම ඒ අයුරින් ම නොදනියි නම් එසමයෙහි මනෝභාවනීය භික්ෂුවක් කරා එළඹ ඔහුට මෙසේ කිව යුත්තේ ය. 'ආයුෂ්මත, මම වනාහී කාමරාගයෙන් පීඩිත ව, කාමරාගයට යටවුණු සිතින් වාසය කරමි. උපන් කාමරාගයෙන් නිදහස් වීමක් ද ඒ වූ සැටියෙන් ම නොදන්නෙමි. ආයුෂ්මත් තෙමේ ඒකාන්තයෙන් කාමරාගයේ ප්‍රහාණය පිණිස මට දහම් දෙසන්නේ නම් මැනැවැ' යි. මනෝභාවනීය භික්ෂුව ඔහුට කාමරාගය ප්‍රහාණය වීම පිණිස ධර්මය දෙසයි. භික්ෂුව මනෝභාවනීය භික්ෂුවක් දැකීම පිණිස එළඹෙන්නට සුදුසු වූ මේ පළමු කාලය යි.

2. තව ද භික්ෂුව, යම් කලෙක භික්ෂුවක් ද්වේෂයෙන් වෙළී, ද්වේෂයෙන් යටකොට ගත් සිතින් වාසය කරයි නම්, උපන්නා වූ ද්වේෂයෙන් නිදහස් වීම ඒ අයුරින් ම නොදනියි නම් එසමයෙහි මනෝභාවනීය භික්ෂුවක් කරා එළඹ ඔහුට මෙසේ කිව යුත්තේ ය. 'ආයුෂ්මත, මම වනාහී ද්වේෂයෙන් පීඩිත ව, ද්වේෂයට යටවුණු සිතින් වාසය කරමි. උපන් ද්වේෂයෙන් නිදහස් වීමක් ද ඒ වූ සැටියෙන් ම නොදන්නෙමි. ආයුෂ්මත් තෙමේ ඒකාන්තයෙන් ද්වේෂයේ ප්‍රහාණය පිණිස මට දහම් දෙසන්නේ නම් මැනැවැ' යි. මනෝභාවනීය භික්ෂුව ඔහුට ද්වේෂය ප්‍රහාණය වීම පිණිස ධර්මය දෙසයි. භික්ෂුව මනෝභාවනීය භික්ෂුවක් දැකීම පිණිස එළඹෙන්නට සුදුසු වූ මේ දෙවෙනි කාලය යි.

3. තව ද භික්ෂුව, යම් කලෙක භික්ෂුවක් ථීනමිද්ධයෙන් වෙළී, ථීනමිද්ධයෙන් යටකොට ගත් සිතින් වාසය කරයි නම්, උපන්නා වූ ථීනමිද්ධයෙන් නිදහස් වීම ඒ අයුරින් ම නොදනියි නම් එසමයෙහි මනෝභාවනීය භික්ෂුවක් කරා එළඹ ඔහුට මෙසේ කිව යුත්තේ ය. 'ආයුෂ්මත, මම වනාහී ථීනමිද්ධයෙන් පීඩිත ව, ථීනමිද්ධයට යටවුණු සිතින් වාසය කරමි. උපන් ථීනමිද්ධයෙන් නිදහස් වීමක් ද ඒ වූ සැටියෙන් ම නොදන්නෙමි. ආයුෂ්මත් තෙමේ ඒකාන්තයෙන් ථීනමිද්ධයේ ප්‍රහාණය පිණිස මට දහම් දෙසන්නේ නම් මැනැවැ' යි. මනෝභාවනීය භික්ෂුව

ඔහුට ථිනමිද්ධය ප්‍රහාණය වීම පිණිස ධර්මය දෙසයි. භික්ෂුව මනෝභාවනීය භික්ෂුවක් දැකීම පිණිස එළඹෙන්නට සුදුසු වූ මේ තෙවෙනි කාලය යි.

4. තව ද භික්ෂුව, යම් කලෙක භික්ෂුවක් උද්ධච්ච කුක්කුච්චයෙන් වෙළී, උද්ධච්ච කුක්කුච්චයෙන් යටකොට ගත් සිතින් වාසය කරයි නම්, උපන්නා වූ උද්ධච්ච කුක්කුච්චයෙන් නිදහස් වීම ඒ අයුරින් ම නොදනියි නම් එසමයෙහි මනෝභාවනීය භික්ෂුවක් කරා එළඹ ඔහුට මෙසේ කිව යුත්තේ ය. 'ආයුෂ්මත, මම වනාහී උද්ධච්ච කුක්කුච්චයෙන් පීඩිත ව, උද්ධච්ච කුක්කුච්චයට යටවුණු සිතින් වාසය කරමි. උපන් උද්ධච්ච කුක්කුච්චයෙන් නිදහස් වීමක් ද ඒ වූ සැටියෙන් ම නොදන්නෙමි. ආයුෂ්මත් තෙමේ ඒකාන්තයෙන් උද්ධච්ච කුක්කුච්චයේ ප්‍රහාණය පිණිස මට දහම් දෙසන්නේ නම් මැනැවැ' යි. මනෝභාවනීය භික්ෂුව ඔහුට උද්ධච්ච කුක්කුච්චය ප්‍රහාණය වීම පිණිස ධර්මය දෙසයි. භික්ෂුව මනෝභාවනීය භික්ෂුවක් දැකීම පිණිස එළඹෙන්නට සුදුසු වූ මේ සිව්වෙනි කාලය යි.

5. තව ද භික්ෂුව, යම් කලෙක භික්ෂුවක් විචිකිච්ඡාවෙන් වෙළී, විචිකිච්ඡාවෙන් යටකොට ගත් සිතින් වාසය කරයි නම්, උපන්නා වූ විචිකිච්ඡාවෙන් නිදහස් වීම ඒ අයුරින් ම නොදනියි නම් එසමයෙහි මනෝභාවනීය භික්ෂුවක් කරා එළඹ ඔහුට මෙසේ කිව යුත්තේ ය. 'ආයුෂ්මත, මම වනාහී විචිකිච්ඡාවෙන් පීඩිත ව, විචිකිච්ඡාවට යටවුණු සිතින් වාසය කරමි. උපන් විචිකිච්ඡාවෙන් නිදහස් වීමක් ද ඒ වූ සැටියෙන් ම නොදන්නෙමි. ආයුෂ්මත් තෙමේ ඒකාන්තයෙන් විචිකිච්ඡාවේ ප්‍රහාණය පිණිස මට දහම් දෙසන්නේ නම් මැනැවැ' යි. මනෝභාවනීය භික්ෂුව ඔහුට විචිකිච්ඡාව ප්‍රහාණය වීම පිණිස ධර්මය දෙසයි. භික්ෂුව මනෝභාවනීය භික්ෂුවක් දැකීම පිණිස එළඹෙන්නට සුදුසු වූ මේ පස්වෙනි කාලය යි.

6. තව ද භික්ෂුව, යම් කලෙක භික්ෂුවක් යම් නිමිත්තකට පැමිණ යම් නිමිත්තක් මෙනෙහි කරන කල්හී මේ ජීවිතයේදී ම ආශ්‍රවයන්ගේ ක්ෂය වීම වෙයි ද, ඒ නිමිත්ත නොදනියි නම්, නොදකියි නම්, එසමයෙහි මනෝභාවනීය භික්ෂුවක් කරා එළඹ ඔහුට මෙසේ කිව යුත්තේ ය. 'ආයුෂ්මත, මම වනාහී යම් නිමිත්තකට පැමිණ යම් නිමිත්තක් මෙනෙහි කරන කල්හී මේ ජීවිතයේදී ම ආශ්‍රවයන්ගේ ක්ෂය වීම වෙයි ද, ඒ නිමිත්ත නොදනිමි. නොදකිමි. ආයුෂ්මත් තෙමේ මට ආශ්‍රවයන්ගේ ක්ෂය වීම පිණිස දහම් දෙසන්නේ නම් මැනැවැ' යි. මනෝභාවනීය භික්ෂුව ඔහුට ආශ්‍රවයන්ගේ ක්ෂය වීම පිණිස ධර්මය දෙසයි. භික්ෂුව මනෝභාවනීය භික්ෂුවක් දැකීම පිණිස එළඹෙන්නට සුදුසු වූ මේ සයවෙනි කාලය යි.

භික්ෂුව, මේ වනාහී මනෝභාවනීය භික්ෂුවක් දැකීම පිණිස එළඹෙන්නට සුදුසු කල් සය යි.

සාදු! සාදු!! සාදු!!!

පඨම සමය සූත්‍රය නිමා විය.

6.1.3.8.
දුතිය සමය සූත්‍රය
සුදුසු කාලය ගැන වදාළ දෙවෙනි දෙසුම

එක් සමයෙක්හි බොහෝ ස්ථවිර භික්ෂූහු බරණැස ඉසිපතන මිගදායෙහි වැඩවාසය කරති. එකල්හී පසුබත් කාලයෙහි පිණ්ඩපාතයෙන් වැළකී මණ්ඩලමාලයෙහි රැස් ව හුන් ඒ ස්ථවිර භික්ෂූන් අතර මේ කථාව ඇති විය.

"ආයුෂ්මත්නි, මනෝභාවනීය භික්ෂුවක් දැකීම පිණිස එළඹෙන්නට සුදුසු කල් කවරේ ද?"

මෙසේ පැවසූ කල්හී එක්තරා භික්ෂුවක් ඒ භික්ෂූන්ට මෙය පැවසුවේ ය.

"ආයුෂ්මත්නි, යම් කලෙක මනෝභාවනීය භික්ෂුව පසුබත පිණ්ඩපාතයෙන් වැළකී පෙරළා පැමිණ පා දෝවනය කොට පළඟක් බැඳ කය සෘජු කොට භාවනා අරමුණෙහි සිහිය පිහිටුවාගෙන වාසය කරයි ද, මනෝභාවනීය භික්ෂුවක් දැකීම පිණිස එළඹෙන්නට එය සුදුසු කාලය යි."

මෙසේ පැවසූ කල්හී තවත් භික්ෂුවක් ඒ භික්ෂුවට මෙය පැවසුවේ ය.

"ආයුෂ්මත, යම් කලෙක මනෝභාවනීය භික්ෂුව පසුබත පිණ්ඩපාතයෙන් වැළකී පෙරළා පැමිණ පා දෝවනය කොට පළඟක් බැඳ කය සෘජු කොට භාවනා අරමුණෙහි සිහිය පිහිටුවාගෙන වාසය කරයි ද, ආයුෂ්මත, මනෝභාවනීය භික්ෂුවක් දැකීම පිණිස එළඹෙන්නට එය සුදුසු කාලය නොවෙයි. එසමයෙහි ඔහුගේ පිණ්ඩපාතයේ හැසිරීමෙන් ලත් වෙහෙස ද සංසිඳුණේ නොවෙයි. එසමයෙහි ඔහුගේ දන් වැළඳීමෙන් හටගත් වෙහෙස ද සංසිඳුණේ නොවෙයි. එහෙයින් මනෝභාවනීය භික්ෂුව දකිනු පිණිස යාමට එය නොකාලය යි.

ආයුෂ්මත, යම් කලෙක මනෝභාවනීය භික්ෂුව සවස් වරුවෙහි භාවනාවෙන් නැගිට විහාර සෙවණැල්ලෙහි පළඟක් බැඳ කය ඍජු කොට භාවනා අරමුණෙහි සිහිය පිහිටුවාගෙන හුන්නේ වෙයි ද, මනෝභාවනීය භික්ෂුවක් දැකීම පිණිස එළඹෙන්නට එය සුදුසු කාලය යි."

මෙසේ පැවසූ කල්හී තවත් භික්ෂුවක් ඒ භික්ෂුවට මෙය පැවසුවේ ය.

"ආයුෂ්මත, යම් කලෙක මනෝභාවනීය භික්ෂුව සවස් වරුවෙහි භාවනාවෙන් නැගිට විහාර සෙවණැල්ලෙහි පළඟක් බැඳ කය ඍජු කොට භාවනා අරමුණෙහි සිහිය පිහිටුවාගෙන හුන්නේ වෙයි ද, මනෝභාවනීය භික්ෂුවක් දැකීම පිණිස එළඹෙන්නට එය සුදුසු කාලය නොවෙයි. ඒ භික්ෂුව විසින් දහවල් කාලයෙහි යම් සමාධි නිමිත්තක් මෙනෙහි කරන ලද්දේ වෙයි ද, එසමයෙහි ඔහුගේ මනසෙහි ඒ සමාධි නිමිත්ත හැසිරෙයි. එහෙයින් මනෝභාවනීය භික්ෂුව දකිනු පිණිස යාමට එය නොකාලය යි. ආයුෂ්මත, යම් කලක මනෝභාවනීය භික්ෂුව රාත්‍රී පශ්චිම යාමයෙහි නැගිට පළඟක් බැඳ කය ඍජු කොට භාවනා අරමුණෙහි සිහිය පිහිටුවාගෙන හුන්නේ වෙයි ද, මනෝභාවනීය භික්ෂුවක් දැකීම පිණිස එළඹෙන්නට එය සුදුසු කාලය යි."

මෙසේ පැවසූ කල්හී තවත් භික්ෂුවක් ඒ භික්ෂුවට මෙය පැවසුවේ ය.

"ආයුෂ්මත, යම් කලෙක මනෝභාවනීය භික්ෂුව රාත්‍රී පශ්චිම යාමයෙහි නැගිට පළඟක් බැඳ කය ඍජු කොට භාවනා අරමුණෙහි සිහිය පිහිටුවාගෙන හුන්නේ වෙයි ද, එසමයෙහි ඒ භික්ෂුවගේ කයෙහි ඕජස් නැගී සිටියේ වෙයි. ඒ භික්ෂුවට බුදුරජුන්ගේ ශාසනය මෙනෙහි කරන්නට පහසු වෙයි. එහෙයින් මනෝභාවනීය භික්ෂුවක් දැකීම පිණිස එළඹෙන්නට එය සුදුසු කාලය නොවෙයි."

මෙසේ පැවසූ කල්හී ආයුෂ්මත් මහා කච්චානයන් වහන්සේ ස්ථවිර භික්ෂූන් වහන්සේලාට මෙය වදාළහ.

"ආයුෂ්මත්නි, මා විසින් භාග්‍යවතුන් වහන්සේ වෙතින් මෙකරුණ අසන ලද්දේ ය. උන්වහන්සේ වෙතින් පිළිගන්නා ලද්දේ ය.

'භික්ෂුව, මනෝභාවනීය භික්ෂුවක් දැකීම පිණිස එළඹෙන්නට සුදුසු කල් සයකි. ඒ කවර සය කාලයක් ද යත්;

භික්ෂුව, මෙහිලා යම් කලෙක භික්ෂුවක් කාමරාගයෙන් වෙළී, කාමරාගයෙන් යටකොට ගත් සිතින් වාසය කරයි නම්, උපන්නා වූ කාමරාගයෙන් නිදහස් වීම ඒ අයුරින් ම නොදනියි නම් එසමයෙහි මනෝභාවනීය භික්ෂුවක්

කරා එළඹ ඔහුට මෙසේ කිව යුත්තේ ය. 'ආයුෂ්මත, මම වනාහී කාමරාග යෙන් පීඩිත ව, කාමරාගයට යටවුණු සිතින් වාසය කරමි. උපන් කාමරාග යෙන් නිදහස් වීමක් ද ඒ වූ සැටියෙන් ම නොදන්නෙමි. ආයුෂ්මත් තෙමේ ඒකාන්තයෙන් කාමරාගයේ ප්‍රහාණය පිණිස මට දහම් දෙසන්නේ නම් මැනැවැ' යි. මනෝභාවනීය භික්ෂුව ඔහුට කාමරාගය ප්‍රහාණය වීම පිණිස ධර්මය දෙසයි. භික්ෂුව මනෝභාවනීය භික්ෂුවක් දැකීම පිණිස එළඹෙන්නට සුදුසු වූ මේ පළමු කාලය යි.

තව ද භික්ෂුව, යම් කලෙක භික්ෂුවක් ද්වේෂයෙන් වෙළී, ද්වේෂයෙන් යටකොට ගත් සිතින් වාසය කරයි නම්, ...(පෙ).... තව ද භික්ෂුව, යම් කලෙක භික්ෂුවක් ථිනමිද්ධයෙන් වෙළී, ථිනමිද්ධයෙන් යටකොට ගත් සිතින් වාසය කරයි නම්, ...(පෙ).... තව ද භික්ෂුව, යම් කලෙක භික්ෂුවක් උද්ධච්ච කුක්කුච්චයෙන් වෙළී, උද්ධච්ච කුක්කුච්චයෙන් යටකොට ගත් සිතින් වාසය කරයි නම්, ...(පෙ).... තව ද භික්ෂුව, යම් කලෙක භික්ෂුවක් විචිකිච්ඡාවෙන් වෙළී, විචිකිච්ඡාවෙන් යටකොට ගත් සිතින් වාසය කරයි නම්, ...(පෙ).... තව ද භික්ෂුව, යම් කලෙක භික්ෂුවක් යම් නිමිත්තකට පැමිණ යම් නිමිත්තක් මෙනෙහි කරන කල්හී මේ ජීවිතයේදී ම ආශ්‍රවයන්ගේ ක්ෂය වීම වෙයි ද, ඒ නිමිත්ත නොදනියි නම්, නොදකියි නම්, එසමයෙහි මනෝභාවනීය භික්ෂුවක් කරා එළඹ ඔහුට මෙසේ කිව යුත්තේ ය. 'ආයුෂ්මත, මම වනාහී යම් නිමිත්තකට පැමිණ යම් නිමිත්තක් මෙනෙහි කරන කල්හී මේ ජීවිතයේදී ම ආශ්‍රවයන්ගේ ක්ෂය වීම වෙයි ද, ඒ නිමිත්ත නොදනිමි. නොදකිමි. ආයුෂ්මත් තෙමේ මට ආශ්‍රවයන්ගේ ක්ෂය වීම පිණිස දහම් දෙසන්නේ නම් මැනැවැ' යි. මනෝභාවනීය භික්ෂුව ඔහුට ආශ්‍රවයන්ගේ ක්ෂය වීම පිණිස ධර්මය දෙසයි. භික්ෂුව මනෝභාවනීය භික්ෂුවක් දැකීම පිණිස එළඹෙන්නට සුදුසු වූ මේ සයවෙනි කාලය යි.'

ආයුෂ්මත්නි, 'භික්ෂුව, මේ වනාහී මනෝභාවනීය භික්ෂුවක් දැකීම පිණිස එළඹෙන්නට සුදුසු කල් සය යි' යනුවෙන් මා විසින් භාග්‍යවතුන් වහන්සේ වෙතින් මෙකරුණ අසන ලද්දේ ය. උන්වහන්සේ වෙතින් පිළිගන්නා ලද්දේ ය.

සාදු! සාදු!! සාදු!!!

දුතිය සමය සූත්‍රය නිමා විය.

6.1.3.9.
උදායී සූත්‍රය
උදායී තෙරුන්ට වදාළ දෙසුම

සැවැත් නුවර දී ය .....

එකල්හී භාග්‍යවතුන් වහන්සේ ආයුෂ්මත් උදායී තෙරුන් ඇමතූ සේක.

"උදායී, සිහි කළ යුතු අරමුණු කෙතෙක් තිබේ ද?"

මෙසේ අසා වදාළ කල්හී ආයුෂ්මත් උදායී තෙරණුවෝ නිශ්ශබ්ද වූහ.

දෙවෙනි වතාවට ත් භාග්‍යවතුන් වහන්සේ ආයුෂ්මත් උදායී තෙරුන් ඇමතූ සේක.

"උදායී, සිහි කළ යුතු අරමුණු කෙතෙක් තිබේ ද?"

මෙසේ අසා වදාළ කල්හී දෙවෙනි වතාවට ත් ආයුෂ්මත් උදායී තෙරණුවෝ නිශ්ශබ්ද වූහ.

තෙවෙනි වතාවට ත් භාග්‍යවතුන් වහන්සේ ආයුෂ්මත් උදායී තෙරුන් ඇමතූ සේක.

"උදායී, සිහි කළ යුතු අරමුණු කෙතෙක් තිබේ ද?"

මෙසේ අසා වදාළ කල්හී තෙවෙනි වතාවට ත් ආයුෂ්මත් උදායී තෙරණුවෝ නිශ්ශබ්ද වූහ.

එකල්හී ආයුෂ්මත් ආනන්දයන් වහන්සේ ආයුෂ්මත් උදායී තෙරුන්ට මෙය පැවසූහ.

"ආයුෂ්මත් උදායී, ශාස්තෘන් වහන්සේ ඔබ අමතා විමසන සේක."

"ආයුෂ්මත් ආනන්දයෙනි, මම භාග්‍යවතුන් වහන්සේ වදාළ කරුණ ගැන විමසමි.

ස්වාමීනී, මෙහිලා භික්ෂුව නොයෙක් අයුරින් පෙර විසූ කඳ පිළිවෙල

සිහි කරයි. එනම් එක් ජාතියක් ද, ජාති දෙකක් ද, ...(පෙ).... මෙසේ කරුණු සහිත වූ විස්තර සහිත වූ පෙර විසූ කඳ පිළිවෙල නොයෙක් අයුරින් සිහි කරයි. ස්වාමීනී, සිහි කළ යුතු අරමුණ මෙය යි.”

එකල්හී භාග්‍යවතුන් වහන්සේ ආයුෂ්මත් ආනන්දයන් ඇමතූ සේක.

“ආනන්දයෙනි, මම දැනගතිමි. මේ උදායී හිස් පුරුෂ තෙමේ සමථ විදර්ශනා භාවනාවක නොයෙදී වාසය කරයි.

ආනන්දය, සිහි කළ යුතු අරමුණු කෙතෙක් ද?”

“ස්වාමීනී, සිහි කළ යුතු අරමුණු පසක් ඇත්තේ ය. ඒ කවර පසක් ද යත්;

1. ස්වාමීනී, මෙහිලා භික්ෂුව කාමයන්ගෙන් වෙන් ව ....(පෙ).... (ප්‍රථම ධ්‍යානය ....(පෙ).... දෙවෙනි ධ්‍යානය ....(පෙ)....) තුන්වෙනි ධ්‍යානයට පැමිණ වාසය කරයි. ස්වාමීනී, මේ සිහි කළ යුතු අරමුණ මේ අයුරින් භාවිත කළ විට, මේ අයුරින් බහුල වශයෙන් ප්‍රගුණ කළ විට මේ ජීවිතයේදී සැප සේ වාසය කිරීමට උපකාරී වෙයි.

2. තව ද ස්වාමීනී, භික්ෂුව ආලෝක සංඥාව මෙනෙහි කරයි. දහවල් සංඥාව අධිෂ්ඨාන කරයි. දහවල යම් අයුරින් ඇද්ද, රාත්‍රිය ද එසේ ය. රාත්‍රිය යම් අයුරින් ඇද්ද, දහවල ද එසේ ය. මෙසේ විවෘත වූ සිතින් නීවරණයන් ගෙන් බැහැර වූ සිතින් ආලෝක සහිත සිත වඩයි. ස්වාමීනී, මේ සිහි කළ යුතු අරමුණ මේ අයුරින් භාවිත කළ විට, මේ අයුරින් බහුල වශයෙන් ප්‍රගුණ කළ විට ඥාන දර්ශනය ලැබීමට උපකාරී වෙයි.

3. තව ද ස්වාමීනී, භික්ෂුව පා තලයෙන් උඩ කෙස් මතුවෙන් යට සම සීමා කොට නා නා ප්‍රකාර අසුචියෙන් පිරුණු මේ තමාගේ කය ම නුවණින් සලකයි. මේ කයෙහි කෙස් ඇත. ලොම්, නිය, දත්, සම්, මස්, නහර, ඇට, ඇට මිදුළු, වකුගඩු, හදවත, අක්මාව, දලබුව, බඩදිව, පෙණහළු, අතුණු, අතුණු බහන්, නොපැසුණු ආහාර, මල, පිත, සෙම, සැරව, ලේ, ඩහදිය, මේදය, කඳුළු, වුරුණු තෙල්, කෙළ, සොටු, සඳමිදුළු සහ මූත්‍ර ඇත්තේ ය වශයෙනි. ස්වාමීනී, මේ සිහි කළ යුතු අරමුණ මේ අයුරින් භාවිත කළ විට, මේ අයුරින් බහුල වශයෙන් ප්‍රගුණ කළ විට කාමරාගය ප්‍රහාණය කිරීමට උපකාරී වෙයි.

4. තව ද ස්වාමීනී, භික්ෂුව යම් සේ අමුසොහොනෙහි අත්හළ එක් දිනක් ගත වූ හෝ දෙදිනක් ගත වූ හෝ තෙදිනක් ගත වූ හෝ මළසිරුරක් දකියි ද,

ඉදිමී, නිල්වන් වූ, සැරව හටගත් ඒ මළසිරුැර ගැන භික්ෂුව තම කයට ගලපා බලන්නේ වෙයි. මේ කය ත් මෙබඳු ස්වභාව ඇත්තේ ය. මෙබඳු වන්නේ ය. මෙම ස්වභාවය ඉක්මවා නැත්තේ ය.

යම් සේ අමුසොහොනෙහි දමන ලද ශරීරයක් කපුටන් විසින් හෝ කනු ලබන්නේ උකුස්සන් විසින් හෝ කනු ලබන්නේ ගිජුලිහිණියන් විසින් හෝ කනු ලබන්නේ සුනඛයන් විසින් හෝ කනු ලබන්නේ සිවලුන් විසින් හෝ කනු ලබන්නේ, විවිධ ප්‍රාණීන් විසින් හෝ කනු ලබන්නේ වෙයි ද, ඒ මළසිරුැර ගැන භික්ෂුව තම කයට ගලපා බලන්නේ වෙයි. මේ කය ත් මෙබඳු ස්වභාව ඇත්තේ ය. මෙබඳු වන්නේ ය. මෙම ස්වභාවය ඉක්මවා නැත්තේ ය.

යම් සේ අමුසොහොනෙහි දමන ලද මළසිරුැර ඇට සැකිල්ලක් බවට පත් ව මස් ලේ සහිත ව නහරවැල් සමඟ බැඳී තිබෙයි ද, ...(පෙ).... ඇටසැකිල්ලක් බවට පත් ව මස් නැතිව ලෙයින් වැකී නහරවැල් සමඟ බැඳී තිබෙයි ද, ...(පෙ).... ඇටසැකිල්ලක් බවට පත් ව මස් ලේ රහිත ව නහරවැල් සමඟ බැඳී තිබෙයි ද, ...(පෙ).... බැඳීම් රහිත වූ ඇට දිශා අනුදිශාවලට විසිරී ඇත්තේ ද, එනම් අත් ඇට වෙන දිශාවක ය. පා ඇට තවත් දිශාවක ය. කෙණ්ඩා ඇට තවත් දිශාවක ය. කලවා ඇට තවත් දිශාවක ය. උකුල් අට තවත් දිශාවක ය. පිටකටු තවත් දිශාවක ය. හිස් කබල තවත් දිශාවක ය. එවිට ඒ ඇටසැකිලි ගැන භික්ෂුව තම කයට ගලපා බලන්නේ වෙයි. මේ කය ත් මෙබඳු ස්වභාව ඇත්තේ ය. මෙබඳු වන්නේ ය. මෙම ස්වභාවය ඉක්මවා නැත්තේ ය.

යම් සේ අමුසොහොනෙහි දමන ලද මළසිරුැර හක් ගෙඩියේ වර්ණයෙන් යුතු සුදු පැහැ ඇති ඇට ගොඩක් බවට පත් ව තිබෙන අයුරු දකියි ....(පෙ).... තැනින් තැන එකතු වී ගිය බොහෝ වසර ගණනක් ගෙවී ගිය ඇට ....(පෙ).... දිරාගොස් කුණු වී සුණු බවට පත් වී ගිය ඇට දකින්නේ යම් සේ ද භික්ෂුව තම කයට ගලපා බලන්නේ වෙයි. මේ කය ත් මෙබඳු ස්වභාව ඇත්තේ ය. මෙබඳු වන්නේ ය. මෙම ස්වභාවය ඉක්මවා නැත්තේ ය.

ස්වාමීනී, මේ සිහි කළ යුතු අරමුණ මේ අයුරින් භාවිත කළ විට, මේ අයුරින් බහුල වශයෙන් ප්‍රගුණ කළ විට අස්මිමානය මුළුමනින් ම නැසීමට උපකාරී වෙයි.

5. තව ද ස්වාමීනී භික්ෂුව සැපය ද ප්‍රහාණය කොට ....(පෙ).... සතර වෙනි ධ්‍යානයට පැමිණ වාසය කරයි. ස්වාමීනී, මේ සිහි කළ යුතු අරමුණ මේ අයුරින් භාවිත කළ විට, මේ අයුරින් බහුල වශයෙන් ප්‍රගුණ කළ විට අනේක ධාතු ස්වභාවය අවබෝධ කිරීමට උපකාරී වෙයි.

ස්වාමීනී, මේ වනාහී පස් වැදෑරුම් සිහි කළ යුතු අරමුණු ය."

"සාදු! සාදු! ආනන්දයෙනි. එසේ වී නම් ආනන්දයෙනි, ඔබ මේ සය වෙනි සිහි කළ යුතු කරුණ ත් මතක තබා ගන්න.

6. ආනන්දයෙනි, මෙහිලා භික්ෂුව සිහියෙන් ම පෙරට යයි. සිහියෙන් ම යළි හැරී එයි. සිහියෙන් ම සිටගනියි. සිහියෙන් ම වාඩි වෙයි. සිහියෙන් ම සැතපෙයි. සිහියෙන් ම වැඩකටයුතු කරයි. ආනන්දය, මේ සිහි කළ යුතු අරමුණ මේ අයුරින් භාවිත කළ විට, මේ අයුරින් බහුල වශයෙන් ප්‍රගුණ කළ විට සතිසම්පජඤ්ඤය පිණිස උපකාරී වෙයි.

සාදු! සාදු!! සාදු!!!

උදායී සූත්‍රය නිමා විය.

6.1.3.10.
අනුත්තරිය සූත්‍රය
ශ්‍රේෂ්ඨ වූ දෙය ගැන වදාළ දෙසුම

සැවැත් නුවර දී ය ....

මහණෙනි, මේ ශ්‍රේෂ්ඨ වූ දේවල් සයකි. ඒ කවර සයක් ද යත්;

දකින දේ අතර ශ්‍රේෂ්ඨ වූ දේ ඇත්තේ ය. සවන් දෙන දේ අතර ශ්‍රේෂ්ඨ වූ දේ ඇත්තේ ය. ලැබීම් අතර ශ්‍රේෂ්ඨ වූ දේ ඇත්තේ ය. හික්මෙන දේ අතර ශ්‍රේෂ්ඨ වූ දේ ඇත්තේ ය. උපස්ථාන අතර ශ්‍රේෂ්ඨ වූ දේ ඇත්තේ ය. සිහිකිරීම් අතර ශ්‍රේෂ්ඨ වූ දේ ඇත්තේ ය.

1. මහණෙනි, දකින දේ අතර ශ්‍රේෂ්ඨ වූ දේ කුමක් ද?

මහණෙනි, මෙහිලා ඇතැමෙක් වටිනා ඇතා ත් දැකීම පිණිස යයි. වටිනා අශ්වයා ත් දැකීම පිණිස යයි. වටිනා මැණික ත් දැකීම පිණිස යයි. උසස් පහත් නොයෙක් දේ දැකීම පිණිස යයි. මිසදිටු ගත් මිසදිටු මගට පිළිපන් ශ්‍රමණයෙකු හෝ බ්‍රාහ්මණයෙකු දැකීම පිණිස යයි. මහණෙනි, මෙබඳු දැකීම් ඇත්තේ ය. මෙය නැතැයි නොකියමි. නමුත් මහණෙනි, මේ දැකීම වනාහී හීන වූ ග්‍රාම්‍ය වූ පෘථග්ජනයන්ට අයත් අනාර්ය වූ අයහපත පිණිස පවතින දෙයකි. අවබෝධයෙන්

එපා වීම පිණිස නොපවතියි. විරාගය පිණිස නොපවතියි. නිරෝධය පිණිස නොපවතියි. සංසිඳීම පිණිස නොපවතියි. විශිෂ්ට ඥානය පිණිස නොපවතියි. සත්‍යාවබෝධය පිණිස නොපවතියි. නිවන පිණිස නොපවතියි. මහණෙනි, පිහිටි ශ්‍රද්ධාවෙන් යුතුව, පිහිටි ප්‍රේමයෙන් යුතුව, නොසෙල්වෙන පැහැදීමෙන් යුතුව, බලවත් පැහැදීමෙන් යුතුව යම් කෙනෙක් තථාගතයන් හෝ තථාගත ශ්‍රාවකයෙකු හෝ දකින්නට යයි ද, එය දකින දේවල් අතර ශ්‍රේෂ්ඨ වූ දෙයකි. සත්වයන්ගේ විශුද්ධිය පිණිස ත්, ශෝක වැළපීම් ඉක්මවා යාම පිණිස ත්, දුක් දොම්නස් නැති වීම පිණිස ත්, ධර්ම මාර්ගයට පැමිණීම පිණිස ත්, නිවන සාක්ෂාත් කිරීම පිණිස ත් හේතු වෙයි. මහණෙනි, යම් මේ පිහිටි ශ්‍රද්ධාවෙන් යුතුව, පිහිටි ප්‍රේමයෙන් යුතුව, නොසෙල්වෙන පැහැදීමෙන් යුතුව, බලවත් පැහැදීමෙන් යුතුව යම් කෙනෙක් තථාගතයන් හෝ තථාගත ශ්‍රාවකයෙකු හෝ දකින්නට යාමක් ඇද්ද, මෙය දකින දේවල් අතර ශ්‍රේෂ්ඨ ම දෙය යැයි කියනු ලැබේ.

මෙසේ දස්සනානුත්තරිය වෙයි.

2. මහණෙනි, අසන දේ අතර යමක් ශ්‍රේෂ්ඨ වන්නේ කෙසේ ද?

මහණෙනි, මෙහිලා ඇතැමෙක් බෙර හඬ ත් ඇසීමට යයි. වීණා හඬ ත් ඇසීමට යයි. ගීත හඬ ත් ඇසීමට යයි. උසස් පහත් දේ ඇසීමට යයි. මිසදිටු ගත් මිසදිටු මගට පිළිපන් ශ්‍රමණයෙකුගේ හෝ බ්‍රාහ්මණයෙකුගේ අවවාද ඇසීම පිණිස යයි. මහණෙනි, මෙබඳු ඇසීම් ඇත්තේ ය. මෙය නැතැයි නොකියමි. නමුත් මහණෙනි, මේ ඇසීම වනාහී හීන වූ ග්‍රාම්‍ය වූ පෘථග්ජනයන්ට අයත් අනාර්ය වූ අයහපත පිණිස පවතින දෙයකි. අවබෝධයෙන් එපා වීම පිණිස නොපවතියි. විරාගය පිණිස නොපවතියි. නිරෝධය පිණිස නොපවතියි. සංසිඳීම පිණිස නොපවතියි. විශිෂ්ට ඥානය පිණිස නොපවතියි. සත්‍යාවබෝධය පිණිස නොපවතියි. නිවන පිණිස නොපවතියි. මහණෙනි, පිහිටි ශ්‍රද්ධාවෙන් යුතුව, පිහිටි ප්‍රේමයෙන් යුතුව, නොසෙල්වෙන පැහැදීමෙන් යුතුව, බලවත් පැහැදීමෙන් යුතුව යම් කෙනෙක් තථාගතයන්ගේ හෝ තථාගත ශ්‍රාවකයෙකුගේ හෝ ධර්ම දේශනාව අසන්නට යයි ද, එය අසන දේවල් අතර ශ්‍රේෂ්ඨ වූ දෙයකි. සත්වයන්ගේ විශුද්ධිය පිණිස ත්, ශෝක වැළපීම් ඉක්මවා යාම පිණිස ත්, දුක් දොම්නස් නැති වීම පිණිස ත්, ධර්ම මාර්ගයට පැමිණීමෙ පිණිස ත්, නිවන සාක්ෂාත් කිරීම පිණිස ත් හේතු වෙයි. මහණෙනි, යම් මේ පිහිටි ශ්‍රද්ධාවෙන් යුතුව, පිහිටි ප්‍රේමයෙන් යුතුව, නොසෙල්වෙන පැහැදීමෙන් යුතුව, බලවත් පැහැදීමෙන් යුතුව යම් කෙනෙක් තථාගතයන්ගේ හෝ තථාගත ශ්‍රාවකයෙකුගේ හෝ ධර්ම දේශනාව අසන්නට යාමක් ඇද්ද, මෙය අසන දේවල් අතර ශ්‍රේෂ්ඨ ම දෙය යැයි කියනු ලැබේ.

මෙසේ ත් දස්සනානුත්තරිය වෙයි. මෙසේ ත් සවණානුත්තරිය වෙයි.

3. මහණෙනි, ලබන දේ අතර යමක් ශ්‍රේෂ්ඨ වන්නේ කෙසේ ද?

මහණෙනි, මෙහිලා ඇතැමෙක් දරු ලැබීමකුත් ලබයි. බිරිඳ ලැබීමකුත් ලබයි. ධනය ලැබීමකුත් ලබයි. උසස් පහත් දේ ලැබීමකුත් ලබයි. මිසදිටු ගත් මිසදිටු මගට පිළිපන් ශ්‍රමණයෙකු ගැන හෝ බ්‍රාහ්මණයෙකු ගැන හෝ ශ්‍රද්ධාව ලබයි. මහණෙනි, මෙබඳු ලැබීම් ඇත්තේ ය. මෙය නැතැයි නොකියමි. නමුත් මහණෙනි, මේ ලැබීම වනාහී හීන වූ ග්‍රාම්‍ය වූ පෘථග්ජනයන්ට අයත් අනාර්ය වූ අයහපත පිණිස පවතින දෙයකි. අවබෝධයෙන් එපා වීම පිණිස නොපවතියි. ....(පෙ).... නිවන පිණිස නොපවතියි. මහණෙනි, පිහිටි ශ්‍රද්ධාවෙන් යුතුව, පිහිටි ප්‍රේමයෙන් යුතුව, නොසෙල්වෙන පැහැදීමෙන් යුතුව, බලවත් පැහැදීමෙන් යුතුව යම් කෙනෙක් තථාගතයන් කෙරෙහි හෝ තථාගත ශ්‍රාවකයෙකු කෙරෙහි හෝ ශ්‍රද්ධාව ලබයි ද, එය ලබන දේවල් අතර ශ්‍රේෂ්ඨ වූ දෙයකි. සත්වයන්ගේ විශුද්ධිය පිණිස ත්, ශෝක වැළපීම් ඉක්මවා යාම පිණිස ත්, දුක් දොම්නස් නැති වීම පිණිස ත්, ධර්ම මාර්ගයට පැමිණීම පිණිස ත්, නිවන සාක්ෂාත් කිරීම පිණිස ත් හේතු වෙයි. මහණෙනි, යම් මේ පිහිටි ශ්‍රද්ධාවෙන් යුතුව, පිහිටි ප්‍රේමයෙන් යුතුව, නොසෙල්වෙන පැහැදීමෙන් යුතුව, බලවත් පැහැදීමෙන් යුතුව යම් කෙනෙක් තථාගතයන් කෙරෙහි හෝ තථාගත ශ්‍රාවකයෙකු කෙරෙහි හෝ ශ්‍රද්ධාව ලැබීමක් ඇද්ද, මෙය ලබන දේවල් අතර ශ්‍රේෂ්ඨ ම දෙය යැයි කියනු ලැබේ.

මෙසේ ත් දස්සනානුත්තරිය වෙයි. සවණානුත්තරිය වෙයි. ලාභානුත්තරිය වෙයි.

4. මහණෙනි, හික්මෙන දේ අතර යමක් ශ්‍රේෂ්ඨ වන්නේ කෙසේ ද?

මහණෙනි, මෙහිලා ඇතැමෙක් ඇත් ශිල්පයෙහි ත් හික්මෙයි. අශ්ව ශිල්පයෙහි ත් හික්මෙයි. රථ ශිල්පයෙහි ත් හික්මෙයි. ධනුශ්ශිල්පයෙහි ත් හික්මෙයි. කඩු ශිල්පයෙහි ත් හික්මෙයි. උසස් පහත් දෙයෙහි ත් හික්මෙයි. මිසදිටු ගත් මිසදිටු මගට පිළිපන් ශ්‍රමණයෙකුගේ හෝ බ්‍රාහ්මණයෙකුගේ හෝ අවවාදයට හික්මෙයි. මහණෙනි, මෙබඳු හික්මීම් ඇත්තේ ය. මෙය නැතැයි නොකියමි. නමුත් මහණෙනි, මේ හික්මීම වනාහී හීන වූ ග්‍රාම්‍ය වූ පෘථග්ජනයන්ට අයත් අනාර්ය වූ අයහපත පිණිස පවතින දෙයකි. අවබෝධයෙන් එපා වීම පිණිස නොපවතියි. නිවන පිණිස නොපවතියි. යම් කෙනෙක් මහණෙනි, තථාගතයන් වහන්සේ විසින් වදාරණ ලද ධර්ම විනයෙහි අධිශීලයෙහි ත් හික්මෙයි ද, අධිචිත්තයෙහි ත් හික්මෙයි ද, අධිප්‍රඥාවෙහිත්

හික්මෙයි ද, පිහිටි ශ්‍රද්ධාවෙන් යුතුව, පිහිටි ප්‍රේමයෙන් යුතුව, නොසෙල්වෙන පැහැදීමෙන් යුතුව, බලවත් පැහැදීමෙන් යුතු වෙයි ද, එය හික්මෙන දේවල් අතර ශ්‍රේෂ්ඨ වූ දෙයකි. සත්වයන්ගේ විශුද්ධිය පිණිස ත්, ශෝක වැළපීම් ඉක්මවා යාම පිණිස ත්, දුක් දොම්නස් නැති වීම පිණිස ත්, ධර්ම මාර්ගයට පැමිණීම පිණිස ත්, නිවන සාක්ෂාත් කිරීම පිණිස ත් හේතු වෙයි. මහණෙනි, යම් මේ පිහිටි ශ්‍රද්ධාවෙන් යුතුව, පිහිටි ප්‍රේමයෙන් යුතුව, නොසෙල්වෙන පැහැදීමෙන් යුතුව, බලවත් පැහැදීමෙන් යුතුව තථාගතයන් වහන්සේ විසින් වදාරණ ලද ධර්ම විනයෙහි අධිශීලයෙහි ත් හික්මෙයි ද, අධිචිත්තයෙහි ත් හික්මෙයි ද, අධිප්‍රඥාවෙහිත් හික්මෙයි ද මෙය හික්මෙන දේවල් අතර ශ්‍රේෂ්ඨ ම දෙය යැයි කියනු ලැබේ.

මෙසේ ත් දස්සනානුත්තරිය වෙයි. සවණානුත්තරිය වෙයි. ලාභානුත්තරිය වෙයි. සික්ඛානුත්තරිය වෙයි.

5. මහණෙනි, උපස්ථාන කිරීම් අතර යමක් ශ්‍රේෂ්ඨ වන්නේ කෙසේ ද?

මහණෙනි, මෙහිලා ඇතැමෙක් ක්ෂත්‍රියයෙකුට ත් උපස්ථාන කරයි. බ්‍රාහ්මණයෙකුට ත් උපස්ථාන කරයි. ගෘහපතියෙකුට ත් උපස්ථාන කරයි. උසස් පහත් පුද්ගලයන්ට ත් උපස්ථාන කරයි. මිසදිටු ගත් මිසදිටු මගට පිළිපන් ශ්‍රමණයෙකුට හෝ බ්‍රාහ්මණයෙකුට හෝ උපස්ථාන කරයි. මහණෙනි, මෙබඳු උපස්ථානයන් ඇත්තේ ය. මෙය නැතැයි නොකියමි. නමුත් මහණෙනි, මේ උපස්ථානය වනාහී හීන වූ ග්‍රාම්‍ය වූ පෘථග්ජනයන්ට අයත් අනාර්ය වූ අයහපත පිණිස පවතින දෙයකි. අවබෝධයෙන් එපා වීම පිණිස නොපවතියි. ....(පෙ).... නිවන පිණිස නොපවතියි. යම් කෙනෙක් මහණෙනි, පිහිටි ශ්‍රද්ධාවෙන් යුතුව, පිහිටි ප්‍රේමයෙන් යුතුව, නොසෙල්වෙන පැහැදීමෙන් යුතුව, බලවත් පැහැදීමෙන් යුතුව තථාගතයන්ට හෝ තථාගත ශ්‍රාවකයෙකුට උපස්ථාන කරයි ද, එය උපස්ථානයන් අතර ශ්‍රේෂ්ඨ වූ දෙයකි. සත්වයන්ගේ විශුද්ධිය පිණිස ත්, ශෝක වැළපීම් ඉක්මවා යාම පිණිස ත්, දුක් දොම්නස් නැති වීම පිණිස ත්, ධර්ම මාර්ගයට පැමිණීම පිණිස ත්, නිවන සාක්ෂාත් කිරීම පිණිස ත් හේතු වෙයි. මහණෙනි, යම් මේ පිහිටි ශ්‍රද්ධාවෙන් යුතුව, පිහිටි ප්‍රේමයෙන් යුතුව, නොසෙල්වෙන පැහැදීමෙන් යුතුව, බලවත් පැහැදීමෙන් යුතුව තථාගතයන්ට හෝ තථාගත ශ්‍රාවකයෙකුට උපස්ථාන කරයි ද, එය උපස්ථානයන් අතර ශ්‍රේෂ්ඨ වූ දෙයකි. මෙය උපස්ථාන අතර ශ්‍රේෂ්ඨ ම දෙය යැයි කියනු ලැබේ.

මෙසේ ත් දස්සනානුත්තරිය වෙයි. සවණානුත්තරිය වෙයි. ලාභානුත්තරිය වෙයි. සික්ඛානුත්තරිය වෙයි. පාරිචරියානුත්තරිය වෙයි.

6. මහණෙනි, සිහි කිරීම් අතර යමක් ශ්‍රේෂ්ඨ වන්නේ කෙසේ ද?

මහණෙනි, මෙහිලා ඇතැමෙක් පුත්‍ර ලාභය ත් සිහි කරයි. බිරිඳක් ලැබීම ත් සිහි කරයි. ධනය ලැබීම ත් සිහි කරයි. උසස් පහත් වූ ලැබීම් සිහි කරයි. මිසදිටු ගත් මිසදිටු මගට පිළිපන් ශ්‍රමණයෙකු හෝ බ්‍රාහ්මණයෙකු හෝ සිහි කරයි. මහණෙනි, මෙබඳු සිහි කිරීම් ඇත්තේ ය. මෙය නැතැයි නොකියමි. නමුත් මහණෙනි, මේ සිහි කිරීම වනාහී හීන වූ ග්‍රාම්‍ය වූ පෘථග්ජනයන්ට අයත් අනාර්ය වූ අයහපත පිණිස පවතින දෙයකි. අවබෝධයෙන් එපා වීම පිණිස නොපවතියි. විරාගය පිණිස නොපවතියි. නිරෝධය පිණිස නොපවතියි. සංසිඳීම පිණිස නොපවතියි. විශිෂ්ට ඥානය පිණිස නොපවතියි. සත්‍යාවබෝධය පිණිස නොපවතියි. නිවන පිණිස නොපවතියි. මහණෙනි, පිහිටි ශ්‍රද්ධාවෙන් යුතුව, පිහිටි ප්‍රේමයෙන් යුතුව, නොසෙල්වෙන පැහැදීමෙන් යුතුව, බලවත් පැහැදීමෙන් යුතුව යම් කෙනෙක් තථාගතයන් හෝ තථාගත ශ්‍රාවකයෙකු හෝ සිහි කරයි ද, එය සිහි කරන දේවල් අතර ශ්‍රේෂ්ඨ වූ දෙයකි. සත්වයන්ගේ විශුද්ධිය පිණිස ත්, ශෝක වැළපීම් ඉක්මවා යාම පිණිස ත්, දුක් දොම්නස් නැති වීම පිණිස ත්, ධර්ම මාර්ගයට පැමිණීම පිණිස ත්, නිවන සාක්ෂාත් කිරීම පිණිස ත් හේතු වෙයි. මහණෙනි, යම් මේ පිහිටි ශ්‍රද්ධාවෙන් යුතුව, පිහිටි ප්‍රේමයෙන් යුතුව, නොසෙල්වෙන පැහැදීමෙන් යුතුව, බලවත් පැහැදීමෙන් යුතුව යම් කෙනෙක් තථාගතයන් හෝ තථාගත ශ්‍රාවකයෙකු හෝ සිහි කිරීමක් ඇද්ද, මෙය සිහි කරන දේවල් අතර ශ්‍රේෂ්ඨ ම දෙය යැයි කියනු ලැබේ.

මෙසේ ත් අනුස්සතානුත්තරිය වෙයි.

මහණෙනි, මේ වනාහී සය වැදෑරුම් ශ්‍රේෂ්ඨ වූ දේ ය.

(ගාථා)

1. යම් කෙනෙක් ශ්‍රේෂ්ඨ වූ දැකීමක් ලැබුවේ වෙයි ද, ශ්‍රේෂ්ඨ වූ ශ්‍රවණයකුත් කළේ වෙයි ද, ශ්‍රේෂ්ඨ වූ ලාභයකුත් ලැබුවේ වෙයි ද, ශ්‍රේෂ්ඨ වූ හික්මීමෙහි ඇළුණේ වෙයි ද,

2. උපස්ථානය පිණිස එළඹ සිටියාහු වෙත් ද, විවේකයෙන් යුක්ත වූ බිය රහිත වූ නිවන කරා යන අනුස්සති ධර්මය වඩත් ද,

3. අප්‍රමාදයෙහි සතුටු වන, අවස්ථාවෝචිත ප්‍රඥාවෙන් හෙබි, සීල සංවරයෙන් යුතු ඔවුහු යම් තැනක දුක නිරුද්ධ වෙයි නම් ඒ නිවන කරා නිසි කලට යති.

සාදු! සාදු!! සාදු!!!

අනුත්තරිය සූත්‍රය නිමා විය.

තුන්වෙනි අනුත්තරිය වර්ගය අවසන් විය.

- එහි පිළිවෙල උද්දානයයි :

සාමගාමක සූත්‍රය, අපරිහානියධම්ම සූත්‍රය, භය සූත්‍රය, හිමවන්ත සූත්‍රය, අනුස්සතිට්ඨාන සූත්‍රය, මහාකච්චාන සූත්‍රය, සමය සූත්‍ර දෙක, උදායී සූත්‍රය සහ අනුත්තරිය සූත්‍රය වශයෙන් මෙහි සූත්‍ර දශයෙකි.

4. දේවතා වර්ගය

6.1.4.1.

සේඛ සූත්‍රය

හික්මෙන භික්ෂුව ගැන වදාළ දෙසුම

සැවැත් නුවර දී ය .....

මහණෙනි, ධර්ම මාර්ගයෙහි හික්මෙන භික්ෂුවගේ පිරිහීම පිණිස මේ කරුණු සය හේතු වෙයි. ඒ කවර කරුණු සයක් ද යත්;

බාහිර වැඩකටයුතුවල ඇලීම ය. කථාවෙහි ඇලීම ය. නින්දෙහි ඇලීම ය. පිරිස් සමඟ ඇලීම ය. ඉඳුරන්හි නොවැසූ දොරටු ඇති බව ය. වළඳන ආහාරයෙහි අරුත නොදන්නා බව ය.

මහණෙනි, ධර්ම මාර්ගයෙහි හික්මෙන භික්ෂුවගේ පිරිහීම පිණිස මේ කරුණු සය හේතු වෙයි.

මහණෙනි, ධර්ම මාර්ගයෙහි හික්මෙන භික්ෂුවගේ නොපිරිහීම පිණිස මේ කරුණු සය හේතු වෙයි. ඒ කවර කරුණු සයක් ද යත්;

බාහිර වැඩකටයුතුවල නොඇලීම ය. කථාවෙහි නොඇලීම ය. නින්දෙහි නොඇලීම ය. පිරිස් සමඟ නොඇලීම ය. ඉඳුරන්හි වැසූ දොරටු ඇති බව ය. වළඳන ආහාරයෙහි අරුත දන්නා බව ය.

මහණෙනි, ධර්ම මාර්ගයෙහි හික්මෙන භික්ෂුවගේ නොපිරිහීම පිණිස මේ කරුණු සය හේතු වෙයි.

සාදු! සාදු!! සාදු!!!

සේඛ සූත්‍රය නිමා විය.

6.1.4.2.
පඨම අපරිහාන සූත්‍රය
නොපිරිහීම ගැන වදාළ පළමු දෙසුම

සැවැත් නුවර දී ය .....

එකල්හී එක්තරා දෙවියෙක් මැදියම් රැයෙහි මනහර වර්ණයෙන් යුතුව මුළු ජේතවන වෙහෙර බබුළුවාගෙන භාග්‍යවතුන් වහන්සේ වෙත පැමිණියේ ය. පැමිණ භාග්‍යවතුන් වහන්සේට සකසා වන්දනා කොට එකත්පස් ව සිට ගත්තේ ය. එකත්පස් ව සිටි ඒ දෙවියා භාග්‍යවතුන් වහන්සේට මෙය සැළ කළේ ය.

"ස්වාමීනී, මේ කරුණු සය භික්ෂුවකගේ නොපිරිහීම පිණිස පවතියි. ඒ කවර කරුණු සයක් ද යත්;

ශාස්තෘ ගෞරවයෙන් යුතු බව ය. ධර්ම ගෞරවයෙන් යුතු බව ය. සංඝ ගෞරවයෙන් යුතු බව ය. ශික්ෂා ගෞරවයෙන් යුතු බව ය. අප්‍රමාද ගෞරවයෙන් යුතු බව ය. දහම් පිළිසඳරෙහි ගෞරවයෙන් යුතු බව ය.

ස්වාමීනී, මේ වනාහී භික්ෂුවකගේ නොපිරිහීම පිණිස පවතින කරුණු සය යි."

ඒ දෙවියා මෙය පැවසුවේ ය. ශාස්තෘන් වහන්සේ එය අනුමත කළ සේක. ඉක්බිති ඒ දෙවි තෙමේ ශාස්තෘන් වහන්සේ මාගේ වචනය අනුමත කළ සේකැයි භාග්‍යවතුන් වහන්සේට සකසා වන්දනා කොට, පැදකුණු කොට එහිම නොපෙනී ගියේ ය.

ඉක්බිති භාග්‍යවතුන් වහන්සේ ඒ රැය ඇවෑමෙන් භික්ෂූන් ඇමතු සේක.

"මහණෙනි, මේ රැයෙහි එක්තරා දෙවියෙක් මැදියම් රැයෙහි මනහර වර්ණයෙන් යුතුව මුළු ජේතවන වෙහෙර බබුළුවාගෙන මා වෙත පැමිණියේ ය. පැමිණ මා හට සකසා වන්දනා කොට එකත්පස් ව සිට ගත්තේ ය. එකත්පස්ව සිටි ඒ දෙවියා මට මෙය සැළ කළේ ය.

'ස්වාමීනී, මේ කරුණු සය භික්ෂුවකගේ නොපිරිහීම පිණිස පවතියි. ඒ කවර කරුණු සයක් ද යත්;

ශාස්තෘ ගෞරවයෙන් යුතු බව ය. ධර්ම ගෞරවයෙන් යුතු බව ය. සංඝ ගෞරවයෙන් යුතු බව ය. ශික්ෂා ගෞරවයෙන් යුතු බව ය. අප්‍රමාද ගෞරවයෙන් යුතු බව ය. දහම් පිළිසඳරෙහි ගෞරවයෙන් යුතු බව ය.

ස්වාමීනී, මේ වනාහී භික්ෂුවකගේ නොපිරිහීම පිණිස පවතින කරුණු සය යි.'

මහණෙනි, ඒ දෙවියා මෙය පැවසුවේ ය. මෙය පවසා මා හට සකසා වන්දනා කොට, පැදකුණු කොට එහි ම නොපෙනී ගියේ ය.

(ගාථා)

1. ශාස්තෘ ගෞරවයෙන් යුතු, ධර්ම ගෞරවයෙන් යුතු, සංඝයා කෙරෙහි ද බලවත් ගෞරවයෙන් යුතු, අප්‍රමාදයට ගෞරව ඇති, පිළිසඳර කථාවෙහි ගෞරව ඇති භික්ෂුව පිරිහීමට නුසුදුස්සෙකි. හේ නිවන සමීපයෙහි ම වෙයි.

සාදු! සාදු!! සාදු!!!

පඨම අපරිහාන සූත්‍රය නිමා විය.

6.1.4.3.
දුතිය අපරිහාන සූත්‍රය
නොපිරිහීම ගැන වදාළ දෙවෙනි දෙසුම

සැවැත් නුවර දී ය .....

මහණෙනි, මේ රැයෙහි එක්තරා දෙවියෙක් මැදියම් රැයෙහි මනහර වර්ණයෙන් යුතුව මුළු ජේතවන වෙහෙර බබුළුවාගෙන මා වෙත පැමිණියේ ය. පැමිණ මා හට සකසා වන්දනා කොට එකත්පස් ව සිට ගත්තේ ය. එකත්පස් ව සිටි ඒ දෙවියා මට මෙය සැළ කළේ ය.

'ස්වාමීනී, මේ කරුණු සය භික්ෂුවකගේ නොපිරිහීම පිණිස පවතියි. ඒ කවර කරුණු සයක් ද යත්;

ශාස්තෘ ගෞරවයෙන් යුතු බව ය. ධර්ම ගෞරවයෙන් යුතු බව ය. සංඝ ගෞරවයෙන් යුතු බව ය. ශික්ෂා ගෞරවයෙන් යුතු බව ය. පවට ඇති ලැජ්ජාව

ගැන ගෞරවයෙන් යුතු බව ය. පවට ඇති භය ගැන ගෞරවයෙන් යුතු බව ය.

ස්වාමීනී, මේ වනාහී භික්ෂුවකගේ නොපිරිහීම පිණිස පවතින කරුණු සය යි.'

මහණෙනි, ඒ දෙවියා මෙය පැවසුවේ ය. මෙය පවසා මා හට සකසා වන්දනා කොට, පැදකුණු කොට එහි ම නොපෙනී ගියේ ය.

(ගාථා)

1. ශාස්තෘ ගෞරවයෙන් යුතු, ධර්ම ගෞරවයෙන් යුතු, සංඝයා කෙරෙහි ද බලවත් ගෞරවයෙන් යුතු, ලැජ්ජා භය දෙකෙන් යුක්ත වූ, යටහත් පැවතුම් ඇති, වැඩිහිටි ගෞරවය ඇති භික්ෂුව පිරිහීමට නුසුදුස්සෙකි. හේ නිවන සමීපයෙහි ම වෙයි.

සාදු! සාදු!! සාදු!!!

දුතිය අපරිහාන සූත්‍රය නිමා විය.

6.1.4.4.
මොග්ගල්ලාන සූත්‍රය
මොග්ගල්ලාන තෙරුන්ගේ ප්‍රශ්න විමසීම ගැන දෙසුම

එක් සමයක භාග්‍යවතුන් වහන්සේ සැවැත් නුවර ජේතවනයෙහි අනාථ පිණ්ඩික සිටුහුගේ ආරාමයෙහි වැඩවසන සේක. එකල්හී ආයුෂ්මත් මහා මොග්ගල්ලානයන් වහන්සේ භාවනාවෙන් හුදෙකලාව වැඩසිටින කල්හී මෙබඳු කල්පනාවක් සිතෙහි පහළ විය. 'අපි සෝතාපන්න වෙමු. අපායට නොවැටෙන ස්වභාවය ඇති, නියත වශයෙන් ම නිවන අවබෝධ කරන්නමෝ වෙමු' යි මෙබඳු ඥානයක් තිබෙන්නේ කවර දෙවියන් හට ද? යි.

එසමයෙහි තිස්ස නම් භික්ෂුවක් නොබෝ කල්හී කළුරිය කළේ එක්තරා බ්‍රහ්ම ලෝකයක උපන්නේ වෙයි. එහි ද ඔහු පිළිබඳ ව මෙසේ දනිති. 'තිස්ස බ්‍රහ්ම තෙමේ මහා ඉර්ධි ඇත්තේ ය. මහානුභාව ඇත්තේ ය' යනුවෙනි.

ඉක්බිති ආයුෂ්මත් මහාමොග්ගල්ලානයන් වහන්සේ බලවත් පුරුෂයෙක්

හැකිලූ ඇතක් දිගහරින්නේ යම් සේ ද, දිගු කළ අතක් හකුලන්නේ යම් සේ ද, එබඳු කලක් තුළ ජේතවනයෙන් නොපෙනී ගොස් ඒ බ්‍රහ්ම ලෝකයෙහි පහළ වූ සේක. තිස්ස බ්‍රහ්ම තෙමේ දුරින් ම වඩිනා ආයුෂ්මත් මහා මොග්ගල්ලානයන් වහන්සේ දුටුවේ ය. දැක ආයුෂ්මත් මහා මොග්ගල්ලානයන් වහන්සේට මෙය පැවසුවේ ය.

"මොග්ගල්ලාන නිදුකාණන් වහන්ස, වඩිනා සේක්වා! මොග්ගල්ලාන නිදුකාණන් වහන්ස, මනා වැඩම කිරීමකි. මොග්ගල්ලාන නිදුකාණන් වහන්සේ මෙහි වැඩම කිරීම සඳහා බොහෝ කලකින් ඉඩ ලබා ගත් සේක. මොග්ගල්ලාන නිදුකාණන් වහන්ස, මේ අසුනක් පණවන ලද්දේ ය. වැඩ හිඳිනු මැනැව."

එකල්හී ආයුෂ්මත් මහා මොග්ගල්ලානයන් වහන්සේ පණවන ලද අසුනෙහි වැඩහුන් සේක. තිස්ස බ්‍රහ්ම තෙමේ ද ආයුෂ්මත් මහා මොග්ගල්ලානයන් වහන්සේට සකසා වන්දනා කොට එකත්පස් ව හිඳගත්තේ ය. එකත්පස් ව හුන් තිස්ස බ්‍රහ්මයා හට ආයුෂ්මත් මහා මොග්ගල්ලානයන් වහන්සේ මෙය වදාළ සේක.

"තිස්සයෙනි, 'අපි සෝතාපන්න වෙමු. අපායට නොවැටෙන ස්වභාවය ඇති, නියත වශයෙන් ම නිවන අවබෝධ කරන්නමෝ වෙමු' යි මෙබඳු ඥානයක් තිබෙන්නේ කවර දෙවියන් හට ද?"

"මොග්ගල්ලාන නිදුකාණන් වහන්ස, 'අපි සෝතාපන්න වෙමු. අපායට නොවැටෙන ස්වභාවය ඇති, නියත වශයෙන් ම නිවන අවබෝධ කරන්නමෝ වෙමු' යි යන මෙබඳු ඥානයක් චාතුම්මහාරාජික දෙවියන් හට ඇත්තේ ය."

"තිස්සයෙනි, 'අපි සෝතාපන්න වෙමු. අපායට නොවැටෙන ස්වභාවය ඇති, නියත වශයෙන් ම නිවන අවබෝධ කරන්නමෝ වෙමු' යි යන මෙබඳු ඥානයක් චාතුම්මහාරාජික සියළු දෙවියන්ට ම තිබෙන්නේ ද?"

"නැත. මොග්ගල්ලාන නිදුකාණෙනි, සියළු චාතුම්මහාරාජික දෙවියන් හට 'අපි සෝතාපන්න වෙමු. අපායට නොවැටෙන ස්වභාවය ඇති, නියත වශයෙන් ම නිවන අවබෝධ කරන්නමෝ වෙමු' යි යන ඥානය නැත්තේ ය.

මොග්ගල්ලාන නිදුකාණෙනි, යම් චාතුම්මහාරාජික දෙවිවරු බුදුරජුන් කෙරෙහි නොසෙල්වෙන ප්‍රසාදයෙන් යුතු නොවෙත් ද, ධර්මය කෙරෙහි නොසෙල්වෙන ප්‍රසාදයෙන් යුතු නොවෙත් ද, සංඝයා කෙරෙහි නොසෙල්වෙන ප්‍රසාදයෙන් යුතු නොවෙත් ද, ආර්යකාන්ත ශීලයෙන් යුතු නොවෙත් ද, ඒ දෙවියන් හට 'අපි සෝතාපන්න වෙමු. අපායට නොවැටෙන ස්වභාවය ඇති,

නියත වශයෙන් ම නිවන අවබෝධ කරන්නමෝ වෙමු' යන ඥානය නැත්තේ ය.

මොග්ගල්ලාන නිදුකාණෙනි, යම් චාතුම්මහාරාජික දෙවිවරු බුදුරජුන් කෙරෙහි නොසෙල්වෙන ප්‍රසාදයෙන් යුතු වෙත් ද, ධර්මය කෙරෙහි නොසෙල්වෙන ප්‍රසාදයෙන් යුතු වෙත් ද, සංඝයා කෙරෙහි නොසෙල්වෙන ප්‍රසාදයෙන් යුතු වෙත් ද, ආර්යකාන්ත ශීලයෙන් යුතු වෙත් ද, ඒ දෙවියන් හට 'අපි සෝතාපන්න වෙමු. අපායට නොවැටෙන ස්වභාවය ඇති, නියත වශයෙන් ම නිවන අවබෝධ කරන්නමෝ වෙමු' යන ඥානය ඇත්තේ ය."

"තිස්සයෙනි, 'අපි සෝතාපන්න වෙමු. අපායට නොවැටෙන ස්වභාවය ඇති, නියත වශයෙන් ම නිවන අවබෝධ කරන්නමෝ වෙමු' යන ඥානය තිබෙන්නේ චාතුම්මහාරාජික දෙවියන්ට පමණ ද? එසේ ත් නැත්නම්, තව්තිසාවැසි දෙවියන්ට ත් ....(පෙ).... යාමවැසි දෙවියන්ට ත් ....(පෙ).... තුසිත දෙවියන්ට ත් ....(පෙ).... නිම්මාණරතී දෙවියන්ට ත් ....(පෙ).... 'අපි සෝතාපන්න වෙමු. අපායට නොවැටෙන ස්වභාවය ඇති, නියත වශයෙන් ම නිවන අවබෝධ කරන්නමෝ වෙමු' යන ඥානය පරනිම්මිත වසවත්තී දෙවියන්ට ද තිබෙන්නේ ද?"

"මොග්ගල්ලාන නිදුකාණන් වහන්ස, 'අපි සෝතාපන්න වෙමු. අපායට නොවැටෙන ස්වභාවය ඇති, නියත වශයෙන් ම නිවන අවබෝධ කරන්නමෝ වෙමු' යි යන මෙබඳු ඥානයක් පරනිම්මිත වසවත්තී දෙවියන්ට ද ඇත්තේ ය."

"තිස්සයෙනි, 'අපි සෝතාපන්න වෙමු. අපායට නොවැටෙන ස්වභාවය ඇති, නියත වශයෙන් ම නිවන අවබෝධ කරන්නමෝ වෙමු' යි යන මෙබඳු ඥානයක් පරනිම්මිත වසවත්තී සියළු දෙවියන්ට ම තිබෙන්නේ ද?"

"නැත. මොග්ගල්ලාන නිදුකාණෙනි, සියළු පරනිම්මිත වසවත්තී දෙවියන් හට 'අපි සෝතාපන්න වෙමු. අපායට නොවැටෙන ස්වභාවය ඇති, නියත වශයෙන් ම නිවන අවබෝධ කරන්නමෝ වෙමු' යි යන ඥානය නැත්තේ ය.

මොග්ගල්ලාන නිදුකාණෙනි, යම් පරනිම්මිත වසවත්තී දෙවිවරු බුදුරජුන් කෙරෙහි නොසෙල්වෙන ප්‍රසාදයෙන් යුතු නොවෙත් ද, ධර්මය කෙරෙහි නොසෙල්වෙන ප්‍රසාදයෙන් යුතු නොවෙත් ද, සංඝයා කෙරෙහි නොසෙල්වෙන ප්‍රසාදයෙන් යුතු නොවෙත් ද, ආර්යකාන්ත ශීලයෙන් යුතු නොවෙත් ද, ඒ දෙවියන් හට 'අපි සෝතාපන්න වෙමු. අපායට නොවැටෙන ස්වභාවය ඇති, නියත වශයෙන් ම නිවන අවබෝධ කරන්නමෝ වෙමු' යන ඥානය නැත්තේ ය.

මොග්ගල්ලාන නිදුකාණෙනි, යම් පරනිම්මිත වසවත්ති දෙවිවරු බුදුරජුන් කෙරෙහි නොසෙල්වෙන ප්‍රසාදයෙන් යුතු වෙත් ද, ධර්මය කෙරෙහි නොසෙල්වෙන ප්‍රසාදයෙන් යුතු වෙත් ද, සංඝයා කෙරෙහි නොසෙල්වෙන ප්‍රසාදයෙන් යුතු වෙත් ද, ආර්යකාන්ත ශීලයෙන් යුතු වෙත් ද, ඒ දෙවියන් හට 'අපි සෝතාපන්න වෙමු. අපායට නොවැටෙන ස්වභාවය ඇති, නියත වශයෙන් ම නිවන අවබෝධ කරන්නමෝ වෙමු' යන ඥානය ඇත්තේ ය."

ඉක්බිති ආයුෂ්මත් මහා මොග්ගල්ලානයන් වහන්සේ තිස්ස බ්‍රහ්මයාගේ භාෂිතය සතුටින් පිළිගෙන අනුමෝදන් වී බලවත් පුරුෂයෙක් හැකිලූ ඇතක් දිගහරින්නේ යම් සේ ද, දිගු කළ අතක් හකුලන්නේ යම් සේ ද, එබඳු කලක් තුළ බ්‍රහ්ම ලෝකයෙන් නොපෙනී ගොස් ජේතවනයෙහි පහළ වූ සේක.

සාදු! සාදු!! සාදු!!!

මොග්ගල්ලාන සූත්‍රය නිමා විය.

6.1.4.5.
විජ්ජාභාගීය සූත්‍රය
අවබෝධ ඥානය ඇති කරවන දේ ගැන වදාළ දෙසුම

සැවැත් නුවර දී ය .....

මහණෙනි, මේ අවබෝධ ඥානය ඇති කරවන කරුණු සයකි. ඒ කවර සයක් ද යත්;

අනිත්‍ය සංඥාව ය. අනිත්‍යයෙහි දුක්ඛ සංඥාව ය. දුකෙහි අනාත්ම සංඥාව ය. ප්‍රහාණ සංඥාව ය. විරාග සංඥාව ය. නිරෝධ සංඥාව ය.

මහණෙනි, මේ වනාහී අවබෝධ ඥානය ඇති කරවන කරුණු සය යි.

සාදු! සාදු!! සාදු!!!

විජ්ජාභාගීය සූත්‍රය නිමා විය.

6.1.4.6.
විවාදමූල සූත්‍රය
විවාදයන්ට මුල් වන දේ ගැන වදාළ දෙසුම

සැවැත් නුවර දී ය .....

මහණෙනි, විවාදයන්ට මුල් වන මේ කරුණු සයකි. ඒ කවර සයක් ද යත්;

1. මහණෙනි, මෙහිලා භික්ෂුව ක්‍රෝධයෙන් යුක්ත වූයේ, බද්ධ වෛර ඇත්තේ වෙයි. මහණෙනි, යම් මේ භික්ෂුවක් ක්‍රෝධයෙන් යුක්ත ව බද්ධ වෛරී ව සිටියි නම්, හේ ශාස්තෘන් වහන්සේට ගෞරව නැති ව, යටහත් පැවතුම් නැති ව වාසය කරයි. ධර්මයට ද ගෞරව නැති ව, යටහත් පැවතුම් නැති ව වාසය කරයි. සංඝයාට ද ගෞරව නැති ව, යටහත් පැවතුම් නැති ව වාසය කරයි. ශික්ෂාව ත් පිරිපුන් නොකරන්නේ වෙයි. මහණෙනි, යම් මේ භික්ෂුවක් ශාස්තෘන් වහන්සේට ගෞරව නැති ව, යටහත් පැවතුම් නැති ව වාසය කරයි ද, ධර්මයට ද ගෞරව නැති ව, යටහත් පැවතුම් නැති ව වාසය කරයි ද, සංඝයාට ද ගෞරව නැති ව, යටහත් පැවතුම් නැති ව වාසය කරයි ද, ශික්ෂාව ත් පිරිපුන් නොකරන්නේ වෙයි ද, යම් විවාදයක් බොහෝ ජනයාට අහිත පිණිස, බොහෝ ජනයාට දුක් පිණිස, බොහෝ ජනයාට අනර්ථය පිණිස, දෙව් මිනිසුන්ට අහිත පිණිස, දුක් පිණිස හේතු වෙයි ද, සංඝයා මැද ඒ විවාදය උපදවන්නේ ඔහු ය.

මහණෙනි, ඉදින් ඔබ විවාදයට මුල් වූ මෙබඳු වූ දෙයක් තම පිරිස තුළ වේවා, බාහිර පිරිස තුළ වේවා දකින්නහු නම්, මහණෙනි, ඔබ ඒ පවිටු විවාද මූලය ප්‍රහාණය කිරීමට වීර්යය කරව්. මහණෙනි, ඉදින් ඔබ විවාදයට මුල් වූ මෙබඳු වූ දෙයක් තම පිරිස තුළ වේවා, බාහිර පිරිස තුළ වේවා නොදකින්නහු නම්, මහණෙනි, ඔබ ඒ පවිටු විවාද මූලය අනාගතයෙහි ත් හටනොගැනීම පිණිස පිළිපදිව්. මේ අයුරින් ඒ පවිටු විවාද මූලය ප්‍රහාණය වෙයි. මේ අයුරින් ඒ පවිටු විවාද මූලය අනාගතයෙහි නූපදීම වෙයි.

2. තව ද මහණෙනි, භික්ෂුව ගුණමකු වූයේ, එකටඑක කරන්නේ වෙයි. ....(පෙ).... 3. ඊර්ෂ්‍යා කරන්නේ, මසුරු වූයේ වෙයි. ....(පෙ).... 4. වංචා ඇත්තේ,

මායා ඇත්තේ වෙයි. ....(පෙ).... 5. පවිටු ආශා ඇත්තේ, මිසදිටු ගත්තේ වෙයි. ....(පෙ).... 6. තම දෘෂ්ටිය ම දැඩි ව ගත්තේ, තමා දැඩි ව ගත් වැරදි මතය බැහැර නොකළ හැක්කේ වෙයි. මහණෙනි, යම් මේ භික්ෂුවක් තම දෘෂ්ටිය දැඩි ව ගෙන, තමා ගත් වැරදි මතය බැහැර නොකර සිටියි නම්, හේ ශාස්තෘන් වහන්සේට ගෞරව නැති ව, යටහත් පැවතුම් නැති ව වාසය කරයි. ධර්මයට ද ගෞරව නැති ව, යටහත් පැවතුම් නැති ව වාසය කරයි. සංඝයාට ද ගෞරව නැති ව, යටහත් පැවතුම් නැති ව වාසය කරයි. ශික්ෂාව ත් පිරිපුන් නොකරන්නේ වෙයි. මහණෙනි, යම් මේ භික්ෂුවක් ශාස්තෘන් වහන්සේට ගෞරව නැති ව, යටහත් පැවතුම් නැති ව වාසය කරයි ද, ධර්මයට ද ගෞරව නැති ව, යටහත් පැවතුම් නැති ව වාසය කරයි ද, සංඝයාට ද ගෞරව නැති ව, යටහත් පැවතුම් නැති ව වාසය කරයි ද, ශික්ෂාව ත් පිරිපුන් නොකරන්නේ වෙයි ද, යම් විවාදයක් බොහෝ ජනයාට අහිත පිණිස, බොහෝ ජනයාට දුක් පිණිස, බොහෝ ජනයාට අනර්ථය පිණිස, දෙව් මිනිසුන්ට අහිත පිණිස, දුක් පිණිස හේතු වෙයි ද, සංඝයා මැද විවාදය උපදවන්නේ ඔහු ය.

මහණෙනි, ඉදින් ඔබ විවාදයට මුල් වූ මෙබඳු වූ දෙයක් තම පිරිස තුළ වේවා, බාහිර පිරිස තුළ වේවා දකින්නහු නම්, මහණෙනි, ඔබ ඒ පවිටු විවාද මූලය ප්‍රහාණය කිරීමට වීර්යය කරව්. මහණෙනි, ඉදින් ඔබ විවාදයට මුල් වූ මෙබඳු වූ දෙයක් තම පිරිස තුළ වේවා, බාහිර පිරිස තුළ වේවා නොදකින්නහු නම්, මහණෙනි, ඔබ ඒ පවිටු විවාද මූලය අනාගතයෙහි ත් හටනොගැනීම පිණිස පිළිපදිව්. මේ අයුරින් ඒ පවිටු විවාද මූලය ප්‍රහාණය වෙයි. මේ අයුරින් ඒ පවිටු විවාද මූලය අනාගතයෙහි නූපදීම වෙයි.

මහණෙනි, මේ වනාහී විවාද මූලයෝ සය යි.

සාදු! සාදු!! සාදු!!!

විවාදමූල සූත්‍රය නිමා විය.

6.1.4.7.
ඡළංගදාන සූත්‍රය
සය අංගයකින් යුත් දානය ගැන වදාළ දෙසුම

එක් සමයක භාග්‍යවතුන් වහන්සේ සැවැත් නුවර ජේතවනයෙහි අනේ

පිඬු සිටුහුගේ ආරාමයෙහි වැඩවසන සේක. එසමයෙහි වේළුකණ්ටකියෙහි නන්දමාතා උපාසිකා තොමෝ සාරිපුත්ත මොග්ගල්ලානයන් වහන්සේලා ප්‍රමුඛ භික්ෂු සංඝයා විෂයෙහි සය අංගයකින් යුක්ත වූ දානයක් පිළිගන්වයි.

භාග්‍යවතුන් වහන්සේ මිනිස් ඇස ඉක්මවා ගිය පිරිසිදු වූ දිවැසින් වේළුකණ්ටකියෙහි නන්දමාතා උපාසිකාව සාරිපුත්ත මොග්ගල්ලානයන් වහන්සේලා ප්‍රමුඛ භික්ෂු සංඝයා විෂයෙහි සය අංගයකින් යුක්ත වූ දානයක් පිළිගන්වන අයුරු දුටු සේක. දැක භික්ෂූන් අමතා වදාළ සේක.

"මහණෙනි, වේළුකණ්ටකියෙහි මේ නන්දමාතා උපාසිකාව සාරිපුත්ත මොග්ගල්ලානයන් වහන්සේලා ප්‍රමුඛ භික්ෂු සංඝයා විෂයෙහි සය අංගයකින් යුක්ත වූ දානයක් පිළිගන්වයි.

මහණෙනි, දානයක් සය අංගයකින් සමන්විත වන්නේ කෙසේ ද? මහණෙනි, මෙහිලා දායක පක්ෂයෙහි අංග තුනකි. ප්‍රතිග්‍රාහක පක්ෂයෙහි අංග තුනකි.

දායක පක්ෂයෙහි අංග තුන මොනවා ද? මහණෙනි, මෙහිලා දායක තෙමේ දානයට කලින් ම සිත සතුටු කරගන්නේ වෙයි. දන් දෙන අවස්ථාවෙහි සිත පහදවා ගන්නේ වෙයි. දන් දීමෙන් පසු සතුටු සිත් ඇත්තේ වෙයි. මේ දායකයාගේ අංග තුන යි.

ප්‍රතිග්‍රාහක පක්ෂයෙහි අංග තුන මොනවා ද? මහණෙනි, මෙහිලා ප්‍රතිග්‍රාහකයෝ වීතරාගීහු හෝ වෙති. රාගය දුරු කිරීම පිණිස පිළිපන්නෝ හෝ වෙති. වීතදෝසීහු හෝ වෙති. ද්වේෂය දුරු කිරීම පිණිස පිළිපන්නෝ හෝ වෙති. වීතමෝහීහු හෝ වෙති. මෝහය දුරු කිරීම පිණිස පිළිපන්නෝ හෝ වෙති. මේ ප්‍රතිග්‍රාහකයාගේ අංග තුන යි.

මෙසේ දායක පක්ෂයෙහි අංග තුනකි. ප්‍රතිග්‍රාහක පක්ෂයෙහි අංග තුනකි. මහණෙනි, මෙසේ දානයක් අංග සයකින් යුක්ත වෙයි.

මහණෙනි, මේ අයුරින් සය අංගයකින් යුක්ත වූ දානයෙහි පුණ්‍ය විපාකය ප්‍රමාණ කිරීම පහසු නැත. මෙපමණ පුණ්‍ය ප්‍රවාහයක් ඇත්තේ ය. කුසල ප්‍රවාහයක් ඇත්තේ ය. සැප ලබා දෙන්නේ ය. ස්වර්ග සැප දෙන්නේ ය. සැප විපාක ඇත්තේ ය. ස්වර්ගයෙහි උපදවන්නේ ය. ඉෂ්ට වූ, කාන්ත වූ, මනාප වූ, හිත සුව පිණිස පවතින්නේ ය කියා පමණ කළ නොහැක්කකි. නමුත් සංඛ්‍යාවකට ගත නොහැකි ප්‍රමාණයක් කළ නොහැකි මහා පුණ්‍යස්කන්ධයක් යන සංඛ්‍යාවට යයි.

මහණෙනි, එය මෙබඳු දෙයකි. යම් සේ මහා සයුරෙහි මෙපමණ දිය නැළි ඇත්තේ ය, මෙපමණ දිය නැළි සිය ගණනක් ඇත්තේ ය, මෙපමණ දිය නැළි දහස් ගණනක් ඇත්තේ ය, මෙපමණ දිය නැළි සිය දහස් ගණනක් ඇත්තේ ය වශයෙන් ජලය ප්‍රමාණ කිරීමට පහසු නැත. වැලිදු සංඛ්‍යාවකට ගත නොහැකි ප්‍රමාණයක් කළ නොහැකි මහා ජලස්කන්ධයක් ය යන සංඛ්‍යාවට යයි.

එසෙයින් ම මහණෙනි, මේ අයුරින් සය අංගයකින් යුක්ත වූ දානයෙහි පුණ්‍ය විපාකය ප්‍රමාණ කිරීම පහසු නැත. මෙපමණ පුණ්‍ය ප්‍රවාහයක් ඇත්තේ ය. කුසල ප්‍රවාහයක් ඇත්තේ ය. සැප ලබා දෙන්නේ ය. ස්වර්ග සැප දෙන්නේ ය. සැප විපාක ඇත්තේ ය. ස්වර්ගයෙහි උපදවන්නේ ය. ඉෂ්ට වූ, කාන්ත වූ, මනාප වූ, හිත සුව පිණිස පවතින්නේ ය කියා පමණ කළ නොහැක්කකි. වැලිදු සංඛ්‍යාවකට ගත නොහැකි ප්‍රමාණයක් කළ නොහැකි මහා පුණ්‍යස්කන්ධයක් යන සංඛ්‍යාවට යයි.

(ගාථා)

1. දානයට කලින් සතුටු සිත් ඇත්තේ වෙයි. දන් දෙන විට සිත පැහැදෙයි. දන් දී සතුටු සිත් ඇත්තේ වෙයි. මෙය දානයෙහි සම්පත්තිය යි.

2. වීතරාගී වූ වීතදෝසී වූ, වීතමෝහී වූ, ක්ෂීණාශ්‍රව වූ, සීල සම්පන්න වූ, සංවර ඉඳුරන් ඇත්තා වූ බ්‍රහ්මචාරී රහතන් වහන්සේලා දානයෙහි ක්ෂේත්‍රය වෙති.

3. තමා ම අත් පා සෝදා සිය අතින් දන් පූජා කොට දායක පක්ෂයෙනුත්, ප්‍රතිග්‍රාහක පක්ෂයෙනුත් පිරිසිදු බව ලබන දානය මහත්ඵල වෙයි.

4. මෙසේ නුවණැති සැදැහැවත් තැනැත්තා මසුරු බවින් මිදුණු සිතින් යුතුව දන් දී දුක් රහිත වූ සැප ඇති සුගතියෙහි උපදින්නේ ය.

සාදු! සාදු!! සාදු!!!

ඡළංගදාන සූත්‍රය නිමා විය.

6.1.4.8.
අත්තකාර සූත්‍රය
තමා කිරීම ගැන වදාළ දෙසුම

සැවැත් නුවර දී ය .....

එකල්හී එක්තරා බ්‍රාහ්මණයෙක් භාග්‍යවතුන් වහන්සේ යම් තැනක වැඩසිටි සේක් ද, එතැනට පැමිණියේ ය. පැමිණ භාග්‍යවතුන් වහන්සේ සමඟ සතුටු වූයේ ය. සතුටු විය යුතු පිළිසඳර කතා බහ නිමවා එකත්පස් ව හිඳගත්තේ ය. එකත්පස් ව හුන් ඒ බ්‍රාහ්මණයා භාග්‍යවතුන් වහන්සේට මෙය පැවසුවේ ය.

"භවත් ගෞතමයන් වහන්ස, මම් වනාහී මෙබඳු දෙයක් පවසන, මෙබඳු දෘෂ්ටියක් ඇත්තෙක් වෙමි. එනම් 'තමා කරන ක්‍රියාවක් නැත්තේ ය. අනුන් කරන ක්‍රියාවක් නැත්තේ ය' යි."

"බ්‍රාහ්මණය, මෙබඳු දෙයක් පවසන, මෙබඳු දෘෂ්ටියක් ඇති කෙනෙකු මට දකින්නට නොලැබේවා! එබන්දෙකු ගැන මට අසන්නට ත් නොලැබේවා! තමන් ඉදිරියට ගමන් කරමින්, තමන් යළි හැරී එමින් කෙසේ නම් මෙසේ කියන්නේ ද? එනම් 'තමා කරන ක්‍රියාවක් නැත්තේ ය. අනුන් කරන ක්‍රියාවක් නැත්තේ ය' යි.

බ්‍රාහ්මණය, ඒ කිමකැයි සිතන්නෙහි ද? යමක් පිණිස පළමුවෙන් ම කළ යුතු වීර්යයක් තිබෙනවා ද?"

"එසේ ය භවත."

"පළමුවෙන් ම කළ යුතු වීර්යයක් ඇති කල්හී ඒ වීර්යය පළමුවෙන් ම පටන් ගන්නා වූ සත්වයෝ පැණෙත් ද?"

"එසේ ය භවත."

"බ්‍රාහ්මණය, පළමුවෙන් ම කළ යුතු වීර්යයක් ඇති කල්හී වීර්යය අරඹන්නා වූ සත්වයෝ පැණෙති යි යන යමක් ඇද්ද, මෙය සත්වයන්ගේ තමාගේ කිරීම යි. මෙය අනුන්ගේ කිරීම යි."

බ්‍රාහ්මණය, ඒ කිමකැයි සිතන්නෙහි ද? යමක් පිණිස අලස බවින් නැගී සිට කරන වීර්යයක් තිබෙනවා ද? ....(පෙ).... බලවත් ව ඉදිරියට ගෙන යන වීර්යයක් තිබෙනවා ද? ....(පෙ).... බලවත් වීර්යයක් තිබෙනවා ද? ....(පෙ).... පිහිටි වීර්යයක් තිබෙනවා ද? ....(පෙ).... උපක්‍රමයෙන් කරන වීර්යයක් තිබෙනවා ද?"

"එසේ ය භවත."

"උපක්‍රමයෙන් කරන වීර්යයක් ඇති කල්හී ඒ උපක්‍රමයෙන් වීර්යය ගන්නා වූ සත්වයෝ පැණෙත් ද?"

"එසේ ය භවත."

"බ්‍රාහ්මණය, උපක්‍රමයෙන් කරන වීර්යයක් ඇති කල්හී උපක්‍රමයෙන් වීර්යය ගන්නා වූ සත්වයෝ පැණෙති යි යන යමක් ඇද්ද, මෙය සත්වයන්ගේ තමාගේ කිරීම යි. මෙය අනුන්ගේ කිරීම යි.

බ්‍රාහ්මණය, මෙබඳු දෙයක් පවසන, මෙබඳු දෘෂ්ටියක් ඇති කෙනෙකු මට දකින්නට නොලැබේවා! එබන්දෙකු ගැන මට අසන්නට ත් නොලැබේවා! තමන් ඉදිරියට ගමන් කරමින්, තමන් යළි හැරී එමින් කෙසේ නම් මෙසේ කියන්නේ ද? එනම් 'තමා කරන ක්‍රියාවක් නැත්තේ ය. අනුන් කරන ක්‍රියාවක් නැත්තේ ය' යි."

"භවත් ගෞතමයන් වහන්ස, ඉතා මනහර ය ....(පෙ).... අද පටන් මා දිවි තිබෙන තුරා තෙරුවන් සරණ ගිය කෙනෙකු වශයෙන් පිළිගන්නා සේක්වා!"

සාදු! සාදු!! සාදු!!!

අත්තකාර සූත්‍රය නිමා විය.

6.1.4.9.
කම්මනිදාන සූත්‍රය
කර්මයට පසුබිම් වූ දෙය ගැන වදාළ දෙසුම

සැවැත් නුවර දී ය .....

මහණෙනි, කර්මයන්ගේ හටගැනීමට පසුබිම් වූ කරුණු තුනකි. ඒ කවර කරුණු තුනක් ද යත්;

කර්මයන්ගේ හටගැනීමට ලෝභය පසුබිම් වෙයි. කර්මයන්ගේ හටගැනීමට ද්වේෂය පසුබිම් වෙයි. කර්මයන්ගේ හටගැනීමට මෝහය පසුබිම් වෙයි.

මහණෙනි, ලෝභයෙන් අලෝභය හට නොගනියි. නමුත් මහණෙනි, ලෝභයෙන් ලෝභය ම උපදියි. මහණෙනි, ද්වේෂයෙන් මෛත්‍රිය හට නොග නියි. නමුත් මහණෙනි, ද්වේෂයෙන් ද්වේෂය ම උපදියි. මහණෙනි, මෝහයෙන් ප්‍රඥාව හට නොගනියි. නමුත් මහණෙනි, මෝහයෙන් මෝහය ම උපදියි.

මහණෙනි, ලෝභයෙන් හටගත් කර්මයෙන්, ද්වේෂයෙන් හටගත් කර්මයෙන්, මෝහයෙන් හටගත් කර්මයෙන් දෙවියෝ නොපැණෙති. මිනිස්සු නොපැණෙති. යම් අන්‍ය වූ සුගතීහු ද නොපැණෙති. එනමුදු මහණෙනි, ලෝභයෙන් හටගත් කර්මයෙන්, ද්වේෂයෙන් හටගත් කර්මයෙන්, මෝහයෙන් හටගත් කර්මයෙන් නිරය පැණවෙයි. තිරිසන් යෝනිය පැණවෙයි. ප්‍රේත විෂය පැණවෙයි. යම්බඳු අන්‍ය වූ දුගතීහු පැණවෙති.

මහණෙනි, මේ වනාහී කර්මයන්ගේ හටගැනීමට පසුබිම් වූ කරුණු තුනයි.

මහණෙනි, කර්මයන්ගේ හටගැනීමට පසුබිම් වූ කරුණු තුනකි. ඒ කවර කරුණු තුනක් ද යත්;

කර්මයන්ගේ හටගැනීමට අලෝභය පසුබිම් වෙයි. කර්මයන්ගේ හටගැනීමට අද්වේෂය පසුබිම් වෙයි. කර්මයන්ගේ හටගැනීමට අමෝහය පසුබිම් වෙයි.

මහණෙනි, අලෝභයෙන් ලෝභය හට නොගනියි. නමුත් මහණෙනි, අලෝභයෙන් අලෝභය ම උපදියි. මහණෙනි, මෛත්‍රියෙන් ද්වේෂය හට නොග නියි. නමුත් මහණෙනි, මෛත්‍රියෙන් මෛත්‍රිය ම උපදියි. මහණෙනි, ප්‍රඥාවෙන් මෝහය හට නොගනියි. නමුත් මහණෙනි, ප්‍රඥාවෙන් ප්‍රඥාව ම උපදියි.

මහණෙනි, අලෝභයෙන් හටගත් කර්මයෙන්, අද්වේෂයෙන් හටගත් කර්මයෙන්, අමෝහයෙන් හටගත් කර්මයෙන් නිරය නොපැණෙයි. තිරිසන් යෝනිය නොපැණවෙයි. ප්‍රේත විෂය නොපැණවෙයි. යම්බඳු අන්‍ය වූ දුගතීහු නොපැණවෙති. එනමුදු මහණෙනි, අලෝභයෙන් හටගත් කර්මයෙන්, අද්වේෂයෙන් හටගත් කර්මයෙන්, අමෝහයෙන් හටගත් කර්මයෙන් දෙවියෝ පැණවෙති. මිනිස්සු පැණවෙති. අන්‍ය වූ සුගතීහු පැණවෙති.

මහණෙනි, මේ වනාහී කර්මයන්ගේ හටගැනීමට පසුබිම් වූ කරුණු තුනයි.

සාදු! සාදු!! සාදු!!!

කම්මනිදාන සූත්‍රය නිමා විය.

6.1.4.10.
කිම්බිල සූත්‍රය
කිම්බිල තෙරුන්ට වදාළ දෙසුම

මා විසින් මෙසේ අසන ලදී. එක් සමයක භාග්‍යවතුන් වහන්සේ කිම්බිලා නගරය අසල මිදෙල්ල වනයෙහි වැඩවෙසෙන සේක. එකල්හී ආයුෂ්මත් කිම්බිල තෙරණුවෝ භාග්‍යවතුන් වහන්සේ යම් තැනක වැඩසිටි සේක් ද, එතැනට පැමිණියහ. පැමිණ භාග්‍යවතුන් වහන්සේට සකසා වන්දනා කොට එකත්පස් ව හිඳගත්හ. එකත්පස් ව හුන් ආයුෂ්මත් කිම්බිල තෙරණුවෝ භාග්‍යවතුන් වහන්සේට මෙය පැවසූහ.

"ස්වාමීනී, තථාගතයන් වහන්සේ පිරිනිවි කල්හී සද්ධර්මය බොහෝ කලක් නොපවතින්නේ නම් එයට හේතුව කුමක් ද? ප්‍රත්‍ය කුමක් ද?"

"කිම්බිලයෙනි, මෙහිලා තථාගතයන් වහන්සේ පිරිනිවි කල්හී භික්ෂු භික්ෂුණී උපාසක උපාසිකාවෝ ශාස්තෲන් වහන්සේ කෙරෙහි අගෞරවයෙන්

යටහත් පැවතුම් නැති ව වාසය කරති. ධර්මය කෙරෙහි අගෞරවයෙන් යටහත් පැවතුම් නැති ව වාසය කරති. සංඝයා කෙරෙහි අගෞරවයෙන් යටහත් පැවතුම් නැති ව වාසය කරති. ශික්ෂාව කෙරෙහි අගෞරවයෙන් යටහත් පැවතුම් නැති ව වාසය කරති. අප්‍රමාදී බව කෙරෙහි අගෞරවයෙන් යටහත් පැවතුම් නැති ව වාසය කරති. පිළිසඳර කෙරෙහි අගෞරවයෙන් යටහත් පැවතුම් නැති ව වාසය කරති. කිම්බිලයෙනි, තථාගතයන් වහන්සේ පිරිනිවි කල්හී සද්ධර්මය බොහෝ කලක් නොපවතින්නේ නම් එයට හේතුව මෙය යි. ප්‍රත්‍ය මෙය යි."

"ස්වාමීනී, තථාගතයන් වහන්සේ පිරිනිවි කල්හී සද්ධර්මය බොහෝ කලක් පවතින්නේ නම් එයට හේතුව කුමක් ද? ප්‍රත්‍ය කුමක් ද?"

"කිම්බිලයෙනි, මෙහිලා තථාගතයන් වහන්සේ පිරිනිවි කල්හී භික්ෂු භික්ෂුණී උපාසක උපාසිකාවෝ ශාස්තෲන් වහන්සේ කෙරෙහි ගෞරවයෙන් යටහත් පැවතුම් ඇති ව වාසය කරති. ධර්මය කෙරෙහි ගෞරවයෙන් යටහත් පැවතුම් ඇති ව වාසය කරති. සංඝයා කෙරෙහි ගෞරවයෙන් යටහත් පැවතුම් ඇති ව වාසය කරති. ශික්ෂාව කෙරෙහි ගෞරවයෙන් යටහත් පැවතුම් ඇති ව වාසය කරති. අප්‍රමාදී බව කෙරෙහි ගෞරවයෙන් යටහත් පැවතුම් ඇති ව වාසය කරති. පිළිසඳර කෙරෙහි ගෞරවයෙන් යටහත් පැවතුම් ඇති ව වාසය කරති. කිම්බිලයෙනි, තථාගතයන් වහන්සේ පිරිනිවි කල්හී සද්ධර්මය බොහෝ කලක් පවතින්නේ නම් එයට හේතුව මෙය යි. ප්‍රත්‍ය මෙය යි."

සාදු! සාදු!! සාදු!!!

කිම්බිල සූත්‍රය නිමා විය.

6.1.4.11.
දාරුක්ඛන්ධ සූත්‍රය
දැව කඳ මුල් කොට වදාළ දෙසුම

මා විසින් මෙසේ අසන ලදී. එක් සමයක ආයුෂ්මත් සාරිපුත්තයන් වහන්සේ රජගහ නුවර ගිජුකුළු පව්වෙහි වැඩවෙසෙන සේක. එකල්හී ආයුෂ්මත් සාරිපුත්තයන් වහන්සේ පෙරවරුවෙහි සිවුරු හැඳ පොරොවාගෙන පාත්‍රය හා සිවුරු ගෙන බොහෝ භික්ෂූන් සමඟ ගිජ්ඣකූට පර්වතයෙන් පහළට බසිද්දී එක්තරා ප්‍රදේශයක මහත් දැව කඳක් දුටු සේක. දැක භික්ෂූන් ඇමතූ සේක.

"ආයුෂ්මත්නි, අර මහත් දැව කඳ ඔබ දකින්නහු ද?"

"එසේ ය ආයුෂ්මතුන් වහන්ස"

"ආයුෂ්මත්නි, චිත්ත වශී භාවයට පත්, ඉර්ධිමත් භික්ෂුවක් කැමති නම් ඔය දැව කඳ පඨවි ධාතුව වශයෙන් ම සළකන්නේ ය. මක් නිසාද යත්, ආයුෂ්මත්නි, යම් කරුණක් නිසාවෙන් චේතෝ වශී ප්‍රාප්ත ඉර්ධිමත් භික්ෂුව ඔය දැව කඳ පඨවි ධාතුව වශයෙන් ම සළකන්නේ නම් ඒ පඨවි ධාතුව ඔය දැව කඳෙහි ඇත්තේ ය.

ආයුෂ්මත්නි, චිත්ත වශී භාවයට පත්, ඉර්ධිමත් භික්ෂුවක් කැමති නම් ඔය දැව කඳ ආපෝ ධාතුව වශයෙන් ම සළකන්නේ ය. ....(පෙ).... තේජෝ ධාතුව වශයෙන් ම සළකන්නේ ය. ....(පෙ).... වායෝ ධාතුව වශයෙන් ම සළකන්නේ ය ....(පෙ)... සුභ වශයෙන් ම සළකන්නේ ය ....(පෙ). අසුභ වශයෙන් ම සළකන්නේ ය. මක් නිසාද යත්, ආයුෂ්මත්නි, යම් කරුණක් නිසාවෙන් චේතෝ වශී ප්‍රාප්ත ඉර්ධිමත් භික්ෂුව ඔය දැව කඳ අසුභ වශයෙන් ම සළකන්නේ නම් ඒ අසුභ ධාතුව ඔය දැව කඳෙහි ඇත්තේ ය."

සාදු! සාදු!! සාදු!!!

දාරුක්ඛන්ධ සූත්‍රය නිමා විය.

6.1.4.12.
නාගිත සූත්‍රය
නාගිත තෙරුන්ට වදාළ දෙසුම

මා විසින් මෙසේ අසන ලදී. එක් සමයක භාග්‍යවතුන් වහන්සේ කොසොල් ජනපදයෙහි මහත් වූ භික්ෂු සංඝයා සමඟ චාරිකාවෙහි වඩමින් ඉච්ඡානංගල නම් වූ කෝසලවාසී බ්‍රාහ්මණ ගමකට වැඩම කළ සේක. එකල්හී භාග්‍යවතුන් වහන්සේ ඒ ඉච්ඡානංගලයෙහි ඉච්ඡානංගල වන ලැහැබෙහි වැඩවසන සේක.

ඉච්ඡානංගලවැසි බ්‍රාහ්මණ ගෘහපතීහු මෙකරුණ ඇසූහ. 'ශාක්‍ය පුත්‍ර වූ ශාක්‍ය කුලයෙන් නික්මී පැවිදි වූ ශ්‍රමණ භවත් ගෞතමයන් වහන්සේ ඉච්ඡානංගලයට වැඩම කොට ඉච්ඡානංගලයෙහි ඉච්ඡානංගල වන ලැහැබෙහි වැඩ වාසය කරති' යි.

ඒ භවත් ගෞතමයන් වහන්සේගේ මෙබඳු වූ කල්‍යාණ කීර්ති ඝෝෂාවක් උස් ව පැන නැංගේ ය. එනම් 'මේ මේ කරුණෙනුත් ඒ භාග්‍යවතුන් වහන්සේ අරහං වන සේක. සම්මා සම්බුද්ධ වන සේක. විජ්ජාචරණ සම්පන්න වන සේක. ....(පෙ).... බුද්ධ වන සේක. භගවා වන සේක.' උන්වහන්සේ මේ දෙවියන් සහිත ....(පෙ).... එබඳු වූ රහතුන්ගේ දැක්ම පවා ඉතා යහපත් ය' යනුවෙනි.

ඉක්බිති ඉච්ඡානංගලවැසි බ්‍රාහ්මණගෘහපතීහු ඒ රාත්‍රිය ඇවෑමෙන් බොහෝ වූ ඛාද්‍යභෝජ්‍යයන් ගෙන ඉච්ඡානංගල වන ලැහැබ යම් තැනක ඇත්තේ ද, එතැනට පැමිණියහ. පැමිණ දොරටුවෙන් බැහැර කොටසෙහි උස් හඬ ඇති ව, මහා ඝෝෂා ඇති ව සිටියාහු ය.

එසමයෙහි ආයුෂ්මත් නාගිත තෙරණුවෝ භාග්‍යවතුන් වහන්සේගේ උපස්ථායක වෙති. එකල්හී භාග්‍යවතුන් වහන්සේ ආයුෂ්මත් නාගිත තෙරුන් ඇමතූ සේක.

"නාගිතයෙනි, ඒ උස් හඬින් කෑ ගසන්නෝ, මහා හඬින් කෑ ගසන්නෝ කවරහු ද? මසුන් මරා විකුණන තැන සිටින කෙවුලන් බඳු නොවැ."

"ස්වාමීනී, මේ ඉච්ඡානංගලවැසි බ්‍රාහ්මණගෘහපතීහු භාග්‍යවතුන් වහන්සේ ද, භික්ෂු සංඝයා ද උදෙසා බොහෝ වූ ඛාද්‍ය භෝජ්‍ය ගෙනවුත් බාහිර දොරටු කොටුවෙහි සිටියාහු ය."

"නාගිතයෙනි, පිරිවර හා සමඟ මම එක් නොවෙම්වා! පිරිවර ද මා සමඟ එක් නොවේවා! නාගිතයෙනි, මම් යම් නෙක්ඛම්ම සැපයක්, හුදෙකලා විවේකයෙන් ලද සැපයක්, සංසිඳීමෙන් ලද සැපයක්, සම්බෝධි සැපයක්, කැමති සේ ලබන්නෙම් ද, නිදුකින් ලබන්නෙම් ද, බොහෝ සෙයින් ලබන්නෙම් ද, එසේ මා ලබන මේ නෙක්ඛම්ම සුවය, පවිවේක සුවය, උපසම සුවය, සම්බෝධි සුවය යම් කෙනෙකුට කැමති සේ නොලැබෙන්නේ නම්, නිදුකින් නොලැබෙන්නේ නම්, බොහෝ සෙයින් නොලැබෙන්නේ නම් ඔහු ඒ අසූචි සැපය, නිද්‍රා සැපය, ලාභ සත්කාර කීර්ති ප්‍රශංසාවන්ගෙන් ලැබෙන සැපය පිළිගන්නේ ය."

"ස්වාමීනී, භාග්‍යවතුන් වහන්සේ දැන් ඉවසන සේක්වා! සුගතයන් වහන්සේ ඉවසන සේක්වා! ස්වාමීනී, භාග්‍යවතුන් වහන්සේට මෙය ඉවසන්නට කාලය යි. ස්වාමීනී, භාග්‍යවතුන් වහන්සේ යම් යම් දිශාවකට වඩිනා සේක් ද, ඒ ඒ දිශාවට බ්‍රාහ්මණගෘහපතීහු නිගම ජනපදවාසීහු නැඹුරු වී සිටිත් ම ය. ස්වාමීනී, එය මෙබඳු දෙයකි. මහත් දිය බිඳු සහිත ව වැස්ස වසිනා කල්හී පහළට නැඹුරු වූ බිමට අනුව ජලය ගලා යයි ද, ස්වාමීනී, එසෙයින්

ම භාග්‍යවතුන් වහන්සේ යම් යම් දිශාවකට වඩිනා සේක් ද, ඒ ඒ දිශාවට බ්‍රාහ්මණගෘහපතීහු නිගම ජනපදවාසීහු නැඹුරු වී සිටිත් ම ය. මක් නිසා ද යත්, ස්වාමීනී, භාග්‍යවතුන් වහන්සේගේ සීලය හා ඥානය නිසාවෙනි."

"නාගිතයෙනි, පිරිවර හා සමඟ මම එක් නොවෙම්වා! පිරිවර ද මා සමඟ එක් නොවේවා! නාගිතයෙනි, මම් යම් නෙක්ඛම්ම සැපයක්, හුදෙකලා විවේකයෙන් ලද සැපයක්, සංසිඳීමෙන් ලද සැපයක්, සම්බෝධි සැපයක්, කැමති සේ ලබන්නෙම් ද, නිදුකින් ලබන්නෙම් ද, බොහෝ සෙයින් ලබන්නෙම් ද, එසේ මා ලබන මේ නෙක්ඛම්ම සුවය, පවිවේක සුවය, උපසම සුවය, සම්බෝධි සුවය යම් කෙනෙකුට කැමති සේ නොලැබෙන්නේ නම්, නිදුකින් නොලැබෙන්නේ නම්, බොහෝ සෙයින් නොලැබෙන්නේ නම් ඔහු ඒ අසූචි සැපය, නිද්‍රා සැපය, ලාභ සත්කාර කීර්ති ප්‍රශංසාවන්ගෙන් ලැබෙන සැපය පිළිගන්නේ ය.

1. නාගිතයෙනි, මම මෙහිලා ගමෙහි වාසය කරන භික්ෂුවක් වාඩි වී චිත්ත සමාධියෙන් සිටිනු දකිමි. එකල්හී මට නාගිතයෙනි, මෙබඳු සිතක් වෙයි. 'දැන් ආරාමිකයෙක් වේවා, හෙරණක් වේවා, සහදම්යෙක් වේවා පැමිණ මේ ආයුෂ්මතුන් ඒ සමාධියෙන් බැහැර කරන්නේ ය' යි. එහෙයින් නාගිතයෙනි, මම ඒ භික්ෂුවගේ ගමෙහි වාසය කිරීම ගැන සතුටට පත් නොවෙමි.

2. නාගිතයෙනි, මම මෙහිලා අරණ්‍යයෙහි වාසය කරන භික්ෂුවක් අරණ්‍යයෙහි හිඳිමින් නිදිකිරා වැටෙනු දකිමි. එකල්හී මට නාගිතයෙනි, මෙබඳු සිතක් වෙයි. 'දැන් මේ ආයුෂ්මතුන් මේ නිදිමත වෙහෙස දුරු කොට අරණ්‍ය සංඥාව ම මෙනෙහි කොට සිත එකඟ කරන්නේ ය' යි. එහෙයින් නාගිතයෙනි, මම ඒ භික්ෂුවගේ අරණ්‍යයෙහි වාසය කිරීම ගැන සතුටට පත් වෙමි.

3. නාගිතයෙනි, මම මෙහිලා අරණ්‍යයෙහි වාසය කරන භික්ෂුවක් අරණ්‍යයෙහි එකඟ නොවූ සිතින් හිඳිනු දකිමි. එකල්හී මට නාගිතයෙනි, මෙබඳු සිතක් වෙයි. 'දැන් මේ ආයුෂ්මතුන් එකඟ නොවූ සිත එකඟ කරන්නේ ය. එකඟ වූ හෝ සිත රැකගන්නේ ය' යි. එහෙයින් නාගිතයෙනි, මම ඒ භික්ෂුවගේ අරණ්‍යයෙහි වාසය කිරීම ගැන සතුටට පත් වෙමි.

4. නාගිතයෙනි, මම මෙහිලා අරණ්‍යයෙහි වාසය කරන භික්ෂුවක් අරණ්‍යයෙහි එකඟ වූ සිතින් හිඳිනු දකිමි. එකල්හී මට නාගිතයෙනි, මෙබඳු සිතක් වෙයි. 'දැන් මේ ආයුෂ්මතුන් නීවරණයන්ගෙන් නිදහස් නොවූ සිත නිදහස් කරගන්නේ ය. නීවරණයන්ගෙන් නිදහස් වූ සිත හෝ රැකගන්නේ ය' යි. එහෙයින් නාගිතයෙනි, මම ඒ භික්ෂුවගේ අරණ්‍යයෙහි වාසය කිරීම ගැන සතුටට පත් වෙමි.

5. නාගිතයෙනි, මම මෙහිලා ගමෙහි වාසය කරන සිවුරු, පිණ්ඩපාත, සේනාසන, ගිලන්පස, බෙහෙත් පිරිකර ලබන සුළු වූ භික්ෂුවක් දකිමි. ඔහු ඒ ලාභ සත්කාර ප්‍රශංසාවට ආශා කරමින් භාවනාව අත්හරියි. අරණ්‍ය, දුර ඈත වනසෙනසුන්හි වාසය කිරීම අත්හරියි. ගම්, නියම්ගම්, රාජධානි ආදියෙහි වැද වාසය කරයි. එහෙයින් නාගිතයෙනි, මම ඒ භික්ෂුවගේ ගමෙහි වාසය කිරීම ගැන සතුටට පත් නොවෙමි.

6. නාගිතයෙනි, මම මෙහිලා අරණ්‍යයෙහි වාසය කරන සිවුරු, පිණ්ඩපාත, සේනාසන, ගිලන්පස, බෙහෙත් පිරිකර ලබන සුළු වූ භික්ෂුවක් දකිමි. ඔහු ඒ ලාභ සත්කාර ප්‍රශංසාව අත්හැර භාවනාව අත්නොහරියි. අරණ්‍ය, දුර ඈත වනසෙනසුන්හි වාසය කිරීම අත්නොහරියි. එහෙයින් නාගිතයෙනි, මම ඒ භික්ෂුවගේ අරණ්‍යයෙහි වාසය කිරීම ගැන සතුටට පත් වෙමි.

නාගිතයෙනි, යම්කලක මම දීර්ඝ මාර්ගයෙහි ගමන් කරන්නෙම් ද, ඉදිරියේ හෝ පසු පස්සෙහි හෝ කිසිවෙක් පෙනෙන්නට නැත්නම්, නාගිතයෙනි, එසමයෙහි මා හට අඩු ගණනේ වැසිකිළි කැසිකිළි කරන්නට පවා හෝ පහසුවක් ඇත්තේ ය.

සාදු! සාදු!! සාදු!!!

නාගිත සූත්‍රය නිමා විය.

සිව්වෙනි දේවතා වර්ගය අවසන් විය.

- **එහි පිළිවෙල උද්දානයයි :**

සේඛ සූත්‍රය, අපරිහානීය සූත්‍ර දෙක, මොග්ගල්ලාන සූත්‍රය, විජ්ජාභාගීය සූත්‍රය, විවාදමූල සූත්‍රය, දාන සූත්‍රය, අත්තකාර සූත්‍රය, නිදාන සූත්‍රය, කිම්බිල සූත්‍රය, දාරුක්ඛන්ධ සූත්‍රය සහ නාගිත සූත්‍රය වශයෙන් මෙහි සූත්‍ර දොළොසකි.

5. ධම්මික වර්ගය

6.1.5.1.

නාග සූත්‍රය

ශ්‍රේෂ්ඨ සත්වයා ගැන වදාළ දෙසුම

එක් සමයක භාග්‍යවතුන් වහන්සේ සැවැත් නුවර ජේතවන නම් වූ අනේපිඬු සිටුහුගේ ආරාමයෙහි වැඩවසන සේක. එකල්හී භාග්‍යවතුන් වහන්සේ පෙරවරුවෙහි සිවුරු හැඳ පොරොවාගෙන පාත්‍රය හා සිවුර ගෙන සැවැත් නුවරට පිඬු පිණිස පිවිසි සේක. සැවැත් නුවර පිණ්ඩපාතයෙහි වැඩම කොට පසුබත් කාලයෙහි පිණ්ඩපාතයෙන් වැළකී පෙරළා වැඩම කොට ආයුෂ්මත් ආනන්දයන් වහන්සේ ඇමතූ සේක.

"යමු ආනන්දයෙනි, පූර්වාරාමය නම් වූ මිගාරමාතු ප්‍රාසාදය කරා දිවාවිහරණය පිණිස එළඹෙමු."

"එසේ ය ස්වාමීනී" යි ආයුෂ්මත් ආනන්දයන් වහන්සේ භාග්‍යවතුන් වහන්සේට පිළිවදන් දුන්හ.

ඉක්බිති භාග්‍යවතුන් වහන්සේ ආයුෂ්මත් ආනන්දයන් වහන්සේ සමඟ පූර්වාරාමය නම් වූ මිගාරමාතු ප්‍රාසාදය කරා වැඩි සේක. එකල්හී භාග්‍යවතුන් වහන්සේ සවස් වරුවෙහි භාවනාවෙන් නැගිට ආයුෂ්මත් ආනන්දයන් වහන්සේ ඇමතූ සේක.

"යමු ආනන්දයෙනි, පූර්වකොට්ඨක නම් වූ නහනතොට කරා පැන්පහසු වීම පිණිස යමු."

"එසේ ය ස්වාමීනී" යි ආයුෂ්මත් ආනන්දයන් වහන්සේ භාග්‍යවතුන් වහන්සේට පිළිවදන් දුන්හ.

ඉක්බිති භාග්‍යවතුන් වහන්සේ ආයුෂ්මත් ආනන්දයන් වහන්සේ සමඟ පූර්වකොට්ඨක නම් වූ නහනතොට කරා පැන්පහසු වීම පිණිස වැඩිසේක. පූර්වකොට්ඨකයෙහි පැන්පහසු වී ගොඩ වී අඳන සිවුර ඇති ව සිරුරෙහි තෙත සිඳවමින් වැඩසිටි සේක.

එසමයෙහි පසේනදී කෝසල රජුගේ ශ්වේත නම් වූ හස්තිරාජයා මහා තූර්ය තාලම් ආදී වාද්‍යයෙන් යුක්ත ව පූර්වකොට්ඨකයෙන් ගොඩට එයි. එය දුටු ජනයා මෙසේ පවසයි.

'භවත්නි, ඒකාන්තයෙන් රජුගේ හස්තිනාගයා ඉතා රූපවත් නොවැ. භවත්නි, ඒකාන්තයෙන් රජුගේ හස්තිනාගයා ඉතා දර්ශනීය නොවැ. භවත්නි, ඒකාන්තයෙන් රජුගේ හස්තිනාගයා දුටුවන් පහදනවා නොවැ. භවත්නි, ඒකාන්තයෙන් රජුගේ හස්තිනාගයා පිරිපුන් කයින් යුක්ත නොවැ' යි.

මෙසේ ජනයා පැවසූ කල්හී ආයුෂ්මත් උදායී තෙරණුවෝ භාග්‍යවතුන් වහන්සේට මෙය පැවසූහ.

"ස්වාමීනී, ආරෝහපරිනාහයෙන් යුතු පිරිපුන් සිරුරක් ඇති හස්තිරාජයෙකුම දැකීමෙන් ජනයා මෙසේ කියන්නේ ද? එනම් 'භවත්නි, ඒකාන්තයෙන් ම මේ ශ්‍රේෂ්ඨ සත්වයා නාගයෙකි' යි. එසේ නැතහොත් වෙනත් ආරෝහපරිනාහ සම්පන්න පිරිපුන් සිරුරු ඇති සත්වයෙකුත් දැක 'භවත්නි, ඒකාන්තයෙන් ම මේ ශ්‍රේෂ්ඨ සත්වයා නාගයෙකි' යි කියන්නේ ද?"

"උදායී, ආරෝහපරිනාහයෙන් යුතු පිරිපුන් සිරුරක් ඇති හස්තිරාජයෙකුත් දැක ජනයා මෙසේ කියන්නේ ය. එනම් 'භවත්නි, ඒකාන්තයෙන් ම මේ ශ්‍රේෂ්ඨ සත්වයා නාගයෙකි' යි. එසේ ම උදායී, අශ්වයෙකුත් දැක ....(පෙ).... එසේ ම උදායී, ගවයෙකුත් දැක ....(පෙ).... එසේ ම උදායී, උරගයෙකුත් දැක ....(පෙ).... එසේ ම උදායී, වෘක්ෂයකුත් දැක ....(පෙ).... එසේ ම උදායී, ආරෝහ පරිනාහයෙන් යුතු පිරිපුන් සිරුරක් ඇති මිනිසෙකුත් දැක ජනයා මෙසේ කියන්නේ ය. එනම් 'භවත්නි, ඒකාන්තයෙන් ම මේ ශ්‍රේෂ්ඨ සත්වයා නාගයෙකි' යි. වැලිදු උදායී, යමෙක් දෙවියන් සහිත මරුන් සහිත බඹුන් සහිත ශ්‍රමණ බ්‍රාහ්මණයින් සහිත දෙව් මිනිස් ප්‍රජාවෙන් යුතු ලෝකයෙහි කයෙන්, වචනයෙන්, මනසින් අකුසල් නොකරයි ද, මම ඔහු ශ්‍රේෂ්ඨ සත්වයා හෙවත් නාගයා යැයි කියමි."

"ස්වාමීනී, ආශ්චර්යයකි! ස්වාමීනී, අද්භූතයෙකි! 'වැලිදු උදායී, යමෙක් දෙවියන් සහිත මරුන් සහිත බඹුන් සහිත ශ්‍රමණ බ්‍රාහ්මණයින් සහිත දෙව් මිනිස් ප්‍රජාවෙන් යුතු ලෝකයෙහි කයෙන්, වචනයෙන්, මනසින් අකුසල් නොකරයි ද,

මම ඔහු ශ්‍රේෂ්ඨ සත්වයා හෙවත් නාගයා යැයි කියමි’ යි භාග්‍යවතුන් වහන්සේ විසින් වදාරණ ලද්දේ මොනතරම් සුභාෂිතයක් ද? ස්වාමීනී, භාග්‍යවතුන් වහන්සේගේ මේ සුභාෂිතය මම මේ ගාථාවන්ගෙන් අනුමෝදන් වෙමි.

(ගාථා)

1. මනුෂ්‍ය වූ ම සම්බුදුරජහු තමන්වහන්සේ දමනය වූ සේක්, සමාහිත වූ සේක්, බ්‍රහ්මපථය නම් වූ ශ්‍රේෂ්ඨ මගෙහි වැඩවසන සේක්, සිත සංසිඳවීමෙහි ඇලී සිටින සේක.

2. සියළු ධර්මයන්ගෙන් පරතෙරට වැඩි ඒ ශ්‍රේෂ්ඨ බුදුරජුන් දැක මිනිස්සු වන්දනා කරති. අරහත් වූ බුදුරජුන්ගෙන් මා විසින් අසන ලද්දේ උන්වහන්සේට දෙවියෝ පවා වන්දනා කරති යි යන කරුණ යි.

3. සියළු සංයෝජනයන් ඉක්මවා ගිය කෙලෙස් වනයෙන් නිවනට පැමිණි කාමයන්ගෙන් නික්ම ගිය නෙක්ඛම්මයෙහි ඇලී වසන සම්බුදුරජුන් ගල් පර්වතයකින් ගිලිහී වැටෙන රනක් සෙයින් බබලන සේක.

4. අන්‍ය පර්වතයන් ඉක්මවා දිලෙන හිමවත් පව්ව සෙයින් බුද්ධ නම් වූ නාග තෙමේ නාග යන නම් ඇති සියල්ලන් අතුරින් සත්‍ය නාම වූ බුදුරජ අනුත්තර වන සේක.

5. ඔබවහන්සේට මම නාගයා යැයි ගුණ කියන්නෙමි. ඒ ශ්‍රේෂ්ඨ සත්ව තෙමේ කිසි අකුසලයක් නොකරයි. පිරිසිදු සිල්ගුණයෙන් යුතු සුරත භාවයෙන් ද, කරුණාවෙන් යුතු අහිංසාවෙන් ද ඒ ශ්‍රේෂ්ඨ නාගයාගේ ඉදිරි දෙපා සමන්විත වෙයි.

6. ධූතාංගයෙන් යුතු තපසින් ද, උතුම් බඹසරින් ද ඒ ශ්‍රේෂ්ඨ නාගයාගේ පසු දෙපා සමන්විත වෙයි. ඒ මහා නාග තෙමේ ශ්‍රද්ධාව නැමැති සොඬ ඇත්තේ ය. උපේක්ෂාව නැමැති සුදු දළ ඇත්තේ ය.

7. ඒ මහා නාගයාගේ සතිය නැමැති ගෙල ඇත්තේ ය. ප්‍රඥාව නැමැති සිරස ඇත්තේ ය. දහම් විමසීම නැමැති සොඬ අග ඇත්තේ ය. ධර්මය නැමැති කුස ඇත්තේ ය. විවේකය නැමැති වලිගයක් ද ඔහුට ඇත්තේ ය.

8. ඒ මහා නාග තෙමේ ධ්‍යාන වඩයි. ආධ්‍යාත්මයෙහි මැනැවින් සංසිඳී ආශ්වාසයෙහි ඇලී සිටියි. ඒ නාග තෙමේ සමාහිත සිතින් යන්නේ ය. ඒ නාග තෙමේ සමාහිත සිතින් සිටින්නේ ය.

9. සැතපුණේ ද නාග තෙමේ සමාහිත සිත් ඇත්තේ ය. හිඳින්නේ ද සමාහිත සිත් ඇත්තේ ය. හැම තැන්හි ම නාග තෙමේ සංවර ව සිටින්නේ ය. මෙය නාගයාගේ පරිපූර්ණ බව යි.

10. හේ නිවැරදි දෙයක් වළඳයි. වැරදි දෙයක් නොවළඳයි. ආහාර වස්ත්‍ර ආදිය ලැබ එහි රැස් කොට තැබීම දුරලයි.

11. කුඩා මහත් සියළු සංයෝජනයන්, බන්ධනයන් සිඳ දමා යම් යම් දිශාවකට යයි ද, අපේක්ෂාවක් නැති ව ම යයි.

12. ජලයෙහි උපන් සුදු නෙළුම වැඩෙන්නේ යම් සේ ද, මනා සුවඳින් යුතුව මනෝරම්‍ය වූ ඒ සුදු නෙළුම දියෙහි නොතැවරී තිබෙන්නේ යම් සේ ද,

13. එසෙයින් ම ලොවෙහි සුජාත උපතක් ලද බුදුරජාණෝ නොඇලී සිටින සේක. දියෙහි නොතැවරී පිපී දිලෙන පියුමක් සෙයින් ලොව හා නොතැවරී සිටින සේක.

14. දැල්වුණු මහා ගින්න ආහාර රහිත ව නිවී යයි ද, එසෙයින් ම සංස්කාරයන් සංසිඳී ගිය කල්හී නිවුණේ යැයි කියනු ලැබේ.

15. අරුත් මතුවෙන මේ උපමාව නුවණැත්තන් විසින් දෙසන ලද්දේ ය. උදායී තෙර නම් නාගයා විසින් දෙසන ලද බුද්ධ නම් නාගයා පිළිබඳ ව අවශේෂ ඛීණාශ්‍රව නාගයෝ දන්නාහ.

16. වීතරාගී වූ, වීතදෝෂී වූ, වීතමෝහී වූ, අනාශ්‍රව වූ නාග තෙමේ සිරුර අත්හරිමින් අනුපාදිශේෂ පරිනිර්වාණයෙන් පිරිනිවෙන්නේ ය.

සාදු! සාදු!! සාදු!!!

නාග සූත්‍රය නිමා විය.

6.1.5.2.
මිගසාලා සූත්‍රය
මිගසාලා උපාසිකාව මුල්කොට වදාළ දෙසුම

සැවැත් නුවර දී ය.......

එකල්හී ආයුෂ්මත් ආනන්දයන් වහන්සේ පෙරවරුවෙහි සිවුරු හැඳ පොරවාගෙන පාත්‍රය හා සිවුර ගෙන මිගසාලා උපාසිකාවගේ නිවස යම් තැනක ඇද්ද, එතැනට වැඩියහ. වැඩමකොට පණවන ලද අසුනෙහි හිඳගත්හ. එකල්හී මිගසාලා උපාසිකාව ආයුෂ්මත් ආනන්දයන් වහන්සේ වෙත පැමිණියා ය. පැමිණ ආයුෂ්මත් ආනන්දයන් හට සකසා වන්දනා කොට එකත්පස් ව හිඳගත්තා ය. එකත්පස් ව හුන් මිගසාලා උපාසිකාව ආයුෂ්මත් ආනන්දයන් වහන්සේට මෙකරුණ සැළකළා ය.

"ස්වාමීනී, භාග්‍යවතුන් වහන්සේ විසින් වදාරණ ලද මේ ධර්මය කෙසේ කෙසේ නම් තේරුම් ගන්නේ ද? එනම්, බ්‍රහ්මචාරී කෙනා ත් අබ්‍රහ්මචාරී කෙනා ත් දෙදෙනා ම මරණින් මතු සම සම අයුරින් උපදිත් නම් ඒ කෙසේ ද?

ස්වාමීනී, පුරාණ නම් මපියාණෝ ලාමක දෙයක් වූ මෛථුන සේවනයෙන් වැළකී බ්‍රහ්මචාරී ව වාසය කළෝ ය. භාග්‍යවතුන් වහන්සේ විසින් වදාරණ ලද්දේ හේ සකදාගාමී ව සිටියේ කළුරිය කළේ තුසිත දෙව් නිකායෙහි උපන් බව යි. ස්වාමීනී, මාගේ සුළු පියාණන් වන ඉසිදත්ත තෙමේ සිය බිරිඳගෙන් සතුටු වෙමින් අබ්‍රහ්මචාරී ව වාසය කළේ ය. භාග්‍යවතුන් වහන්සේ විසින් වදාරණ ලද්දේ හේ ද සකදාගාමී ව සිටියේ කළුරිය කළේ තුසිත දෙව් නිකායෙහි උපන් බව යි. ස්වාමීනී, භාග්‍යවතුන් වහන්සේ විසින් වදාරණ ලද මේ ධර්මය කෙසේ කෙසේ නම් තේරුම් ගන්නේ ද? එනම්, බ්‍රහ්මචාරී කෙනා ත් අබ්‍රහ්මචාරී කෙනා ත් දෙදෙනා ම මරණින් මතු සම සම අයුරින් උපදිත් නම් ඒ කෙසේ ද?"

"සොයුරිය, භාග්‍යවතුන් වහන්සේ ඔය කරුණ වදාරණ ලද්දේ ද, එය එපරිදි ම වෙයි."

ඉක්බිති ආයුෂ්මත් ආනන්දයන් වහන්සේ මිගසාලා උපාසිකාවගේ නිවසින් පිණ්ඩපාතය ගෙන අසුනෙන් නැගී පිටත් ව ගියහ. එවිට ආයුෂ්මත් ආනන්දයන් වහන්සේ පසුබත් කාලයෙහි පිණ්ඩපාතයෙන් වැළකී භාග්‍යවතුන් වහන්සේ යම් තැනක වැඩසිටි සේක් ද, එතැනට පැමිණියේ ය. පැමිණ

භාග්‍යවතුන් වහන්සේට සකසා වන්දනා කොට එකත්පස් ව හිඳගත්හ. එකත්පස් ව හුන් ආයුෂ්මත් ආනන්දයන් වහන්සේ භාග්‍යවතුන් වහන්සේට මෙකරුණ සැළ කළහ.

"ස්වාමීනී, මම් පෙරවරුවෙහි සිවුරු හැඳ පොරවාගෙන පාත්‍රය හා සිවුර ගෙන මිගසාලා උපාසිකාවගේ නිවස යම් තැනක ඇද්ද, එතැනට ගියෙමි. ගොස් පණවන ලද අසුනෙහි හිඳගතිමි. එකල්හී මිගසාලා උපාසිකාව මා වෙත පැමිණියා ය. පැමිණ මා හට සකසා වන්දනා කොට එකත්පස් ව හිඳගත්තා ය. එකත්පස් ව හුන් මිගසාලා උපාසිකාව මට මෙකරුණ සැළකළා ය.

'ස්වාමීනී, භාග්‍යවතුන් වහන්සේ විසින් වදාරණ ලද මේ ධර්මය කෙසේ කෙසේ නම් තේරුම් ගන්නේ ද? එනම්, බ්‍රහ්මචාරී කෙනා ත් අබ්‍රහ්මචාරී කෙනා ත් දෙදෙනා ම මරණින් මතු සම සම අයුරින් උපදිත් නම් ඒ කෙසේ ද?

ස්වාමීනී, පුරාණ නම් මපියාණෝ ලාමක දෙයක් වූ මෛථුන සේවනයෙන් වැළකී බ්‍රහ්මචාරී ව වාසය කළෝ ය. භාග්‍යවතුන් වහන්සේ විසින් වදාරණ ලද්දේ හේ සකදාගාමී ව සිටියේ කළුරිය කළේ තුසිත දෙව් නිකායෙහි උපන් බවයි. ස්වාමීනී, මාගේ සුළු පියාණන් වන ඉසිදත්ත තෙමේ සිය බිරිඳගෙන් සතුටු වෙමින් අබ්‍රහ්මචාරී ව වාසය කළේ ය. භාග්‍යවතුන් වහන්සේ විසින් වදාරණ ලද්දේ හේ ද සකදාගාමී ව සිටියේ කළුරිය කළේ තුසිත දෙව් නිකායෙහි උපන් බවයි. ස්වාමීනී, භාග්‍යවතුන් වහන්සේ විසින් වදාරණ ලද මේ ධර්මය කෙසේ කෙසේ නම් තේරුම් ගන්නේ ද? එනම්, බ්‍රහ්මචාරී කෙනා ත් අබ්‍රහ්මචාරී කෙනා ත් දෙදෙනා ම මරණින් මතු සම සම අයුරින් උපදිත් නම් ඒ කෙසේ ද?' යි.

ස්වාමීනි, එසේ කී කල්හී මම මිගසාලා උපාසිකාවට මෙසේ පැවසුවෙමි. 'සොයුරිය, භාග්‍යවතුන් වහන්සේ ඔය කරුණ වදාරණ ලද්දේ ද, එය එපරිදි ම වෙයි."

"ආනන්දය, බාල වූ, අව්‍යක්ත වූ, බොළඳ වූ, බොළඳ ප්‍රඥා ඇති මිගසාලා උපාසිකාව කවුද? පුරුෂ පුද්ගලයන්ගේ ශ්‍රද්ධාදී ඉන්ද්‍රිය ධර්මයන් ක්‍රියාත්මක වන අයුරු දකිනා ඥානයෙන් යුතු තැනැත්තා කවුද?

ආනන්දය, ලෝකයෙහි මේ පුද්ගලයෝ සය දෙනෙක් විද්‍යමාන ව සිටිති. ඒ කවර සය දෙනෙක් ද යත්;

1. ආනන්දය, මෙහිලා එක්තරා පුද්ගලයෙක් සිල් ගුණයෙන් යුක්ත ව සැප සේ එකට වාසය කරයි. සබ්‍රහ්මචාරීන් වහන්සේලා ඔහු සමඟ එකට වාසය කිරීමෙන් සතුටු වෙති. ඔහු විසින් එය ශ්‍රවණයෙන් නොඅසන ලද්දේ වෙයි.

බහුශ්‍රැතභාවයකිනුත් නොලැබුවේ වෙයි. දෘෂ්ටියකිනුත් වටහා නොගන්නා ලද්දේ වෙයි. ධර්මය තුළින් ලැබෙන විමුක්තියක් නොලැබුවේ වෙයි. හේ කය බිඳී මරණින් මතු පිරිහීම කරා යයි. විශේෂත්වයක් කරා නොයයි. පිරිහී යන්නේ ම වෙයි. විශේෂයක් කරා නොයන්නේ වෙයි.

2. ආනන්දය, මෙහිලා එක්තරා පුද්ගලයෙක් සිල් ගුණයෙන් යුක්ත ව සැප සේ එකට වාසය කරයි. සබ්‍රහ්මචාරීන් වහන්සේලා ඔහු සමඟ එකට වාසය කිරීමෙන් සතුටු වෙති. ඔහු විසින් එය ශ්‍රවණයෙන් අසන ලද්දේ වෙයි. බහුශ්‍රැතභාවයකිනුත් ලැබුවේ වෙයි. දෘෂ්ටියකිනුත් වටහා ගන්නා ලද්දේ වෙයි. ධර්මය තුළින් ලැබෙන විමුක්තියක් ලැබුවේ වෙයි. හේ කය බිඳී මරණින් මතු විශේෂත්වයක් කරා යයි. පිරිහීමක් කරා නොයයි. විශේෂයක් කරා යන්නේ ම වෙයි. පිරිහීමක් කරා නොයන්නේ වෙයි.

එහිලා නොයෙක් මිම් වලින් මනින්නෝ මැන බලති. එනම් 'මොහු තුළත් ඒ ධර්මයෝ ම තිබෙත්. අසවලා තුළත් එම ධර්මයෝ ම තිබෙත්. කවර කරුණක් නිසා ද ඔවුන් අතුරෙන් කෙනෙක් පහත් වන්නේ, තව කෙනෙක් උසස් වන්නේ' යි. ආනන්දය, මේ අයුරින් මනින්නට යෑමෙන් ඔවුන්ට එය බොහෝ කල් අහිත පිණිස ත්, දුක් පිණිස ත් පවතියි.

ආනන්දය, කලින් පැවසූ දෙදෙනාගෙන් එක්තරා පුද්ගලයෙක් සිල් ගුණයෙන් යුක්ත ව සැප සේ එකට වාසය කරයි ද, සබ්‍රහ්මචාරීන් වහන්සේලා ඔහු සමඟ එකට වාසය කිරීමෙන් සතුටු වෙත් ද, ඔහු විසින් එය ශ්‍රවණයෙන් අසන ලද්දේ ය, බහුශ්‍රැතභාවයකිනුත් ලැබුවේ ය, දෘෂ්ටියකිනුත් වටහා ගන්නා ලද්දේ ය, ධර්මය තුළින් ලැබෙන විමුක්තියක් ලැබුවේ ය. ආනන්දය, මේ පුද්ගලයා මුලින් ම පැවසූ පුද්ගලයාට වඩා යහපත් වෙයි. උසස් ද වෙයි. එයට හේතුව කුමක්ද? ආනන්දය, ධර්ම මාර්ගය විසින් ඒ පුද්ගලයා ව යහපතට පමුණුවන ලද්දේ ය. මොවුන්ගේ වෙනස තථාගතයන් හැර වෙන කවුරු නම් දනිත් ද?

එහෙයින් ආනන්දය, පුද්ගලයන් පිළිබඳ ව මනින්නට යාමෙන් වළකිව්. පුද්ගලයන් පිළිබඳ ව මැනීමකට යන්නට එපා. ආනන්දය, පුද්ගලයෙක් අන්‍ය පුද්ගලයන් පිළිබඳ ව මැනීමකින් ගන්නට යන විට ඒ පුද්ගලයන්ගේ ගුණ සාරා දමන්නේ ය. ආනන්දය, මම් හෝ පුද්ගලයන් පිළිබඳ ව මිම්මක් ගන්නෙමි. එසේ නැතිනම් මා වැනි වෙනත් කෙනෙකු හෝ කළ යුත්තේ ය.

3. ආනන්දය, මෙහිලා එක්තරා පුද්ගලයෙක් ක්‍රෝධයෙන් හා මාන්නයෙන් යුක්ත වූයේ වෙයි. ඔහු තුළ කලින් කලට ලෝභ සහගත දේ උපදියි. ඔහු විසින්

එය ශ්‍රවණයෙන් නොඅසන ලද්දේ වෙයි. බහුශ්‍රැතභාවයකිනුත් නොලැබුවේ වෙයි. දෘෂ්ටියකිනුත් වටහා නොගන්නා ලද්දේ වෙයි. ධර්මය තුළින් ලැබෙන විමුක්තියක් නොලැබුවේ වෙයි. හේ කය බිඳී මරණින් මතු පිරිහීම කරා යයි. විශේෂත්වයක් කරා නොයයි. පිරිහී යන්නේ ම වෙයි. විශේෂයක් කරා නොයන්නේ වෙයි.

4. ආනන්දය, මෙහිලා එක්තරා පුද්ගලයෙක් ක්‍රෝධයෙන් හා මාන්නයෙන් යුක්ත වූයේ වෙයි. ඔහු තුළ කලින් කලට ලෝභ සහගත දේ උපදියි. ඔහු විසින් එය ශ්‍රවණයෙන් අසන ලද්දේ වෙයි. ....(පෙ).... පිරිහීමක් කරා නොයන්නේ වෙයි.

එහිලා නොයෙක් මිම් වලින් මනින්නෝ මැන බලති. ....(පෙ).... ආනන්දය, මම් හෝ පුද්ගලයන් පිළිබඳ ව මිම්මක් ගන්නෙමි. එසේ නැතිනම් මා වැනි වෙනත් කෙනෙකු හෝ කළ යුත්තේ ය.

5. ආනන්දය, මෙහිලා එක්තරා පුද්ගලයෙක් ක්‍රෝධයෙන් හා මාන්නයෙන් යුක්ත වූයේ වෙයි. ඔහු තුළ කලින් කලට අනවශ්‍ය කතාබහ උපදියි. ඔහු විසින් එය ශ්‍රවණයෙන් නොඅසන ලද්දේ වෙයි. බහුශ්‍රැතභාවයකිනුත් නොලැබුවේ වෙයි. දෘෂ්ටියකිනුත් වටහා නොගන්නා ලද්දේ වෙයි. ධර්මය තුළින් ලැබෙන විමුක්තියක් නොලැබුවේ වෙයි. හේ කය බිඳී මරණින් මතු පිරිහීම කරා යයි. විශේෂත්වයක් කරා නොයයි. පිරිහී යන්නේ ම වෙයි. විශේෂයක් කරා නොයන්නේ වෙයි.

6. ආනන්දය, මෙහිලා එක්තරා පුද්ගලයෙක් ක්‍රෝධයෙන් හා මාන්නයෙන් යුක්ත වූයේ වෙයි. ඔහු තුළ කලින් කලට අනවශ්‍ය කතාබහ උපදියි. ඔහු විසින් එය ශ්‍රවණයෙන් අසන ලද්දේ වෙයි. බහුශ්‍රැතභාවයකිනුත් ලැබුවේ වෙයි. දෘෂ්ටියකිනුත් වටහා ගන්නා ලද්දේ වෙයි. ධර්මය තුළින් ලැබෙන විමුක්තියක් ලැබුවේ වෙයි. හේ කය බිඳී මරණින් මතු විශේෂත්වයක් කරා යයි. පිරිහීමක් කරා නොයයි. විශේෂයක් කරා යන්නේ ම වෙයි. පිරිහීමක් කරා නොයන්නේ වෙයි.

එහිලා නොයෙක් මිම් වලින් මනින්නෝ මැන බලති. එනම් 'මොහු තුළත් ඒ ධර්මයෝ ම තිබෙත්. අසවලා තුළත් එම ධර්මයෝ ම තිබෙත්. කවර කරුණක් නිසා ද ඔවුන් අතුරෙන් කෙනෙක් පහත් වන්නේ, තව කෙනෙක් උසස් වන්නේ' යි. ආනන්දය, මේ අයුරින් මනින්නට යෑමෙන් ඔවුන්ට එය බොහෝ කල් අහිත පිණිස ත්, දුක් පිණිස ත් පවතියි.

ආනන්දය, කලින් පැවසූ දෙදෙනාගෙන් එක්තරා පුද්ගලයෙක් ක්‍රෝධයෙන් හා මාන්නයෙන් යුක්ත වූයේ වෙයි ද, ඔහු තුළ කලින් කලට අනවශ්‍ය කතාබහ උපදියි ද, ඔහු විසින් එය ශ්‍රවණයෙන් අසන ලද්දේ ය, බහුශ්‍රැතභාවයකිනුත් ලැබුවේ ය, දෘෂ්ටියකිනුත් වටහා ගන්නා ලද්දේ ය, ධර්මය තුළින් ලැබෙන විමුක්තියක් ලැබුවේ ය. ආනන්දය, මේ පුද්ගලයා මුලින් ම පැවසූ පුද්ගලයාට වඩා යහපත් වෙයි. උසස් ද වෙයි. එයට හේතුව කුමක්ද? ආනන්දය, ධර්ම මාර්ගය විසින් ඒ පුද්ගලයා ව යහපතට පමුණුවන ලද්දේ ය. මොවුන්ගේ වෙනස තථාගතයන් හැර වෙන කවුරු නම් දනිත් ද?

එහෙයින් ආනන්දය, පුද්ගලයන් පිළිබඳ ව මනින්නට යාමෙන් වළකිව්. පුද්ගලයන් පිළිබඳ ව මැනීමකට යන්නට එපා. ආනන්දය, පුද්ගලයෙක් අන්‍ය පුද්ගලයන් පිළිබඳ ව මැනීමකින් ගන්නට යන විට ඒ පුද්ගලයන්ගේ ගුණ සාරා දමන්නේ ය. ආනන්දය, මම් හෝ පුද්ගලයන් පිළිබඳ ව මිම්මක් ගන්නෙමි. එසේ නැතිනම් මා වැනි වෙනත් කෙනෙකු හෝ කළ යුත්තේ ය.

ආනන්දය, බාල වූ, අව්‍යක්ත වූ, බොළඳ වූ, බොළඳ ප්‍රඥා ඇති මිගසාලා උපාසිකාව කවුද? පුරුෂ පුද්ගලයන්ගේ ශ්‍රද්ධාදී ඉන්ද්‍රිය ධර්මයන් ක්‍රියාත්මක වන අයුරු දකිනා ඥානයෙන් යුතු තැනැත්තා කවුද?

ආනන්දය, ලෝකයේ විද්‍යමාන ව සිටින පුද්ගලයෝ සය දෙනා මොවුහු ය. ආනන්දය, යම්බඳු වූ සීලයකින් පුරාණ තෙමේ සමන්විත වූයේ ද, එබඳු වූ සීලයකින් ඉසිදත්තයන් ද සමන්විත වූයේ නම්, මෙහිලා පුරාණ තෙමේ ඉසිදත්තයන් ගිය මග වත් නොදන්නේ ය. ආනන්දය, යම්බඳු වූ ප්‍රඥාවෙකින් ඉසිදත්ත තෙමේ සමන්විත වූයේ ද, එබඳු වූ ප්‍රඥාවකින් පුරාණ ද සමන්විත වූයේ නම්, මෙහිලා ඉසිදත්ත තෙම් පුරාණයන් ගිය මග වත් නොදන්නේ ය. ආනන්දය, මේ පුද්ගලයන් දෙදෙනා එක් එක් අංගයකින් දුර්වල ව සිටියහ."

සාදු! සාදු!! සාදු!!!

මිගසාලා සූත්‍රය නිමා විය.

6.1.5.3.
ඉණ සූත්‍රය
ණය ගැනීම ගැන වදාළ දෙසුම

සැවැත් නුවර දී ය .....

1. "මහණෙනි, ලෝකයෙහි කම්සැප අනුභව කරන කෙනෙකුට දිළිඳු බව දුකක් ද?" "එසේ ය ස්වාමීනී."

2. "මහණෙනි, යම් හෙයකින් තමාට ධනයක් නැති පොහොසත් නොවූ දිළින්දෙක් ජීවත් වීමට ණයක් ගන්නේ නම් මහණෙනි, ලෝකයෙහි කම්සැප අනුභව කරන කෙනෙකුට ණය ගැනීම ත් දුකක් ද?" "එසේ ය ස්වාමීනී."

3. "මහණෙනි, යම් හෙයකින් තමාට ධනයක් නැති පොහොසත් නොවූ දිළින්දෙක් ජීවත් වීමට ණයක් ගෙන පොළිය වැඩී ඇති බව අසන්නට ලැබෙයි නම්, මහණෙනි, ලෝකයෙහි කම්සැප අනුභව කරන කෙනෙකුට ණයට පොළිය වැඩි වීම ත් දුකක් ද?" "එසේ ය ස්වාමීනී."

4. "මහණෙනි, යම් හෙයකින් තමාට ධනයක් නැති පොහොසත් නොවූ දිළින්දෙක් ජීවත් වීමට ණයක් ගෙන පොළිය වැඩී ඇති බව අසා අදාළ කාලය තුළ පොළිය නොදෙයි නම්, ඔහුට චෝදනා කරයි නම්, මහණෙනි, ලෝකයෙහි කම්සැප අනුභව කරන කෙනෙකුට පොළීකාරයන්ගෙන් චෝදනා ලැබීම ත් දුකක් ද?" "එසේ ය ස්වාමීනී."

5. "මහණෙනි, යම් හෙයකින් තමාට ධනයක් නැති පොහොසත් නොවූ දිළින්දෙක් පොළී ගෙවන්නැයි චෝදනා කරද්දී ත් නොදෙයි නම්, ඔහු පසුපස හඹා එයි නම්, මහණෙනි, ලෝකයෙහි කම්සැප අනුභව කරන කෙනෙකුගේ පසුපසින් ණයකරුවන් හඹා ඒම ත් දුකක් ද?" "එසේ ය ස්වාමීනී."

6. "මහණෙනි, යම් හෙයකින් තමාට ධනයක් නැති පොහොසත් නොවූ දිළින්දෙක් ණයකරුවන් හඹා එද්දී ත් නොදෙයි නම්, ඔහු සිරගත කරත් නම්, මහණෙනි, ලෝකයෙහි කම්සැප අනුභව කරන කෙනෙකු සිරගත වීම ත් දුකක් ද?" "එසේ ය ස්වාමීනී."

"මෙසේ මහණෙනි, ලෝකයෙහි කම්සැප අනුභව කරන කෙනෙකුට

දිළිඳු බව ත් දුකකි. ලෝකයෙහි කම්සැප අනුභව කරන කෙනෙකුට ණය ගැනීම ත් දුකකි. ලෝකයෙහි කම්සැප අනුභව කරන කෙනෙකුට පොළිය වැඩිවීම ත් දුකකි. ලෝකයෙහි කම්සැප අනුභව කරන කෙනෙකුට චෝදනා ලැබීම ත් දුකකි. ලෝකයෙහි කම්සැප අනුභව කරන කෙනෙකුට ණයකරුවන් හඹා ඒම ත් දුකකි. ලෝකයෙහි කම්සැප අනුභව කරන කෙනෙකුට සිරගත වීම ත් දුකකි.

එසෙයින් ම මහණෙනි, යම්කිසිවෙකුට කුසල් දහම් පිළිබඳ ව ශ්‍රද්ධාව නැත්තේ ද, කුසල් දහම් පිළිබඳ ව හිරි නැත්තේ ද, කුසල් දහම් පිළිබඳ ව ඔත්තප්ප නැත්තේ ද, කුසල් දහම් පිළිබඳ ව වීර්යය නැත්තේ ද, කුසල් දහම් පිළිබඳ ව ප්‍රඥාව නැත්තේ ද, මහණෙනි, ආර්ය විනයෙහි මේ පුද්ගලයා තමා සතු ධනයක් නැති පොහොසත් නොවූ දිළින්දෙක් යැයි කියනු ලැබේ.

මහණෙනි, ඒ තමා සතු ධනය නැති පොහොසත් නොවූ දිළින්දා කුසල් දහම් පිළිබඳ ව ශ්‍රද්ධාව නැති කල්හී, කුසල් දහම් පිළිබඳ ව හිරි නැති කල්හී, කුසල් දහම් පිළිබඳ ව ඔතප් නැති කල්හී, කුසල් දහම් පිළිබඳ ව වීර්යය නැති කල්හී, කුසල් දහම් පිළිබඳ ව ප්‍රඥාව නැති කල්හී කයෙන් දුසිරිතෙහි හැසිරෙයි. වචනයෙන් දුසිරිතෙහි හැසිරෙයි. මනසින් දුසිරිතෙහි හැසිරෙයි. මෙය ඔහුගේ ණය ගැනීම යැයි කියමි.

ඔහු කයින් කරන ලද දුෂ්චරිතය වසා ගැනීම උදෙසා ලාමක ආශාවන් සිතේ ඇති කරගනියි. 'මාව මෙලෙස නොදනීවා' යි කැමති වෙයි. 'මාව මෙලෙස නොදනීවා' යි කල්පනා කරයි. 'මාව මෙලෙස නොදනීවා' යි වචන කියයි. 'මාව මෙලෙස නොදනීවා' යි කයින් වීර්යය කරයි. ඔහු වචනයෙන් කරන ලද දුෂ්චරිතය වසා ගැනීම උදෙසා ....(පෙ)... ඔහු මනසින් කරන ලද දුෂ්චරිතය වසා ගැනීම උදෙසා ලාමක ආශාවන් සිතේ ඇති කරගනියි. 'මාව මෙලෙස නොදනීවා' යි කැමති වෙයි. 'මාව මෙලෙස නොදනීවා' යි කල්පනා කරයි. 'මාව මෙලෙස නොදනීවා' යි වචන කියයි. 'මාව මෙලෙස නොදනීවා'යි කයින් වීර්යය කරයි. මෙය ඔහුගේ ණයට පොළී වැඩිවීම යැයි කියමි.

සුපේශල සබ්‍රහ්මචාරීහු ඔහුට මෙසේ පවසති. 'ඒ මේ ආයුෂ්මත් තෙමේ මෙබඳු දේ කරන්නේ ය. මෙබඳු සමාචාර ඇත්තේ ය' යනුවෙනි. මෙය ඔහුට චෝදනා කිරීම යැයි කියමි.

අරණ්‍යයකට ගියේ හෝ රුක් සෙවණකට ගියේ හෝ ශූන්‍යාගාරයකට ගියේ හෝ විපිළිසර සහගත පාපී අකුසල විතර්කයෝ ඔහු වෙලා ගනිති. මේ ඔහු පසුපස ලුහුබැඳීම යැයි කියමි.

මහණෙනි, තමා සතු ධනයක් නැති, පොහොසත් නොවූ, ඒ දිළිඳු තැනැත්තා කයින් දුසිරිතෙහි හැසිර, වචනයෙන් දුසිරිතෙහි හැසිර, මනසින් දුසිරිතෙහි හැසිර කය බිඳී මරණින් මතු නිරය නම් වූ සිරගෙහි හෝ බැඳෙන්නේ ය. තිරිසන් යෝනිය නම් වූ සිරගෙහි හෝ බැඳෙන්නේ ය.

මහණෙනි, අනුත්තර වූ යෝගක්ඛේම නම් වූ නිවන් අවබෝධය පිණිස මේ සා දරුණු වූ, මේ සා කටුක වූ, මේ සා අන්තරායකර වූ අන්‍ය වූ එක දෙයක් වත් මම නොදකිමි. එනම් මේ නිරය බන්ධනය හෝ තිරිසන් යෝනි බන්ධනය යි.

(ගාථා)

1. ලෝකයෙහි දිළිඳු බව ත්, ණය ගැනීම ත් දුකකැයි කියනු ලැබේ. දිළින්දෙක් ණය ගෙන අනුභව කරන්නේ නම් එයින් වැනසී යයි.

2. ඒ හේතුවෙන් ඔහු පසුපස ණයකරුවෝ ලුහු බඳිති. බන්ධනයට ත් හසුවෙති. කාමලාභය පතන්නහුගේ මේ බන්ධනය වනාහී දුකක් ම ය.

3. එසෙයින් ම ආර්ය විනයෙහි යමෙකුට ශ්‍රද්ධා නැද්ද, හිරි නැද්ද, ඔතප් නැද්ද, පාප කර්මයන් පිළිබඳ ව වටහා ගැනීමක් නැද්ද,

4. කාය දුෂ්චරිතය කොට, වචී දුෂ්චරිතය ත් කොට, මනෝ දුෂ්චරිතය ද කොට මාව කිසිවෙක් නොදනීවා යි කැමති වෙයි.

5. ඒ තැනැත්තා කයෙන්, වචනයෙන් හා චේතනාවෙන් වක්‍ර කර්මයන් කොට ඒ ඒ තන්හි යළි යළි ත් පාප කර්මයෙන් වැඩෙන්නේ,

6. දුෂ්ප්‍රාඥ වූ පාපකර්ම ඇති ඒ තැනැත්තා තමන්ගේ අකුසල කර්මයන් දනිමින් දිළිඳු වූයේ ණයට ගෙන අනුභව කරමින් වැනසෙයි.

7. ඒ හේතුවෙන් දුක් සහිත වූ මානසික කල්පනාවෝ ඔහු හඹා එති. ගමකට හෝ අරණ්‍යයකට හෝ ගිය විට ඒ විපිළිසරයෙන් හටගත් සිතුවිලි හඹා එයි.

8. ඒ දුෂ්ප්‍රාඥ වූ පාපකර්ම ඇති තැනැත්තා තමාගේ අකුසල කර්මයන් දන්නේ එක්තරා තිරිසන් යෝනියකට හෝ ගොස් නිරයේ හෝ ගොස් බැඳෙයි. යම් බන්ධනයකින් නුවණැත්තා නිදහස් වෙයි නම් ඒ බන්ධනය වනාහී දුකක් ම ය.

9. ධාර්මික ව උපයා සපයා ගත් භෝගයන්ගෙන් සිත පහදවාගෙන දන්

දෙයි ද, ගිහි ගෙයි වසන එබඳු සැදැහැවතුන්ගේ දෙලොව ම ජය ඇත්තේ ය.

10. මෙලොවෙහි හිත පිණිස ද, පරලොවෙහි සැප පිණිස ද, මෙසේ ගිහිගෙයි වසන්නවුන්ගේ ත්‍යාගය ත්, පින ත් වැඩෙයි.

11. එසෙයින් ම ආර්ය විනයෙහි යමෙකු තුළ ශ්‍රද්ධාව පිහිටා ඇත්තේ ද, හිරි ඔතප් දෙක ත්, ප්‍රඥාව ත්, සීල සංවරය ත් ඇත්තේ ද,

12. ආර්ය විනයෙහි මේ තැනැත්තා සැප සේ ජීවත් වන්නේ යැයි කියනු ලැබේ. නිරාමිස වූ තුන් ධ්‍යාන සුවය ද ලැබ සිව්වෙනි ධ්‍යානයෙන් උපේක්ෂාව ද ලබයි.

13. පංච නීවරණයන් බැහැර කොට නිතර අරඹන ලද වීර්යය ඇති ව, අවස්ථාවෝචිත ප්‍රඥාවෙන් යුතුව, සිහියෙන් යුතුව, ඒකාග්‍ර සිත් ඇති ව ධ්‍යානයන්ට සමවදින්නේ ය.

14. මෙසේ ඒ වූ සැටියෙන් ම අවබෝධ කොට සියළු සංයෝජනයන් ක්ෂය වීමෙන් හැම අයුරින් උපාදාන රහිත ව මනාකොට කෙලෙසුන්ගෙන් සිත නිදහස් වෙයි.

15. මැනැවින් මිදුණු සිත් ඇත්තහුට ඥානය ද ඇත්තේ ය. ඒ රහතුන් හට මාගේ චිත්ත විමුක්තිය නොවෙනස් වන්නේ යැයි, භව සංයෝජනයන් ක්ෂය වීම ගැන අවබෝධ ඥානය ඇත්තේ ය.

16. මෙය වනාහී උතුම් ම ඥානය යි. මෙය අනුත්තර සුඛය යි. ශෝක රහිත වූ, කෙලෙස් රහිත වූ, ක්ෂේම නම් වූ මේ අරහත් ඵලය උතුම් ණය නැති භාවය යි.

සාදු! සාදු!! සාදු!!!

ඉණ සූත්‍රය නිමා විය.

6.1.5.4.
මහා චුන්ද සූත්‍රය
මහා චුන්ද තෙරුන් වදාළ දෙසුම

මා විසින් මෙසේ අසන ලදී. එක් සමයක ආයුෂ්මත් මහා චුන්දයන් වහන්සේ චේති රට සහජාති නම් නියම්ගමෙහි වැඩවසන සේක. එකල්හී ආයුෂ්මත් මහාචුන්දයන් වහන්සේ "ආයුෂ්මත් මහණෙනි" යි භික්ෂූන් ඇමතූහ. "ආයුෂ්මතුන් වහන්සැ"යි ඒ භික්ෂූහු ආයුෂ්මත් මහා චුන්දයන් වහන්සේට පිළිවදන් දුන්හ. ආයුෂ්මත් මහා චුන්දයන් වහන්සේ මෙය වදාළ සේක.

1. ආයුෂ්මත්නි, මෙහිලා ධර්මකථික භික්ෂූහු භාවනානුයෝගී භික්ෂූන් හෙළා දැක කතා කරත්. 'මේ උදවිය වනාහී අපි දැහැන් වඩන්නෝ වෙමු. අපි දැහැන් වඩන්නෝ වෙමු යි සිතත්. එය ම සිත සිතා සිටිත්. මොවුහු කවර නම් ධ්‍යානයක් වඩත් ද? මොවුහු කුමක් පිණිස ධ්‍යාන කරත් ද? මොවුහු කෙසේ නම් ධ්‍යාන කරත් ද?' යි. එහිලා ධර්මකථික භික්ෂූහු ත් නොපහදිති. භාවනානුයෝගී භික්ෂූහු ත් නොපහදිති. එය බොහෝ දෙනාට හිත පිණිස, බොහෝ දෙනාට සැප පිණිස, බොහෝ දෙනාට යහපත පිණිස, දෙව්මිනිසුන්ට හිත සුව පිණිස නොපවතියි.

2. ආයුෂ්මත්නි, මෙහිලා භාවනානුයෝගී භික්ෂූහු ධර්මකථික භික්ෂූන් හෙළා දැක කතා කරත්. 'මේ උදවිය වනාහී අපි ධර්මයෝගියෝ වෙමු. අපි ධර්මයෝගියෝ වෙමු යි උඩඟු ව, ඔසොවාගත් මාන නළ ඇති ව, චපල ව, මුඛරි ව, විසුරුණු වචන ඇති ව, මුලා වූ සිහි ඇති ව, නුවණ නැති ව, එකඟ සිත් නැති ව, භ්‍රාන්ත සිත් ඇති ව, නොදමුණු ඉඳුරන් ඇති ව වසති. මොවුහු කවර නම් ධර්මයක් යෝග කරත් ද? මොවුහු කුමක් පිණිස ධර්ම යෝග කරත් ද? මොවුහු කෙසේ නම් ධර්ම යෝග කරත් ද?' යි. එහිලා භාවනානුයෝගී භික්ෂූහු ත් නොපහදිති. ධර්මයෝගී භික්ෂූහු ත් නොපහදිති. එය බොහෝ දෙනාට හිත පිණිස, බොහෝ දෙනාට සැප පිණිස, බොහෝ දෙනාට යහපත පිණිස, දෙව්මිනිසුන්ට හිත සුව පිණිස නොපවතියි.

3. ආයුෂ්මත්නි, මෙහිලා ධර්මකථික හෙවත් ධර්මයෝගී භික්ෂූහු ධර්මයෝගී භික්ෂූන්ගේ ම ගුණ කියති. ධ්‍යාන වඩන භික්ෂූන්ගේ ගුණ නොකියති. එහිලා

ධර්මයෝගී භික්ෂූහු ත් නොපහදිති. ධ්‍යානවඩන භික්ෂූහු ත් නොපහදිති. එය බොහෝ දෙනාට හිත පිණිස, බොහෝ දෙනාට සැප පිණිස, බොහෝ දෙනාට යහපත පිණිස, දෙවිමිනිසුන්ට හිත සුව පිණිස නොපවතියි.

4. ආයුෂ්මත්නි, මෙහිලා භාවනානුයෝගී හෙවත් ධ්‍යාන වඩන භික්ෂූහු ධ්‍යාන වඩන භික්ෂූන්ගේ ම ගුණ කියති. ධර්මයෝගී භික්ෂූන්ගේ ගුණ නොකියති. එහිලා ධ්‍යාන වඩන භික්ෂූහු ත් නොපහදිති. ධර්මයෝගී භික්ෂූහු ත් නොපහදිති. එය බොහෝ දෙනාට හිත පිණිස, බොහෝ දෙනාට සැප පිණිස, බොහෝ දෙනාට යහපත පිණිස, දෙවිමිනිසුන්ට හිත සුව පිණිස නොපවතියි.

5. එහෙයින් ආයුෂ්මත්නි, මෙසේ හික්මිය යුත්තේ ය. 'ධර්මයෝගී වූ අපි ධ්‍යාන වඩන භික්ෂූන්ගේ ගුණ කියන්නෙමු' යි. ආයුෂ්මත්නි. ඔය අයුරින් ම ඔබ විසින් හික්මිය යුත්තේ ය. මක් නිසාද යත්, ආයුෂ්මත්නි, යම් කෙනෙක් අමෘත නිර්වාණ ධාතුව කයෙන් ස්පර්ශ කොට වසත් නම්, ඒ ධ්‍යාන වඩන පුද්ගලයෝ ලෝකයෙහි ආශ්චර්යවත් පුද්ගලයෝ ය. දුර්ලභ පුද්ගලයෝ ය.

6. එහෙයින් ආයුෂ්මත්නි, මෙසේ හික්මිය යුත්තේ ය. 'ධ්‍යාන වඩන්නා වූ අපි ධර්මයෝගී භික්ෂූන්ගේ ගුණ කියන්නෙමු' යි. ආයුෂ්මත්නි. ඔය අයුරින් ම ඔබ විසින් හික්මිය යුත්තේ ය. මක් නිසාද යත්, ආයුෂ්මත්නි, යම් කෙනෙක් ගැඹුරු අරුත් පද ප්‍රඥාවෙන් විනිවිද දකිත් නම්, ඒ ධර්මයෝගී පුද්ගලයෝ ලෝකයෙහි ආශ්චර්යවත් පුද්ගලයෝ ය. දුර්ලභ පුද්ගලයෝ ය.

සාදු! සාදු!! සාදු!!!

මහා චුන්ද සූත්‍රය නිමා විය.

6.1.5.5.
පඨම සන්දිට්ඨික සූත්‍රය
සන්දිට්ඨික ධර්මය ගැන වදාළ පළමු දෙසුම

සැවැත් නුවර දී ය .....

එකල්හී මෝලිය සීවක පරිබ්‍රාජක තෙමේ භාග්‍යවතුන් වහන්සේ යම් තැනක වැඩසිටි සේක් ද, එතැනට පැමිණියේ ය. පැමිණ භාග්‍යවතුන් වහන්සේ සමඟ සතුටු විය. සතුටු විය යුතු පිළිසඳර කතා බහ නිමවා එකත්පස් ව හිඳ

ගත්තේ ය. එකත්පස් ව හුන් මෝලිය සීවක පරිබ්‍රාජක තෙමේ භාග්‍යවතුන් වහන්සේට මෙය පැවසුවේ ය.

"ස්වාමීනී, 'ධර්මය සන්දිට්ඨික ය, ධර්මය සන්දිට්ඨික ය' වශයෙන් කියනු ලැබේ. ස්වාමීනී, ධර්මය සන්දිට්ඨික වන්නේ ත්, අකාලික වන්නේ ත්, ඒහිපස්සික වන්නේ ත්, ඕපනයික වන්නේ ත්, පච්චත්තං වේදිතබ්බෝ විඤ්ඤූහී වන්නේ ත් කවර කරුණු මත ද?"

"එසේ වී නම් සීවකය, මෙහිලා ඔබෙන් ම විමසන්නෙමි. ඔබ කැමති වන්නේ යම් පරිද්දෙන් ද, එපරිද්දෙන් පිළිතුරු දෙව. සීවකය, ඒ කිමැයි හඟනෙහි ද? තමා තුළ තිබෙන්නා වූ ලෝභය පිළිබඳ ව 'මා තුළ ලෝභය ඇත්තේ ය' යි දන්නෙහි ද? තමා තුළ නොතිබෙන්නා වූ ලෝභය පිළිබඳ ව 'මා තුළ ලෝභය නැත්තේ ය' යි දන්නෙහි ද?"

"එසේ ය, ස්වාමීනී."

"සීවකය, යම් හෙයකින් තමා තුළ තිබෙන්නා වූ ලෝභය පිළිබඳ ව 'මා තුළ ලෝභය ඇත්තේ ය' යි දන්නෙහි නම්, තමා තුළ නොතිබෙන්නා වූ ලෝභය පිළිබඳ ව 'මා තුළ ලෝභය නැත්තේ ය' යි දන්නෙහි නම්, සීවකය, මෙසේ ධර්මය සන්දිට්ඨික වෙයි. ....(පෙ)....

සීවකය, ඒ කිමැයි හඟනෙහි ද? තමා තුළ තිබෙන්නා වූ ද්වේෂය පිළිබඳ ව ....(පෙ).... තමා තුළ තිබෙන්නා වූ මෝහය පිළිබඳ ව ....(පෙ).... තමා තුළ තිබෙන්නා වූ ලෝභ ධර්මය පිළිබඳ ව ....(පෙ).... තමා තුළ තිබෙන්නා වූ ද්වේෂ ධර්මය පිළිබඳ ව ....(පෙ).... තමා තුළ තිබෙන්නා වූ මෝහ ධර්මය පිළිබඳ ව 'මා තුළ මෝහ ධර්මය ඇත්තේ ය' යි දන්නෙහි ද? තමා තුළ නොතිබෙන්නා වූ මෝහ ධර්මය පිළිබඳ ව 'මා තුළ මෝහ ධර්මය නැත්තේ ය' යි දන්නෙහි ද?"

"එසේ ය, ස්වාමීනී."

"සීවකය, යම් හෙයකින් තමා තුළ තිබෙන්නා වූ මෝහ ධර්මය පිළිබඳ ව 'මා තුළ මෝහ ධර්මය ඇත්තේ ය' යි දන්නෙහි නම්, තමා තුළ නොතිබෙන්නා වූ මෝහ ධර්මය පිළිබඳ ව 'මා තුළ මෝහ ධර්මය නැත්තේ ය' යි දන්නෙහි නම්, සීවකය, මෙසේ ධර්මය සන්දිට්ඨික වෙයි. අකාලික වෙයි. ඒහිපස්සික වෙයි. ඕපනයික වෙයි. පච්චත්තං වේදිතබ්බෝ විඤ්ඤූහී වෙයි."

"ඉතා මනහර ය. ....(පෙ).... ස්වාමීනී, භාග්‍යවතුන් වහන්සේ අද පටන්

මා දිවි ඇති තෙක් තෙරුවන් සරණ ගිය උපාසකයෙකු ලෙස පිළිගන්නා සේක්වා!"

සාදු! සාදු!! සාදු!!!

පඨම සන්දිට්ඨික සූත්‍රය නිමා විය.

6.1.5.6.
දුතිය සන්දිට්ඨික සූත්‍රය
සන්දිට්ඨික ධර්මය ගැන වදාළ දෙවෙනි දෙසුම

සැවැත් නුවර දී ය .....

එකල්හී එක්තරා බ්‍රාහ්මණයෙක් භාග්‍යවතුන් වහන්සේ යම් තැනක වැඩසිටි සේක් ද, එතැනට පැමිණියේ ය. පැමිණ භාග්‍යවතුන් වහන්සේ සමඟ සතුටු විය. සතුටු විය යුතු පිළිසඳර කතා බහ නිමවා එකත්පස් ව හිඳ ගත්තේ ය. එකත්පස් ව හුන් ඒ බ්‍රාහ්මණයා භාග්‍යවතුන් වහන්සේට මෙය පැවසුවේ ය.

"භවත් ගෞතමයන් වහන්ස, 'ධර්මය සන්දිට්ඨික ය, ධර්මය සන්දිට්ඨික ය' වශයෙන් කියනු ලැබේ. ස්වාමීනී, ධර්මය සන්දිට්ඨික වන්නේ ත්, අකාලික වන්නේ ත්, ඒහිපස්සික වන්නේ ත්, ඕපනයික වන්නේ ත්, පච්චත්තං වේදිතබ්බෝ විඤ්ඤූහී වන්නේ ත් කවර කරුණු මත ද?"

"එසේ වී නම් බ්‍රාහ්මණය, මෙහිලා ඔබෙන් ම විමසන්නෙමි. ඔබ කැමති වන්නේ යම් පරිද්දෙන් ද, එපරිද්දෙන් පිළිතුරු දෙව. බ්‍රාහ්මණය, ඒ කිමැයි හඟනෙහි ද? තමා තුළ තිබෙන්නා වූ රාගය පිළිබඳ ව 'මා තුළ රාගය ඇත්තේ ය' යි දන්නෙහි ද? තමා තුළ නොතිබෙන්නා වූ රාගය පිළිබඳ ව 'මා තුළ රාගය නැත්තේ ය' යි දන්නෙහි ද?"

"එසේ ය, භවත."

"බ්‍රාහ්මණය, යම් හෙයකින් තමා තුළ තිබෙන්නා වූ රාගය පිළිබඳ ව 'මා තුළ රාගය ඇත්තේ ය' යි දන්නෙහි නම්, තමා තුළ නොතිබෙන්නා වූ රාගය පිළිබඳ ව 'මා තුළ රාගය නැත්තේ ය' යි දන්නෙහි නම්, බ්‍රාහ්මණය, මෙසේ

ධර්මය සන්දිට්ඨික වෙයි. ....(පෙ)....

බ්‍රාහ්මණය, ඒ කිමැයි හඟනෙහි ද? තමා තුළ තිබෙන්නා වූ ද්වේෂය පිළිබඳ ව ....(පෙ).... තමා තුළ තිබෙන්නා වූ මෝහය පිළිබඳ ව ....(පෙ).... තමා තුළ තිබෙන්නා වූ කයින් සිදුවන අකුසල් දොස් පිළිබඳ ව ....(පෙ).... තමා තුළ තිබෙන්නා වූ වචනයෙන් සිදුවන අකුසල් දොස් පිළිබඳ ව ....(පෙ).... තමා තුළ තිබෙන්නා වූ මනසින් සිදුවන අකුසල් දොස් පිළිබඳ ව 'මා තුළ මනසින් සිදුවන අකුසල් දොස් ඇත්තේ ය' යි දන්නෙහි ද? තමා තුළ නොතිබෙන්නා වූ මනසින් සිදුවන අකුසල් දොස් පිළිබඳ ව 'මා තුළ මනසින් සිදුවන අකුසල් දොස් නැත්තේ ය' යි දන්නෙහි ද?"

"එසේ ය, භවත."

"බ්‍රාහ්මණය, යම් හෙයකින් තමා තුළ තිබෙන්නා වූ මනසින් සිදුවන අකුසල් දොස් පිළිබඳ ව 'මා තුළ මනසින් සිදුවන අකුසල් දොස් ඇත්තේ ය' යි දන්නෙහි නම්, තමා තුළ නොතිබෙන්නා වූ මනසින් සිදුවන අකුසල් දොස් පිළිබඳ ව 'මා තුළ මනසින් සිදුවන අකුසල් දොස් නැත්තේ ය' යි දන්නෙහි නම්, බ්‍රාහ්මණය, මෙසේ ධර්මය සන්දිට්ඨික වෙයි. අකාලික වෙයි. ඒහිපස්සික වෙයි. ඕපනයික වෙයි. පච්චත්තං වේදිතබ්බෝ විඤ්ඤූහී වෙයි."

"භවත් ගෞතමයන් වහන්ස, ඉතා මනහර ය. ....(පෙ).... භවත් ගෞතමයන් වහන්සේ අද පටන් මා දිවි ඇති තෙක් තෙරුවන් සරණ ගිය උපාසකයෙකු ලෙස පිළිගන්නා සේක්වා!"

සාදු! සාදු!! සාදු!!!

දුතිය සන්දිට්ඨික සූත්‍රය නිමා විය.

6.1.5.7.
ඛේම සූත්‍රය
ඛේම තෙරුන්ට වදාළ දෙසුම

එක් සමයක භාග්‍යවතුන් වහන්සේ සැවැත් නුවර ජේතවන නම් වූ අනේපිඬු සිටුහුගේ ආරාමයෙහි වැඩවසන සේක. එසමයෙහි ආයුෂ්මත් ඛේම තෙරුන් ද, ආයුෂ්මත් සුමන තෙරුන් ද සැවැත් නුවර අන්ධවනයෙහි

වැඩවෙසෙති. එකල්හී ආයුෂ්මත් ඛේම තෙරණුවෝ ත්, ආයුෂ්මත් සුමන තෙරණුවෝ ත් භාග්‍යවතුන් වහන්සේ යම් තැනක වැඩසිටි සේක් ද, එතැනට පැමිණියහ. පැමිණ භාග්‍යවතුන් වහන්සේට සකසා වන්දනා කොට එකත්පස් ව හිඳගත්හ. එකත්පස් ව හුන් ආයුෂ්මත් ඛේම තෙරුණුවෝ භාග්‍යවතුන් වහන්සේට මෙය පැවසූහ.

"ස්වාමීනී, යම් මේ භික්ෂුවක් අරහත් ද, ඛීණාශ්‍රව වූයේ ද, නිමකළ බඹසර ඇත්තේ ද, කළ යුත්ත කරන ලද්දේ ද, කෙලෙස් බර බැහැර තැබුවේ ද, පිළිවෙලින් පැමිණි අරහත්වය ඇත්තේ ද, ක්ෂය කරන ලද භව සංයෝජන ඇත්තේ ද, මනා අවබෝධයෙන් යුතුව විමුක්තියට පත් වූයේ ද, ඒ භික්ෂුවට මෙසේ නොසිතෙයි. එනම් 'මට වඩා උතුම් අය සිටියි. මා හා සමාන අය සිටියි. මට වඩා හීන අය සිටියි' යනුවෙනි."

ආයුෂ්මත් ඛේම තෙරණුවෝ මෙය පැවසූහ. ශාස්තෘන් වහන්සේ එය අනුමත කළ සේක. ඉක්බිති ආයුෂ්මත් ඛේම තෙරණුවෝ 'ශාස්තෘන් වහන්සේ මාගේ වචනය අනුමත කළ සේකැ'යි හුනස්නෙන් නැගිට භාග්‍යවතුන් වහන්සේට සකසා වන්දනා කොට, පැදකුණු කොට නික්ම ගියේ ය.

එකල්හී ආයුෂ්මත් ඛේම තෙරුන් නික්ම වැඩි නොබෝ වේලාවකින් ආයුෂ්මත් සුමන තෙරණුවෝ භාග්‍යවතුන් වහන්සේට මෙය පැවසූහ.

"ස්වාමීනී, යම් මේ භික්ෂුවක් අරහත් ද, ඛීණාශ්‍රව වූයේ ද, නිමකළ බඹසර ඇත්තේ ද, කළ යුත්ත කරන ලද්දේ ද, කෙලෙස් බර බැහැර තැබුවේ ද, පිළිවෙලින් පැමිණි අරහත්වය ඇත්තේ ද, ක්ෂය කරන ලද භව සංයෝජන ඇත්තේ ද, මනා අවබෝධයෙන් යුතුව විමුක්තියට පත් වූයේ ද, ඒ භික්ෂුවට මෙසේ නොසිතෙයි. එනම් 'මට වඩා උතුම් අය නොසිටියි. මා හා සමාන අය නොසිටියි. මට වඩා හීන අය නොසිටියි' යනුවෙනි."

ආයුෂ්මත් සුමන තෙරණුවෝ මෙය පැවසූහ. ශාස්තෘන් වහන්සේ එය අනුමත කළ සේක. ඉක්බිති ආයුෂ්මත් සුමන තෙරණුවෝ 'ශාස්තෘන් වහන්සේ මාගේ වචනය අනුමත කළ සේකැ'යි හුනස්නෙන් නැගිට භාග්‍යවතුන් වහන්සේට සකසා වන්දනා කොට, පැදකුණු කොට නික්ම ගියේ ය.

ඉක්බිති භාග්‍යවතුන් වහන්සේ ආයුෂ්මත් ඛේම තෙරුන් ද, ආයුෂ්මත් සුමන තෙරුන් ද නික්ම ගිය සුළු වේලාවකින් භික්ෂූන් ඇමතූ සේක.

"මහණෙනි, මෙසේ ත් කුලපුත්‍රයෝ අරහත්වය ප්‍රකාශ කරති. අර්ථය ද පවසන ලද්දේ වෙයි. තමා ව ද ඉස්මතු නොකරන ලද්දේ වෙයි. එනමුදු

මෙහිලා ඇතැම් හිස් පුරුෂයෝ සිනාසෙන පරිද්දෙන් සිතා අරහත්වය ප්‍රකාශ කරත්. ඔවුහු පසු ව දුකට පත් වන්නාහ.”

(ගාථාවකි)

1. උසස් පුද්ගලයන් කෙරෙහි ද, හීන පුද්ගලයන් කෙරෙහි ද, සම පුද්ගලයන් කෙරෙහි ද රහත්හු මාන්නයෙන් නොසිතති. ඉපදීම ක්ෂය කළ, බඹසර වැස නිමකළ ඒ රහත්හු සංයෝජනයන්ගෙන් නිදහස් ව හැසිරෙති.

සාදු! සාදු!! සාදු!!!

ඛේම සූත්‍රය නිමා විය.

6.1.5.8.
ඉන්ද්‍රිය සංවර සූත්‍රය
ඉන්ද්‍රිය සංවරය ගැන වදාළ දෙසුම

සැවැත් නුවර දී ය .....

මහණෙනි, ඉන්ද්‍රිය සංවරය නොමැති කල්හී, ඉන්ද්‍රිය සංවරය නැති තැනැත්තා හට සීලයට හේතුවන දෙය නැසුණේ වෙයි. සීලය නොමැති කල්හී, සිල් නැති තැනැත්තා හට සම්මා සමාධියට හේතුවන දෙය නැසුණේ වෙයි. සම්මා සමාධිය නොමැති කල්හී, සම්මා සමාධිය නැති තැනැත්තා හට යථාභූත ඥානදර්ශනයට හේතුවන දෙය නැසුණේ වෙයි. යථාභූත ඥාන දර්ශනය නොමැති කල්හී, යථාභූත ඥාන දර්ශනය නැති තැනැත්තා හට නිබ්බිදා විරාග යට හේතුවන දෙය නැසුණේ වෙයි. නිබ්බිදා විරාගය නොමැති කල්හී, නිබ්බිදා විරාගය නැති තැනැත්තා හට විමුක්ති ඥානදර්ශනයට හේතුවන දෙය නැසුණේ වෙයි.

මහණෙනි, එය මෙබඳු දෙයකි. ගිලිහී ගිය අතුඉති ඇති, ගිලිහී ගිය කොළ ඇති රුකක් ඇත්තේ ය. ඒ රුකෙහි ගැලවුණු පොතු ත් වැඩී පිරිපුන් බවට නොයයි. ඇතුල් සිවිය ත් වැඩී පිරිපුන් බවට නොයයි. එළය ත් වැඩී පිරිපුන් බවට නොයයි. අරටුව ත් වැඩී පිරිපුන් බවට නොයයි. එසෙයින් ම මහණෙනි, ඉන්ද්‍රිය සංවරය නැති කල්හී, ඉන්ද්‍රිය සංවරය නැති තැනැත්තා හට සීලයට හේතුවන දෙය නැසුණේ වෙයි. ....(පෙ).... විමුක්ති ඥානදර්ශනයට හේතුවන දෙය නැසුණේ වෙයි.

මහණෙනි, ඉන්ද්‍රිය සංවරය ඇති කල්හී, ඉන්ද්‍රිය සංවරය ඇති තැනැත්තා හට සීලයට හේතුවන දෙය ඇත්තේ වෙයි. සීලය ඇති කල්හී, සිල්වත් තැනැත්තා හට සම්මා සමාධියට හේතුවන දෙය ඇත්තේ වෙයි. සම්මා සමාධිය ඇති කල්හී, සම්මා සමාධිය ඇති තැනැත්තා හට යථාභූත ඥානදර්ශනයට හේතුවන දෙය ඇත්තේ වෙයි. යථාභූත ඥානදර්ශනය ඇති කල්හී, යථාභූත ඥානදර්ශනය ඇති තැනැත්තා හට නිබ්බිදා විරාගයට හේතුවන දෙය ඇත්තේ වෙයි. නිබ්බිදා විරාගය ඇති කල්හී, නිබ්බිදා විරාගය ඇති තැනැත්තා හට විමුක්ති ඥානදර්ශනයට හේතුවන දෙය ඇත්තේ වෙයි.

මහණෙනි, එය මෙබඳු දෙයකි. මැනැවින් වැඩී ගිය අතුඉති ඇති, මැනැවින් වැඩී ගිය කොළ ඇති රුකක් ඇත්තේ ය. ඒ රුකෙහි පිට පොතු ත් වැඩී පිරිපුන් බවට යයි. ඇතුල් සිවිය ත් වැඩී පිරිපුන් බවට යයි. එළය ත් වැඩී පිරිපුන් බවට යයි. අරටුව ත් වැඩී පිරිපුන් බවට යයි. එසෙයින් ම මහණෙනි, ඉන්ද්‍රිය සංවරය ඇති කල්හී, ඉන්ද්‍රිය සංවරය ඇති තැනැත්තා හට සීලයට හේතුවන දෙය ඇත්තේ වෙයි. ....(පෙ).... විමුක්ති ඥාන දර්ශනයට හේතුවන දෙය ඇත්තේ වෙයි.

සාදු! සාදු!! සාදු!!!

ඉන්ද්‍රිය සංවර සූත්‍රය නිමා විය.

6.1.5.9.
ආනන්ද සූත්‍රය
අනඳ තෙරුන් වදාළ දෙසුම

සැවැත් නුවර දී ය .....

එකල්හී ආයුෂ්මත් ආනන්දයන් වහන්සේ ආයුෂ්මත් සාරිපුත්තයන් වහන්සේ යම් තැනක වැඩසිටි සේක් ද, එතැනට වැඩියහ. වැඩම කොට ආයුෂ්මත් සාරිපුත්තයන් වහන්සේ සමඟ සතුටු වූහ. සතුටු විය යුතු පිළිසඳර කතා බහේ යෙදී එකත්පස් ව වැඩහුන්හ. එකත්පස් ව වැඩහුන් ආයුෂ්මත් ආනන්දයන් වහන්සේ ආයුෂ්මත් සාරිපුත්තයන් වහන්සේට මෙය වදාළහ.

"ආයුෂ්මත් සාරිපුත්තයෙනි, භික්ෂුවක් නොඇසූ ධර්මයනුත් අසන්නේ

නම්, ඇසූ ධර්මය ත් වැනසීමට නොයන්නේ නම් යම් ඒ ධර්මයන් ඔහු විසින් කලින් සිතෙන් ස්පර්ශ කරන ලද්දේ නම්, ඒවා ත් මතකයට එන්නේ නම්, නොදත් කරුණු ත් අවබෝධ වන්නේ නම්, ඒ කවර කරුණු මත ද?"

"ආයුෂ්මත් ආනන්දයෝ බහුශ්‍රැත නොවැ. ආයුෂ්මත් ආනන්දයන්ට ම මෙකරුණ වැටහේවා!"

"එසේ වී නම් ආයුෂ්මත් සාරිපුත්තයෙනි, අසනු මැනැව. මැනැවින් මෙනෙහි කළ මැනැව. පවසන්නෙමි."

"එසේ ය, ආයුෂ්මත" යි ආයුෂ්මත් සාරිපුත්තයන් වහන්සේ ආයුෂ්මත් ආනන්දයන් වහන්සේට පිළිවදන් දුන්හ. ආයුෂ්මත් ආනන්දයන් වහන්සේ මෙය වදාළහ.

"ආයුෂ්මත් සාරිපුත්තයෙනි, මෙහිලා භික්ෂුවක් ධර්මය හදාරයි. සුත්ත, ගෙය්‍ය, වෙය්‍යාකරණ, ගාථා, උදාන, ඉතිවුත්තක, ජාතක, අබ්භූතධම්ම, වේදල්ල වශයෙනි. අසන ලද්දේ යම් අයුරින් ද, හදාරණ ලද්දේ යම් අයුරින් ද, අන්‍යයන්ට ධර්මය විස්තර වශයෙන් දේශනා කරයි. අසන ලද්දේ යම් අයුරින් ද, හදාරණ ලද්දේ යම් අයුරින් ද, අන්‍යයන්ට ධර්මය විස්තර වශයෙන් කටපාඩම් කරවයි. අසන ලද්දේ යම් අයුරින් ද, හදාරණ ලද්දේ යම් අයුරින් ද, ධර්මය විස්තර වශයෙන් සජ්ඣායනා කරයි. අසන ලද්දේ යම් අයුරින් ද, හදාරණ ලද්දේ යම් අයුරින් ද, ඒ ධර්මය සිතින් විමසයි. විචාරා බලයි. මනසින් මෙනෙහි කරයි. යම් ආවාසයක බහුශ්‍රැත වූ, හදාරණ ලද සූත්‍ර ඇති ධර්මධර, විනයධර, මාතෘකාධර ස්ථවිර භික්ෂූහු වසත් නම්, ඒ ආවාසයෙහි වස් එළඹෙයි. කලින් කලට ඒ ස්ථවිර භික්ෂූන් කරා එළඹ 'ස්වාමීනී, මෙය කෙසේ ද? ස්වාමීනී, මෙහි අර්ථ කෙසේ දැ' යි ප්‍රශ්න කරයි. යළි යළි විමසයි. එකල්හී ඒ ආයුෂ්මත්වරු ඔහුට විවෘත නොවූ දෑ විවෘත කරති. අප්‍රකට දෑ ප්‍රකට කරති. සැකයට කරුණු වූ අනේක ධර්මයන් පිළිබඳ ව සැකය ද දුරු කරති.

සාරිපුත්තයෙනි, මෙපමණකින් භික්ෂුවක් නොඇසූ ධර්මයනුත් අසන්නේ වෙයි. ඇසූ ධර්මය ත් වැනසීමට නොයන්නේ වෙයි. යම් ඒ ධර්මයන් ඔහු විසින් කලින් සිතෙන් ස්පර්ශ කරන ලද්දේ නම්, ඒවා ත් මතකයට එන්නේ වෙයි. නොදත් කරුණු ත් අවබෝධ වන්නේ වෙයි."

"ආයුෂ්මත, ආශ්චර්යයකි. ආයුෂ්මත, අද්භූතයෙකි. ආයුෂ්මත් ආනන්දයන් විසින් පවසන ලද්දේ මොනතරම් සුභාෂිතයක් ද? අපි ආයුෂ්මත් ආනන්දයන් මේ සය කරුණෙන් සමන්විත යැයි දරමු.

1. ආයුෂ්මත් ආනන්ද තෙරුණුවෝ ධර්මය හදාරති. සුත්ත, ගෙය්‍ය, වෙය්‍යාකරණ, ගාථා, උදාන, ඉතිවුත්තක, ජාතක, අබ්භූතධම්ම, වේදල්ල වශයෙනි.

2. ආයුෂ්මත් ආනන්ද තෙරුණුවෝ අසන ලද්දේ යම් අයුරින් ද, හදාරණ ලද්දේ යම් අයුරින් ද, අන්‍යයන්ට ධර්මය විස්තර වශයෙන් දේශනා කරති.

3. ආයුෂ්මත් ආනන්ද තෙරුණුවෝ අසන ලද්දේ යම් අයුරින් ද, හදාරණ ලද්දේ යම් අයුරින් ද, අන්‍යයන්ට ධර්මය විස්තර වශයෙන් කටපාඩම් කරවති.

4. ආයුෂ්මත් ආනන්ද තෙරුණුවෝ අසන ලද්දේ යම් අයුරින් ද, හදාරණ ලද්දේ යම් අයුරින් ද, ධර්මය විස්තර වශයෙන් සජ්ඣායනා කරති.

5. ආයුෂ්මත් ආනන්ද තෙරුණුවෝ අසන ලද්දේ යම් අයුරින් ද, හදාරණ ලද්දේ යම් අයුරින් ද, ඒ ධර්මය සිතින් විමසති. විචාරා බලති. මනසින් මෙනෙහි කරති.

6. ආයුෂ්මත් ආනන්ද තෙරුණුවෝ යම් ආවාසයක බහුශ්‍රැත වූ, හදාරණ ලද සූත්‍ර ඇති ධර්මධර, විනයධර, මාතෘකාධර ස්ථවිර භික්ෂූහු වසත් නම්, ඒ ආවාසයෙහි වස් එළඹෙති. ආයුෂ්මත් ආනන්ද තෙරුණුවෝ කලින් කලට ඒ ස්ථවිර භික්ෂූන් කරා එළඹ 'ස්වාමීනී, මෙය කෙසේ ද? ස්වාමීනී, මෙහි අර්ථ කෙසේ දැ' යි ප්‍රශ්න කරති. යළි යළි විමසති. එකල්හී ඒ ආයුෂ්මත්වරු ආයුෂ්මත් ආනන්ද තෙරුන්ට විවෘත නොවූ දෑ විවෘත කරති. අප්‍රකට දෑ ප්‍රකට කරති. සැකයට කරුණු වූ අනේක ධර්මයන් පිළිබඳ ව සැකය ද දුරු කරති."

සාදු! සාදු!! සාදු!!!

ආනන්ද සූත්‍රය නිමා විය.

6.1.5.10.
ඛත්තිය සූත්‍රය
ක්ෂත්‍රියයා මුල්කොට වදාළ දෙසුම

සැවැත් නුවර දී ය .....

එකල්හී ජාණුස්සෝණි බ්‍රාහ්මණයා භාග්‍යවතුන් වහන්සේ යම් තැනක

වැඩසිටි සේක් ද, එතැනට පැමිණියේ ය. පැමිණ භාග්‍යවතුන් වහන්සේ සමඟ සතුටු විය. සතුටු විය යුතු පිළිසඳර කතා බහ නිමවා එකත්පස් ව හිඳ ගත්තේ ය. එකත්පස් ව හුන් ඒ ජාණුස්සෝණි බ්‍රාහ්මණයා භාග්‍යවතුන් වහන්සේට මෙය පැවසුවේ ය.

1. "භවත් ගෞතමයන් වහන්ස, ක්ෂත්‍රියවරු කවර අදහස් ඇත්තහු ද? කවර සෙවීම් ඇත්තහු ද? කවර ප්‍රාර්ථනා ඇත්තහු ද? කුමකට නැමුණු සිත් ඇත්තහු ද? කවර අවසාන ඉලක්කයක් ඇත්තහු ද?"

"බ්‍රාහ්මණය, ක්ෂත්‍රියයෝ භෝග සම්පත් රැස් කිරීම අදහස් කොට ඇත්තෝ ය. ප්‍රඥාව සෙවීමට ආශා ඇත්තෝ ය. බලවත් වීම පැතුම් කොට ඇත්තෝ ය. පොළොවේ අධිපති බවට නැමුණු සිත් ඇත්තෝ ය. රාජාභිෂේකය අවසාන ඉලක්කය කොට ඇත්තෝ ය."

2. "භවත් ගෞතමයන් වහන්ස, බ්‍රාහ්මණවරු කවර අදහස් ඇත්තහු ද? කවර සෙවීම් ඇත්තහු ද? කවර ප්‍රාර්ථනා ඇත්තහු ද? කුමකට නැමුණු සිත් ඇත්තහු ද? කවර අවසාන ඉලක්කයක් ඇත්තහු ද?"

"බ්‍රාහ්මණය, බ්‍රාහ්මයෝ භෝග සම්පත් රැස් කිරීම අදහස් කොට ඇත්තෝ ය. ප්‍රඥාව සෙවීමට ආශා ඇත්තෝ ය. මන්ත්‍ර ලැබීම පැතුම් කොට ඇත්තෝ ය. යාගයට නැමුණු සිත් ඇත්තෝ ය. බඹලොව ඉපදීම අවසාන ඉලක්කය කොට ඇත්තෝ ය."

3. "භවත් ගෞතමයන් වහන්ස, ගෘහපතිවරු කවර අදහස් ඇත්තහු ද? කවර සෙවීම් ඇත්තහු ද? කවර ප්‍රාර්ථනා ඇත්තහු ද? කුමකට නැමුණු සිත් ඇත්තහු ද? කවර අවසාන ඉලක්කයක් ඇත්තහු ද?"

"බ්‍රාහ්මණය, ගෘහපතියෝ භෝග සම්පත් රැස් කිරීම අදහස් කොට ඇත්තෝ ය. ප්‍රඥාව සෙවීමට ආශා ඇත්තෝ ය. ශිල්ප දියුණුව පැතුම් කොට ඇත්තෝ ය. ව්‍යාපාරයන්හි නැමුණු සිත් ඇත්තෝ ය. කර්මාන්ත නිමාකිරීම අවසාන ඉලක්කය කොට ඇත්තෝ ය."

4. "භවත් ගෞතමයන් වහන්ස, ස්ත්‍රීහු කවර අදහස් ඇත්තහු ද? කවර සෙවීම් ඇත්තහු ද? කවර ප්‍රාර්ථනා ඇත්තහු ද? කුමකට නැමුණු සිත් ඇත්තහු ද? කවර අවසාන ඉලක්කයක් ඇත්තහු ද?"

"බ්‍රාහ්මණය, ස්ත්‍රීහු පුරුෂයන් ලැබීම අදහස් කොට ඇත්තෝ ය. අලංකාර සෙවීමට ආශා ඇත්තෝ ය. පුතුන් ලැබීම පැතුම් කොට ඇත්තෝ ය. ගෘහයෙහි

දෙවෙනි අධිපතිනියක් නැති ව තමා අධිපතිනිය ව සිටීමට නැමුණු සිත් ඇත්තෝ ය. ඉසුරු සම්පත් අවසාන ඉලක්කය කොට ඇත්තෝ ය."

5. "භවත් ගෞතමයන් වහන්ස, සොරු කවර අදහස් ඇත්තහු ද? කවර සෙවීම් ඇත්තහු ද? කවර ප්‍රාර්ථනා ඇත්තහු ද? කුමකට නැමුණු සිත් ඇත්තහු ද? කවර අවසාන ඉලක්කයක් ඇත්තහු ද?"

"බ්‍රාහ්මණය, චෞරයෝ පැහැර ගැනීම අදහස් කොට ඇත්තෝ ය. සැඟවී සිටින තැන් සෙවීමට ආශා ඇත්තෝ ය. වංචාව පැතුම් කොට ඇත්තෝ ය. කළුවරට නැමුණු සිත් ඇත්තෝ ය. නොපෙනී සිටීම අවසාන ඉලක්කය කොට ඇත්තෝ ය."

6. "භවත් ගෞතමයන් වහන්ස, ශ්‍රමණවරු කවර අදහස් ඇත්තහු ද? කවර සෙවීම් ඇත්තහු ද? කවර ප්‍රාර්ථනා ඇත්තහු ද? කුමකට නැමුණු සිත් ඇත්තහු ද? කවර අවසාන ඉලක්කයක් ඇත්තහු ද?"

"බ්‍රාහ්මණය, ශ්‍රමණයෝ ඉවසීම ත්, සීල සංවරය ත් අදහස් කොට ඇත්තෝ ය. ප්‍රඥාව සෙවීමට ආශා ඇත්තෝ ය. සිල්වත් වීම පැතුම් කොට ඇත්තෝ ය. කිසිවකට ග්‍රහණය නොවීමට නැමුණු සිත් ඇත්තෝ ය. නිර්වාණය අවසාන ඉලක්කය කොට ඇත්තෝ ය."

"භවත් ගෞතමයන් වහන්ස, ආශ්චර්යයකි! භවත් ගෞතමයන් වහන්ස, අද්භූතයකි! භවත් ගෞතමයන් වහන්සේ ක්ෂත්‍රියයන්ගේ අදහස ත්, සෙවීමට ආශා කරන දෙය ත්, ප්‍රාර්ථනාව ත්, සිත නැමී ඇත් දෙය ත්, අවසානය ත් දන්නා සේක. භවත් ගෞතමයන් වහන්සේ බ්‍රාහ්මණයන්ගේ ත් ....(පෙ).... භවත් ගෞතමයන් වහන්සේ ගෘහපතියන්ගේ ත් ....(පෙ).... භවත් ගෞතමයන් වහන්සේ ස්ත්‍රීන්ගේ ත් ....(පෙ).... භවත් ගෞතමයන් වහන්සේ සොරුන්ගේ ත් ....(පෙ).... භවත් ගෞතමයන් වහන්සේ ශ්‍රමණයන්ගේ ත් අදහස ත්, සෙවීමට ආශා කරන දෙය ත්, ප්‍රාර්ථනාව ත්, සිත නැමී ඇත් දෙය ත්, අවසානය ත් දන්නා සේක.

"භවත් ගෞතමයන් වහන්ස, ඉතා මනහර ය. ....(පෙ).... භවත් ගෞතමයන් වහන්සේ අද පටන් මා දිවි ඇති තෙක් තෙරුවන් සරණ ගිය උපාසකයෙකු ලෙස පිළිගන්නා සේක්වා!"

සාදු! සාදු!! සාදු!!!

ඛත්තිය සූත්‍රය නිමා විය.

6.1.5.11.
අප්පමාද සූත්‍රය
අප්‍රමාදය ගැන වදාළ දෙසුම

සැවැත් නුවර දී ය .....

එකල්හී එක්තරා බ්‍රාහ්මණයෙක් භාග්‍යවතුන් වහන්සේ යම් තැනක වැඩසිටි සේක් ද, එතැනට පැමිණියේ ය. පැමිණ භාග්‍යවතුන් වහන්සේ සමඟ සතුටු විය. සතුටු විය යුතු පිළිසඳර කතා බහ නිමවා එකත්පස් ව හිඳ ගත්තේ ය. එකත්පස් ව හුන් ඒ බ්‍රාහ්මණයා භාග්‍යවතුන් වහන්සේට මෙය පැවසුවේ ය.

"භවත් ගෞතමයන් වහන්ස, යම් එක ම ධර්මයක් භාවිත කළ විට, බහුල ව ප්‍රගුණ කළ විට, මෙලොව ජීවිතයේ අර්ථය සළසයි නම්, යම් අර්ථයක් පරලොව දී සළසයි නම්, ඒ උභයාර්ථය ලබා දෙන එබඳු එක ම ධර්මයක් තිබේ ද?"

"තිබේ ය බ්‍රාහ්මණය. යම් එක ම ධර්මයක් භාවිත කරන ලද්දේ, බහුල ව ප්‍රගුණ කරන ලද්දේ මෙලොව අර්ථය ත්, පරලොව අර්ථය ත් යන උභයාර්ථය සළසයි නම් එබඳු එක ම ධර්මයක් ඇත්තේ ය."

"භවත් ගෞතමයන් වහන්ස, යම් එක ම ධර්මයක් භාවිත කළ විට, බහුල ව ප්‍රගුණ කළ විට, මෙලොව ජීවිතයේ අර්ථය සළසයි නම්, යම් අර්ථයක් පරලොව දී සළසයි නම්, ඒ උභයාර්ථය ලබා දෙන එබඳු එක ම ධර්මය කුමක් ද?"

"බ්‍රාහ්මණය, යම් එක ම ධර්මයක් භාවිත කරන ලද්දේ, බහුල ව ප්‍රගුණ කරන ලද්දේ මෙලොව අර්ථය ත්, පරලොව අර්ථය ත් යන උභයාර්ථය සළසයි නම් එබඳු එක ම ධර්මය නම් අප්‍රමාදී බව යි.

1. බ්‍රාහ්මණය, එය මෙබඳු දෙයකි. යම් සේ ඇවිද යන්නා වූ යම් කිසි ප්‍රාණීන්ගේ පා සටහන් වෙත් ද, ඒ සියල්ල හස්තියාගේ පා සටහනට ඇතුළත් වෙයි. ඇත් පියවර ඔවුන් අතර විශාලත්වයෙන් අග්‍ර යැයි කියනු ලැබේ. එසෙයින් ම බ්‍රාහ්මණය, අප්‍රමාදය නම් වූ එක ම ධර්මය භාවිත කරන ලද්දේ, බහුල ව

ප්‍රගුණ කරන ලද්දේ මෙලොව අර්ථය ත්, පරලොව අර්ථය ත් යන උභයාර්ථය සළසයි.

2. බ්‍රාහ්මණය, එය මෙබඳු දෙයකි. යම් සේ උස් මුදුන් වහළ ඇති ගොඩනැගිල්ලක යම්තාක් පරාලයෝ වෙත් ද, ඒ හැම කැණිමඬලට යොමු වූ, කැණිමඬල දෙසට නැමී, කැණිමඬල හා එක් ව පවතින්නාහු ය. කැණිමඬල ඒ හැමට අග්‍ර යැයි කියනු ලැබේ. එසෙයින් ම බ්‍රාහ්මණය, අප්‍රමාදය නම් වූ එක ම ධර්මය ....(පෙ).... උභයාර්ථය සළසයි.

3. බ්‍රාහ්මණය, එය මෙබඳු දෙයකි. යම් සේ බුබුස් තණ නෙළන්නෙක් ඒ බුබුස් තණ නෙළා ගෙන එහි කොණෙන් අල්ලා ගෙන යටිකුරු කොට ගසයි නම්, දෙපසට ගසයි නම්, රුක් කඳෙහි ත් ගසයි නම්, එසෙයින් ම බ්‍රාහ්මණය, අප්‍රමාදය නම් වූ එක ම ධර්මය ....(පෙ).... උභයාර්ථය සළසයි.

4. බ්‍රාහ්මණය, එය මෙබඳු දෙයකි. යම් සේ අඹ පොකුරක් නටුවෙන් සිඳී ගියේ වෙයි ද, එකල්හී ඒ නටුව හා බැඳුණු යම්තාක් අඹ ඇද්ද, ඒ සියළු අඹ ඒ අනුව ම වැටෙයි. එසෙයින් ම බ්‍රාහ්මණය, අප්‍රමාදය නම් වූ එක ම ධර්මය ....(පෙ).... උභයාර්ථය සළසයි.

5. බ්‍රාහ්මණය, එය මෙබඳු දෙයකි. යම් සේ කුඩා ප්‍රදේශයන්ට අයත් රජවරු සිටිත් ද, ඒ සියල්ලෝ සක්විති රජු අනුව යන්නාහු වෙති. සක්විති රජ තෙමේ ඒ හැමට අග්‍ර යැයි කියනු ලැබේ. එසෙයින් ම බ්‍රාහ්මණය, අප්‍රමාදය නම් වූ එක ම ධර්මය ....(පෙ).... උභයාර්ථය සළසයි.

6. බ්‍රාහ්මණය, එය මෙබඳු දෙයකි. යම් සේ තරුවලින් නිකුත් වෙන යම්කිසි ආලෝකයක් ඇත්නම්, ඒ සියල්ල සඳින් නිකුත් වෙන එළියෙන් සොළොස් වන පංගුවක් වත් නොඅගනේ ය. සඳ එළිය ඒ තරු එළියට අග්‍ර යැයි කියනු ලැබේ. එසෙයින් ම බ්‍රාහ්මණය, එසෙයින් ම බ්‍රාහ්මණය, අප්‍රමාදය නම් වූ එක ම ධර්මය භාවිත කරන ලද්දේ, බහුල ව ප්‍රගුණ කරන ලද්දේ මෙලොව අර්ථය ත්, පරලොව අර්ථය ත් යන උභයාර්ථය සළසයි.

බ්‍රාහ්මණය, යම් එක ම ධර්මයක් භාවිත කරන ලද්දේ, බහුල ව ප්‍රගුණ කරන ලද්දේ මෙලොව අර්ථය ත්, පරලොව අර්ථය ත් යන උභයාර්ථය සළසයි නම් එබඳු එක ම ධර්මය මෙය යි.”

“භවත් ගෞතමයන් වහන්ස, ඉතා මනහර ය. ....(පෙ).... භවත් ගෞතමයන් වහන්සේ අද පටන් මා දිවි ඇති තෙක් තෙරුවන් සරණ ගිය උපාසකයෙකු ලෙස පිළිගන්නා සේක්වා!”

සාදු! සාදු!! සාදු!!!

අප්පමාද සූත්‍රය නිමා විය.

6.1.5.12.
ධම්මික සූත්‍රය
ධම්මික තෙරුන්ට වදාළ දෙසුම

එක් සමයෙක්හි භාග්‍යවතුන් වහන්සේ රජගහනුවර ගිජ්ඣකූට පර්වතයෙහි වැඩවසන සේක. එසමයෙහි ආයුෂ්මත් ධම්මික තෙරණුවෝ ජාතිභූමියෙහි ජාතිභූමියට අයත් සෑම ආවාස සතෙහි ම නේවාසික ව සිටිති.

එකල්හී ආයුෂ්මත් ධම්මික තෙරහු ආගන්තුක භික්ෂූන්ට ආක්‍රෝශ කරති. පරිභව කරති. වෙහෙසති. මුඛය නැමැති ආයුධයෙන් පහර දෙති. වචනයෙන් නුරුස්නා දේ කියති. එවිට ඒ ආගන්තුක භික්ෂූහු ආයුෂ්මත් ධම්මික තෙරුන් විසින් ආක්‍රෝශ කරන ලදු ව, පරිභව කරන ලදු ව, වෙහෙසන ලදු ව, මුඛය නැමැති ආයුධයෙන් පහර දෙන ලදු ව, වචනයෙන් නුරුස්නා දේ කියන ලදු ව එයින් නික්ම යති. වැඩ නොසිටිති. ආවාසය අත්හරිති.

එකල්හී ජාතිභූමිවාසී උපාසකවරුන්ට මේ අදහස ඇතිවිය. 'අපි වනාහී භික්ෂු සංඝයාට චීවර, පිණ්ඩපාත, සේනාසන, ගිලන්පස බෙහෙත් පිරිකරින් උපස්ථාන කරමු. එසේ නමුත් මේ ආගන්තුක භික්ෂූන් වහන්සේලා නික්ම වඩිනවා නොවැ. වැඩ නොසිටිනවා නොවැ. ආවාසය අත්හරිනවා නොවැ. ආගන්තුක භික්ෂූන් වහන්සේලා යම් හෙයකින් නික්ම වඩිත් නම්, වැඩ නොසිටිත් නම්, ආවාසය අත්හරිත් නම්, මෙයට හේතුව කුමක් ද? ප්‍රත්‍යය කුමක් ද?' යි.

එවිට ජාතිභූමිවාසී උපාසකවරුන් මේ අදහස ඇතිවිය. 'මේ ආයුෂ්මත් ධම්මික තෙරහු වනාහී ආගන්තුක භික්ෂූන්ට ආක්‍රෝශ කරති. පරිභව කරති. වෙහෙසති. මුඛය නැමැති ආයුධයෙන් පහර දෙති. වචනයෙන් නුරුස්නා දේ කියති. එනිසා ඒ ආගන්තුක භික්ෂූහු ආයුෂ්මත් ධම්මික තෙරුන් විසින් ආක්‍රෝශ කරන ලදු ව, පරිභව කරන ලදු ව, වෙහෙසන ලදු ව, මුඛය නැමැති ආයුධයෙන් පහර දෙන ලදු ව, වචනයෙන් නුරුස්නා දේ කියන ලදු ව එයින් නික්ම යති. වැඩ නොසිටිති. ආවාසය අත්හරිති. අපි ආයුෂ්මත් ධම්මික තෙරුන්

මේ ආවාසයෙන් බැහැර කරන්නෙමු නම් මැනැවි' යි.

ඉක්බිති ජාතිභූමිවාසී උපාසකවරු ආයුෂ්මත් ධම්මික තෙරුන් වෙත එළඹියහ. එළඹ ආයුෂ්මත් ධම්මික තෙරුන්ට මෙය පැවසූහ.

"ස්වාමීනී, ආයුෂ්මත් ධම්මික තෙරහු මේ ආවාසයෙන් නික්ම වඩිත්වා. ඔබවහන්සේ මෙහි සිටීමෙන් වැඩක් නැත."

එකල්හී ආයුෂ්මත් ධම්මික තෙරහු ඒ ආවාසයෙන් වෙනත් ආවාසයකට ගියහ.

එහිදී ත් ආයුෂ්මත් ධම්මික තෙරහු ආගන්තුක භික්ෂූන්ට ආක්‍රෝශ කරති. පරිභව කරති. වෙහෙසති. මුඛය නැමැති ආයුධයෙන් පහර දෙති. වචනයෙන් නුරුස්නා දේ කියති. එවිට ඒ ආගන්තුක භික්ෂූහු ආයුෂ්මත් ධම්මික තෙරුන් විසින් ආක්‍රෝශ කරන ලදු ව, පරිභව කරන ලදු ව, වෙහෙසන ලදු ව, මුඛය නැමැති ආයුධයෙන් පහර දෙන ලදු ව, වචනයෙන් නුරුස්නා දේ කියන ලදු ව එයින් නික්ම යති. වැඩ නොසිටිති. ආවාසය අත්හරිති.

එකල්හී ජාතිභූමිවාසී උපාසකවරුන්ට මේ අදහස ඇතිවිය. 'අපි වනාහී භික්ෂු සංඝයාට චීවර, පිණ්ඩපාත, සේනාසන, ගිලන්පස බෙහෙත් පිරිකරින් උපස්ථාන කරමු. එසේ නමුත් මේ ආගන්තුක භික්ෂූන් වහන්සේලා නික්ම වඩිනවා නොවැ. වැඩ නොසිටිනවා නොවැ. ආවාසය අත්හරිනවා නොවැ. ආගන්තුක භික්ෂූන් වහන්සේලා යම් හෙයකින් නික්ම වඩිත් නම්, වැඩ නොසිටිත් නම්, ආවාසය අත්හරිත් නම්, මෙයට හේතුව කුමක් ද? ප්‍රත්‍යය කුමක් ද?' යි.

එවිට ජාතිභූමිවාසී උපාසකවරුන් මේ අදහස ඇතිවිය. 'මේ ආයුෂ්මත් ධම්මික තෙරහු වනාහී ආගන්තුක භික්ෂූන්ට ආක්‍රෝශ කරති. පරිභව කරති. වෙහෙසති. මුඛය නැමැති ආයුධයෙන් පහර දෙති. වචනයෙන් නුරුස්නා දේ කියති. එනිසා ඒ ආගන්තුක භික්ෂූහු ආයුෂ්මත් ධම්මික තෙරුන් විසින් ආක්‍රෝශ කරන ලදු ව, පරිභව කරන ලදු ව, වෙහෙසන ලදු ව, මුඛය නැමැති ආයුධයෙන් පහර දෙන ලදු ව, වචනයෙන් නුරුස්නා දේ කියන ලදු ව එයින් නික්ම යති. වැඩ නොසිටිති. ආවාසය අත්හරිති. අපි ආයුෂ්මත් ධම්මික තෙරුන් මේ ආවාසයෙන් බැහැර කරන්නෙමු නම් මැනැවි' යි.

ඉක්බිති ජාතිභූමිවාසී උපාසකවරු ආයුෂ්මත් ධම්මික තෙරුන් වෙත එළඹියහ. එළඹ ආයුෂ්මත් ධම්මික තෙරුන්ට මෙය පැවසූහ.

"ස්වාමීනී, ආයුෂ්මත් ධම්මික තෙරහු මේ ආවාසයෙන් නික්ම වඩිත්වා. ඔබවහන්සේ මෙහි සිටීමෙන් වැඩක් නැත."

එකල්හී ආයුෂ්මත් ධම්මික තෙරහු ඒ ආවාසයෙන් වෙනත් ආවාසයකට ගියහ.

එහිදී ත් ආයුෂ්මත් ධම්මික තෙරහු ආගන්තුක භික්ෂූන්ට ආක්‍රෝශ කරති. ....(පෙ).... වචනයෙන් නුරුස්නා දේ කියති. එවිට ඒ ආගන්තුක භික්ෂූහු ආයුෂ්මත් ධම්මික තෙරුන් විසින් ආක්‍රෝශ කරන ලදු ව, පරිභව කරන ලදු ව, වෙහෙසන ලදු ව, මුඛය නැමැති ආයුධයෙන් පහර දෙන ලදු ව, වචනයෙන් නුරුස්නා දේ කියන ලදු ව එයින් නික්ම යති. වැඩ නොසිටිති. ආවාසය අත්හරිති.

එකල්හී ජාතිභූමිවාසී උපාසකවරුන්ට මේ අදහස ඇතිවිය. 'අපි වනාහී භික්ෂු සංඝයාට චීවර, පිණ්ඩපාත, සේනාසන, ගිලන්පස බෙහෙත් පිරිකරින් උපස්ථාන කරමු. එසේ නමුත් මේ ආගන්තුක භික්ෂූන් වහන්සේලා නික්ම වඩිනවා නොවැ. වැඩ නොසිටිනවා නොවැ. ආවාසය අත්හරිනවා නොවැ. ආගන්තුක භික්ෂූන් වහන්සේලා යම් හෙයකින් නික්ම වඩිත් නම්, වැඩ නොසිටිත් නම්, ආවාසය අත්හරිත් නම්, මෙයට හේතුව කුමක් ද? ප්‍රත්‍යය කුමක් ද?' යි.

එවිට ජාතිභූමිවාසී උපාසකවරුන් මේ අදහස ඇතිවිය. 'මේ ආයුෂ්මත් ධම්මික තෙරහු වනාහී ආගන්තුක භික්ෂූන්ට ආක්‍රෝශ කරති. ....(පෙ).... වචනයෙන් නුරුස්නා දේ කියති. එනිසා ඒ ආගන්තුක භික්ෂූහු ආයුෂ්මත් ධම්මික තෙරුන් විසින් ආක්‍රෝශ කරන ලදු ව, පරිභව කරන ලදු ව, වෙහෙසන ලදු ව, මුඛය නැමැති ආයුධයෙන් පහර දෙන ලදු ව, වචනයෙන් නුරුස්නා දේ කියන ලදු ව එයින් නික්ම යති. වැඩ නොසිටිති. ආවාසය අත්හරිති. අපි ආයුෂ්මත් ධම්මික තෙරුන් ජාතිභූමියෙහි මේ හැම සප්ත ආවාසයෙන් ම බැහැර කරන්නෙමු නම් මැනැවි' යි.

ඉක්බිති ජාතිභූමිවාසී උපාසකවරු ආයුෂ්මත් ධම්මික තෙරුන් වෙත එළඹියහ. එළඹ ආයුෂ්මත් ධම්මික තෙරුන්ට මෙය පැවසූහ.

"ස්වාමීනී, ආයුෂ්මත් ධම්මික තෙරහු ජාතිභූමියෙහි මේ හැම සප්ත ආවාසයෙන් නික්ම වඩිත්වා."

එකල්හී ආයුෂ්මත් ධම්මික තෙරුන්ට මේ අදහස ඇතිවිය. 'මම ජාතිභූමිවාසී උපාසකවරුන් විසින් ජාතිභූමියෙහි හැම සප්ත ආවාසයන්ගෙන් නෙරපා හරින ලද්දෙමි. දැන් මම කොහි යන්නෙම් ද?'

ඉක්බිති ආයුෂ්මත් ධම්මික තෙරුන්ට මේ අදහස ඇතිවිය. 'භාග්‍යවතුන් වහන්සේ යම් තැනක වැඩසිටින සේක් ද මම එතැනට යන්නෙම් නම් මැනැවි' යි.

ඉක්බිති ආයුෂ්මත් ධම්මික තෙරුහු පා සිවුරු ගෙන රජගහනුවර බලා පිටත් වූහ. අනුපිළිවෙලින් රජගහ නුවරට පැමිණ ගිජ්ඣකූට පර්වතයෙහි භාග්‍යවතුන් වහන්සේ කරා පැමිණියහ. පැමිණ භාග්‍යවතුන් වහන්සේට සකසා වන්දනා කොට එකත්පස් ව හිඳගත්හ. එකත්පස් ව හුන් ආයුෂ්මත් ධම්මික තෙරුන්ට භාග්‍යවතුන් වහන්සේ මෙය වදාළ සේක.

"බ්‍රාහ්මණ ධම්මිකයෙනි, ඔබ මේ කොහේ සිට එන්නෙහි ද?"

"ස්වාමීනී, මම ජාතිභූමිවාසී උපාසකවරුන් විසින් ජාතිභූමියෙහි හැම සප්ත ආවාසයන්ගෙන් නෙරපා හරින ලද්දෙමි."

"කම් නැත, බ්‍රාහ්මණ ධම්මිකයෙනි. කිම? එහි විසීමෙන් ඔබට කවර ඵලයක් ද? යම් හෙයකින් ඔබ ඒ ඒ ආවාසයෙන් නෙරපත් නම්, ඒ ඒ වෙහෙරින් නෙරපන ලදුව මා වෙතට ආවෙහි ය.

බ්‍රාහ්මණ ධම්මිකයෙනි, මෙය පෙර සිදු වූ දෙයකි. මුහුදු ගමන් යන වෙළෙන්දෝ එතෙර දකිනා කුරුල්ලෙකු ගෙන නැවෙන් මුහුදු මැදට යති. ඔවුහු පරතෙරක් නොදක එතෙර දකිනා කුරුල්ලා මුදති. එවිට ඒ කුරුල්ලා පෙරදිගට ත් යන්නේ ම ය. බටහිර දෙසට ත් යන්නේ ම ය. උතුරු දෙසට ත් යන්නේ ම ය. දකුණු දෙසට ත් යන්නේ ම ය. උඩු අතට ත් යයි. අනුදිශාවලට ත් යයි. ඉදින් හේ හාත්පස එතෙරක් දකියි නම් එසෙයින් ගියේ ම වෙයි. ඉදින් හේ හාත්පස එතෙරක් නොදකින්නේ නම් නැවත හැරී නැවට ම පැමිණෙයි. එසෙයින් ම බ්‍රාහ්මණ ධම්මකයෙනි, යම් හෙයකින් ඔබ ඒ ඒ ආවාසයෙන් නෙරපත් නම්, ඒ ඒ වෙහෙරින් නෙරපන ලදුව මා වෙතට ආවෙහි ය.

බ්‍රාහ්මණ ධම්මිකයෙනි, මෙය පෙර සිදු වූ දෙයකි. කෝරව්‍ය රජතුමාට සුප්පතිට්ඨ නම් ශාඛා පසක් ඇති සිහිල් සෙවණැලි ඇති මනරම් මහා නුග රැකක් විය. බ්‍රාහ්මණ ධම්මිකයෙනි, සුප්පතිට්ඨ නුග රැක් රාජයාගේ අතුපතර දොළොස් යොදුනක් විසිර පැතිර තිබුණි. පස් යොදුනක් මුල් පැතිර ගොස් තිබුණි. බ්‍රාහ්මණ ධම්මිකයෙනි, සුප්පතිට්ඨ නිග්‍රෝධ රාජයාගේ සුවිසල් ගෙඩි සහල් නැළියක බත් පිසිනා තලිය බඳු වෙයි. දොස් රහිත දඬු වැල් බෑ මීයක ඇති රසවත් බව ඒ රැක් ඵලයෙහි විය. බ්‍රාහ්මණ ධම්මිකයෙනි, සුප්පතිට්ඨ නිග්‍රෝධ රජුගේ එක් කඳක් අන්තඃපුර ස්ත්‍රීන් හා රජු අනුභව කරයි. එක් කඳක්

බලසෙන් අනුභව කරයි. එක් කඳක් නිගම ජනපදවාසීහු අනුභව කරති. එක් කඳක් ශ්‍රමණ බ්‍රාහ්මණවරු අනුභව කරති. එක් කඳක් මෘග පක්ෂීහු අනුභව කරති. බ්‍රාහ්මණ ධම්මිකයෙනි, සුප්පතිට්ඨ නිග්‍රෝධ රාජයාගේ ගෙඩි කිසිවෙක් නොරකියි. කිසිවෙක් එකිනෙකාගේ ඵලයන්ට හිංසා නොකරති.

එකල්හී බ්‍රාහ්මණ ධම්මිකයෙනි, එක්තරා පුරුෂයෙක් සුප්පතිට්ඨ නිග්‍රෝධ රාජයාගේ ඵල කැමති තාක් අනුභව කොට අත්තක් බිඳ දමා නික්ම ගියේ ය. ඉක්බිති බ්‍රාහ්මණ ධම්මිකයෙනි, සුප්පතිට්ඨ නුගරුක් රාජයා අරක්ගෙන සිටි දෙවියා හට මෙබඳු සිතක් ඇතිවූයේ ය. 'භවත්නි, ඒකාන්තයෙන් ආශ්චර්යයකි. ඒකාන්තයෙන් අද්භූතයෙකි. පාපී මිනිසෙක් මෙහි සුප්පතිට්ඨ නිග්‍රෝධ රාජයාගේ යම්තාක් ඵල අනුභව කොට අත්තක් බිඳ නික්ම ගියේ නොවැ. එහෙයින් සුප්පතිට්ඨ නිග්‍රෝධ රාජයා ඉදිරියට ඵල හට නොගන්නේ නම් මැනැව' යි. එකල්හී බ්‍රාහ්මණ ධම්මිකයෙනි, සුප්පතිට්ඨ නිග්‍රෝධ රාජයා මත්තෙහි ඵල නොදුන්නේ ය.

එවිට බ්‍රාහ්මණ ධම්මිකයෙනි, කෝරව්‍ය රජු සක් දෙවිඳු කරා ගියේ ය. ගොස් සක් දෙවිඳු හට මෙකරුණ සැළ කළේ ය.

'නිදුකාණෙනි, ඔබ දන්නෙහි ද? සුප්පතිට්ඨ නිග්‍රෝධ රාජයා ඵල නොදෙන්නේ නොවැ.'

ඉක්බිති බ්‍රාහ්මණ ධම්මිකයෙනි, සක් දෙවිඳු යම් පරිද්දකින් මහා වැසි සුළඟක් නැගී අවුත් නිග්‍රෝධ රාජයා පෙරළා දමයි නම්, මුලින් උදුරා දමයි නම් එබඳු වූ ඉර්ධි ප්‍රාතිහාර්යයක් කළේ ය. එකල්හී බ්‍රාහ්මණ ධම්මිකයෙනි, සුප්පතිට්ඨ නුගරුක් රාජයාට අධිගෘහිත දෙවියා දුකට පැමිණ, දුක් වූ සිතින්, කඳුළු වැකුණු මුහුණින් හඬමින් එකත්පස් ව සිටියේ ය.

එකල්හී බ්‍රාහ්මණ ධම්මිකයෙනි, ශක්‍ර දේවේන්ද්‍ර තෙමේ සුප්පතිට්ඨ නුග රුක් රාජයාට අධිගෘහිත දෙවියා වෙත ගියේ ය. ගොස් සුප්පතිට්ඨ නුගරුක් රාජයාට අධිගෘහිත දෙවියාගෙන් මෙය ඇසුවේ ය.

'කිම? දෙවිය, ඔබ දුකට පැමිණ, දුක් වූ සිතින්, කඳුළු වැකුණු මුහුණින් හඬමින් එකත්පසක සිටින්නේ මක් නිසා ද?'

'නිදුකාණෙනි, එය එසේ ම ය. මහා වැසි සුළඟක් අවුදින් මාගේ භවන පෙරළා දැමුවේ නොවැ. මුලින් ම උදුරා දැමුවේ නොවැ.'

'දෙවිය, ඉදින් ඔබ වෘක්ෂ ධර්මයෙහි පිහිටා සිටිද්දීම නම් මහා වැසි සුළඟක් අවුදින් භවන හෙළා දැමුවේ ද? මුලින් උදුරා දැමුවේ ද?'

'නිදුකාණෙනි, වෘක්ෂයක් වෘක්ෂ ධර්මයෙහි සිටින්නේ කොයි අයුරින් ද?'

'දෙවිය, මෙහිලා වෘක්ෂයාගේ මුලින් ප්‍රයෝජන ඇති උදවිය මුල් රැගෙන යති. සිවියෙන් ප්‍රයෝජන ඇති උදවිය සිවි රැගෙන යති. පත්‍රයෙන් ප්‍රයෝජන ඇති උදවිය පත්‍ර රැගෙන යති. මලින් ප්‍රයෝජන ඇති උදවිය මල් ගෙන යති. ඵලයෙන් ප්‍රයෝජන ඇති උදවිය ඵල ගෙන යති. එහෙයින් දේවතාවා විසින් ඒ ගැන නොසතුටු නොවිය යුත්තේ ය. කෝප නොකළ යුත්තේ ය. මෙසේ දෙවිය, වෘක්ෂය වෘක්ෂ ධර්මයෙහි සිටියේ වෙයි.'

'නිදුකාණෙනි, මා වෘක්ෂ ධර්මයෙහි පිහිටා නොසිටිද්දී ම මහා වැසි සුළඟක් අවුත් භවන හෙළා දැමුවේ ය. මුලින් ම පෙරලා උදුරා දැමුවේ ය.'

'දෙවිය, ඉදින් ඔබ වෘක්ෂ ධර්මයෙහි සිටින්නෙහි නම් ඔබගේ භවන පෙර පරිද්දෙන් ම තිබෙනු ඇති.'

'නිදුකාණෙනි, මම වෘක්ෂ ධර්මයෙහි පිහිටන්නෙමි. මාගේ භවන පෙර පරිදි ම වේවා!'

එකල්හී බ්‍රාහ්මණ ධම්මිකයෙනි, යම් සේ මහා වැසි සුළඟක් අවුදින් සුප්පතිට්ඨ නුගරුක් රාජයා ඔසොවයි ද, මුල් සිවි සහිත ව තබයි ද, ශක්‍ර දේවේන්ද්‍ර තෙමේ එබඳු වූ ඉර්ධි ප්‍රාතිහාර්යයක් කළේ ය.

එසෙයින් ම බ්‍රාහ්මණ ධම්මිකයෙනි, ශ්‍රමණ ධර්මයෙහි සිටියා වූ ම ඔබ ජාතිභූමිවාසී උපාසකවරු ජාතිභූමියෙහි සියළු සප්ත ආවාසයන්ගෙන් නෙරපුවාහු ද?"

"ස්වාමීනී, ශ්‍රමණයෙක් ශ්‍රමණ ධර්මයෙහි පිහිටා සිටින්නේ කෙසේ ද?"

"බ්‍රාහ්මණ ධම්මිකයෙනි, මෙහිලා ශ්‍රමණ තෙමේ ආක්‍රෝශ කරන්නහුට පෙරළා ආක්‍රෝශ නොකරයි. ක්‍රෝධ කරන්නහුට පෙරළා ක්‍රෝධ නොකරයි. දබර කරන්නහුට පෙරළා දබර නොකරයි. මෙසේ බ්‍රාහ්මණ ධම්මිකයෙනි, ශ්‍රමණ තෙමේ ශ්‍රමණ ධර්මයෙහි පිහිටියේ වෙයි."

"ස්වාමීනී, ශ්‍රමණ ධර්මයෙහි නොපිහිටියේ ම මා ජාතිභූමිවාසී උපාසකවරු ජාතිභූමියෙහි සියළු සප්ත ආවාසයන්ගෙන් නෙරපූහ."

1. "බ්‍රාහ්මණ ධම්මිකයෙනි, මෙය පෙර සිදු වූ දෙයකි. ආගමික මතයක් දරණ කාමයන්හි වීතරාගී සුනෙත්ත නම් ශාස්තෘවරයෙක් සිටියේ ය. බ්‍රාහ්මණ

ධම්මිකයෙනි, සුනෙත්ත ශාස්තෘ හට නොයෙක් සිය ගණන් ශ්‍රාවකයෝ වූහ. සුනෙත්ත ශාස්තෘ තෙමේ ශ්‍රාවකයන් හට බඹලොව ඉපදීම පිණිස ධර්මය දේශනා කළේ ය. බ්‍රාහ්මණ ධම්මිකයෙනි, යමෙක් බඹලොව ඉපදීම පිණිස දහම් දෙසන සුනෙත්ත ශාස්තෘ කෙරෙහි සිත් නොපහදවාගත්තාහු නම් ඔවුහු කය බිඳී මරණින් මතු අපාය දුර්ගති විනිපාත නම් වූ නිරයෙහි උපන්හ. යමෙක් බඹලොව ඉපදීම පිණිස දහම් දෙසන සුනෙත්ත ශාස්තෘ කෙරෙහි සිත් පහදවාගත්තාහු නම් ඔවුහු කය බිඳී මරණින් මතු සුගති සංඛ්‍යාත ස්වර්ග ලෝකයෙහි උපන්හ.

2. බ්‍රාහ්මණ ධම්මිකයෙනි, මෙය පෙර සිදු වූ දෙයකි. ආගමික මතයක් දරණ කාමයන්හි වීතරාගී මූගපක්ඛ නම් ශාස්තෘවරයෙක් සිටියේ ය. ....(පෙ).... 3. බ්‍රාහ්මණ ධම්මිකයෙනි, මෙය පෙර සිදු වූ දෙයකි. ආගමික මතයක් දරණ කාමයන්හි වීතරාගී අරණේමි නම් ශාස්තෘවරයෙක් සිටියේ ය. ....(පෙ).... 4. බ්‍රාහ්මණ ධම්මිකයෙනි, මෙය පෙර සිදු වූ දෙයකි. ආගමික මතයක් දරණ කාමයන්හි වීතරාගී කුද්දාලක නම් ශාස්තෘවරයෙක් සිටියේ ය. ....(පෙ).... 5. බ්‍රාහ්මණ ධම්මිකයෙනි, මෙය පෙර සිදු වූ දෙයකි. ආගමික මතයක් දරණ කාමයන්හි වීතරාගී හත්ථිපාල නම් ශාස්තෘවරයෙක් සිටියේ ය. ....(පෙ).... 6 බ්‍රාහ්මණ ධම්මිකයෙනි, මෙය පෙර සිදු වූ දෙයකි. ආගමික මතයක් දරණ කාමයන්හි වීතරාගී ජෝතිපාල නම් ශාස්තෘවරයෙක් සිටියේ ය. බ්‍රාහ්මණ ධම්මිකයෙනි, ජෝතිපාල ශාස්තෘ හට නොයෙක් සිය ගණන් ශ්‍රාවකයෝ වූහ. ජෝතිපාල ශාස්තෘ තෙමේ ශ්‍රාවකයන් හට බඹලොව ඉපදීම පිණිස ධර්මය දේශනා කළේ ය. බ්‍රාහ්මණ ධම්මිකයෙනි, යමෙක් බඹලොව ඉපදීම පිණිස දහම් දෙසන ජෝතිපාල ශාස්තෘ කෙරෙහි සිත් නොපහදවාගත්තාහු නම් ඔවුහු කය බිඳී මරණින් මතු අපාය දුර්ගති විනිපාත නම් වූ නිරයෙහි උපන්හ. යමෙක් බඹලොව ඉපදීම පිණිස දහම් දෙසන ජෝතිපාල ශාස්තෘ කෙරෙහි සිත් පහදවාගත්තාහු නම් ඔවුහු කය බිඳී මරණින් මතු සුගති සංඛ්‍යාත ස්වර්ග ලෝකයෙහි උපන්හ.

බ්‍රාහ්මණ ධම්මිකයෙනි, ඒ කිමෙකැයි හඟනෙහි ද? යමෙක් ආගමික මතක් පැවසූ, කාමයන්හී වීතරාගී වූ, නොයෙක් සිය ගණන් පිරිවර වූ ශ්‍රාවක සංඝයා සහිත මේ ශාස්තෘවරුන් සය දෙනා කෙරෙහි දූෂිත සිත් ඇති ව ආක්‍රෝශ කරයි නම්, පරිභව කරයි නම්, ඒ තැනැත්තා බොහෝ පව් රැස් කරන්නේ ද?"

"එසේ ය, ස්වාමීනී."

"බ්‍රාහ්මණ ධම්මිකයෙනි, යමෙක් ආගමික මතක් පැවසූ, කාමයන්හී වීතරාගී වූ, නොයෙක් සිය ගණන් පිරිවර වූ ශ්‍රාවක සංඝයා සහිත මේ

ශාස්තෘවරුන් සය දෙනා කෙරෙහි දූෂිත සිත් ඇති ව ආක්‍රෝශ කිරීමෙන්, පරිභව කිරීමෙන් ඒ තැනැත්තා බොහෝ පව් රැස් කරයි නම්, යමෙක් එක් දිට්ඨිසම්පන්න සෝවාන් පුද්ගලයෙකුට දූෂ්ට වූ සිතින් ආක්‍රෝශ කරයි ද, පරිභව කරයි ද, මෙතෙමේ එයට වඩා බොහෝ පව් රැස් කරන්නේ ය. එයට හේතුව කුමක් ද යත්, බ්‍රාහ්මණ ධම්මිකයෙනි, මාගේ සසුනෙහි සබ්‍රහ්මචාරීන් වහන්සේලා අතර යම්බඳු ඉවසීමක් ඇද්ද, එබඳු වූ ඉවසීමක් මෙයින් බැහැර වූ අන් තැනක ඇතැයි මම නොකියමි. එහෙයින් බ්‍රාහ්මණ ධම්මිකයෙනි, මෙසේ හික්මිය යුත්තේ ය. 'තම සබ්‍රහ්මචාරීන් වහන්සේලා කෙරෙහි දූෂ්ට වූ සිත් අපට නොවේවා' යි. බ්‍රාහ්මණ ධම්මිකයෙනි, ඔබ විසින් හික්මිය යුත්තේ ඔය අයුරිනි.

(ගාථා)

1. සුනෙත්ත, මූගපක්ඛ, අරණේමි බ්‍රාහ්මණතුමා හා කුද්දාලක ශාස්තෘහු ද, හත්ථිපාල මාණවක ද,

2. සත් රජුන්ට පුරෝහිත වූ ජෝතිපාල මාණවක නම් මහා ගෝවින්ද තෙමේ ද, අතීත කාලයෙහි අහිංසක ව කීර්තිධර ව සය වැදැරුම් ශාස්තෘවරයෝ වූහ.

3. ක්‍රෝධ සංඛ්‍යාත ආමගන්ධයෙන් තොර වූ, කරුණා ධ්‍යානයෙන් නීවරණයන්ගෙන් නිදහස් වූ, කාම සංයෝජනයන් මැඩලූ, කාමරාගය දුරු කොට ඔවුහු බඹලොව උපන්හ.

4. ඒ ශාස්තෘවරුන්ගේ ක්‍රෝධ සංඛ්‍යාත ආමගන්ධයෙන් තොර වූ, කරුණා ධ්‍යානයෙන් නීවරණයන්ගෙන් නිදහස් වූ, කාම සංයෝජනයන් මැඩලූ, කාමරාගය දුරු කොටගත් නොයෙක් සියගණන් ශ්‍රාවකයෝ ද බඹලොව උපන්හ.

5. යමෙක් ඒ වීතරාගී වූ සමාහිත සිත් ඇති බාහිර සසුනට අයත් ඍෂිවරුන් හට දූෂිත අදහසින් පරිභව කරයි ද,

6. එබඳු වූ පුරුෂයා බොහෝ පව් රැස් කරයි. යමෙක් බුදුරජුන්ගේ ශ්‍රාවක වූ එක් දිට්ඨි සම්පන්න භික්ෂුවකට

6. දූෂිත අදහසින් පරිභව කරයි නම්, ඒ පුරුෂයා පෙරටත් වඩා බොහෝ වූ පව් රැස් කරන්නේ ය.

7. දෘෂ්ටි උපදින තැන් ප්‍රහාණය කරන සුළු සොඳුරු ස්වභාව ඇති ශ්‍රාවකයෙකුට හිංසා නොකරන්නේ ය. ඒ ශ්‍රාවකයා ආර්ය සංඝයා අතර

සත් වෙනි පුද්ගලයා යැයි කියනු ලැබේ.

8. කාමයන්හි අවීතරාගී වූ ශ්‍රද්ධා, සති, විරිය, සමාධි, ප්‍රඥා යන මේ පංච ඉන්ද්‍රිය ධර්මයන් යමෙක් තුළ මෘදු ලෙස වැඩී ඇද්ද,

9. එබඳු වූ භික්ෂුවට හිංසා කොට කලින් ම වැනසෙයි. පළමු ව තමන්ගේ ගුණ වනසා ගෙන පසු ව අනුන්ට හිංසා කරයි.

10. යමෙක් තමා ත් රකියි නම්, බාහිර පුද්ගලයා ත් ඔහු විසින් රක්නා ලද්දේ වෙයි. එහෙයින් ගුණයෙන් නොවැනසුණු නුවණැත්තා හැමකල්හි තමා ව රැකගත යුත්තේ ය.

සාදු! සාදු!! සාදු!!!

ධම්මික සූත්‍රය නිමා විය.

පස්වෙනි ධම්මික වර්ගය අවසන් විය.

- එහි පිළිවෙල උද්දානයයි :

නාග සූත්‍රය, මිගසාලා සූත්‍රය, ඉණ සූත්‍රය, චුන්ද සූත්‍රය, සන්දිට්ඨික සූත්‍ර දෙක, ඛේම සූත්‍රය, ඉන්ද්‍රිය සූත්‍රය, ආනන්ද සූත්‍රය, ඛත්තිය සූත්‍රය, අප්පමාද සූත්‍රය සහ ධම්මික සූත්‍රය වශයෙන් මෙහි සූත්‍ර දොළොසකි.

පළමුවෙනි පණ්ණාසකය නිමා විය.

දෙවෙනි පණ්ණාසකය

1. මහා වර්ගය

6.2.1.1.
සෝණ සූත්‍රය
සෝණ තෙරුන්ට වදාළ දෙසුම

මා විසින් මෙසේ අසන ලදී. එක් සමයක භාග්‍යවතුන් වහන්සේ රජගහ නුවර ගිජ්ඣකූට පර්වතයෙහි වැඩවසන සේක. එසමයෙහි ආයුෂ්මත් සෝණ තෙරණුවෝ රජගහ නුවර සීතවනයෙහි වාසය කරති.

එකල්හී හුදෙකලාවේ භාවනාවෙන් සිටි ආයුෂ්මත් සෝණ තෙරුන්ට මෙබඳු චිත්ත පරිවිතර්කයක් හටගත්තේ ය. 'භාග්‍යවතුන් වහන්සේගේ පටන්ගත් වීරිය ඇති යම්කිසි ශ්‍රාවකවරු වෙත් නම්, මම් ද ඔවුන් අතර කෙනෙක්මි. නමුත් මාගේ සිත උපාදාන රහිත ව ආශ්‍රවයන්ගෙන් නිදහස් නොවෙයි. මාගේ නිවසෙහි භෝග සම්පත් ද ඇත්තේ ය. ඒ භෝග සම්පත් අනුභව කරන්නට ත්, පින් කරගන්නට ත් හැකියාව තිබෙයි. එහෙයින් මම ශික්ෂාව ප්‍රතික්ෂේප කොට හීන වූ ගිහි බවට පැමිණ භෝගයන් ද අනුභව කරන්නෙම් නම්, පින් ද කරන්නෙම් නම් මැනැවැ' යි.

ඉක්බිති භාග්‍යවතුන් වහන්සේ තම සිතින් ආයුෂ්මත් සෝණ තෙරුන්ගේ සිතෙහි වූ කල්පනාව දැන යම් සේ බලවත් පුරුෂයෙක් හැකිලූ අතක් දිග හරින්නේ වෙයි ද, දික් කළ අතක් හකුලන්නේ වෙයි ද, එපමණ සුළු කලකින් ගිජ්ඣකූට පර්වතයෙන් නොපෙනී ගොස් සීතවනයෙහි ආයුෂ්මත් සෝණ තෙරුන් ඉදිරියෙහි පහළ වූ සේක.

භාග්‍යවතුන් වහන්සේ පණවන ලද අසුනෙහි වැඩහුන් සේක. ආයුෂ්මත්

සෝණ තෙරුන් ද භාග්‍යවතුන් වහන්සේට සකසා වන්දනා කොට එකත්පස් ව හිඳ ගත්තේ ය. එකත්පස් ව හුන් ආයුෂ්මත් සෝණ තෙරුන් ට භාග්‍යවතුන් වහන්සේ මෙය වදාළ සේක.

"සෝණයෙනි, හුදෙකලාවේ භාවනාවෙන් සිටි ඔබට මෙබඳු චිත්ත පරිවිතර්කයක් හටගත්තේ නොවේ ද? එනම් 'භාග්‍යවතුන් වහන්සේගේ පටන්ගත් වීරිය ඇති යම්කිසි ශ්‍රාවකවරු වෙත් නම්, මම් ද ඔවුන් අතර කෙනෙක්මි. නමුත් මාගේ සිත උපාදාන රහිත ව ආශ්‍රවයන්ගෙන් නිදහස් නොවෙයි. මාගේ නිවසෙහි භෝග සම්පත් ද ඇත්තේ ය. ඒ භෝග සම්පත් අනුභව කරන්නට ත්, පින් කරගන්නට ත් හැකියාව තිබෙයි. එහෙයින් මම ශික්ෂාව ප්‍රතික්ෂේප කොට හීන වූ ගිහි බවට පැමිණ භෝගයන් ද අනුභව කරන්නෙම් නම්, පින් ද කරන්නෙම් නම් මැනැවැ' යි යනුවෙන්?"

"එසේ ය, ස්වාමීනී."

"සෝණයෙනි, ඒ කිමෙකැයි හඟනෙහි ද? පෙර ඔබ නිවසේ සිටිය දී වීණාවෙහි තත්සරයන් පිළිබඳ ව දක්ෂ වූයෙහි ද?"

"එසේ ය, ස්වාමීනී."

"සෝණයෙනි, ඒ කිමෙකැයි හඟනෙහි ද? යම් කලක ඔබගේ වීණාවෙහි තත් ඉතා දැඩි ව තිබෙයි නම්, එසමයෙහි ඔබගේ වීණාවේ ස්වරවත් බව හෝ කර්මණ්‍ය බව හෝ වෙයි ද?"

"ස්වාමීනී, එය නොවේ ම ය."

"සෝණයෙනි, ඒ කිමෙකැයි හඟනෙහි ද? යම් කලක ඔබගේ වීණාවෙහි තත් ඉතා ලිහිල් ව තිබෙයි නම්, එසමයෙහි ඔබගේ වීණාවේ ස්වරවත් බව හෝ කර්මණ්‍ය බව හෝ වෙයි ද?"

"ස්වාමීනී, එය නොවේ ම ය."

"සෝණයෙනි, යම් කලක ඔබගේ වීණාවෙහි තත් ඉතා දැඩි ත් නොවෙයි නම්, ඉතා ලිහිල් ද නෙවෙයි නම්, සම ගුණයෙහි පිහිටා ඇත්නම්, එසමයෙහි ඔබගේ වීණාව ස්වරවත් හෝ වෙයි ද? කර්මණ්‍ය බව හෝ වෙයි ද?"

"එසේ ය, ස්වාමීනී."

"එසෙයින් ම සෝණයෙනි, අතිශයින් දැඩි වූ වීර්යය සිතෙහි විසිරීම පිණිස පවතියි. අතිශයින් ම හැකිලී ගිය වීර්යය කුසීත බව පිණිස පවතියි. එහෙයින්

සෝණයෙනි, ඔබ වීර්යය සම කරගැනීමට අධිෂ්ඨාන කරව. ඉන්ද්‍රියයන්ගේ සම බව අවබෝධ කරගනුව. එහි නිමිති ත් ගනුව."

"එසේ ය, ස්වාමීනී" යි ආයුෂ්මත් සෝණ තෙරණුවෝ භාග්‍යවතුන් වහන්සේට පිළිවදන් දුන්හ.

ඉක්බිති භාග්‍යවතුන් වහන්සේ ආයුෂ්මත් සෝණ තෙරුන්ට මේ අවවාදයෙන් අවවාද කොට යම් සේ බලවත් පුරුෂයෙක් හැකිලූ අතක් දිග හරින්නේ වෙයි ද, දික් කළ අතක් හකුලන්නේ වෙයි ද, එපමණ සුළු කලකින් සීතවනයෙන් නොපෙනී ගොස් ගිජ්ඣකූට පර්වතයෙහි පහළ වූ සේක.

එවිට ආයුෂ්මත් සෝණ තෙරණුවෝ පසුකාලයෙහි වීර්යය සම කොට ගැනීමට අධිෂ්ඨාන කළහ. ඉන්ද්‍රියයන්ගේ සම බව අවබෝධ කළහ. එහි නිමිත්ත ද ගත්හ. ඉක්බිති ආයුෂ්මත් සෝණ තෙරණුවෝ තනි ව හුදෙකලාවෙහි අප්‍රමාදී ව කෙලෙස් තවන වීර්යය ඇති ව දහමට දිවි පුදා වාසය කරන්නාහු යම් අරුතක් උදෙසා කුලපුත්‍රයෝ ගිහි ගෙයි අත්හැර මනාකොට අනගාරික ව පැවිදි වෙත් ද, ඒ බඹසරෙහි අවසානය වන අනුත්තර නිර්වාණය මේ ජීවිතයේ දී ම නොබෝ කලකින් ස්වකීය විශිෂ්ට ඥානයෙන් සාක්ෂාත් කොට එයට පැමිණ වාසය කළහ. 'ඉපදීම ක්ෂය වූයේ ය. බඹසර වාසය නිමවන ලදී. කළ යුත්ත කරන ලදී. නිවන පිණිස කළ යුතු අනෙකක් නැතැ'යි අවබෝධ කරගත්හ. ආයුෂ්මත් සෝණ තෙරණුවෝ වනාහී රහතුන් අතුරින් කෙනෙක් වූහ.

ඉක්බිති අරහත්වයට පත් වූ ආයුෂ්මත් සෝණ තෙරුන් හට මේ අදහස ඇති විය. 'යම් හෙයකින් මම භාග්‍යවතුන් වහන්සේ වෙත පැමිණෙම් නම්, පැමිණ භාග්‍යවතුන් වහන්සේ සමීපයෙහි අරහත්වය ප්‍රකාශ කරන්නෙම් නම් මැනැවැ' යි.

එකල්හී ආයුෂ්මත් සෝණ තෙරණුවෝ භාග්‍යවතුන් වහන්සේ කරා එළැඹියහ. එළඹ භාග්‍යවතුන් වහන්සේට සකසා වන්දනා කොට එකත්පස් ව හිඳගත්හ. එකත්පස් ව හුන් ආයුෂ්මත් සෝණ තෙරණුවෝ භාග්‍යවතුන් වහන්සේට මෙය පවසා සිටියහ.

"ස්වාමීනී, යම් ඒ භික්ෂුවක් අරහත් වූයේ ද, ඛීණාශ්‍රව වූයේ ද, බඹසර වැස නිම වූයේ ද, කළ යුත්ත කරන ලද්දේ ද, කෙලෙස් බර බහා තැබුවේ ද, පිළිවෙලින් පත් අරහත්වය ඇත්තේ ද, භව සංයෝජනයන් ක්ෂය කළේ වෙයි ද, මනා අවබෝධයෙන් විමුක්තියට පත්වූයේ වෙයි ද, හේ සය තැනකින් අවබෝධය ලැබුවේ වෙයි. එනම් නෛෂ්ක්‍රම්‍යය පිළිබඳ ව ද අවබෝධය

ලැබුවේ වෙයි. හුදෙකලා විවේකය පිළිබඳ ව ද අවබෝධය ලැබුවේ වෙයි. අව්‍යාපාදය පිළිබඳ ව ද අවබෝධය ලැබුවේ වෙයි. තෘෂ්ණාව ක්ෂය වීම පිළිබඳ ව ද අවබෝධය ලැබුවේ වෙයි. උපාදාන ක්ෂය වීම පිළිබඳ ව ද අවබෝධය ලැබුවේ වෙයි. මුලා නොවීම පිළිබඳ ව ද අවබෝධය ලැබුවේ වෙයි.

1. ස්වාමීනී, මෙහිලා ඇතැම් ආයුෂ්මත් කෙනෙකුට මෙබඳු අදහසක් ඇතිවන්නට පුළුවනි. එනම්, හුදෙක් ශ්‍රද්ධා මාත්‍රයෙන් ම මේ ආයුෂ්මත් තෙමේ නෛෂ්ක්‍රම්‍යය පිළිබඳ ව අවබෝධය ලැබුවේ ය කියා. ස්වාමීනී, එය එසේ නොදැක්ක යුතුය. ස්වාමීනී, ඛීණාශ්‍රව වූ, වසන ලද බඹසර ඇති, කළ යුත්ත කරන ලද භික්ෂුව කළ යුතු දෙයක් තමා තුළ නැවත කිරීමක් නොදකින්නේ, කරන ලද දෙයෙහි නැවත කිරීමකුත් නොදකින්නේ රාගය ක්ෂය වීමෙන් වීතරාගී වූ බැවින් නෛෂ්ක්‍රම්‍යය පිළිබඳ ව අවබෝධය ලැබුවේ වෙයි. ද්වේෂය ක්ෂය වීමෙන් වීතදෝෂී වූ බැවින් නෛෂ්ක්‍රම්‍යය පිළිබඳ ව අවබෝධය ලැබුවේ වෙයි. මෝහය ක්ෂය වීමෙන් වීතමෝහී වූ බැවින් නෛෂ්ක්‍රම්‍යය පිළිබඳ ව අවබෝධය ලැබුවේ වෙයි.

2. ස්වාමීනී, මෙහිලා ඇතැම් ආයුෂ්මත් කෙනෙකුට මෙබඳු අදහසක් ඇතිවන්නට පුළුවනි. එනම්, ලාභ සත්කාර කීර්ති ප්‍රශංසාවන්ට ආශාවෙන් මේ ආයුෂ්මත් තෙමේ හුදෙකලා විවේකය පිළිබඳ ව අවබෝධය ලැබුවේ ය කියා. ස්වාමීනී, එය එසේ නොදැක්ක යුතුය. ස්වාමීනී, ඛීණාශ්‍රව වූ, වසන ලද බඹසර ඇති, කළ යුත්ත කරන ලද භික්ෂුව කළ යුතු දෙයක් තමා තුළ නැවත කිරීමක් නොදකින්නේ, කරන ලද දෙයෙහි නැවත කිරීමකුත් නොදකින්නේ රාගය ක්ෂය වීමෙන් වීතරාගී වූ බැවින් හුදෙකලා විවේකය පිළිබඳ ව අවබෝධය ලැබුවේ වෙයි. ද්වේෂය ක්ෂය වීමෙන් වීතදෝෂී වූ බැවින් හුදෙකලා විවේකය පිළිබඳ ව අවබෝධය ලැබුවේ වෙයි. මෝහය ක්ෂය වීමෙන් වීතමෝහී වූ බැවින් හුදෙකලා විවේකය පිළිබඳ ව අවබෝධය ලැබුවේ වෙයි.

3. ස්වාමීනී, මෙහිලා ඇතැම් ආයුෂ්මත් කෙනෙකුට මෙබඳු අදහසක් ඇතිවන්නට පුළුවනි. එනම්, සීලබ්බත පරාමාසයන් සාර වශයෙන් ගැනීමෙන් මේ ආයුෂ්මත් තෙමේ අව්‍යාපාදය පිළිබඳ ව අවබෝධය ලැබුවේ ය කියා. ස්වාමීනී, එය එසේ නොදැක්ක යුතුය. ස්වාමීනී, ඛීණාශ්‍රව වූ, වසන ලද බඹසර ඇති, කළ යුත්ත කරන ලද භික්ෂුව කළ යුතු දෙයක් තමා තුළ නැවත කිරීමක් නොදකින්නේ, කරන ලද දෙයෙහි නැවත කිරීමකුත් නොදකින්නේ රාගය ක්ෂය වීමෙන් වීතරාගී වූ බැවින් අව්‍යාපාදය පිළිබඳ ව අවබෝධය ලැබුවේ වෙයි. ද්වේෂය ක්ෂය වීමෙන් වීතදෝෂී වූ බැවින් අව්‍යාපාදය පිළිබඳ ව අවබෝධය ලැබුවේ වෙයි. මෝහය ක්ෂය වීමෙන් වීතමෝහී වූ බැවින් අව්‍යාපාදය පිළිබඳ

ව අවබෝධය ලැබුවේ වෙයි.

4. ....(පෙ).... රාගය ක්ෂය වීමෙන් වීතරාගී වූ බැවින් තණ්හාව ක්ෂය වීම පිළිබඳ ව අවබෝධය ලැබුවේ වෙයි. ද්වේෂය ක්ෂය වීමෙන් වීතදෝෂී වූ බැවින් තණ්හාව ක්ෂය වීම පිළිබඳ ව අවබෝධය ලැබුවේ වෙයි. මෝහය ක්ෂය වීමෙන් වීතමෝහී වූ බැවින් තණ්හාව ක්ෂය වීම පිළිබඳ ව අවබෝධය ලැබුවේ වෙයි.

5. ....(පෙ).... රාගය ක්ෂය වීමෙන් වීතරාගී වූ බැවින් උපාදාන ක්ෂය වීම පිළිබඳ ව අවබෝධය ලැබුවේ වෙයි. ද්වේෂය ක්ෂය වීමෙන් වීතදෝෂී වූ බැවින් උපාදාන ක්ෂය වීම පිළිබඳ ව අවබෝධය ලැබුවේ වෙයි. මෝහය ක්ෂය වීමෙන් වීතමෝහී වූ බැවින් උපාදාන ක්ෂය වීම පිළිබඳ ව අවබෝධය ලැබුවේ වෙයි.

6. ....(පෙ).... රාගය ක්ෂය වීමෙන් වීතරාගී වූ බැවින් සිහි මුළා නොවීම පිළිබඳ ව අවබෝධය ලැබුවේ වෙයි. ද්වේෂය ක්ෂය වීමෙන් වීතදෝෂී වූ බැවින් සිහි මුළා නොවීම පිළිබඳ ව අවබෝධය ලැබුවේ වෙයි. මෝහය ක්ෂය වීමෙන් වීතමෝහී වූ බැවින් සිහි මුළා නොවීම පිළිබඳ ව අවබෝධය ලැබුවේ වෙයි.

ස්වාමීනී, මෙසේ මැනැවින් නිදහස් වූ සිත් ඇති භික්ෂුවට බොහෝ සෙයින් නමුත් ඇසින් දත යුතු රූපයෝ ඇස් හමුවට පැමිණෙත් නම්, ඒ රූපයෝ ඒ භික්ෂුවගේ සිත යට කොට නොයත්. ඔහුගේ සිත ඒ රූප හා මිශ්‍ර නොවුණේ වෙයි. ස්ථිර ව පිහිටා සිටියේ, අකම්පිත ව සිටියේ වෙයි. ඒ සියල්ලෙහි අනිත්‍ය දකියි. බොහෝ සෙයින් නමුත් කනින් ඇසිය යුතු ශබ්දයෝ කන ඉදිරියට පැමිණෙත් නම්, ...(පෙ).... බොහෝ සෙයින් නමුත් නාසයෙන් දත යුතු ගන්ධයෝ නාසය ඉදිරියට පැමිණෙත් නම්, ...(පෙ).... බොහෝ සෙයින් නමුත් දිවෙන් දත යුතු රසයෝ දිව ඉදිරියට පැමිණෙත් නම්, ...(පෙ).... බොහෝ සෙයින් නමුත් කයින් දත යුතු ස්පර්ශයෝ කය ඉදිරියට පැමිණෙත් නම්, ...(පෙ).... බොහෝ සෙයින් නමුත් මනසින් දත යුතු ආරම්මණයෝ මනස හමුවට පැමිණෙත් නම්, ඒ ආරම්මණයෝ ඒ භික්ෂුවගේ සිත යට කොට නොයත්. ඔහුගේ සිත ඒ ආරම්මණ හා මිශ්‍ර නොවුණේ වෙයි. ස්ථිර ව පිහිටා සිටියේ, අකම්පිත ව සිටියේ වෙයි. ඒ සියල්ලෙහි අනිත්‍ය දකියි.

ස්වාමීනී, එය මෙබඳු දෙයකි. සිදුරු නැති, පැළුම් නැති, ඒකඝන වූ ගල් පර්වතයක් තිබෙයි. එකල්හී පෙරදිග දිශාවෙනුත් බලවත් සේ හමන්නා වූ වැසි සුළඟ ඒ පර්වතය කම්පා නොකරයි. විශේෂයෙන් කම්පා නොකරයි. නොවෙව්ළුවයි. එමෙන් ම බටහිර දිශාවෙනුත් බලවත් සේ හමන්නා වූ වැසි සුළඟ ....(පෙ).... එමෙන් ම උතුරු දිශාවෙනුත් බලවත් සේ හමන්නා වූ වැසි සුළඟ ....(පෙ).... එමෙන් ම දකුණු දිශාවෙනුත් බලවත් සේ හමන්නා

වූ වැසි සුළඟ ඒ පර්වතය කම්පා නොකරයි. විශේෂයෙන් කම්පා නොකරයි. නොවෙව්ළුවයි.

එසෙයින් ම ස්වාමීනී, මෙසේ මැනැවින් නිදහස් වූ සිත් ඇති භික්ෂුවට බොහෝ සෙයින් නමුත් ඇසින් දත යුතු රූපයෝ ඇස් හමුවට පැමිණෙත් නම්, ඒ රූපයෝ ඒ භික්ෂුවගේ සිත යට කොට නොයත්. ඔහුගේ සිත ඒ රූප හා මිශ්‍ර නොවුණේ වෙයි. ස්ථිර ව පිහිටා සිටියේ, අකම්පිත ව සිටියේ වෙයි. ඒ සියල්ලෙහි අනිත්‍ය දකියි. බොහෝ සෙයින් නමුත් කනින් ඇසිය යුතු ශබ්දයෝ කන ඉදිරියට පැමිණෙත් නම්, ...(පෙ).... බොහෝ සෙයින් නමුත් නාසයෙන් දත යුතු ගන්ධයෝ නාසය ඉදිරියට පැමිණෙත් නම්, ...(පෙ).... බොහෝ සෙයින් නමුත් දිවෙන් දත යුතු රසයෝ දිව ඉදිරියට පැමිණෙත් නම්, ...(පෙ).... බොහෝ සෙයින් නමුත් කයින් දත යුතු ස්පර්ශයෝ කය ඉදිරියට පැමිණෙත් නම්, ...(පෙ).... බොහෝ සෙයින් නමුත් මනසින් දත යුතු ආරම්මණයෝ මනස හමුවට පැමිණෙත් නම්, ඒ ආරම්මණයෝ ඒ භික්ෂුවගේ සිත යට කොට නොයත්. ඔහුගේ සිත ඒ ආරම්මණ හා මිශ්‍ර නොවුණේ වෙයි. ස්ථිර ව පිහිටා සිටියේ, අකම්පිත ව සිටියේ වෙයි. ඒ සියල්ලෙහි අනිත්‍ය දකියි.

(ගාථා)

1. නෙක්ඛම්ම පිළිබඳ අවබෝධය ත්, චිත්ත විවේකය පිළිබඳ අවබෝධය ත්, අව්‍යාපාදය පිළිබඳ අවබෝධය ත්, උපාදාන ක්ෂය වීම පිළිබඳ අවබෝධය ත්,

2. තණ්හාව ක්ෂය වීම පිළිබඳ අවබෝධය ත්, සිහි මුලා නොවීම පිළිබඳ අවබෝධය ත් යන අවබෝධයෙන් යුතුව නිවන නම් වූ අසංඛත ආයතනය දැක මැනැවින් සිත උපාදානයෙන් නිදහස් වෙයි.

3. ඒ මැනැවින් මිදුණු සිත් ඇති ශාන්ත සිත් ඇති භික්ෂුව හට කළ දෙය යළි කිරීමක් නැත්තේ ය. නිවන පිණිස කළ යුතු දෙයක් ද නැත්තේ ය.

4. යම් සේ ඒකඝන ගල් කුලක් සුළඟින් නොසෙල්වී තිබෙයි ද, එසෙයින් ම රූප, ශබ්ද, ගන්ධ, රස, පහස යන සියල්ලෙන් රහත් භික්ෂුව නොසැලී සිටියි.

5. තාදී සිත් ඇති ඒ රහතුන්ගේ සිත ඉෂ්ට වූ ධර්මයෙනුත්, අනිෂ්ට වූ ධර්මයෙනුත් නොසැලෙයි. මැනැවින් පිහිටි සිත් ඇති, මැනැවින් මිදුණු සිත් ඇති ඒ රහත් භික්ෂුව එහි අනිත්‍යය දකියි.

සාදු! සාදු!! සාදු!!!

සෝණ සූත්‍රය නිමා විය.

6.2.1.2.
එග්ගුණ සූත්‍රය
එග්ගුණ තෙරුන්ට වදාළ දෙසුම

සැවැත් නුවර දී ය .....

එසමයෙහි ආයුෂ්මත් එග්ගුණ තෙරණුවෝ රෝගී ව, දුකට පත් ව, බොහෝ සේ ගිලන් වූවාහු වෙති. එකල්හී ආයුෂ්මත් ආනන්දයන් වහන්සේ භාග්‍යවතුන් වහන්සේ කරා එළැඹියහ. එළැඹ භාග්‍යවතුන් වහන්සේට සකසා වන්දනා කොට එකත්පස් ව හිඳගත්හ. එකත්පස් ව හුන් ආයුෂ්මත් ආනන්දයන් වහන්සේ භාග්‍යවතුන් වහන්සේට මෙකරුණ සැළ කළහ.

"ස්වාමීනී, ආයුෂ්මත් එග්ගුණ තෙරණුවෝ රෝගී ව, දුක්ට පත් ව, බොහෝ සේ ගිලන් ව සිටිති. ස්වාමීනී, භාග්‍යවතුන් වහන්සේ ආයුෂ්මත් එග්ගුණයන් කරා අනුකම්පා උපදවා වඩිනා සේක් නම් මැනැවි."

භාග්‍යවතුන් වහන්සේ නිහඬ බවින් යුතුව එය පිළිගත් සේක.

ඉක්බිති භාග්‍යවතුන් වහන්සේ සවස් වරුවෙහි භාවනාවෙන් නැගිට ආයුෂ්මත් එග්ගුණ තෙරුන් කරා වැඩි සේක. ආයුෂ්මත් එග්ගුණ තෙරණුවෝ දුරින් ම වඩින්නා වූ භාග්‍යවතුන් වහන්සේ ව දුටහ. දැක ඇඳෙන් නැගිටින්නට උත්සාහ කළහ. එකල්හී භාග්‍යවතුන් වහන්සේ ආයුෂ්මත් එග්ගුණ තෙරුන්ට මෙය වදාළ සේක.

"එග්ගුණයෙනි, කම් නැත. ඔබ ඇඳෙන් නැගිටින්නට උත්සාහ නොකරව. කලින් පණවන ලද මේ ආසන තිබෙනවා නොවැ. එහි මම හිඳගන්නෙමි."

භාග්‍යවතුන් වහන්සේ පණවන ලද අසුනෙහි වැඩහුන් සේක. එසේ වැඩහුන් භාග්‍යවතුන් වහන්සේ ආයුෂ්මත් එග්ගුණ තෙරුන්ගෙන් මෙය ඇසූ සේක.

"කිම? එග්ගුණයෙනි, ඔබට ඉවසිය හැකි ද? කිම, යැපිය හැකි ද? කිම, දුක් වේදනා සංසිඳී යයි ද? වැඩි නොවෙයි ද? සංසිඳීමක් පෙනෙයි ද? වැඩිවීමක් නොපෙනෙයි ද?"

"ස්වාමීනී, මට ඉවසිය නොහැකි ය. යැපිය නොහැකි ය. මාගේ දැඩි වූ දැඩි වූ දුක් වේදනාවෝ වැඩී යති. නොසංසිඳෙති. වැඩිවීමක් ම පෙනෙයි. සංසිඳීමක් නොපෙනෙයි. ස්වාමීනී, යම් සේ බලවත් පුරුෂයෙක් තියුණු ආයුධයකින් හිස් මුදුන මඩින්නේ ද, එසෙයින් ම ස්වාමීනී, අධිමාත්‍ර වූ වාතයෝ මාගේ හිස් මුදුන පෙළත්.

ස්වාමීනී, මට ඉවසිය නොහැකි ය. යැපිය නොහැකි ය. මාගේ දැඩි වූ දුක් වේදනාවෝ වැඩී යති. නොසංසිඳෙති. වැඩිවීමක් ම පෙනෙයි. සංසිඳීමක් නොපෙනෙයි. ස්වාමීනී, යම් සේ බලවත් පුරුෂයෙක් දැඩි වූ වරපටින් හිස වෙලා දැඩි ලෙස තද කරයි ද, එසෙයින් ම ස්වාමීනී, මාගේ හිසෙහි අධිමාත්‍ර වූ වේදනාවෝ හටගනිති.

ස්වාමීනී, මට ඉවසිය නොහැකි ය. යැපිය නොහැකි ය. මාගේ දැඩි වූ දුක් වේදනාවෝ වැඩී යති. නොසංසිඳෙති. වැඩිවීමක් ම පෙනෙයි. සංසිඳීමක් නොපෙනෙයි. ස්වාමීනී, යම් සේ දක්ෂ ගවඝාතකයෙක් හෝ ගවඝාතකයෙකුගේ අතවැසියෙකු හෝ ගවයන් කපන සැතින් කුස සිඳින්නේ යම් සේ ද, එසෙයින් ම ස්වාමීනී, මාගේ කුස අධිමාත්‍ර වාතයෝ සිඳිති.

ස්වාමීනී, මට ඉවසිය නොහැකි ය. යැපිය නොහැකි ය. මාගේ දැඩි වූ දුක් වේදනාවෝ වැඩී යති. නොසංසිඳෙති. වැඩිවීමක් ම පෙනෙයි. සංසිඳීමක් නොපෙනෙයි. ස්වාමීනී, යම් සේ බලවත් පුරුෂයෝ දුර්වල පුරුෂයෙකු වෙන වෙන ම අත් පා වලින් ගෙන අඟුරු වලක දමා දවත් ද, දැඩි ලෙස දවත් ද, එසෙයින් ම ස්වාමීනී, මාගේ කයෙහි අධිමාත්‍ර වූ දාහයක් ඇත්තේ ය.

ස්වාමීනී, මට ඉවසිය නොහැකි ය. යැපිය නොහැකි ය. මාගේ දැඩි වූ දුක් වේදනාවෝ වැඩී යති. නොසංසිඳෙති. වැඩිවීමක් ම පෙනෙයි. සංසිඳීමක් නොපෙනෙයි."

ඉක්බිති භාග්‍යවතුන් වහන්සේ ආයුෂ්මත් එග්ගුණ තෙරුන්ට ධර්ම කථාවෙන් කරුණු දක්වා, සමාදන් කරවා, උත්සාහවත් කරවා, සතුටු කරවා හුනස්නෙන් නැගිට නික්ම වැඩි සේක.

ඉක්බිති භාග්‍යවතුන් වහන්සේ වැඩි නොබෝ වේලාවකින් ආයුෂ්මත් එග්ගුණ තෙරණුවෝ කළුරිය කළහ. මරණයට පත්වන සමයෙහි උන්වහන්සේගේ ඉන්ද්‍රියයෝ ඉතා ප්‍රසන්න ව තිබුණාහු ය.

එකල්හී ආයුෂ්මත් ආනන්දයන් වහන්සේ භාග්‍යවතුන් වහන්සේ කරා එළඹියහ. එළඹ භාග්‍යවතුන් වහන්සේට සකසා වන්දනා කොට එකත්පස්

ව හිඳගත්හ. එකත්පස් ව හුන් ආයුෂ්මත් ආනන්දයන් වහන්සේ භාග්‍යවතුන් වහන්සේ ට මෙය සැළ කළහ.

"ස්වාමීනී, භාග්‍යවතුන් වහන්සේ වැඩි නොබෝ වේලාවකින් ආයුෂ්මත් එග්ගුණ තෙරණුවෝ කළුරිය කළහ. මරණයට පත්වන සමයෙහි උන්වහන්සේගේ ඉන්ද්‍රියයෝ ඉතා ප්‍රසන්න ව තිබුණාහු ය."

"ආනන්දයෙනි, කිම? එග්ගුණ භික්ෂුවගේ ඉන්ද්‍රියයෝ ප්‍රසන්න නොවී තිබෙත් ද? ආනන්දයෙනි, එග්ගුණ භික්ෂුවගේ සිත පංච ඕරම්භාගීය සංයෝජනයන්ගෙන් නිදහස් නොවී තිබුණේ ය. ඒ ධර්ම දේශනාව ඇසීමෙනුයි ඔහුගේ සිත පංච ඕරම්භාගීය සංයෝජනයන්ගෙන් නිදහස් වූයේ.

ආනන්දයෙනි, සුදුසු අවස්ථාවෙහි ධර්මය ශ්‍රවණය කිරීමෙහි, සුදුසු අවස්ථාවෙහි අරුත් විමසීමෙහි අනුසස් හයකි. ඒ කවර අනුසස් සයක් ද යත්,

1. ආනන්දයෙනි, මෙහිලා භික්ෂුවගේ සිත පංච ඕරම්භාගීය සංයෝජනයන්ගෙන් නිදහස් නොවූයේ වෙයි. ඒ භික්ෂුව මැරෙන අවස්ථාවෙහි තථාගතයන් වහන්සේගේ දර්ශනය ලබයි. තථාගතයන් වහන්සේ ඔහුට ධර්මය දේශනා කරති. මුල කල්‍යාණ වූ, මැද කල්‍යාණ වූ, අවසානය කල්‍යාණ වූ, අර්ථ සහිත වූ ත්, පැහැදිලි ප්‍රකාශනයෙන් යුක්ත වූත්, මුළුමනින් ම පිරිපුන් පිරිසිදු නිවන් මග ප්‍රකාශ කරති. ඒ ධර්ම දේශනාව අසා ඔහුගේ සිත පංච ඕරම්භාගීය සංයෝජනයන්ගෙන් නිදහස් වෙයි. ආනන්දයෙනි, සුදුසු අවස්ථාවෙහි ධර්ම ශ්‍රවණය කිරීමෙහි ඇති පළමු ආනිශංසය මෙය යි.

2. තව ද ආනන්දයෙනි, භික්ෂුවගේ සිත පංච ඕරම්භාගීය සංයෝජනයන්ගෙන් නිදහස් නොවූයේ වෙයි. ඒ භික්ෂුව මැරෙන අවස්ථාවෙහි තථාගතයන් වහන්සේගේ දර්ශනය නොලබයි. එනමුත් තථාගත ශ්‍රාවකයෙකුගේ දර්ශනය ලබයි. තථාගත ශ්‍රාවකයා ඔහුට ධර්මය දේශනා කරයි. මුල කල්‍යාණ වූ, මැද කල්‍යාණ වූ, අවසානය කල්‍යාණ වූ, අර්ථ සහිත වූ ත්, පැහැදිලි ප්‍රකාශනයෙන් යුක්ත වූත්, මුළුමනින් ම පිරිපුන් පිරිසිදු නිවන් මග ප්‍රකාශ කරයි. ඒ ධර්ම දේශනාව අසා ඔහුගේ සිත පංච ඕරම්භාගීය සංයෝජනයන්ගෙන් නිදහස් වෙයි. ආනන්දයෙනි, සුදුසු අවස්ථාවෙහි ධර්ම ශ්‍රවණය කිරීමෙහි ඇති දෙවෙනි ආනිශංසය මෙය යි.

3. තව ද ආනන්දයෙනි, භික්ෂුවගේ සිත පංච ඕරම්භාගීය සංයෝජනයන්ගෙන් නිදහස් නොවූයේ වෙයි. ඒ භික්ෂුව මැරෙන අවස්ථාවෙහි තථාගතයන් වහන්සේගේ දර්ශනය නොලබයි. එමෙන් ම තථාගත ශ්‍රාවකයෙකුගේ දර්ශනය

ද නොලබයි. එනමුත් ඇසූ පරිදි, හැදෑරූ පරිදි ධර්මය සිතෙන් අනුවිතර්ක කරයි. අනුවිචාර කරයි. මනසින් විමසා බලයි. ඇසූ අයුරින්, හැදෑරූ අයුරින් ඒ ධර්මය සිතෙන් විතර්ක කරන, නැවත නැවත විචාර කරන, මනසින් විමසා බලන ඔහුගේ සිත පංච ඕරම්භාගීය සංයෝජනයන්ගෙන් නිදහස් වෙයි. ආනන්දයෙනි, සුදුසු අවස්ථාවෙහි ධර්ම ශ්‍රවණය කිරීමෙහි, සුදුසු අවස්ථාවෙහි අරුත් විමසීමෙහි ඇති තෙවෙනි ආනිශංසය මෙය යි.

4. ආනන්දයෙනි, මෙහිලා භික්ෂුවගේ සිත පංච ඕරම්භාගීය සංයෝජනයන්ගෙන් නිදහස් නොවූයේ වෙයි. අනුත්තර වූ නිර්වාණය අරමුණු කොට කෙලෙස් උපධීන් ගෙවීමෙන් සිත නිදහස් නොවූයේ වෙයි. ඒ භික්ෂුව මැරෙන අවස්ථාවෙහි තථාගතයන් වහන්සේගේ දර්ශනය ලබයි. තථාගතයන් වහන්සේ ඔහුට ධර්මය දේශනා කරති. මුල කල්‍යාණ වූ, මැද කල්‍යාණ වූ, ...(පෙ).... නිවන් මග ප්‍රකාශ කරති. ඒ ධර්ම දේශනාව අසා අනුත්තර වූ නිර්වාණය අරමුණු කොට කෙලෙස් උපධීන් ගෙවීමෙන් සිත නිදහස් වෙයි. ආනන්දයෙනි, සුදුසු අවස්ථාවෙහි ධර්ම ශ්‍රවණය කිරීමෙහි ඇති සිව්වෙනි ආනිශංසය මෙය යි.

5. තව ද ආනන්දයෙනි, භික්ෂුවගේ සිත පංච ඕරම්භාගීය සංයෝජනයන්ගෙන් නිදහස් නොවූයේ වෙයි. අනුත්තර වූ නිර්වාණය අරමුණු කොට කෙලෙස් උපධීන් ගෙවීමෙන් සිත නිදහස් නොවූයේ වෙයි. ඒ භික්ෂුව මැරෙන අවස්ථාවෙහි තථාගතයන් වහන්සේගේ දර්ශනය නොලබයි. එනමුත් තථාගත ශ්‍රාවකයෙකුගේ දර්ශනය ලබයි. තථාගත ශ්‍රාවකයා ඔහුට ධර්මය දේශනා කරයි. මුල කල්‍යාණ වූ, මැද කල්‍යාණ වූ, ...(පෙ).... නිවන් මග ප්‍රකාශ කරති. ඒ ධර්ම දේශනාව අසා අනුත්තර වූ නිර්වාණය අරමුණු කොට කෙලෙස් උපධීන් ගෙවීමෙන් සිත නිදහස් වෙයි. ආනන්දයෙනි, සුදුසු අවස්ථාවෙහි ධර්ම ශ්‍රවණය කිරීමෙහි ඇති පස්වෙනි ආනිශංසය මෙය යි.

6. තව ද ආනන්දයෙනි, භික්ෂුවගේ සිත පංච ඕරම්භාගීය සංයෝජනයන්ගෙන් නිදහස් වූයේ වෙයි. ඒ භික්ෂුව මැරෙන අවස්ථාවෙහි තථාගතයන් වහන්සේගේ දර්ශනය නොලබයි. එමෙන් ම තථාගත ශ්‍රාවකයෙකුගේ දර්ශනය ද නොලබයි. එනමුත් ඇසූ පරිදි, හැදෑරූ පරිදි ධර්මය සිතෙන් අනුවිතර්ක කරයි. අනුවිචාර කරයි. මනසින් විමසා බලයි. ඇසූ අයුරින්, හැදෑරූ අයුරින් ඒ ධර්මය සිතෙන් විතර්ක කරන, නැවත නැවත විචාර කරන, මනසින් විමසා බලන ඔහුගේ සිත අනුත්තර වූ නිර්වාණය අරමුණු කොට කෙලෙස් උපධීන් ගෙවීමෙන් නිදහස් වෙයි. ආනන්දයෙනි, සුදුසු අවස්ථාවෙහි ධර්ම ශ්‍රවණය කිරීමෙහි, සුදුසු අවස්ථාවෙහි අරුත් විමසීමෙහි ඇති සයවෙනි ආනිශංසය මෙය යි.

ආනන්දයෙනි, මේ වනාහී සුදුසු අවස්ථාවෙහි ධර්මය ශ්‍රවණය කිරීමෙහි, සුදුසු අවස්ථාවෙහි අරුත් විමසීමෙහි අනුසස් හය යි.

සාදු! සාදු!! සාදු!!!

එග්ගුණ සූත්‍රය නිමා විය.

6.2.1.3.
ඡළාභිජාති සූත්‍රය
විශේෂ උපත් හය ගැන වදාළ දෙසුම

එක් සමයක භාග්‍යවතුන් වහන්සේ රජගහ නුවර ගිජ්ඣකූට පර්වතයෙහි වැඩවසන සේක. එකල්හී ආයුෂ්මත් ආනන්දයන් වහන්සේ භාග්‍යවතුන් වහන්සේ කරා එළඹියහ. එළඹ භාග්‍යවතුන් වහන්සේට සකසා වන්දනා කොට එකත්පස් ව හිඳගත්හ. එකත්පස් ව හුන් ආයුෂ්මත් ආනන්දයන් වහන්සේ භාග්‍යවතුන් වහන්සේට මෙකරුණ සළ කළහ.

"ස්වාමීනී, පූරණකස්සප විසින් විශේෂ උපත් සයක් පණවන ලද්දේ ය. කළු පැහැ විශේෂ උපතක් පණවන ලද්දේ ය. නිල් පැහැ විශේෂ උපතක් පණවන ලද්දේ ය. රතු පැහැ විශේෂ උපතක් පණවන ලද්දේ ය. කහ පැහැ විශේෂ උපතක් පණවන ලද්දේ ය. සුදු පැහැ විශේෂ උපතක් පණවන ලද්දේ ය. උතුම් සුදු පැහැ විශේෂ උපතක් පණවන ලද්දේ ය.

1. ස්වාමීනී, එහිලා පූරණකස්සප විසින් කළු පැහැ විශේෂ උපතක් පණවන ලද්දේ ද, එනම් එළුවන් මරන්නෝ ය. ඌරන් මරන්නෝ ය. කුරුල්ලන් මරන්නෝ ය. මුවන් මරන්නෝ ය. රෞද්‍ර වූ මසුන් මරන්නෝ ය. සොරු ය. සොරුන් මරන්නෝ ය. සිර ගෙවල්හි සිටින්නෝ ය. එබඳු වූ අන්‍ය කෲරකම් කරන්නෝ වෙත් ද ඔවුන් උදෙසා ය.

2. ස්වාමීනී, එහිලා පූරණකස්සප විසින් නිල් පැහැ විශේෂ උපතක් පණවන ලද්දේ ද, එනම් ලාමක දිවි ගෙවන භික්ෂූන් ගැන ය. එමෙන්ම යම් කර්මවාදී ක්‍රියාවාදීහු වෙත් ද ඔවුන් ගැන ය.

3. ස්වාමීනී, එහිලා පූරණකස්සප විසින් රතු පැහැ විශේෂ උපතක් පණවන ලද්දේ ද, එනම් එක් සළුවක් හඳිනා නිගණ්ඨයන් ගැන ය.

4. ස්වාමීනී, එහිලා පූරණකස්සප විසින් කහ පැහැ විශේෂ උපතක් පණවන ලද්දේ ද, එනම් සුදු වත් හඳිනා ගිහි වූ නිගණ්ඨ ශ්‍රාවකයන් ගැන ය.

5. ස්වාමීනී, එහිලා පූරණකස්සප විසින් සුදු පැහැ විශේෂ උපතක් පණවන ලද්දේ ද, එනම් ආජීවකයන් හා ආජීවිකාවන් ගැන ය.

6. ස්වාමීනී, එහිලා පූරණකස්සප විසින් උතුම් සුදු පැහැ විශේෂ උපතක් පණවන ලද්දේ ද, එනම් නන්ද ය, වච්ඡ ය, කිස ය, සංකිච්ඡ ය, මක්ඛලී ගෝසාල ය යන මොවුන් ගැන ය.

ස්වාමීනී, පූරණකස්සප විසින් විශේෂ උපත් හයක් වශයෙන් මේවා පණවන ලද්දාහු ය."

"කිම, ආනන්දයෙනි, පූරණකස්සපයාගේ විශේෂ උපත් හය පිළිබඳ ව මේ පැණවීම සියළු ලෝකවාසීහු අනුමත කරන්නාහු ද?"

"ස්වාමීනී, එය නොවේ ම ය."

"ආනන්දයෙනි, එය මෙබඳු දෙයකි. තමා සතු ධනයක් නැති, පොහොසත් නැති, දිළිඳු පුරුෂයෙක් සිටියි. ඔහු අකමැති ව සිටියදී ඔහුගේ අතෙහි මළ ගොනෙකුගේ මස් තබා මෙසේ ත් කියයි. එම්බා පුරුෂය, ඔබ මේ මසු ත් කෑ යුත්තේ ය. මුදල ත් ගෙවිය යුත්තේ ය කියා ය. එසෙයින් ම ආනන්දයෙනි, ශ්‍රමණ බ්‍රාහ්මණයන් විසින් අනුමත නොකරන ලද, මේ විශේෂ උපත් හයක් ය යන කරුණ පූර්ණකස්සප විසින් බාල වූ අව්‍යක්ත වූ ක්ෂේත්‍රය නොදන්නා වූ අදක්ෂ වූ කෙනෙක් කරන සෙයින් පණවන ලද්දේ ය.

ආනන්දයෙනි, විශේෂ උපත් සයක් මම පණවමි. එය අසව. මැනැවින් මෙනෙහි කරව. පවසන්නෙමි."

"එසේ ය, ස්වාමීනී" යි ආයුෂ්මත් ආනන්දයන් වහන්සේ භාග්‍යවතුන් වහන්සේට පිළිවදන් දුන්හ. භාග්‍යවතුන් වහන්සේ මෙය වදාළ සේක.

"ආනන්දයෙනි, අභිජාති සය මොනවා ද?"

ආනන්දයෙනි, මෙහිලා ඇතැමෙක් කළු පැහැ ඇති විශේෂ උපතක් ලැබුවේ කළු පැහැ ඇති දෙයක් උපදවයි. ආනන්දයෙනි, මෙහිලා ඇතැමෙක් කළු පැහැ ඇති විශේෂ උපතක් ලැබුවේ සුදු පැහැ ඇති දෙයක් උපදවයි. ආනන්දයෙනි, මෙහිලා ඇතැමෙක් කළු පැහැ ඇති විශේෂ උපතක් ලැබුවේ කළු පැහැ නොවූත්, සුදු පැහැ නොවූත් නිර්වාණය උපදවයි. ආනන්දයෙනි, මෙහිලා ඇතැමෙක් සුදු පැහැ ඇති විශේෂ උපතක් ලැබුවේ කළු පැහැ ඇති

දෙයක් උපදවයි. ආනන්දයෙනි, මෙහිලා ඇතැමෙක් සුදු පැහැ ඇති විශේෂ උපතක් ලැබුවේ සුදු පැහැ ඇති දෙයක් උපදවයි. ආනන්දයෙනි, මෙහිලා ඇතැමෙක් සුදු පැහැ ඇති විශේෂ උපතක් ලැබුවේ සුදු පැහැ නොවූත්, කළු පැහැ නොවූත් නිර්වාණය උපදවයි.

1. ආනන්දයෙනි, ඇතැමෙක් කළු පැහැ ඇති විශේෂ උපතක් ලැබුවේ කළු පැහැ ඇති දෙයක් උපදවන්නේ කෙසේ ද?

ආනන්දයෙනි, මෙහිලා ඇතැමෙක් නීච කුලයේ උපන්නේ වෙයි. එනම් සැඩොල් කුලයේ වේවා, වැදි කුලයේ වේවා, කුළුපොතු කුලයේ වේවා, රථකාර කුලයේ වේවා, පුක්කුස කුලයේ හෝ වේවා උපන්නේ වෙයි. දිළිඳු වූයේ අල්ප වූ ආහාරපාන ඇති ව දුක සේ දිවි ගෙවෙන, දුක සේ කුසගිනි නිවා ගන්නා වස්ත්‍ර ලබා ගන්නා කුලයෙහි උපන්නේ වෙයි. එමෙන් ම ඔහු දුර්වර්ණ වූයේ වෙයි. දැකීමට අප්‍රසන්න වූයේ වෙයි. ඉතා මිටි වූයේ වෙයි. බොහෝ රෝගාබාධ ඇත්තේ වෙයි. එකැස් ඇත්තේ වෙයි. වකුටු අත් පා ඇත්තේ වෙයි. කොර වූයේ හෝ වෙයි. පිළු හෝ වෙයි. ආහාර පාන වස්ත්‍ර යාන මල් සුවඳ විලවුන් සයනාසන නිවාස පහන් ආදී ගෘහෝපකරණ නැත්තේ වෙයි. ඒ තැනැත්තා කයින් දුසිරිතෙහි හැසිරෙයි. වචනයෙන් දුසිරිතෙහි හැසිරෙයි. මනසින් දුසිරිතෙහි හැසිරෙයි. කයින් දුසිරිතෙහි හැසිර, වචනයෙන් දුසිරිතෙහි හැසිර, මනසින් දුසිරිතෙහි හැසිර, කය බිඳී මරණින් මතු අපාය දුර්ගති විනිපාත නම් වූ නිරයෙහි උපදියි. ආනන්දයෙනි, මෙසේ කළු පැහැ ඇති විශේෂ උපතක් ලැබුවේ කළු පැහැ ඇති දෙයක් උපදවන්නේ වෙයි.

2. ආනන්දයෙනි, ඇතැමෙක් කළු පැහැ ඇති විශේෂ උපතක් ලැබුවේ සුදු පැහැ ඇති දෙයක් උපදවන්නේ කෙසේ ද?

ආනන්දයෙනි, මෙහිලා ඇතැමෙක් නීච කුලයේ උපන්නේ වෙයි. ....(පෙ).... එමෙන් ම ඔහු දුර්වර්ණ වූයේ වෙයි. ....(පෙ).... ආහාර පාන වස්ත්‍ර යාන මල් සුවඳ විලවුන් සයනාසන නිවාස පහන් ආදී ගෘහෝපකරණ නැත්තේ වෙයි. ඒ තැනැත්තා කයින් සුසිරිතෙහි හැසිරෙයි. වචනයෙන් සුසිරිතෙහි හැසිරෙයි. මනසින් සුසිරිතෙහි හැසිරෙයි. කයින් සුසිරිතෙහි හැසිර, වචනයෙන් සුසිරිතෙහි හැසිර, මනසින් සුසිරිතෙහි හැසිර, කය බිඳී මරණින් මතු සුගති සංඛ්‍යාත ස්වර්ග ලෝකයෙහි උපදියි. ආනන්දයෙනි, මෙසේ කළු පැහැ ඇති විශේෂ උපතක් ලැබුවේ සුදු පැහැ ඇති දෙයක් උපදවන්නේ වෙයි.

3. ආනන්දයෙනි, ඇතැමෙක් කළු පැහැ ඇති විශේෂ උපතක් ලැබුවේ කළු පැහැ නොවූත්, සුදු පැහැ නොවූත් නිර්වාණය උපදවන්නේ කෙසේ ද?

ආනන්දයෙනි, මෙහිලා ඇතැමෙක් නීච කුලයේ උපන්නේ වෙයි. එනම් සැඩොල් කුලයේ වේවා, ...(පෙ).... එමෙන් ම ඔහු දුර්වර්ණ වූයේ වෙයි. දැකීමට අප්‍රසන්න වූයේ වෙයි, ඉතා මිටි වූයේ වෙයි, ...(පෙ).... ආහාර පාන වස්ත්‍ර යාන මල් සුවඳ විලවුන් සයනාසන නිවාස පහන් ආදී ගෘහෝපකරණ නැත්තේ වෙයි. ඒ තැනැත්තා කෙස් රැවුල් බහා කහවත් දරා ගිහි ගෙයින් නික්ම බුදු සසුනෙහි පැවිදි වෙයි. හේ මෙසේ පැවිදි වූයේ සිතට උපක්ලේශ වූ ප්‍රඥාව දුර්වල කරන්නා වූ පංච නීවරණයන් ප්‍රහාණය කොට සතර සතිපට්ඨානයන්හි මනාලෙස පිහිටුවා ගත් සිතින් යුතුව සප්ත බොජ්ඣංගයන් ඒ වූ අයුරින් ම දියුණු කොට කළු පැහැ නොවූ ත්, සුදු පැහැ නොවූ ත් නිර්වාණය උපදවයි. ආනන්දයෙනි, මෙසේ කළු පැහැ ඇති විශේෂ උපතක් ලැබුවේ කළු පැහැ නොවූ ත් සුදු පැහැ නොවූ ත් නිර්වාණය උපදවන්නේ වෙයි.

4. ආනන්දයෙනි, ඇතැමෙක් සුදු පැහැ ඇති විශේෂ උපතක් ලැබුවේ කළු පැහැ ඇති දෙයක් උපදවන්නේ කෙසේ ද?

ආනන්දයෙනි, මෙහිලා ඇතැම් පුද්ගලයෙක් උසස් කුලයෙහි උපන්නේ වෙයි. ක්ෂත්‍රිය මහාසාර කුලයෙහි හෝ බ්‍රාහ්මණ මහාසාර කුලයෙහි හෝ ගෘහපති මහාසාර කුලයෙහි හෝ උපන්නේ වෙයි. ආඪ්‍ය වූයේ මහත් ධනය ඇත්තේ මහත් භෝග ඇත්තේ වෙයි. බොහෝ රන් රිදී ඇති, බොහෝ ධන ධාන්‍ය ඇති, බොහෝ වස්තූපකරණ ඇත්තේ වෙයි. හේ අභිරූප සම්පන්න වෙයි. ඉතා ලස්සන වෙයි. දුටුවන් පහදින්නේ වෙයි. උතුම් වර්ණ සෞන්දර්යයෙන් යුක්ත වූයේ වෙයි. ආහාර පාන වස්ත්‍ර යාන වාහන මල් සුවඳ විලවුන් සයනාසන නිවාස පහන් ගෘහෝපකරණ ලබන සුළු වෙයි. ඒ තැනැත්තා කයින් දුසිරිතෙහි හැසිරෙයි. වචනයෙන් දුසිරිතෙහි හැසිරෙයි. මනසින් දුසිරිතෙහි හැසිරෙයි. කයින් දුසිරිතෙහි හැසිර, වචනයෙන් දුසිරිතෙහි හැසිර, මනසින් දුසිරිතෙහි හැසිර, කය බිඳී මරණින් මතු අපාය දුර්ගති විනිපාත නම් වූ නිරයෙහි උපදියි. ආනන්දයෙනි, මෙසේ සුදු පැහැ ඇති විශේෂ උපතක් ලැබුවේ කළු පැහැ ඇති දෙයක් උපදවන්නේ වෙයි.

5. ආනන්දයෙනි, ඇතැමෙක් සුදු පැහැ ඇති විශේෂ උපතක් ලැබුවේ සුදු පැහැ ඇති දෙයක් උපදවන්නේ කෙසේ ද?

ආනන්දයෙනි, මෙහිලා ඇතැම් පුද්ගලයෙක් උසස් කුලයෙහි උපන්නේ වෙයි. ක්ෂත්‍රිය මහාසාර කුලයෙහි හෝ ....(පෙ).... ආහාර පාන වස්ත්‍ර යාන වාහන මල් සුවඳ විලවුන් සයනාසන නිවාස පහන් ගෘහෝපකරණ ලබන සුළු වෙයි. ඒ තැනැත්තා කයින් සුසිරිතෙහි හැසිරෙයි. වචනයෙන් සුසිරිතෙහි

හැසිරෙයි. මනසින් සුසිරිතෙහි හැසිරෙයි. කයින් සුසිරිතෙහි හැසිර, වචනයෙන් සුසිරිතෙහි හැසිර, මනසින් සුසිරිතෙහි හැසිර, කය බිඳී මරණින් මතු සුගති සංඛ්‍යාත ස්වර්ග ලෝකයෙහි උපදියි. ආනන්දයෙනි, මෙසේ සුදු පැහැ ඇති විශේෂ උපතක් ලැබුවේ සුදු පැහැ ඇති දෙයක් උපදවන්නේ වෙයි.

6. ආනන්දයෙනි, ඇතැමෙක් සුදු පැහැ ඇති විශේෂ උපතක් ලැබුවේ සුදු පැහැ නොවූත්, කළු පැහැ නොවූත් නිර්වාණය උපදවන්නේ කෙසේ ද?

ආනන්දයෙනි, මෙහිලා ඇතැම් පුද්ගලයෙක් උසස් කුලයෙහි උපන්නේ වෙයි. ක්ෂත්‍රිය මහාසාර කුලයෙහි හෝ බ්‍රාහ්මණ මහාසාර කුලයෙහි හෝ ගෘහපති මහාසාර කුලයෙහි හෝ උපන්නේ වෙයි. ආඪ්‍ය වූයේ මහත් ධනය ඇත්තේ මහත් භෝග ඇත්තේ වෙයි. බොහෝ රන් රිදී ඇති, බොහෝ ධන ධාන්‍ය ඇති, බොහෝ වස්තූපකරණ ඇත්තේ වෙයි. හේ අභිරූප සම්පන්න වෙයි. ඉතා ලස්සන වෙයි. දුටුවන් පහදින්නේ වෙයි. උතුම් වර්ණ සෞන්දර්යයෙන් යුක්ත වූයේ වෙයි. ආහාර පාන වස්ත්‍ර යාන වාහන මල් සුවඳ විලවුන් සයනාසන නිවාස පහන් ගෘහෝපකරණ ලබන සුළු වෙයි. ඒ තැනැත්තා කෙස් රැවුල් බහා කහවත් දරා ගිහි ගෙයින් නික්ම බුදු සසුනෙහි පැවිදි වෙයි. හේ මෙසේ පැවිදි වූයේ සිතට උපක්ලේශ වූ ප්‍රඥාව දුර්වල කරන්නා වූ පංච නීවරණයන් ප්‍රහාණය කොට සතර සතිපට්ඨානයන්හි මනාලෙස පිහිටුවා ගත් සිතින් යුතුව සප්ත බොජ්ඣංගයන් ඒ වූ අයුරින් ම දියුණු කොට කළු පැහැ නොවූ ත්, සුදු පැහැ නොවූ ත් නිර්වාණය උපදවයි. ආනන්දයෙනි, මෙසේ සුදු පැහැ ඇති විශේෂ උපතක් ලැබුවේ සුදු පැහැ නොවූ ත් කළු පැහැ නොවූ ත් නිර්වාණය උපදවන්නේ වෙයි.

ආනන්දයෙනි, මේ වනාහී සය වැදෑරුම් විශේෂ උපත් ය.

සාදු! සාදු!! සාදු!!!

ඡළාභිජාති සූත්‍රය නිමා විය.

6.2.1.4.
ආසව සූත්‍රය
ආශ්‍රව ගැන වදාළ දෙසුම

සැවැත් නුවර දී ය .....

මහණෙනි, කරුණු හයකින් සමන්විත වූ භික්ෂුව දන් පැන් පිදීමට සුදුසු වෙයි. ආගන්තුක සත්කාරයට සුදුසු වෙයි. පින් රැස්කරගැනීම පිණිස උපස්ථාන ලැබීමට සුදුසු වෙයි. වැඳුම් පිදුම් ලැබීමට සුදුසු වෙයි. ලෝකයාගේ අනුත්තර වූ පින් කෙත වෙයි. ඒ කවර සය කරුණකින් ද යත්;

මහණෙනි, මෙහිලා භික්ෂුව හට සංවරයෙන් ප්‍රහාණය කළ යුතු යම් ආශ්‍රවයෝ ඇද්ද, ඒ ආශ්‍රවයෝ සංවරයෙන් ප්‍රහීණ වූවාහු වෙති. සේවනය කිරීමෙන් ප්‍රහාණය කළ යුතු යම් ආශ්‍රවයෝ ඇද්ද, ඒ ආශ්‍රවයෝ සේවනය කිරීමෙන් ප්‍රහීණ වූවාහු වෙති. ඉවසීමෙන් ප්‍රහාණය කළ යුතු යම් ආශ්‍රවයෝ ඇද්ද, ඒ ආශ්‍රවයෝ ඉවසීමෙන් ප්‍රහීණ වූවාහු වෙති. වැළකීමෙන් ප්‍රහාණය කළ යුතු යම් ආශ්‍රවයෝ ඇද්ද, ඒ ආශ්‍රවයෝ වැළකීමෙන් ප්‍රහීණ වූවාහු වෙති. දුරු කිරීමෙන් ප්‍රහාණය කළ යුතු යම් ආශ්‍රවයෝ ඇද්ද, ඒ ආශ්‍රවයෝ දුරු කිරීමෙන් ප්‍රහීණ වූවාහු වෙති. භාවනාවෙන් ප්‍රහාණය කළ යුතු යම් ආශ්‍රවයෝ ඇද්ද, ඒ ආශ්‍රවයෝ භාවනාවෙන් ප්‍රහීණ වූවාහු වෙති.

1. මහණෙනි, යම් ආශ්‍රවයෝ සංවරයෙන් ප්‍රහාණය වෙත් නම් සංවරයෙන් ප්‍රහාණය කළ යුතු ආශ්‍රවයෝ මොනවා ද?

මහණෙනි, මෙහිලා භික්ෂුව නුවණින් සළකා ඇස නම් වූ ඉන්ද්‍රිය සංවරයෙන් සංවර ව වාසය කරයි. මහණෙනි, යම් හෙයකින් ඇස නම් වූ ඉන්ද්‍රිය අසංවර ව වාසය කරද්දී ඔහුට දුක් පරිළාහ ඇති ආශ්‍රවයෝ උපදිත් නම්, ඇස නම් වූ ඉන්ද්‍රිය සංවර ව වාසය කරන්නහුට මෙසේ දුක් පරිළාහ ආශ්‍රවයෝ ඇති නොවෙති. නුවණින් සළකා කන නම් වූ ඉන්ද්‍රිය ....(පෙ)..... නාසය නම් වූ ඉන්ද්‍රිය ....(පෙ)..... දිව නම් වූ ඉන්ද්‍රිය ....(පෙ)..... කය නම් වූ ඉන්ද්‍රිය ....(පෙ)..... නුවණින් සළකා මනස නම් වූ ඉන්ද්‍රිය සංවරයෙන් සංවර ව වාසය කරයි. මහණෙනි, යම් හෙයකින් මනස නම් වූ ඉන්ද්‍රිය අසංවර ව වාසය කරද්දී ඔහුට දුක් පරිළාහ ඇති ආශ්‍රවයෝ උපදිත් නම්, මනස නම් වූ ඉන්ද්‍රිය

සංවර ව වාසය කරන්නහුට මෙසේ දුක් පරිළාහ ආශ්‍රවයෝ ඇති නොවෙති.

මහණෙනි, යම් ආශ්‍රවයෝ සංවරයෙන් ප්‍රහාණය වෙත් නම් මේවා සංවරයෙන් ප්‍රහාණය කළ යුතු ආශ්‍රවයෝ යැයි කියනු ලැබෙති.

2. මහණෙනි, යම් ආශ්‍රවයෝ සේවනයෙන් ප්‍රහාණය වෙත් නම් සේවනයෙන් ප්‍රහාණය කළ යුතු ආශ්‍රවයෝ මොනවා ද?

මහණෙනි, මෙහිලා භික්ෂුව නුවණින් සළකා සිවුර සේවනය කරයි. එනම් සීත නැසීම පිණිස ය. උෂ්ණය නැසීම පිණිස ය. මදුරු මැසි සුළං අව්ව සර්පාදීන්ගේ කටුක පහස නැසීම පිණිස ය. ලැජ්ජා ඇතිවෙන තැන් වසා ගැනීම පිණිස ය.

නුවණින් සළකා පිණ්ඩපාතය සේවනය කරයි. ජවය පිණිස නොවෙයි. මදය පිණිස නොවෙයි. සැරසීම පිණිස නොවෙයි. අඩු තැන් පිරවීම පිණිස නොවෙයි. මේ ශරීරයෙහි පැවැත්ම පිණිස ම ය. යැපීම පිණිස ම ය. වෙහෙස දුරු කරගැනීම පිණිස ම ය. බඹසරට අනුග්‍රහ පිණිස ම ය. මෙසේ පැරණි සා දුක් වේදනා දුරු කරමි. අලුත් වේදනාවන් නූපදවන්නෙමි. මාගේ ජීවිත යාත්‍රාව ද නිවැරදි ව ත් පහසු විහරණය ත් වන්නේ ය කියා ය.

නුවණින් සළකා සේනාසනය සේවනය කරයි. එනම් සීත නැසීම පිණිස ය. උෂ්ණය නැසීම පිණිස ය. මදුරු මැසි සුළං අව්ව සර්පාදීන්ගේ කටුක පහස නැසීම පිණිස ය. ඍතු පීඩාවන් දුරු කිරීම පිණිස ය. භාවනාවෙහි ඇලී වාසය කිරීම පිණිස ය.

නුවණින් සළකා ගිලන්පස බෙහෙත් පිරිකර සේවනය කරයි. එනම් උපන්නා වූ රෝගාබාධයන්ගෙන් හටගන්නා වේදනා නැසීම පිණිස ය. නීරෝග බව පරම කොට ය.

මහණෙනි, යමක් නුවණින් සළකා සේවනය නොකරන්නහුට දුක් පරිළාහ ඇති ආශ්‍රවයෝ උපදිත් ද, මෙසේ නුවණින් සළකා සේවනය කරන්නහුට දුක් පරිළාහ ඇති ආශ්‍රවයෝ ඇති නොවෙති.

මහණෙනි, යම් ආශ්‍රවයෝ සේවනයෙන් ප්‍රහාණය වෙත් නම් මේවා සේවනයෙන් ප්‍රහාණය කළ යුතු ආශ්‍රවයෝ යැයි කියනු ලැබෙති.

3. මහණෙනි, යම් ආශ්‍රවයෝ ඉවසීමෙන් ප්‍රහාණය වෙත් නම් ඉවසීමෙන් ප්‍රහාණය කළ යුතු ආශ්‍රවයෝ මොනවා ද?

මහණෙනි, මෙහිලා භික්ෂුව නුවණින් සළකා ඉවසන්නේ වෙයි. එනම් සීත, උණුසුම, බඩගින්න, පිපාසය, මැසි, මදුරු, අව්, සුළං, සර්පාදීන්ගේ කටුක පහස ඉවසන්නේ වෙයි. නපුරු ලෙස කියන ලද, නපුරු ලෙස පැමිණි දරුණු වචන ඉවසන්නේ වෙයි. උපන්නා වූ දුක් වූ තියුණු වූ දරුණු වූ කටුක වූ අමිහිරි වූ අමනාප වූ මාරාන්තික වූ ශාරීරික වේදනා ඉවසන ස්වභාව ඇත්තේ වෙයි.

මහණෙනි, යමක් නුවණින් සළකා නොඉවසන්නහුට දුක් පරිළාහ ඇති ආශ්‍රවයෝ උපදිත් ද, මෙසේ නුවණින් සළකා ඉවසන්නහුට දුක් පරිළාහ ඇති ආශ්‍රවයෝ ඇති නොවෙති.

මහණෙනි, යම් ආශ්‍රවයෝ ඉවසීමෙන් ප්‍රහාණය වෙත් නම් මේවා ඉවසීමෙන් ප්‍රහාණය කළ යුතු ආශ්‍රවයෝ යැයි කියනු ලැබෙති.

4. මහණෙනි, යම් ආශ්‍රවයෝ වැළකීමෙන් ප්‍රහාණය වෙත් නම් වැළකීමෙන් ප්‍රහාණය කළ යුතු ආශ්‍රවයෝ මොනවා ද?

මහණෙනි, මෙහිලා භික්ෂුව නුවණින් සළකා චණ්ඩ හස්තියා වළකයි. චණ්ඩ අශ්වයා වළකයි. චණ්ඩ ගවයා වළකයි. චණ්ඩ සුනඛයා වළකයි. සර්පයා, උල් කණු, කටු ලැහැබ්, කුඩා සැඩ පහර, ප්‍රපාතය, ගවර වල, කුණු වල වළකයි. යම්බඳු නොගැලපෙන ආසනයක වාඩිවීමෙන්, නොගැලපෙන තැනක හැසිරීමෙන්, නොගැලපෙන පවිටු මිතුරන් ඇසුරු කිරීමෙන් සබ්‍රහ්මචාරීන් වහන්සේලා අවමන් කොට කල්පනා කරත් නම්, එබඳු නොගැලපෙන අසුන ද, නොගැලපෙන තැන ද, පාප මිතුරන් ද නුවණින් සළකා වළකයි.

මහණෙනි, යමක් නුවණින් සළකා නොවළකන්නහුට දුක් පරිළාහ ඇති ආශ්‍රවයෝ උපදිත් ද, මෙසේ නුවණින් සළකා වළකන්නහුට දුක් පරිළාහ ඇති ආශ්‍රවයෝ ඇති නොවෙති.

මහණෙනි, යම් ආශ්‍රවයෝ වැළකීමෙන් ප්‍රහාණය වෙත් නම් මේවා වැළකීමෙන් ප්‍රහාණය කළ යුතු ආශ්‍රවයෝ යැයි කියනු ලැබෙති.

5. මහණෙනි, යම් ආශ්‍රවයෝ දුරු කිරීමෙන් ප්‍රහාණය වෙත් නම් දුරු කිරීමෙන් ප්‍රහාණය කළ යුතු ආශ්‍රවයෝ මොනවා ද?

මහණෙනි, මෙහිලා භික්ෂුව නුවණින් සළකා උපන් කාම විතර්කය නොඉවසයි. අත්හරියි. දුරු කරයි. නැති කරයි. අභාවයට පත්කරයි. නුවණින් සළකා උපන් ව්‍යාපාද විතර්කය ....(පෙ).... උපන් විහිංසා විතර්කය ....(පෙ).... උපනූපන් පාපී අකුසලයන් නොඉවසයි. අත්හරියි. දුරු කරයි. නැති කරයි.

අභාවයට පත්කරයි.

මහණෙනි, යමක් නුවණින් සළකා දුරු නොකරන්නහුට දුක් පරිළාහ ඇති ආශ්‍රවයෝ උපදිත් ද, මෙසේ නුවණින් සළකා දුරු කරන්නහුට දුක් පරිළාහ ඇති ආශ්‍රවයෝ ඇති නොවෙති.

මහණෙනි, යම් ආශ්‍රවයෝ දුරු කිරීමෙන් ප්‍රහාණය වෙත් නම් මේවා දුරු කිරීමෙන් ප්‍රහාණය කළ යුතු ආශ්‍රවයෝ යැයි කියනු ලැබෙති.

6. මහණෙනි, යම් ආශ්‍රවයෝ භාවනාවෙන් ප්‍රහාණය වෙත් නම් භාවනාවෙන් ප්‍රහාණය කළ යුතු ආශ්‍රවයෝ මොනවා ද?

මහණෙනි, මෙහිලා භික්ෂුව නුවණින් සළකා විවේකයෙන් යුක්ත වූ, විරාගයෙන් යුක්ත වූ, නිරෝධයෙන් යුක්ත වූ, නිවනට නැඹුරු වූ සති සම්බොජ්ඣංගය භාවනාවෙන් ප්‍රගුණ කරයි. නුවණින් සළකා ධම්මවිචය සම්බොජ්ඣංගය භාවනාවෙන් ප්‍රගුණ කරයි. ....(පෙ).... විරිය සම්බොජ්ඣංගය භාවනාවෙන් ප්‍රගුණ කරයි. ....(පෙ).... පීති සම්බොජ්ඣංගය භාවනාවෙන් ප්‍රගුණ කරයි. ....(පෙ).... පස්සද්ධි සම්බොජ්ඣංගය භාවනාවෙන් ප්‍රගුණ කරයි. ....(පෙ).... සමාධි සම්බොජ්ඣංගය භාවනාවෙන් ප්‍රගුණ කරයි. නුවණින් සළකා විවේකයෙන් යුක්ත වූ, විරාගයෙන් යුක්ත වූ, නිරෝධයෙන් යුක්ත වූ, නිවනට නැඹුරු වූ උපෙක්ඛා සම්බොජ්ඣංගය භාවනාවෙන් ප්‍රගුණ කරයි.

මහණෙනි, යමක් නුවණින් සළකා භාවනා නොවඩන්නහුට දුක් පරිළාහ ඇති ආශ්‍රවයෝ උපදිත් ද, මෙසේ නුවණින් සළකා භාවනා වඩන්නහුට දුක් පරිළාහ ඇති ආශ්‍රවයෝ ඇති නොවෙති.

මහණෙනි, යම් ආශ්‍රවයෝ භාවනාවෙන් ප්‍රහාණය වෙත් නම් මේවා භාවනාවෙන් ප්‍රහාණය කළ යුතු ආශ්‍රවයෝ යැයි කියනු ලැබෙති.

මහණෙනි, මේ කරුණු හයෙන් සමන්විත වූ භික්ෂුව දන් පැන් පිදීමට සුදුසු වෙයි. ආගන්තුක සත්කාරයට සුදුසු වෙයි. පින් රැස්කරගැනීම පිණිස උපස්ථාන ලැබීමට සුදුසු වෙයි. වැඳුම් පිදුම් ලැබීමට සුදුසු වෙයි. ලෝකයාගේ අනුත්තර වූ පින් කෙත වෙයි.

සාදු! සාදු!! සාදු!!!

ආසව සූත්‍රය නිමා විය.

6.2.1.5.
දාරුකම්මික සූත්‍රය
දාරුකම්මික ගෘහපතියාට වදාළ දෙසුම

මා විසින් මෙසේ අසන ලදී. එක් සමයක භාග්‍යවතුන් වහන්සේ නාදිකාවෙහි ගෙඩිගෙයි වැඩවසන සේක. එකල්හී දාරුකම්මික ගෘහපතියා භාග්‍යවතුන් වහන්සේ වෙත පැමිණියේ ය. පැමිණ භාග්‍යවතුන් වහන්සේ සකසා වන්දනා කොට එකත්පස් ව හිඳගත්තේ ය. එකත්පස් ව හුන් දාරුකම්මික ගෘහපතියාට භාග්‍යවතුන් වහන්සේ මෙය වදාළ සේක.

"ගෘහපතිය, ඔබ නිවසෙහි දන් දෙනවා ද?"

"ස්වාමීනී, මාගේ නිවසෙහි දන් දෙයි. එමෙන් ම යම් මේ භික්ෂූහු අරණ්‍යවාසීහු වෙත් ද, පිණ්ඩපාතික වෙත් ද, පංශුකූලික වෙත් ද, අරහත් වෙත් ද, අරහත් මගට පිළිපන්නාහු වෙත් ද, ස්වාමීනී, එබඳු වූ භික්ෂූන් හට මවිසින් දන් දෙනු ලැබෙයි."

"ගෘහපතිය, කම්සැප අනුභව කරන, දරුවන්ගේ කරදර මැද සිටින, කසී සඳුන් දරණ, මල් සුවඳ විලවුන් දරණ, රන් රිදී මිල ඉවසන ගිහි වූ ඔබ විසින් මොවුහු රහතන් වහන්සේලා ය කියා හෝ මොවුහු රහත් මගට පිළිපන්නෝ ය කියා හෝ දැනගත නොහැක්කේ ය.

1. ගෘහපතිය, ආරණ්‍යවාසී වුවත් භික්ෂුවක් උඩගු නම්, ඔසොවාගත් මාන නළයෙන් යුක්ත නම්, චපල නම්, මුඛරි නම්, විසිරුණු වචන ඇත්තේ නම්, මුළා සිහි ඇති නම්, නුවණින් තොර නම්, අසමාහිත නම්, භ්‍රාන්ත සිතින් යුතු නම්, අසංවර ඉඳුරන් ඇත්තේ නම් මෙසේ ඒ අංගයෙන් හේ ගැරහිය යුත්තේ ය. ගෘහපතිය, ආරණ්‍යවාසී වුවත් භික්ෂුවක් උඩගු නැත්නම්, ඔසොවාගත් මාන නළයෙන් නැත්නම්, චපල නැත්නම්, මුඛරි නැත්නම්, විසිරුණු වචන නැත්තේ නම්, පිහිටුවාගත් සිහි ඇති නම්, නුවණින් යුක්ත නම්, සමාහිත නම්, ඒකාග්‍ර සිතින් යුතු නම්, සංවර ඉඳුරන් ඇත්තේ නම් මෙසේ ඒ අංගයෙන් හේ පැසසිය යුත්තේ ය.

2. ගෘහපතිය, ගමෙහි වසන්නේ වුවත් භික්ෂුවක් උඩගු නම්, ...(පෙ)... අසංවර ඉඳුරන් ඇත්තේ නම් මෙසේ ඒ අංගයෙන් හේ ගැරහිය යුත්තේ ය. ගෘහපතිය, ගමෙහි වසන්නේ වුවත් භික්ෂුවක් උඩගු නැත්නම්, ...(පෙ).... සංවර

ඉඳුරන් ඇත්තේ නම් මෙසේ ඒ අංගයෙන් හේ පැසසිය යුත්තේ ය.

3. ගෘහපතිය, පිණ්ඩපාතික වුවත් භික්ෂුවක් උඩගු නම්, ...(පෙ)... අසංවර ඉඳුරන් ඇත්තේ නම් මෙසේ ඒ අංගයෙන් හේ ගැරහිය යුත්තේ ය. ගෘහපතිය, පිණ්ඩපාතික වුවත් භික්ෂුවක් උඩගු නැත්නම්, ...(පෙ).... සංවර ඉඳුරන් ඇත්තේ නම් මෙසේ ඒ අංගයෙන් හේ පැසසිය යුත්තේ ය.

4. ගෘහපතිය, ඇරයුම් පිළිගන්නේ වුවත් භික්ෂුවක් උඩගු නම්, ...(පෙ)... අසංවර ඉඳුරන් ඇත්තේ නම් මෙසේ ඒ අංගයෙන් හේ ගැරහිය යුත්තේ ය. ගෘහපතිය, ඇරයුම් පිළිගන්නේ වුවත් භික්ෂුවක් උඩගු නැත්නම්, ...(පෙ).... සංවර ඉඳුරන් ඇත්තේ නම් මෙසේ ඒ අංගයෙන් හේ පැසසිය යුත්තේ ය.

5. ගෘහපතිය, පංශුකූලික වුවත් භික්ෂුවක් උඩගු නම්, ...(පෙ)... අසංවර ඉඳුරන් ඇත්තේ නම් මෙසේ ඒ අංගයෙන් හේ ගැරහිය යුත්තේ ය. ගෘහපතිය, පංශුකූලික වුවත් භික්ෂුවක් උඩගු නැත්නම්, ...(පෙ).... සංවර ඉඳුරන් ඇත්තේ නම් මෙසේ ඒ අංගයෙන් හේ පැසසිය යුත්තේ ය.

6. ගෘහපතිය, ගිහියන් පුදන සිවුරු දැරුවේ වුවත් භික්ෂුවක් උඩගු නම්, ඔසොවාගත් මාන නළයෙන් යුක්ත නම්, චපල නම්, මුඛරී නම්, විසිරුණු වචන ඇත්තේ නම්, මුළා සිහි ඇති නම්, නුවණින් තොර නම්, අසමාහිත නම්, භ්‍රාන්ත සිතින් යුතු නම්, අසංවර ඉඳුරන් ඇත්තේ නම් මෙසේ ඒ අංගයෙන් හේ ගැරහිය යුත්තේ ය. ගෘහපතිය, ගිහියන් පුදන සිවුරු දැරුවේ වුවත් භික්ෂුවක් උඩගු නැත්නම්, ඔසොවාගත් මාන නළයෙන් නැත්නම්, චපල නැත්නම්, මුඛරී නැත්නම්, විසිරුණු වචන නැත්තේ නම්, පිහිටුවාගත් සිහි ඇති නම්, නුවණින් යුක්ත නම්, සමාහිත නම්, ඒකාග්‍ර සිතින් යුතු නම්, සංවර ඉඳුරන් ඇත්තේ නම් මෙසේ ඒ අංගයෙන් හේ පැසසිය යුත්තේ ය.

ගෘහපතිය, එහෙයින් ඔබ සංඝයා උදෙසා දන් පිරිනමව. ඔබ සංඝයා උදෙසා දන් පිරිනමන කල්හී සිත පැහැදෙන්නේ ය. ඒ ඔබ පහන් සිතින් යුතු වූයේ කය බිඳී මරණින් මතු සුගති සංඛ්‍යාත ස්වර්ග ලෝකයෙහි උපදින්නේ ය."

"ස්වාමීනී, ඒ මම අද පටන් සංඝයා උදෙසා දන් පූජා කරන්නෙමි."

සාදු! සාදු!! සාදු!!!

දාරුකම්මික සූත්‍රය නිමා විය.

6.2.1.6.
හත්ථිසාරිපුත්ත සූත්‍රය
හත්ථිසාරිපුත්ත තෙරුන් අරහයා වදාළ දෙසුම

මා විසින් මෙසේ අසන ලදී. එක් සමයක භාග්‍යවතුන් වහන්සේ බරණැස ඉසිපතන මිගදායෙහි වැඩවසන සේක. එසමයෙහි බොහෝ ස්ථවිර භික්ෂූහු පසුබත් කාලයෙහි පිණ්ඩපාතයෙන් පෙරළා වැඩම කොට මණ්ඩලමාලයෙහි රැස් ව ගැඹුරු ධර්ම කථාවන් කතා කරති.

එහි හත්ථිසාරිපුත්ත ආයුෂ්මත් චිත්ත තෙරණුවෝ ස්ථවිර භික්ෂූන් වහන්සේලා ගැඹුරු ධර්මය කතා කරද්දී අතරමැදින් තම කතාව ඇද දමති. එකල්හී ආයුෂ්මත් මහා කොට්ඨිතයන් වහන්සේ හත්ථිසාරිපුත්ත ආයුෂ්මත් චිත්ත තෙරුන්ට මෙය පැවසූහ.

"ආයුෂ්මත් හත්ථිසාරිපුත්ත චිත්තයෙනි, ස්ථවිර භික්ෂූන් වහන්සේලා ගැඹුරු ධර්මය කතා කරද්දී අතරින් පතර කතාවන් ඇද නොදමත්වා. කතාව අවසන් වන තෙක් ආයුෂ්මත් චිත්තයෝ ඉවසත්වා."

මෙසේ පැවසූ කල්හී ආයුෂ්මත් හස්ථිසාරිපුත්ත චිත්ත තෙරුන්ගේ මිත්‍ර වූ භික්ෂූහු ආයුෂ්මත් මහා කොට්ඨිතයන් වහන්සේට මෙය පැවසූහ.

"ආයුෂ්මත් මහා කොට්ඨිත තෙරුණුවෝ ආයුෂ්මත් හත්ථිසාරිපුත්ත චිත්ත තෙරුන් හා නොගැටෙත්වා! ආයුෂ්මත් හත්ථිසාරිපුත්ත චිත්තයෝ පණ්ඩිතයහ. ආයුෂ්මත් හත්ථිසාරිපුත්ත චිත්තයෝ ස්ථවිර භික්ෂූන්ගේ ගැඹුරු ධර්ම කථාව කතා කරන්නට දක්ෂයහ."

"ආයුෂ්මත්නි, අන්‍යයන්ගේ චිත්තාචාරයන් නොදන්නවුන් විසින් මෙකරුණ නොදත හැක්කේ ය.

1. ආයුෂ්මත්නි, මෙහිලා ඇතැම් පුද්ගලයෙක් යම්තාක් ශාස්තෲන් වහන්සේ හෝ අන්‍ය වූ ගරුකටයුතු සබ්‍රහ්මචාරීන් වහන්සේ නමක් හෝ ඇසුරු කොට වෙසෙත් නම් ඒ තාක් හේ කීකරුකමෙනුත් කීකරු වෙයි. යටහත්කමෙනුත් යටහත් වෙයි. ශාන්ත බවෙනුත් ශාන්ත වෙයි. එහෙත් යම් කලක ශාස්තෲන් වහන්සේ කෙරෙන් හේ බැහැරට යයි නම්, ගරු කටයුතු සබ්‍රහ්මචාරීන් වහන්සේලා කෙරෙන් හේ බැහැරට යයි නම්, එකල්හී හේ භික්ෂු භික්ෂුණී

උපාසක උපාසිකාවන් රජුන් රාජ මහාමාත්‍යයන් තීර්ථකයන් තීර්ථක ශ්‍රාවකයන් සමඟ ඇලී ගැලී වසයි. එසේ එකට ඇලී විශ්වාසය ඇති ව නොදැමුණු ඉඳුරන් ඇති ව කතාවෙහි ම යෙදෙමින් වාසය කරද්දී ඔහුගේ සිත රාගය විසින් යට කරයි. රාගයෙන් මැඩුණු සිතින් යුතු හේ ශික්ෂාව ප්‍රතික්ෂේප කොට හීන වූ ගිහි බවට වැටෙයි.

ආයුෂ්මත්නි, එය මෙබඳු දෙයකි. වැඩෙන ගොයම් කන ගවයෙක් කඹයෙන් හෝ බඳිනා ලද්දේ, ගවමඩුවෙහි හෝ අහුරන ලද්දේ වෙයි ද, ආයුෂ්මත්නි, මේ ගවයා නැවත ගොයම් කන්නට නොබසින්නේ ය කියා මෙසේ කියන්නේ නම් ආයුෂ්මත්නි, ඔහු මනාකොට කියන්නෙක් ද?" "ආයුෂ්මත, එය නොවේ ම ය. ආයුෂ්මත, ඒ ගවයා කඹය හෝ සිඳගෙන, ගවමඩුව හෝ සිඳගෙන යළි නිල්ගොයමට බසින්නේ යන කරුණ විද්‍යමාන දෙයකි."

"එසෙයින් ම ආයුෂ්මත්නි, මෙහිලා ඇතැම් පුද්ගලයෙක් යම්තාක් ශාස්තෘන් වහන්සේ හෝ අන්‍ය වූ ගරුකටයුතු සබ්‍රහ්මචාරීන් වහන්සේ නමක් හෝ ඇසුරු කොට වෙසෙත් නම් ඒ තාක් හේ කීකරුකමෙනුත් කීකරු වෙයි. යටහත්කමෙනුත් යටහත් වෙයි. ශාන්ත බවෙනුත් ශාන්ත වෙයි. එහෙත් යම් කලක ශාස්තෘන් වහන්සේ කෙරෙන් හේ බැහැරට යයි නම්, ගරු කටයුතු සබ්‍රහ්මචාරීන් වහන්සේලා කෙරෙන් හේ බැහැරට යයි නම්, එකල්හී හේ භික්ෂු භික්ෂුණී උපාසක උපාසිකාවන් රජුන් රාජ මහාමාත්‍යයන් තීර්ථකයන් තීර්ථක ශ්‍රාවකයන් සමඟ ඇලී ගැලී වසයි. එසේ එකට ඇලී විශ්වාසය ඇති ව නොදැමුණු ඉඳුරන් ඇති ව කතාවෙහි ම යෙදෙමින් වාසය කරද්දී ඔහුගේ සිත රාගය විසින් යට කරයි. රාගයෙන් මැඩුණු සිතින් යුතු හේ ශික්ෂාව ප්‍රතික්ෂේප කොට හීන වූ ගිහි බවට වැටෙයි.

2. ආයුෂ්මත්නි, මෙහිලා ඇතැම් පුද්ගලයෙක් කාමයන්ගෙන් වෙන් ව ....(පෙ).... ප්‍රථම ධ්‍යානය උපදවාගෙන වාසය කරයි. හේ 'මම ප්‍රථම ධ්‍යානය ලැබුවෙක් වෙමි' යි සිතා භික්ෂූන් ....(පෙ).... එක් ව ගැලී වාසය කරයි. ....(පෙ).... ශික්ෂාව ප්‍රතික්ෂේප කොට හීන වූ ගිහි බවට වැටෙයි.

ආයුෂ්මත්නි, එය මෙබඳු දෙයකි. සතර මංසන්ධියක මහත් දිය බිඳු ඇති වැස්ස වසින කල්හී දූහුවිලි නොපෙනී යයි. මඩ මතුවෙයි. ආයුෂ්මත්නි, යමෙක් මෙසේ කියන්නේ නම්, 'මේ සතර මංසන්ධියෙහි යළිත් දූහුවිලි පහළ නොවෙන්නේ ය' කියා, ආයුෂ්මත්නි, එය මනා වූ කීමක් ද?" "ආයුෂ්මත, එය නොවේ ම ය. ආයුෂ්මත, ඒ සතර මංසන්ධියෙහි මිනිස්සු හෝ මඩ පාගා යති. ගව ආදී සත්තු මඩ පාගා යති. අව් වා සුළඟින් හෝ තෙත් ගතිය සිඳ දමන්නේ ය. එකල්හී යළිත් දූහුවිලි පහළ වෙයි."

"ආයුෂ්මත්නි එසෙයින් ම මෙහිලා ඇතැම් පුද්ගලයෙක් කාමයන්ගෙන් වෙන් ව ....(පෙ).... ප්‍රථම ධ්‍යානය උපදවාගෙන වාසය කරයි. හේ 'මම ප්‍රථම ධ්‍යානය ලැබුවෙක් වෙමි' යි සිතා භික්ෂූන් ....(පෙ).... එක් ව ගැලී වාසය කරයි. ....(පෙ).... ශික්ෂාව ප්‍රතික්ෂේප කොට හීන වූ ගිහි බවට වැටෙයි.

3. ආයුෂ්මත්නි, මෙහිලා ඇතැම් පුද්ගලයෙක් විතක්ක විචාරයන්ගේ සංසිඳීමෙන් ....(පෙ).... දෙවෙනි ධ්‍යානය උපදවාගෙන වාසය කරයි. හේ 'මම දෙවෙනි ධ්‍යානය ලැබුවෙක් වෙමි' යි සිතා භික්ෂූන් ....(පෙ).... එක් ව ගැලී වාසය කරයි. ....(පෙ).... ශික්ෂාව ප්‍රතික්ෂේප කොට හීන වූ ගිහි බවට වැටෙයි.

ආයුෂ්මත්නි, එය මෙබඳු දෙයකි. ගමක හෝ නියම්ගමක හෝ නුදුරින් ලොකු පොකුණක් තිබෙයි. මහත් දියබිඳු ඇති වැස්ස වසිද්දී එහි සිප්පි බෙල්ලන්, සක් බෙල්ලන්, කැට කැබලිති ආදිය නොපෙනී යයි. ආයුෂ්මත්නි, යමෙක් මෙසේ කියන්නේ නම්, 'දැන් මේ පොකුණෙහි සිප්පි බෙල්ලන්, සක් බෙල්ලන්, කැට කැබලිති ආදිය නැවත මතු නොවන්නේ ය' කියා ආයුෂ්මත්නි, එය මැනැවින් කියන කීමක් ද?" "ආයුෂ්මත, එය නොවේ ම ය. ආයුෂ්මත, යම් කලක ඒ පොකුණෙහි මිනිස්සු හෝ පැන් පානය කරන්නාහු ය. ගව ආදී සත්තු හෝ පැන් පානය කරන්නාහු ය. අව් වා සුළං හෝ ඒ තෙත් ගතිය ගෙවා දමන්නේ ය. එකල්හී නැවත ත් සිප්පි බෙලි, සක් බෙලි, කැට කැබලිති ආදිය දකින්නට ලැබෙන්නේ ය."

"ආයුෂ්මත්නි, එසෙයින් ම මෙහිලා ඇතැම් පුද්ගලයෙක් විතක්ක විචාරයන්ගේ සංසිඳීමෙන් ....(පෙ).... දෙවෙනි ධ්‍යානය උපදවාගෙන වාසය කරයි. හේ 'මම දෙවෙනි ධ්‍යානය ලැබුවෙක් වෙමි' යි සිතා භික්ෂූන් ....(පෙ).... එක් ව ගැලී වාසය කරයි. ....(පෙ).... ශික්ෂාව ප්‍රතික්ෂේප කොට හීන වූ ගිහි බවට වැටෙයි.

4. ආයුෂ්මත්නි, මෙහිලා ඇතැම් පුද්ගලයෙක් ප්‍රීතියට ද නොඇල්මෙන් ....(පෙ).... තුන්වෙනි ධ්‍යානය උපදවාගෙන වාසය කරයි. හේ 'මම තුන්වෙනි ධ්‍යානය ලැබුවෙක් වෙමි' යි සිතා භික්ෂූන් ....(පෙ).... එක් ව ගැලී වාසය කරයි. ....(පෙ).... ශික්ෂාව ප්‍රතික්ෂේප කොට හීන වූ ගිහි බවට වැටෙයි.

ආයුෂ්මත්නි, එය මෙබඳු දෙයකි. ප්‍රණීත බොජුනක් වැළඳූ පුරුෂයෙකු හට පැහැදිලි දොස් ඇති ළාමක බොජුන රුචි නොවන්නේ ම ය. ආයුෂ්මත්නි, එවිට යමෙක් මෙසේ කියන්නේ නම්, 'දැන් මේ පුරුෂයා හට නැවත භෝජනයක් රුචි නොවන්නේ ය' කියා, ඒ කියමන මනා වූ කීමක් ද?" "ආයුෂ්මත, එය නොවේ ම ය. ආයුෂ්මත, ප්‍රණීත භෝජනය වැළඳූ ඒ පුරුෂයා හට යම්තාක්

පරිදි ඒ ඕජාව තිබෙයි නම්, ඒ තාක් අන්‍ය වූ භෝජනයක් රුචි නොවෙයි. යම් විටක ඒ ඕජාව ඔහු තුළින් නැති වෙයි ද, එවිට හේ නැවත ත් බොජුනක් රුචි වන්නේ ය.”

“එසෙයින් ම ආයුෂ්මත්නි, මෙහිලා ඇතැම් පුද්ගලයෙක් ප්‍රීතියට ද නොඇල්මෙන් ....(පෙ).... තුන්වෙනි ධ්‍යානය උපදවාගෙන වාසය කරයි. හේ ‘මම තුන්වෙනි ධ්‍යානය ලැබුවෙක් වෙමි’ යි සිතා භික්ෂූන් ....(පෙ).... එක් ව ගැලී වාසය කරයි. ....(පෙ).... ශික්ෂාව ප්‍රතික්ෂේප කොට හීන වූ ගිහි බවට වැටෙයි.

5. ආයුෂ්මත්නි, මෙහිලා ඇතැම් පුද්ගලයෙක් සැපය ද ප්‍රහාණය කොට දුක ද ප්‍රහාණය කොට ....(පෙ).... සතරවෙනි ධ්‍යානය උපදවාගෙන වාසය කරයි. හේ ‘මම සතරවෙනි ධ්‍යානය ලැබුවෙක් වෙමි’ යි සිතා භික්ෂූන් ....(පෙ).... එක් ව ගැලී වාසය කරයි. ....(පෙ).... ශික්ෂාව ප්‍රතික්ෂේප කොට හීන වූ ගිහි බවට වැටෙයි.

ආයුෂ්මත්නි, එය මෙබඳු දෙයකි. පර්වත බෑවුමක දියවිලක් ඇත්තේ ය. සුළඟින් පහස නොලබන දිය රැළි රහිත ව ඒ දිය විල තිබෙයි. එවිට කෙනෙක් මෙසේ කියයි. ‘දැන් මේ දිය විලෙහි යළි ත් දිය රැළි නම් පහළ නොවන්නේ ය’ කියා. ආයුෂ්මත්නි, එය මනාකොට කීමක් ද?” “ආයුෂ්මත, එය නොවේ ම ය. ආයුෂ්මත, යම් විටක පෙරදිග දිශාවෙන් බලවත් වැසි සුළං හමා එයි නම්, එය දියවිලෙහි රළ උපදවන්නේ ම ය. බටහිර දිශාවෙන් යම් වැසි සුළං ....(පෙ).... උතුරු දිශාවෙන් යම් වැසි සුළං ....(පෙ).... දකුණු දිශාවෙන් යම් වැසි සුළං හමා එයි නම් එය දියවිලෙහි රළ උපදවන්නේ ම ය.”

“එසෙයින් ම ආයුෂ්මත්නි, මෙහිලා ඇතැම් පුද්ගලයෙක් සැපය ද ප්‍රහාණය කොට දුක ද ප්‍රහාණය කොට ....(පෙ).... සතරවෙනි ධ්‍යානය උපදවාගෙන වාසය කරයි. හේ ‘මම සතරවෙනි ධ්‍යානය ලැබුවෙක් වෙමි’ යි සිතා භික්ෂූන් ....(පෙ).... එක් ව ගැලී වාසය කරයි. ....(පෙ).... ශික්ෂාව ප්‍රතික්ෂේප කොට හීන වූ ගිහි බවට වැටෙයි.

6. ආයුෂ්මත්නි, මෙහිලා ඇතැම් පුද්ගලයෙක් සියලු නිමිති මෙනෙහි නොකොට අනිමිත්ත චේතෝ සමාධිය උපදවාගෙන වාසය කරයි. හේ ‘මම අනිමිත්ත චේතෝ සමාධිය ලැබුවෙක්මි’ යි සිතා භික්ෂු භික්ෂුණී උපාසක උපාසිකාවන් රජුන් රාජ මහාමාත්‍යයන් තීර්ථකයන් තීර්ථක ශ්‍රවකයන් සමඟ ඇලී ගැලී වසයි. එසේ එකට ඇලී විශ්වාසය ඇති ව නොදැමුණු ඉඳුරන් ඇති ව කතාවෙහි ම යෙදෙමින් වාසය කරද්දී ඔහුගේ සිත රාගය විසින් යට කරයි.

රාගයෙන් මැඬුණු සිතින් යුතු හේ ශික්ෂාව ප්‍රතික්ෂේප කොට හීන වූ ගිහි බවට වැටෙයි.

ආයුෂ්මත්නි, එය මෙබඳු දෙයකි. රජෙක් හෝ රාජමහාමාත්‍යයෙක් හෝ සිව්රඟ සේනාව සමඟ දීර්ඝ මාර්ගයට පිළිපන්නේ වෙයි. එහිදී එක්තරා වන ලැහැබකට පැමිණ එක රැයක් නැවතීම පිණිස එළඹෙයි. එකල්හී හස්ති ශබ්දයෙන්, අශ්ව ශබ්දයෙන්, රථ ශබ්දයෙන්, පාබල ශබ්දයෙන්, බෙර - පනාබෙර - සක් බෙර - ගැට බෙර හඬින් රැහැයියන්ගේ හඬ නැසෙන්නේ ය. එවිට ආයුෂ්මත්නි, යමෙක් මෙසේ කියයි. 'දැන් මේ වන ලැහැබෙන් යළි ත් රැහැයියන්ගේ හඬක් පහළ නොවන්නේ ය' කියා, ආයුෂ්මත්නි, ඒ කීම මනාකොට කීමක් ද?" "ආයුෂ්මත, එය නොවේ ම ය. ආයුෂ්මත, ඒ රජු හෝ රාජ මහාමාත්‍යයා හෝ ඒ වන ගැබින් නික්ම යයි ද, එකල්හී යළි ත් රැහැයියන්ගේ හඬ ඇසෙන්නේ ය."

"එසෙයින් ම ආයුෂ්මත්නි, මෙහිලා ඇතැම් පුද්ගලයෙක් සියලු නිමිති මෙනෙහි නොකොට අනිමිත්ත චේතෝ සමාධිය උපදවාගෙන වාසය කරයි. හේ 'මම අනිමිත්ත චේතෝ සමාධිය ලැබුවෙක්මි' යි සිතා භික්ෂු භික්ෂුණී උපාසක උපාසිකාවන් රජුන් රාජ මහාමාත්‍යයන් තීර්ථකයන් තීර්ථක ශ්‍රාවකයන් සමඟ ඇලී ගැලී වසයි. එසේ එකට ඇලී විශ්වාසය ඇති ව නොදැමුණු ඉඳුරන් ඇති ව කතාවෙහි ම යෙදෙමින් වාසය කරද්දී ඔහුගේ සිත රාගය විසින් යට කරයි. රාගයෙන් මැඬුණු සිතින් යුතු හේ ශික්ෂාව ප්‍රතික්ෂේප කොට හීන වූ ගිහි බවට වැටෙයි."

එකල්හී හත්ථිසාරිපුත්ත ආයුෂ්මත් චිත්ත තෙරහු පසුකලක ශික්ෂාව ප්‍රතික්ෂේප කොට හීන වූ ගිහි බවට වැටුණාහ. ඉක්බිති හත්ථිසාරිපුත්ත චිත්ත තෙරුන්ගේ මිත්‍ර භික්ෂූහු ආයුෂ්මත් මහා කොට්ඨිතයන් වහන්සේ කරා එළඹියහ. එළඹ ආයුෂ්මත් මහා කොට්ඨිතයන් වහන්සේට මෙය පැවසූහ.

"කිම, ආයුෂ්මත් මහා කොට්ඨිතයෙනි, හත්ථිසාරිපුත්ත චිත්ත තෙමේ මේ මේ විහාර සමාපත්තිලාභී කෙනෙකි යි, එනමුත් ශික්ෂාව ප්‍රතික්ෂේප කොට හීන වූ ගිහි බවට වැටෙන්නේ යැයි ඔහුගේ සිත තම සිතින් පිරිසිඳ දැකගන්නා ලද්දේ ද? එසේ නැතහොත් දේවතාවෝ මෙකරුණ සැළ කළාහු ද? එනම් 'ස්වාමීනී, හත්ථිසාරිපුත්ත චිත්ත තෙමේ මේ මේ විහාර සමාපත්ති ලාභියෙකි. එනමුත් ශික්ෂාව ප්‍රතික්ෂේප කොට හීන වූ ගිහි බවට වැටෙන්නේ ය' කියා."

"ආයුෂ්මත්නි, හත්ථිසාරිපුත්ත චිත්ත තෙමේ මේ මේ විහාර සමාපත්ති ලාභියෙකි. එනමුත් ශික්ෂාව ප්‍රතික්ෂේප කොට හීන වූ ගිහි බවට වැටෙන්නේ

ය යනුවෙන් ඔහුගේ සිත මා සිතින් පිරිසිඳ දැකගන්නා ලද්දේ ය. එමෙන් ම ආයුෂ්මත්නි, 'ස්වාමීනී, හත්ථිසාරිපුත්ත චිත්ත තෙමේ මේ මේ විහාර සමාපත්ති ලාභියෙකි. එනමුත් ශික්ෂාව ප්‍රතික්ෂේප කොට හීන වූ ගිහි බවට වැටෙන්නේ ය' කියා දේවතාවෝ ද මෙකරුණ සැළ කළාහු ය."

ඉක්බිති හත්ථිසාරිපුත්ත චිත්තයන්ගේ යහළු භික්ෂූහු භාග්‍යවතුන් වහන්සේ කරා එළඹියහ. එළඹ භාග්‍යවතුන් වහන්සේට සකසා වන්දනා කොට එකත්පස් ව හිඳගත්හ. එකත්පස් ව හුන් ඒ භික්ෂූහු භාග්‍යවතුන් වහන්සේට මෙය සැළකළහ.

"ස්වාමීනී, හත්ථිසාරිපුත්ත චිත්ත තෙමේ මේ මේ විහාර සමාපත්ති ලාභියෙකි. එනමුත් ශික්ෂාව ප්‍රතික්ෂේප කොට හීන වූ ගිහි බවට වැටුණේ ය."

"මහණෙනි, චිත්ත තෙමේ වැඩිකල් නොයා නෛෂ්ක්‍රම්‍යයෙහි අනුසස් සිහි කරන්නේ ය."

ඉක්බිති හත්ථිසාරිපුත්ත චිත්ත තෙමේ නොබෝ කලකින් කෙස් රැවුල් බහා කසාවත් පොරොවා ගිහි ගෙයින් නික්ම අනගාරික ව බුදු සසුනෙහි පැවිදි වූයේ ය. එකල්හී ආයුෂ්මත් හත්ථිසාරිපුත්ත චිත්ත තෙරණුවෝ තනි ව හුදෙකලාවෙහි අප්‍රමාදී ව කෙලෙස් තවන වීර්යය ඇති ව දහමට දිවි පුදා වාසය කරන්නාහු යම් අරුතක් උදෙසා කුලපුත්‍රයෝ ගිහි ගෙයි අත්හැර මනාකොට අනගාරික ව පැවිදි වෙත් ද, ඒ බඹසරෙහි අවසානය වන අනුත්තර නිර්වාණය මේ ජීවිතයේ දී ම නොබෝ කලකින් ස්වකීය විශිෂ්ට ඥානයෙන් සාක්ෂාත් කොට එයට පැමිණ වාසය කළහ. 'ඉපදීම ක්ෂය වූයේ ය. බඹසර වාසය නිමවන ලදී. කළ යුත්ත කරන ලදී. නිවන පිණිස කළ යුතු අනෙකක් නැතැ'යි අවබෝධ කරගත්හ. ආයුෂ්මත් හත්ථිසාරිපුත්ත චිත්ත තෙරණුවෝ වනාහී රහතුන් අතුරින් කෙනෙක් වූහ.

සාදු! සාදු!! සාදු!!!

හත්ථිසාරිපුත්ත සූත්‍රය නිමා විය.

6.2.1.7.
මජ්ඣෙ සූත්‍රය
මැද තිබෙන දේ ගැන වදාළ දෙසුම

මා විසින් මෙසේ අසන ලදී. එක් සමයක භාග්‍යවතුන් වහන්සේ බරණැස ඉසිපතන මිගදායෙහි වැඩවසන සේක. එසමයෙහි පසුබත් කාලයෙහි පිණ්ඩපාතයෙන් පෙරළා වැඩම කොට මණ්ඩලමාලයෙහි රැස් වී හුන්නා වූ බොහෝ ස්ථවිර භික්ෂූන් අතර මේ කථාව හටගත්තේ ය.

"ආයුෂ්මත්නි, භාග්‍යවතුන් වහන්සේ විසින් පාරායන වර්ගයෙහි තිස්ස මෙත්තෙය්‍ය මාණවකයාගේ ප්‍රශ්නයෙහි දී මෙය වදාරණ ලද්දේ ය.

සෝ උභන්තේ විදිත්වාන - මජ්ඣෙ මන්තා න ලිප්පති
තං බ්‍රෑමි මහා පුරිසෝ'ති - සෝ'ධ සිබ්බනි මච්චගා

'ඒ ක්ෂීණාශ්‍රව භික්ෂුව අන්ත දෙක ප්‍රඥාවෙන් අවබෝධ කොට එහි මැද නුවණින් යුතුව නොතැවරී සිටියි ද, ඔහු මහා පුරුෂයා යැයි කියමි. ඔහු මේ ලෝකයෙහි මරණයෙන් පසු යළි උපත මූට්ටු කරදෙන තෘෂ්ණාව ඉක්ම ගියේ ය' යනුවෙනි.

ආයුෂ්මත්නි, ඒක අන්තයක් කුමක් ද? දෙවන අන්තය කුමක් ද? මැද යනු කුමක් ද? මූට්ටු කිරීම යනු කුමක් ද?"

1. මෙසේ පැවසූ කල්හී එක්තරා භික්ෂුවක් ස්ථවිර භික්ෂූන් හට මෙය පැවසුවේ ය.

"ආයුෂ්මත්නි, ස්පර්ශය යනු එක් අන්තයකි. ස්පර්ශය හටගැනීම යනු දෙවෙනි අන්තය යි. ස්පර්ශ නිරෝධය යනු මැද යි. මූට්ටු කිරීම යනු තෘෂ්ණාව යි. තෘෂ්ණාව ම ස්පර්ශයත්, ස්පර්ශය හටගැනීම ත් ඒ ඒ භවයෙහි ඉපදීම පිණිස මූට්ටු කරන්නී ය. ආයුෂ්මත්නි, මෙපමණකින් භික්ෂුව විශේෂයෙන් දත යුතු දේ විශේෂයෙන් දැනගනියි. පිරිසිඳ දත යුතු දේ පිරිසිඳ දැනගනියි. විශේෂයෙන් දත යුතු දේ දැනගන්නේ, පිරිසිඳ දත යුතු දේ පිරිසිඳ දන්නේ මෙලොව දී ම දුක් කෙළවර කරන්නේ ය."

2. මෙසේ පැවසූ කල්හී තවත් භික්ෂුවක් ස්ථවිර භික්ෂූන් හට මෙය පැවසුවේ ය.

"ආයුෂ්මත්නි, අතීතය යනු එක් අන්තයකි. අනාගතය යනු දෙවෙනි අන්තය යි. වර්තමානය යනු මැද යි. මූට්ටු කිරීම තෘෂ්ණාව යි. තෘෂ්ණාව ම අතීතය ත් අනාගතයත් වර්තමානය ත් ඒ ඒ භවයෙහි ඉපදීම පිණිස මූට්ටු කරන්නී ය. ආයුෂ්මත්නි, මෙපමණකින් භික්ෂුව විශේෂයෙන් දත යුතු දේ විශේෂයෙන් දැනගනියි. පිරිසිඳ දත යුතු දේ පිරිසිඳ දැනගනියි. විශේෂයෙන් දත යුතු දේ දැනගන්නේ, පිරිසිඳ දත යුතු දේ පිරිසිඳ දන්නේ මෙලොව දී ම දුක් කෙළවර කරන්නේ ය."

3. මෙසේ පැවසූ කල්හී තවත් භික්ෂුවක් ස්ථවිර භික්ෂූන් හට මෙය පැවසුවේ ය.

"ආයුෂ්මත්නි, සැප විඳිම යනු එක් අන්තයකි. දුක් විඳීම යනු දෙවෙනි අන්තය යි. දුක් සැප රහිත විඳීම යනු මැද යි. මූට්ටු කිරීම තෘෂ්ණාව යි. තෘෂ්ණාව ම සැප ත්, දුක ත්, දුක් සැප රහිත විඳීම ත් ඒ ඒ භවයෙහි ඉපදීම පිණිස මූට්ටු කරන්නී ය. ආයුෂ්මත්නි, මෙපමණකින් භික්ෂුව විශේෂයෙන් දත යුතු දේ විශේෂයෙන් දැනගනියි. පිරිසිඳ දත යුතු දේ පිරිසිඳ දැනගනියි. විශේෂයෙන් දත යුතු දේ දැනගන්නේ, පිරිසිඳ දත යුතු දේ පිරිසිඳ දන්නේ මෙලොව දී ම දුක් කෙළවර කරන්නේ ය."

4. මෙසේ පැවසූ කල්හී තවත් භික්ෂුවක් ස්ථවිර භික්ෂූන් හට මෙය පැවසුවේ ය.

"ආයුෂ්මත්නි, නාමය යනු එක් අන්තයකි. රූපය යනු දෙවෙනි අන්තය යි. විඤ්ඤාණය යනු මැද යි. මූට්ටු කිරීම තෘෂ්ණාව යි. තෘෂ්ණාව ම නාමය ත්, රූපය ත්, විඤ්ඤාණය ත් ඒ ඒ භවයෙහි ඉපදීම පිණිස මූට්ටු කරන්නී ය. ආයුෂ්මත්නි, මෙපමණකින් භික්ෂුව විශේෂයෙන් දත යුතු දේ විශේෂයෙන් දැනගනියි. පිරිසිඳ දත යුතු දේ පිරිසිඳ දැනගනියි. විශේෂයෙන් දත යුතු දේ දැනගන්නේ, පිරිසිඳ දත යුතු දේ පිරිසිඳ දන්නේ මෙලොව දී ම දුක් කෙළවර කරන්නේ ය."

5. මෙසේ පැවසූ කල්හී තවත් භික්ෂුවක් ස්ථවිර භික්ෂූන් හට මෙය පැවසුවේ ය.

"ආයුෂ්මත්නි, ආධ්‍යාත්මික ආයතන හය යනු එක් අන්තයකි. බාහිර ආයතන හය යනු දෙවෙනි අන්තය යි. විඤ්ඤාණය යනු මැද යි. මූට්ටු කිරීම තෘෂ්ණාව යි. තෘෂ්ණාව ම ආධ්‍යාත්ම ආයතන හයත්, බාහිර ආධ්‍යාත්ම ආයතන හය ත්, විඤ්ඤාණය ත් ඒ ඒ භවයෙහි ඉපදීම පිණිස මූට්ටු කරන්නී

ය. ආයුෂ්මත්නි, මෙපමණකින් භික්ෂුව විශේෂයෙන් දත යුතු දේ විශේෂයෙන් දැනගනියි. පිරිසිඳ දත යුතු දේ පිරිසිඳ දැනගනියි. විශේෂයෙන් දත යුතු දේ දැනගන්නේ, පිරිසිඳ දත යුතු දේ පිරිසිඳ දන්නේ මෙලොව දී ම දුක් කෙළවර කරන්නේ ය."

6. මෙසේ පැවසූ කල්හී තවත් භික්ෂුවක් ස්ථවිර භික්ෂූන් හට මෙය පැවසුවේ ය.

"ආයුෂ්මත්නි, සක්කාය යනු එක් අන්තයකි. සක්කාය සමුදය යනු දෙවෙනි අන්තය යි. සක්කාය නිරෝධය යනු මැද යි. මූට්ටු කිරීම තෘෂ්ණාව යි. තෘෂ්ණාව ම සක්කාය ත්, සක්කාය සමුදය ත් ඒ ඒ භවයෙහි ඉපදීම පිණිස මූට්ටු කරන්නී ය. ආයුෂ්මත්නි, මෙපමණකින් භික්ෂුව විශේෂයෙන් දත යුතු දේ විශේෂයෙන් දැනගනියි. පිරිසිඳ දත යුතු දේ පිරිසිඳ දැනගනියි. විශේෂයෙන් දත යුතු දේ දැනගන්නේ, පිරිසිඳ දත යුතු දේ පිරිසිඳ දන්නේ මෙලොව දී ම දුක් කෙළවර කරන්නේ ය."

මෙසේ පැවසූ කල්හී එක්තරා භික්ෂුවක් ස්ථවිර භික්ෂූන්ට මෙය පැවසුවේ ය.

"ආයුෂ්මත්නි, අප සියළු දෙනා විසින් ම තම තමන්ගේ වැටහීම පරිදි පවසන ලද්දේ ය. යමු ආයුෂ්මත්නි, භාග්‍යවතුන් වහන්සේ කරා එළඹෙමු. එළඹ භාග්‍යවතුන් වහන්සේට මෙකරුණ සැළ කරන්නෙමු. භාග්‍යවතුන් වහන්සේ යම් පරිදි අපට වදාරණ සේක් නම් ඒ අයුරින් අපි දරා ගන්නෙමු."

"එසේ ය, ආයුෂ්මත" යි ස්ථවිර භික්ෂූහු ඒ භික්ෂුවට පිළිවදන් දුන්හ. ඉක්බිති ස්ථවිර භික්ෂූහු භාග්‍යවතුන් වහන්සේ කරා පැමිණියහ. පැමිණ භාග්‍යවතුන් වහන්සේට සකසා වන්දනා කොට එකත්පස් ව හිඳගත්හ. එකත්පස් ව හුන් ඒ ස්ථවිර භික්ෂූහු සියල්ලන් හා සමඟ යම්තාක් කතා සල්ලාපයක් ඇති වූයේ ද, ඒ හැම භාග්‍යවතුන් වහන්සේට සැළ කළහ.

"ස්වාමීනී, කවුරුන්ගේ භාෂිතය සුභාෂිතය වෙයි ද?"

"මහණෙනි, ඔබ සියල්ලන්ගේ ම භාෂිතය ඒ ඒ අයුරින් සුභාෂිත වෙයි. නමුත් මා විසින් පාරායනයෙහි මෙත්තෙය්‍ය ප්‍රශ්නයෙහිලා යමක් අරභයා පවසන ලද්දේ ද, එනම්, 'ඒ ක්ෂීණාශ්‍රව භික්ෂුව අන්ත දෙක ප්‍රඥාවෙන් අවබෝධ කොට එහි මැද නුවණින් යුතුව නොතැවරී සිටියි ද, ඔහු මහා පුරුෂයා යැයි කියමි. ඔහු මේ ලෝකයෙහි මරණයෙන් පසු යළි උපත මූට්ටු කරදෙන තෘෂ්ණාව ඉක්ම ගියේ ය' යනුවෙන්. එය අසව්. මැනැවින් මෙනෙහි කරව්. පවසන්නෙමි."

"එසේය ස්වාමීනී" යි ඒ භික්ෂූහු භාග්‍යවතුන් වහන්සේට පිළිවදන් දුන්හ. භාග්‍යවතුන් වහන්සේ මෙය වදාළ සේක.

මහණෙනි, ස්පර්ශය යනු එක් අන්තයකි. ස්පර්ශය හටගැනීම යනු දෙවෙනි අන්තය යි. ස්පර්ශ නිරෝධය යනු මැද යි. මූට්ටු කිරීම යනු තෘෂ්ණාව යි. තෘෂ්ණාව ම ස්පර්ශය ත්, ස්පර්ශය හටගැනීම ත් ඒ ඒ භවයෙහි ඉපදීම පිණිස මූට්ටු කරන්නී ය. මහණෙනි, මෙපමණකින් භික්ෂුව විශේෂයෙන් දත යුතු දේ විශේෂයෙන් දැනගනියි. පිරිසිඳ දත යුතු දේ පිරිසිඳ දැනගනියි. විශේෂයෙන් දත යුතු දේ දැනගන්නේ, පිරිසිඳ දත යුතු දේ පිරිසිඳ දන්නේ මෙලොව දී ම දුක් කෙළවර කරන්නේ ය."

සාදු! සාදු!! සාදු!!!

මජ්ඣෙ සූත්‍රය නිමා විය.

6.2.1.8.
පුරිසින්ද්‍රියඤාණ සූත්‍රය
පුරුෂ ඉන්ද්‍රිය ඥානය ගැන වදාළ දෙසුම

මා විසින් මෙසේ අසන ලදී. එක් සමයක භාග්‍යවතුන් වහන්සේ කොසොල් ජනපදයෙහි මහත් භික්ෂු සංඝයා සමඟ චාරිකාවෙහි වඩිනා සේක් දණ්ඩකප්පක නම් කෝසලවාසීන්ගේ නියම්ගමට වැඩම කළ සේක. එකල්හී භාග්‍යවතුන් වහන්සේ මාර්ගයෙන් ඉවත් ව එක්තරා රුක් සෙවණක පණවන ලද අසුනෙහි වැඩහුන් සේක. ඒ භික්ෂූන් ද දණ්ඩකප්පක නියම්ගමට ආවාසයක් සොයන්නට පිවිසියහ.

එකල්හී ආයුෂ්මත් ආනන්දයන් වහන්සේ බොහෝ භික්ෂූන් සමඟ පැන් පහසු වීම පිණිස අචිරවතී නදිය කරා එළඹියහ. අචිරවතී නදියෙහි පැන්පහසු වී ගොඩට පැමිණ හඳන සිවුර පමණක් ඇති ව, සිරුරෙහි තෙත වියළමින් සිටියහ. එකල්හී එක්තරා භික්ෂුවක් ආයුෂ්මත් ආනන්දයන් වහන්සේ කරා පැමිණියේ ය. පැමිණ ආයුෂ්මත් ආනන්දයන් වහන්සේට මෙය සැළ කළේ ය.

"කිම, ආයුෂ්මත් ආනන්දයෙනි, භාග්‍යවතුන් වහන්සේ සියල්ල ම තම සිතින් හොඳින් විමසා බලා ද දේවදත්තයන් අරහයා මෙවැනි ප්‍රකාශයක්

වදාරණ ලද්දේ? එනම්, 'දේවදත්ත තෙමේ අපායෙහි උපදින්නෙකි. නිරයෙහි වැටෙන්නෙකි. කල්පයක් විඳවන්නෙකි. පිළියම් කළ නොහැක්කේ ය' වශයෙන්. එසේ ත් නැත්නම් වෙනත් කිසියම් ක්‍රමයකින් ද?"

"ආයුෂ්මත, භාග්‍යවතුන් වහන්සේ විසින් වදාරණ ලද දෙය එසේ ම ය."

ඉක්බිති ආයුෂ්මත් ආනන්දයන් වහන්සේ භාග්‍යවතුන් වහන්සේ කරා එළඹියහ. එළඹ භාග්‍යවතුන් වහන්සේට සකසා වන්දනා කොට එකත්පස් ව හිඳගත්හ. එකත්පස් ව හුන් ආයුෂ්මත් ආනන්දයන් වහන්සේ භාග්‍යවතුන් වහනසේට මෙකරුණ සැළ කළහ.

"ස්වාමීනී, මෙහි මම බොහෝ භික්ෂූන් සමඟ පැන් පහසු වීම පිණිස අචිරවතී නදිය කරා එළඹියෙමි. අචිරවතී නදියෙහි පැන්පහසු වී ගොඩට පැමිණ හඳන සිවුර පමණක් ඇති ව, සිරුරෙහි තෙත වියළමින් සිටියෙමි. එකල්හී එක්තරා භික්ෂුවක් මා කරා පැමිණියේ ය. පැමිණ මට මෙය සැළ කළේ ය.

'කිම, ආයුෂ්මත් ආනන්දයෙනි, භාග්‍යවතුන් වහන්සේ සියල්ල ම තම සිතින් හොඳින් විමසා බලා ද දේවදත්තයන් අරභයා මෙවැනි ප්‍රකාශයක් වදාරණ ලද්දේ? එනම්, 'දේවදත්ත තෙමේ අපායෙහි උපදින්නෙකි. නිරයෙහි වැටෙන්නෙකි. කල්පයක් විඳවන්නෙකි. පිළියම් කළ නොහැක්කේ ය' වශයෙන්. එසේ ත් නැත්නම් වෙනත් කිසියම් ක්‍රමයකින් ද?'

මෙසේ පැවසූ කල්හී ස්වාමීනී, මම ඒ භික්ෂුවට මෙය පැවසූවෙමි. 'ආයුෂ්මත, භාග්‍යවතුන් වහන්සේ විසින් වදාරණ ලද දෙය එසේ ම ය' යි.

"ආනන්දයෙනි, ඒ භික්ෂුව අළුත පැවිදි වූ නවකයෙක් විය හැකියි. එසේ ත් නැත්නම් බාල වූ අව්‍යක්ත වූ ස්ථවිර භික්ෂුවක් හෝ විය හැකියි. මා විසින් ඒකාන්ත කොට පවසන ලද දෙයක් කෙසේ නම් දෙපරිදි වන්නේ ද? ආනන්දයෙනි, මෙසේ යම්බඳු පුද්ගලයෙක් පිළිබඳ ව සියල්ල සිතින් විමසා බලා පවසන ලද්දේ ද, ඒ මේ දේවදත්ත බඳු අන් එක පුද්ගලයෙක් ගැනවත් එසේ විමසා නොබැලුවෙමි. ආනන්දයෙනි, යම්තාක් මම දේවදත්තගේ අස්ලොම් අගක් තැවරෙනා තැනක් පමණක් වූ හෝ කුසල ධර්මයක් දක්කෙම් ද, ඒ තාක් මම දේවදත්ත පිළිබඳ ව 'දේවදත්ත තෙමේ අපායෙහි උපදින්නෙකි. නිරයෙහි වැටෙන්නෙකි. කල්පයක් විඳවන්නෙකි. පිළියම් කළ නොහැක්කේ ය' වශයෙන් නොපැවසූයෙමි. ආනන්දයෙනි, යම් විටක මම දේවදත්තගේ අස්ලොම් අගක් තැවරෙනා තැනක් පමණක් වූ හෝ කුසල ධර්මයක් නොදක්කෙම් ද, එකල්හී මම දේවදත්ත පිළිබඳ ව 'දේවදත්ත තෙමේ අපායෙහි උපදින්නෙකි. නිරයෙහි

වැටෙන්නෙකි. කල්පයක් විඳවන්නෙකි. පිළියම් කළ නොහැක්කේ ය' වශයෙන් පැවසූයෙමි.

ආනන්දයෙනි, එය මෙබඳු දෙයකි. පුරුෂ ප්‍රමාණයට අධික වූ අශුචියෙන් මුවවිට තෙක් පිරීගිය අශුචි වලක් ඇද්ද, එහි හිස ත් සහිත ව ගිලී ගිය පුරුෂයෙක් සිටියේ වෙයි ද, ඔහුගේ යහපත කැමති, හිත කැමති, නිර්භය කැමති, ඒ අශුචි වලෙන් ඔහු ගොඩට ගනු කැමති කිසියම් පුරුෂයෙක් උපදින්නේ ය. හේ ඒ අශුචි වල වටා ඇවිද ඇවිද යම් අශුචි නොතැවරුණු තැනකින් අල්ලා ඔහු ගොඩට ගත හැකි නම් ඒ පුරුෂයාගේ අස්ලෝමයක අගක් පමණ හෝ අශුචියෙන් නොතැවරුණු තැනක් අල්ලා ගැනීමට සොයන්නේ නොදකින්නේ ය. එසෙයින් ම ආනන්දයෙනි, යම් විටක මම දේවදත්තගේ අස්ලොම් අගක් තැවරෙනා තැනක් පමණක් වූ හෝ කුසල ධර්මයක් නොදක්කෙම් ද, එකල්හී මම දේවදත්ත පිළිබඳ ව 'දේවදත්ත තෙමේ අපායෙහි උපදින්නෙකි. නිරයෙහි වැටෙන්නෙකි. කල්පයක් විඳවන්නෙකි. පිළියම් කළ නොහැක්කේ ය' වශයෙන් පැවසූයෙමි.

ආනන්දයෙනි, ඉදින් ඔබ තථාගතයන්ගේ පුරුෂ ඉන්ද්‍රිය ඥානය පිළිබඳ ව විග්‍රහ කොට පැවසීම අසන්නහු ද?"

"යම් හෙයකින් භාග්‍යවතුන් වහන්සේ පුරුෂ ඉන්ද්‍රිය ඥානයන් බෙදා පෙන්වන සේක් ද, භාග්‍යවතුන් වහන්ස, මේ එයට කාලය යි. සුගතයන් වහන්ස, මේ එයට කාලය යි. භාග්‍යවතුන් වහන්සේගෙන් අසා භික්ෂූහු දරා ගන්නාහු ය."

"එසේ වී නම් ආනන්දයෙනි, අසව. මැනැවින් මෙනෙහි කරව. පවසන්නෙමි."

"එසේ ය, ස්වාමීනී" යි ආයුෂ්මත් ආනන්දයන් වහන්සේ භාග්‍යවතුන් වහන්සේට පිළිවදන් දුන්හ. භාග්‍යවතුන් වහන්සේ මෙය වදාළ සේක.

1. ආනන්දයෙනි, මෙහිලා ඇතැම් පුද්ගලයෙකු පිළිබඳ ව මෙසේ මා සිතින් ඔහු සිත පිරිසිඳ දනිමි. එනම් මේ පුද්ගලයා තුළ කුසල් දහම් ද, අකුසල් දහම් ද, දකින්නට තිබේ ය කියා. පසු කලක ඔහු පිළිබඳ ව මෙසේ මා සිතින් පිරිසිඳ දකිමි. මේ පුද්ගලයා තුළ තිබූ කුසල් දහම් නැති වී ගොසින් ය. අකුසල් දහම් පෙරට පැමිණ තිබෙයි. එනමුදු මොහුගේ කුසල මූලයන් නොනැසී ඇත්තේ ය. මොහුගේ ඒ කුසල මූලයෙන් කුසල් මතු වන්නේ ය. මෙසේ මේ පුද්ගලයා මත්තෙහි නොපිරිහෙන ස්වභාවයට පත්වන්නේ ය.

ආනන්දයෙනි, එය මෙබඳු දෙයකි. නොකැඩුණු, කුණු නොවූ, අව් සුළඟින් විනාශ නොවුණු, සාරය ඇති සුව සේ රැස් කළ බීජයෝ හොඳ කුඹුරක හොඳින් පිරියම් කළ බිමක වපුරත් නම් ආනන්දයෙනි, මේ බීජයෝ වැඩීමට අභිවෘද්ධියට විපුල බවට පත්වන්නාහු යැයි ඔබ දන්නෙහි ද?" "එසේ ය, ස්වාමීනී"

"එසෙයින් ම ආනන්දයෙනි, මම මෙහිලා ඇතැම් පුද්ගලයෙකු පිළිබඳ ව මෙසේ මා සිතින් ඔහු සිත පිරිසිඳ දනිමි. එනම් මේ පුද්ගලයා තුළ කුසල් දහම් ද, අකුසල් දහම් ද, දකින්නට තිබේ ය කියා. පසු කලක ඔහු පිළිබඳ ව මෙසේ මා සිතින් පිරිසිඳ දකිමි. මේ පුද්ගලයා තුළ තිබූ කුසල් දහම් නැති වී ගොසින් ය. අකුසල් දහම් පෙරට පැමිණ තිබෙයි. එනමුදු මොහුගේ කුසල මූලයන් නොනැසී ඇත්තේ ය. මොහුගේ ඒ කුසල මූලයෙන් කුසල් මතු වන්නේ ය. මෙසේ මේ පුද්ගලයා මත්තෙහි නොපිරිහෙන ස්වභාවයට පත්වන්නේ ය.

මෙසේ ත් ආනන්දයෙනි, තථාගතයන් විසින් පුරුෂ පුද්ගලයන්ගේ සිත සිය සිතින් පිරිසිඳ දන්නා ලද්දේ වෙයි.

මෙසේ ත් ආනන්දයෙනි, තථාගතයන් විසින් පුරුෂ ඉන්ද්‍රිය ඥානය සිය සිතින් පිරිසිඳ දන්නා ලද්දේ වෙයි. මෙසේ ත් ආනන්දයෙනි, තථාගතයන් විසින් අනාගතයෙහි ඔවුන් තුළ හටගන්නා දේ ගැන සිය සිතින් පිරිසිඳ දන්නා ලද්දේ වෙයි.

2. ආනන්දයෙනි, මෙහිලා ඇතැම් පුද්ගලයෙකු පිළිබඳ ව මෙසේ මා සිතින් ඔහු සිත පිරිසිඳ දනිමි. එනම් මේ පුද්ගලයා තුළ කුසල් දහම් ද, අකුසල් දහම් ද, දකින්නට තිබේ ය කියා. පසු කලක ඔහු පිළිබඳ ව මෙසේ මා සිතින් පිරිසිඳ දකිමි. මේ පුද්ගලයා තුළ තිබූ අකුසල් දහම් නැති වී ගොසින් ය. කුසල් දහම් පෙරට පැමිණ තිබෙයි. එනමුදු මොහුගේ අකුසල මූලයන් නොනැසී ඇත්තේ ය. මොහුගේ ඒ අකුසල මූලයෙන් අකුසල් මතු වන්නේ ය. මෙසේ මේ පුද්ගලයා මත්තෙහි පිරිහෙන ස්වභාවයට පත්වන්නේ ය.

ආනන්දයෙනි, එය මෙබඳු දෙයකි. නොකැඩුණු, කුණු නොවූ, අව් සුළඟින් විනාශ නොවුණු, සාරය ඇති සුව සේ රැස් කළ බීජයෝ ගල්තලාවක වපුරත් නම් ආනන්දයෙනි, මේ බීජයෝ වැඩීමට අභිවෘද්ධියට විපුල බවට නොපත්වන්නාහු යැයි ඔබ දන්නෙහි ද?" "එසේ ය, ස්වාමීනී"

"එසෙයින් ම ආනන්දයෙනි, මම මෙහිලා ඇතැම් පුද්ගලයෙකු පිළිබඳ ව මෙසේ මා සිතින් ඔහු සිත පිරිසිඳ දනිමි. එනම් මේ පුද්ගලයා තුළ කුසල් දහම් ද, අකුසල් දහම් ද, දකින්නට තිබේ ය කියා. පසු කලක ඔහු පිළිබඳ ව

මෙසේ මා සිතින් පිරිසිඳ දකිමි. මේ පුද්ගලයා තුළ තිබූ අකුසල් දහම් නැති වී ගොසින් ය. කුසල් දහම් පෙරට පැමිණ තිබෙයි. එනමුදු මොහුගේ අකුසල මූලයන් නොනැසී ඇත්තේ ය. මොහුගේ ඒ අකුසල මූලයෙන් අකුසල් මතු වන්නේ ය. මෙසේ මේ පුද්ගලයා මත්තෙහි පිරිහෙන ස්වභාවයට පත්වන්නේ ය.

මෙසේ ත් ආනන්දයෙනි, තථාගතයන් විසින් පුරුෂ පුද්ගලයන්ගේ සිත සිය සිතින් පිරිසිඳ දන්නා ලද්දේ වෙයි.

මෙසේ ත් ආනන්දයෙනි, තථාගතයන් විසින් පුරුෂ ඉන්ද්‍රිය ඥානය සිය සිතින් පිරිසිඳ දන්නා ලද්දේ වෙයි. මෙසේ ත් ආනන්දයෙනි, තථාගතයන් විසින් අනාගතයෙහි ඔවුන් තුළ හටගන්නා දේ ගැන සිය සිතින් පිරිසිඳ දන්නා ලද්දේ වෙයි.

3. ආනන්දයෙනි, මෙහිලා ඇතැම් පුද්ගලයෙකු පිළිබඳ ව මෙසේ මා සිතින් ඔහු සිත පිරිසිඳ දනිමි. එනම් මේ පුද්ගලයා තුළ කුසල් දහම් ද, අකුසල් දහම් ද, දකින්නට තිබේ ය කියා. පසු කලක ඔහු පිළිබඳ ව මෙසේ මා සිතින් පිරිසිඳ දකිමි. මේ පුද්ගලයා තුළ අස්ලොම් අග තැවරෙන පමණකවත් කුසල ධර්ම මාත්‍රයක් නැත්තේ ය. මේ පුද්ගල තෙමේ ඒකාන්තයෙන් කළු පැහැ ගත් අකුසල ධර්මයන්ගෙන් සමන්විත වූයේ ය. කය බිඳී මරණින් මතු අපාය නම් වූ දුගතිය නම් වූ විනිපාත නම් වූ නිරයෙහි උපදින්නේ ය.

ආනන්දයෙනි, එය මෙබඳු දෙයකි. කැඩුණු, කුණු වූ, අව් සුළඟින් විනාශ වුණු බීජයෝ හොඳ කුඹුරක හොඳින් පිරියම් කළ බිමක වපුරත් නම් ආනන්දයෙනි, මේ බීජයෝ වැඩීමට අභිවෘද්ධියට විපුල බවට නොපත්වන්නාහු යැයි ඔබ දන්නෙහි ද?" "එසේ ය, ස්වාමීනී"

"එසෙයින් ම ආනන්දයෙනි, මම මෙහිලා ඇතැම් පුද්ගලයෙකු පිළිබඳ ව මෙසේ මා සිතින් ඔහු සිත පිරිසිඳ දනිමි. එනම් මේ පුද්ගලයා තුළ කුසල් දහම් ද, අකුසල් දහම් ද, දකින්නට තිබේ ය කියා. පසු කලක ඔහු පිළිබඳ ව මෙසේ මා සිතින් පිරිසිඳ දකිමි. මේ පුද්ගලයා තුළ අස්ලොම් අග තැවරෙන පමණකවත් කුසල ධර්ම මාත්‍රයක් නැත්තේ ය. මේ පුද්ගල තෙමේ ඒකාන්තයෙන් කළු පැහැ ගත් අකුසල ධර්මයන්ගෙන් සමන්විත වූයේ ය. කය බිඳී මරණින් මතු අපාය නම් වූ දුගතිය නම් වූ විනිපාත නම් වූ නිරයෙහි උපදින්නේ ය.

මෙසේ ත් ආනන්දයෙනි, තථාගතයන් විසින් පුරුෂ පුද්ගලයන්ගේ සිත සිය සිතින් පිරිසිඳ දන්නා ලද්දේ වෙයි.

මෙසේ ත් ආනන්දයෙනි, තථාගතයන් විසින් පුරුෂ ඉන්ද්‍රිය ඥානය සිය සිතින් පිරිසිඳ දන්නා ලද්දේ වෙයි. මෙසේ ත් ආනන්දයෙනි, තථාගතයන් විසින් අනාගතයෙහි ඔවුන් තුළ හටගන්නා දේ ගැන සිය සිතින් පිරිසිඳ දන්නා ලද්දේ වෙයි.

මෙසේ වදාළ කල්හී ආයුෂ්මත් ආනන්දයන් වහන්සේ භාග්‍යවතුන් වහන්සේට මෙය වදාළ සේක.

"ස්වාමීනී, මේ පුද්ගලයන් තිදෙනා සමග සැසඳෙන්නා වූ වෙනත් පුද්ගලයන් තිදෙනෙකු පැණවිය හැකි සේක් ද?" "හැකිය ආනන්දයෙනි" යැයි භාග්‍යවතුන් වහන්සේ වදාළ සේක.

4. ආනන්දයෙනි, මෙහිලා ඇතැම් පුද්ගලයෙකු පිළිබඳ ව මෙසේ මා සිතින් ඔහු සිත පිරිසිඳ දනිමි. එනම් මේ පුද්ගලයා තුළ කුසල් දහම් ද, අකුසල් දහම් ද, දකින්නට තිබේ ය කියා. පසු කලක ඔහු පිළිබඳ ව මෙසේ මා සිතින් පිරිසිඳ දකිමි. මේ පුද්ගලයා තුළ තිබූ කුසල් දහම් නැති වී ගොසින් ය. අකුසල් දහම් පෙරට පැමිණ තිබෙයි. එනමුදු මොහුගේ කුසල මූලයන් නොනැසී ඇත්තේ ය. එය ද සර්වප්‍රකාරයෙන් සමූලඝාතනයට පත් වන්නේ ය. මෙසේ මේ පුද්ගලයා මත්තෙහි පිරිහෙන ස්වභාවයට පත්වන්නේ ය.

ආනන්දයෙනි, එය මෙබඳු දෙයකි. ගිනිගත් දැල්වෙන ගිනි දැල්ලෙන් යුතු අඟුරු ගල් තලාවක දමයි නම්, ආනන්දයෙනි, මේ ගිනි අඟුරු වැඩීමට අභිවෘද්ධියට විපුල බවට පත් නොවන්නේ ය යැයි ඔබ දන්නෙහි ද?" "එසේ ය, ස්වාමීනී"

ආනන්දයෙනි, එය මෙබඳු දෙයකි. සවස් වරුවෙහි හිරු බැසයන කල්හී ආලෝකය අතුරුදහන් වන්නේ ය. අන්ධකාරය පහළ වන්නේ ය යන කරුණ ආනන්දයෙනි, ඔබ දන්නෙහි ද?" "එසේ ය, ස්වාමීනී"

ආනන්දයෙනි, එය මෙබඳු දෙයකි. අඩ රැයක් ගෙවී යාමට ආසන්නයේදී බත් අනුභව කරන සමයෙහි ආලෝකය අතුරුදහන් වන්නේ ය. අන්ධාකරය පහළ වන්නේ ය යන කරුණ ආනන්දයෙනි, ඔබ දන්නෙහි ද?" "එසේ ය, ස්වාමීනී"

"එසෙයින් ම ආනන්දයෙනි, මෙහිලා ඇතැම් පුද්ගලයෙකු පිළිබඳ ව මෙසේ මා සිතින් ඔහු සිත පිරිසිඳ දනිමි. එනම් මේ පුද්ගලයා තුළ කුසල් දහම් ද, අකුසල් දහම් ද, දකින්නට තිබේ ය කියා. පසු කලක ඔහු පිළිබඳ ව මෙසේ මා සිතින් පිරිසිඳ දකිමි. මේ පුද්ගලයා තුළ තිබූ කුසල් දහම් නැති වී ගොසින්

ය. අකුසල් දහම් පෙරට පැමිණ තිබෙයි. එනමුදු මොහුගේ කුසල මූලයන් නොනැසී ඇත්තේ ය. එය ද සර්වප්‍රකාරයෙන් සමූලඝාතනයට පත් වන්නේ ය. මෙසේ මේ පුද්ගලයා මත්තෙහි පිරිහෙන ස්වභාවයට පත්වන්නේ ය.

මෙසේ ත් ආනන්දයෙනි, තථාගතයන් විසින් පුරුෂ පුද්ගලයන්ගේ සිත සිය සිතින් පිරිසිඳ දන්නා ලද්දේ වෙයි.

මෙසේ ත් ආනන්දයෙනි, තථාගතයන් විසින් පුරුෂ ඉන්ද්‍රිය ඥානය සිය සිතින් පිරිසිඳ දන්නා ලද්දේ වෙයි. මෙසේ ත් ආනන්දයෙනි, තථාගතයන් විසින් අනාගතයෙහි ඔවුන් තුළ හටගන්නා දේ ගැන සිය සිතින් පිරිසිඳ දන්නා ලද්දේ වෙයි.

5. ආනන්දයෙනි, මෙහිලා ඇතැම් පුද්ගලයෙකු පිළිබඳ ව මෙසේ මා සිතින් ඔහු සිත පිරිසිඳ දනිමි. එනම් මේ පුද්ගලයා තුළ කුසල් දහම් ද, අකුසල් දහම් ද, දකින්නට තිබේ ය කියා. පසු කලක ඔහු පිළිබඳ ව මෙසේ මා සිතින් පිරිසිඳ දකිමි. මේ පුද්ගලයා තුළ තිබූ අකුසල් දහම් නැති වී ගොසින් ය. කුසල් දහම් පෙරට පැමිණ තිබෙයි. එනමුදු මොහුගේ අකුසල මූලයන් නොනැසී ඇත්තේ ය. එය ද සර්වප්‍රකාරයෙන් සමූලඝාතනයට පත් වන්නේ ය. මෙසේ මේ පුද්ගලයා මත්තෙහි නොපිරිහෙන ස්වභාවයට පත්වන්නේ ය.

ආනන්දයෙනි, එය මෙබඳු දෙයකි. ගිනිගත් දූල්වෙන ගිනි දූල්ලෙන් යුතු අඟුරු වියළි තණ කොළ ගොඩකට හෝ ලී ගොඩකට හෝ දමයි නම් ආනන්දයෙනි, මේ ගිනි අඟුරු වැඩීමට අභිවෘද්ධියට විපුල බවට පත් වන්නේ ය යැයි ඔබ දන්නෙහි ද?" "එසේ ය, ස්වාමීනී"

ආනන්දයෙනි, එය මෙබඳු දෙයකි. රාත්‍රී පශ්චිම යාමයෙහි හිරු උදාවන කල්හී අන්ධකාරය අතුරුදහන් වන්නේ ය. ආලෝකය පහළ වන්නේ ය යන කරුණ ආනන්දයෙනි, ඔබ දන්නෙහි ද?" "එසේ ය, ස්වාමීනී"

ආනන්දයෙනි, එය මෙබඳු දෙයකි. මධ්‍යහ්නය ආසන්නයේදී බත් අනුභව කරන සමයෙහි අන්ධකාරය අතුරුදහන් වන්නේ ය. ආලෝකය පහළ වන්නේ ය යන කරුණ ආනන්දයෙනි, ඔබ දන්නෙහි ද?" "එසේ ය, ස්වාමීනී"

"එසෙයින් ම ආනන්දයෙනි, මෙහිලා මෙහිලා ඇතැම් පුද්ගලයෙකු පිළිබඳ ව මෙසේ මා සිතින් ඔහු සිත පිරිසිඳ දනිමි. එනම් මේ පුද්ගලයා තුළ කුසල් දහම් ද, අකුසල් දහම් ද, දකින්නට තිබේ ය කියා. පසු කලක ඔහු පිළිබඳ ව මෙසේ මා සිතින් පිරිසිඳ දකිමි. මේ පුද්ගලයා තුළ තිබූ අකුසල් දහම් නැති වී ගොසින් ය. කුසල් දහම් පෙරට පැමිණ තිබෙයි. එනමුදු මොහුගේ

අකුසල මූලයන් නොනැසී ඇත්තේ ය. එය ද සර්වප්‍රකාරයෙන් සමූලඝාතනයට පත් වන්නේ ය. මෙසේ මේ පුද්ගලයා මත්තෙහි නොපිරිහෙන ස්වභාවයට පත්වන්නේ ය.

මෙසේ ත් ආනන්දයෙනි, තථාගතයන් විසින් පුරුෂ පුද්ගලයන්ගේ සිත සිය සිතින් පිරිසිඳ දන්නා ලද්දේ වෙයි.

මෙසේ ත් ආනන්දයෙනි, තථාගතයන් විසින් පුරුෂ ඉන්ද්‍රිය ඥානය සිය සිතින් පිරිසිඳ දන්නා ලද්දේ වෙයි. මෙසේ ත් ආනන්දයෙනි, තථාගතයන් විසින් අනාගතයෙහි ඔවුන් තුළ හටගන්නා දේ ගැන සිය සිතින් පිරිසිඳ දන්නා ලද්දේ වෙයි.

6. ආනන්දයෙනි, මෙහිලා ඇතැම් පුද්ගලයෙකු පිළිබඳ ව මෙසේ මා සිතින් ඔහු සිත පිරිසිඳ දනිමි. එනම් මේ පුද්ගලයා තුළ කුසල් දහම් ද, අකුසල් දහම් ද, දකින්නට තිබේ ය කියා. පසු කලක ඔහු පිළිබඳ ව මෙසේ මා සිතින් පිරිසිඳ දකිමි. මේ පුද්ගලයා තුළ අස්ලොම් අග තැවරෙන පමණකවත් අකුසල ධර්ම මාත්‍රයක් නැත්තේ ය. මේ පුද්ගල තෙමේ ඒකාන්තයෙන් සුදු පැහැයෙන් යුතු නිරවද්‍ය ධර්මයන්ගෙන් යුතුව මෙලොවදී ම පිරිනිවීමට පත්වන්නේ ය.

ආනන්දයෙනි, එය මෙබඳු දෙයකි. සිසිල් වී ගිය, නිවී ගිය අඟුරු වියළි තණකොළ ගොඩකට හෝ ලී ගොඩකට හෝ දමන්නේ නම් ආනන්දයෙනි, මේ අඟුරු වැඩීමට අභිවෘද්ධියට විපුල බවට නොපත්වන්නේ ය යැයි ඔබ දන්නෙහි ද?" "එසේ ය, ස්වාමීනී"

"එසෙයින් ම ආනන්දයෙනි, මම මෙහිලා මෙහිලා ඇතැම් පුද්ගලයෙකු පිළිබඳ ව මෙසේ මා සිතින් ඔහු සිත පිරිසිඳ දනිමි. එනම් මේ පුද්ගලයා තුළ කුසල් දහම් ද, අකුසල් දහම් ද, දකින්නට තිබේ ය කියා. පසු කලක ඔහු පිළිබඳ ව මෙසේ මා සිතින් පිරිසිඳ දකිමි. මේ පුද්ගලයා තුළ අස්ලොම් අග තැවරෙන පමණකවත් අකුසල ධර්ම මාත්‍රයක් නැත්තේ ය. මේ පුද්ගල තෙමේ ඒකාන්තයෙන් සුදු පැහැයෙන් යුතු නිරවද්‍ය ධර්මයන්ගෙන් යුතුව මෙලොවදී ම පිරිනිවීමට පත්වන්නේ ය.

මෙසේ ත් ආනන්දයෙනි, තථාගතයන් විසින් පුරුෂ පුද්ගලයන්ගේ සිත සිය සිතින් පිරිසිඳ දන්නා ලද්දේ වෙයි.

මෙසේ ත් ආනන්දයෙනි, තථාගතයන් විසින් පුරුෂ ඉන්ද්‍රිය ඥානය සිය සිතින් පිරිසිඳ දන්නා ලද්දේ වෙයි. මෙසේ ත් ආනන්දයෙනි, තථාගතයන් විසින් අනාගතයෙහි ඔවුන් තුළ හටගන්නා දේ ගැන සිය සිතින් පිරිසිඳ දන්නා ලද්දේ වෙයි.

ආනන්දයෙනි, එහිලා කලින් පැවසූ පුද්ගලයෝ තිදෙනෙක් වෙත් ද, ඒ තුන් වැදෑරුම් පුද්ගලයන්ගේ කෙනෙක් නොපිරිහී යන ස්වභාව ඇත්තෙකි. අනිත් කෙනා පිරිහෙන ස්වභාව ඇත්තෙකි. අනිත් කෙනා අපායෙහි උපදින, නිරයෙහි උපදින කෙනෙකි.

ආනන්දයෙනි, එහිලා පසු ව පැවසූ පුද්ගලයෝ තිදෙනෙක් වෙත් ද, ඒ තුන් වැදෑරුම් පුද්ගලයන්ගේ කෙනෙක් පිරිහී යන ස්වභාව ඇත්තෙකි. අනිත් කෙනා නොපිරිහෙන ස්වභාව ඇත්තෙකි. අනිත් කෙනා පිරිනිවන් පාන ස්වභාව කෙනෙකි.

සාදු! සාදු!! සාදු!!!

පුරිසින්ද්‍රියඤාණ සූත්‍රය නිමා විය.

6.2.1.9.
නිබ්බේධික සූත්‍රය
විනිවිද යන ප්‍රඥාව ගැන වදාළ දෙසුම

සැවැත් නුවර දී ය .....

මහණෙනි, ඔබට විනිවිද වැටහෙන නුවණ ඇති කරගැනීමේ ක්‍රමය පිළිබඳ ධර්ම පර්යාය දේශනා කරන්නෙමි. එය අසව්. මැනැවින් මෙනෙහි කරව්. පවසන්නෙමි. 'එසේය ස්වාමීනී' යි ඒ භික්ෂූහු භාග්‍යවතුන් වහන්සේට පිළිවදන් දුන්හ. භාග්‍යවතුන් වහන්සේ මෙය වදාළ සේක.

මහණෙනි, ඒ විනිවිද වැටහෙන නුවණ ඇති කරගැනීමේ ක්‍රමය පිළිබඳ ධර්ම පර්යාය කුමක් ද?

මහණෙනි, කාමයෝ දත යුත්තාහු ය. කාමයන්ගේ පසුබිම හටගන්නා අයුරු දත යුත්තේ ය. කාමයන්ගේ විවිධත්වය දත යුත්තේ ය. කාමයන්ගේ විපාකය දත යුත්තේ ය. කාමයන් නිරුද්ධ වීම දත යුත්තේ ය. කාමයන් නිරුද්ධ වන්නා වූ ප්‍රතිපදාව දත යුත්තේ ය.

මහණෙනි, විඳීම් දත යුත්තේ ය. විඳීම්වල පසුබිම හටගන්නා අයුරු දත යුත්තේ ය. විඳීම්වල විවිධත්වය දත යුත්තේ ය. විඳීම්වල විපාකය දත යුත්තේ

ය. විඳීම්වල නිරුද්ධ වීම දත යුත්තේ ය. විඳීම් නිරුද්ධ වන්නා වූ ප්‍රතිපදාව දත යුත්තේ ය.

මහණෙනි, සංඥා දත යුත්තේ ය. සංඥාවල පසුබිම හටගන්නා අයුරු දත යුත්තේ ය. සංඥාවල විවිධත්වය දත යුත්තේ ය. සංඥාවල විපාකය දත යුත්තේ ය. සංඥාවල නිරුද්ධ වීම දත යුත්තේ ය. සංඥා නිරුද්ධ වන්නා වූ ප්‍රතිපදාව දත යුත්තේ ය.

මහණෙනි, ආශ්‍රවයෝ දත යුත්තාහු ය. ආශ්‍රවයන්ගේ පසුබිම හටගන්නා අයුරු දත යුත්තේ ය. ආශ්‍රවයන්ගේ විවිධත්වය දත යුත්තේ ය. ආශ්‍රවයන්ගේ විපාකය දත යුත්තේ ය. ආශ්‍රවයන්ගේ නිරුද්ධ වීම දත යුත්තේ ය. ආශ්‍රවයන් නිරුද්ධ වන්නා වූ ප්‍රතිපදාව දත යුත්තේ ය.

මහණෙනි, කර්මය දත යුත්තේ ය. කර්මයන්ගේ පසුබිම හටගන්නා අයුරු දත යුත්තේ ය. කර්මයන්ගේ විවිධත්වය දත යුත්තේ ය. කර්මයන්ගේ විපාකය දත යුත්තේ ය. කර්මයන් නිරුද්ධ වීම දත යුත්තේ ය. කර්මයන් නිරුද්ධ වන්නා වූ ප්‍රතිපදාව දත යුත්තේ ය.

මහණෙනි, දුක දත යුත්තේ ය. දුකෙහි පසුබිම හටගන්නා අයුරු දත යුත්තේ ය. දුකෙහි විවිධත්වය දත යුත්තේ ය. දුකෙහි විපාකය දත යුත්තේ ය. දුක නිරුද්ධ වීම දත යුත්තේ ය. දුක නිරුද්ධ වන්නා වූ ප්‍රතිපදාව දත යුත්තේ ය.

1.   'මහණෙනි, කාමයෝ දත යුත්තාහු ය. කාමයන්ගේ පසුබිම හටගන්නා අයුරු දත යුත්තේ ය. කාමයන්ගේ විවිධත්වය දත යුත්තේ ය. කාමයන්ගේ විපාකය දත යුත්තේ ය. කාමයන් නිරුද්ධ වීම දත යුත්තේ ය. කාමයන් නිරුද්ධ වන්නා වූ ප්‍රතිපදාව දත යුත්තේ ය.' යනුවෙන් යමක් කියන ලද්දේ නම්, එය කවර කරුණක් අරභයා කියන ලද්දේ ද යත්;

මහණෙනි, මේ කාම ගුණයෝ පසකි. ඉෂ්ට වූ, කාන්ත වූ, මනාප වූ, ප්‍රිය ස්වභාව ඇති, කැමැත්ත ඇතිවෙන, කෙලෙස් ඇතිවෙන, ඇසින් දත යුතු රූපයෝ ය. කනින් දත යුතු ශබ්දයෝ ය ....(පෙ).... නාසයෙන් දත යුතු ගන්ධයෝ ය. ....(පෙ).... දිවෙන් දත යුතු රසයෝ ය. ....(පෙ).... ඉෂ්ට වූ, කාන්ත වූ, මනාප වූ, ප්‍රිය ස්වභාව ඇති, කැමැත්ත ඇතිවෙන, කෙලෙස් ඇතිවෙන, කයින් දත යුතු ස්පර්ශයෝ ය. මහණෙනි, නමුත් මේවා කාමයෝ නොවෙති. ආර්ය විනයෙහි මේවා කාම ගුණ යැයි කියනු ලැබේ.

(ගාථාවකි)

සංකප්පරාගෝ පුරිසස්ස කාමෝ
නේතේ කාමා යානි චිත්‍රානි ලෝකේ
සංකප්පරාගෝ පුරිසස්ස කාමෝ
තිට්ඨන්ති චිත්‍රානි තථේව ලෝකේ
අථෙත්ථ ධීරා විනයන්ති ඡන්දන්'ති.

පුරුෂයාගේ කාමය යනු සංකල්ප රාගයකි. ලෝකයෙහි විසිතුරු අරමුණු වෙත් ද, ඒවා කාමයෝ නොවෙති. පුරුෂයාගේ කාමය යනු සිතුවිලිවල හටගන්නා රාගය යි. ලෝකයෙහි විසිතුරු අරමුණු ඒ අයුරින් ම තිබෙයි. එහෙත් නුවණින් එඩිතර වූවෝ ඒ කෙරෙහි ඇති ආශාව දුරලති.

මහණෙනි, කාමයන්ගේ පසුබිම හටගැනීම යනු කුමක් ද? මහණෙනි, ආධ්‍යාත්ම ආයතනය ත්, බාහිර ආයතනය ත්, විඤ්ඤාණය ත් එකට එකතු වීම නම් වූ ස්පර්ශය කාමයන්ගේ පසුබිමෙහි සම්භවය යි.

මහණෙනි, කාමයන්ගේ විවිධත්වය යනු කුමක් ද? මහණෙනි, රූපයන් පිළිබඳ කාමය අනෙකකි. ශබ්දයන් පිළිබඳ කාමය අනෙකකි. ගන්ධයන් පිළිබඳ කාමය අනෙකකි. රසයන් පිළිබඳ කාමය අනෙකකි. ස්පර්ශයන් පිළිබඳ කාමය අනෙකකි. මහණෙනි, මෙය කාමයන්ගේ විවිධත්වය යැයි කියනු ලැබේ.

මහණෙනි, කාමයන්ගේ විපාක යනු කුමක් ද? මහණෙනි, යමක් කැමති වන්නේ නම්, පිනෙහි විපාක වශයෙන් හෝ පවෙහි විපාක වශයෙන් හෝ ඒ ඒ ආත්මභාවය උපදවයි නම්, මහණෙනි, මෙය කාමයන්ගේ විපාකය යැයි කියනු ලැබේ.

මහණෙනි, කාමයන්ගේ නිරුද්ධ වීම යනු කුමක් ද? මහණෙනි, ස්පර්ශය නිරුද්ධ වීමෙන් කාමයන් නිරුද්ධ වෙයි.

ඒ මේ ආර්ය අෂ්ටාංගික මාර්ගය ම කාමයන් නිරුද්ධ වීමේ ප්‍රතිපදාවයි. එනම් නිවැරදි දෘෂ්ටිය ය, නිවැරදි සංකල්පනා ය, නිවැරදි වචන භාවිතය ය, නිවැරදි කායික ක්‍රියාවන් ය, නිවැරදි ජීවිකාව ය, නිවැරදි උත්සාහය ය, නිවැරදි සිහිය ය, නිවැරදි සමාධිය ය.

මහණෙනි, යම් කලක ආර්ය ශ්‍රාවක තෙමේ මෙසේ කාමයන් දනියි ද, මෙසේ කාමයන්ගේ පසුබිමෙහි සම්භවය දනියි ද, මෙසේ කාමයන්ගේ විවිධත්වය දනියි ද, මෙසේ කාමයන්ගේ විපාකය දනියි ද, මෙසේ කාමයන්ගේ

නිරෝධය දනියි ද, මෙසේ කාමයන් නිරුද්ධ වන්නා වූ ප්‍රතිපදාව දනියි ද, හේ විනිවිද වැටහෙන නුවණින් යුතුව කාමයන් නිරුද්ධ වන්නා වූ බඹසර දන්නේ ය.

මහණෙනි, කාමයෝ දත යුත්තාහු ය ....(පෙ).... කාම නිරෝධ ගාමිනී ප්‍රතිපදාව දත යුත්තේ ය යනුවෙන් යම් කරුණක් පවසන ලද්දේ ද, එය මේ සඳහා කියන ලද්දේ ය.

2. 'මහණෙනි, විඳීම් දත යුත්තේ ය. විඳීම්වල පසුබිම හටගන්නා අයුරු දත යුත්තේ ය. විඳීම්වල විවිධත්වය දත යුත්තේ ය. විඳීම්වල විපාකය දත යුත්තේ ය. විඳීම්වල නිරුද්ධ වීම දත යුත්තේ ය. විඳීම් නිරුද්ධ වන්නා වූ ප්‍රතිපදාව දත යුත්තේ ය' යනුවෙන් යමක් කියන ලද්දේ නම්, එය කවර කරුණක් අරභයා කියන ලද්දේ ද යත්;

මහණෙනි, මේ විඳීම් තුනකි. එනම් සැප විඳීම් ය. දුක් විඳීම් ය. දුක් සැප රහිත විඳීම් ය.

මහණෙනි, විඳීම්වල පසුබිම හටගැනීම යනු කුමක් ද? මහණෙනි, ආධ්‍යාත්ම ආයතනය ත්, බාහිර ආයතනය ත්, විඤ්ඤාණය ත් එකට එකතු වීම නම් වූ ස්පර්ශය විඳීම්වල පසුබිමෙහි සම්භවය යි.

මහණෙනි, විඳීම්වල විවිධත්වය යනු කුමක් ද? මහණෙනි, ආමිස සහිත වූ සැප විඳීමක් ඇත්තේ ය. නිරාමිස වූ සැප විඳීමක් ඇත්තේ ය. ආමිස සහිත වූ දුක් විඳීමක් ඇත්තේ ය. නිරාමිස වූ දුක් විඳීමක් ඇත්තේ ය. ආමිස සහිත වූ දුක් සැප රහිත විඳීමක් ඇත්තේ ය. නිරාමිස වූ දුක් සැප රහිත විඳීමක් ඇත්තේ ය. මහණෙනි, මෙය විඳීම්වල විවිධත්වය යැයි කියනු ලැබේ.

මහණෙනි, විඳීම්වල විපාක යනු කුමක් ද? මහණෙනි, යමක් විඳින්නේ නම්, පිනෙහි විපාක වශයෙන් හෝ පවෙහි විපාක වශයෙන් හෝ ඒ ඒ ආත්මභාවය උපදවයි නම්, මහණෙනි, මෙය විඳීම්වල විපාකය යැයි කියනු ලැබේ.

මහණෙනි, විඳීම්වල නිරුද්ධ වීම යනු කුමක් ද? මහණෙනි, ස්පර්ශය නිරුද්ධ වීමෙන් විඳීම් නිරුද්ධ වෙයි.

ඒ මේ ආර්ය අෂ්ටාංගික මාර්ගය ම විඳීම් නිරුද්ධ වීමේ ප්‍රතිපදාවයි. එනම් නිවැරදි දෘෂ්ටිය ය, ...(පෙ).... නිවැරදි සමාධිය ය.

මහණෙනි, යම් කලක ආර්ය ශ්‍රාවක තෙමේ මෙසේ විඳීම් දනියි ද, මෙසේ

විඳීම්වල පසුබිමෙහි සම්භවය දනියි ද, මෙසේ විඳීම්වල විවිධත්වය දනියි ද, මෙසේ විඳීම්වල විපාක දනියි ද, මෙසේ විඳීම්වල නිරෝධය දනියි ද, මෙසේ විඳීම් නිරුද්ධ වන්නා වූ ප්‍රතිපදාව දනියි ද, හේ විනිවිද වැටහෙන නුවණින් යුතුව විඳීම් නිරුද්ධ වන්නා වූ බඹසර දන්නේ ය.

මහණෙනි, විඳීම් දත යුත්තේ ය ....(පෙ).... විඳීම් නිරෝධ ගාමිනී ප්‍රතිපදාව දත යුත්තේ ය යනුවෙන් යම් කරුණක් පවසන ලද්දේ ද, එය මේ සඳහා කියන ලද්දේ ය.

3. 'මහණෙනි, සංඥා දත යුත්තේ ය. සංඥාවල පසුබිම හටගන්නා අයුරු දත යුත්තේ ය. සංඥාවල විවිධත්වය දත යුත්තේ ය. සංඥාවල විපාකය දත යුත්තේ ය. සංඥාවල නිරුද්ධ වීම දත යුත්තේ ය. සංඥා නිරුද්ධ වන්නා වූ ප්‍රතිපදාව දත යුත්තේ ය. යනුවෙන් යමක් කියන ලද්දේ නම්, එය කවර කරුණක් අරභයා කියන ලද්දේ ද යත්;

මහණෙනි, මේ සංඥා සයකි. එනම් රූප සංඥාව ය. ශබ්ද සංඥාව ය. ගන්ධ සංඥාව ය. රස සංඥාව ය. ස්පර්ශ සංඥාව ය. අරමුණු සංඥාව ය.

මහණෙනි, සංඥාවල පසුබිම හටගැනීම යනු කුමක් ද? මහණෙනි, ආධ්‍යාත්ම ආයතනය ත්, බාහිර ආයතනය ත්, විඤ්ඤාණය ත් එකට එකතු වීම නම් වූ ස්පර්ශය සංඥාවල පසුබිමෙහි සම්භවය යි.

මහණෙනි, සංඥාවල විවිධත්වය යනු කුමක් ද? මහණෙනි, රූපයන් පිළිබඳ සංඥාව අනෙකකි. ශබ්දයන් පිළිබඳ සංඥාව අනෙකකි. ගන්ධයන් පිළිබඳ සංඥාව අනෙකකි. රසයන් පිළිබඳ සංඥාව අනෙකකි. ස්පර්ශයන් පිළිබඳ සංඥාව අනෙකකි. අරමුණු පිළිබඳ සංඥාව අනෙකකි. මහණෙනි, මෙය සංඥාවන්ගේ විවිධත්වය යැයි කියනු ලැබේ.

මහණෙනි, සංඥාවල විපාක යනු කුමක් ද? මහණෙනි, මම සංඥාව ව්‍යවහාරය විපාක කොට ඇත්තේ යැයි කියමි. යම් යම් අයුරකින් හඳුනාගනියි ද, 'මෙබඳු වූ සංඥාවක් ඇති ව සිටියෙමි' යි ඒ ඒ අයුරින් ව්‍යවහාර කරයි. මහණෙනි, මෙය සංඥාවන්ගේ විපාකය යැයි කියනු ලැබේ.

මහණෙනි, සංඥාවල නිරුද්ධ වීම යනු කුමක් ද? මහණෙනි, ස්පර්ශය නිරුද්ධ වීමෙන් සංඥා නිරුද්ධ වෙයි.

ඒ මේ ආර්ය අෂ්ටාංගික මාර්ගය ම සංඥා නිරුද්ධ වීමේ ප්‍රතිපදාවයි. එනම් නිවැරදි දෘෂ්ටිය ය, ...(පෙ).... නිවැරදි සමාධිය ය.

මහණෙනි, යම් කලක ආර්ය ශ්‍රාවක තෙමේ මෙසේ සංඥා දනියි ද, මෙසේ සංඥාවල පසුබිමෙහි සම්භවය දනියි ද, මෙසේ සංඥාවල විවිධත්වය දනියි ද, මෙසේ සංඥාවල විපාකය දනියි ද, මෙසේ සංඥාවල නිරෝධය දනියි ද, මෙසේ සංඥා නිරුද්ධ වන්නා වූ ප්‍රතිපදාව දනියි ද, හේ විනිවිද වැටහෙන නුවණින් යුතුව සංඥා නිරුද්ධ වන්නා වූ බඹසර දන්නේ ය.

මහණෙනි, සංඥා දත යුත්තේ ය ....(පෙ).... සංඥා නිරෝධ ගාමිනී ප්‍රතිපදාව දත යුත්තේ ය යනුවෙන් යම් කරුණක් පවසන ලද්දේ ද, එය මේ සඳහා කියන ලද්දේ ය.

4.   'මහණෙනි, ආශ්‍රවයෝ දත යුත්තාහු ය. ආශ්‍රවයන්ගේ පසුබිම හටගන්නා අයුරු දත යුත්තේ ය. ආශ්‍රවයන්ගේ විවිධත්වය දත යුත්තේ ය. ආශ්‍රවයන්ගේ විපාකය දත යුත්තේ ය. ආශ්‍රවයන්ගේ නිරුද්ධ වීම දත යුත්තේ ය. ආශ්‍රවයන් නිරුද්ධ වන්නා වූ ප්‍රතිපදාව දත යුත්තේ ය' යනුවෙන් යමක් කියන ලද්දේ නම්, එය කවර කරුණක් අරභයා කියන ලද්දේ ද යත්;

මහණෙනි, මේ ආශ්‍රවයෝ තුනකි. එනම් කාම ආශ්‍රව ය. භව ආශ්‍රව ය. අවිද්‍යා ආශ්‍රව ය.

මහණෙනි, ආශ්‍රවයන්ගේ පසුබිම හටගැනීම යනු කුමක් ද? මහණෙනි, අවිද්‍යාව ආශ්‍රවයන්ගේ පසුබිමෙහි සම්භවය යි.

මහණෙනි, ආශ්‍රවයන්ගේ විවිධත්වය යනු කුමක් ද? මහණෙනි, නිරය කරා රැගෙන යන ආශ්‍රවයෝ ඇත්තාහ. මහණෙනි, තිරිසන් යෝනිය කරා රැගෙන යන ආශ්‍රවයෝ ඇත්තාහ. මහණෙනි, ප්‍රේත විෂය කරා රැගෙන යන ආශ්‍රවයෝ ඇත්තාහ. මහණෙනි, මිනිස් ලොව කරා රැගෙන යන ආශ්‍රවයෝ ඇත්තාහ. මහණෙනි, දෙව්ලොව කරා රැගෙන යන ආශ්‍රවයෝ ඇත්තාහ. මහණෙනි, මෙය ආශ්‍රවයන්ගේ විවිධත්වය යැයි කියනු ලැබේ.

මහණෙනි, ආශ්‍රවයන්ගේ විපාක යනු කුමක් ද? මහණෙනි, යම් හෙයකින් අවිද්‍යාව තුළ සිටින සත්වයා පිනෙහි විපාක වශයෙන් හෝ පවෙහි විපාක වශයෙන් හෝ ඒ ඒ ආත්මභාවය උපදවයි නම්, මහණෙනි, මෙය ආශ්‍රවයන්ගේ විපාකය යැයි කියනු ලැබේ.

මහණෙනි, ආශ්‍රවයන්ගේ නිරුද්ධ වීම යනු කුමක් ද? මහණෙනි, අවිද්‍යාව නිරුද්ධ වීමෙන් ආශ්‍රව නිරුද්ධ වෙයි.

ඒ මේ ආර්ය අෂ්ටාංගික මාර්ගය ම ආශ්‍රව නිරුද්ධ වීමේ ප්‍රතිපදාවයි. එනම් නිවැරදි දෘෂ්ටිය ය, ...(පෙ).... නිවැරදි සමාධිය ය.

මහණෙනි, යම් කලක ආර්ය ශ්‍රාවක තෙමේ මෙසේ ආශ්‍රව දනියි ද, මෙසේ ආශ්‍රවයන්ගේ පසුබිමෙහි සම්භවය දනියි ද, මෙසේ ආශ්‍රවයන්ගේ විවිධත්වය දනියි ද, මෙසේ ආශ්‍රවයන්ගේ විපාක දනියි ද, මෙසේ ආශ්‍රවයන්ගේ නිරෝධය දනියි ද, මෙසේ ආශ්‍රවයන් නිරුද්ධ වන්නා වූ ප්‍රතිපදාව දනියි ද, හේ විනිවිද වැටහෙන නුවණින් යුතුව ආශ්‍රව නිරුද්ධ වන්නා වූ බඹසර දන්නේ ය.

මහණෙනි, ආශ්‍රව දත යුත්තේ ය ....(පෙ).... ආශ්‍රව නිරෝධ ගාමිනී ප්‍රතිපදාව දත යුත්තේ ය යනුවෙන් යම් කරුණක් පවසන ලද්දේ ද, එය මේ සඳහා කියන ලද්දේ ය.

5. 'මහණෙනි, කර්මය දත යුත්තේ ය. කර්මයන්ගේ පසුබිම හටගන්නා අයුරු දත යුත්තේ ය. කර්මයන්ගේ විවිධත්වය දත යුත්තේ ය. කර්මයන්ගේ විපාකය දත යුත්තේ ය. කර්මයන් නිරුද්ධ වීම දත යුත්තේ ය. කර්මයන් නිරුද්ධ වන්නා වූ ප්‍රතිපදාව දත යුත්තේ ය' යනුවෙන් යමක් කියන ලද්දේ නම්, එය කවර කරුණක් අරභයා කියන ලද්දේ ද යත්;

මහණෙනි, මම චේතනාව කර්මය යැයි කියමි. චේතනා පහළ කොට කයෙන් වචනයෙන් මනසින් කර්ම කරයි.

මහණෙනි, කර්මයන්ගේ පසුබිම හටගැනීම යනු කුමක් ද? මහණෙනි, ස්පර්ශය කර්මයන්ගේ පසුබිමෙහි සම්භවය යි.

මහණෙනි, කර්මයේ විවිධත්වය යනු කුමක් ද? මහණෙනි, නිරයේ ගොස් වින්ද යුතු කර්මයක් ඇත්තේ ය. මහණෙනි, තිරිසන් යෝනියේ දී වින්ද යුතු කර්මයක් ඇත්තේ ය. මහණෙනි, ප්‍රේත විෂයේදී වින්ද යුතු කර්මයක් ඇත්තේ ය. මහණෙනි, මිනිස් ලොවෙහි වින්ද යුතු කර්මයක් ඇත්තේ ය. මහණෙනි, දෙව්ලොවෙහි වින්ද යුතු කර්මයක් ඇත්තේ ය. මහණෙනි, මෙය කර්මයේ විවිධත්වය යැයි කියනු ලැබේ.

මහණෙනි, කර්මයන්ගේ විපාක යනු කුමක් ද? මහණෙනි, මම කර්මයන්ගේ විපාක තුන් වැදෑරුම් කොට කියමි. මෙලොවෙහි හෝ විපාක දෙයි. ඊළඟ උපත ලබන ආත්මයෙහි හෝ විපාක දෙයි. කවර හෝ උපත ලබන තැනක දී විපාක දෙයි. මහණෙනි, මෙය කර්මයන්ගේ විපාකය යැයි කියනු ලැබේ.

මහණෙනි, කර්මයන්ගේ නිරුද්ධ වීම යනු කුමක් ද? මහණෙනි, ස්පර්ශය නිරුද්ධ වීමෙන් කර්ම නිරුද්ධ වෙයි.

ඒ මේ ආර්ය අෂ්ටාංගික මාර්ගය ම කර්ම නිරුද්ධ වීමේ ප්‍රතිපදාවයි. එනම් නිවැරදි දෘෂ්ටිය ය, ...(පෙ).... නිවැරදි සමාධිය ය.

මහණෙනි, යම් කලක ආර්ය ශ්‍රාවක තෙමේ මෙසේ කර්මය දනියි ද, මෙසේ කර්මයන්ගේ පසුබිමෙහි සම්භවය දනියි ද, මෙසේ කර්මයන්ගේ විවිධත්වය දනියි ද, මෙසේ කර්මයන්ගේ විපාක දනියි ද, මෙසේ කර්මයන්ගේ නිරෝධය දනියි ද, මෙසේ කර්මයන් නිරුද්ධ වන්නා වූ ප්‍රතිපදාව දනියි ද, හේ විනිවිද වැටහෙන නුවණින් යුතුව කර්ම නිරුද්ධ වන්නා වූ බඹසර දන්නේ ය.

මහණෙනි, කර්ම දත යුත්තේ ය ....(පෙ).... කර්ම නිරෝධ ගාමිනී ප්‍රතිපදාව දත යුත්තේ ය යනුවෙන් යම් කරුණක් පවසන ලද්දේ ද, එය මේ සඳහා කියන ලද්දේ ය.

6. 'මහණෙනි, දුක දත යුත්තේ ය. දුකෙහි පසුබිම හටගන්නා අයුරු දත යුත්තේ ය. දුකෙහි විවිධත්වය දත යුත්තේ ය. දුකෙහි විපාකය දත යුත්තේ ය. දුක නිරුද්ධ වීම දත යුත්තේ ය. දුක නිරුද්ධ වන්නා වූ ප්‍රතිපදාව දත යුත්තේ ය' යනුවෙන් යමක් කියන ලද්දේ නම්, එය කවර කරුණක් අරභයා කියන ලද්දේ ද යත්;

මහණෙනි, ඉපදීම ත් දුකකි. මහළු වීම ත් දුකකි. රෝගී වීම ත් දුකකි. මරණය ත් දුකකි. ශෝක වැළපුම්, කායික දුක්, මානසික දුක්, සුසුම් හෙළීම් ද දුකකි. කැමති වන්නා වූ යමක් නොලැබෙයි ද එය ත් දුකකි. සියල්ල හකුළුවා පැවසුව හොත් පංච උපාදානස්කන්ධයෝ ම දුකකි.

මහණෙනි, දුකෙහි පසුබිම හටගැනීම යනු කුමක් ද? මහණෙනි, තෘෂ්ණාව දුකෙහි පසුබිමෙහි සම්භවය යි.

මහණෙනි, දුකෙහි විවිධත්වය යනු කුමක් ද? මහණෙනි, ඉතා දැඩි වූ දුක් ඇත්තේ ය. ස්වල්ප වූ දුක් ඇත්තේ ය. ඇල්ම දුරු කිරීමට දුෂ්කර වූ දුක් ඇත්තේ ය. වහා ඇල්ම දුරු කරගත හැකි දුක් ඇත්තේ ය. මහණෙනි, මෙය දුකෙහි විවිධත්වය යැයි කියනු ලැබේ.

මහණෙනි, දුකෙහි විපාක යනු කුමක් ද? මහණෙනි, මෙහිලා ඇතමෙක් දුකෙන් පීඩිත වූයේ, දුක වැළඳ ගත් සිත් ඇත්තේ ශෝක කරයි. ක්ලාන්ත වෙයි. වැළපෙයි. ළයෙහි අත් පැහැර හඬා වැටෙයි. සිහි මුලාවට පැමිණෙයි. යම් දුකකින් දැඩි සේ පීඩිත ව වැළඳ ගත් සිත් ඇති ව බාහිර පිහිටක් සොයා යයි. මේ දුක් නැතිවීම පිණිස කවරෙක් නම් එක් පදයක් හෝ දෙපදයක් හෝ දන්නේ ද කියා. මහණෙනි, මම දුක යනු සිහි මුළා වීම විපාක කොට ඇති,

එයින් මිදීමක් සෙවීම විපාක කොට ඇති දෙයක් යැයි කියමි.

මහණෙනි, දුකෙහි නිරුද්ධ වීම යනු කුමක් ද? මහණෙනි, තෘෂ්ණාව නිරුද්ධ වීමෙන් දුක නිරුද්ධ වෙයි.

ඒ මේ ආර්ය අෂ්ටාංගික මාර්ගය ම දුක නිරුද්ධ වීමේ ප්‍රතිපදාවයි. එනම් නිවැරදි දෘෂ්ටිය ය, ...(පෙ).... නිවැරදි සමාධිය ය.

මහණෙනි, යම් කලක ආර්ය ශ්‍රාවක තෙමේ මෙසේ දුක දනියි ද, මෙසේ දුකෙහි පසුබිමෙහි සම්භවය දනියි ද, මෙසේ දුකෙහි විවිධත්වය දනියි ද, මෙසේ දුකෙහි විපාක දනියි ද, මෙසේ දුකෙහි නිරෝධය දනියි ද, මෙසේ දුක නිරුද්ධ වන්නා වූ ප්‍රතිපදාව දනියි ද, හේ විනිවිද වැටහෙන නුවණින් යුතුව දුක නිරුද්ධ වන්නා වූ බඹසර දන්නේ ය.

'මහණෙනි, දුක දත යුත්තේ ය. දුකෙහි පසුබිම හටගන්නා අයුරු දත යුත්තේ ය. දුකෙහි විවිධත්වය දත යුත්තේ ය. දුකෙහි විපාකය දත යුත්තේ ය. දුක නිරුද්ධ වීම දත යුත්තේ ය. දුක නිරුද්ධ වන්නා වූ ප්‍රතිපදාව දත යුත්තේ ය' යනුවෙන් යම් කරුණක් පවසන ලද්දේ ද, එය මේ සඳහා කියන ලද්දේ ය.

මහණෙනි, ඒ විනිවිද වැටහෙන නුවණ ඇති කරගැනීමේ ක්‍රමය පිළිබඳ ධර්ම පර්යාය යනු මෙය යි.

සාදු! සාදු!! සාදු!!!

නිබ්බේධික සූත්‍රය නිමා විය.

6.2.1.10.
සීහනාද සූත්‍රය
සිංහනාදය ගැන වදාළ දෙසුම

සැවැත් නුවර දී ය .....

මහණෙනි, තථාගතයන් වහන්සේට සය වැදෑරුම් තථාගත බල ඇත්තේ ය. ඒ සය වැදෑරුම් බලයෙන් සමන්විත වූ තථාගත තෙමේ ශ්‍රේෂ්ඨත්වය ප්‍රතිඥා දෙයි. පිරිස් අතරෙහි සිංහනාද කරයි. බ්‍රහ්ම චක්‍රය ප්‍රවර්තනය කරයි. ඒ කවර සයක් ද යත්;

1. මහණෙනි, මෙහිලා තථාගත තෙමේ විය හැකි දේ විය හැකි දේ වශයෙනුත්, නොවිය හැකි දේ නොවිය හැකි දේ වශයෙනුත් ඇත්ත ඇති සැටියෙන් ම දනියි. මහණෙනි, යම් හෙයකින් තථාගත තෙමේ විය හැකි දේ විය හැකි දේ වශයෙනුත්, නොවිය හැකි දේ නොවිය හැකි දේ වශයෙනුත් ඇත්ත ඇති සැටියෙන් ම දන්නේ ද, යම් බලයකට පැමිණ තථාගතයන් වහන්සේ ශ්‍රේෂ්ඨත්වය ප්‍රතිඥා කරත් නම්, පිරිස් අතරෙහි සිහනද පතුරුවත් නම්, බ්‍රහ්ම චක්‍රය ප්‍රවර්තනය කරත් නම්, එයට හේතු වූ මෙය ද මහණෙනි, තථාගතයන්ගේ තථාගත බලයෙකි.

2. තව ද මහණෙනි, මෙහිලා තථාගත තෙමේ අතීත වූත්, අනාගත වූත්, වර්තමාන වූත් කර්ම කරන්නවුන්ගේ විපාකය හේතු වශයෙන් ද, තැන් වශයෙන් ද ඇත්ත ඇති සැටියෙන් ම දනියි. මහණෙනි, යම් හෙයකින් තථාගත තෙමේ අතීත වූත්, අනාගත වූත්, වර්තමාන වූත් කර්ම කරන්නවුන්ගේ විපාකය හේතු වශයෙන් ද, තැන් වශයෙන් ද ඇත්ත ඇති සැටියෙන් ම දන්නේ ද, යම් බලයකට පැමිණ තථාගතයන් වහන්සේ ශ්‍රේෂ්ඨත්වය ප්‍රතිඥා කරත් නම්, පිරිස් අතරෙහි සිහනද පතුරුවත් නම්, බ්‍රහ්ම චක්‍රය ප්‍රවර්තනය කරත් නම්, එයට හේතු වූ මෙය ද මහණෙනි, තථාගතයන්ගේ තථාගත බලයෙකි.

3. තව ද මහණෙනි, මෙහිලා තථාගත තෙමේ ධ්‍යාන, විමෝක්ෂ, සමාධි, සමාපත්ති ආදියෙහි කිළුටු වීමත්, පිරිසිදු වීමත්, නැගී සිටීමත් ඇත්ත ඇති සැටියෙන් ම දනියි. මහණෙනි, යම් හෙයකින් තථාගත තෙමේ ධ්‍යාන, විමෝක්ෂ, සමාධි, සමාපත්ති ආදියෙහි කිළුටු වීමත්, පිරිසිදු වීමත්, නැගී සිටීමත් ඇත්ත ඇති සැටියෙන් ම දන්නේ ද, යම් බලයකට පැමිණ තථාගතයන් වහන්සේ ශ්‍රේෂ්ඨත්වය ප්‍රතිඥා කරත් නම්, පිරිස් අතරෙහි සිහනද පතුරුවත් නම්, බ්‍රහ්ම චක්‍රය ප්‍රවර්තනය කරත් නම්, එයට හේතු වූ මෙය ද මහණෙනි, තථාගතයන්ගේ තථාගත බලයෙකි.

4. තව ද මහණෙනි, මෙහිලා තථාගත තෙමේ අනේක ප්‍රකාර වූ පෙර විසූ කඳ පිළිවෙල සිහි කරයි. එනම් එක උපතක් වශයෙන් ද, උපත් දෙකක් වශයෙන් ද, උපත් තුනක් වශයෙන් ද, උපත් සතරක් වහයෙන් ද, උපත් පහක් වශයෙන් ද, ...(පෙ).... මෙසේ කරුණු සහිත වූ, විස්තර සහිත වූ අනේක ප්‍රකාර වූ පෙර විසූ කඳ පිළිවෙල සිහි කරයි. මහණෙනි, යම් හෙයකින් තථාගත තෙමේ අනේක ප්‍රකාර වූ පෙර විසූ කඳ පිළිවෙල සිහි කරයි ද, එනම් එක උපතක් වශයෙන් ද, උපත් දෙකක් වශයෙන් ද, ...(පෙ).... මෙසේ කරුණු සහිත වූ, විස්තර සහිත වූ අනේක ප්‍රකාර වූ පෙර විසූ කඳ පිළිවෙල සිහි කරන්නේ ද, යම් බලයකට පැමිණ තථාගතයන් වහන්සේ ශ්‍රේෂ්ඨත්වය ප්‍රතිඥා කරත් නම්, පිරිස් අතරෙහි

සිහනද පතුරුවත් නම්, බ්‍රහ්ම චක්‍රය ප්‍රවර්තනය කරත් නම්, එයට හේතු වූ මෙය ද මහණෙනි, තථාගතයන්ගේ තථාගත බලයෙකි.

5. තව ද මහණෙනි, මෙහිලා තථාගත තෙමේ මිනිස් දැක්ම ඉක්මවා ගිය විශුද්ධ දිව්‍ය නේත්‍රයෙන් ....(පෙ).... උපදින්නා වූත් සත්වයන් දකියි. ඒ සත්වයන් කර්මානුරූපව පහත් වූත්, උසස් වූත්, මනා පැහැයෙන් ඇත්තා වූත්, විරූපී වූත්, සුගතියේත් දුගතියේත් උපදින අයුරු දනියි. මහණෙනි, යම් හෙයකින් තථාගත තෙමේ මිනිස් දැක්ම ඉක්මවා ගිය විශුද්ධ දිව්‍ය නේත්‍රයෙන් චුතවන්නා වූත්, උපදින්නා වූත් සත්වයන් දකියි ද, ...(පෙ).... සුගතියේත් දුගතියේත් උපදින අයුරු දන්නේ ද, යම් බලයකට පැමිණ තථාගතයන් වහන්සේ ශ්‍රේෂ්ඨත්වය ප්‍රතිඥා කරත් නම්, පිරිස් අතරෙහි සිහනද පතුරුවත් නම්, බ්‍රහ්ම චක්‍රය ප්‍රවර්තනය කරත් නම්, එයට හේතු වූ මෙය ද මහණෙනි, තථාගතයන්ගේ තථාගත බලයෙකි.

6. තව ද මහණෙනි, මෙහිලා තථාගත තෙමේ ආශ්‍රවයන් ක්ෂය වීමෙන් අනාශ්‍රව වූ චිත්ත විමුක්තියත්, ප්‍රඥා විමුක්තියත් මේ ජීවිතයේදී ම තම විශිෂ්ට නුවණින් අත්දැක එයට පැමිණ වාසය කරයි. මහණෙනි, යම් හෙයකින් තථාගත තෙමේ ආශ්‍රවයන් ක්ෂය වීමෙන් අනාශ්‍රව වූ චිත්ත විමුක්තියත්, ප්‍රඥා විමුක්තියත් මේ ජීවිතයේදී ම තම විශිෂ්ට නුවණින් අත්දැක එයට පැමිණ වාසය කරන්නේ ද, යම් බලයකට පැමිණ තථාගතයන් වහන්සේ ශ්‍රේෂ්ඨත්වය ප්‍රතිඥා කරත් නම්, පිරිස් අතරෙහි සිහනද පතුරුවත් නම්, බ්‍රහ්ම චක්‍රය ප්‍රවර්තනය කරත් නම්, එයට හේතු වූ මෙය ද මහණෙනි, තථාගතයන්ගේ තථාගත බලයෙකි.

මහණෙනි, තථාගතයන් වහන්සේට මේ සය වැදෑරුම් තථාගත බල ඇත්තේ ය. ඒ සය වැදෑරුම් බලයෙන් සමන්විත වූ තථාගත තෙමේ ශ්‍රේෂ්ඨත්වය ප්‍රතිඥා දෙයි. පිරිස් අතරෙහි සිංහනාද කරයි. බ්‍රහ්ම චක්‍රය ප්‍රවර්තනය කරයි.

මහණෙනි, ඉදින් එහිලා අන්‍යයෝ විය හැකි දේ විය හැකි දේ වශයෙනුත්, නොවිය හැකි දේ නොවිය හැකි දේ වශයෙනුත් ඇත්ත ඇති සැටියෙන් ම දන්නා නුවණ පිළිබඳ වූ ප්‍රශ්න තථාගතයන් වහන්සේ කරා එළඹ අසති. මහණෙනි, තථාගතයන් වහන්සේ විසින් විය හැකි දේ විය හැකි දේ වශයෙනුත්, නොවිය හැකි දේ නොවිය හැකි දේ වශයෙනුත් ඇත්ත ඇති සැටියෙන් ම දන්නා නුවණින් යුතුව යම් යම් අයුරින් දැනගන්නා ලද්දේ ද, ඒ ඒ අයුරින් තථාගතයන් වහන්සේ විය හැකි දේ විය හැකි දේ වශයෙනුත්, නොවිය හැකි දේ නොවිය හැකි දේ වශයෙනුත් ඇත්ත ඇති සැටියෙන් ම දත් ඥානයෙන් ඔවුන්ගේ ප්‍රශ්නයන්ට පිළිතුරු දෙති.

මහණෙනි, ඉදින් එහිලා අන්‍යයෝ අතීත වූත්, අනාගත වූත්, වර්තමාන වූත් කර්ම කරන්නවුන්ගේ විපාකය හේතු වශයෙන් ද, තැන් වශයෙන් ද ඇත්ත ඇති සැටියෙන් ම දන්නා නුවණ පිළිබඳ වූ ප්‍රශ්න තථාගතයන් වහන්සේ කරා එළඹ අසති. මහණෙනි, තථාගතයන් වහන්සේ විසින් අතීත වූත්, අනාගත වූත්, වර්තමාන වූත් කර්ම කරන්නවුන්ගේ විපාකය හේතු වශයෙන් ද, තැන් වශයෙන් ද ඇත්ත ඇති සැටියෙන් ම දත් නුවණින් යුතුව යම් යම් අයුරින් දැනගන්නා ලද්දේ ද, ඒ ඒ අයුරින් තථාගතයන් වහන්සේ අතීත වූත්, අනාගත වූත්, වර්තමාන වූත් කර්ම කරන්නවුන්ගේ විපාකය හේතු වශයෙන් ද, තැන් වශයෙන් ද ඇත්ත ඇති සැටියෙන් ම දත් ඥානයෙන් ඔවුන්ගේ ප්‍රශ්නයන්ට පිළිතුරු දෙති.

මහණෙනි, ඉදින් එහිලා අන්‍යයෝ ධ්‍යාන, විමෝක්ෂ, සමාධි, සමාපත්ති ආදියෙහි කිළුටු වීමත්, පිරිසිදු වීමත්, නැගී සිටීමත් ඇත්ත ඇති සැටියෙන් ම දන්නා නුවණ පිළිබඳ වූ ප්‍රශ්න තථාගතයන් වහන්සේ කරා එළඹ අසති. මහණෙනි, තථාගතයන් වහන්සේ විසින් ධ්‍යාන, විමෝක්ෂ, සමාධි, සමාපත්ති ආදියෙහි කිළුටු වීමත්, පිරිසිදු වීමත්, නැගී සිටීමත් ඇත්ත ඇති සැටියෙන් ම දත් නුවණින් යුතුව යම් යම් අයුරින් දැනගන්නා ලද්දේ ද, ඒ ඒ අයුරින් තථාගතයන් වහන්සේ ධ්‍යාන, විමෝක්ෂ, සමාධි, සමාපත්ති ආදියෙහි කිළුටු වීමත්, පිරිසිදු වීමත්, නැගී සිටීමත් ඇත්ත ඇති සැටියෙන් ම දත් ඥානයෙන් ඔවුන්ගේ ප්‍රශ්නයන්ට පිළිතුරු දෙති.

මහණෙනි, ඉදින් එහිලා අන්‍යයෝ පෙර විසූ කඳ පිළිවෙල ඒ වූ සැටියෙන් ම දත් නුවණ පිළිබඳ වූ ප්‍රශ්න තථාගතයන් වහන්සේ කරා එළඹ අසති. මහණෙනි, තථාගතයන් වහන්සේ විසින් පෙර විසූ කඳ පිළිවෙල ඒ වූ සැටියෙන් ම දත් නුවණින් යුතුව යම් යම් අයුරින් දැනගන්නා ලද්දේ ද, ඒ ඒ අයුරින් තථාගතයන් වහන්සේ පෙර විසූ කඳ පිළිවෙල ඒ වූ සැටියෙන් ම දත් ඥානයෙන් ඔවුන්ගේ ප්‍රශ්නයන්ට පිළිතුරු දෙති.

මහණෙනි, ඉදින් එහිලා අන්‍යයෝ සත්වයන්ගේ චුතිය - උපත පිළිබඳ ව ඒ වූ සැටියෙන් ම දත් නුවණ පිළිබඳ වූ ප්‍රශ්න තථාගතයන් වහන්සේ කරා එළඹ අසති. මහණෙනි, තථාගතයන් වහන්සේ විසින් සත්වයන්ගේ චුතිය - උපත පිළිබඳ ව ඒ වූ සැටියෙන් ම දත් නුවණින් යුතුව යම් යම් අයුරින් දැනගන්නා ලද්දේ ද, ඒ ඒ අයුරින් තථාගතයන් වහන්සේ සත්වයන්ගේ චුතිය - උපත පිළිබඳ ව ඒ වූ සැටියෙන් ම දත් ඥානයෙන් ඔවුන්ගේ ප්‍රශ්නයන්ට පිළිතුරු දෙති.

මහණෙනි, ඉදින් එහිලා අන්‍යයෝ ආශ්‍රවයන් ක්ෂය වීම පිළිබඳ ව ඒ වූ සැටියෙන් ම දත් නුවණ පිළිබඳ වූ ප්‍රශ්න තථාගතයන් වහන්සේ කරා එළඹ

අසති. මහණෙනි, තථාගතයන් වහන්සේ විසින් ආශ්‍රවයන් ක්ෂය වීම පිළිබඳ ව ඒ වූ සැටියෙන් ම දත් නුවණින් යුතුව යම් යම් අයුරින් දැනගන්නා ලද්දේ ද, ඒ ඒ අයුරින් තථාගතයන් වහන්සේ ආශ්‍රවයන් ක්ෂය වීම පිළිබඳ ව ඒ වූ සැටියෙන් ම දත් ඥානයෙන් ඔවුන්ගේ ප්‍රශ්නයන්ට පිළිතුරු දෙති.

මහණෙනි, එහිලා විය හැකි දේ විය හැකි දේ වශයෙනුත්, නොවිය හැකි දේ නොවිය හැකි දේ වශයෙනුත් ඇත්ත ඇති සැටියෙන් ම දන්නා යම් ඥානයක් ඇද්ද, එය ද සමාහිත සිත් ඇත්තහුට යැයි කියමි. අසමාහිත සිත් ඇත්තහුට නොවෙයි.

මහණෙනි, එහිලා අතීත වූත්, අනාගත වූත්, වර්තමාන වූත් කර්ම කරන්නවුන්ගේ විපාකය හේතු වශයෙන් ද, තැන් වශයෙන් ද ඇත්ත ඇති සැටියෙන් ම දන්නා යම් ඥානයක් ඇද්ද, එය ද සමාහිත සිත් ඇත්තහුට යැයි කියමි. අසමාහිත සිත් ඇත්තහුට නොවෙයි.

මහණෙනි, එහිලා ධ්‍යාන, විමෝක්ෂ, සමාධි, සමාපත්ති ආදියෙහි කිළුටු වීමත්, පිරිසිදු වීමත්, නැගී සිටීමත් ඇත්ත ඇති සැටියෙන් ම දන්නා යම් ඥානයක් ඇද්ද, එය ද සමාහිත සිත් ඇත්තහුට යැයි කියමි. අසමාහිත සිත් ඇත්තහුට නොවෙයි.

මහණෙනි, එහිලා පෙර විසූ කඳ පිළිවෙල පිළිබඳ ව ඇත්ත ඇති සැටියෙන් ම දන්නා යම් ඥානයක් ඇද්ද, එය ද සමාහිත සිත් ඇත්තහුට යැයි කියමි. අසමාහිත සිත් ඇත්තහුට නොවෙයි.

මහණෙනි, එහිලා සත්වයන්ගේ චුතිය හා උපත පිළිබඳ ව ඇත්ත ඇති සැටියෙන් ම දන්නා යම් ඥානයක් ඇද්ද, එය ද සමාහිත සිත් ඇත්තහුට යැයි කියමි. අසමාහිත සිත් ඇත්තහුට නොවෙයි.

මහණෙනි, එහිලා ආශ්‍රවයන්ගේ ක්ෂය වීම පිළිබඳ ව ඇත්ත ඇති සැටියෙන් ම දන්නා යම් ඥානයක් ඇද්ද, එය ද සමාහිත සිත් ඇත්තහුට යැයි කියමි. අසමාහිත සිත් ඇත්තහුට නොවෙයි.

මහණෙනි, මෙසේ සමාධිය මාර්ගය යි. සමාධිය නැති බව නොමග යි.

සාදු! සාදු!! සාදු!!!

සීහනාද සූත්‍රය නිමා විය.

පළමුවෙනි මහා වර්ගය අවසන් විය.

- **එහි පිළිවෙල උද්දානයයි :**

සෝණ සූත්‍රය, ඵග්ගුණ සූත්‍රය, ඡළාභිජාති සූත්‍රය, ආසව සූත්‍රය, දාරුකම්මික සූත්‍රය, හත්ථිසාරිපුත්ත සූත්‍රය, මජ්කෙඨ සූත්‍රය, පුරිසින්ද්‍රිය ඤාණ සූත්‍රය, නිබ්බේධික සූත්‍රය සහ සීහනාද සූත්‍රය වශයෙන් මෙහි සූත්‍ර දශයකි.

2. අනාගාමී වර්ගය

6.2.2.1.
අනාගාමී ඵල සූත්‍රය
අනාගාමී ඵලය ගැන වදාළ දෙසුම

සැවැත් නුවර දී ය .....

මහණෙනි, කරුණු සයක් ප්‍රහාණය නොකොට අනාගාමී ඵලය සාක්ෂාත් කරන්නට හැකියාව නැත්තේ ය. ඒ කවර කරුණු සයක් ද යත්;

ශ්‍රද්ධාව නැති බව ය, පවට ලැජ්ජාව නැති බව ය, පවට භය නැති බව ය, කුසීත බව ය, සිහි මුලා වූ බව ය, ප්‍රඥාව නැති බව ය.

මහණෙනි, මේ කරුණු සය ප්‍රහාණය නොකොට අනාගාමී ඵලය සාක්ෂාත් කරන්නට හැකියාව නැත්තේ ය.

මහණෙනි, කරුණු සයක් ප්‍රහාණය කොට අනාගාමී ඵලය සාක්ෂාත් කරන්නට හැකියාව ඇත්තේ ය. ඒ කවර කරුණු සයක් ද යත්;

ශ්‍රද්ධාව නැති බව ය, පවට ලැජ්ජාව නැති බව ය, පවට භය නැති බව ය, කුසීත බව ය, සිහි මුලා වූ බව ය, ප්‍රඥාව නැති බව ය.

මහණෙනි, මේ කරුණු සය ප්‍රහාණය කොට අනාගාමී ඵලය සාක්ෂාත් කරන්නට හැකියාව ඇත්තේ ය.

සාදු! සාදු!! සාදු!!!

අනාගාමී ඵල සූත්‍රය නිමා විය.

6.2.2.2.
අරහත්තඵල සූත්‍රය
අරහත් ඵලය ගැන වදාළ දෙසුම

සැවැත් නුවර දී ය .....

මහණෙනි, කරුණු සයක් ප්‍රහාණය නොකොට අරහත්වය සාක්ෂාත් කරන්නට හැකියාව නැත්තේ ය. ඒ කවර කරුණු සයක් ද යත්;

නිදිමත, අලස බව, සිතෙහි විසිරීම, පසුතැවීම, ශ්‍රද්ධාව නැති බව, ප්‍රමාදය ය.

මහණෙනි, මේ කරුණු සය ප්‍රහාණය නොකොට අරහත්වය සාක්ෂාත් කරන්නට හැකියාව නැත්තේ ය.

මහණෙනි, කරුණු සයක් ප්‍රහාණය කොට අරහත්වය සාක්ෂාත් කරන්නට හැකියාව ඇත්තේ ය. ඒ කවර කරුණු සයක් ද යත්;

නිදිමත, අලස බව, සිතෙහි විසිරීම, පසුතැවීම, ශ්‍රද්ධාව නැති බව, ප්‍රමාදය ය.

මහණෙනි, මේ කරුණු සය ප්‍රහාණය කොට අරහත්වය සාක්ෂාත් කරන්නට හැකියාව ඇත්තේ ය.

සාදු! සාදු!! සාදු!!!

අරහත්තඵල සූත්‍රය නිමා විය.

6.2.2.3.
මිත්ත සූත්‍රය
මිතුරා ගැන වදාළ දෙසුම

සැවැත් නුවර දී ය .....

මහණෙනි, ඒකාන්තයෙන් ඒ භික්ෂුව පව්ටු මිතුරන් ඇත්තේ, පව්ටු යහළුවන් ඇත්තේ, පව්ටු මිතුරන් වෙත නැඹුරු වූයේ, පව්ටු මිතුරන් ඇසුර කරන්නේ, නිතර ඇසුරු කරන්නේ, ඔවුන්ගේ අදහස්වලට අනුව පවතින්නේ ආභිසමාචාරික ධර්මය පිරිපුන් කරන්නේ ය යන කරුණ දකින්නට නොහැකි දෙයකි. ආභිසමාචාරික ධර්මයන් නොපුරා සේඛ ධර්මය පුරන්නේ ය යන කරුණ දකින්නට නොහැකි දෙයකි. සේඛ ධර්මය නොපුරා සිල් පුරන්නේ ය යන කරුණ දකින්නට නොහැකි දෙයකි. සිල් නොපුරා කාමරාගය වේවා, රූප රාගය වේවා, අරූප රාගය වේවා දුරු කරන්නේ ය යන කරුණ දකින්නට නොහැකි දෙයකි.

මහණෙනි, ඒකාන්තයෙන් ඒ භික්ෂුව කලණ මිතුරන් ඇත්තේ, කලණ යහළුවන් ඇත්තේ, කලණ මිතුරන්ට නැඹුරු වූයේ, කලණ මිතුරන් ඇසුර කරන්නේ, නිතර ඇසුරු කරන්නේ, ඔවුන්ගේ අදහස්වලට අනුව පවතින්නේ ආභිසමාචාරික ධර්මය පිරිපුන් කරන්නේ ය යන කරුණ දකින්නට හැකි දෙයකි. ආභිසමාචාරික ධර්මයන් පුරා සේඛ ධර්මය පුරන්නේ ය යන කරුණ දකින්නට හැකි දෙයකි. සේඛ ධර්මය පුරා සිල් පුරන්නේ ය යන කරුණ දකින්නට හැකි දෙයකි. සිල් පුරා කාමරාගය වේවා, රූප රාගය වේවා, අරූප රාගය වේවා දුරු කරන්නේ ය යන කරුණ දකින්නට හැකි දෙයකි.

සාදු! සාදු!! සාදු!!!

මිත්ත සූත්‍රය නිමා විය.

6.2.2.4.
සංගණිකාරාම සූත්‍රය
පිරිස සමඟ ඇලී සිටීම ගැන වදාළ දෙසුම

සැවැත් නුවර දී ය .....

මහණෙනි, ඒකාන්තයෙන් ඒ භික්ෂුව පිරිස සමඟ ඇළුණේ, පිරිස හා එක් ව සිටීමට ආශා ඇත්තේ, පිරිස හා නැවත නැවත එක් ව වසන්නේ, පිරිසෙහි ඇළුණේ, පිරිසට ආශා ඇත්තේ, පිරිස හා නැවත නැවත එක්වන්නේ, තනි ව හුදෙකලා විවේකයෙහි සිත් අලවා වසන්නේ ය යන කරුණ විය හැකි දෙයක් නම් නොවේ. තනි ව හුදෙකලාවේ සිත් අලවා නොවසන්නේ සමථ විදර්ශනා නිමිත්ත ගන්නේය යන කරුණ විය හැකි දෙයක් නම් නොවේ. සමථ විදර්ශනා නිමිත්ත නොගන්නේ සම්මා දිට්ඨිය පුරන්නේ ය යන කරුණ විය හැකි දෙයක් නම් නොවේ. සම්මා දිට්ඨිය නොපුරා සම්මා සමාධිය පුරන්නේ ය යන කරුණ විය හැකි දෙයක් නම් නොවේ. සම්මා සමාධිය නොපුරා සංයෝජනයන් දුරු කරන්නේ ය යන කරුණ විය හැකි දෙයක් නම් නොවේ. සංයෝජනයන් ප්‍රහාණය නොකොට නිර්වාණය සාක්ෂාත් කරන්නේ ය යන කරුණ විය හැකි දෙයක් නම් නොවේ.

මහණෙනි, ඒකාන්තයෙන් ඒ භික්ෂුව පිරිස සමඟ නොඇළුණේ, පිරිස හා එක් ව සිටීමට ආශා නැත්තේ, පිරිස හා නැවත නැවත එක් ව නොවසන්නේ, පිරිසෙහි නොඇළුණේ, පිරිසට ආශා නැත්තේ, පිරිස හා නැවත නැවත එක් නොවන්නේ, තනි ව හුදෙකලා විවේකයෙහි සිත් අලවා වසන්නේ ය යන කරුණ විය හැකි දෙයකි. තනි ව හුදෙකලාවේ සිත් අලවා වසන්නේ සමථ විදර්ශනා නිමිත්ත ගන්නේය යන කරුණ විය හැකි දෙයකි. සමථ විදර්ශනා නිමිත්ත ගන්නේ සම්මා දිට්ඨිය පුරන්නේ ය යන කරුණ විය හැකි දෙයකි. සම්මා දිට්ඨිය පුරා සම්මා සමාධිය පුරන්නේ ය යන කරුණ විය හැකි දෙයකි. සම්මා සමාධිය පුරා සංයෝජනයන් දුරු කරන්නේ ය යන කරුණ විය හැකි දෙයකි. සංයෝජනයන් ප්‍රහාණය කොට නිර්වාණය සාක්ෂාත් කරන්නේ ය යන කරුණ විය හැකි දෙයකි.

සාදු! සාදු!! සාදු!!!

සංගණිකාරාම සූත්‍රය නිමා විය.

6.2.2.5.
දේවතා සූත්‍රය
දෙවියන් පැවසූ කරුණු ගැන වදාළ දෙසුම

සැවැත් නුවර දී ය .....

එකල්හී එක්තරා දෙවියෙක් මැදියම් රැයෙහි මනස්කාන්ත වර්ණයෙන් යුතුව මුළු දෙව්රම බබුළුවාගෙන භාග්‍යවතුන් වහන්සේ වෙත පැමිණියේ ය. පැමිණ භාග්‍යවතුන් වහන්සේට සකසා වන්දනා කොට එකත්පස් ව සිටියේ ය. එකත්පස් ව සිටි ඒ දෙවියා භාග්‍යවතුන් වහන්සේට මෙය සැළ කළේ ය.

"ස්වාමීනී, භික්ෂුවගේ නොපිරිහීම පිණිස මේ කරුණු සයක් පවතින්නේ ය. ඒ කවර කරුණු සයක් ද යත්;

ශාස්තෘ ගෞරවය ඇති බව ය. ධර්ම ගෞරවය ඇති බව ය. සංඝ ගෞරවය ඇති බව ය. ශික්ෂා ගෞරවය ඇති බව ය. කීකරු කම ඇති බව ය. කලණ මිතුරන් ඇති බව ය.

ස්වාමීනී, භික්ෂුවගේ නොපිරිහීම පිණිස මේ කරුණු සය පවතින්නේ ය."

ඒ දෙවියා මෙය පැවසුවේ ය. ශාස්තෘන් වහන්සේ එය පිළිගත් සේක. එකල්හී ඒ දෙවියා ශාස්තෘන් වහන්සේ මාගේ වචනය අනුමත කළ සේකැයි භාග්‍යවතුන් වහන්සේට වන්දනා කොට, පැදකුණු කොට එහි ම නොපෙනී ගියේ ය. ඉක්බිති ඒ රෑ ඇවෑමෙන් භාග්‍යවතුන් වහන්සේ භික්ෂූන් ඇමතූ සේක.

"මහණෙනි, මේ රැයෙහි එක්තරා දෙවියෙක් මනස්කාන්ත වර්ණයෙන් යුතුව මුළු දෙව්රම බබුළුවාගෙන මා වෙත පැමිණියේ ය. පැමිණ මා හට සකසා වන්දනා කොට එකත්පස් ව සිටියේ ය. එකත්පස් ව සිටි ඒ දෙවියා මා හට මෙය සැළ කළේ ය.

'ස්වාමීනී, භික්ෂුවගේ නොපිරිහීම පිණිස මේ කරුණු සයක් පවතින්නේ ය. ඒ කවර කරුණු සයක් ද යත්;

ශාස්තෘ ගෞරවය ඇති බව ය. ධර්ම ගෞරවය ඇති බව ය. සංඝ

ගෞරවය ඇති බව ය. ශික්ෂා ගෞරවය ඇති බව ය. කීකරු කම ඇති බව ය. කලණ මිතුරන් ඇති බව ය.

ස්වාමීනී, භික්ෂුවගේ නොපිරිහීම පිණිස මේ කරුණු සය පවතින්නේ ය.'

මහණෙනි, ඒ දෙවියා මෙය පැවසුවේ ය. මෙය පවසා මට වන්දනා කොට, පැදකුණු කොට එහි ම නොපෙනී ගියේ ය."

මෙසේ වදාළ කල්හී ආයුෂ්මත් සාරිපුත්තයන් වහන්සේ භාග්‍යවතුන් වහන්සේට මෙය පැවසූහ.

"ස්වාමීනී, භාග්‍යවතුන් වහන්සේ විසින් කෙටියෙන් වදාරණ ලද මෙකරුණ මම මේ අයුරින් විස්තර වශයෙන් අර්ථය දනිමි.

ස්වාමීනී, මෙහිලා භික්ෂුව තමා ත් ශාස්තෘ ගෞරවයෙන් යුක්ත වෙයි. ශාස්තෘ ගෞරවය පිළිබඳ ව වර්ණනා කරන්නේ ද වෙයි. ශාස්තෘ ගෞරවය නැති යම්කිසි අන්‍ය භික්ෂූහු වෙත් නම්, ඔවුන් ද ශාස්තෘ ගෞරවයෙහි සමාදන් කරවයි. ශාස්තෘ ගෞරවය ඇති අන්‍ය භික්ෂූහු වෙත් නම් ඔවුන් පිළිබඳ ව ත් සුදුසු අවස්ථාවෙහි තිබෙන්නා වූ ම සත්‍ය වූ ගුණ කියයි.

තමා ත් ධර්ම ගෞරවයෙන් යුක්ත වෙයි. ....(පෙ).... සංඝ ගෞරවයෙන් යුක්ත වෙයි. ....(පෙ).... ශික්ෂා ගෞරවයෙන් යුක්ත වෙයි. ....(පෙ).... කීකරුකමෙන් යුක්ත වෙයි. ....(පෙ).... කලණ මිතුරන් ඇත්තේ වෙයි. කලණ මිතුරන් ඇති බව පිළිබඳ ව වර්ණනා කරන්නේ ද වෙයි. කලණ මිතුරන් නැති යම්කිසි අන්‍ය භික්ෂූහු වෙත් නම්, ඔවුන් ද කලණ මිතුරන් කෙරෙහි සමාදන් කරවයි. කලණ මිතුරන් ඇති අන්‍ය භික්ෂූහු වෙත් නම් ඔවුන් පිළිබඳ ව ත් සුදුසු අවස්ථාවෙහි තිබෙන්නා වූ ම සත්‍ය වූ ගුණ කියයි.

ස්වාමීනී, භාග්‍යවතුන් වහන්සේ විසින් කෙටියෙන් වදාරණ ලද මෙකරුණෙහි අර්ථය මම විස්තර වශයෙන් මෙසේ දනිමි."

"සාදු! සාදු! සාරිපුත්තයෙනි. සාරිපුත්තයෙනි, මා විසින් කෙටියෙන් පවසන ලද කරුණෙහි අර්ථය ඔබ විසින් මෙසේ විස්තර වශයෙන් දන්නෙහි මැනැවි.

සාරිපුත්තයෙනි, මෙහිලා භික්ෂුව තමා ත් ශාස්තෘ ගෞරවයෙන් යුක්ත වෙයි. ශාස්තෘ ගෞරවය පිළිබඳ ව වර්ණනා කරන්නේ ද වෙයි. ශාස්තෘ ගෞරවය නැති යම්කිසි අන්‍ය භික්ෂූහු වෙත් නම්, ඔවුන් ද ශාස්තෘ ගෞරවයෙහි සමාදන්

කරවයි. ශාස්තෘ ගෞරවය ඇති අන්‍ය භික්ෂූහු වෙත් නම් ඔවුන් පිළිබඳ ව ත් සුදුසු අවස්ථාවෙහි තිබෙන්නා වූ ම සත්‍ය වූ ගුණ කියයි.

තමා ත් ධර්ම ගෞරවයෙන් යුක්ත වෙයි. ....(පෙ).... සංඝ ගෞරවයෙන් යුක්ත වෙයි. ....(පෙ).... ශික්ෂා ගෞරවයෙන් යුක්ත වෙයි. ....(පෙ).... කීකරුකමෙන් යුක්ත වෙයි. ....(පෙ).... කලණ මිතුරන් ඇත්තේ වෙයි. කලණ මිතුරන් ඇති බව පිළිබඳ ව වර්ණනා කරන්නේ ද වෙයි. කලණ මිතුරන් නැති යම්කිසි අන්‍ය භික්ෂූහු වෙත් නම්, ඔවුන් ද කලණ මිතුරන් කෙරෙහි සමාදන් කරවයි. කලණ මිතුරන් ඇති අන්‍ය භික්ෂූහු වෙත් නම් ඔවුන් පිළිබඳ ව ත් සුදුසු අවස්ථාවෙහි තිබෙන්නා වූ ම සත්‍ය වූ ගුණ කියයි.

සාරිපුත්තයෙනි, මා විසින් කෙටියෙන් පවසන ලද කරුණෙහි අර්ථය මෙසේ විස්තර වශයෙන් දත යුත්තේ ය."

සාදු! සාදු!! සාදු!!!

දේවතා සූත්‍රය නිමා විය.

6.2.2.6.
සමාධි සූත්‍රය
සමාධිය ගැන වදාළ දෙසුම

සැවැත් නුවර දී ය .....

මහණෙනි, ඒකාන්තයෙන් ඒ භික්ෂුව ශාන්ත නොවූ, ප්‍රණීත නොවූ, සංසිඳීමෙන් නොලැබූ, එකඟ බවින් නොලැබූ සමාධියකින්,

අනේකප්‍රකාර වූ ඉර්ධි ප්‍රාතිහාර්යයන් අත්විඳින්නේ ය. තනි කෙනෙක් ව සිට බොහෝ අය වන්නේ ය. බොහෝ අය ව සිට තනි කෙනෙක් වන්නේ ය ....(පෙ).... බඹලොව තෙක් කයෙන් වසඟයෙහි පවත්වන්නේ ය යන කරුණ විය හැකි දෙයක් නොවේ.

මිනිස් ශ්‍රවණය ඉක්මවා ගිය විශුද්ධ වූ දිව්‍ය ශ්‍රවණයෙන් දිව්‍ය වූ ද, මානුෂික වූ ද, දුර වූ ද, ළඟ වූ ද, දෙආකාර වූ ශබ්දය අසන්නේ ය යන කරුණ විය හැකි දෙයක් නොවේ.

අන්‍ය සත්වයන්ගේ, අන්‍ය පුද්ගලයන්ගේ සිත ඔහුගේ සිතින් පිරිසිඳ දැනගන්නේ ය. සරාගී හෝ සිත සරාගී සිතක් යැයි දැනගන්නේ ය. ....(පෙ).... නොමිදුණු සිත නොමිදුණු සිතක් යැයි දැනගන්නේ ය යන කරුණ විය හැකි දෙයක් නොවේ.

අනේක ප්‍රකාරයෙන් පෙර විසූ කඳ පිළිවෙල සිහිකරන්නේ ය. එනම් එක් ජාතියක් ද, ජාති දෙකක් ද, ...(පෙ).... මෙසේ කරුණු සහිත වූ, විස්තර සහිත වූ අනේක ප්‍රකාරයෙන් පෙර විසූ කඳ පිළිවෙල සිහිකරන්නේ ය යන කරුණ විය හැකි දෙයක් නොවේ.

මිනිස් දැක්ම ඉක්මවා ගිය විශුද්ධ වූ දිවැසින් සත්වයන් දකින්නේ ය ....(පෙ).... කර්මානුරූප ව ඉපදෙන මැරෙන සත්වයන් දැනගන්නේ ය යන කරුණ විය හැකි දෙයක් නොවේ.

ආශ්‍රවයන් ක්ෂය වීමෙන් අනාශ්‍රව චිත්ත විමුක්තිය ....(පෙ).... සාක්ෂාත් කොට එයට පැමිණ වසන්නේ ය යන කරුණ විය හැකි දෙයක් නොවේ.

මහණෙනි, ඒකාන්තයෙන් ඒ භික්ෂුව ශාන්ත වූ, ප්‍රණීත වූ, සංසිඳීමෙන් ලැබූ, එකඟ බවින් ලැබූ සමාධියකින්,

අනේකප්‍රකාර වූ ඉර්ධි ප්‍රාතිහාර්යයන් අත්විඳින්නේ ය. තනි කෙනෙක් ව සිට බොහෝ අය වන්නේ ය. බොහෝ අය ව සිට තනි කෙනෙක් වන්නේ ය ....(පෙ).... බඹලොව තෙක් කයෙන් වසඟයෙහි පවත්වන්නේ ය යන කරුණ විය හැකි දෙයකි.

මිනිස් ශ්‍රවණය ඉක්මවා ගිය විශුද්ධ වූ දිව්‍ය ශ්‍රවණයෙන් දිව්‍ය වූ ද, මානුෂික වූ ද, දුර වූ ද, ළඟ වූ ද, දෙආකාර වූ ශබ්දය අසන්නේ ය යන කරුණ විය හැකි දෙයකි.

අන්‍ය සත්වයන්ගේ, අන්‍ය පුද්ගලයන්ගේ සිත ඔහුගේ සිතින් පිරිසිඳ දැනගන්නේ ය. සරාගී හෝ සිත සරාගී සිතක් යැයි දැනගන්නේ ය. ....(පෙ).... නොමිදුණු සිත නොමිදුණු සිතක් යැයි දැනගන්නේ ය යන කරුණ විය හැකි දෙයකි.

අනේක ප්‍රකාරයෙන් පෙර විසූ කඳ පිළිවෙල සිහිකරන්නේ ය. එනම් එක් ජාතියක් ද, ජාති දෙකක් ද, ...(පෙ).... මෙසේ කරුණු සහිත වූ, විස්තර සහිත වූ අනේක ප්‍රකාරයෙන් පෙර විසූ කඳ පිළිවෙල සිහිකරන්නේ ය යන කරුණ විය හැකි දෙයකි.

මිනිස් දැක්ම ඉක්මවා ගිය විශුද්ධ වූ දිවැසින් සත්වයන් දකින්නේ ය ....(පෙ).... කර්මානුරූප ව ඉපදෙන මැරෙන සත්වයන් දැනගන්නේ ය යන කරුණ විය හැකි දෙයකි.

ආශ්‍රවයන් ක්ෂය වීමෙන් අනාශ්‍රව චිත්ත විමුක්තිය ....(පෙ).... සාක්ෂාත් කොට එයට පැමිණ වසන්නේ ය යන කරුණ විය හැකි දෙයකි.

සාදු! සාදු!! සාදු!!!

සමාධි සූත්‍රය නිමා විය.

6.2.2.7.
සක්ඛිභබ්බ සූත්‍රය
ප්‍රත්‍යක්ෂ කරන්නට හැක්කේ ය යනුවෙන් වදාළ දෙසුම

සැවැත් නුවර දී ය .....

මහණෙනි, සය කරුණකින් සමන්විත වූ භික්ෂුව එයට උපකාරවන කරුණු තිබිය දී ත් ඒ ඒ විශේෂ ගුණයෙන් ප්‍රත්‍යක්ෂ බවක් ඇති කරගන්නට හැකියාව නැත්තේ ය. ඒ කවර සයකින් ද යත්;

මහණෙනි, මෙහිලා භික්ෂුව 'මේවා පිරිහීම පිණිස ඇති ධර්මයෝ ය' යැයි ඒ වූ සැටියෙන් ම නොදන්නේ ය. 'මේවා කුසල් පිහිටා සිටීම පිණිස ඇති ධර්මයෝ ය' යැයි ඒ වූ සැටියෙන් ම නොදන්නේ ය. 'මේවා විශේෂත්වය පිණිස ඇති ධර්මයෝ ය' යැයි ඒ වූ සැටියෙන් ම නොදන්නේ ය. 'මේවා විනිවිද වැටහෙන නුවණ පිණිස ඇති ධර්මයෝ ය' යැයි ඒ වූ සැටියෙන් ම නොදන්නේ ය. සකස් කොට නොකරන්නේ ද වෙයි. සප්පාය නොවන දේ කරන්නේ ද වෙයි.

මහණෙනි, මේ සය කරුණෙන් සමන්විත වූ භික්ෂුව එයට උපකාරවන කරුණු තිබිය දී ත් ඒ ඒ විශේෂ ගුණයෙන් ප්‍රත්‍යක්ෂ බවක් ඇති කරගන්නට හැකියාව නැත්තේ ය.

මහණෙනි, සය කරුණකින් සමන්විත වූ භික්ෂුව එයට උපකාරවන කරුණු තිබෙන විට ඒ ඒ විශේෂ ගුණයෙන් ප්‍රත්‍යක්ෂ බවක් ඇති කරගන්නට හැකියාව ඇත්තේ ය. ඒ කවර සයකින් ද යත්;

මහණෙනි, මෙහිලා භික්ෂුව 'මේවා පිරිහීම පිණිස ඇති ධර්මයෝ ය' යැයි ඒ වූ සැටියෙන් ම දන්නේ ය. 'මේවා කුසල් පිහිටා සිටීම පිණිස ඇති ධර්මයෝ ය' යැයි ඒ වූ සැටියෙන් ම දන්නේ ය. 'මේවා විශේෂත්වය පිණිස ඇති ධර්මයෝ ය' යැයි ඒ වූ සැටියෙන් ම දන්නේ ය. 'මේවා විනිවිද වැටහෙන නුවණ පිණිස ඇති ධර්මයෝ ය' යැයි ඒ වූ සැටියෙන් ම දන්නේ ය. සකස් කොට කරන්නේ ද වෙයි. සප්පාය දේ කරන්නේ ද වෙයි.

මහණෙනි, මේ සය කරුණෙන් සමන්විත වූ භික්ෂුව එයට උපකාරවන කරුණු තිබෙන විට ඒ ඒ විශේෂ ගුණයෙන් ප්‍රත්‍යක්ෂ බවක් ඇති කරගන්නට හැකියාව ඇත්තේ ය.

සාදු! සාදු!! සාදු!!!

සක්ඛිභබ්බ සූත්‍රය නිමා විය.

6.2.2.8.
බල සූත්‍රය
බලය ගැන වදාළ දෙසුම

සැවැත් නුවර දී ය .....

මහණෙනි, සය කරුණකින් සමන්විත වූ භික්ෂුව සමාධියෙහි බලවත් බවට පැමිණෙන්නට හැකියාව නැත්තේ ය. ඒ කවර කරුණු සයකින් ද යත්;

මහණෙනි, මෙහිලා භික්ෂුව සමාධියට සමවැදීමෙහි දක්ෂ නොවෙයි. සමාධිය පවත්වාගැනීමෙහි දක්ෂ නොවෙයි. සමාධියෙන් නැගිටීමෙහි දක්ෂ නොවෙයි. සකස් කොට කරන්නේ ද නොවෙයි. නිතර නිතර කරන්නේ ද නොවෙයි. සමාධියට හිත නොවන ක්‍රියාවන් කරන්නේ ද වෙයි.

මහණෙනි, මේ සය කරුණෙන් සමන්විත වූ භික්ෂුව සමාධියෙහි බලවත් බවට පැමිණෙන්නට හැකියාව නැත්තේ ය.

මහණෙනි, සය කරුණකින් සමන්විත වූ භික්ෂුව සමාධියෙහි බලවත් බවට පැමිණෙන්නට හැකියාව ඇත්තේ ය. ඒ කවර කරුණු සයකින් ද යත්;

මහණෙනි, මෙහිලා භික්ෂුව සමාධියට සමවැදීමෙහි දක්ෂ වෙයි. සමාධිය පවත්වාගැනීමෙහි දක්ෂ වෙයි. සමාධියෙන් නැගිටීමෙහි දක්ෂ වෙයි. සකස්

කොට කරන්නේ ද වෙයි. නිතර නිතර කරන්නේ ද වෙයි. සමාධියට හිත වූ ක්‍රියාවන් කරන්නේ ද වෙයි.

මහණෙනි, මේ සය කරුණෙන් සමන්විත වූ භික්ෂුව සමාධියෙහි බලවත් බවට පැමිණෙන්නට හැකියාව ඇත්තේ ය.

සාදු! සාදු!! සාදු!!!

බල සූත්‍රය නිමා විය.

6.2.2.9.
පඨමජ්ඣාන සූත්‍රය
පළමු ධ්‍යානය ගැන වදාළ දෙසුම

සැවැත් නුවර දී ය .....

මහණෙනි, කරුණු සයක් ප්‍රහාණය නොකොට ප්‍රථම ධ්‍යානය උපදවා ගෙන වාසය කරන්නට හැකියාව නැත්තේ ය. ඒ කවර කරුණු සයක් ද යත්;

කාමච්ඡන්දය, ව්‍යාපාදය, ථීනමිද්ධය, උද්ධච්ච කුක්කුච්චය, විචිකිච්ඡාව ය. ඔහු විසින් කාමයන්ගේ ආදීනව පිළිබඳ ව මනා නුවණින් යුතුව ඒ වූ සැටියෙන් ම අවබෝධ නොකිරීම ය.

මහණෙනි, මේ කරුණු සය ප්‍රහාණය නොකොට ප්‍රථම ධ්‍යානය උපදවා ගෙන වාසය කරන්නට හැකියාව නැත්තේ ය.

මහණෙනි, කරුණු සයක් ප්‍රහාණය කොට ප්‍රථම ධ්‍යානය උපදවා ගෙන වාසය කරන්නට හැකියාව ඇත්තේ ය. ඒ කවර කරුණු සයක් ද යත්;

කාමච්ඡන්දය, ව්‍යාපාදය, ථීනමිද්ධය, උද්ධච්ච කුක්කුච්චය, විචිකිච්ඡාව ය. ඔහු විසින් කාමයන්ගේ ආදීනව පිළිබඳ ව මනා නුවණින් යුතුව ඒ වූ සැටියෙන් ම අවබෝධ කිරීම ය.

මහණෙනි, මේ කරුණු සය ප්‍රහාණය කොට ප්‍රථම ධ්‍යානය උපදවා ගෙන වාසය කරන්නට හැකියාව ඇත්තේ ය.

සාදු! සාදු!! සාදු!!!

පඨමජ්ඣාන සූත්‍රය නිමා විය.

6.2.2.10.

දුතිය පඨමජ්ඣාන සූත්‍රය

පළමු ධ්‍යානය ගැන වදාළ දෙවෙනි දෙසුම

සැවැත් නුවර දී ය .....

මහණෙනි, කරුණු සයක් ප්‍රහාණය නොකොට ප්‍රථම ධ්‍යානය උපදවා ගෙන වාසය කරන්නට හැකියාව නැත්තේ ය. ඒ කවර කරුණු සයක් ද යත්;

කාම විතර්කය, ව්‍යාපාද විතර්කය, විහිංසා විතර්කය, කාම සංඥාව ය, ව්‍යාපාද සංඥාව ය, විහිංසා සංඥාව ය.

මහණෙනි, මේ කරුණු සය ප්‍රහාණය නොකොට ප්‍රථම ධ්‍යානය උපදවා ගෙන වාසය කරන්නට හැකියාව නැත්තේ ය.

මහණෙනි, කරුණු සයක් ප්‍රහාණය කොට ප්‍රථම ධ්‍යානය උපදවා ගෙන වාසය කරන්නට හැකියාව ඇත්තේ ය. ඒ කවර කරුණු සයක් ද යත්;

කාම විතර්කය, ව්‍යාපාද විතර්කය, විහිංසා විතර්කය, කාම සංඥාව ය, ව්‍යාපාද සංඥාව ය, විහිංසා සංඥාව ය.

මහණෙනි, මේ කරුණු සය ප්‍රහාණය කොට ප්‍රථම ධ්‍යානය උපදවා ගෙන වාසය කරන්නට හැකියාව ඇත්තේ ය.

සාදු! සාදු!! සාදු!!!

දුතිය පඨමජ්ඣාන සූත්‍රය නිමා විය.

දෙවෙනි අනාගාමී වර්ගය අවසන් විය.

- **එහි පිළිවෙල උද්දානයයි :**

අනාගාමීඵල සූත්‍රය, අරහත්තඵල සූත්‍රය, මිත්ත සූත්‍රය, සංගණිකාරාම සූත්‍රය, දේවතා සූතය, සමාධි සූත්‍රය, සක්ඛිභබ්බ සූත්‍රය, බල සූත්‍රය, පඨමඣාන සූත්‍ර දෙක වශයෙන් මෙහි සූත්‍ර දශයකි.

3. අරහත්ත වර්ගය

6.2.3.1.
දුක්ඛ සූත්‍රය
දුක ගැන වදාළ දෙසුම

සැවැත් නුවර දී ය .....

මහණෙනි, සය කරුණකින් සමන්විත වූ භික්ෂුව මෙලොවදී ම පීඩා සහිත ව, තැවිලි සහිත ව, දැවිලි සහිත ව දුක සේ වාසය කරයි. කය බිඳී මරණින් මතු දුගතිය කැමති විය යුත්තේ ය. ඒ කවර කරුණු සයකින් ද යත්;

කාම විතර්කයෙනි, ව්‍යාපාද විතර්කයෙනි, විහිංසා විතර්කයෙනි, කාම සංඥාවෙනි, ව්‍යාපාද සංඥාවෙනි, විහිංසා සංඥාවෙනි.

මහණෙනි, මේ සය කරුණෙන් සමන්විත වූ භික්ෂුව මෙලොවදී ම පීඩා සහිත ව, තැවිලි සහිත ව, දැවිලි සහිත ව දුක සේ වාසය කරයි. කය බිඳී මරණින් මතු දුගතිය කැමති විය යුත්තේ ය.

මහණෙනි, සය කරුණකින් සමන්විත වූ භික්ෂුව මෙලොවදී ම පීඩා රහිත ව, තැවිලි රහිත ව, දැවිලි රහිත ව සැප සේ වාසය කරයි. කය බිඳී මරණින් මතු සුගතිය කැමති විය යුත්තේ ය. ඒ කවර කරුණු සයකින් ද යත්;

නෙක්ඛම්ම විතර්කයෙනි, අව්‍යාපාද විතර්කයෙනි, අවිහිංසා විතර්කයෙනි, නෙක්ඛම්ම සංඥාවෙනි, අව්‍යාපාද සංඥාවෙනි, අවිහිංසා සංඥාවෙනි.

මහණෙනි, මේ සය කරුණෙන් සමන්විත වූ භික්ෂුව මෙලොවදී ම පීඩා රහිත ව, තැවිලි රහිත ව, දැවිලි රහිත ව සැප සේ වාසය කරයි. කය බිඳී මරණින් මතු සුගතිය කැමති විය යුත්තේ ය.

සාදු! සාදු!! සාදු!!!

දුක්ඛ සූත්‍රය නිමා විය.

6.2.3.2.
අරහත්ත සූත්‍රය
අරහත්වය ගැන වදාළ දෙසුම

සැවැත් නුවර දී ය .....

මහණෙනි, සය කරුණක් ප්‍රහාණය නොකොට අරහත්වය සාක්ෂාත් කිරීමට අසමර්ථ වෙයි. ඒ කවර සය කරුණක් ද යත්;

කුල ගෝත්‍ර වශයෙන් හටගත් මානය, අන්‍යයන්ට හීන වෙමි යි හටගත් ඕමානය, ඉතා උසස් වෙමි යි හටගත් අතිමානය, නොලැබූ අධිගමයන් ලැබූ බවට හටගත් අධිමානය, ක්‍රෝධය ත් මානය ත් දෙකින් යුතුව හටගත් දැඩිබව නම් වූ ථම්භය, හීනයාට ත් වඩා හීන වෙමි යි අතිනිපාතය ය.

මහණෙනි, මේ සය කරුණ ප්‍රහාණය නොකොට අරහත්වය සාක්ෂාත් කිරීමට අසමර්ථ වෙයි.

මහණෙනි, සය කරුණක් ප්‍රහාණය කොට අරහත්වය සාක්ෂාත් කිරීමට සමර්ථ වෙයි. ඒ කවර සය කරුණක් ද යත්;

කුල ගෝත්‍ර වශයෙන් හටගත් මානය, අන්‍යයන්ට හීන වෙමි යි හටගත් ඕමානය, ඉතා උසස් වෙමි යි හටගත් අතිමානය, නොලැබූ අධිගමයන් ලැබූ බවට හටගත් අධිමානය, ක්‍රෝධය ත් මානය ත් දෙකින් යුතුව හටගත් දැඩිබව නම් වූ ථම්භය, හීනයාට ත් වඩා හීන වෙමි යි අතිනිපාතය ය.

මහණෙනි, මේ සය කරුණ ප්‍රහාණය කොට අරහත්වය සාක්ෂාත් කිරීමට සමර්ථ වෙයි.

සාදු! සාදු!! සාදු!!!

අරහත්ත සූත්‍රය නිමා විය.

6.2.3.3.
උත්තරිමනුස්සධම්ම සූත්‍රය
උතුරු මිනිස් දහම් ගැන වදාළ දෙසුම

සැවැත් නුවර දී ය .....

මහණෙනි, සය කරුණක් ප්‍රහාණය නොකොට මනුෂ්‍ය ධර්මයන්ට වඩා උතුම් වූ ආර්ය ඥාන දර්ශන විශේෂයක් සාක්ෂාත් කරන්නට හැකියාව නැත්තේ ය. ඒ කවර සය කරුණක් ද යත්;

මුළා සිහි ඇති බව, විදසුන් නුවණ නැති බව, ඉන්ද්‍රියයන්හි නොවැසූ දොරටු ඇති බව, භෝජනයෙහි අරුත් නොදන්නා බව, කුහකකම, ලාභය පිණිස වංචනික කතා කීම ය.

මහණෙනි, මේ සය කරුණ ප්‍රහාණය නොකොට මනුෂ්‍ය ධර්මයන්ට වඩා උතුම් වූ ආර්ය ඥාන දර්ශන විශේෂයක් සාක්ෂාත් කරන්නට හැකියාව නැත්තේ ය.

මහණෙනි, සය කරුණක් ප්‍රහාණය කොට මනුෂ්‍ය ධර්මයන්ට වඩා උතුම් වූ ආර්ය ඥාන දර්ශන විශේෂයක් සාක්ෂාත් කරන්නට හැකියාව ඇත්තේ ය. ඒ කවර සය කරුණක් ද යත්;

මුළා සිහි ඇති බව, විදසුන් නුවණ නැති බව, ඉන්ද්‍රියයන්හි නොවැසූ දොරටු ඇති බව, භෝජනයෙහි අරුත් නොදන්නා බව, කුහකකම, ලාභය පිණිස වංචනික කතා කීම ය.

මහණෙනි, මේ සය කරුණ ප්‍රහාණය කොට මනුෂ්‍ය ධර්මයන්ට වඩා උතුම් වූ ආර්ය ඥාන දර්ශන විශේෂයක් සාක්ෂාත් කරන්නට හැකියාව ඇත්තේ ය.

සාදු! සාදු!! සාදු!!!

උත්තරිමනුස්සධම්ම සූත්‍රය නිමා විය.

6.2.3.4.
සුඛ සෝමනස්ස සූත්‍රය
සැප සොම්නස ගැන වදාළ දෙසුම

සැවැත් නුවර දී ය .....

මහණෙනි, සය කරුණකින් සමන්විත වූ භික්ෂුව මෙලොවදී ම සැප සොම්නස් බහුල ව වාසය කරයි. ඔහු විසින් ආශ්‍රවයන් ක්ෂය වීම පිණිස පටන් ගත් වීරිය ද අරඹන ලද්දේ වෙයි. ඒ කවර සය කරුණකින් ද යත්;

මහණෙනි, මෙහිලා භික්ෂුව ධර්මයෙහි ඇලුණේ වෙයි. භාවනාවෙහි ඇලුණේ වෙයි. කෙලෙස් ප්‍රහාණය කිරීමෙහි ඇලුණේ වෙයි. හුදෙකලා විවේකයෙහි ඇලුණේ වෙයි. අව්‍යාපාදයෙහි ඇලුණේ වෙයි. ප්‍රපංච රහිත නිවනෙහි ඇලුණේ වෙයි.

මහණෙනි, මේ සය කරුණෙන් සමන්විත වූ භික්ෂුව මෙලොවදී ම සැප සොම්නස් බහුල ව වාසය කරයි. ඔහු විසින් ආශ්‍රවයන් ක්ෂය වීම පිණිස පටන් ගත් වීරිය ද අරඹන ලද්දේ වෙයි.

සාදු! සාදු!! සාදු!!!

සුඛ සෝමනස්ස සූත්‍රය නිමා විය.

6.2.3.5.
අධිගම සූත්‍රය
අධිගමයන් ගැන වදාළ දෙසුම

සැවැත් නුවර දී ය .....

මහණෙනි, සය කරුණකින් සමන්විත වූ භික්ෂුව සාක්ෂාත් නොකළ කුසල ධර්මයන් සාක්ෂාත් කරන්නට හෝ සාක්ෂාත් කළ කුසල ධර්මයන් දියුණු කරගන්නට හෝ අසමර්ථ වෙයි. ඒ කවර සය කරුණකින් ද යත්;

මහණෙනි, මෙහිලා භික්ෂුව තමා තුළට පැමිණෙන දේ තේරුම් ගන්නට හැකියාව නැත්තේ වෙයි. තමාගෙන් ගිලිහෙන කුසල් තේරුම් ගන්නට හැකියාව නැත්තේ වෙයි. උපායෙහි හැකියාව නැත්තේ වෙයි. සාක්ෂාත් නොකළ කුසල් දහම් සාක්ෂාත් කිරීම පිණිස කැමැත්ත නූපදවයි. සාක්ෂාත් කළ කුසල් දහම් ආරක්ෂා නොකරයි. නිතර නිතර ප්‍රතිපදාවෙහි යෙදෙමින් කුසල් දහම් සම්පාදනය නොකරයි.

මහණෙනි, මේ සය කරුණෙන් සමන්විත වූ භික්ෂුව සාක්ෂාත් නොකළ කුසල ධර්මයන් සාක්ෂාත් කරන්නට හෝ සාක්ෂාත් කළ කුසල ධර්මයන් දියුණු කරගන්නට හෝ අසමර්ථ වෙයි.

මහණෙනි, සය කරුණකින් සමන්විත වූ භික්ෂුව සාක්ෂාත් නොකළ කුසල ධර්මයන් සාක්ෂාත් කරන්නට හෝ සාක්ෂාත් කළ කුසල ධර්මයන් දියුණු කරගන්නට හෝ සමර්ථ වෙයි. ඒ කවර සය කරුණකින් ද යත්;

මහණෙනි, මෙහිලා භික්ෂුව තමා තුළට පැමිණෙන දේ තේරුම් ගන්නට හැකියාව ඇත්තේ වෙයි. තමාගෙන් ගිලිහෙන කුසල් තේරුම් ගන්නට හැකියාව ඇත්තේ වෙයි. උපායෙහි හැකියාව ඇත්තේ වෙයි. සාක්ෂාත් නොකළ කුසල් දහම් සාක්ෂාත් කිරීම පිණිස කැමැත්ත උපදවයි. සාක්ෂාත් කළ කුසල් දහම් ආරක්ෂා කරයි. නිතර නිතර ප්‍රතිපදාවෙහි යෙදෙමින් කුසල් දහම් සම්පාදනය කරයි.

මහණෙනි, මේ සය කරුණෙන් සමන්විත වූ භික්ෂුව සාක්ෂාත් නොකළ කුසල ධර්මයන් සාක්ෂාත් කරන්නට හෝ සාක්ෂාත් කළ කුසල ධර්මයන් දියුණු කරගන්නට හෝ සමර්ථ වෙයි.

සාදු! සාදු!! සාදු!!!

අධිගම සූත්‍රය නිමා විය.

6.2.3.6.
මහන්තත්ත සූත්‍රය
මහත් බව ගැන වදාළ දෙසුම

සැවැත් නුවර දී ය .....

මහණෙනි, සය කරුණකින් සමන්විත වූ භික්ෂුව වැඩිකල් නොයා ම ධර්මය තුළ මහත් බවට, විපුල බවට පැමිණෙයි. ඒ කවර සය කරුණකින් ද යත්;

මහණෙනි, මෙහිලා භික්ෂුව ආලෝකය බහුල කොට ඇත්තේ වෙයි. භාවනාවෙහි යෙදීම බහුල කොට ඇත්තේ වෙයි. ධර්මයේ හැසිරීමෙන් ලබන ප්‍රීතිය බහුල කොට ඇත්තේ වෙයි. කුසල් දහම්හි සෑහීමකට පත් නොවීම බහුල කොට ඇත්තේ වෙයි. කුසල් දහම්හි අත්නොහරින වීරිය ඇත්තේ වෙයි. මත්තෙහි ත් යළි යළි ත් වීරිය කරයි.

මහණෙනි, මේ සය කරුණෙන් සමන්විත වූ භික්ෂුව වැඩිකල් නොයා ම ධර්මය තුළ මහත් බවට, විපුල බවට පැමිණෙයි.

සාදු! සාදු!! සාදු!!!

මහන්තත්ත සූත්‍රය නිමා විය.

6.2.3.7.
පඨම නිරය සූත්‍රය
නිරය ගැන වදාළ පළමු දෙසුම

සැවැත් නුවර දී ය .....

මහණෙනි, සය කරුණකින් සමන්විත වූ තැනැත්තා ඔසොවාගෙන පැමිණි දෙයක් බිම තබන සෙයින් නිරයෙහි උපදින්නේ ය. ඒ කවර සය කරුණකින් ද යත්;

සතුන් මරන්නේ වෙයි. සොරකම් කරන්නේ වෙයි. කාමයෙහි වරදවා හැසිරෙන්නේ වෙයි. බොරු කියන්නේ වෙයි. පවිටු ආශා ඇත්තේ වෙයි. මිථ්‍යා දෘෂ්ටියෙන් යුක්ත වූයේ වෙයි.

මහණෙනි, මේ සය කරුණෙන් සමන්විත වූ තැනැත්තා ඔසොවාගෙන පැමිණි දෙයක් බිම තබන සෙයින් නිරයෙහි උපදින්නේ ය.

මහණෙනි, සය කරුණකින් සමන්විත වූ තැනැත්තා ඔසොවාගෙන පැමිණි දෙයක් බිම තබන සෙයින් සුගතියෙහි උපදින්නේ ය. ඒ කවර සය කරුණකින් ද යත්;

සතුන් මැරීමෙන් වැළකුණේ වෙයි. සොරකම් කිරීමෙන් වැළකුණේ වෙයි. කාමයෙහි වරදවා හැසිරීමෙන් වැළකුණේ වෙයි. බොරු කීමෙන් වැළකුණේ වෙයි. අල්පේච්ඡ වූයේ වෙයි. සම්‍යක් දෘෂ්ටියෙන් යුක්ත වූයේ වෙයි.

මහණෙනි, මේ සය කරුණෙන් සමන්විත වූ තැනැත්තා ඔසොවාගෙන පැමිණි දෙයක් බිම තබන සෙයින් සුගතියෙහි උපදින්නේ ය.

සාදු! සාදු!! සාදු!!!

පඨම නිරය සූත්‍රය නිමා විය.

6.2.3.8.
දුතිය නිරය සූත්‍රය
නිරය ගැන වදාළ දෙවෙනි දෙසුම

සැවැත් නුවර දී ය .....

මහණෙනි, සය කරුණකින් සමන්විත වූ තැනැත්තා ඔසොවාගෙන පැමිණි දෙයක් බිම තබන සෙයින් නිරයෙහි උපදින්නේ ය. ඒ කවර සය කරුණකින් ද යත්;

බොරු කියන්නේ වෙයි. කේලාම් කියන්නේ වෙයි. දරුණු වචන කියන්නේ වෙයි. නිසරු කතා කියන්නේ වෙයි. ලෝභී වෙයි. හිතුවක්කාර වෙයි.

මහණෙනි, මේ සය කරුණෙන් සමන්විත වූ තැනැත්තා ඔසොවාගෙන

පැමිණි දෙයක් බිම තබන සෙයින් නිරයෙහි උපදින්නේ ය.

මහණෙනි, සය කරුණකින් සමන්විත වූ තැනැත්තා ඔසොවාගෙන පැමිණි දෙයක් බිම තබන සෙයින් සුගතියෙහි උපදින්නේ ය. ඒ කවර සය කරුණකින් ද යත්;

බොරු කීමෙන් වැළකුණේ වෙයි. කේලාම් කීමෙන් වැළකුණේ වෙයි. දරුණු වචන කීමෙන් වැළකුණේ වෙයි. නිසරු වචන කීමෙන් වැළකුණේ වෙයි. නිර්ලෝභී වෙයි. හිතුවක්කාර නොවෙයි.

මහණෙනි, මේ සය කරුණෙන් සමන්විත වූ තැනැත්තා ඔසොවාගෙන පැමිණි දෙයක් බිම තබන සෙයින් සුගතියෙහි උපදින්නේ ය.

සාදු! සාදු!! සාදු!!!

දුතිය නිරය සූත්‍රය නිමා විය.

6.2.3.9.
අග්ගධම්ම සූත්‍රය
අග්‍ර ධර්මය ගැන වදාළ දෙසුම

සැවැත් නුවර දී ය .....

මහණෙනි, සය කරුණකින් සමන්විත වූ භික්ෂුව අග්‍ර ධර්මය වන අරහත්වය සාක්ෂාත් කරන්නට අසමර්ථ වෙයි. ඒ කවර සය කරුණකින් ද යත්;

මහණෙනි, මෙහිලා භික්ෂුව ශ්‍රද්ධා නැත්තේ වෙයි. පවට ලැජ්ජා නැත්තේ වෙයි. පවට භය නැත්තේ වෙයි. කුසීත වෙයි. ප්‍රඥා නැත්තේ වෙයි. කය ත්, ජීවිතය ත් කෙරෙහි අපේක්ෂා ඇත්තේ වෙයි.

මහණෙනි, මේ සය කරුණෙන් සමන්විත වූ භික්ෂුව අග්‍ර ධර්මය වන අරහත්වය සාක්ෂාත් කරන්නට අසමර්ථ වෙයි.

මහණෙනි, සය කරුණකින් සමන්විත වූ භික්ෂුව අග්‍ර ධර්මය වන අරහත්වය සාක්ෂාත් කරන්නට සමර්ථ වෙයි. ඒ කවර සය කරුණකින් ද යත්;

මහණෙනි, මෙහිලා භික්ෂුව ශ්‍රද්ධා ඇත්තේ වෙයි. පවට ලැජ්ජා ඇත්තේ

වෙයි. පවට භය ඇත්තේ වෙයි. පටන් ගත් වීරිය ඇත්තේ වෙයි. ප්‍රඥාවන්ත වෙයි. කය ත්, ජීවිතය ත් කෙරෙහි අපේක්ෂා නැත්තේ වෙයි.

මහණෙනි, මේ සය කරුණෙන් සමන්විත වූ භික්ෂුව අග්‍ර ධර්මය වන අරහත්වය සාක්ෂාත් කරන්නට සමර්ථ වෙයි.

සාදු! සාදු!! සාදු!!!

අග්ගධම්ම සූත්‍රය නිමා විය.

6.2.3.10.
රත්තිදිවස සූත්‍රය
රැය දහවල ගැන වදාළ දෙසුම

සැවැත් නුවර දී ය .....

මහණෙනි, සය කරුණකින් සමන්විත වූ භික්ෂුව හට යම් රැයක් හෝ දහවලක් හෝ පැමිණෙයි නම් කුසල් දහම් පිළිබඳ ව හානියක් ම කැමති විය යුත්තේ ය. දියුණුවක් නොවෙයි. ඒ කවර සය කරුණකින් ද යත්;

මහණෙනි, මෙහිලා භික්ෂුව සිවුරු, පිණ්ඩපාත, සේනාසන, ගිලන්පස බෙහෙත් පිරිකර ලද පමණින් සතුටු නොවෙයි, මහත් ආශාවෙන් යුතුව පීඩිත ව වසයි. ශ්‍රද්ධා නැත්තේ වෙයි. දුස්සීල වෙයි. කුසීත වෙයි. මුළා වූ සිහි ඇත්තේ වෙයි. ප්‍රඥා නැත්තේ වෙයි.

මහණෙනි, මේ සය කරුණෙන් සමන්විත වූ භික්ෂුව හට යම් රැයක් හෝ දහවලක් හෝ පැමිණෙයි නම් කුසල් දහම් පිළිබඳ ව හානියක් ම කැමති විය යුත්තේ ය. දියුණුවක් නොවෙයි.

මහණෙනි, සය කරුණකින් සමන්විත වූ භික්ෂුව හට යම් රැයක් හෝ දහවලක් හෝ පැමිණෙයි නම් කුසල් දහම් පිළිබඳ ව දියුණුවක් ම කැමති විය යුත්තේ ය. හානියක් නොවෙයි. ඒ කවර සය කරුණකින් ද යත්;

මහණෙනි, මෙහිලා භික්ෂුව සිවුරු, පිණ්ඩපාත, සේනාසන, ගිලන්පස බෙහෙත් පිරිකර ලද පමණින් සතුටු වෙයි, මහත් ආශාවෙන් තොර ව, පීඩාවෙන් තොර ව වසයි. ශ්‍රද්ධා ඇත්තේ වෙයි. සිල්වත් වෙයි. පටන්ගත් වීරියෙන් යුතු

වෙයි. සිහි ඇත්තේ වෙයි. ප්‍රඥා ඇත්තේ වෙයි.

මහණෙනි, මේ සය කරුණෙන් සමන්විත වූ භික්ෂුව හට යම් රැයක් හෝ දහවලක් හෝ පැමිණෙයි නම් කුසල් දහම් පිළිබඳ ව දියුණුවක් ම කැමති විය යුත්තේ ය. හානියක් නොවෙයි.

සාදු! සාදු!! සාදු!!!

රත්තිදිවස සූත්‍රය නිමා විය.

තෙවෙනි අරහත්ත වර්ගය අවසන් විය.

- **එහි පිළිවෙල උද්දානයයි :**

දුක්ඛ සූත්‍රය, අරහත්ත සූත්‍රය, උත්තරිමනුස්සධම්ම සූත්‍රය, සුඛ සෝමනස්ස සූත්‍රය, අධිගම සූත්‍රය, මහන්තත්ත සූත්‍රය, නිරය සූත්‍ර දෙක, අග්ගධම්ම සූත්‍රය සහ රත්තිදිවස සූත්‍රය වශයෙන් මෙහි සූත්‍ර දශයකි.

4. සීති වර්ගය

6.2.4.1.
සීතිභාව සූත්‍රය
සිහිල් බව ගැන වදාළ දෙසුම

සැවැත් නුවර දී ය .....

මහණෙනි, සය කරුණකින් සමන්විත වූ භික්ෂුව අනුත්තර වූ සිහිල් බව සාක්ෂාත් කරන්නට අසමර්ථ වෙයි. ඒ කවර සය කරුණකින් ද යත්;

මහණෙනි, මෙහිලා භික්ෂුව යම් කලක සිතට නිග්‍රහ කළ යුතු නම් එසමයෙහි සිතට නිග්‍රහ නොකරයි. යම් කලක සිතට වීර්යය ඉපිද විය යුතු නම් එසමයෙහි සිතට වීරිය ඉපිද වීම නොකරයි. යම් කලක සිත සමාධියෙන් සතුටු කළ යුතු නම් එසමයෙහි සිත සමාධියෙන් සතුටු නොකරයි. යම් කලක සිත උපේක්ෂාවෙන් තැන්පත් කළ යුතු නම් එසමයෙහි සිත උපේක්ෂාවෙන් තැන්පත් නොකරයි. ලාමක අදහස් ඇත්තේ ද වෙයි. සක්කායෙහි සතුටින් බැස ගත්තේ වෙයි.

මහණෙනි, මේ සය කරුණෙන් සමන්විත වූ භික්ෂුව අනුත්තර වූ සිහිල් බව සාක්ෂාත් කරන්නට අසමර්ථ වෙයි.

මහණෙනි, සය කරුණකින් සමන්විත වූ භික්ෂුව අනුත්තර වූ සිහිල් බව සාක්ෂාත් කරන්නට සමර්ථ වෙයි. ඒ කවර සය කරුණකින් ද යත්;

මහණෙනි, මෙහිලා භික්ෂුව යම් කලක සිතට නිග්‍රහ කළ යුතු නම් එසමයෙහි සිතට නිග්‍රහ කරයි. යම් කලක සිතට වීර්යය ඉපිද විය යුතු නම් එසමයෙහි සිතට වීරිය ඉපිද වීම කරයි. යම් කලක සිත සමාධියෙන් සතුටු කළ යුතු නම් එසමයෙහි සිත සමාධියෙන් සතුටු කරයි. යම් කලක සිත

උපේක්ෂාවෙන් තැන්පත් කළ යුතු නම් එසමයෙහි සිත උපේක්ෂාවෙන් තැන්පත් කරයි. උතුම් අදහස් ඇත්තේ ද වෙයි. නිවනෙහි සතුටින් බැස ගත්තේ වෙයි.

මහණෙනි, මේ සය කරුණෙන් සමන්විත වූ භික්ෂුව අනුත්තර වූ සිහිල් බව සාක්ෂාත් කරන්නට සමර්ථ වෙයි.

සාදු! සාදු!! සාදු!!!

සීතිභාව සූත්‍රය නිමා විය.

6.2.4.2.
ආවරණ සූත්‍රය
වැසීයාම ගැන වදාළ දෙසුම

සැවැත් නුවර දී ය .....

මහණෙනි, සය කරුණකින් සමන්විත වූ තැනැත්තා සද්ධර්මය අසන්නේ නමුත් කුසල් දහම්හි නිවැරදි බව නම් වූ ධර්ම මාර්ගයට බැසගන්නට හැකියාව නැත්තේ වෙයි. ඒ කවර සය කරුණකින් ද යත්,

කර්ම ආවරණයෙන් යුක්ත වූයේ වෙයි. ක්ලේශ ආවරණයෙන් යුක්ත වූයේ වෙයි. විපාක ආවරණයෙන් යුක්ත වූයේ වෙයි. ශ්‍රද්ධාව නැත්තේ වෙයි. කුසල් වැඩීමෙහි ආශා නැත්තේ වෙයි. ප්‍රඥාව නැත්තේ වෙයි.

මහණෙනි, මේ සය කරුණෙන් සමන්විත වූ තැනැත්තා සද්ධර්මය අසන්නේ නමුත් කුසල් දහම්හි නිවැරදි බව නම් වූ ධර්ම මාර්ගයට බැස ගන්නට හැකියාව නැත්තේ වෙයි.

මහණෙනි, සය කරුණකින් සමන්විත වූ තැනැත්තා සද්ධර්මය අසන්නේ ම කුසල් දහම්හි නිවැරදි බව නම් වූ ධර්ම මාර්ගයට බැසගන්නට හැකියාව ඇත්තේ වෙයි. ඒ කවර සය කරුණක් ද යත්,

කර්ම ආවරණයෙන් යුක්ත නොවූයේ වෙයි. ක්ලේශ ආවරණයෙන් යුක්ත නොවූයේ වෙයි. විපාක ආවරණයෙන් යුක්ත නොවූයේ වෙයි. ශ්‍රද්ධාව ඇත්තේ වෙයි. කුසල් වැඩීමෙහි ආශා ඇත්තේ වෙයි. ප්‍රඥාව ඇත්තේ වෙයි.

මහණෙනි, මේ සය කරුණෙන් සමන්විත වූ තැනැත්තා සද්ධර්මය අසන්නේ ම කුසල් දහම්හි නිවැරදි බව නම් වූ ධර්ම මාර්ගයට බැසගන්නට හැකියාව ඇත්තේ වෙයි.

සාදු! සාදු!! සාදු!!!

ආවරණ සූත්‍රය නිමා විය.

6.2.4.3.
වෝරෝපිත සූත්‍රය
දිවි තොර කිරීම ගැන වදාළ දෙසුම

සැවැත් නුවර දී ය .....

මහණෙනි, සය කරුණකින් සමන්විත වූ තැනැත්තා සද්ධර්මය අසන්නේ නමුත් කුසල් දහම්හි නිවැරදි බව නම් වූ ධර්ම මාර්ගයට බැසගන්නට අසමර්ථ වෙයි. ඒ කවර සය කරුණකින් ද යත්;

මව ජීවිතයෙන් තොර කළේ වෙයි. පියා ජීවිතයෙන් තොර කළේ වෙයි. රහතුන් ජීවිතයෙන් තොර කළේ වෙයි. දුෂ්ට සිතින් තථාගතයන් වහන්සේගේ සිරුරෙහි ලේ සෙලවූයේ වෙයි. සංඝයා භේද කරන ලද්දේ වෙයි. ප්‍රඥාව නැත්තේ, ජඩ වූයේ, කෙළතොළු වූයේ වෙයි.

මහණෙනි, මේ සය කරුණෙන් සමන්විත වූ තැනැත්තා සද්ධර්මය අසන්නේ නමුත් කුසල් දහම්හි නිවැරදි බව නම් වූ ධර්ම මාර්ගයට බැසගන්නට අසමර්ථ වෙයි.

මහණෙනි, සය කරුණකින් සමන්විත වූ තැනැත්තා සද්ධර්මය අසන්නේ ම කුසල් දහම්හි නිවැරදි බව නම් වූ ධර්ම මාර්ගයට බැසගන්නට සමර්ථ වෙයි. ඒ කවර සය කරුණකින් ද යත්;

මව ජීවිතයෙන් තොර නොකළේ වෙයි. පියා ජීවිතයෙන් තොර නොකළේ වෙයි. රහතුන් ජීවිතයෙන් තොර නොකළේ වෙයි. දුෂ්ට සිතින් තථාගතයන් වහන්සේගේ සිරුරෙහි ලේ නොසෙල්වූයේ වෙයි. සංඝයා භේද නොකරන ලද්දේ වෙයි. ප්‍රඥාව ඇත්තේ, ජඩ නොවූයේ, කෙළතොළු නොවූයේ වෙයි.

මහණෙනි, මේ සය කරුණෙන් සමන්විත වූ තැනැත්තා සද්ධර්මය අසන්නේ ම කුසල් දහම්හි නිවැරදි බව නම් වූ ධර්ම මාර්ගයට බැසගන්නට සමර්ථ වෙයි.

සාදු! සාදු!! සාදු!!!

වෝරෝපිත සූත්‍රය නිමා විය.

6.2.4.4.
සුස්සූසති සූත්‍රය
අසනු කැමති බව ගැන වදාළ දෙසුම

සැවැත් නුවර දී ය .....

මහණෙනි, සය කරුණකින් සමන්විත වූ තැනැත්තා සද්ධර්මය අසන්නේ නමුත් කුසල් දහම්හි නිවැරදි බව නම් වූ ධර්ම මාර්ගයට බැසගන්නට අසමර්ථ වෙයි. ඒ කවර සය කරුණකින් ද යත්;

තථාගතයන් විසින් වදාරණ ලද ධර්මය දේශනා කරන කල්හී අසන්නට නොකැමති වෙයි. සවන් යොමු නොකරයි. අවබෝධයෙහි සිත නොපිහිටුවයි. අදාළ නැති දේ ගනියි. අර්ථය අත්හරියි. ධර්මයට අනුකූල වූ ඉවසීමෙන් යුක්ත නොවෙයි.

මහණෙනි, මේ සය කරුණෙන් සමන්විත වූ තැනැත්තා සද්ධර්මය අසන්නේ නමුත් කුසල් දහම්හි නිවැරදි බව නම් වූ ධර්ම මාර්ගයට බැසග න්නට අසමර්ථ වෙයි.

මහණෙනි, සය කරුණකින් සමන්විත වූ තැනැත්තා සද්ධර්මය අසන්නේ ම කුසල් දහම්හි නිවැරදි බව නම් වූ ධර්ම මාර්ගයට බැසගන්නට සමර්ථ වෙයි. ඒ කවර සය කරුණකින් ද යත්;

තථාගතයන් විසින් වදාරණ ලද ධර්මය දේශනා කරන කල්හී අසන්නට කැමති වෙයි. සවන් යොමු කරයි. අවබෝධයෙහි සිත පිහිටුවයි. අර්ථය ගනියි. අදාළ නැති දේ අත්හරියි. ධර්මයට අනුකූල වූ ඉවසීමෙන් යුක්ත වෙයි.

මහණෙනි, මේ සය කරුණෙන් සමන්විත වූ තැනැත්තා සද්ධර්මය

අසන්නේ ම කුසල් දහම්හි නිවැරදි බව නම් වූ ධර්ම මාර්ගයට බැසගන්නට සමර්ථ වෙයි.

සාදු! සාදු!! සාදු!!!

සුස්සූසති සූත්‍රය නිමා විය.

6.2.4.5.
අප්පහාය සූත්‍රය
ප්‍රහාණය නොකිරීම ගැන වදාළ දෙසුම

සැවැත් නුවර දී ය .....

මහණෙනි, සය කරුණක් ප්‍රහාණය නොකොට දෘෂ්ටි සම්පත්තිය හෙවත් සෝවාන් ඵලය සාක්ෂාත් කරන්නට අසමර්ථ වෙයි. ඒ කවර සය කරුණක් ද යත්;

සක්කාය දිට්ඨිය ය. විචිකිච්ඡාව ය. සීලබ්බත පරාමාස ය. අපාය කරා රැගෙන යන රාගය ය. අපාය කරා රැගෙන යන ද්වේෂය ය. අපාය කරා රැගෙන යන මෝහය ය.

මහණෙනි, මේ සය කරුණ ප්‍රහාණය නොකොට දෘෂ්ටි සම්පත්තිය හෙවත් සෝවාන් ඵලය සාක්ෂාත් කරන්නට අසමර්ථ වෙයි.

මහණෙනි, සය කරුණක් ප්‍රහාණය කොට දෘෂ්ටි සම්පත්තිය හෙවත් සෝවාන් ඵලය සාක්ෂාත් කරන්නට සමර්ථ වෙයි. ඒ කවර සය කරුණක් ද යත්;

සක්කාය දිට්ඨිය ය. විචිකිච්ඡාව ය. සීලබ්බත පරාමාස ය. අපාය කරා රැගෙන යන රාගය ය. අපාය කරා රැගෙන යන ද්වේෂය ය. අපාය කරා රැගෙන යන මෝහය ය.

මහණෙනි, මේ සය කරුණ ප්‍රහාණය කොට දෘෂ්ටි සම්පත්තිය හෙවත් සෝවාන් ඵලය සාක්ෂාත් කරන්නට සමර්ථ වෙයි.

සාදු! සාදු!! සාදු!!!

අප්පහාය සූත්‍රය නිමා විය.

6.2.4.6.
පහීණ සූත්‍රය
ප්‍රහීණ වීම ගැන වදාළ දෙසුම

සැවැත් නුවර දී ය .....

මහණෙනි, මේ සය කරුණ දිට්ඨි සම්පන්න හෙවත් සෝවාන් පුද්ගලයා හට ප්‍රහීණ වූයේ වෙයි. ඒ කවර සය කරුණක් ද යත්;

සක්කාය දිට්ඨිය ය. විචිකිච්ඡාව ය. සීලබ්බත පරාමාස ය. අපාය කරා රැගෙන යන රාගය ය. අපාය කරා රැගෙන යන ද්වේෂය ය. අපාය කරා රැගෙන යන මෝහය ය.

මහණෙනි, මේ සය කරුණ දිට්ඨි සම්පන්න හෙවත් සෝවාන් පුද්ගලයා හට ප්‍රහීණ වූයේ වෙයි.

සාදු! සාදු!! සාදු!!!

පහීණ සූත්‍රය නිමා විය.

6.2.4.7.
අභබ්බ සූත්‍රය
අසමර්ථ බව ගැන වදාළ දෙසුම

සැවැත් නුවර දී ය .....

මහණෙනි, මේ සය කරුණ දිට්ඨි සම්පන්න හෙවත් සෝවාන් පුද්ගලයා උපදවන්නට අසමර්ථ වෙයි. ඒ කවර සය කරුණක් ද යත්;

සක්කාය දිට්ඨිය ය. විචිකිච්ඡාව ය. සීලබ්බත පරාමාස ය. අපාය කරා රැගෙන යන රාගය ය. අපාය කරා රැගෙන යන ද්වේෂය ය. අපාය කරා රැගෙන යන මෝහය ය.

මහණෙනි, මේ සය කරුණ දිට්ඨි සම්පන්න හෙවත් සෝවාන් පුද්ගලයා උපදවන්නට අසමර්ථ වෙයි.

සාදු! සාදු!! සාදු!!!

අභබ්බ සූත්‍රය නිමා විය.

6.2.4.8.
අභබ්බට්ඨාන සූත්‍රය
හැකියාව නැති කරුණු ගැන වදාළ දෙසුම

සැවැත් නුවර දී ය .....

මහණෙනි, මේ අසමර්ථ වූ සය කරුණකි. ඒ කවර සය කරුණක් ද යත්;

සෝවාන් පුද්ගලයා ශාස්තෘන් වහන්සේ කෙරෙහි අගෞරවයෙන්, යටහත් පැවතුම් නැති ව වාසය කරන්නට අසමර්ථ වෙයි. සෝවාන් පුද්ගලයා ධර්මය කෙරෙහි අගෞරවයෙන්, යටහත් පැවතුම් නැති ව වාසය කරන්නට අසමර්ථ වෙයි. සෝවාන් පුද්ගලයා සංඝයා කෙරෙහි අගෞරවයෙන්, යටහත් පැවතුම් නැති ව වාසය කරන්නට අසමර්ථ වෙයි. සෝවාන් පුද්ගලයා ශික්ෂාව කෙරෙහි අගෞරවයෙන්, යටහත් පැවතුම් නැති ව වාසය කරන්නට අසමර්ථ වෙයි. සෝවාන් පුද්ගලයා දුසිල් බවට හෝ දෙසැටක් මිථ්‍යා දෘෂ්ටීන්ට හෝ නැවත හැරී යන්නට අසමර්ථ වෙයි. සෝවාන් පුද්ගලයා අටවෙනි භවයක් උපදවන්නට අසමර්ථ වෙයි.

මහණෙනි, මේ වනාහී අසමර්ථ වූ සය කරුණ යි.

සාදු! සාදු!! සාදු!!!

අභබ්බට්ඨාන සූත්‍රය නිමා විය.

6.2.4.9.
දුතිය අභබ්බට්ඨාන සූත්‍රය
හැකියාව නැති කරුණු ගැන වදාළ දෙවෙනි දෙසුම

සැවැත් නුවර දී ය .....

මහණෙනි, මේ අසමර්ථ වූ සය කරුණකි. ඒ කවර සය කරුණක් ද යත්;

සෝවාන් පුද්ගලයා කිසි සංස්කාරයක් නිත්‍ය වශයෙන් පිළිගන්නට අසමර්ථ වෙයි. සෝවාන් පුද්ගලයා කිසි සංස්කාරයක් සැප වශයෙන් පිළිගන්නට අසමර්ථ වෙයි. සෝවාන් පුද්ගලයා කිසි ධර්මයක් ආත්ම වශයෙන් පිළිගන්නට අසමර්ථ වෙයි. සෝවාන් පුද්ගලයා ආනන්තරීය කර්ම කරන්නට අසමර්ථ වෙයි. සෝවාන් පුද්ගලයා නැකත් සුභ නිමිති මංගල කරුණු ආදියට නැවත හැරී යන්නට අසමර්ථ වෙයි. සෝවාන් පුද්ගලයා මේ සසුනෙන් බැහැර ව පින් සළකා දන් පැන් පිදීමට නිසියෙකු සොයා යන්නට අසමර්ථ වෙයි.

මහණෙනි, මේ වනාහී අසමර්ථ වූ සය කරුණ යි.

සාදු! සාදු!! සාදු!!!

දුතිය අභබ්බට්ඨාන සූත්‍රය නිමා විය.

6.2.4.10.
තතිය අභබ්බට්ඨාන සූත්‍රය
හැකියාව නැති කරුණු ගැන වදාළ තෙවෙනි දෙසුම

සැවැත් නුවර දී ය .....

මහණෙනි, මේ අසමර්ථ වූ සය කරුණකි. ඒ කවර සය කරුණක් ද යත්;

සෝවාන් පුද්ගලයා මව් ජීවිතයෙන් තොර කරන්නට අසමර්ථ වෙයි.

සෝවාන් පුද්ගලයා පියා ජීවිතයෙන් තොර කරන්නට අසමර්ථ වෙයි. සෝවාන් පුද්ගලයා රහතුන් ජීවිතයෙන් තොර කරන්නට අසමර්ථ වෙයි. සෝවාන් පුද්ගලයා දුෂ්ට සිතින් තථාගතයන් වහන්සේගේ සිරුරින් ලේ සොළවන්නට අසමර්ථ වෙයි. සෝවාන් පුද්ගලයා සංඝ භේදය කරන්නට අසමර්ථ වෙයි. සෝවාන් පුද්ගලයා අන්‍ය වූ ශාස්තෘවරයෙක් සරණ යන්නට අසමර්ථ වෙයි.

මහණෙනි, මේ වනාහී අසමර්ථ වූ සය කරුණ යි.

සාදු! සාදු!! සාදු!!!

තතිය අභබ්බට්ඨාන සූත්‍රය නිමා විය.

6.2.4.11.
චතුත්ථ අභබ්බට්ඨාන සූත්‍රය
හැකියාව නැති කරුණු ගැන වදාළ සිව්වෙනි දෙසුම

සැවැත් නුවර දී ය .....

මහණෙනි, මේ අසමර්ථ වූ සය කරුණකි. ඒ කවර සය කරුණක් ද යත්;

සෝවාන් පුද්ගලයා සැප දුක් තමා විසින් කරන ලද්දේ යැයි පිළිගන්නට අසමර්ථ වෙයි. සෝවාන් පුද්ගලයා සැප දුක් අන්‍ය වූ දිව්‍ය බ්‍රහ්මාදියෙකු විසින් කරන ලද්දේ යැයි පිළිගන්නට අසමර්ථ වෙයි. සෝවාන් පුද්ගලයා සැප දුක් තමා විසිනුත් කරන ලද්දේ ය, අන්‍ය වූ දිව්‍ය බ්‍රහ්මාදියෙකු විසිනුත් කරන ලද්දේ ය යැයි පිළිගන්නට අසමර්ථ වෙයි. සෝවාන් පුද්ගලයා සැප දුක් තමා විසින් නොකරන ලද්දේ, ඉබේ හටගත්තේ යැයි පිළිගන්නට අසමර්ථ වෙයි. සෝවාන් පුද්ගලයා සැප දුක් අන්‍ය වූ දිව්‍ය බ්‍රහ්මාදියෙකු විසින් නොකරන ලද්දේ, ඉබේ හටගත්තේ යැයි පිළිගන්නට අසමර්ථ වෙයි. සෝවාන් පුද්ගලයා සැප දුක් තමා විසිනුත් නොකරන ලද්දේ, අන්‍යයෙකු විසිනුත් නොකරන ලද්දේ, ඉබේ හටගත්තේ යැයි පිළිගන්නට අසමර්ථ වෙයි. එයට හේතුව කුමක්ද? මහණෙනි, සෝවාන් පුද්ගලයා විසින් දුකෙහි හේතුව මැනැවින් දකින ලද්දේ වෙයි. ඒ හේතුන්ගෙන් හටගත් ධර්මයන් ද මැනැවින් දකින ලද්දේ වෙයි. එහෙයිනි.

මහණෙනි, මේ වනාහී අසමර්ථ වූ සය කරුණ යි.

සාදු! සාදු!! සාදු!!!

චතුත්ථ අභබ්බට්ඨාන සූත්‍රය නිමා විය.

සිව්වෙනි සීති වර්ගය අවසන් විය.

- එහි පිළිවෙල උද්දානයයි :

සීතිභාව සූත්‍රය, ආවරණ සූත්‍රය, වෝරෝපිත සූත්‍රය, සුස්සූසති සූත්‍රය, අප්පහාය සූත්‍රය, පහීණ සූත්‍රය, අභබ්බ සූත්‍රය, සහ අභබ්බට්ඨාන සූත්‍ර සතර වශයෙන් මෙහි සූත්‍ර එකොළසකි.

5. ආනිසංස වර්ගය

6.2.5.1.
පාතුභාව සූත්‍රය
පහළ වීම ගැන වදාළ දෙසුම

සැවැත් නුවර දී ය .....

මහණෙනි, සය කරුණක පහළ වීම ලෝකයෙහි දුර්ලභ වෙයි. ඒ කවර සය කරුණක ද යත්;

තථාගත අරහත් සම්මා සම්බුදුරජුන්ගේ පහළ වීම ලෝකයෙහි දුර්ලභ වෙයි. තථාගතයන් වහන්සේ විසින් වදාරණ ලද ධර්ම විනය දෙසන පුද්ගලයා ලෝකයෙහි දුර්ලභ වෙයි. රහතුන්ගේ ගමනාගමනය ඇති ආර්යායතනය වන මධ්‍ය දේශයෙහි ඉපදීම ලෝකයෙහි දුර්ලභ වෙයි. ඉන්ද්‍රියයන්ගේ අඩුපාඩු නැති බව ලෝකයෙහි දුර්ලභ වෙයි. ජඩ නැති බව, කෙළතොළු නැති බව ලෝකයෙහි දුර්ලභ වෙයි. කුසල ධර්මයන් දියුණු කිරීමෙහි කැමැත්ත ලෝකයෙහි දුර්ලභ වෙයි.

මහණෙනි, මේ සය කරුණෙහි පහළ වීම ලෝකයෙහි දුර්ලභ වෙයි.

සාදු! සාදු!! සාදු!!!

පාතුභාව සූත්‍රය නිමා විය.

6.2.5.2.
ආනිසංස සූත්‍රය
අනුසස් ගැන වදාළ දෙසුම

සැවැත් නුවර දී ය .....

මහණෙනි, සෝවාන් ඵලය සාක්ෂාත් කිරීමෙහි මේ අනුසස් හයකි. ඒ කවර සයක් ද යත්;

සද්ධර්මයෙහි ස්ථිර වූයේ වෙයි. නොපිරිහෙන ස්වභාව ඇත්තේ වෙයි. නැති කළ දුක් යළි නොහටගන්නේ වෙයි. පෘථග්ජනයන් හා සාධාරණ නොවූ අවබෝධයකින් යුක්ත වූයේ වෙයි. හේතුප්‍රත්‍ය ධර්මයන් මැනැවින් දකින ලද්දේ වෙයි. හේතූන්ගෙන් හටගත් ධර්මයන් ද මැනැවින් දකින ලද්දේ වෙයි.

මහණෙනි, මේ වනාහී සෝවාන් ඵලය සාක්ෂාත් කිරීමෙහි අනුසස් හය යි.

සාදු! සාදු!! සාදු!!!

ආනිසංස සූත්‍රය නිමා විය.

6.2.5.3.
අනිච්ච සූත්‍රය
අනිත්‍යය ගැන වදාළ දෙසුම

සැවැත් නුවර දී ය .....

මහණෙනි, ඒකාන්තයෙන් ඒ භික්ෂුව සියළු සංස්කාරයන් නිත්‍ය වශයෙන් බලන්නේ, ධර්මයට අනුකූල වූ ඉවසීමෙන් යුක්ත වන්නේ ය යන කරුණ විය හැකි දෙයක් නොවෙයි. ධර්මයට අනුකූල ඉවසීමෙන් යුක්ත නොවූයේ, නිවැරදි ධර්ම මාර්ගයට බැසගන්නේ ය යන කරුණ විය හැකි දෙයක් නොවෙයි. නිවැරදි ධර්ම මාර්ගයට බැස නොගන්නේ, සෝවාන් ඵලය හෝ සකදාගාමී ඵලය හෝ

අනාගාමී ඵලය හෝ අරහත්වය හෝ සාක්ෂාත් කරන්නේ ය යන කරුණ විය හැකි දෙයක් නොවෙයි.

මහණෙනි, ඒකාන්තයෙන් ඒ භික්ෂුව කිසි සංස්කාරයක් අනිත්‍ය වශයෙන් බලන්නේ, ධර්මයට අනුකූල වූ ඉවසීමෙන් යුක්ත වන්නේ ය යන කරුණ විය හැකි දෙයකි. ධර්මයට අනුකූල ඉවසීමෙන් යුක්ත වූයේ, නිවැරදි ධර්ම මාර්ගයට බැසගන්නේ ය යන කරුණ විය හැකි දෙයකි. නිවැරදි ධර්ම මාර්ගයට බැසගන්නේ, සෝවාන් ඵලය හෝ සකදාගාමී ඵලය හෝ අනාගාමී ඵලය හෝ අරහත්වය හෝ සාක්ෂාත් කරන්නේ ය යන කරුණ විය හැකි දෙයකි.

සාදු! සාදු!! සාදු!!!

අනිච්ච සූත්‍රය නිමා විය.

6.2.5.4.
දුක්ඛ සූත්‍රය
දුක ගැන වදාළ දෙසුම

සැවැත් නුවර දී ය .....

මහණෙනි, ඒකාන්තයෙන් ඒ භික්ෂුව සියළු සංස්කාරයන් සැප වශයෙන් බලන්නේ, ...(පෙ).... යන කරුණ විය හැකි දෙයක් නොවෙයි.

මහණෙනි, ඒකාන්තයෙන් ඒ භික්ෂුව කිසි සංස්කාරයක් දුක් වශයෙන් බලන්නේ, ...(පෙ).... යන කරුණ විය හැකි දෙයකි.

සාදු! සාදු!! සාදු!!!

දුක්ඛ සූත්‍රය නිමා විය.

6.2.5.5.
අනත්ත සූත්‍රය
අනාත්මය ගැන වදාළ දෙසුම

සැවැත් නුවර දී ය .....

මහණෙනි, ඒකාන්තයෙන් ඒ භික්ෂුව සියළු සංස්කාරයන් ආත්ම වශයෙන් බලන්නේ, ...(පෙ).... යන කරුණ විය හැකි දෙයක් නොවෙයි.

මහණෙනි, ඒකාන්තයෙන් ඒ භික්ෂුව කිසි සංස්කාරයක් අනාත්ම වශයෙන් බලන්නේ, ...(පෙ).... යන කරුණ විය හැකි දෙයකි.

සාදු! සාදු!! සාදු!!!

අනත්ත සූත්‍රය නිමා විය.

6.2.5.6.
නිබ්බාන සූත්‍රය
නිවන ගැන වදාළ දෙසුම

සැවැත් නුවර දී ය .....

මහණෙනි, ඒකාන්තයෙන් ඒ භික්ෂුව නිවන දුක් වශයෙන් බලන්නේ, ධර්මයට අනුකූල වූ ඉවසීමෙන් යුක්ත වන්නේ ය යන කරුණ විය හැකි දෙයක් නොවෙයි. ධර්මයට අනුකූල ඉවසීමෙන් යුක්ත නොවූයේ, නිවැරදි ධර්ම මාර්ග යට බැසගන්නේ ය යන කරුණ විය හැකි දෙයක් නොවෙයි. නිවැරදි ධර්ම මාර්ගයට බැස නොගන්නේ, සෝවාන් ඵලය හෝ සකදාගාමී ඵලය හෝ අනාගාමී ඵලය හෝ අරහත්වය හෝ සාක්ෂාත් කරන්නේ ය යන කරුණ විය හැකි දෙයක් නොවෙයි.

මහණෙනි, ඒකාන්තයෙන් ඒ භික්ෂුව නිවන සැප වශයෙන් බලන්නේ, ධර්මයට අනුකූල වූ ඉවසීමෙන් යුක්ත වන්නේ ය යන කරුණ විය හැකි දෙයකි.

ධර්මයට අනුකූල ඉවසීමෙන් යුක්ත වූයේ, නිවැරදි ධර්ම මාර්ගයට බැසග න්නේ ය යන කරුණ විය හැකි දෙයකි. නිවැරදි ධර්ම මාර්ගයට බැසගන්නේ, සෝවාන් ඵලය හෝ සකදාගාමී ඵලය හෝ අනාගාමී ඵලය හෝ අරහත්වය හෝ සාක්ෂාත් කරන්නේ ය යන කරුණ විය හැකි දෙයකි.

සාදු! සාදු!! සාදු!!!

නිබ්බාන සූත්‍රය නිමා විය.

6.2.5.7.
අනවත්ථිත සූත්‍රය
ස්ථිර ව නොපිහිටීම ගැන වදාළ දෙසුම

සැවැත් නුවර දී ය .....

මහණෙනි, අනුසස් සයක් දකින්නා වූ භික්ෂුව විසින් සියළු සංස්කාරයන් පිළිබඳ ව සීමා රහිත කොට අනිත්‍ය සංඥාව සිතෙහි පිහිටුවා ගන්නට සුදුසු ය. ඒ කවර අනුසස් හයක් ද යත්;

මා හට සියළු සංස්කාරයන් ද ස්ථිර ව නොපිහිටි බිඳී යන දේ ලෙස වැටහෙයි. මාගේ සිත කිසි ලොවක ද නොඇලෙන්නේ ය. මාගේ සිත සියළු ලොවෙන් ද බැහැරට නැගී සිටින්නේ ය. මාගේ සිත නිවනට ද නැඹුරු වන්නේ ය. මාගේ සංයෝජනයෝ ද ප්‍රහාණයට යන්නාහු ය. උතුම් ශ්‍රමණ භාවයෙන් ද යුක්ත වන්නේ ය.

මහණෙනි, මේ අනුසස් සය දකින්නා වූ භික්ෂුව විසින් සියළු සංස්කාරයන් පිළිබඳ ව සීමා රහිත කොට අනිත්‍ය සංඥාව සිතෙහි පිහිටුවා ගන්නට සුදුසු ය.

සාදු! සාදු!! සාදු!!!

අනවත්ථිත සූත්‍රය නිමා විය.

6.2.5.8.
උක්ඛිත්තාසික සූත්‍රය
කඩුවක් ඔසොවා ගත් වධකයා ගැන වදාළ දෙසුම

සැවැත් නුවර දී ය .....

මහණෙනි, අනුසස් සයක් දකින්නා වූ භික්ෂුව විසින් සියළු සංස්කාරයන් පිළිබඳ ව සීමා රහිත කොට දුක්ඛ සංඥාව සිතෙහි පිහිටුවා ගන්නට සුදුසු ය. ඒ කවර අනුසස් සයක් ද යත්;

මා හට සියළු සංස්කාරයන් පිළිබඳ ව කඩුවක් ඔසොවා ගත් වධකයෙකු සෙයින් එපාවීමේ සංඥාව ද වැටහීම පිහිටා සිටියේ වන්නේ ය. මාගේ සිත සියළු ලොවින් ද බැහැරට නැගී සිටින්නේ ය. නිර්වාණයෙහි ද ශාන්ත ස්වභාවය දකින්නෙක් වන්නෙමි. මාගේ අනුසයෝ ද මුලින් ම වැනසී යන්නාහු ය. නිවන් පිණිස කළ යුතු දෙය ද කරනසුළු වන්නෙමි. මා විසින් මෛත්‍රී සහගත වතින් ශාස්තෘන් වහන්සේ ඇසුරු කරන ලද්දේ ය.

මහණෙනි, මේ අනුසස් සය දකින්නා වූ භික්ෂුව විසින් සියළු සංස්කාරයන් පිළිබඳ ව සීමා රහිත කොට දුක්ඛ සංඥාව සිතෙහි පිහිටුවා ගන්නට සුදුසු ය.

සාදු! සාදු!! සාදු!!!

උක්ඛිත්තාසික සූත්‍රය නිමා විය.

6.2.5.9.
අතම්මය සූත්‍රය
තෘෂ්ණා දෘෂ්ටි නැති බව ගැන වදාළ දෙසුම

සැවැත් නුවර දී ය .....

මහණෙනි, අනුසස් සයක් දකින්නා වූ භික්ෂුව විසින් සියළු සංස්කාරයන්

පිළිබඳ ව සීමා රහිත කොට අනාත්ම සංඥාව සිතෙහි පිහිටුවා ගන්නට සුදුසු ය. ඒ කවර අනුසස් හයක් ද යත්;

සියළු ලෝකයෙහි ද තෘෂ්ණා දෘෂ්ටි නැතියෙක් වන්නෙමි. මාගේ මම වෙමි යි ආදී දෘෂ්ටීහු ද නොපෙනී යන්නාහු ය. මාගේ ය යනාදී තෘෂ්ණාවන් මා කෙරෙන් නොපෙනී යන්නේ ය. පෘථග්ජනයන් හා සාධාරණ නොවූ අවබෝධ ඥානයකින ද යුක්ත වන්නෙමි. මවිසින් හේතූන් ද මැනැවින් දක්නා ලද්දේ ය. හේතූන්ගෙන් හටගත් ධර්මයන් ද මැනැවින් දක්නා ලද්දේ ය.

මහණෙනි, මේ අනුසස් සය දකින්නා වූ භික්ෂුව විසින් සියළු සංස්කාරයන් පිළිබඳ ව සීමා රහිත කොට අනාත්ම සංඥාව සිතෙහි පිහිටුවා ගන්නට සුදුසු ය.

සාදු! සාදු!! සාදු!!!

අතම්මය සූත්‍රය නිමා විය.

6.2.5.10.
භව සූත්‍රය
භවය ගැන වදාළ දෙසුම

සැවැත් නුවර දී ය .....

මහණෙනි, මේ භව තුන ප්‍රහාණය කළ යුත්තේ ය. ශික්ෂා තුනක හික්මිය යුත්තේ ය. ප්‍රහාණය කළ යුත්තේ කවර භව තුනක් ද? කාම භවය, රූප භවය හා අරූප භවය යි. මේ ප්‍රහාණය කළ යුතු භව තුන යි.

හික්මිය යුත්තේ කවර ශික්ෂා තුනක ද? අධිශීල ශික්ෂාවෙහි ය, අධිචිත්ත ශික්ෂාවෙහි ය, අධිප්‍රඥා ශික්ෂාවෙහි ය. මේ ශික්ෂා තුනෙහි හික්මිය යුත්තේ ය.

මහණෙනි, යම් විටක භික්ෂුව හට මේ තුන් භවයන් ප්‍රහීණ වූයේ වෙයි ද, මේ ත්‍රිවිධ ශික්ෂාවන්හි මැනැවින් හික්මුණේ වෙයි ද, මහණෙනි, මේ භික්ෂුව තණ්හාව සිඳ දැම්මේ ය, සංයෝජන උදුරා දැම්මේ ය, මනාකොට මානය ප්‍රහාණයෙන් දුක් කෙළවර කළේ යැයි කියනු ලැබේ.

සාදු! සාදු!! සාදු!!!

භව සූත්‍රය නිමා විය.

6.2.5.11.
තණ්හා සූත්‍රය
තෘෂ්ණාව ගැන වදාළ දෙසුම

සැවැත් නුවර දී ය .....

මහණෙනි, මේ තෘෂ්ණා තුන ද, මේ මාන තුන ද ප්‍රහාණය කළ යුත්තේ ය. ප්‍රහාණය කළ යුතු තෘෂ්ණා තුන මොනවා ද? කාම තණ්හාව, භාව තණ්හාව සහ විභව තණ්හාව ය. මේ ප්‍රහාණය කළ යුතු තෘෂ්ණා තුන යි.

ප්‍රහාණය කළ යුතු මාන තුන මොනවා ද? ජාති ගෝත්‍ර ආදියෙන් හටගත් මානය ත්, අන්‍යයන්ට වඩා පහත් වෙමි යි හටගත් මානය ත්, අන්‍යයන්ට වඩා උසස් වෙමි යි හටගත් මානය ත් ය. මේ මාන තුන ප්‍රහාණය කළ යුත්තේ ය.

මහණෙනි, යම් විටක භික්ෂුව හට මේ ත්‍රිවිධ තෘෂ්ණාව ද, මේ ත්‍රිවිධ මාන්නය ද ප්‍රහීණ වූයේ වෙයි ද, මහණෙනි, මේ භික්ෂුව තණ්හාව සිඳ දැම්මේ ය, සංයෝජන උදුරා දැම්මේ ය, මනාකොට මානය ප්‍රහාණයෙන් දුක් කෙළවර කළේ යැයි කියනු ලැබේ.

සාදු! සාදු!! සාදු!!!

තණ්හා සූත්‍රය නිමා විය.

පස්වෙනි ආනිසංස වර්ගය අවසන් විය.

- එහි පිළිවෙල උද්දානයයි :

පාතුභාව සූත්‍රය, ආනිසංස සූත්‍රය, අනිච්ච සූත්‍රය, දුක්ඛ සූත්‍රය, අනත්ත සූත්‍රය, නිබ්බාන සූත්‍රය, අනවත්ථිත සූත්‍රය, උක්ඛිත්තාසික සූත්‍රය, අතම්මය සූත්‍රය, භව සූත්‍රය සහ තණ්හා සූත්‍රය වශයෙන් මෙහි සූත්‍ර එකොළසකි.

දෙවෙනි පණ්ණාසකය නිමා විය.

පණ්ණාසක අතිරේක වර්ගයෝ

1. තික වර්ගය

6.1.1.

රාග සූත්‍රය

රාගය ගැන වදාළ දෙසුම

සැවැත් නුවර දී ය .....

මහණෙනි, මේ කරුණු තුනකි. ඒ කවර තුනක් ද යත්; රාගය, ද්වේෂය, හා මෝහය යි. මහණෙනි, මේ වනාහී කරුණු තුන යි.

මහණෙනි, මේ කරුණු තුන ප්‍රහාණය කිරීම පිණිස තුන් ධර්මයක් වැඩිය යුත්තේ ය. ඒ කවර තුන් ධර්මයක් ද යත්; රාගය ප්‍රහාණය කිරීම පිණිස අසුභය වැඩිය යුත්තේ ය. ද්වේෂය ප්‍රහාණය කිරීම පිණිස මෙත් සිත වැඩිය යුත්තේ ය. මෝහය ප්‍රහාණය කිරීම පිණිස ප්‍රඥාව වැඩිය යුත්තේ ය. මහණෙනි, මේ කරුණු තුන ප්‍රහාණය කිරීම පිණිස මේ තුන් ධර්මය වැඩිය යුත්තේ ය.

සාදු! සාදු!! සාදු!!!

රාග සූත්‍රය නිමා විය.

6.1.2.

දුච්චරිත සූත්‍රය

දුසිරිත ගැන වදාළ දෙසුම

සැවැත් නුවර දී ය .....

මහණෙනි, මේ කරුණු තුනකි. ඒ කවර තුනක් ද යත්; කාය දුෂ්චරිතය,

වචී දුෂ්චරිතය සහ මනෝ දුෂ්චරිතය යි. මහණෙනි, මේ වනාහී කරුණු තුන යි.

මහණෙනි, මේ කරුණු තුන ප්‍රහාණය කිරීම පිණිස තුන් ධර්මයක් වැඩිය යුත්තේ ය. ඒ කවර තුන් ධර්මයක් ද යත්; කාය දුෂ්චරිතය ප්‍රහාණය කිරීම පිණිස කාය සුචරිතය වැඩිය යුත්තේ ය. වචී දුෂ්චරිතය ප්‍රහාණය කිරීම පිණිස වචී සුචරිතය වැඩිය යුත්තේ ය. මනෝ දුෂ්චරිතය ප්‍රහාණය කිරීම පිණිස මනෝ සුචරිතය වැඩිය යුත්තේ ය. මහණෙනි, මේ කරුණු තුන ප්‍රහාණය කිරීම පිණිස මේ තුන් ධර්මය වැඩිය යුත්තේ ය.

සාදු! සාදු!! සාදු!!!

දුච්චරිත සූත්‍රය නිමා විය.

6.1.3.
විතක්ක සූත්‍රය
විතර්ක ගැන වදාළ දෙසුම

සැවැත් නුවර දී ය .....

මහණෙනි, මේ කරුණු තුනකි. ඒ කවර තුනක් ද යත්; කාම විතර්කය, ව්‍යාපාද විතර්කය සහ විහිංසා විතර්කය යි. මහණෙනි, මේ වනාහී කරුණු තුන යි.

මහණෙනි, මේ කරුණු තුන ප්‍රහාණය කිරීම පිණිස තුන් ධර්මයක් වැඩිය යුත්තේ ය. ඒ කවර තුන් ධර්මයක් ද යත්; කාම විතර්කය ප්‍රහාණය කිරීම පිණිස නෙක්ඛම්ම විතර්කය වැඩිය යුත්තේ ය. ව්‍යාපාද විතර්කය ප්‍රහාණය කිරීම පිණිස අව්‍යාපාද විතර්කය වැඩිය යුත්තේ ය. විහිංසා විතර්කය ප්‍රහාණය කිරීම පිණිස අවිහිංසා විතර්කය වැඩිය යුත්තේ ය. මහණෙනි, මේ කරුණු තුන ප්‍රහාණය කිරීම පිණිස මේ තුන් ධර්මය වැඩිය යුත්තේ ය.

සාදු! සාදු!! සාදු!!!

විතක්ක සූත්‍රය නිමා විය.

6.1.4.

සඤ්ඤා සූත්‍රය

සංඥා ගැන වදාළ දෙසුම

සැවැත් නුවර දී ය .....

මහණෙනි, මේ කරුණු තුනකි. ඒ කවර තුනක් ද යත්; කාම සංඥාව, ව්‍යාපාද සංඥාව සහ විහිංසා සංඥාව යි. මහණෙනි, මේ වනාහී කරුණු තුන යි.

මහණෙනි, මේ කරුණු තුන ප්‍රහාණය කිරීම පිණිස තුන් ධර්මයක් වැඩිය යුත්තේ ය. ඒ කවර තුන් ධර්මයක් ද යත්; කාම සංඥාව ප්‍රහාණය කිරීම පිණිස නෙක්ඛම්ම සංඥාව වැඩිය යුත්තේ ය. ව්‍යාපාද සංඥාව ප්‍රහාණය කිරීම පිණිස අව්‍යාපාද සංඥාව වැඩිය යුත්තේ ය. විහිංසා සංඥාව ප්‍රහාණය කිරීම පිණිස අවිහිංසා සංඥාව වැඩිය යුත්තේ ය. මහණෙනි, මේ කරුණු තුන ප්‍රහාණය කිරීම පිණිස මේ තුන් ධර්මය වැඩිය යුත්තේ ය.

සාදු! සාදු!! සාදු!!!

සඤ්ඤා සූත්‍රය නිමා විය.

6.1.5.

ධාතු සූත්‍රය

ධාතු ගැන වදාළ දෙසුම

සැවැත් නුවර දී ය .....

මහණෙනි, මේ කරුණු තුනකි. ඒ කවර තුනක් ද යත්; කාම ධාතුව, ව්‍යාපාද ධාතුව සහ විහිංසා ධාතුව යි. මහණෙනි, මේ වනාහී කරුණු තුන යි.

මහණෙනි, මේ කරුණු තුන ප්‍රහාණය කිරීම පිණිස තුන් ධර්මයක් වැඩිය යුත්තේ ය. ඒ කවර තුන් ධර්මයක් ද යත්; කාම ධාතුව ප්‍රහාණය කිරීම පිණිස නෙක්ඛම්ම ධාතුව වැඩිය යුත්තේ ය. ව්‍යාපාද ධාතුව ප්‍රහාණය කිරීම පිණිස

අව්‍යාපාද ධාතුව වැඩිය යුත්තේ ය. විහිංසා ධාතුව ප්‍රහාණය කිරීම පිණිස අවිහිංසා ධාතුව වැඩිය යුත්තේ ය. මහණෙනි, මේ කරුණු තුන ප්‍රහාණය කිරීම පිණිස මේ තුන් ධර්මය වැඩිය යුත්තේ ය.

සාදු! සාදු!! සාදු!!!

ධාතු සූත්‍රය නිමා විය.

6.1.6.
අස්සාද සූත්‍රය
ආශ්වාදය ගැන වදාළ දෙසුම

සැවැත් නුවර දී ය .....

මහණෙනි, මේ කරුණු තුනකි. ඒ කවර තුනක් ද යත්; ආශ්වාද දෘෂ්ටිය, අත්තානු දෘෂ්ටිය, මිථ්‍යා දෘෂ්ටිය ය. මහණෙනි, මේ වනාහී කරුණු තුන යි.

මහණෙනි, මේ කරුණු තුන ප්‍රහාණය කිරීම පිණිස තුන් ධර්මයක් වැඩිය යුත්තේ ය. ඒ කවර තුන් ධර්මයක් ද යත්; ආශ්වාද දෘෂ්ටිය ප්‍රහාණය කිරීම පිණිස අනිත්‍ය සංඥාව වැඩිය යුත්තේ ය. අත්තානු දෘෂ්ටිය ප්‍රහාණය කිරීම පිණිස අනාත්ම සංඥාව වැඩිය යුත්තේ ය. මිථ්‍යා දෘෂ්ටිය ප්‍රහාණය කිරීම පිණිස සම්‍යක් දෘෂ්ටිය වැඩිය යුත්තේ ය. මහණෙනි, මේ කරුණු තුන ප්‍රහාණය කිරීම පිණිස මේ තුන් ධර්මය වැඩිය යුත්තේ ය.

සාදු! සාදු!! සාදු!!!

අස්සාද සූත්‍රය නිමා විය.

6.1.7.
අරති සූත්‍රය
අරතිය ගැන වදාළ දෙසුම

සැවැත් නුවර දී ය .....

මහණෙනි, මේ කරුණු තුනකි. ඒ කවර තුනක් ද යත්; අරතිය, විහිංසාව සහ අධර්ම චරියාව යි. මහණෙනි, මේ වනාහී කරුණු තුන යි.

මහණෙනි, මේ කරුණු තුන ප්‍රහාණය කිරීම පිණිස තුන් ධර්මයක් වැඩිය යුත්තේ ය. ඒ කවර තුන් ධර්මයක් ද යත්; අරතිය ප්‍රහාණය කිරීම පිණිස මුදිතාව වැඩිය යුත්තේ ය. විහිංසාව ප්‍රහාණය කිරීම පිණිස අවිහිංසාව වැඩිය යුත්තේ ය. අධර්මචරියාව ප්‍රහාණය කිරීම පිණිස ධර්මචරියාව වැඩිය යුත්තේ ය. මහණෙනි, මේ කරුණු තුන ප්‍රහාණය කිරීම පිණිස මේ තුන් ධර්මය වැඩිය යුත්තේ ය.

සාදු! සාදු!! සාදු!!!

අරති සූත්‍රය නිමා විය.

6.1.8.
අසන්තුට්ඨි සූත්‍රය
ලද දෙයින් සතුටු නොවීම ගැන වදාළ දෙසුම

සැවැත් නුවර දී ය .....

මහණෙනි, මේ කරුණු තුනකි. ඒ කවර තුනක් ද යත්; ලද දෙයින් සතුටු නොවීම, නුවණින් යුක්ත නොවීම සහ මහත් ආශා ඇති බව යි. මහණෙනි, මේ වනාහී කරුණු තුන යි.

මහණෙනි, මේ කරුණු තුන ප්‍රහාණය කිරීම පිණිස තුන් ධර්මයක් වැඩිය යුත්තේ ය. ඒ කවර තුන් ධර්මයක් ද යත්; ලද දෙයින් සතුටු නොවීම ප්‍රහාණය කිරීම පිණිස ලද දෙයින් සතුටු වීම වැඩිය යුත්තේ ය. නුවණින් යුක්ත නොවීම ප්‍රහාණය කිරීම පිණිස නුවණින් යුක්ත වීම වැඩිය යුත්තේ ය. මහත් ආශා ඇති බව ප්‍රහාණය කිරීම පිණිස අලපේච්ඡ බව වැඩිය යුත්තේ ය. මහණෙනි, මේ කරුණු තුන ප්‍රහාණය කිරීම පිණිස මේ තුන් ධර්මය වැඩිය යුත්තේ ය.

සාදු! සාදු!! සාදු!!!

අසන්තුට්ඨි සූත්‍රය නිමා විය.

6.1.9.
දෝවචස්සතා සූත්‍රය
අකීකරු වීම ගැන වදාළ දෙසුම

සැවැත් නුවර දී ය .....

මහණෙනි, මේ කරුණු තුනකි. ඒ කවර තුනක් ද යත්; අකීකරු වීම, පවිටු මිතුරන් ඇති බව සහ සිතෙහි වික්ෂේපය යි. මහණෙනි, මේ වනාහී කරුණු තුන යි.

මහණෙනි, මේ කරුණු තුන ප්‍රහාණය කිරීම පිණිස තුන් ධර්මයක් වැඩිය යුත්තේ ය. ඒ කවර තුන් ධර්මයක් ද යත්; අකීකරු වීම ප්‍රහාණය කිරීම පිණිස කීකරු බව වැඩිය යුත්තේ ය. පවිටු මිතුරන් ඇති බව ප්‍රහාණය කිරීම පිණිස කලණ මිතුරන් ඇති බව වැඩිය යුත්තේ ය. සිතෙහි විසිරීම ප්‍රහාණය කිරීම පිණිස ආනාපානසතිය වැඩිය යුත්තේ ය. මහණෙනි, මේ කරුණු තුන ප්‍රහාණය කිරීම පිණිස මේ තුන් ධර්මය වැඩිය යුත්තේ ය.

සාදු! සාදු!! සාදු!!!

දෝවචස්සතා සූත්‍රය නිමා විය.

6.1.10.
උද්ධච්ච සූත්‍රය
සිතෙහි විසිරීම ගැන වදාළ දෙසුම

සැවැත් නුවර දී ය .....

මහණෙනි, මේ කරුණු තුනකි. ඒ කවර තුනක් ද යත්; සිතෙහි විසිරීම, අසංවරය සහ ප්‍රමාදය යි. මහණෙනි, මේ වනාහී කරුණු තුන යි.

මහණෙනි, මේ කරුණු තුන ප්‍රහාණය කිරීම පිණිස තුන් ධර්මයක් වැඩිය යුත්තේ ය. ඒ කවර තුන් ධර්මයක් ද යත්; සිතෙහි විසිරීම ප්‍රහාණය කිරීම පිණිස සමථ භාවනාව වැඩිය යුත්තේ ය. අසංවරය ප්‍රහාණය කිරීම පිණිස සංවර බව

වැඩිය යුත්තේ ය. ප්‍රමාදය ප්‍රහාණය කිරීම පිණිස අප්‍රමාදය වැඩිය යුත්තේ ය. මහණෙනි, මේ කරුණු තුන ප්‍රහාණය කිරීම පිණිස මේ තුන් ධර්මය වැඩිය යුත්තේ ය.

සාදු! සාදු!! සාදු!!!

උද්ධච්ච සූත්‍රය නිමා විය.

තික වර්ගය යි.

- **එහි පිළිවෙල උද්දානයයි :**

රාග සූත්‍රය, දුච්චරිත සූත්‍රය, විතක්ක සූත්‍රය, සංඥා සූත්‍රය, ධාතු සූත්‍රය, අස්සාද සූත්‍රය, අරති සූත්‍රය, අසන්තුට්ඨි සූත්‍රය, දෝවචස්සතා සූත්‍රය සහ උද්ධච්ච සූත්‍රය වශයෙන් මෙහි සූත්‍ර දශයකි.

2. සාමඤ්ඤ වර්ගය

6.2.1.

කායානුපස්සී සූත්‍රය

කායානුපස්සී බව ගැන වදාළ දෙසුම

සැවැත් නුවර දී ය .....

මහණෙනි, සය කරුණක් ප්‍රහාණය නොකොට කයෙහි කායානුපස්සී ව වාසය කරන්නට අසමර්ථ වෙයි. ඒ කවර සය කරුණක් ද යත්;

බාහිර වැඩකටයුතුවල ඇලී සිටීම ය. කතාවෙහි ඇලී සිටීම ය. නින්දෙහි ඇලී සිටීම ය. පිරිස් සමඟ ඇලී සිටීම ය. ඉඳුරන්හි නොවැසූ දොරටු ඇති බව ය. භෝජනයෙහි අරුත් නොදන්නා බව ය.

මහණෙනි, මේ සය කරුණ ප්‍රහාණය නොකොට කයෙහි කායානුපස්සී ව වාසය කරන්නට අසමර්ථ වෙයි.

මහණෙනි, සය කරුණක් ප්‍රහාණය කොට කයෙහි කායානුපස්සී ව වාසය කරන්නට සමර්ථ වෙයි. ඒ කවර සය කරුණක් ද යත්;

බාහිර වැඩකටයුතුවල ඇලී සිටීම ය. කතාවෙහි ඇලී සිටීම ය. නින්දෙහි ඇලී සිටීම ය. පිරිස් සමඟ ඇලී සිටීම ය. ඉඳුරන්හි නොවැසූ දොරටු ඇති බව ය. භෝජනයෙහි අරුත් නොදන්නා බව ය.

මහණෙනි, මේ සය කරුණ ප්‍රහාණය කොට කයෙහි කායානුපස්සී ව වාසය කරන්නට සමර්ථ වෙයි.

සාදු! සාදු!! සාදු!!!

කායානුපස්සී සූත්‍රය නිමා විය.

6.2.2. -15.
අජ්ඣත්ත කායානුපස්සී ආදී පසළොස් සූත්‍රයෝ
ආධ්‍යාත්ම කායානුපස්සී බව ආදිය ගැන වදාළ පසළොස් දෙසුම්

සැවැත් නුවර දී ය .....

මහණෙනි, සය කරුණක් ප්‍රහාණය නොකොට ආධ්‍යාත්මික කයෙහි කායානුපස්සී ව වාසය කරන්නට අසමර්ථ වෙයි. ....(පෙ).... බාහිර කයෙහි ....(පෙ).... ආධ්‍යාත්මික බාහිර කයෙහි ....(පෙ).... වේදනාවන්හි ....(පෙ).... ආධ්‍යාත්මික වේදනාවන්හි ....(පෙ).... බාහිර වේදනාවන්හි ....(පෙ).... ආධ්‍යාත්මික බාහිර වේදනාවන්හි ....(පෙ).... සිතෙහි ....(පෙ).... ආධ්‍යාත්මික සිතෙහි ....(පෙ).... බාහිර සිතෙහි ....(පෙ).... ආධ්‍යාත්මික බාහිර සිතෙහි ....(පෙ).... ධර්මයන්හි ....(පෙ).... ආධ්‍යාත්මික ධර්මයන්හි ....(පෙ).... බාහිර ධර්මයන්හි ....(පෙ).... ආධ්‍යාත්මික බාහිර ධර්මයන්හි ධම්මානුපස්සනාවෙන් වාසය කරන්නට සමර්ථ වෙයි. ඒ කවර සය කරුණක් ද යත්;

බාහිර වැඩකටයුතුවල ඇලී සිටීම ය. කතාවෙහි ඇලී සිටීම ය. නින්දෙහි ඇලී සිටීම ය. පිරිස් සමඟ ඇලී සිටීම ය. ඉඳුරන්හි නොවැසූ දොරටු ඇති බව ය. භෝජනයෙහි අරුත් නොදන්නා බව ය.

මහණෙනි, මේ සය කරුණ ප්‍රහාණය කොට ආධ්‍යාත්මික බාහිර ධර්මයන්හි ධම්මානුපස්සනාවෙන් වාසය කරන්නට සමර්ථ වෙයි.

සාදු! සාදු!! සාදු!!!

6.3.16.
තපුස්ස සූත්‍රය
තපුස්ස ගෘහපතියා ගැන වදාළ දෙසුම

සැවැත් නුවර දී ය .....

මහණෙනි, සය කරුණකින් සමන්විත වූ තපුස්ස ගෘහපති තෙමේ තථාගතයන් වහන්සේ කෙරෙහි නිසැක බවට පත්වූයේ, නිර්වාණ දර්ශන ඇත්තේ, අමෘතය සාක්ෂාත් කොට වාසය කරයි. ඒ කවර සය කරුණකින් ද යත්;

බුදුරජුන් කෙරෙහි නොසෙල්වෙන ප්‍රසාදයෙන් යුක්ත වූයේ වෙයි. ධර්මය කෙරෙහි නොසෙල්වෙන ප්‍රසාදයෙන් යුක්ත වූයේ වෙයි. සංඝයා කෙරෙහි නොසෙල්වෙන ප්‍රසාදයෙන් යුක්ත වූයේ වෙයි. ආර්ය ශීලයෙන් යුක්ත වූයේ වෙයි. ආර්ය ඥානයෙන් යුක්ත වූයේ වෙයි. ආර්ය විමුක්තියෙන් යුක්ත වූයේ වෙයි.

මහණෙනි, මේ සය කරුණෙන් සමන්විත වූ තපුස්ස ගෘහපති තෙමේ තථාගතයන් වහන්සේ කෙරෙහි නිසැක බවට පත්වූයේ, නිර්වාණ දර්ශන ඇත්තේ, අමෘතය සාක්ෂාත් කොට වාසය කරයි.

සාදු! සාදු!! සාදු!!!

තපුස්ස සූත්‍රය නිමා විය.

6.3.17.-36
හල්ලිකාදී විස්සක් වූ සූත්‍රයෝ
හල්ලික ගෘහපතියා ආදීන් ගැන වදාළ විසිදෙසුම්

සැවැත් නුවර දී ය .....

මහණෙනි, සය කරුණකින් සමන්විත වූ හල්ලික ගෘහපති තෙමේ ....(පෙ).... අනාථපිණ්ඩික සුදත්ත ගෘහපති තෙමේ ....(පෙ).... මච්ඡිකාසණ්ඩික චිත්ත ගෘහපති තෙමේ ....(පෙ).... හත්ථක ආලවක ගෘහපති තෙමේ ....(පෙ)....

මහානාම ශාක්‍ය තෙමේ ....(පෙ).... විසල්පුරවාසී උග්ග ගෘහපති තෙමේ ....(පෙ).... උග්ගත ගෘහපති තෙමේ ....(පෙ).... සූර අම්බට්ඨ තෙමේ ....(පෙ).... ජීවක කෝමාරභච්ච තෙමේ ....(පෙ).... නකුලපිතු ගෘහපති තෙමේ ....(පෙ).... තවකණ්ණික ගෘහපති තෙමේ ....(පෙ).... පූරණ ගෘහපති තෙමේ ....(පෙ).... ඉසිදත්ත ගෘහපති තෙමේ ....(පෙ).... සන්ධාන ගෘහපති තෙමේ ....(පෙ).... විජය ගෘහපති තෙමේ ....(පෙ).... වජ්ජියමහිත ගෘහපති තෙමේ ....(පෙ).... මෙණ්ඩක ගෘහපති තෙමේ ....(පෙ).... වාසෙට්ඨ උපාසක තෙමේ ....(පෙ).... අරිට්ඨ උපාසක තෙමේ ....(පෙ).... සාරග්ග උපාසක තෙමේ තථාගතයන් වහන්සේ කෙරෙහි නිසැක බවට පත්වූයේ, නිර්වාණ දර්ශන ඇත්තේ, අමෘතය සාක්ෂාත් කොට වාසය කරයි. ඒ කවර සය කරුණකින් ද යත්;

බුදුරජුන් කෙරෙහි නොසෙල්වෙන ප්‍රසාදයෙන් යුක්ත වූයේ වෙයි. ධර්මය කෙරෙහි නොසෙල්වෙන ප්‍රසාදයෙන් යුක්ත වූයේ වෙයි. සංඝයා කෙරෙහි නොසෙල්වෙන ප්‍රසාදයෙන් යුක්ත වූයේ වෙයි. ආර්ය ශීලයෙන් යුක්ත වූයේ වෙයි. ආර්ය ඥානයෙන් යුක්ත වූයේ වෙයි. ආර්ය විමුක්තියෙන් යුක්ත වූයේ වෙයි.

මහණෙනි, මේ සය කරුණෙන් සමන්විත වූ සාරග්ග උපාසක තෙමේ තථාගතයන් වහන්සේ කෙරෙහි නිසැක බවට පත්වූයේ, නිර්වාණ දර්ශන ඇත්තේ, අමෘතය සාක්ෂාත් කොට වාසය කරයි.

සාදු! සාදු!! සාදු!!!

භල්ලිකාදී විස්සක් වූ සූත්‍රයෝ නිමා වූහ.

සාමඤ්ඤ වර්ගය යි.

ඡක්ක නිපාතයෙහි රාගාදීපෙය්‍යාල සූත්‍රයෝ

සැවැත් නුවර දී ය ....

1.   මහණෙනි, රාගය පිරිසිඳ අවබෝධ කරනු පිණිස සය ධර්මයක් වැඩිය යුත්තේය. ඒ කවර සයක් ද යත්; දස්සනානුත්තරිය, සවනානුත්තරිය, ලාභානුත්තරිය, සික්ඛානුත්තරිය, පාරිචරියානුත්තරිය සහ අනුස්සතානුත්තරිය යි. මහණෙනි, රාගය පිරිසිඳ අවබෝධ කරනු පිණිස මේ සය ධර්මය වැඩිය යුත්තේය.

සැවැත් නුවර දී ය ....

2.   මහණෙනි, රාගය පිරිසිඳ අවබෝධ කරනු පිණිස සය ධර්මයක් වැඩිය යුත්තේය. ඒ කවර සයක් ද යත්; බුද්ධානුස්සතිය, ධම්මානුස්සතිය, සංඝානුස්සතිය, සීලානුස්සතිය, චාගානුස්සතිය සහ දේවතානුස්සතිය යි. මහණෙනි, රාගය පිරිසිඳ අවබෝධ කරනු පිණිස මේ සය ධර්මය වැඩිය යුත්තේය.

සැවැත් නුවර දී ය ....

3.   මහණෙනි, රාගය පිරිසිඳ අවබෝධ කරනු පිණිස සය ධර්මයක් වැඩිය යුත්තේය. ඒ කවර සයක් ද යත්; අනිත්‍ය සංඥාව, අනිත්‍යයෙහි දුක්ඛ සංඥාව, දුක්ඛයෙහි අනාත්ම සංඥාව, ප්‍රහාණ සංඥාව, විරාග සංඥාව සහ නිරෝධ සංඥාව යි. මහණෙනි, රාගය පිරිසිඳ අවබෝධ කරනු පිණිස මේ සය ධර්මය වැඩිය යුත්තේය.

සැවැත් නුවර දී ය ....

4.-30. මහණෙනි, රාගය පිරිසිඳ අවබෝධ කරනු පිණිස සය ධර්මයක් වැඩිය යුත්තාහු ය. ....(පෙ).... මහණෙනි, රාගය නැසීම පිණිස ....(පෙ).... ප්‍රහාණය පිණිස ....(පෙ).... ක්ෂය වීම පිණිස ....(පෙ).... වැනසීම පිණිස ....(පෙ).... නොඇල්ම පිණිස ....(පෙ).... නිරෝධය පිණිස ....(පෙ).... අත්හැරීම පිණිස ....(පෙ).... දුරුකිරීම පිණිස මේ සය ධර්මයෝ වැඩිය යුත්තාහු ය.

31.-60. මහණෙනි, ද්වේෂය පිරිසිඳ අවබෝධ කරනු පිණිස සය ධර්මයක් වැඩිය යුත්තාහු ය. ....(පෙ).... නැසීම පිණිස ....(පෙ).... ප්‍රහාණය පිණිස ....(පෙ).... ක්ෂය වීම පිණිස ....(පෙ).... වැනසීම පිණිස ....(පෙ).... නොඇල්ම පිණිස ....(පෙ).... නිරෝධය පිණිස ....(පෙ).... අත්හැරීම පිණිස ....(පෙ).... දුරුකිරීම පිණිස මේ සය ධර්මයෝ වැඩිය යුත්තාහු ය.

61. - 90.   මහණෙනි, මෝහයේ ....(පෙ)....

91.- 120.   මහණෙනි, ක්‍රෝධයේ ....(පෙ)....

121.- 150.   මහණෙනි, බද්ධ වෛරයේ ....(පෙ)....

151. - 180.   මහණෙනි, ගුණමකු බව ....(පෙ)....

181. - 210.   මහණෙනි, තරඟයට වැඩ කිරීම ....(පෙ)....

211. - 240.   මහණෙනි, ඊර්ෂ්‍යාව ....(පෙ)....

241. - 270.   මහණෙනි, මසුරුකම ....(පෙ)....

271. - 300.   මහණෙනි, මායාව ....(පෙ)....

301. - 330.   මහණෙනි, වංචනික බව ....(පෙ)....

331. - 360.   මහණෙනි, දැඩි බව ....(පෙ)....

361. - 390.   මහණෙනි, එකට එක කිරීම ....(පෙ)....

391. - 420.   මහණෙනි, මාන්නය ....(පෙ)....

421. - 450.   මහණෙනි, අතිමාන්නය ....(පෙ)....

451. - 480.   මහණෙනි, මදය ....(පෙ)....

481. - 510. මහණෙනි, ප්‍රමාදය විශිෂ්ට ඥානයෙන් දකිනු පිණිස සය ධර්මයක් වැඩිය යුත්තාහු ය. පරිසිඳ අවබෝධ කරනු පිණිස ....(පෙ).... නැසීම පිණිස ....(පෙ).... ප්‍රහාණය පිණිස ....(පෙ).... ක්ෂය වීම පිණිස ....(පෙ).... වැනසීම පිණිස ....(පෙ).... නොඇල්ම පිණිස ....(පෙ).... නිරෝධය පිණිස ....(පෙ).... අත්හැරීම පිණිස ....(පෙ).... දුරුකිරීම පිණිස මේ සය ධර්මයෝ වැඩිය යුත්තාහු ය. කවර සය ධර්මයක් ද යත්; දස්සනානුත්තරිය ....(පෙ).... අනුස්සතානුත්තරිය ....(පෙ).... කවර සය ධර්මයක් ද යත්; බුද්ධානුස්සතිය ....(පෙ).... කවරය සය ධර්මයක් ද යත්; අනිත්‍ය සංඥාව ....(පෙ).... මහණෙනි, ප්‍රමාදය විශිෂ්ට ඥානයෙන් දකිනු ....(පෙ).... පිරිසිඳ අවබෝධ කරනු පිණිස ....(පෙ).... නැසීම පිණිස ....(පෙ).... ප්‍රහාණය පිණිස ....(පෙ).... ක්ෂය වීම පිණිස ....(පෙ).... වැනසීම පිණිස ....(පෙ).... නොඇල්ම පිණිස ....(පෙ).... නිරෝධය පිණිස ....(පෙ).... අත්හැරීම පිණිස ....(පෙ).... දුරුකිරීම පිණිස මේ සය ධර්මයෝ වැඩිය යුත්තාහු ය.

භාග්‍යවතුන් වහන්සේ මෙය වදාළ සේක. සතුටු සිත් ඇති ඒ භික්ෂූහු භාග්‍යවතුන් වහන්සේගේ භාෂිතය සතුටින් පිළිගත්තාහු ය.

සාදු! සාදු!! සාදු!!!

රාගාදී පෙය්‍යාලය නිමා විය.

ඡක්ක නිපාතය අවසන් විය.

නමෝ තස්ස භගවතෝ අරහතෝ සම්මාසම්බුද්ධස්ස
ඒ භාග්‍යවත් අරහත් සම්මා සම්බුදුරජාණන් වහන්සේට නමස්කාර වේවා!

සූත්‍ර පිටකයට අයත්

අංගුත්තර නිකාය
සත්තක නිපාතය

පළමු පණ්ණාසකය

1. ධන වර්ගය

7.1.1.1.
පඨම පිය භික්ඛු සූත්‍රය
ප්‍රිය වූ භික්ෂුව ගැන වදාළ පළමු දෙසුම

මා විසින් මෙසේ අසන ලදී. එක් සමයක භාග්‍යවතුන් වහන්සේ සැවැත් නුවර ජේතවනය නම් අනේපිඬු සිටුහුගේ ආරාමයෙහි වැඩ වසන සේක. එකල්හී භාග්‍යවතුන් වහන්සේ "මහණෙනි" යි කියා භික්ෂූන් අමතා වදාළ සේක. "පින්වතුන් වහන්සැ"යි ඒ භික්ෂූහු භාග්‍යවතුන් වහන්සේට පිළිවදන් දුන්හ. භාග්‍යවතුන් වහන්සේ මෙය වදාළ සේක.

මහණෙනි, සත් කරුණකින් සමන්විත වූ භික්ෂුව සබ්‍රහ්මචාරීන් වහන්සේලා හට අප්‍රිය වූයේ ද වෙයි. අමනාප වූයේ ද වෙයි. අගරු වූයේ ද වෙයි. අසම්භාවනීය ද වෙයි. ඒ කවර කරුණු සතකින් ද යත්;

මහණෙනි, මෙහිලා භික්ෂුව සිව්පස ලාභය ද කැමති වෙයි. සත්කාරය ද කැමති වෙයි. අවමන් නොලැබීම ද කැමති වෙයි. පවට ලැජ්ජා නැත්තේ ද වෙයි. පවට භය නැත්තේ ද වෙයි. පවිටු ආශා ඇත්තේ ද වෙයි. මිථ්‍යා දෘෂ්ටික ද වෙයි.

මහණෙනි, මේ සත් කරුණෙන් සමන්විත වූ භික්ෂුව සබ්‍රහ්මචාරීන් වහන්සේලා හට අප්‍රිය වූයේ ද වෙයි. අමනාප වූයේ ද වෙයි. අගරු වූයේ ද වෙයි. අසම්භාවනීය ද වෙයි.

මහණෙනි, සත් කරුණකින් සමන්විත වූ භික්ෂුව සබ්‍රහ්මචාරීන් වහන්සේලා හට ප්‍රිය වූයේ ද වෙයි. මනාප වූයේ ද වෙයි. ගරු වූයේ ද වෙයි. සම්භාවනීය ද වෙයි. ඒ කවර කරුණු සතකින් ද යත්;

මහණෙනි, මෙහිලා භික්ෂුව සිව්පස ලාභය ද නොකැමති වෙයි. සත්කාරය ද නොකැමති වෙයි. අවමන් නොලැබීම ද නොකැමති වෙයි. පවට ලැජ්ජා ඇත්තේ ද වෙයි. පවට භය ඇත්තේ ද වෙයි. අල්පේච්ඡ වූයේ ද වෙයි. සම්‍යක් දෘෂ්ටික ද වෙයි.

මහණෙනි, මේ සත් කරුණෙන් සමන්විත වූ භික්ෂුව සබ්‍රහ්මචාරීන් වහන්සේලා හට ප්‍රිය වූයේ ද වෙයි. මනාප වූයේ ද වෙයි. ගරු වූයේ ද වෙයි. සම්භාවනීය ද වෙයි.

සාදු! සාදු!! සාදු!!!

පඨම පියභික්ඛු සූත්‍රය නිමා විය.

7.1.1.2.
දුතිය පිය භික්ඛු සූත්‍රය
ප්‍රිය වූ භික්ෂුව ගැන වදාළ දෙවෙනි දෙසුම

සැවැත් නුවර දී ය ....

මහණෙනි, සත් කරුණකින් සමන්විත වූ භික්ෂුව සබ්‍රහ්මචාරීන් වහන්සේලා හට අප්‍රිය වූයේ ද වෙයි. අමනාප වූයේ ද වෙයි. අගරු වූයේ ද වෙයි. අසම්භාවනීය ද වෙයි. ඒ කවර කරුණු සතකින් ද යත්;

මහණෙනි, මෙහිලා භික්ෂුව සිව්පස ලාභය ද කැමති වෙයි. සත්කාරය ද කැමති වෙයි. අවමන් නොලැබීම ද කැමති වෙයි. පවට ලැජ්ජා නැත්තේ ද වෙයි. පවට භය නැත්තේ ද වෙයි. ඊර්ෂ්‍යා කරන්නේ ද වෙයි. මසුරු වූයේ ද වෙයි.

මහණෙනි, මේ සත් කරුණෙන් සමන්විත වූ භික්ෂුව සබ්‍රහ්මචාරීන් වහන්සේලා හට අප්‍රිය වූයේ ද වෙයි. අමනාප වූයේ ද වෙයි. අගරු වූයේ ද වෙයි. අසම්භාවනීය ද වෙයි.

මහණෙනි, සත් කරුණකින් සමන්විත වූ භික්ෂුව සබ්‍රහ්මචාරීන් වහන්සේලා හට ප්‍රිය වූයේ ද වෙයි. මනාප වූයේ ද වෙයි. ගරු වූයේ ද වෙයි. සම්භාවනීය ද වෙයි. ඒ කවර කරුණු සතකින් ද යත්;

මහණෙනි, මෙහිලා භික්ෂුව සිව්පස ලාභය ද නොකැමති වෙයි. සත්කාරය ද නොකැමති වෙයි. අවමන් නොලැබීම ද නොකැමති වෙයි. පවට ලැජ්ජා ඇත්තේ ද වෙයි. පවට භය ඇත්තේ ද වෙයි. ඊර්ෂ්‍යා නොකරන්නේ ද වෙයි. මසුරු නොවූයේ ද වෙයි.

මහණෙනි, මේ සත් කරුණෙන් සමන්විත වූ භික්ෂුව සබ්‍රහ්මචාරීන් වහන්සේලා හට ප්‍රිය වූයේ ද වෙයි. මනාප වූයේ ද වෙයි. ගරු වූයේ ද වෙයි. සම්භාවනීය ද වෙයි.

සාදු! සාදු!! සාදු!!!

දුතිය පියභික්ඛු සූත්‍රය නිමා විය.

7.1.1.3.
සංඛිත්ත සත්ත බල සූත්‍රය
සංක්ෂේපයෙන් සත් බලයන් ගැන වදාළ දෙසුම

සැවැත් නුවර දී ය .....

මහණෙනි, මේ බල සතකි. ඒ කවර සතක් ද යත්;

ශ්‍රද්ධා බලය, විරිය බලය, හිරි බලය, ඔත්තප්ප බලය, සති බලය, සමාධි බලය සහ ප්‍රඥා බලය යි.

මහණෙනි, මේ වනාහී බල සත යි.

(ගාථා)

1. ශ්‍රද්ධා බලය, විරිය බලය, හිරි බලය, ඔත්තප්ප බලය, සති බලය, සමාධි බලය සහ සත්වෙනි ප්‍රඥා බලය යි. මෙයින් බලවත් වූ නුවණැති භික්ෂුව සැප සේ වසයි.

2. හේ නුවණ යොදා ධර්මය විමසන්නේ ය. එහි අරුත් ප්‍රඥාවෙන් විදර්ශනා කරන්නේ ය. පහනක් නිවී යන සෙයින් සිතින් විමෝක්ෂය සාක්ෂාත් කරන්නේ ය.

සාදු! සාදු!! සාදු!!!

සංඛිත්ත සත්ත බල සූත්‍රය නිමා විය.

7.1.1.4.
විත්ථත සත්ත බල සූත්‍රය
විස්තර සහිත සත් බලයන් ගැන වදාළ දෙසුම

සැවැත් නුවර දී ය .....

මහණෙනි, මේ බල සතකි. ඒ කවර සතක් ද යත්;

ශ්‍රද්ධා බලය, විරිය බලය, හිරි බලය, ඔත්තප්ප බලය, සති බලය, සමාධි බලය සහ ප්‍රඥා බලය යි.

1. මහණෙනි, ශ්‍රද්ධා බලය යනු කුමක් ද? මහණෙනි, මෙහිලා ආර්ය ශ්‍රාවකයා සද්ධා ඇත්තේ වෙයි. තථාගතයන්ගේ අවබෝධය අදහන්නේ වෙයි. එනම් 'ඒ භාග්‍යවතුන් වහන්සේ මේ මේ කරුණින් අරහං වන සේක. සම්මා සම්බුද්ධ වන සේක. විජ්ජාචරණ සම්පන්න වන සේක. සුගත වන සේක. ලෝකවිදූ වන සේක. අනුත්තරෝ පුරිසදම්ම සාරථී වන සේක. සත්ථා දේවමනුස්සානං වන සේක. බුද්ධ වන සේක. භගවා වන සේක' යනුවෙනි. මහණෙනි, මෙය ශ්‍රද්ධා බලය යැයි කියනු ලැබේ.

2. මහණෙනි, වීරිය බලය යනු කුමක් ද? මහණෙනි, මෙහිලා ආර්ය ශ්‍රාවකයා පටන් ගත් වීරිය ඇත්තේ වෙයි. අකුසල් දහම් ප්‍රහාණය කිරීමට හා කුසල් දහම් උපදවා ගැනීමට දැඩි වීරියෙන් යුතු වූයේ, දැඩි පරාක්‍රමයෙන් යුතු වූයේ, කුසල් දහම් පිළිබඳ ව පසුබට නොවන වීරිය ඇත්තේ වෙයි. මහණෙනි, මෙය වීරිය බලය යැයි කියනු ලැබේ.

3. මහණෙනි, හිරි බලය යනු කුමක් ද? මහණෙනි, මෙහිලා ආර්ය ශ්‍රාවකයා ලැජ්ජා ඇත්තේ වෙයි. කයින් දුසිරිත් කිරීමට ත්, වචනයෙන් දුසිරිත් කිරීමට ත්, සිතින් දුසිරිත් කිරීමට ත් ලැජ්ජා වෙයි. ලාමක අකුසල් දහම් ඇති කරගැනීමට ලැජ්ජා වෙයි. මහණෙනි, මෙය හිරි බලය යැයි කියනු ලැබේ.

4. මහණෙනි, ඔත්තප්ප බලය යනු කුමක් ද? මහණෙනි, මෙහිලා ආර්ය ශ්‍රාවකයා භය ඇත්තේ වෙයි. කයින් දුසිරිත් කිරීමට ත්, වචනයෙන් දුසිරිත් කිරීමට ත්, සිතින් දුසිරිත් කිරීමට ත් භය වෙයි. ලාමක අකුසල් දහම් ඇති කරගැනීමට භය වෙයි. මහණෙනි, මෙය ඔත්තප්ප බලය යැයි කියනු ලැබේ.

5. මහණෙනි, සති බලය යනු කුමක් ද? මහණෙනි, මෙහිලා ආර්ය ශ්‍රාවකයා සිහි ඇත්තේ වෙයි. උතුම් සිහියෙන් හා අවස්ථාවෝචිත නුවණින් යුක්ත වූයේ වෙයි. බොහෝ කලකට පෙර කළ දෑ ත්, බොහෝ කලකට පෙර කියූ දෑ ත් සිහි කරයි. නැවත නැවත සිහි කරයි. මහණෙනි, මෙය සති බලය යැයි කියනු ලැබේ.

6. මහණෙනි, සමාධි බලය යනු කුමක් ද? මහණෙනි, මෙහිලා ආර්ය ශ්‍රාවකයා කාමයන්ගෙන් වෙන් ව ....(පෙ).... සතර වෙනි ධ්‍යානයට පැමිණ වාසය කරන්නේ වෙයි. මහණෙනි, මෙය සමාධි බලය යැයි කියනු ලැබේ.

7. මහණෙනි, ප්‍රඥා බලය යනු කුමක් ද? මහණෙනි, මෙහිලා ආර්ය ශ්‍රාවකයා ප්‍රඥාවන්ත වෙයි. හටගැනීම ත්, නැතිවීම ත් දැකීමට සමර්ථ ප්‍රඥාවෙන් යුක්ත වූයේ වෙයි. ආර්ය වූ තියුණු අවබෝධය ඇති කරවන, මැනැවින් දුක් ක්ෂය කරවන ප්‍රඥාවෙන් යුක්ත වූයේ වෙයි. මහණෙනි, මෙය ප්‍රඥා බලය යැයි කියනු ලැබේ.

මහණෙනි, මේ වනාහී බල සත යි.

(ගාථා)

1. ශ්‍රද්ධා බලය, විරිය බලය, හිරි බලය, ඔත්තප්ප බලය, සති බලය, සමාධි බලය සහ සත්වෙනි ප්‍රඥා බලය යි. මෙයින් බලවත් වූ නුවණැති භික්ෂුව සැප සේ වසයි.

2. හේ නුවණ යොදා ධර්මය විමසන්නේ ය. එහි අරුත් ප්‍රඥාවෙන් විදර්ශනා කරන්නේ ය. පහනක් නිවී යන සෙයින් සිතින් විමෝක්ෂය සාක්ෂාත් කරන්නේ ය.

සාදු! සාදු!! සාදු!!!

විත්ථත සත්ත බල සූත්‍රය නිමා විය.

7.1.1.5.
සංඛිත්ත ධන සූත්‍රය
සංක්ෂේපයෙන් ධනයන් ගැන වදාළ දෙසුම

සැවැත් නුවර දී ය .....

මහණෙනි, මේ ධන සතකි. ඒ කවර සතක් ද යත්;

ශ්‍රද්ධා ධනය, සීල ධනය, හිරි ධනය, ඔත්තප්ප ධනය, සුත ධනය, චාග ධනය සහ ප්‍රඥා ධනය යි.

මහණෙනි, මේ වනාහී ධන සත යි.

(ගාථා)

1. ශ්‍රද්ධා ධනය, සීල ධනය, හිරි ධනය, ඔත්තප්ප ධනය, සුත ධනය, චාග ධනය සහ සත්වෙනි ප්‍රඥා ධනය යි.

2. යම් ස්ත්‍රියකට වේවා, පුරුෂයෙකුට වේවා මේ ධනය තිබෙයි නම් හේ නොදිළින්දෙක් යැයි කියනු ලැබේ. ඔහුගේ ජීවිතය හිස් වූවක් නොවෙයි.

3. එහෙයින් ශ්‍රද්ධාව ත්, සීලය ත්, සංඝයා කෙරෙහි ප්‍රසාදය ත්, ධර්මාවබෝධය ත් ඇති නුවණැත්තා බුදුරජුන්ගේ ශාසනය සිහි කරමින් ධර්මයෙහි හැසිරෙන්නේ ය.

සාදු! සාදු!! සාදු!!!

සංඛිත්ත ධන සූත්‍රය නිමා විය.

7.1.1.6.
විත්ථත ධන සූත්‍රය
සවිස්තර ව ධනයන් ගැන වදාළ දෙසුම

සැවැත් නුවර දී ය .....

මහණෙනි, මේ ධන සතකි. ඒ කවර සතක් ද යත්;

ශ්‍රද්ධා ධනය, සීල ධනය, හිරි ධනය, ඔත්තප්ප ධනය, සුත ධනය, චාග ධනය සහ ප්‍රඥා ධනය යි.

1. මහණෙනි, ශ්‍රද්ධා ධනය යනු කුමක් ද? මහණෙනි, මෙහිලා ආර්ය ශ්‍රාවකයා සද්ධා ඇත්තේ වෙයි. තථාගතයන්ගේ අවබෝධය අදහන්නේ වෙයි. එනම් 'ඒ භාග්‍යවතුන් වහන්සේ මේ මේ කරුණින් අරහං වන සේක. සම්මා සම්බුද්ධ වන සේක. ....(පෙ).... බුද්ධ වන සේක. භගවා වන සේක' යනුවෙනි. මහණෙනි, මෙය ශ්‍රද්ධා ධනය යැයි කියනු ලැබේ.

2. මහණෙනි, සීල ධනය යනු කුමක් ද? මහණෙනි, මෙහිලා ආර්ය ශ්‍රාවකයා සතුන් මැරීමෙන් වැළකුණේ වෙයි ....(පෙ).... මත්පැන් මත්ද්‍රව්‍ය භාවිතයෙන් වැළකුණේ වෙයි. මහණෙනි, මෙය සීල ධනය යැයි කියනු ලැබේ.

3. මහණෙනි, හිරි ධනය යනු කුමක් ද? මහණෙනි, මෙහිලා ආර්ය ශ්‍රාවකයා ලැජ්ජා ඇත්තේ වෙයි. කයින් දුසිරිත් කිරීමට ත්, වචනයෙන් දුසිරිත් කිරීමට ත්, සිතින් දුසිරිත් කිරීමට ත් ලැජ්ජා වෙයි. ලාමක අකුසල් දහම් ඇති කරගැනීමට ලැජ්ජා වෙයි. මහණෙනි, මෙය හිරි ධනය යැයි කියනු ලැබේ.

4. මහණෙනි, ඔත්තප්ප ධනය යනු කුමක් ද? මහණෙනි, මෙහිලා ආර්ය ශ්‍රාවකයා භය ඇත්තේ වෙයි. කයින් දුසිරිත් කිරීමට ත්, වචනයෙන් දුසිරිත් කිරීමට ත්, සිතින් දුසිරිත් කිරීමට ත් භය වෙයි. ලාමක අකුසල් දහම් ඇති කරගැනීමට භය වෙයි. මහණෙනි, මෙය ඔත්තප්ප ධනය යැයි කියනු ලැබේ.

5. මහණෙනි, සුත ධනය යනු කුමක් ද? මහණෙනි, මෙහිලා ආර්ය ශ්‍රාවකයා ධර්මය බොහෝ සෙයින් අසන ලද්දේ වෙයි. ඒ ඇසූ දහම් ධරන්නේ වෙයි. ඒ ඇසූ දහම් සිත්හිලා රැස් කරගන්නේ වෙයි. යම් ඒ ධර්මයෝ කල්‍යාණ වූ පටන් ගැනීමෙකින් යුක්ත වෙත් ද, කල්‍යාණ වූ මැදකින් යුක්ත වෙත් ද, කල්‍යාණ වූ අවසානයෙකින් යුක්ත වෙත් ද, අර්ථ සහිත වෙත් ද, පැහැදිලි වචනයෙන්

යුක්ත වෙත් ද, හැම ලෙසින් ම පිරිපුන් පිරිසිදු නිවන් මග පවසත් ද, එබඳු වූ ධර්මයෝ ඔහු විසින් බොහෝ කොට අසන ලද්දාහු ය. ධාරණය කරගන්නා ලද්දාහු ය. වචනයෙන් පිරිවහන ලද්දාහු ය. මනසින් විමසන ලද්දාහු ය. නුවණින් අවබෝධ කරන ලද්දාහු ය. මහණෙනි, මෙය සුත ධනය යැයි කියනු ලැබේ.

6. මහණෙනි, චාග ධනය යනු කුමක් ද? මහණෙනි, මෙහිලා ආර්ය ශ්‍රාවකයා බැහැර වූ මසුරු මල ඇති ව දීම පිණිස අත්හළ සිතින් යුතුව, දීම පිණිස සෝදා ගත් අත් ඇති ව, දීමෙහි ඇළුණු සිත් ඇති ව, අනුන් විසින් ඉල්ලීමට නිසි ව, දන් බෙදීමෙහි ඇලී ගිහි ගෙයි වසන්නේ වෙයි. මහණෙනි, මෙය චාග ධනය යැයි කියනු ලැබේ.

7. මහණෙනි, ප්‍රඥා ධනය යනු කුමක් ද? මහණෙනි, මෙහිලා ආර්ය ශ්‍රාවකයා ප්‍රඥාවන්ත වෙයි. හටගැනීම ත්, නැතිවීම ත් දැකීමට සමර්ථ ප්‍රඥාවෙන් යුක්ත වූයේ වෙයි. ආර්ය වූ තියුණු අවබෝධය ඇති කරවන, මැනැවින් දුක් ක්ෂය කරවන ප්‍රඥාවෙන් යුක්ත වූයේ වෙයි. මහණෙනි, මෙය ප්‍රඥා ධනය යැයි කියනු ලැබේ.

මහණෙනි, මේ වනාහී ධන සත යි.

(ගාථා)

1. ශ්‍රද්ධා ධනය, සීල ධනය, හිරි ධනය, ඔත්තප්ප ධනය, සුත ධනය, චාග ධනය සහ සත්වෙනි ප්‍රඥා ධනය යි.

2. යම් ස්ත්‍රියකට වේවා, පුරුෂයෙකුට වේවා මේ ධනය තිබෙයි නම් හේ නොදිළින්දෙක් යැයි කියනු ලැබේ. ඔහුගේ ජීවිතය හිස් වූවක් නොවෙයි.

3. එහෙයින් ශ්‍රද්ධාව ත්, සීලය ත්, සංඝයා කෙරෙහි ප්‍රසාදය ත්, ධර්මාවබෝධය ත් ඇති නුවණැත්තා බුදුරජුන්ගේ ශාසනය සිහි කරමින් ධර්මයෙහි හැසිරෙන්නේ ය.

සාදු! සාදු!! සාදු!!!

විත්ථත ධන සූත්‍රය නිමා විය.

7.1.1.7.
උග්ගමහාමත්ත සූත්‍රය
උග්ග මහා අමාත්‍යයාට වදාළ දෙසුම

සැවැත් නුවර දී ය .....

මහණෙනි, එකල්හී උග්ග නම් රාජ මහාමාත්‍ය තෙමේ භාග්‍යවතුන් වහන්සේ යම් තැනක වැඩසිටි සේක් ද, එතැනට පැමිණියේ ය. පැමිණ භාග්‍යවතුන් වහන්සේ සකසා වන්දනා කොට එකත්පස් ව හිඳගත්තේ ය. එකත්පස් ව හුන් උග්ග රාජ මහාමාත්‍ය තෙමේ භාග්‍යවතුන් වහන්සේට මෙය පැවසුවේ ය.

"ස්වාමීනී, ආශ්චර්යයකි! ස්වාමීනී, අද්භූතයෙකි! ස්වාමීනී, මේ රෝහණ සිටුහුගේ මුණුබුරු මිගාර සිටු තෙමේ මහත් ධන ඇත්තේ, මහත් භෝග ඇත්තේ, ආඪ්‍ය වූයේ නොවැ."

"උග්ගයෙනි, රෝහණ සිටුහුගේ මුණුබුරු මිගාර සිටු කොපමණකින් ආඪ්‍ය වෙයි ද? කොපමණකින් මහා ධන ඇත්තේ වෙයි ද? කොපමණකින් මහා භෝග ඇත්තේ වෙයි ද?"

"ස්වාමීනී, රනින් ම ලක්ෂයකි. රිදී පිළිබඳ කවර කථා ද?"

"උග්ගයෙනි, ඔය ධනය ඇත්තේ ම ය. ඔය ධනය නැතැයි නොකියමි. උග්ගයෙනි, ඔය ධනය වනාහී ගින්නට ද සාධාරණ වෙයි. ජලයට ද සාධාරණ වෙයි. රජුන්ට ද, සොරුන්ට ද, අප්‍රිය දායාදයන්ට ද සාධාරණ වෙයි.

උග්ගයෙනි, මේ සප්ත ධනය වනාහී ගින්නට ද, ජලයට ද, රජුන්ට ද, සොරුන්ට ද, අප්‍රිය දායාදයන්ට ද සාධාරණ නොවෙයි. ඒ කවර සතක් ද යත්;

ශ්‍රද්ධා ධනය, සීල ධනය, හිරි ධනය, ඔත්තප්ප ධනය, සුත ධනය, චාග ධනය සහ ප්‍රඥා ධනය යි.

උග්ගයෙනි, මේ සප්ත ධනය වනාහී ගින්නට ද, ජලයට ද, රජුන්ට ද, සොරුන්ට ද, අප්‍රිය දායාදයන්ට ද සාධාරණ නොවෙයි.

(ගාථා)

1. ශ්‍රද්ධා ධනය, සීල ධනය, හිරි ධනය, ඔත්තප්ප ධනය, සුත ධනය, චාග ධනය සහ සත්වෙනි ප්‍රඥා ධනය යි.

2. යම් ස්ත්‍රියකට වේවා, පුරුෂයෙකුට වේවා මේ ධනය තිබෙයි නම් හේ ඒකාන්තයෙන් ලෝකයෙහි දෙවිමිනිසුන් විසින් ද නොපැරදවිය හැකි මහත් ධනය ඇත්තෙකි.

3. එහෙයින් ශ්‍රද්ධාව ත්, සීලය ත්, සංඝයා කෙරෙහි ප්‍රසාදය ත්, ධර්මාවබෝධය ත් ඇති නුවණැත්තා බුදුරජුන්ගේ ශාසනය සිහි කරමින් ධර්මයෙහි හැසිරෙන්නේ ය.

සාදු! සාදු!! සාදු!!!

උග්ගමහාමත්ත සූත්‍රය නිමා විය.

7.1.1.8.
සත්ත සඤ්ඤෝජන සූත්‍රය
බන්ධන සත ගැන වදාළ දෙසුම

සැවැත් නුවර දී ය .....

මහණෙනි, මේ සංයෝජන සතකි. ඒ කවර සතක් ද යත්;

කාමරාගය නම් වූ බන්ධනයකි. ද්වේෂය නම් වූ බන්ධනයකි. දෘෂ්ටිය නම් වූ බන්ධනයකි. විචිකිච්ඡාව නම් වූ බන්ධනයකි. මාන්නය නම් වූ බන්ධනයකි. භවරාගය නම් වූ බන්ධනයකි. අවිද්‍යාව නම් වූ බන්ධනයකි.

මහණෙනි, මේ වනාහී සප්තවිධ බන්ධනයෝ ය.

සාදු! සාදු!! සාදු!!!

සත්ත සඤ්ඤෝජන සූත්‍රය නිමා විය.

7.1.1.9.
සඤ්ඤෝජනප්පහාන සූත්‍රය
බන්ධන ප්‍රහාණය ගැන වදාළ දෙසුම

සැවැත් නුවර දී ය .....

මහණෙනි, සප්තවිධ සංයෝජනයන්ගේ ප්‍රහාණය පිණිස ත්, මුලින් ම සිඳලීම පිණිස ත් බඹසර වසනු ලැබේ. ඒ කවර සතක් ද යත්;

කාමරාගය නම් වූ බන්ධනය ප්‍රහාණය පිණිස ත්, මුලින් ම සිඳලීම පිණිස ත් බඹසර වසනු ලැබේ. ද්වේෂය නම් වූ බන්ධනය ....(පෙ).... දෘෂ්ටිය නම් වූ බන්ධනය ....(පෙ).... විචිකිච්ඡාව නම් වූ බන්ධනය ....(පෙ).... මාන්නය නම් වූ බන්ධනය ....(පෙ).... භවරාගය නම් වූ බන්ධනය ....(පෙ).... අවිද්‍යාව නම් වූ බන්ධනය ප්‍රහාණය පිණිස ත්, මුලින් ම සිඳලීම පිණිස ත් බඹසර වසනු ලැබේ.

මහණෙනි, මේ සප්තවිධ සංයෝජනයන්ගේ ප්‍රහාණය පිණිස ත්, මුලින් ම සිඳලීම පිණිස ත් බඹසර වසනු ලැබේ.

මහණෙනි, යම් කලක භික්ෂුවගේ කාමරාගය නම් බන්ධනය ප්‍රහීණ වූයේ වෙයි ද, මුලින් ම සිඳුණේ වෙයි ද, කරටිය සුන් තල් ගසක් බඳු වූයේ වෙයි ද, අභාවයට පත්වූයේ වෙයි ද, යළි නූපදින ස්වභාවයට පත්වූයේ වෙයි ද, ද්වේෂය නම් වූ බන්ධනය ....(පෙ).... දෘෂ්ටිය නම් වූ බන්ධනය ....(පෙ).... විචිකිච්ඡාව නම් වූ බන්ධනය ....(පෙ).... මාන්නය නම් වූ බන්ධනය ....(පෙ).... භවරාගය නම් වූ බන්ධනය ....(පෙ).... අවිද්‍යාව නම් වූ බන්ධනය ප්‍රහීණ වූයේ වෙයි ද, මුලින් ම සිඳුණේ වෙයි ද, කරටිය සුන් තල් ගසක් බඳු වූයේ වෙයි ද, අභාවයට පත්වූයේ වෙයි ද, යළි නූපදින ස්වභාවයට පත්වූයේ වෙයි ද, මහණෙනි, මේ භික්ෂුව තණ්හාව සිඳ දැම්මේ ය. සංයෝජන පෙරලා දැම්මේ ය. මනාකොට මාන්නය ප්‍රහාණයෙන් දුක් අවසන් කළේ ය යැයි කියනු ලැබේ.

සාදු! සාදු!! සාදු!!!

සඤ්ඤෝජනප්පහාන සූත්‍රය නිමා විය.

7.1.1.10.
මච්ඡරිය සඤ්ඤෝජන සූත්‍රය
මසුරුකම නම් බන්ධනය ගැන වදාළ දෙසුම

සැවැත් නුවර දී ය .....

මහණෙනි, මේ සංයෝජන සතකි. ඒ කවර සතක් ද යත්;

කාමරාගය නම් වූ බන්ධනයකි. ද්වේෂය නම් වූ බන්ධනයකි. දෘෂ්ටිය නම් වූ බන්ධනයකි. විචිකිච්ඡාව නම් වූ බන්ධනයකි. මාන්නය නම් වූ බන්ධනයකි. ඊර්ෂ්‍යාව නම් වූ බන්ධනයකි. මසුරුකම නම් වූ බන්ධනයකි.

මහණෙනි, මේ වනාහී සප්තවිධ බන්ධනයෝ ය.

සාදු! සාදු!! සාදු!!!

මච්ඡරිය සඤ්ඤෝජන සූත්‍රය නිමා විය.

පළමුවෙනි ධන වර්ගය අවසන් විය.

- **එහි පිළිවෙල උද්දානයයි :**

පිය සූත්‍ර දෙක, බල සූත්‍ර දෙක, සංඛිත්ත ධන සූත්‍රය, විත්ථත ධන සූත්‍රය, උග්ග මහාමත්ත සූත්‍රය, සඤ්ඤෝජන සූත්‍රය, සඤ්ඤෝජනප්පහාන සූත්‍රය සහ මච්ඡරිය සඤ්ඤෝජන සූත්‍රය වශයෙන් මෙහි සූත්‍ර දසයකි.

2. අනුසය වර්ගය

7.1.2.1.
අනුසය සූත්‍රය
සිතෙහි අප්‍රකට ව පවතින කෙලෙස් ගැන වදාළ දෙසුම

සැවැත් නුවර දී ය .....

මහණෙනි, මේ සිතෙහි අප්‍රකට ව පවතින කෙලෙස් සතකි. ඒ කවර සතක් ද යත්;

කාමරාගය නම් වූ සිතෙහි අප්‍රකට ක්ලේශයකි. ද්වේෂය නම් වූ සිතෙහි අප්‍රකට ක්ලේශයකි. දෘෂ්ටිය නම් වූ සිතෙහි අප්‍රකට ක්ලේශයකි. විචිකිච්ඡාව නම් වූ සිතෙහි අප්‍රකට ක්ලේශයකි. මාන්නය නම් වූ සිතෙහි අප්‍රකට ක්ලේශයකි. භවරාගය නම් වූ සිතෙහි අප්‍රකට ක්ලේශයකි. අවිද්‍යාව නම් වූ සිතෙහි අප්‍රකට ක්ලේශයකි.

මහණෙනි, මේ වනාහී සිතෙහි අප්‍රකට ව පවතින කෙලෙස් සත ය.

සාදු! සාදු!! සාදු!!!

අනුසය සූත්‍රය නිමා විය.

7.1.2.2.
අනුසයප්පහාන සූත්‍රය
සිතෙහි අප්‍රකට ව පවතින කෙලෙස් ප්‍රහාණය ගැන වදාළ දෙසුම

සැවැත් නුවර දී ය .....

මහණෙනි, සිතෙහි අප්‍රකට ව පවතින කෙලෙස් සත ප්‍රහාණය පිණිස ත්, මුලින් ම සිඳලීම පිණිස ත් බඹසර වසනු ලැබේ. ඒ කවර සතක් ද යත්;

සිතෙහි අප්‍රකට ව පවතින ක්ලේශයක් වූ කාමරාගය ප්‍රහාණය පිණිස ත්, මුලින් ම සිඳලීම පිණිස ත් බඹසර වසනු ලැබේ. සිතෙහි අප්‍රකට ව පවතින ක්ලේශයක් වූ ද්වේෂය ....(පෙ).... සිතෙහි අප්‍රකට ව පවතින ක්ලේශයක් වූ දෘෂ්ටිය ....(පෙ).... සිතෙහි අප්‍රකට ව පවතින ක්ලේශයක් වූ විචිකිච්ඡාව ....(පෙ).... සිතෙහි අප්‍රකට ව පවතින ක්ලේශයක් වූ මාන්නය ....(පෙ).... සිතෙහි අප්‍රකට ව පවතින ක්ලේශයක් වූ භවරාගය ....(පෙ).... සිතෙහි අප්‍රකට ව පවතින ක්ලේශයක් වූ අවිද්‍යාව ප්‍රහාණය පිණිස ත්, මුලින් ම සිඳලීම පිණිස ත් බඹසර වසනු ලැබේ.

මහණෙනි, මේ සිතෙහි අප්‍රකට ව පවතින කෙලෙස් සත ප්‍රහාණය පිණිස ත්, මුලින් ම සිඳලීම පිණිස ත් බඹසර වසනු ලැබේ.

මහණෙනි, යම් කලෙක භික්ෂුවගේ සිතෙහි අප්‍රකට ව පවතින ක්ලේශයක් වූ කාමරාගය ප්‍රහීණ වූයේ වෙයි ද, මුලින් ම සිඳුණේ වෙයි ද, කරටිය සුන් තල් ගසක් බඳු වූයේ වෙයි ද, අභාවයට පත්වූයේ වෙයි ද, යළි නූපදින ස්වභාවයට පත්වූයේ වෙයි ද, සිතෙහි අප්‍රකට ව පවතින ක්ලේශයක් වූ ද්වේෂය ....(පෙ).... සිතෙහි අප්‍රකට ව පවතින ක්ලේශයක් වූ දෘෂ්ටිය ....(පෙ).... සිතෙහි අප්‍රකට ව පවතින ක්ලේශයක් වූ විචිකිච්ඡාව ....(පෙ).... සිතෙහි අප්‍රකට ව පවතින ක්ලේශයක් වූ මාන්නය ....(පෙ).... සිතෙහි අප්‍රකට ව පවතින ක්ලේශයක් වූ භවරාගය ....(පෙ).... සිතෙහි අප්‍රකට ව පවතින ක්ලේශයක් වූ අවිද්‍යාව ප්‍රහීණ වූයේ වෙයි ද, මුලින් ම සිඳුණේ වෙයි ද, කරටිය සුන් තල් ගසක් බඳු වූයේ වෙයි ද, අභාවයට පත්වූයේ වෙයි ද, යළි නූපදින ස්වභාවයට පත්වූයේ වෙයි ද, මහණෙනි, සිතෙහි අප්‍රකට ව පවතින කෙලෙස් නැති මේ භික්ෂුව තණ්හාව

සිඳ දැම්මේ ය. සංයෝජන පෙරලා දැම්මේ ය. මනාකොට මාන්නය ප්‍රහාණයෙන් දුක් අවසන් කළේ ය යැයි කියනු ලැබේ.

සාදු! සාදු!! සාදු!!!

අනුසයප්පහාන සූත්‍රය නිමා විය.

7.1.2.3.
කුලූපගමන සූත්‍රය
දායක පවුල් වෙත යෑම ගැන වදාළ දෙසුම

සැවැත් නුවර දී ය .....

මහණෙනි, අංග සතකින් සමන්විත වූ දායක පවුල වෙත නොඑළඹුණේ එළඹෙන්නට සුදුසු වූයේ නොවෙයි. එළඹුණේ හෝ වෙයි නම් හිඳින්නට සුදුසු නොවෙයි. ඒ කවර අංග සතකින් ද යත්;

දැක සතුටට පත් ව හුනස්නෙන් නැගී නොසිටිති. සතුටින් යුතුව වන්දනා නොකරති. සතුටින් යුතුව හිඳින්නට ආසනය නොදෙති. දෙන්නට ඇති දෙය ත් සඟවති. බොහෝ තිබෙන නමුත් ස්වල්පයක් දෙති. ප්‍රණීත දේ තිබෙන නමුත් රූක්ෂ දේ දෙති. සකස් කොට නොව නොසකස් කොට දෙති.

මහණෙනි, මේ අංග සතෙන් සමන්විත වූ දායක පවුල වෙත නොඑළඹුණේ එළඹෙන්නට සුදුසු වූයේ නොවෙයි. එළඹුණේ හෝ වෙයි නම් හිඳින්නට සුදුසු නොවෙයි.

මහණෙනි, අංග සතකින් සමන්විත වූ දායක පවුල වෙත නොඑළඹුණේ එළඹෙන්නට සුදුසු වූයේ වෙයි. එළඹුණේ හෝ වෙයි නම් හිඳින්නට සුදුසු වෙයි. ඒ කවර අංග සතකින් ද යත්;

දැක සතුටට පත් ව හුනස්නෙන් නැගී සිටිති. සතුටින් යුතුව වන්දනා කරති. සතුටින් යුතුව හිඳින්නට ආසනය දෙති. දෙන්නට ඇති දෙය ත් නොසඟවති. බොහෝ තිබෙන විට බොහෝ දේ දෙති. ප්‍රණීත දේ තිබෙන විට ප්‍රණීත දේ දෙති. නොසකස් කොට නොව සකස් කොට දෙති.

මහණෙනි, මේ අංග සතෙන් සමන්විත වූ දායක පවුල වෙත

නොඑළඹුණේ එළඹෙන්නට සුදුසු වූයේ වෙයි. එළඹුණේ හෝ වෙයි නම් හිඳින්නට සුදුසු වෙයි.

සාදු! සාදු!! සාදු!!!

කුලූපගමන සූත්‍රය නිමා විය.

7.1.2.4.
ආහුනෙය්‍ය පුග්ගල සූත්‍රය
ආහුනෙය්‍ය පුද්ගලයා ගැන වදාළ දෙසුම

සැවැත් නුවර දී ය .....

මහණෙනි, මේ පුද්ගලයෝ සත් දෙන ආහුනෙය්‍ය වෙති. පාහුනෙය්‍ය වෙති. දක්ඛිණෙය්‍ය වෙති. අංජලිකරණීය වෙති. ලෝකයාගේ අනුත්තර පින් කෙත වෙති. ඒ කවර සත් දෙනෙක් ද යත්;

උභතෝභාග විමුත්තයා ය. ප්‍රඥා විමුත්තයා ය. කායසක්ඛි ය. දිට්ඨිප්පත්ත ය. සද්ධා විමුත්තයා ය. ධම්මානුසාරී ය. සද්ධානුසාරී ය.

මහණෙනි, මේ පුද්ගලයෝ සත් දෙන වනාහී ආහුනෙය්‍ය වෙති. පාහුනෙය්‍ය වෙති. දක්ඛිණෙය්‍ය වෙති. අංජලිකරණීය වෙති. ලෝකයාගේ අනුත්තර පින් කෙත වෙති.

සාදු! සාදු!! සාදු!!!

ආහුනෙය්‍ය පුග්ගල සූත්‍රය නිමා විය.

7.1.2.5.
උදකූපම පුග්ගල සූත්‍රය
දිය උපමා කොට පුද්ගලයා ගැන වදාළ දෙසුම

සැවැත් නුවර දී ය .....

මහණෙනි, මේ සත් වැදෑරුම් දිය උපමා කොට ගත් පුද්ගලයෝ ලෝකයෙහි විද්‍යමාන ව සිටිති. ඒ කවර සත් දෙනෙක් ද යත්;

මහණෙනි, මෙහිලා එක් පුද්ගලයෙක් වරක් දියෙහි ගිලුණේ, ගිලුණේ ම වෙයි. මහණෙනි, මෙහිලා තව පුද්ගලයෙක් උඩට මතු වී නැවත යටට ගිලෙයි. මහණෙනි, මෙහිලා තව පුද්ගලයෙක් උඩට මතු වී සිටින්නේ වෙයි. මහණෙනි, මෙහිලා තව පුද්ගලයෙක් උඩට මතු වී හොඳින් බලයි, හාත්පස වටපිට බලයි. මහණෙනි, මෙහිලා තව පුද්ගලයෙක් උඩට මතු වී එතෙර බලා පිහිනා යයි. මහණෙනි, මෙහිලා තව පුද්ගලයෙක් උඩට මතු වී පිහිට ඇති තැනට පැමිණියේ වෙයි. මහණෙනි, මෙහිලා තව පුද්ගලයෙක් උඩට මතු වී පිහිනා එතෙරට ගියේ, පරතෙරට ගියේ, ගොඩබිම සිටියේ, බ්‍රාහ්මණයා වෙයි.

1. මහණෙනි, පුද්ගලයෙක් එක් වරක් දියේ ගිලුනොත් ගිලුණේ ම වන්නේ කෙසේ ද?

මහණෙනි, මෙහිලා ඇතැම් පුද්ගලයෙක් ඒකාන්ත කළු පැහැයෙන් යුතු අකුසල ධර්මයෙන් සමන්විත වූයේ වෙයි. මෙසේ මහණෙනි, පුද්ගලයා එක් වරක් දියේ ගිලුනොත් ගිලුණේ ම වෙයි.

2. මහණෙනි, පුද්ගලයෙක් දියෙන් උඩට මතු වී යළි ගිලෙන්නේ කෙසේ ද?

මහණෙනි, මෙහිලා ඇතැම් පුද්ගලයෙක් දියෙන් උඩට මතුවෙයි. එනම් 'කුසල් දහම් පිළිබඳ ශ්‍රද්ධාව ඇති කරගැනීම මැනැවි. ....(පෙ).... හිරි ඇති කරගැනීම මැනැවි. ....(පෙ).... ඔත්තප්ප ඇති කරගැනීම මැනැවි. ....(පෙ).... වීරිය ඇති කරගැනීම මැනැවි. කුසල් දහම් පිළිබඳ ප්‍රඥාව ඇති කරගැනීම මැනැවි. නමුත් ඔහුගේ ඒ ශ්‍රද්ධාව නොපවතියි. නොවැඩෙයි. පිරිහී යන්නේ ම ය. ඔහුගේ ඒ පවට ඇති ලැජ්ජාව ....(පෙ).... පවට ඇති භය ....(පෙ).... වීරිය

....(පෙ).... ඔහුගේ ඒ ප්‍රඥාව නොපවතියි. නොවැඩෙයි. පිරිහී යන්නේ ම ය. මෙසේ මහණෙනි, පුද්ගලයා දියෙන් උඩට පැමිණියේ නමුත් යළි ගිලෙන්නේ වෙයි.

3. මහණෙනි, පුද්ගලයෙක් දියෙන් උඩට මතු වී සිටින්නේ කෙසේ ද?

මහණෙනි, මෙහිලා ඇතැම් පුද්ගලයෙක් දියෙන් උඩට මතුවෙයි. එනම් 'කුසල් දහම් පිළිබඳ ශ්‍රද්ධාව ඇති කරගැනීම මැනැවි. ....(පෙ).... හිරි ඇති කරගැනීම මැනැවි. ....(පෙ).... ඔත්තප්ප ඇති කරගැනීම මැනැවි. ....(පෙ).... වීරිය ඇති කරගැනීම මැනැවි. කුසල් දහම් පිළිබඳ ප්‍රඥාව ඇති කරගැනීම මැනැවි. ඔහුගේ ඒ ශ්‍රද්ධාව නොපිරිහෙයි. නොවැඩෙයි. සිටියා ම වෙයි. ඔහුගේ ඒ පවට ඇති ලැජ්ජාව ....(පෙ).... පවට ඇති භය ....(පෙ).... වීරිය ....(පෙ).... ඔහුගේ ඒ ප්‍රඥාව නොපිරිහෙයි. නොවැඩෙයි. සිටියා ම වෙයි. මෙසේ මහණෙනි, පුද්ගලයා දියෙන් උඩට පැමිණියේ සිටියේ වෙයි.

4. මහණෙනි, පුද්ගලයෙක් දියෙන් උඩට මතු වී හොඳින් බලන්නේ, හාත්පස වටපිට බලන්නේ කෙසේ ද?

මහණෙනි, මෙහිලා ඇතැම් පුද්ගලයෙක් දියෙන් උඩට මතුවෙයි. එනම් 'කුසල් දහම් පිළිබඳ ශ්‍රද්ධාව ඇති කරගැනීම මැනැවි. ....(පෙ).... හිරි ඇති කරගැනීම මැනැවි. ....(පෙ).... ඔත්තප්ප ඇති කරගැනීම මැනැවි. ....(පෙ).... වීරිය ඇති කරගැනීම මැනැවි. කුසල් දහම් පිළිබඳ ප්‍රඥාව ඇති කරගැනීම මැනැවි. හේ ත්‍රිවිධ සංයෝජනයන් ගෙවා දැමීමෙන් සෝවාන් වූයේ වෙයි. අපායට නොවැටෙන ස්වභාව ඇත්තේ, ස්ථිරව ම නිවන අවබෝධ කරන්නේ වෙයි. මෙසේ මහණෙනි, පුද්ගලයා දියෙන් උඩට පැමිණියේ, හොඳින් බලන්නේ, හාත්පස වටපිට බලන්නේ වෙයි.

5. මහණෙනි, පුද්ගලයෙක් දියෙන් උඩට මතු වී එතෙර බලා පිහිනා යන්නේ කෙසේ ද?

මහණෙනි, මෙහිලා ඇතැම් පුද්ගලයෙක් දියෙන් උඩට මතුවෙයි. එනම් 'කුසල් දහම් පිළිබඳ ශ්‍රද්ධාව ඇති කරගැනීම මැනැවි. ....(පෙ).... හිරි ඇති කරගැනීම මැනැවි. ....(පෙ).... ඔත්තප්ප ඇති කරගැනීම මැනැවි. ....(පෙ).... වීරිය ඇති කරගැනීම මැනැවි. කුසල් දහම් පිළිබඳ ප්‍රඥාව ඇති කරගැනීම මැනැවි. හේ ත්‍රිවිධ සංයෝජනයන් ගෙවා දැමීමෙන්, රාග ද්වේෂ මෝහ තුනී බවට පත්වීමෙන් සකදාගාමී වූයේ වෙයි. මෙලොවට එක් වරක් ම අවුත් දුක් කෙළවර කරන්නේ වෙයි. මෙසේ මහණෙනි, පුද්ගලයා දියෙන් උඩට මතු වී එතෙර බලා පිහිනා යන්නේ වෙයි.

6. මහණෙනි, පුද්ගලයෙක් දියෙන් උඩට මතු වී පිහිට ඇති තැනට පැමිණෙන්නේ කෙසේ ද?

මහණෙනි, මෙහිලා ඇතැම් පුද්ගලයෙක් දියෙන් උඩට මතුවෙයි. එනම් 'කුසල් දහම් පිළිබඳ ශ්‍රද්ධාව ඇති කරගැනීම මැනැවි. ....(පෙ).... හිරි ඇති කරගැනීම මැනැවි. ....(පෙ).... ඔත්තප්ප ඇති කරගැනීම මැනැවි. ....(පෙ).... වීරිය ඇති කරගැනීම මැනැවි. කුසල් දහම් පිළිබඳ ප්‍රඥාව ඇති කරගැනීම මැනැවි. හේ පංච ඕරම්භාගීය සංයෝජනයන් ගෙවා දමා සුද්ධාවාස බඹලොව ඕපපාතික ව උපදින්නේ වෙයි. ඒ ලොවින් නැවත මෙලොවට හැරී නොඑන ස්වභාවයෙන් යුතුව එහි පිරිනිවන් පාන්නේ වෙයි. මෙසේ මහණෙනි, පුද්ගලයා දියෙන් උඩට මතු වී පිහිට ඇති තැනට පැමිණියේ වෙයි.

7. මහණෙනි, පුද්ගලයෙක් දියෙන් උඩට මතු වී පිහිනා එතෙරට ගියේ, පරතෙරට ගියේ, ගොඩබිම සිටියේ, බ්‍රාහ්මණයා වන්නේ කෙසේ ද?

මහණෙනි, මෙහිලා ඇතැම් පුද්ගලයෙක් දියෙන් උඩට මතුවෙයි. එනම් 'කුසල් දහම් පිළිබඳ ශ්‍රද්ධාව ඇති කරගැනීම මැනැවි. ....(පෙ).... හිරි ඇති කරගැනීම මැනැවි. ....(පෙ).... ඔත්තප්ප ඇති කරගැනීම මැනැවි. ....(පෙ).... වීරිය ඇති කරගැනීම මැනැවි. කුසල් දහම් පිළිබඳ ප්‍රඥාව ඇති කරගැනීම මැනැවි. හේ ආශ්‍රවයන් ක්ෂය වීමෙන් අනාශ්‍රව වූ චිත්ත විමුක්තිය ත්, ප්‍රඥා විමුක්තිය ත් මෙලොව දී ම ස්වකීය විශිෂ්ට ඥානයෙන් සාක්ෂාත් කොට එයට පැමිණ වසන්නේ වෙයි. මෙසේ මහණෙනි, පුද්ගලයා දියෙන් උඩට මතු වී පිහිනා එතෙරට ගියේ, පරතෙරට ගියේ, ගොඩබිම සිටියේ, බ්‍රාහ්මණයා වෙයි.

මහණෙනි, මේ සත් වැදෑරුම් දිය උපමා කොට ගත් පුද්ගලයෝ ලෝකයෙහි විද්‍යමාන ව සිටිති.

සාදු! සාදු!! සාදු!!!

උදකූපම පුග්ගල සූත්‍රය නිමා විය.

7.1.2.6.
අනිච්චානුපස්සී සූත්‍රය
අනිත්‍ය අනුව බැලීම ගැන වදාළ දෙසුම

සැවැත් නුවර දී ය .....

මහණෙනි, මේ පුද්ගලයෝ සත් දෙනා ආහුනෙය්‍ය වෙති. පාහුනෙය්‍ය වෙති. දක්ඛිණෙය්‍ය වෙති. අංජලිකරණීය වෙති. ලෝකයාගේ අනුත්තර පින් කෙත වෙති. ඒ කවර සත් දෙනෙක් ද යත්;

1. මහණෙනි, මෙහිලා ඇතැම් පුද්ගලයෙක් සියලු සංස්කාරයන් පිළිබඳ ව අනිත්‍ය අනුව බලමින්, අනිත්‍ය සංඥාවෙන් යුතුව, අනිත්‍යයට සංවේදී වෙමින්, හැම කල්හි නිරතුරුව, වෙනත් සිතක් හා මුසු නොවී, විදර්ශනාවට බැස ගනිමින්, ප්‍රඥාවෙන් අවබෝධ කරමින් වාසය කරයි. හේ ආශ්‍රවයන් ක්ෂය කිරීමෙන් අනාශ්‍රව වූ චිත්ත විමුක්තිය ත්, ප්‍රඥා විමුක්තිය ත් මෙලොව දී ම සිය විශිෂ්ට නුවණින් සාක්ෂාත් කොට එයට පැමිණ වාසය කරයි.

මහණෙනි, මේ ආහුනෙය්‍ය වූ, පාහුනෙය්‍ය වූ, දක්ඛිණෙය්‍ය වූ, අංජලිකරණීය වූ, ලෝකයාගේ අනුත්තර පින්කෙත වූ පළමු වෙනි පුද්ගලයා ය.

2. තව ද මහණෙනි, ඇතැම් පුද්ගලයෙක් සියලු සංස්කාරයන් පිළිබඳ ව අනිත්‍ය අනුව බලමින්, අනිත්‍ය සංඥාවෙන් යුතුව, අනිත්‍යයට සංවේදී වෙමින්, හැම කල්හි නිරතුරුව, වෙනත් සිතක් හා මුසු නොවී, විදර්ශනාවට බැස ගනිමින්, ප්‍රඥාවෙන් අවබෝධ කරමින් වාසය කරයි. පෙර පසු නොවී ඔහුගේ ආශ්‍රවයන් නැති වීම ත්, ජීවිතය නැති වීම ත් එකවර සිදුවෙයි.

මහණෙනි, මේ ආහුනෙය්‍ය වූ, පාහුනෙය්‍ය වූ, දක්ඛිණෙය්‍ය වූ, අංජලිකරණීය වූ, ලෝකයාගේ අනුත්තර පින්කෙත වූ දෙවෙනි පුද්ගලයා ය.

3. තව ද මහණෙනි, ඇතැම් පුද්ගලයෙක් සියලු සංස්කාරයන් පිළිබඳ ව අනිත්‍ය අනුව බලමින්, අනිත්‍ය සංඥාවෙන් යුතුව, අනිත්‍යයට සංවේදී වෙමින්, හැම කල්හි නිරතුරුව, වෙනත් සිතක් හා මුසු නොවී, විදර්ශනාවට බැස ගනිමින්, ප්‍රඥාවෙන් අවබෝධ කරමින් වාසය කරයි. හේ ඕරම්භාගීය සංයෝජනයන්

ප්‍රහාණය කොට සුද්ධාවාස බඹලොව ඉපදී අනතුරු ව ම පිරිනිවන් පාන්නේ වෙයි.

මහණෙනි, මේ ආහුනෙය්‍ය වූ, පාහුනෙය්‍ය වූ, දක්ඛිණෙය්‍ය වූ, අංජලිකරණීය වූ, ලෝකයාගේ අනුත්තර පින්කෙත වූ තෙවෙනි පුද්ගලයා ය.

4. ....(පෙ).... සුද්ධාවාස බඹලොව ඉපිද අඩක් ආයු ගෙවා පිරිනිවන් පාන්නේ වෙයි. 5. ....(පෙ).... සුද්ධාවාස බඹලොව ඉපිද උත්සාහ රහිත ව පිරිනිවන් පාන්නේ වෙයි. 6. ....(පෙ).... සුද්ධාවාස බඹලොව ඉපිද උත්සාහ සහිත ව පිරිනිවන් පාන්නේ වෙයි. 7. ....(පෙ).... සුද්ධාවාස බඹලොව ඉපිද අකණිටා බඹලොව තෙක් යන සුළු ව පිරිනිවන් පාන්නේ වෙයි. මහණෙනි, මේ ආහුනෙය්‍ය වූ, පාහුනෙය්‍ය වූ, දක්ඛිණෙය්‍ය වූ, අංජලිකරණීය වූ, ලෝකයාගේ අනුත්තර පින්කෙත වූ සත්වෙනි පුද්ගලයා ය.

මහණෙනි, මේ පුද්ගලයෝ සත් දෙනා ආහුනෙය්‍ය වෙති. පාහුනෙය්‍ය වෙති. දක්ඛිණෙය්‍ය වෙති. අංජලිකරණීය වෙති. ලෝකයාගේ අනුත්තර පින් කෙත වෙති.

සාදු! සාදු!! සාදු!!!

අනිච්චානුපස්සී සූත්‍රය නිමා විය.

7.1.2.7.
දුක්ඛානුපස්සී සූත්‍රය
දුක අනුව බැලීම ගැන වදාළ දෙසුම

සැවැත් නුවර දී ය .....

මහණෙනි, මේ පුද්ගලයෝ සත් දෙනා ආහුනෙය්‍ය වෙති. ....(පෙ).... ලෝකයාගේ අනුත්තර පින් කෙත වෙති. ඒ කවර සත් දෙනෙක් ද යත්;

මහණෙනි, මෙහිලා ඇතැම් පුද්ගලයෙක් සියලු සංස්කාරයන් පිළිබඳ ව දුක අනුව බලමින්, ...(පෙ).... මහණෙනි, මේ පුද්ගලයෝ සත් දෙනා ආහුනෙය්‍ය වෙති. ....(පෙ).... ලෝකයාගේ අනුත්තර පින් කෙත වෙති.

සාදු! සාදු!! සාදු!!!

දුක්ඛානුපස්සී සූත්‍රය නිමා විය.

7.1.2.8.
අනත්තානුපස්සී සූත්‍රය
අනාත්මය අනුව බැලීම ගැන වදාළ දෙසුම

සැවැත් නුවර දී ය .....

මහණෙනි, මේ පුද්ගලයෝ සත් දෙනා ආහුනෙය්‍ය වෙති. ....(පෙ).... ලෝකයාගේ අනුත්තර පින් කෙත වෙති. ඒ කවර සත් දෙනෙක් ද යත්;

මහණෙනි, මෙහිලා ඇතැම් පුද්ගලයෙක් සියලු ධර්මයන් පිළිබඳ ව අනාත්මය අනුව බලමින්, ...(පෙ).... මහණෙනි, මේ පුද්ගලයෝ සත් දෙනා ආහුනෙය්‍ය වෙති. ....(පෙ).... ලෝකයාගේ අනුත්තර පින් කෙත වෙති.

සාදු! සාදු!! සාදු!!!

අනත්තානුපස්සී සූත්‍රය නිමා විය.

7.1.2.9.
සුබානුපස්සී සූත්‍රය
සැපය අනුව බැලීම ගැන වදාළ දෙසුම

සැවැත් නුවර දී ය .....

මහණෙනි, මේ පුද්ගලයෝ සත් දෙනා ආහුනෙය්‍ය වෙති. ....(පෙ).... ලෝකයාගේ අනුත්තර පින් කෙත වෙති. ඒ කවර සත් දෙනෙක් ද යත්;

මහණෙනි, මෙහිලා ඇතැම් පුද්ගලයෙක් නිවන පිළිබඳ ව සැප අනුව බලමින්, සැප සංඥාවෙන් යුතුව, සැපයට සංවේදී වෙමින්, හැම කල්හි නිරතුරුව, වෙනත් සිතක් හා මුසු නොවී, විදර්ශනාවට බැස ගනිමින්, ප්‍රඥාවෙන් අවබෝධ කරමින් වාසය කරයි. හේ ආශ්‍රවයන් ක්ෂය කිරීමෙන් අනාශ්‍රව වූ චිත්ත විමුක්තිය ත්, ප්‍රඥා විමුක්තිය ත් මෙලොව දී ම සිය විශිෂ්ට නුවණින්

සාක්ෂාත් කොට එයට පැමිණ වාසය කරයි. මහණෙනි, මේ ආහුනෙය්‍ය වූ, ...(පෙ).... ලෝකයාගේ අනුත්තර පින්කෙත වූ පළමු වෙනි පුද්ගලයා ය.

තව ද මහණෙනි, ඇතැම් පුද්ගලයෙක් නිවන පිළිබඳ ව සැප අනුව බලමින්, සැප සංඥාවෙන් යුතුව, සැපයට සංවේදී වෙමින්, හැම කල්හි නිරතුරුව, වෙනත් සිතක් හා මුසු නොවී, විදර්ශනාවට බැස ගනිමින්, ප්‍රඥාවෙන් අවබෝධ කරමින් වාසය කරයි. පෙර පසු නොවී ඔහුගේ ආශ්‍රවයන් නැති වීම ත්, ජීවිතය නැති වීම ත් එකවර සිදුවෙයි. මහණෙනි, මේ ආහුනෙය්‍ය වූ, ...(පෙ).... ලෝකයාගේ අනුත්තර පින්කෙත වූ දෙවෙනි පුද්ගලයා ය.

තව ද මහණෙනි, ඇතැම් පුද්ගලයෙක් නිවන පිළිබඳ ව සැප අනුව බලමින්, සැප සංඥාවෙන් යුතුව, සැපයට සංවේදී වෙමින්, හැම කල්හි නිරතුරුව, වෙනත් සිතක් හා මුසු නොවී, විදර්ශනාවට බැස ගනිමින්, ප්‍රඥාවෙන් අවබෝධ කරමින් වාසය කරයි. හේ ඕරම්භාගීය සංයෝජනයන් ප්‍රහාණය කොට සුද්ධාවාස බඹලොව ඉපදී අනතුරුව ම පිරිනිවන් පාන්නේ වෙයි. මහණෙනි, මේ ආහුනෙය්‍ය වූ, ...(පෙ).... ලෝකයාගේ අනුත්තර පින්කෙත වූ තෙවෙනි පුද්ගලයා ය.

....(පෙ).... සුද්ධාවාස බඹලොව ඉපිද අඩක් ආයු ගෙවා පිරිනිවන් පාන්නේ වෙයි. ....(පෙ).... සුද්ධාවාස බඹලොව ඉපිද උත්සාහ රහිත ව පිරිනිවන් පාන්නේ වෙයි. ....(පෙ).... සුද්ධාවාස බඹලොව ඉපිද උත්සාහ සහිත ව පිරිනිවන් පාන්නේ වෙයි. ....(පෙ).... සුද්ධාවාස බඹලොව ඉපිද අකණිට්ඨා බඹලොව තෙක් යන සුළු ව පිරිනිවන් පාන්නේ වෙයි. මහණෙනි, මේ ආහුනෙය්‍ය වූ, පාහුනෙය්‍ය වූ, දක්ඛිණෙය්‍ය වූ, අංජලිකරණීය වූ, ලෝකයාගේ අනුත්තර පින්කෙත වූ සත්වෙනි පුද්ගලයා ය.

මහණෙනි, මේ පුද්ගලයෝ සත් දෙනා ආහුනෙය්‍ය වෙති. පාහුනෙය්‍ය වෙති. දක්ඛිණෙය්‍ය වෙති. අංජලිකරණීය වෙති. ලෝකයාගේ අනුත්තර පින් කෙත වෙති.

සාදු! සාදු!! සාදු!!!

සුඛානුපස්සී සූත්‍රය නිමා විය.

7.1.2.10.
නිද්දසවත්ථු සූත්‍රය
ගරුසරු ලැබීමට වූ කරුණු ගැන වදාළ දෙසුම

සැවැත් නුවර දී ය .....

මහණෙනි, ගරුසරු ලැබීමට කරුණු සතකි. ඒ කවර සතක් ද යත්;

මහණෙනි, මෙහිලා භික්ෂුව ශික්ෂා සමාදන් වීමෙහි තියුණු ආශාවක් ඇත්තේ වෙයි, මත්තෙහි ද ශික්ෂා සමාදන් වීමෙහි දුරු නොවූ ප්‍රේමය ඇත්තේ වෙයි.

ධර්මාවබෝධයෙහි තියුණු ආශාවක් ඇත්තේ වෙයි, මත්තෙහි ද ධර්මාවබෝධයෙහි දුරු නොවූ ප්‍රේමය ඇත්තේ වෙයි.

තෘෂ්ණාව දුරු කිරීමෙහි තියුණු ආශාවක් ඇත්තේ වෙයි, මත්තෙහි ද තෘෂ්ණාව දුරු කිරීමෙහි දුරු නොවූ ප්‍රේමය ඇත්තේ වෙයි.

භාවනාවෙහි තියුණු ආශාවක් ඇත්තේ වෙයි, මත්තෙහි ද භාවනාවෙහි දුරු නොවූ ප්‍රේමය ඇත්තේ වෙයි.

අරඹන ලද වීරියෙහි තියුණු ආශාවක් ඇත්තේ වෙයි, මත්තෙහි ද අරඹන ලද වීරියෙහි දුරු නොවූ ප්‍රේමය ඇත්තේ වෙයි.

සිහිය හා අවස්ථාවෝචිත ප්‍රඥාවෙහි තියුණු ආශාවක් ඇත්තේ වෙයි, මත්තෙහි ද සිහිය හා අවස්ථාවෝචිත ප්‍රඥාවෙහි දුරු නොවූ ප්‍රේමය ඇත්තේ වෙයි.

මාර්ගඵලාවබෝධයෙහි තියුණු ආශාවක් ඇත්තේ වෙයි, මත්තෙහි ද මාර්ගඵලාවබෝධයෙහි දුරු නොවූ ප්‍රේමය ඇත්තේ වෙයි.

මහණෙනි, මේ වනාහී ගරුසරු ලැබීමට කරුණු සත යි.

සාදු! සාදු!! සාදු!!!

නිද්දසවත්ථු සූත්‍රය නිමා විය.

දෙවෙනි අනුසය වර්ගය අවසන් විය.

- එහි පිළිවෙල උද්දානයයි :

අනුසය සූත්‍ර දෙක, කුල සූත්‍රය, පුග්ගල සූත්‍රය, උදකූපම සූත්‍රය, අනිච්ච සූත්‍රය, දුක්ඛ සූත්‍රය, අනත්ත සූත්‍රය, සුඛ සූත්‍රය සහ නිද්දසවත්ථු සූත්‍රය වශයෙන් මෙහි සූත්‍ර දසයකි.

3. වජ්ජිසත්තක වර්ගය

7.1.3.1.
සාරන්දද සූත්‍රය
සාරන්දද සෑයෙහි දී වදාළ දෙසුම

මා විසින් මෙසේ අසන ලදී. එක් සමයක භාග්‍යවතුන් වහන්සේ විශාලා මහනුවර සාරන්දද සෑයෙහි වැඩවසන සේක. එකල්හී බොහෝ ලිච්ඡවීහු භාග්‍යවතුන් වහන්සේ වෙත පැමිණියාහු ය. පැමිණ භාග්‍යවතුන් වහන්සේට සකසා වන්දනා කොට එකත්පස් ව සිටියාහු ය. එකත්පස් ව හුන් ඒ ලිච්ඡවීන් හට භාග්‍යවතුන් වහන්සේ මෙය වදාළ සේක.

"ලිච්ඡවීවරුනි, ඔබට නොපිරිහෙන ධර්මයන් සතක් දෙසන්නෙමි. එය අසව්. මැනැවින් මෙනෙහි කරව්. පවසන්නෙමි."

"එසේ ය, ස්වාමීනී" යි ඒ ලිච්ඡවීහු භාග්‍යවතුන් වහන්සේට පිළිවදන් දුන්හ. භාග්‍යවතුන් වහන්සේ මෙය වදාළ සේක.

"ලිච්ඡවීවරුනි, ඒ නොපිරිහෙන සප්ත ධර්මයෝ මොනවා ද?

1. ලිච්ඡවීවරුනි, යම්තාක් වජ්ජීහු නිතර නිතර රැස්වන්නාහු වෙත් ද, රැස්වීම් බහුල කොට ඇද්ද, ලිච්ඡවීවරුනි, එසේ ඇති කල්හී වජ්ජීන්ගේ දියුණුවක් ම කැමති විය යුත්තේය. පිරිහීමක් නම් නොවේ.

2. ලිච්ඡවීවරුනි, යම්තාක් වජ්ජීහු සමගි ව රැස්වන්නාහු වෙත් ද, සමගි ව විසිර යන්නාහු ද, සමගි ව වජ්ජීන්ගේ කටයුතු කරන්නාහු ද, ලිච්ඡවීවරුනි, එසේ ඇති කල්හී වජ්ජීන්ගේ දියුණුවක් ම කැමති විය යුත්තේය. පිරිහීමක් නම් නොවේ.

3. ලිච්ඡවීවරුනි, යම්තාක් වජ්ජීහු නොපණවන ලද දෙය නොපණවන්නාහු ද, පණවන ලද දෙය කඩනොකරන්නාහු ද, යම් අයුරකින් පැරැන්නන්ගේ පණවන ලද වජ්ජී ධර්මයෙහි සමාදන් ව සිටින්නාහු ද, ලිච්ඡවීවරුනි, එසේ ඇති කල්හී වජ්ජීන්ගේ දියුණුවක් ම කැමති විය යුත්තේය. පිරිහීමක් නම් නොවේ.

4. ලිච්ඡවීවරුනි, යම්තාක් වජ්ජීහු යම් ඒ වජ්ජීන්ගේ වැඩිමහළු වජ්ජීහු සිටිත් ද, ඔවුන්ට සත්කාර කරන්නාහු ද, ගරුකාර කරන්නාහු ද, බුහුමන් කරන්නාහු ද, පුදන්නාහු ද, ඔවුන්ගේ වචනය ඇසිය යුතු යැයි හඟින්නාහු ද, ලිච්ඡවීවරුනි, එසේ ඇති කල්හී වජ්ජීන්ගේ දියුණුවක් ම කැමති විය යුත්තේය. පිරිහීමක් නම් නොවේ.

5. ලිච්ඡවීවරුනි, යම්තාක් වජ්ජීහු යම් ඒ කුලකාන්තාවෝ, කුලකුමාරීහු සිටිත් ද, ඔවුන් බලහත්කාරයෙන් ඇදගෙන, මැඩගෙන තමා සමීපයෙහි නොරඳවාග න්නාහු ද, ලිච්ඡවීවරුනි, එසේ ඇති කල්හී වජ්ජීන්ගේ දියුණුවක් ම කැමති විය යුත්තේය. පිරිහීමක් නම් නොවේ.

6. ලිච්ඡවීවරුනි, යම්තාක් වජ්ජීහු යම් ඒ වජ්ජීන්ගේ ඇතුළු නුවර ත්, පිටිනුවර ත් තිබෙන්නා වූ වජ්ජී චෛත්‍යයෝ වෙත් ද, ඒවාට සත්කාර කරන්නාහු ද, ගරුකාර කරන්නාහු ද, බුහුමන් කරන්නාහු ද, පුදන්නාහු ද, ඒවාට කලින් දෙන ලද, කලින් කරන ලද ධාර්මික පුද පූජා නොපිරිහෙලා කරන්නාහු ද, ලිච්ඡවීවරුනි, එසේ ඇති කල්හී වජ්ජීන්ගේ දියුණුවක් ම කැමති විය යුත්තේය. පිරිහීමක් නම් නොවේ.

7. ලිච්ඡවීවරුනි, යම්තාක් වජ්ජීන් විසින් 'කිම? නොවැඩි රහතන් වහන්සේලා වජ්ජි දේශයට වඩින්නාහු ද, වැඩම කළ රහතන් වහන්සේලා වජ්ජි දේශයෙහි පහසුවෙන් වාසය කරන්නාහු ද'යි රහතුන් කෙරෙහි ධාර්මික රක්ෂාවරණ සහ පහසුකම් මැනැවින් සළසන ලද්දේ වෙයි ද, ලිච්ඡවීවරුනි, එසේ ඇති කල්හී වජ්ජීන්ගේ දියුණුවක් ම කැමති විය යුත්තේය. පිරිහීමක් නම් නොවේ.

ලිච්ඡවීවරුනි, මේ සප්ත අපරිහානීය ධර්මයන් යම්තාක් කල් වජ්ජීන් තුළ දකින්නට ලැබෙයි නම් මේ සප්ත අපරිහානීය ධර්මයන් තුළ වජ්ජීහු ත් පෙනෙත් නම්, ලිච්ඡවීවරුනි, එසේ ඇති කල්හී වජ්ජීන්ගේ දියුණුවක් ම කැමති විය යුත්තේය. පිරිහීමක් නම් නොවේ.

සාදු! සාදු!! සාදු!!!

සාරන්දද සූත්‍රය නිමා විය.

7.1.3.2.
වස්සකාර සූත්‍රය
වස්සකාර බ්‍රාහ්මණයාට වදාළ දෙසුම

මා විසින් මෙසේ අසන ලදී. එක් සමයක භාග්‍යවතුන් වහන්සේ රජගහ නුවර ගිජ්ඣකූට පර්වතයෙහි වැඩවසන සේක. එසමයෙහි මගධරාජ වූ වේදේහිපුත්‍ර අජාසත් තෙමේ වජ්ජීන් යටත් කරනු කැමති වෙයි. හේ මෙසේ කියයි.

"මම මේ සා මහා ඉර්ධිමත් මේ සා මහානුභාව ඇති මේ වජ්ජීන් සිඳලන්නෙමි. වජ්ජීන් වනසන්නෙමි. වජ්ජීන් අනය වූ විපත්තියකට පමුණුවන්නෙමි."

ඉක්බිති මගධරාජ වූ වේදේහිපුත්‍ර අජාසත් තෙමේ මගධමහාමාත්‍ය වස්සකාර බ්‍රාහ්මණයා ඇමතුවේ ය.

"එව. බ්‍රාහ්මණය. ඔබ භාග්‍යවතුන් වහන්සේ කරා යව. ගොස් මාගේ වචනයෙන් භාග්‍යවතුන් වහන්සේගේ පා කමල් සිරසින් වඳිනු. අල්පාබාධ බව, අල්පදුක් ඇති බව, සැහැල්ලු බව, සිරුරු බල, පහසු විහරණය විමසනු. 'ස්වාමීනී, වේදේහිපුත්‍ර අජාසත් මගධ රජු භාග්‍යවතුන් වහන්සේගේ පා කමල් සිරසින් වඳියි. අල්පාබාධ බව, අල්පදුක් ඇති බව, සැහැල්ලු බව, සිරුරු බල, පහසු විහරණය විමසයි. මෙසේ ත් කියයි. ස්වාමීනී, වේදේහි පුත්‍ර අජාසත් මගධ රජු වජ්ජීන් යටත් කරනු කැමති වෙයි. හේ මෙසේ ත් කියයි. මම මේ සා මහා ඉර්ධිමත් මේ සා මහානුභාව ඇති මේ වජ්ජීන් සිඳලන්නෙමි. වජ්ජීන් වනසන්නෙමි. වජ්ජීන් අනය වූ විපත්තියකට පමුණුවන්නෙමි' යනුවෙනි. භාග්‍යවතුන් වහන්සේ යම් අයුරින් පිළිතුරු දෙයි නම් එය මනාකොට උගෙන මට දැනුම් දෙනු. තථාගතයෝ අසත්‍යයක් නොවදාරති."

"එසේ ය, භවත" යි මගධ මහාමාත්‍ය වස්සකාර බ්‍රාහ්මණ තෙමේ වේදේහිපුත්‍ර අජාසත් මගධ රජුට පිළිවදන් දී හුනස්නෙන් නැගිට භාග්‍යවතුන් වහන්සේ යම් තැනක වැඩසිටි සේක් ද, එතැනට ගියේ ය. ගොස් භාග්‍යවතුන් වහන්සේ සමඟ සතුටු වූයේ ය. සතුටු විය යුතු පිළිසඳර කතා බහ නිමවා එකත්පස් ව සිටියේ ය. එකත්පස් ව හුන් මගධ මහාමාත්‍ය වස්සකාර බ්‍රාහ්මණ තෙමේ භාග්‍යවතුන් වහන්සේට මෙය සැළ කළේ ය.

"භවත් ගෞතමයන් වහන්ස, වේදේහිපුත්‍ර අජාසත් මගධ රජු භවත් ගෞතමයන් වහන්සේගේ පා කමල් සිරසින් වඳියි. අල්පාබාධ, අල්ප පීඩා, සැහැල්ලු පැවතුම්, බලය සහ පහසු විහරණය පිළිබඳ ව ද අසයි. භවත් ගෞතමයන් වහන්ස, වේදේහිපුත්‍ර අජාසත් මගධ රජු වජ්ජීන් යටත් කරනු කැමති වෙයි. හේ මෙසේ ත් කියයි. 'මම මේ සා මහා ඉර්ධිමත් මේ සා මහානුභාව ඇති මේ වජ්ජීන් සිඳලන්නෙමි. වජ්ජීන් වනසන්නෙමි. වජ්ජීන් අනාථ වූ විපත්තියකට පමුණුවන්නෙමි' යි."

එසමයෙහි ආයුෂ්මත් ආනන්දයන් වහන්සේ භාග්‍යවතුන් වහන්සේ පිටුපසින් භාග්‍යවතුන් වහන්සේට පවන් සළමින් සිටියහ. එකල්හී භාග්‍යවතුන් වහන්සේ ආයුෂ්මත් ආනන්දයන් වහන්සේ ඇමතූ සේක.

1. කිම, ආනන්දයෙනි, වජ්ජීහු නිතර නිතර රැස්වෙති. රැස්වීම් බහුල කොට ඇත්තාහු වෙති යන කරුණ ඔබ විසින් අසන ලද්දේ ද?"

"ස්වාමීනී, වජ්ජීහු නිතර නිතර රැස්වෙති. රැස්වීම් බහුල කොට ඇත්තාහු වෙති. යන කරුණ මවිසින් අසන ලද්දේ ය."

"ආනන්දයෙනි, යම්තාක් වජ්ජීහු නිතර නිතර රැස්වන්නාහු වෙත් ද, රැ ස්වීම් බහුල කොට ඇද්ද, ආනන්දයෙනි, එසේ ඇති කල්හී වජ්ජීන්ගේ දියුණුවක් ම කැමති විය යුත්තේය. පිරිහීමක් නම් නොවේ.

2. කිම, ආනන්දයෙනි, වජ්ජීහු සමගි ව රැස් වෙති. සමගි ව විසිර යති. සමගි ව වජ්ජීන්ගේ කටයුතු කරති යන කරුණ ඔබ විසින් අසන ලද්දේ ද?"

"ස්වාමීනී, වජ්ජීහු සමගි ව රැස් වෙති. සමගි ව විසිර යති. සමගි ව වජ්ජීන්ගේ කටයුතු කරති යන කරුණ මවිසින් අසන ලද්දේ ය."

"ආනන්දයෙනි, යම්තාක් වජ්ජීහු සමගි ව රැස්වන්නාහු වෙත් ද, සමගි ව විසිර යන්නාහු ද, සමගි ව වජ්ජීන්ගේ කටයුතු කරන්නාහු ද, ආනන්දයෙනි, එසේ ඇති කල්හී වජ්ජීන්ගේ දියුණුවක් ම කැමති විය යුත්තේය. පිරිහීමක් නම් නොවේ.

3. කිම, ආනන්දයෙනි, වජ්ජීහු නොපණවන ලද දෙය නොපණවති. පණවන ලද දෙය කඩනොකරති. යම් අයුරකින් පැරැන්නන්ගේ පණවන ලද වජ්ජී ධර්මයෙහි සමාදන් ව සිටිති යන කරුණ ඔබ විසින් අසන ලද්දේ ද?"

"ස්වාමීනී, වජ්ජීහු නොපණවන ලද දෙය නොපණවති. පණවන ලද දෙය කඩනොකරති. යම් අයුරකින් පැරැන්නන්ගේ පණවන ලද වජ්ජී ධර්මයෙහි

සමාදන් ව සිටිති යන කරුණ මවිසින් අසන ලද්දේ ය"

"ආනන්දයෙනි, යම්තාක් වජ්ජීහු නොපණවන ලද දෙය පණවන්නාහු ද, පණවන ලද දෙය කඩනොකරන්නාහු ද, යම් අයුරකින් පැරැන්නන්ගේ පණවන ලද වජ්ජී ධර්මයෙහි සමාදන් ව සිටින්නාහු ද, ආනන්දයෙනි, එසේ ඇති කල්හී වජ්ජීන්ගේ දියුණුවක් ම කැමති විය යුත්තේය. පිරිහීමක් නම් නොවේ.

4. කිම, ආනන්දයෙනි, වජ්ජීහු යම් ඒ වජ්ජීන්ගේ වැඩිමහළු වජ්ජීහු සිටිත් ද, ඔවුන්ට සත්කාර කරන්නාහු වෙති. ගරුකාර කරන්නාහු වෙති. බුහුමන් කරන්නාහු වෙති. පුදන්නාහු වෙති. ඔවුන්ගේ වචනය ඇසිය යුතු යැයි හඟින්නාහු වෙති යන කරුණ ඔබ විසින් අසන ලද්දේ ද?"

"ස්වාමීනී, වජ්ජීහු යම් ඒ වජ්ජීන්ගේ වැඩිමහළු වජ්ජීහු සිටිත් ද, ඔවුන්ට සත්කාර කරන්නාහු වෙති. ගරුකාර කරන්නාහු වෙති. බුහුමන් කරන්නාහු වෙති. පුදන්නාහු වෙති. ඔවුන්ගේ වචනය ඇසිය යුතු යැයි හඟින්නාහු වෙති යන කරුණ මවිසින් අසන ලද්දේ ය."

"ආනන්දයෙනි, යම්තාක් වජ්ජීහු යම් ඒ වජ්ජීන්ගේ වැඩිමහළු වජ්ජීහු සිටිත් ද, ඔවුන්ට සත්කාර කරන්නාහු ද, ගරුකාර කරන්නාහු ද, බුහුමන් කරන්නාහු ද, පුදන්නාහු ද, ඔවුන්ගේ වචනය ඇසිය යුතු යැයි හඟින්නාහු ද, ආනන්දයෙනි, එසේ ඇති කල්හී වජ්ජීන්ගේ දියුණුවක් ම කැමති විය යුත්තේය. පිරිහීමක් නම් නොවේ.

5. කිම, ආනන්දයෙනි, වජ්ජීහු යම් ඒ කුලකාන්තාවෝ, කුලකුමාරීහු සිටිත් ද, ඔවුන් බලහත්කාරයෙන් ඇදගෙන, මැඩගෙන තමා සමීපයෙහි නොරඳවා ගනිති යන කරුණ ඔබ විසින් අසන ලද්දේ ද?"

"ස්වාමීනී, වජ්ජීහු යම් ඒ කුලකාන්තාවෝ, කුලකුමාරීහු සිටිත් ද, ඔවුන් බලහත්කාරයෙන් ඇදගෙන, මැඩගෙන තමා සමීපයෙහි නොරඳවා ගනිති යන කරුණ මවිසින් අසන ලද්දේ ය."

"ආනන්දයෙනි, යම්තාක් වජ්ජීහු යම් ඒ කුලකාන්තාවෝ, කුලකුමාරීහු සිටිත් ද, ඔවුන් බලහත්කාරයෙන් ඇදගෙන, මැඩගෙන තමා සමීපයෙහි නොරඳවාගන්නාහු ද, ආනන්දයෙනි, එසේ ඇති කල්හී වජ්ජීන්ගේ දියුණුවක් ම කැමති විය යුත්තේය. පිරිහීමක් නම් නොවේ.

6. කිම, ආනන්දයෙනි, වජ්ජීහු යම් ඒ වජ්ජීන්ගේ ඇතුළු නුවර ත්, පිටිනුවර ත් තිබෙන්නා වූ වජ්ජී චෛත්‍යයෝ වෙත් ද, ඒවාට සත්කාර කරති. ගරුකාර

කරති. බුහුමන් කරති. පුදති. ඒවාට කලින් දෙන ලද, කලින් කරන ලද ධාර්මික පුද පූජා නොපිරිහෙලා කරති යන කරුණ ඔබ විසින් අසන ලද්දේ ද?"

"ස්වාමීනී, වජ්ජීහු යම් ඒ වජ්ජීන්ගේ ඇතුළු නුවර ත්, පිටිනුවර ත් තිබෙන්නා වූ වජ්ජී චෛත්‍යයෝ වෙත් ද, ඒවාට සත්කාර කරති. ගරුකාර කරති. බුහුමන් කරති. පුදති. ඒවාට කලින් දෙන ලද, කලින් කරන ලද ධාර්මික පුද පූජා නොපිරිහෙලා කරති යන කරුණ ම විසින් අසන ලද්දේ ය."

"ආනන්දයෙනි, යම්තාක් වජ්ජීහු යම් ඒ වජ්ජීන්ගේ ඇතුළු නුවර ත්, පිටිනුවර ත් තිබෙන්නා වූ වජ්ජී චෛත්‍යයෝ වෙත් ද, ඒවාට සත්කාර කරන්නාහු ද, ගරුකාර කරන්නාහු ද, බුහුමන් කරන්නාහු ද, පුදන්නාහු ද, ඒවාට කලින් දෙන ලද, කලින් කරන ලද ධාර්මික පුද පූජා නොපිරිහෙලා කරන්නාහු ද, ආනන්දයෙනි, එසේ ඇති කල්හී වජ්ජීන්ගේ දියුණුවක් ම කැමති විය යුත්තේය. පිරිහීමක් නම් නොවේ.

7. කිම, ආනන්දයෙනි, වජ්ජීන් විසින් 'කිම? නොවැඩි රහතන් වහන්සේලා වජ්ජී දේශයට වඩින්නාහු ද, වැඩම කළ රහතන් වහන්සේලා වජ්ජී දේශයෙහි පහසුවෙන් වාසය කරන්නාහු ද'යි රහතුන් කෙරෙහි ධාර්මික රක්ෂාවරණ සහ පහසුකම් මැනැවින් සළසන ලද්දේ ය යන කරුණ ඔබ විසින් අසන ලද්දේ ද?"

"ස්වාමීනී, වජ්ජීන් විසින් 'කිම? නොවැඩි රහතන් වහන්සේලා වජ්ජී දේශයට වඩින්නාහු ද, වැඩම කළ රහතන් වහන්සේලා වජ්ජී දේශයෙහි පහසුවෙන් වාසය කරන්නාහු ද'යි රහතුන් කෙරෙහි ධාර්මික රක්ෂාවරණ සහ පහසුකම් මැනැවින් සළසන ලද්දේ ය යන කරුණ මවිසින් අසන ලද්දේ ය."

"ආනන්දයෙනි, යම්තාක් වජ්ජීන් විසින් 'කිම? නොවැඩි රහතන් වහන්සේලා වජ්ජී දේශයට වඩින්නාහු ද, වැඩම කළ රහතන් වහන්සේලා වජ්ජී දේශයෙහි පහසුවෙන් වාසය කරන්නාහු ද'යි රහතුන් කෙරෙහි ධාර්මික රක්ෂාවරණ සහ පහසුකම් මැනැවින් සළසන ලද්දේ වෙයි ද, ආනන්දයෙනි, එසේ ඇති කල්හී වජ්ජීන්ගේ දියුණුවක් ම කැමති විය යුත්තේය. පිරිහීමක් නම් නොවේ."

ඉක්බිති භාග්‍යවතුන් වහන්සේ මගධ මහාමාත්‍ය වස්සකාර බ්‍රාහ්මණයා ඇමතූ සේක.

"බ්‍රාහ්මණය, එක් සමයක මම විශාලා මහනුවර සාරන්දද චෛත්‍ය ස්ථානයෙහි වාසය කළෙමි. එහිදී බ්‍රාහ්මණය, මම වජ්ජීන් හට මෙම සප්ත

අපරිහානීය ධර්මයන් දේශනා කළෙමි. බ්‍රාහ්මණය, යම්තාක් වජ්ජීන් තුළ මේ සප්ත අපරිහානීය ධර්මයෝ පවතිත් ද, මේ සප්ත අපරිහානීය ධර්මයන් තුළ ත්, වජ්ජීහු දකින්නට ලැබෙත් ද, බ්‍රාහ්මණය, එසේ ඇති කල්හී වජ්ජීන්ගේ දියුණුවක් ම කැමති විය යුත්තේ ය. පරිහානියක් නොවෙයි."

මෙසේ වදාළ කල්හී මගධ මහාමාත්‍ය වස්සකාර බ්‍රාහ්මණ තෙමේ භාග්‍යවතුන් වහන්සේට මෙය පැවසුවේ ය.

"භවත් ගෞතමයන් වහන්ස, මේ එක් එක් අපරිහානීය ධර්මයෙන් සමන්විත වූ වජ්ජීන්ගේ දියුණුව ම කැමති විය යුත්තේ ය. පිරිහීම නොවෙයි. එසේ ඇති කල්හී අපරිහානීය ධර්මයන් සතකින් සමන්විත වූයේ නම් දියුණුව ගැන කවර කථා ද? භවත් ගෞතමයන් වහන්ස, වේදේහිපුත්‍ර අජාසත් මගධ රජු විසින් චාටුබස් කීමෙන් තොර ව, මිත්‍ර භේදයෙන් තොර ව යුද්ධයෙන් නම් වජ්ජීන් ව දිනාගත නොහැක්කේ ය.

භවත් ගෞතමයන් වහන්ස, දැන් වනාහී අපි යම්හ. අපි බොහෝ කටයුතු ඇති, කළ යුතු බොහෝ දෑ ඇති උදවිය වෙමු."

"බ්‍රාහ්මණය, දැන් යමකට කාලය නම් එය දනුව."

ඉක්බිති මගධ මහාමාත්‍ය වස්සකාර බ්‍රාහ්මණ තෙමේ භාග්‍යවතුන් වහන්සේගේ භාෂිතය සතුටින් පිළිගෙන අනුමෝදන් ව හුනස්නෙන් නැගිට ගියේ ය.

සාදු! සාදු!! සාදු!!!

වස්සකාර සූත්‍රය නිමා විය.

7.1.3.3.

භික්ඛු අපරිහානීය සූත්‍රය

භික්ෂුව නොපිරිහෙන කරුණු ගැන වදාළ දෙසුම

මා විසින් මෙසේ අසන ලදී. එක් සමයක භාග්‍යවතුන් වහන්සේ රජගහ නුවර ගිජ්ඣකූට පර්වතයෙහි වැඩවසන සේක. එකල්හී භාග්‍යවතුන් වහන්සේ භික්ෂූන් ඇමතූ සේක. මහණෙනි, ඔබට සප්ත අපරිහානීය ධර්මයන්

දෙසන්නෙමි. එය අසව්. මැනැවින් මෙනෙහි කරව්. පවසන්නෙමි. 'එසේ ය, ස්වාමීනී' යි ඒ භික්ෂූහු භාග්‍යවතුන් වහන්සේට පිළිවදන් දුන්හ. භාග්‍යවතුන් වහන්සේ මෙය වදාළ සේක.

මහණෙනි, ඒ සප්ත අපරිහානීය ධර්මයෝ මොනවා ද?

1. මහණෙනි, යම්තාක් භික්ෂූහු නිතර නිතර රැස්වන්නාහු වෙත් ද, රැස්වීම් බහුල කොට ඇද්ද, මහණෙනි, එසේ ඇති කල්හී භික්ෂූන්ගේ දියුණුවක් ම කැමති විය යුත්තේය. පිරිහීමක් නම් නොවේ.

2. මහණෙනි, යම්තාක් භික්ෂූහු සමගි ව රැස්වන්නාහු වෙත් ද, සමගි ව විසිර යන්නාහු ද, සමගි ව සංඝයාගේ කටයුතු කරන්නාහු ද, මහණෙනි, එසේ ඇති කල්හී භික්ෂූන්ගේ දියුණුවක් ම කැමති විය යුත්තේය. පිරිහීමක් නම් නොවේ.

3. මහණෙනි, යම්තාක් භික්ෂූහු නොපණවන ලද දෙය නොපණවන්නාහු ද, පණවන ලද දෙය කඩනොකරන්නාහු ද, යම් අයුරකින් පණවන ලද ශික්ෂා පදයන්හි සමාදන් ව සිටින්නාහු ද, මහණෙනි, එසේ ඇති කල්හී භික්ෂූන්ගේ දියුණුවක් ම කැමති විය යුත්තේය. පිරිහීමක් නම් නොවේ.

4. මහණෙනි, යම්තාක් භික්ෂූහු යම් ඒ ස්ථවිර භික්ෂූහු සිටිත් ද, පැවිදි ව බොහෝ රාත්‍රී ගෙවන ලද, පැවිදි ව බොහෝ කල් ගත වූ, සංඝ පීතෘ වූ, සංඝ පරිනායක වූ භික්ෂූහු සිටිත් ද, ඔවුන්ට සත්කාර කරන්නාහු ද, ගරුකාර කරන්නාහු ද, බුහුමන් කරන්නාහු ද, පුදන්නාහු ද, ඔවුන්ගේ වචනය ඇසිය යුතු යැයි හඟින්නාහු ද, මහණෙනි, එසේ ඇති කල්හී භික්ෂූන්ගේ දියුණුවක් ම කැමති විය යුත්තේය. පිරිහීමක් නම් නොවේ.

5. මහණෙනි, යම්තාක් භික්ෂූහු උපන්නා වූ, පුනර්භවය ඇති කරවන තෘෂ්ණාවේ වසඟයට නොයන්නාහු ද, මහණෙනි, එසේ ඇති කල්හී භික්ෂූන්ගේ දියුණුවක් ම කැමති විය යුත්තේය. පිරිහීමක් නම් නොවේ.

6. මහණෙනි, යම්තාක් භික්ෂූහු යම් ඒ ආරණ්‍යයෙහි, වන සෙනසුන්හි වාසය පිණිස අපේක්ෂාවෙන් සිටින්නාහු ද, මහණෙනි, එසේ ඇති කල්හී භික්ෂූන්ගේ දියුණුවක් ම කැමති විය යුත්තේය. පිරිහීමක් නම් නොවේ.

7. මහණෙනි, යම්තාක් භික්ෂූහු තමා තුළ ම සිහිය පිහිටුවා ගන්නාහු ද, 'කිම? නොවැඩි සුපේශල සබ්‍රහ්මචාරීන් වහන්සේලා වඩින්නාහු ද, වැඩම කළ සුපේශල සබ්‍රහ්මචාරීන් වහන්සේලා පහසුවෙන් වාසය කරන්නාහු ද'යි

මහණෙනි, එසේ ඇති කල්හී භික්ෂූන්ගේ දියුණුවක් ම කැමති විය යුත්තේය. පිරිහීමක් නම් නොවේ.

මහණෙනි, යම්තාක් කල් භික්ෂූන් තුළ මේ සප්ත අපරිහානීය ධර්මයෝ පවතිත් ද, මේ සප්ත අපරිහානීය ධර්මයන් තුළ ත්, භික්ෂූහු දකින්නට ලැබෙත් ද, මහණෙනි, එසේ ඇති කල්හී භික්ෂූන්ගේ දියුණුවක් ම කැමති විය යුත්තේ ය. පරිහානියක් නොවෙයි.

සාදු! සාදු!! සාදු!!!

භික්ඛු අපරිහානීය සූත්‍රය නිමා විය.

7.1.3.4.
දුතිය භික්ඛු අපරිහානීය සූත්‍රය
භික්ෂුව නොපිරිහෙන කරුණු ගැන වදාළ දෙවෙනි දෙසුම

සැවැත් නුවර දී ය .....

මහණෙනි, ඔබට සප්ත අපරිහානීය ධර්මයන් දෙසන්නෙමි. එය අසව්. ....(පෙ).... මහණෙනි, ඒ සප්ත අපරිහානීය ධර්මයෝ මොනවා ද?

මහණෙනි, යම්තාක් භික්ෂූහු බාහිර වැඩකටයුතුවලට ඇලී නොවසත් ද, බාහිර වැඩකටයුතුවල නැවත නැවත නොයෙදී සිටිත් ද, මහණෙනි, එසේ ඇති කල්හී භික්ෂූන්ගේ දියුණුවක් ම කැමති විය යුත්තේ ය. පරිහානියක් නොවේ. මහණෙනි, යම්තාක් භික්ෂූහු කතාවෙහි නොඇලී වසන්නාහු ද, ...(පෙ).... නින්දෙහි නොඇලී වසන්නාහු ද, ...(පෙ).... පිරිස් සමඟ නොඇලී වසන්නාහු ද, ...(පෙ).... පවිටු ආශා නැති ව සිටින්නාහු ද, පවිටු ආශාවන්ගේ වසඟයට නොගියාහු ද, ...(පෙ).... පාප මිත්‍රයන් නැති ව සිටින්නාහු ද, පාපී යහළුවන් නැත්තාහු ද, පාපී යහළුවන්ගේ ඇසුරට නැඹුරු නොවන්නාහු ද, ...(පෙ).... ස්වල්ප වූ විශේෂ අධිගමයක් හේතුවෙන් ඉදිරි දියුණුව නැති නොකර ගන්නාහු ද, මහණෙනි, එසේ ඇති කල්හී භික්ෂූන්ගේ දියුණුවක් ම කැමති විය යුත්තේ ය. පරිහානියක් නොවේ.

මහණෙනි, යම්තාක් කල් භික්ෂූන් තුළ මේ සප්ත අපරිහානීය ධර්මයෝ පවතිත් ද, මේ සප්ත අපරිහානීය ධර්මයන් තුළ ත්, භික්ෂූහු දකින්නට ලැබෙත්

ද, මහණෙනි, එසේ ඇති කල්හී භික්ෂූන්ගේ දියුණුවක් ම කැමති විය යුත්තේ ය. පරිහානියක් නොවෙයි.

සාදු! සාදු!! සාදු!!!

දුතිය භික්ඛු අපරිහානීය සූත්‍රය නිමා විය.

7.1.3.5.
තතිය භික්ඛු අපරිහානීය සූත්‍රය
භික්ෂුව නොපිරිහෙන කරුණු ගැන වදාළ තෙවෙනි දෙසුම

සැවැත් නුවර දී ය .....

මහණෙනි, ඔබට සප්ත අපරිහානීය ධර්මයන් දෙසන්නෙමි. එය අසව්. ....(පෙ).... මහණෙනි, ඒ සප්ත අපරිහානීය ධර්මයෝ මොනවා ද?

මහණෙනි, යම්තාක් භික්ෂූහු සැදැහැවත් වන්නාහු ද, මහණෙනි, එසේ ඇති කල්හී භික්ෂූන්ගේ දියුණුවක් ම කැමති විය යුත්තේ ය. පරිහානියක් නොවේ. මහණෙනි, යම්තාක් භික්ෂූහු පවට ලැජ්ජාව ඇති වන්නාහු ද, ...(පෙ).... පවට භය ඇති වන්නාහු ද, ...(පෙ).... බහුශ්‍රැත වන්නාහු ද, ...(පෙ).... අරඹන ලද වීරිය ඇත්තෝ වන්නාහු ද, ...(පෙ).... සිහි ඇත්තෝ වන්නාහු ද, ...(පෙ).... ප්‍රඥාවන්තයෝ වන්නාහු ද, මහණෙනි, එසේ ඇති කල්හී භික්ෂූන්ගේ දියුණුවක් ම කැමති විය යුත්තේ ය. පරිහානියක් නොවේ.

මහණෙනි, යම්තාක් කල් භික්ෂූන් තුළ මේ සප්ත අපරිහානීය ධර්මයෝ පවතිත් ද, මේ සප්ත අපරිහානීය ධර්මයන් තුළ ත්, භික්ෂූහු දකින්නට ලැබෙත් ද, මහණෙනි, එසේ ඇති කල්හී භික්ෂූන්ගේ දියුණුවක් ම කැමති විය යුත්තේ ය. පරිහානියක් නොවෙයි.

සාදු! සාදු!! සාදු!!!

තතිය භික්ඛු අපරිහානීය සූත්‍රය නිමා විය.

7.1.3.6.
චතුත්ථ භික්ඛු අපරිහානීය සූත්‍රය
භික්ෂුව නොපිරිහෙන කරුණු ගැන වදාළ සිව්වෙනි දෙසුම

සැවැත් නුවර දී ය .....

මහණෙනි, ඔබට සප්ත අපරිහානීය ධර්මයන් දෙසන්නෙමි. එය අසව්. ....(පෙ).... මහණෙනි, ඒ සප්ත අපරිහානීය ධර්මයෝ මොනවා ද?

මහණෙනි, යම්තාක් භික්ෂූහු සති සම්බොජ්ඣංගය දියුණු කරන්නාහු ද, මහණෙනි, එසේ ඇති කල්හී භික්ෂූන්ගේ දියුණුවක් ම කැමති විය යුත්තේ ය. පරිහානියක් නොවේ. මහණෙනි, යම්තාක් භික්ෂූහු ධම්මවිචය සම්බොජ්ඣංගය දියුණු කරන්නාහු ද, ...(පෙ).... විරිය සම්බොජ්ඣංගය දියුණු කරන්නාහු ද, ...(පෙ).... පීති සම්බොජ්ඣංගය දියුණු කරන්නාහු ද, ...(පෙ).... පස්සද්ධි සම්බොජ්ඣංගය දියුණු කරන්නාහු ද, ...(පෙ).... සමාධි සම්බොජ්ඣංගය දියුණු කරන්නාහු ද, ...(පෙ).... උපෙක්ඛා සම්බොජ්ඣංගය දියුණු කරන්නාහු ද, මහණෙනි, එසේ ඇති කල්හී භික්ෂූන්ගේ දියුණුවක් ම කැමති විය යුත්තේ ය. පරිහානියක් නොවේ.

මහණෙනි, යම්තාක් කල් භික්ෂූන් තුළ මේ සප්ත අපරිහානීය ධර්මයෝ පවතිත් ද, මේ සප්ත අපරිහානීය ධර්මයන් තුළ ත්, භික්ෂූහු දකින්නට ලැබෙත් ද, මහණෙනි, එසේ ඇති කල්හී භික්ෂූන්ගේ දියුණුවක් ම කැමති විය යුත්තේ ය. පරිහානියක් නොවෙයි.

සාදු! සාදු!! සාදු!!!

චතුත්ථ භික්ඛු අපරිහානීය සූත්‍රය නිමා විය.

7.1.3.7.
පංචම භික්ඛු අපරිහානීය සූත්‍රය
භික්ෂුව නොපිරිහෙන කරුණු ගැන වදාළ පස්වෙනි දෙසුම

සැවැත් නුවර දී ය .....

මහණෙනි, ඔබට සප්ත අපරිහානීය ධර්මයන් දෙසන්නෙමි. එය අසව්. ....(පෙ).... මහණෙනි, ඒ සප්ත අපරිහානීය ධර්මයෝ මොනවා ද?

මහණෙනි, යම්තාක් භික්ෂූහු අනිත්‍ය සංඥාව දියුණු කරන්නාහු ද, මහණෙනි, එසේ ඇති කල්හී භික්ෂූන්ගේ දියුණුවක් ම කැමති විය යුත්තේ ය. පරිහානියක් නොවේ. මහණෙනි, යම්තාක් භික්ෂූහු අනාත්ම සංඥාව දියුණු කරන්නාහු ද, ...(පෙ).... අසුභ සංඥාව දියුණු කරන්නාහු ද, ...(පෙ).... ආදීනව සංඥාව දියුණු කරන්නාහු ද, ...(පෙ).... ප්‍රහාණ සංඥාව දියුණු කරන්නාහු ද, ...(පෙ).... විරාග සංඥාව දියුණු කරන්නාහු ද, ...(පෙ).... නිරෝධ සංඥාව දියුණු කරන්නාහු ද, මහණෙනි, එසේ ඇති කල්හී භික්ෂූන්ගේ දියුණුවක් ම කැමති විය යුත්තේ ය. පරිහානියක් නොවේ.

මහණෙනි, යම්තාක් කල් භික්ෂූන් තුළ මේ සප්ත අපරිහානීය ධර්මයෝ පවතිත් ද, මේ සප්ත අපරිහානීය ධර්මයන් තුළ ත්, භික්ෂූහු දකින්නට ලැබෙත් ද, මහණෙනි, එසේ ඇති කල්හී භික්ෂූන්ගේ දියුණුවක් ම කැමති විය යුත්තේ ය. පරිහානියක් නොවෙයි.

සාදු! සාදු!! සාදු!!!

පංචම භික්ඛු අපරිහානීය සූත්‍රය නිමා විය.

7.1.3.8.
සේඛ අපරිහානීය සූත්‍රය
හික්මෙන භික්ෂුවගේ නොපිරිහෙන කරුණු ගැන වදාළ දෙසුම

සැවැත් නුවර දී ය .....

මහණෙනි, නිවන් මග හික්මෙන භික්ෂුවගේ පිරිහීම පිණිස මේ කරුණු සත හේතු වෙයි. ඒ කවර කරුණු සතක් ද යත්;

බාහිර වැඩකටයුතුවලට ඇලීම ය. කථාවෙහි ඇලීම ය. නින්දෙහි ඇලීම ය. පිරිස් සමඟ ඇලීම ය. ඉඳුරන්හි නොවැසූ දොරටු ඇති බව ය. වළඳන ආහාරයෙහි අරුත නොදන්නා බව ය. සංඝයා අතර සංඝයා විසින් කළ යුතු ද තිබෙයි. එහිලා නිවන් මගෙහි හික්මෙන භික්ෂුව මෙසේ සළකයි. 'සංඝයා අතර පැවිදි ව බොහෝ රාත්‍රී ගෙවූ, පැවිදි ව බොහෝ කල් ඇති සංඝයාගේ බර උසුලන ස්ථවිර භික්ෂූහු ත් සිටිති නොවැ. ඔවුහු මේ වැඩකටයුතු වලින් ප්‍රකට වෙත් නොවැ' යි මෙසේ සිතා තමාගේ කටයුතු නොකිරීමට පැමිණෙයි.

මහණෙනි, නිවන් මග හික්මෙන භික්ෂුවගේ පිරිහීම පිණිස මේ කරුණු සත හේතු වෙයි.

මහණෙනි, නිවන් මග හික්මෙන භික්ෂුවගේ නොපිරිහීම පිණිස මේ කරුණු සත හේතු වෙයි. ඒ කවර කරුණු සතක් ද යත්;

බාහිර වැඩකටයුතුවලට නොඇලීම ය. කථාවෙහි නොඇලීම ය. නින්දෙහි නොඇලීම ය. පිරිස් සමඟ නොඇලීම ය. ඉඳුරන්හි වැසූ දොරටු ඇති බව ය. වළඳන ආහාරයෙහි අරුත දන්නා බව ය. සංඝයා අතර සංඝයා විසින් කළ යුතු ද තිබෙයි. එහිලා නිවන් මගෙහි හික්මෙන භික්ෂුව මෙසේ සළකයි. 'සංඝයා අතර පැවිදි ව බොහෝ රාත්‍රී ගෙවූ, පැවිදි ව බොහෝ කල් ඇති සංඝයාගේ බර උසුලන ස්ථවිර භික්ෂූහු ත් සිටිති නොවැ. ඔවුහු මේ වැඩකටයුතු වලින් ප්‍රකට වෙත් නොවැ' යි මෙසේ සිතා තමාගේ කටයුතු නොකිරීමට නොපැමිණෙයි.

මහණෙනි, නිවන් මග හික්මෙන භික්ෂුවගේ නොපිරිහීම පිණිස මේ කරුණු සත හේතු වෙයි.

සාදු! සාදු!! සාදු!!!

සේඛ අපරිහානීය සූත්‍රය නිමා විය.

7.1.3.9.
උපාසක අපරිහානීය සූත්‍රය
උපාසක නොපිරිහෙන කරුණු ගැන වදාළ දෙසුම

සැවැත් නුවර දී ය .....

මහණෙනි, උපාසකයාගේ පිරිහීම පිණිස මේ කරුණු සත හේතු වෙයි. ඒ කවර කරුණු සතක් ද යත්;

භික්ෂූන් දකින්නට නොයයි. සද්ධර්ම ශ්‍රවණයට ප්‍රමාද වෙයි. උසස් සීලයෙහි නොහික්මෙයි. ස්ථවිර භික්ෂූන් කෙරෙහි ත්, මධ්‍යම භික්ෂූන් කෙරෙහි ත්, නවක භික්ෂූන් කෙරෙහි ත් අප්‍රසාදය බහුල වෙයි. වැරදි සොයන අදහසින්, දොස් දක්නා සිතින් බණ අසයි. මේ සසුනෙන් බැහැර ව පින් සළකා දන් දිය යුතු අය සොයයි, එහි ද වතාවත් ආදිය කරයි. බැහැර තැනකට ගිය කල්හි ද කලින් කළ පරිදි ම කටයුතු කරයි.

මහණෙනි, උපාසකයාගේ පිරිහීම පිණිස මේ කරුණු සත හේතු වෙයි.

මහණෙනි, උපාසකයාගේ නොපිරිහීම පිණිස මේ කරුණු සත හේතු වෙයි. ඒ කවර කරුණු සතක් ද යත්;

භික්ෂූන් දකින්නට යෑම අත් නොහරියි. සද්ධර්ම ශ්‍රවණයට ප්‍රමාද නොවෙයි. උසස් සීලයෙහි හික්මෙයි. ස්ථවිර භික්ෂූන් කෙරෙහි ත්, මධ්‍යම භික්ෂූන් කෙරෙහි ත්, නවක භික්ෂූන් කෙරෙහි ත් ප්‍රසාද බහුල වෙයි. වැරදි සොයන අදහසින් තොර ව දොස් දක්නා සිතින් තොරව බණ අසයි. මේ සසුනෙන් බැහැර ව පින් සළකා දන් දිය යුතු අය නොසොයයි, මෙසසුනෙහි ම වතාවත් කරයි. මෙහි දී මුල සිට ම එක අයුරින් කටයුතු කරයි.

මහණෙනි, උපාසකයාගේ නොපිරිහීම පිණිස මේ කරුණු සත හේතු වෙයි.

(ගාථා)

1. යම් උපාසකයෙක් වැඩූ සිත් ඇති භික්ෂූන්ගේ දැක්ම ද, ආර්ය ධර්මයෙහි ශ්‍රවණය ද පිරිහෙළයි නම්, අධිශීලයෙහි නොහික්මෙයි නම්,

2. භික්ෂූන් කෙරෙහි අප්‍රසාදය වැඩි වැඩියෙන් වඩයි නම්, දොස් සොයන සිතින් ධර්මය අසන්නට කැමති වෙයි නම්,

3. මේ සසුනෙන් බැහැර ව පින් සළකා දන් පිදිය යුතු උදවිය සොයා යයි නම්, එහිදී ම වතාවත් කරයි. එහිදි ද යම් උපාසකයෙක් පෙර පරිදි කටයුතු කරයි නම්,

4. පිරිහීම පිණිස පවතින මැනැවින් දෙසන ලද මේ කරුණු සත සේවනය කරන උපාසක තෙමේ සද්ධර්මයෙන් පිරිහී යයි.

5. යම් උපාසකයෙක් වැඩූ සිත් ඇති භික්ෂූන්ගේ දැක්ම ද, ආර්ය ධර්මයෙහි ශ්‍රවණය ද නොපිරිහෙළයි නම්, අධිශීලයෙහි හික්මෙයි නම්,

6. භික්ෂූන් කෙරෙහි ප්‍රසාදය වැඩි වැඩියෙන් වඩයි නම්, දොස් නොසොයන සිතින් ධර්මය අසන්නට කැමති වෙයි නම්,

7. මේ සසුනෙන් බැහැර ව පින් සළකා දන් පිදිය යුතු උදවිය සොයා නොයයි නම්, මෙසසුනෙහි වතාවත් කරයි. මෙහිදී යම් උපාසකයෙක් පෙර පරිදි කටයුතු කරයි නම්,

8. නොපිරිහීම පිණිස මැනැවින් දෙසන ලද මේ කරුණු සත සේවනය කරන උපාසක තෙමේ සද්ධර්මයෙන් නොපිරිහෙයි.

සාදු! සාදු!! සාදු!!!

උපාසක අපරිහානීය සූත්‍රය නිමා විය.

7.1.3.10.
උපාසක විපත්ති සූත්‍රය
උපාසක විපත්තිය ගැන වදාළ දෙසුම

සැවැත් නුවර දී ය .....

මහණෙනි, උපාසකයාගේ විපත්ති සතකි ....(පෙ)....

මහණෙනි, උපාසකයාගේ සම්පත්ති සතකි ....(පෙ)....

සාදු! සාදු!! සාදු!!!

උපාසක විපත්ති සූත්‍රය නිමා විය.

7.1.3.11.
උපාසක පරාභව සූත්‍රය
උපාසක පිරිහීම ගැන වදාළ දෙසුම

සැවැත් නුවර දී ය .....

මහණෙනි, උපාසකයාගේ පිරිහීම පිණිස මේ කරුණු සත හේතු වෙයි. ....(පෙ)....

මහණෙනි, උපාසකයාගේ දියුණුව පිණිස මේ කරුණු සත හේතු වෙයි. ඒ කවර කරුණු සතක් ද යත්;

භික්ෂූන් දකින්නට යෑම අත් නොහරියි. සද්ධර්ම ශ්‍රවණයට ප්‍රමාද නොවෙයි. උසස් සීලයෙහි හික්මෙයි. ස්ථවිර භික්ෂූන් කෙරෙහි ත්, මධ්‍යම භික්ෂූන් කෙරෙහි ත්, නවක භික්ෂූන් කෙරෙහි ත් ප්‍රසාද බහුල වෙයි. වැරදි සොයන අදහසින් තොරව, දොස් දක්නා සිතින් තොරව බණ අසයි. මේ සසුනෙන් බැහැර ව පින් සළකා දන් දිය යුතු අය නොසොයයි, මේ සසුනෙහි ම වතාවත් කරයි. මෙහි දී මුල සිට ම එක අයුරින් කටයුතු කරයි.

මහණෙනි, උපාසකයාගේ දියුණුව පිණිස මේ කරුණු සත හේතු වෙයි.

(ගාථා)

1. යම් උපාසකයෙක් වැඩූ සිත් ඇති භික්ෂූන්ගේ දැක්ම ද, ආර්ය ධර්මයෙහි ශ්‍රවණය ද පිරිහෙළයි නම්, අධිශීලයෙහි නොහික්මෙයි නම්, ...(පෙ)....

   සේවනය කරන උපාසක තෙමේ සද්ධර්මයෙන් පිරිහී යයි. ....(පෙ)....

8. නොපිරිහීම පිණිස පවතින මැනැවින් දෙසන ලද මේ කරුණු සත සේවනය කරන උපාසක තෙමේ සද්ධර්මයෙන් නොපිරිහෙයි.

සාදු! සාදු!! සාදු!!!

උපාසක පරාභව සූත්‍රය නිමා විය.

තුන්වෙනි වජ්ජිසත්තක වර්ගය අවසන් විය.

- එහි පිළිවෙල උද්දානයයි :

සාරන්දද සූත්‍රය, වස්සකාර සූත්‍රය, භික්ඛු අපරිහානීය සූත්‍ර පස, සේඛ අපරිහානීය සූත්‍රය, උපාසක පරිහානි සූත්‍රය, විපත්ති සූත්‍රය සහ පරාභව සූත්‍රය වශයෙන් මෙහි සූත්‍ර එකොළසකි.

4. දේවතා වර්ගය

7.1.4.1.
අප්පමාදගාරව සූත්‍රය
අප්‍රමාදයට ගරු කිරීම ගැන වදාළ දෙසුම

සැවැත් නුවර දී ය .....

එකල්හී එක්තරා දෙවියෙක් මැදියම් රැයෙහි මනස්කාන්ත පැහැයකින් යුතුව මුළු මහත් දෙව්රම බබුළුවාගෙන භාග්‍යවතුන් වහන්සේ වෙත පැමිණියේ ය. පැමිණ භාග්‍යවතුන් වහන්සේට සකසා වන්දනා කොට එකත්පස් ව සිටගත්තේ ය. එකත්පස් ව සිටි ඒ දෙවියා භාග්‍යවතුන් වහන්සේට මෙය පැවසුවේ ය.

"ස්වාමීනී, භික්ෂුවගේ නොපිරිහීම පිණිස මේ ධර්මයෝ සතක් පවතින්නාහ. ඒ කවර සතක් ද යත්;

ශාස්තෘන් වහන්සේ කෙරෙහි ගෞරව ඇති බව ය. ධර්මය කෙරෙහි ගෞරව ඇති බව ය. සංඝයා කෙරෙහි ගෞරව ඇති බව ය. ශික්ෂාව කෙරෙහි ගෞරව ඇති බව ය. සමාධිය කෙරෙහි ගෞරව ඇති බව ය. අප්‍රමාදය කෙරෙහි ගෞරව ඇති බව ය. පිළිසඳර කෙරෙහි ගෞරව ඇති බව ය.

ස්වාමීනී, මේ සප්ත ධර්මයෝ වනාහී භික්ෂුවගේ නොපිරිහීම පිණිස පවතින්නාහ."

ඒ දෙවියා මෙය පැවසුවේ ය. ශාස්තෘන් වහන්සේ මෙය අනුමත කළ සේක. එකල්හී ඒ දෙවියා 'මාගේ වචනය ශාස්තෘන් වහන්සේ අනුමත කළ සේකැ'යි භාග්‍යවතුන් වහන්සේට සකසා වන්දනා කොට පැදකුණු කොට එහි ම නොපෙනී ගියේ ය.

ඉක්බිති භාග්‍යවතුන් වහන්සේ ඒ රාත්‍රිය ඇවෑමෙන් භික්ෂූන් ඇමතූ සේක. මහණෙනි, මේ රාත්‍රියෙහි එක්තරා දෙවියෙක් මැදියම් රැයෙහි මනස්කාන්ත පැහැයකින් යුතුව මුළු මහත් දෙව්රම බබුළුවාගෙන මා වෙත පැමිණියේ ය. පැමිණ මා හට සකසා වන්දනා කොට එකත්පස් ව සිටගත්තේ ය. මහණෙනි, එකත්පස් ව සිටි ඒ දෙවියා මා හට මෙය පැවසුවේ ය.

'ස්වාමීනී, භික්ෂුවගේ නොපිරිහීම පිණිස මේ ධර්මයෝ සතක් පවතින්නාහ. ඒ කවර සතක් ද යත්;

ශාස්තෲන් වහන්සේ කෙරෙහි ගෞරව ඇති බව ය. ධර්මය කෙරෙහි ගෞරව ඇති බව ය. සංඝයා කෙරෙහි ගෞරව ඇති බව ය. ශික්ෂාව කෙරෙහි ගෞරව ඇති බව ය. සමාධිය කෙරෙහි ගෞරව ඇති බව ය. අප්‍රමාදය කෙරෙහි ගෞරව ඇති බව ය. පිළිසඳර කෙරෙහි ගෞරව ඇති බව ය.

ස්වාමීනී, මේ සප්ත ධර්මයෝ වනාහී භික්ෂුවගේ නොපිරිහීම පිණිස පවතින්නාහ.'

මහණෙනි, ඒ දෙවියා මෙය පැවසුවේ ය. මෙය පවසා මා හට සකසා වන්දනා කොට පැදකුණු කොට එහි ම නොපෙනී ගියේ ය.

(ගාථා)

1. ශාස්තෘ කෙරෙහි ගෞරව ඇත්තේ, ධර්මයට ගෞරව ඇත්තේ, සංඝයාට බලවත් ගෞරව ඇත්තේ, සමාධි ගෞරව ඇත්තේ, කෙලෙස් තවන වීරියෙන් යුතුව ශික්ෂාව කෙරෙහි බලවත් ගෞරව ඇත්තේ,

2. අප්‍රමාදයෙහි ගෞරව ඇත්තේ, පිළිසඳරෙහි ගෞරව ඇත්තේ, එබඳු වූ භික්ෂුව පිරිහීමට නුදුසුස්සෙකි. නිවන සමීපයෙහි සිටියේ වෙයි.

සාදු! සාදු!! සාදු!!!

අප්පමාදගාරව සූත්‍රය නිමා විය.

7.1.4.2.
හිරිගාරව සූත්‍රය
ලැජ්ජාවට ගෞරව ඇති බව ගැන වදාළ දෙසුම

සැවැත් නුවර දී ය .....

මහණෙනි, මේ රාත්‍රියෙහි එක්තරා දෙවියෙක් මැදියම් රැයෙහි මනස්කාන්ත පැහැයකින් යුතුව මුළු මහත් දෙව්රම බබුළුවාගෙන මා වෙත පැමිණියේ ය. පැමිණ මා හට සකසා වන්දනා කොට එකත්පස් ව සිටගත්තේ ය. මහණෙනි, එකත්පස් ව සිටි ඒ දෙවියා මා හට මෙය පැවසුවේ ය.

'ස්වාමීනී, භික්ෂුවගේ නොපිරිහීම පිණිස මේ ධර්මයෝ සතක් පවතින්නාහ. ඒ කවර සතක් ද යත්;

ශාස්තෘන් වහන්සේ කෙරෙහි ගෞරව ඇති බව ය. ධර්මය කෙරෙහි ගෞරව ඇති බව ය. සංඝයා කෙරෙහි ගෞරව ඇති බව ය. ශික්ෂාව කෙරෙහි ගෞරව ඇති බව ය. සමාධිය කෙරෙහි ගෞරව ඇති බව ය. පවට ලැජ්ජාව කෙරෙහි ගෞරව ඇති බව ය. පවට භය කෙරෙහි ගෞරව ඇති බව ය.

ස්වාමීනී, මේ සප්ත ධර්මයෝ වනාහී භික්ෂුවගේ නොපිරිහීම පිණිස පවතින්නාහ.'

මහණෙනි, ඒ දෙවියා මෙය පැවසුවේ ය. මෙය පවසා මා හට සකසා වන්දනා කොට පැදකුණු කොට එහි ම නොපෙනී ගියේ ය.

(ගාථා)

1. ශාස්තෘ කෙරෙහි ගෞරව ඇත්තේ, ධර්මයට ගෞරව ඇත්තේ, සංඝයාට බලවත් ගෞරව ඇත්තේ, සමාධි ගෞරව ඇත්තේ, කෙලෙස් තවන වීරියෙන් යුතුව ශික්ෂාව කෙරෙහි බලවත් ගෞරව ඇත්තේ,

2. පවට ලැජ්ජා භයෙන් යුක්ත වූයේ, යටහත් පැවතුම් ඇත්තේ, ගෞරව ඇත්තේ, එබඳු වූ භික්ෂුව පිරිහීමට නුදුසුස්සෙකි. නිවන සමීපයෙහි සිටියේ වෙයි.

සාදු! සාදු!! සාදු!!!

හිරිගාරව සූත්‍රය නිමා විය.

7.1.4.3.
පඨම සෝවචස්සතා සූත්‍රය
කීකරු බව ගැන වදාළ පළමු දෙසුම

සැවැත් නුවර දී ය .....

මහණෙනි, මේ රාත්‍රියෙහි එක්තරා දෙවියෙක් මැදියම් රැයෙහි මනස්කාන්ත පැහැයකින් යුතුව මුළු මහත් දෙව්රම බබුළුවාගෙන මා වෙත පැමිණියේ ය. පැමිණ මා හට සකසා වන්දනා කොට එකත්පස් ව සිටගත්තේ ය. මහණෙනි, එකත්පස් ව සිටි ඒ දෙවියා මා හට මෙය පැවසුවේ ය.

'ස්වාමීනී, භික්ෂුවගේ නොපිරිහීම පිණිස මේ ධර්මයෝ සතක් පවතින්නාහ. ඒ කවර සතක් ද යත්;

ශාස්තෲන් වහන්සේ කෙරෙහි ගෞරව ඇති බව ය. ධර්මය කෙරෙහි ගෞරව ඇති බව ය. සංඝයා කෙරෙහි ගෞරව ඇති බව ය. ශික්ෂාව කෙරෙහි ගෞරව ඇති බව ය. සමාධිය කෙරෙහි ගෞරව ඇති බව ය. කීකරුකම ඇති බව ය. කලණ මිතුරන් ඇති බව ය.

ස්වාමීනී, මේ සප්ත ධර්මයෝ වනාහී භික්ෂුවගේ නොපිරිහීම පිණිස පවතින්නාහ.'

මහණෙනි, ඒ දෙවියා මෙය පැවසුවේ ය. මෙය පවසා මා හට සකසා වන්දනා කොට පැදකුණු කොට එහි ම නොපෙනී ගියේ ය.

(ගාථා)

1. ශාස්තෘ කෙරෙහි ගෞරව ඇත්තේ, ධර්මයට ගෞරව ඇත්තේ, සංඝයාට බලවත් ගෞරව ඇත්තේ, සමාධි ගෞරව ඇත්තේ, කෙලෙස් තවන වීරියෙන් යුතුව ශික්ෂාව කෙරෙහි බලවත් ගෞරව ඇත්තේ,

2. කලණ මිතුරන් ඇත්තේ, කීකරුකමින් යුක්ත වූයේ, යටහත් පැවතුම් ඇත්තේ, ගෞරව ඇත්තේ, එබඳු වූ භික්ෂුව පිරිහීමට නුදුසුස්සෙකි. නිවන සමීපයෙහි සිටියේ වෙයි.

සාදු! සාදු!! සාදු!!!

පඨම සෝවචස්සතා සූත්‍රය නිමා විය.

7.1.4.4.
දුතිය සෝවචස්සතා සූත්‍රය
කීකරු බව ගැන වදාළ දෙවෙනි දෙසුම

සැවැත් නුවර දී ය .....

"මහණෙනි, මේ රාත්‍රියෙහි එක්තරා දෙවියෙක් මැදියම් රැයෙහි මනස්කාන්ත පැහැයකින් යුතුව මුළු මහත් දෙව්රම බබුළුවාගෙන මා වෙත පැමිණියේ ය. පැමිණ මා හට සකසා වන්දනා කොට එකත්පස් ව සිටගත්තේ ය. මහණෙනි, එකත්පස් ව සිටි ඒ දෙවියා මා හට මෙය පැවසුවේ ය.

'ස්වාමීනී, භික්ෂුවගේ නොපිරිහීම පිණිස මේ ධර්මයෝ සතක් පවතින්නාහ. ඒ කවර සතක් ද යත්;

ශාස්තෘන් වහන්සේ කෙරෙහි ගෞරව ඇති බව ය. ධර්මය කෙරෙහි ගෞරව ඇති බව ය. සංඝයා කෙරෙහි ගෞරව ඇති බව ය. ශික්ෂාව කෙරෙහි ගෞරව ඇති බව ය. සමාධිය කෙරෙහි ගෞරව ඇති බව ය. කීකරුකම ඇති බව ය. කලණ මිතුරන් ඇති බව ය.

ස්වාමීනී, මේ සප්ත ධර්මයෝ වනාහී භික්ෂුවගේ නොපිරිහීම පිණිස පවතින්නාහ.'

මහණෙනි, ඒ දෙවියා මෙය පැවසුවේ ය. මෙය පවසා මා හට සකසා වන්දනා කොට පැදකුණු කොට එහි ම නොපෙනී ගියේ ය."

මෙසේ වදාළ කල්හී ආයුෂ්මත් සාරිපුත්තයන් වහන්සේ භාග්‍යවතුන් වහන්සේට මෙය පැවසූහ.

"ස්වාමීනී, භාග්‍යවතුන් වහන්සේ විසින් කෙටියෙන් වදාරණ ලද මෙකරුණ මම මේ අයුරින් විස්තර වශයෙන් අර්ථය දනිමි.

ස්වාමීනී, මෙහිලා භික්ෂුව තමා ත් ශාස්තෘ ගෞරවයෙන් යුක්ත වෙයි. ශාස්තෘ ගෞරවය පිළිබඳ ව වර්ණනා කරන්නේ ද වෙයි. ශාස්තෘ ගෞරවය නැති යම්කිසි අන්‍ය භික්ෂූහු වෙත් නම්, ඔවුන් ද ශාස්තෘ ගෞරවයෙහි සමාදන් කරවයි. ශාස්තෘ ගෞරවය ඇති අන්‍ය භික්ෂූහු වෙත් නම් ඔවුන් පිළිබඳ ව ත්

සුදුසු අවස්ථාවෙහි තිබෙන්නා වූ ම සත්‍ය වූ ගුණ කියයි.

තමා ත් ධර්ම ගෞරවයෙන් යුක්ත වෙයි. ....(පෙ).... සංඝ ගෞරවයෙන් යුක්ත වෙයි. ....(පෙ).... ශික්ෂා ගෞරවයෙන් යුක්ත වෙයි. ....(පෙ).... සමාධි ගෞරවයෙන් යුක්ත වෙයි ....(පෙ).... කීකරුකමෙන් යුක්ත වෙයි. ....(පෙ).... කලණ මිතුරන් ඇත්තේ වෙයි. කලණ මිතුරන් ඇති බව පිළිබඳ ව වර්ණනා කරන්නේ ද වෙයි. කලණ මිතුරන් නැති යම්කිසි අන්‍ය භික්ෂූහු වෙත් නම්, ඔවුන් ද කලණ මිතුරන් කෙරෙහි සමාදන් කරවයි. කලණ මිතුරන් ඇති අන්‍ය භික්ෂූහු වෙත් නම් ඔවුන් පිළිබඳ ව ත් සුදුසු අවස්ථාවෙහි තිබෙන්නා වූ ම සත්‍ය වූ ගුණ කියයි.

ස්වාමීනී, භාග්‍යවතුන් වහන්සේ විසින් කෙටියෙන් වදාරණ ලද මෙකරුණෙහි අර්ථය මම විස්තර වශයෙන් මෙසේ දනිමි."

"සාදු! සාදු! සාරිපුත්තයෙනි. සාරිපුත්තයෙනි, මා විසින් කෙටියෙන් පවසන ලද කරුණෙහි අර්ථය ඔබ විසින් මෙසේ විස්තර වශයෙන් දන්නෙහි මැනැවි.

සාරිපුත්තයෙනි, මෙහිලා භික්ෂුව තමා ත් ශාස්තෘ ගෞරවයෙන් යුක්ත වෙයි. ශාස්තෘ ගෞරවය පිළිබඳ ව වර්ණනා කරන්නේ ද වෙයි. ශාස්තෘ ගෞරවය නැති යම්කිසි අන්‍ය භික්ෂූහු වෙත් නම්, ඔවුන් ද ශාස්තෘ ගෞරවයෙහි සමාදන් කරවයි. ශාස්තෘ ගෞරවය ඇති අන්‍ය භික්ෂූහු වෙත් නම් ඔවුන් පිළිබඳ ව ත් සුදුසු අවස්ථාවෙහි තිබෙන්නා වූ ම සත්‍ය වූ ගුණ කියයි.

තමා ත් ධර්ම ගෞරවයෙන් යුක්ත වෙයි. ....(පෙ).... සංඝ ගෞරවයෙන් යුක්ත වෙයි. ....(පෙ).... ශික්ෂා ගෞරවයෙන් යුක්ත වෙයි. ....(පෙ).... සමාධි ගෞරවයෙන් යුක්ත වෙයි ....(පෙ).... කීකරුකමෙන් යුක්ත වෙයි. ....(පෙ).... කලණ මිතුරන් ඇත්තේ වෙයි. කලණ මිතුරන් ඇති බව පිළිබඳ ව වර්ණනා කරන්නේ ද වෙයි. කලණ මිතුරන් නැති යම්කිසි අන්‍ය භික්ෂූහු වෙත් නම්, ඔවුන් ද කලණ මිතුරන් කෙරෙහි සමාදන් කරවයි. කලණ මිතුරන් ඇති අන්‍ය භික්ෂූහු වෙත් නම් ඔවුන් පිළිබඳ ව ත් සුදුසු අවස්ථාවෙහි තිබෙන්නා වූ ම සත්‍ය වූ ගුණ කියයි.

සාරිපුත්තයෙනි, මා විසින් කෙටියෙන් පවසන ලද කරුණෙහි අර්ථය මෙසේ විස්තර වශයෙන් දත යුත්තේ ය."

සාදු! සාදු!! සාදු!!!

දුතිය සෝවචස්සතා සූත්‍රය නිමා විය.

7.1.4.5.
මිත්ත සූත්‍රය
මිතුරා ගැන වදාළ දෙසුම

සැවැත් නුවර දී ය .....

මහණෙනි, කරුණු සතකින් සමන්විත වූ මිතුරා ඇසුරු කළ යුත්තේ ය. ඒ කවර කරුණු සතකින් ද යත්;

දීමට දුෂ්කර වූ දෙය දෙයි. කිරීමට දුෂ්කර වූ දෙය කරයි. ඉවසීමට දුෂ්කර වූ දෙය ඉවසයි. තමාගේ රහස් මිතුරාට කියයි. මිතුරාගේ රහස් රකියි. විපත්තියකදී අත් නොහරියි. ඔහුගේ වස්තුව ක්ෂය වීම හේතුවෙන් අවමන් නොකරයි.

මහණෙනි, මේ කරුණු සතෙන් සමන්විත වූ මිතුරා ඇසුරු කළ යුත්තේ ය.

(ගාථා)

1. දීමට දුෂ්කර වූ ධනය දෙයි. කිරීමට දුෂ්කර වූ දෙය මිතුරා වෙනුවෙන් කරයි. එමෙන් ම මිතුරා වෙනුවෙන් ඉවසිය නොහැකි වූ දුක්ඛිත වචනයන් ද අසා ඉවසයි.

2. ඔහුට තමාගේ රහස් කියයි. ඔහුගේ රහස් රකියි. විපතෙහි දී මිතුරා අත්නොහරියි. ඔහුගේ වස්තුව ක්ෂය වීම හේතුවෙන් අවමන් නොකරයි.

3. මෙහිලා යම් පුද්ගලයෙකු කෙරෙහි මේ ලක්ෂණයන් දකින්නට ලැබෙයි ද, හේ මිතුරෙකි. මිතුරන් කැමැත්තා විසින් එබඳු වූවෙකු භජනය කළ යුත්තේ ය.

සාදු! සාදු!! සාදු!!!

මිත්ත සූත්‍රය නිමා විය.

7.1.4.6.
භික්ඛු මිත්ත සූත්‍රය
මිත්‍ර භික්ෂුව ගැන වදාළ දෙසුම

සැවැත් නුවර දී ය .....

මහණෙනි, කරුණු සතකින් සමන්විත වූ මිත්‍ර භික්ෂුව තමා ව බැහැරට එළවන්නේ නමුත් ඇසුරු කළ යුත්තේ ය. භජනය කළ යුත්තේ ය. පයිරුපාසන කළ යුත්තේ ය. ඒ කවර කරුණු සතකින් ද යත්;

ප්‍රිය වූයේ ද වෙයි. මනාප වූයේ ද වෙයි. ගරු කටයුතු ද වෙයි. සම්භාවනීය ද වෙයි. පිළිගත හැකි වචන කියන්නේ ද වෙයි. අනුන්ගේ වචන ඉවසන්නේ ද වෙයි. ගැඹුරු ධර්ම කථාව කරන්නේ ද වෙයි. කෙනෙකු ව නොමගට නොයොදවන්නේ ද වෙයි.

මහණෙනි, මේ කරුණු සතෙන් සමන්විත වූ මිත්‍ර භික්ෂුව තමා ව බැහැරට එළවන්නේ නමුත් ඇසුරු කළ යුත්තේ ය. භජනය කළ යුත්තේ ය. පයිරුපාසන කළ යුත්තේ ය.

(ගාථා)

1. ප්‍රිය වූයේ ත්, ගරු කටයුතු වූයේ ත්, සම්භාවනීය වූයේ ත්, වචනයෙහි දක්ෂ වූයේ ත්, වචන ඉවසන්නේ ත්, ගැඹුරු කථා පවසන්නේ ත්, නොමගට නොයොදවන්නේ ත් වෙයි ද,

2. මෙහිලා යම් පුද්ගලයෙකු කෙරෙහි මේ ලක්ෂණයන් දකින්නට ලැබෙයි නම් හේ මිතුරෙකි. යහපත කැමත්තාට අනුකම්පා කරන එබඳු මිත්‍රයා නෙරපනු ලැබුව ද, මිත්‍රයෙකු කැමති තැනැත්තා විසින් ඇසුරු කළ යුත්තේ ය.

සාදු! සාදු!! සාදු!!!

භික්ඛු මිත්ත සූත්‍රය නිමා විය.

7.1.4.7.
පඨම පටිසම්භිදා සූත්‍රය
පටිසම්භිදාව ගැන වදාළ පළමු දෙසුම

සැවැත් නුවර දී ය .....

මහණෙනි, සප්ත ධර්මයකින් සමන්විත වූ භික්ෂුව වැඩිකල් නොයා ම සතරක් වූ පටිසම්භිදාවන් ස්වකීය විශිෂ්ට ඥානයෙන් සාක්ෂාත් කොට එයට පැමිණ වාසය කරන්නේ ය. ඒ කවර සතකින් ද යත්;

මහණෙනි, මෙහිලා භික්ෂුව 'මාගේ සිතෙහි මේ හැකිළුණු බව යැ'යි ඒ වූ සැටියෙන් ම දන්නේ ය.

තමා තුළ හැකිලී ගිය සිත හෝ 'මාගේ සිත තමා තුළට හැකිලී ගියේ යැ'යි ඒ වූ සැටියෙන් ම දන්නේ ය.

බාහිරට විසිරී ගිය සිත හෝ 'මාගේ සිත බාහිරට විසිරී ගියේ යැ'යි ඒ වූ සැටියෙන් ම දන්නේ ය.

ඔහු තුළ විඳීම් හටගන්නේ ප්‍රකට ව ය. පවතින්නේ ද ප්‍රකට ව ය. නැතිවන්නේ ද ප්‍රකට ව ය.

ඔහු තුළ සංඥා හටගන්නේ ප්‍රකට ව ය. පවතින්නේ ද ප්‍රකට ව ය. නැතිවන්නේ ද ප්‍රකට ව ය.

ඔහු තුළ විතර්ක හටගන්නේ ප්‍රකට ව ය. පවතින්නේ ද ප්‍රකට ව ය. නැතිවන්නේ ද ප්‍රකට ව ය.

හිත අහිත ධර්මයන් පිළිබඳ ව, හීන ප්‍රණීත ධර්මයන් පිළිබඳ ව, පුණ්‍ය පාප ධර්මයන් පිළිබඳ ව ඇති කරුණු මැනැවින් ගන්නා ලද්දේ වෙයි. මැනැවින් මෙනෙහි කරන ලද්දේ වෙයි. මැනැවින් දරා ගන්නා ලද්දේ වෙයි. ප්‍රඥාවෙන් මැනැවින් අවබෝධ කරන ලද්දේ වෙයි.

මහණෙනි, මේ සප්ත ධර්මයෙන් සමන්විත වූ භික්ෂුව වැඩිකල් නොයා ම සතරක් වූ පටිසම්භිදාවන් ස්වකීය විශිෂ්ට ඥානයෙන් සාක්ෂාත් කොට එයට

පැමිණ වාසය කරන්නේ ය.

සාදු! සාදු!! සාදු!!!

පඨම පටිසම්භිදා සූත්‍රය නිමා විය.

7.1.4.8.
දුතිය පටිසම්භිදා සූත්‍රය
පටිසම්භිදාව ගැන වදාළ දෙවෙනි දෙසුම

සැවැත් නුවර දී ය .....

මහණෙනි, සප්ත ධර්මයකින් සමන්විත වූ සාරිපුත්තයෝ සතරක් වූ පටිසම්භිදාවන් ස්වකීය විශිෂ්ට ඥානයෙන් සාක්ෂාත් කොට එයට පැමිණ වාසය කරති. ඒ කවර සතකින් ද යත්;

මහණෙනි, මෙහිලා සාරිපුත්තයෝ 'මාගේ සිතෙහි මේ හැකිළුණු බව යැ'යි ඒ වූ සැටියෙන් ම දන්නාහ.

තමා තුළ හැකිලී ගිය සිත හෝ 'මාගේ සිත තමා තුළට හැකිලී ගියේ යැ'යි ඒ වූ සැටියෙන් ම දන්නාහ.

බාහිරට විසිරී ගිය සිත හෝ 'මාගේ සිත බාහිරට විසිරී ගියේ යැ'යි ඒ වූ සැටියෙන් ම දන්නාහ.

තමා තුළ විඳීම් හටගන්නේ ප්‍රකට ව ය. පවතින්නේ ද ප්‍රකට ව ය. නැතිවන්නේ ද ප්‍රකට ව ය.

තමා තුළ සංඥා හටගන්නේ ප්‍රකට ව ය. පවතින්නේ ද ප්‍රකට ව ය. නැතිවන්නේ ද ප්‍රකට ව ය.

තමා තුළ විතර්ක හටගන්නේ ප්‍රකට ව ය. පවතින්නේ ද ප්‍රකට ව ය. නැතිවන්නේ ද ප්‍රකට ව ය.

හිත අහිත ධර්මයන් පිළිබඳ ව, හීන ප්‍රණීත ධර්මයන් පිළිබඳ ව, පුණ්‍ය පාප ධර්මයන් පිළිබඳ ව ඇති කරුණු මැනැවින් ගන්නා ලද්දේ වෙයි. මැනැවින් මෙනෙහි කරන ලද්දේ වෙයි. මැනැවින් දරා ගන්නා ලද්දේ වෙයි. ප්‍රඥාවෙන්

මැනැවින් අවබෝධ කරන ලද්දේ වෙයි.

මහණෙනි, මේ සප්ත ධර්මයෙන් සමන්විත වූ සාරිපුත්තයෝ සතරක් වූ පටිසම්භිදාවන් ස්වකීය විශිෂ්ට ඥානයෙන් සාක්ෂාත් කොට එයට පැමිණ වාසය කරන්නාහ.

සාදු! සාදු!! සාදු!!!

දුතිය පටිසම්භිදා සූත්‍රය නිමා විය.

7.1.4.9.
පඨම චිත්තවසවත්තන සූත්‍රය
චිත්ත වසඟය ගැන වදාළ පළමු දෙසුම

සැවැත් නුවර දී ය .....

මහණෙනි, සප්ත ධර්මයකින් සමන්විත වූ භික්ෂුව සිත තමා වසඟයට ගත්තේ වෙයි. භික්ෂුව ද සිතෙහි වසඟයට නොවැටුණේ වෙයි. ඒ කවර සත් කරුණකින් ද යත්;

මහණෙනි, මෙහිලා භික්ෂුව සමාධියෙහි දක්ෂ වෙයි. සමාධියට සමවැදීමෙහි දක්ෂ වෙයි. සමාධිය පැවැත්වීමෙහි දක්ෂ වෙයි. සමාධියෙන් නැගී සිටීමෙහි දක්ෂ වෙයි. සමාධිය තුළින් සිත සතුටු කිරීමෙහි දක්ෂ වෙයි. සමාධියට ගෝචර වන කරුණු පිළිබඳ ව දක්ෂ වෙයි. සමාධිය ඉහළට දියුණු කිරීමට දක්ෂ වෙයි.

මහණෙනි, මේ සප්ත ධර්මයෙන් සමන්විත වූ භික්ෂුව සිත තමා වසඟයට ගත්තේ වෙයි. භික්ෂුව ද සිතෙහි වසඟයට නොවැටුණේ වෙයි.

සාදු! සාදු!! සාදු!!!

පඨම චිත්ත වසවත්තන සූත්‍රය නිමා විය.

7.1.4.10.
දුතිය චිත්තවසවත්තන සූත්‍රය
චිත්ත වසඟය ගැන වදාළ දෙවෙනි දෙසුම

සැවැත් නුවර දී ය .....

මහණෙනි, සප්ත ධර්මයකින් සමන්විත වූ සාරිපුත්තයෝ සිත තමා වසඟයට ගත්තාහු ය. සාරිපුත්තයෝ ද සිතෙහි වසඟයට නොවැටුණාහු ය. ඒ කවර සත් කරුණකින් ද යත්;

මහණෙනි, මෙහිලා සාරිපුත්තයෝ සමාධියෙහි දක්ෂ වෙති. සමාධියට සමවැදීමෙහි දක්ෂ වෙති. සමාධිය පැවැත්වීමෙහි දක්ෂ වෙති. සමාධියෙන් නැගී සිටීමෙහි දක්ෂ වෙති. සමාධිය තුළින් සිත සතුටු කිරීමෙහි දක්ෂ වෙති. සමාධියට ගෝචර වන කරුණු පිළිබඳ ව දක්ෂ වෙති. සමාධිය ඉහළට දියුණු කිරීමට දක්ෂ වෙති.

මහණෙනි, මේ සප්ත ධර්මයෙන් සමන්විත වූ සාරිපුත්තයෝ සිත තමා වසඟයට ගත්තාහු ය. සාරිපුත්තයෝ ද සිතෙහි වසඟයට නොවැටුණාහු ය.

සාදු! සාදු!! සාදු!!!

දුතිය චිත්ත වසවත්තන සූත්‍රය නිමා විය.

7.1.4.11.
පඨම නිද්දසවත්ථු සූත්‍රය
ගරුසරු බවට කරුණු ගැන වදාළ පළමු දෙසුම

එක් සමයක භාග්‍යවතුන් වහන්සේ සැවැත් නුවර ජේතවන නම් වූ අනේපිඬු සිටුහුගේ ආරාමයෙහි වැඩවසන සේක. එකල්හී ආයුෂ්මත් සාරිපුත්තයන් වහන්සේ පෙරවරුවෙහි සිවුරු හැඳ පොරොවාගෙන පාත්‍රය හා සිවුර ගෙන සැවැත් නුවරට පිඬු පිණිස පිවිසියහ.

ඉක්බිති ආයුෂ්මත් සාරිපුත්තයන් වහන්සේට මේ අදහස ඇතිවිය. 'සැවැතෙහි පිඬු පිණිස හැසිරෙන්නට තව ම බොහෝ අළුයම වෙයි. එහෙයින් මම අන්‍ය තීර්ථක පරිබ්‍රාජකයන්ගේ ආරාමය කරා යන්නෙම් නම් මැනැවි' යි.

ඉක්බිති ආයුෂ්මත් සාරිපුත්තයන් වහන්සේ අන්‍යතීර්ථක පරිබ්‍රාජකයන්ගේ ආරාමය කරා වැඩියහ. වැඩම කොට ඒ අන්‍ය තීර්ථක පරිබ්‍රාජකයන් හා සතුටු වූහ. සතුටු විය යුතු පිළිසඳර කතා බහ නිමවා එකත්පස් ව හිඳගත්හ.

එසමයෙහි එහි රැස් ව හුන් අන්‍ය තීර්ථක පරිබ්‍රාජකයන් අතර මේ කථාව හටගත්තේ ය.

"ආයුෂ්මත්නි, යම්කිසිවෙක් දොළොස් අවුරුද්දක් පරිපූර්ණ ලෙස, පිරිසිදු ලෙස, බඹසර හැසිරෙයි නම්, ඔහු දස වස් ඉක්ම වූ ගරුසරු බවට කරුණු ඇති භික්ෂුවක් යැයි කීමට සුදුසු වෙයි."

එකල්හී ආයුෂ්මත් සාරිපුත්තයන් වහන්සේ ඒ අන්‍යතීර්ථක පරිබ්‍රාජකයන්ගේ වචනය නොපිළිගත්හ. ප්‍රතික්ෂේප නොකළහ. නොපිළිගෙන, ප්‍රතික්ෂේප නොකොට 'භාග්‍යවතුන් වහන්සේ වෙතින් මෙකරුණෙහි අර්ථය දැනගන්නෙමි' යි හුනස්නෙන් නැගිට වැඩියහ.

ඉක්බිති ආයුෂ්මත් සාරිපුත්තයන් වහන්සේ සැවතෙහි පිඬු පිණිස හැසිර පසුබත් කාලයෙහි පිණ්ඩපාතයෙන් පෙරළා පැමිණ භාග්‍යවතුන් වහන්සේ කරා වැඩියහ. වැඩම කොට භාග්‍යවතුන් වහන්සේට සකසා වන්දනා කොට එකත්පස් ව හිඳගත්හ. එකත්පස් ව හුන් ආයුෂ්මත් සාරිපුත්තයන් වහන්සේ භාග්‍යවතුන් වහන්සේට මෙකරුණ සැළ කළහ.

"ස්වාමීනී, මෙහිලා මම පෙරවරුවෙහි සිවුරු හැඳ පොරොවාගෙන පාත්‍රය හා සිවුර ගෙන සැවැත් නුවරට පිඬු පිණිස පිවිසියෙමි.

එකල්හී ස්වාමීනී, මට මේ අදහස ඇතිවිය. 'සැවැතෙහි පිඬු පිණිස හැසිරෙන්නට තව ම බොහෝ අළුයම වෙයි. එහෙයින් මම අන්‍ය තීර්ථක පරිබ්‍රාජකයන්ගේ ආරාමය කරා යන්නෙම් නම් මැනැවි' යි.

ඉක්බිති ස්වාමීනී, මම අන්‍යතීර්ථක පරිබ්‍රාජකයන්ගේ ආරාමය කරා ගියෙමි. ගොස් ඒ අන්‍ය තීර්ථක පරිබ්‍රාජකයන් හා සතුටු වුණෙමි. සතුටු විය යුතු පිළිසඳර කතා බහ නිමවා එකත්පස් ව හිඳගත්තෙමි.

ස්වාමීනී, එසමයෙහි එහි රැස් ව හුන් අන්‍ය තීර්ථක පරිබ්‍රාජකයන් අතර මේ කථාව හටගත්තේ ය.

'ආයුෂ්මත්නි, යම්කිසිවෙක් දොළොස් අවුරුද්දක් පරිපූර්ණ ලෙස, පිරිසිදු ලෙස, බඹසර හැසිරෙයි නම්, ඔහු දස වස් ඉක්ම වූ ගරුසරු බවට කරුණු ඇති භික්ෂුවක් යැයි කීමට සුදුසු වෙයි.'

එකල්හී ස්වාමීනී, මම ඒ අන්‍යතීර්ථක පරිබ්‍රාජකයන්ගේ වචනය නොපිළිගත්තෙමි. ප්‍රතික්ෂේප නොකළෙමි. නොපිළිගෙන, ප්‍රතික්ෂේප නොකොට 'භාග්‍යවතුන් වහන්සේ වෙතින් මෙකරුණෙහි අර්ථය දැනගන්නෙමි' යි හුනස්නෙන් නැගිට නික්ම ගියෙමි.

ස්වාමීනී, මේ ධර්ම විනයෙහි හුදෙක් වස් ගණනක් ගෙවූ පමණින් දස වස් ඉක්ම ගිය හෙයින් ගරු කටයුතු කරුණු ඇති භික්ෂුවක් ය කියා, නිද්දස භික්ෂුව කියා පැණවිය හැක්කේ ද?"

"සාරිපුත්තයෙනි, මේ ධර්ම විනයෙහි හුදෙක් වස් ගණනක් ගෙවූ පමණින් දස වස් ඉක්ම ගිය හෙයින් ගරු කටයුතු කරුණු ඇති භික්ෂුවක් ය කියා, නිද්දස භික්ෂුව කියා පණවන්නට නොහැකි ය.

සාරිපුත්තයෙනි, මා විසින් සිය විශිෂ්ට ඥානයෙන් සාක්ෂාත් කොට පවසන ලද ගරු කටයුතු බවට කරුණු හෙවත් නිද්දස වත්ථු සතක් ඇත්තේ ය. ඒ කවර සතක් ද යත්;

සාරිපුත්තයෙනි, මෙහිලා භික්ෂුව ශික්ෂා සමාදන් වීමෙහි තියුණු ආශාවක් ඇත්තේ වෙයි, මත්තෙහි ද ශික්ෂා සමාදන් වීමෙහි දුරු නොවූ ප්‍රේමය ඇත්තේ වෙයි.

ධර්මාවබෝධයෙහි තියුණු ආශාවක් ඇත්තේ වෙයි, මත්තෙහි ද ධර්මාවබෝධයෙහි දුරු නොවූ ප්‍රේමය ඇත්තේ වෙයි.

තෘෂ්ණාව දුරු කිරීමෙහි තියුණු ආශාවක් ඇත්තේ වෙයි, මත්තෙහි ද තෘෂ්ණාව දුරු කිරීමෙහි දුරු නොවූ ප්‍රේමය ඇත්තේ වෙයි.

භාවනාවෙහි තියුණු ආශාවක් ඇත්තේ වෙයි, මත්තෙහි ද භාවනාවෙහි දුරු නොවූ ප්‍රේමය ඇත්තේ වෙයි.

අරඹන ලද වීරියෙහි තියුණු ආශාවක් ඇත්තේ වෙයි, මත්තෙහි ද අරඹන ලද වීරියෙහි දුරු නොවූ ප්‍රේමය ඇත්තේ වෙයි.

සිහිය හා අවස්ථාවෝචිත ප්‍රඥාවෙහි තියුණු ආශාවක් ඇත්තේ වෙයි, මත්තෙහි ද සිහිය හා අවස්ථාවෝචිත ප්‍රඥාවෙහි දුරු නොවූ ප්‍රේමය ඇත්තේ වෙයි.

මාර්ගඵලාවබෝධයෙහි තියුණු ආශාවක් ඇත්තේ වෙයි, මත්තෙහි ද මාර්ගඵලාවබෝධයෙහි දුරු නොවූ ප්‍රේමය ඇත්තේ වෙයි.

සාරිපුත්තයෙනි, මේ වනාහී මා විසින් සිය විශිෂ්ට ඥානයෙන් සාක්ෂාත් කොට පවසන ලද ගරු කටයුතු බවට කරුණු හෙවත් නිද්දස වත්ථු සත යි.

සාරිපුත්තයෙනි, මේ නිද්දසවත්ථු සතින් සමන්විත වූ භික්ෂුව දොළොස් වසකුත් පිරිපුන් ලෙස පිරිසිදු ලෙස බඹසර හැසිරෙයි නම් හේ නිද්දස භික්ෂුව යැයි කියන්නට නිසි වෙයි. විසි හතර වසකුත් පිරිපුන් ලෙස පිරිසිදු ලෙස බඹසර හැසිරෙයි නම් හේ නිද්දස භික්ෂුව යැයි කියන්නට නිසි වෙයි. තිස් හය වසකුත් පිරිපුන් ලෙස පිරිසිදු ලෙස බඹසර හැසිරෙයි නම් හේ නිද්දස භික්ෂුව යැයි කියන්නට නිසි වෙයි. හතළිස් අට වසකුත් පිරිපුන් ලෙස පිරිසිදු ලෙස බඹසර හැසිරෙයි නම් හේ නිද්දස භික්ෂුව යැයි කියන්නට නිසි වෙයි.

සාදු! සාදු!! සාදු!!!

පඨම නිද්දසවත්ථු සූත්‍රය නිමා විය.

7.1.4.12.
දුතිය නිද්දසවත්ථු සූත්‍රය
ගරුසරු බවට කරුණු ගැන වදාළ දෙවෙනි දෙසුම

මා විසින් මෙසේ අසන ලදී. එක් සමයක භාග්‍යවතුන් වහන්සේ කොසඹෑ නුවර ඝෝෂිතාරාමයෙහි වැඩවසන සේක. එකල්හී ආයුෂ්මත් ආනන්දයන් වහන්සේ පෙරවරුවෙහි සිවුරු හැඳ පොරොවාගෙන පාත්‍රය හා සිවුර ගෙන කොසඹෑ නුවරට පිඬු පිණිස පිවිසියහ.

ඉක්බිති ආයුෂ්මත් ආනන්දයන් වහන්සේට මේ අදහස ඇතිවිය. 'කොසඹෑ නුවර පිඬු පිණිස හැසිරෙන්නට තව ම බොහෝ අළුයම වෙයි. එහෙයින් මම අන්‍ය තීර්ථක පරිබ්‍රාජකයන්ගේ ආරාමය කරා යන්නෙම් නම් මැනැවි' යි.

ඉක්බිති ආයුෂ්මත් ආනන්දයන් වහන්සේ අන්‍යතීර්ථක පරිබ්‍රාජකයන්ගේ ආරාමය කරා වැඩියහ. වැඩම කොට ඒ අන්‍ය තීර්ථක පරිබ්‍රාජකයන් හා සතුටු වූහ. සතුටු විය යුතු පිළිසඳර කතා බහ නිමවා එකත්පස් ව හිඳගත්හ.

එසමයෙහි එහි රැස් ව හුන් අන්‍ය තීර්ථක පරිබ්‍රාජකයන් අතර මේ කථාව හටගත්තේ ය.

"ආයුෂ්මත්නි, යම්කිසිවෙක් දොළොස් අවුරුද්දක් පරිපූර්ණ ලෙස, පිරිසිදු ලෙස, බඹසර හැසිරෙයි නම්, ඔහු දස වස් ඉක්ම වූ ගරුසරු බවට කරුණු ඇති භික්ෂුවක් යැයි කීමට සුදුසු වෙයි."

එකල්හී ආයුෂ්මත් ආනන්දයන් වහන්සේ ඒ අන්‍යතීර්ථක පරිබ්‍රාජකයන්ගේ වචනය නොපිළිගත්හ. ප්‍රතික්ෂේප නොකළහ. නොපිළිගෙන, ප්‍රතික්ෂේප නොකොට 'භාග්‍යවතුන් වහන්සේ වෙතින් මෙකරුණෙහි අර්ථය දැනගන්නෙමි' යි හුනස්නෙන් නැගිට වැඩියහ.

ඉක්බිති ආයුෂ්මත් ආනන්දයන් වහන්සේ කොසඹෑයෙහි පිඬු පිණිස හැසිර පසුබත් කාලයෙහි පිණ්ඩපාතයෙන් පෙරළා පැමිණ භාග්‍යවතුන් වහන්සේ කරා වැඩියහ. වැඩම කොට භාග්‍යවතුන් වහන්සේට සකසා වන්දනා කොට එකත්පස් ව හිඳගත්හ. එකත්පස් ව හුන් ආයුෂ්මත් ආනන්දයන් වහන්සේ භාග්‍යවතුන් වහන්සේට මෙකරුණ සැළ කළහ.

"ස්වාමීනී, මෙහිලා මම පෙරවරුවෙහි සිවුරු හැඳ පොරොවාගෙන පාත්‍රය හා සිවුර ගෙන සැවැත් නුවරට පිඬු පිණිස පිවිසියෙමි.

එකල්හී ස්වාමීනී, මට මේ අදහස ඇතිවිය. 'කොසඹෑයෙහි පිඬු පිණිස හැසිරෙන්නට තව ම බොහෝ අළුයම වෙයි. එහෙයින් මම අන්‍ය තීර්ථක පරිබ්‍රාජකයන්ගේ ආරාමය කරා යන්නෙම් නම් මැනැවි' යි.

ඉක්බිති ස්වාමීනී, මම අන්‍යතීර්ථක පරිබ්‍රාජකයන්ගේ ආරාමය කරා ගියෙමි. ගොස් ඒ අන්‍ය තීර්ථක පරිබ්‍රාජකයන් හා සතුටු වුණෙමි. සතුටු විය යුතු පිළිසඳර කතා බහ නිමවා එකත්පස් ව හිඳගත්තෙමි.

ස්වාමීනී, එසමයෙහි එහි රැස් ව හුන් අන්‍ය තීර්ථක පරිබ්‍රාජකයන් අතර මේ කථාව හටගත්තේ ය.

'ආයුෂ්මත්නි, යම්කිසිවෙක් දොළොස් අවුරුද්දක් පරිපූර්ණ ලෙස, පිරිසිදු ලෙස, බඹසර හැසිරෙයි නම්, ඔහු දස වස් ඉක්ම වූ ගරුසරු බවට කරුණු ඇති භික්ෂුවක් යැයි කීමට සුදුසු වෙයි.'

එකල්හී ස්වාමීනී, මම ඒ අන්‍යතීර්ථක පරිබ්‍රාජකයන්ගේ වචනය නොපිළිගත්තෙමි. ප්‍රතික්ෂේප නොකළෙමි. නොපිළිගෙන, ප්‍රතික්ෂේප නොකොට 'භාග්‍යවතුන් වහන්සේ වෙතින් මෙකරුණෙහි අර්ථය දැනගන්නෙමි' යි හුනස්නෙන් නැගිට නික්ම ගියෙමි.

ස්වාමීනී, මේ ධර්ම විනයෙහි හුදෙක් වස් ගණනක් ගෙවූ පමණින් දස වස් ඉක්ම ගිය හෙයින් ගරු කටයුතු කරුණු ඇති භික්ෂුවක් ය කියා, නිද්දස භික්ෂුව කියා පැණවිය හැක්කේ ද?"

"ආනන්දයෙනි, මේ ධර්ම විනයෙහි හුදෙක් වස් ගණනක් ගෙවූ පමණින් දස වස් ඉක්ම ගිය හෙයින් ගරු කටයුතු කරුණු ඇති භික්ෂුවක් ය කියා, නිද්දස භික්ෂුව කියා පණවන්නට නොහැකි ය.

ආනන්දයෙනි, මා විසින් සිය විශිෂ්ට ඥානයෙන් සාක්ෂාත් කොට පවසන ලද ගරු කටයුතු බවට කරුණු හෙවත් නිද්දස වත්ථු සතක් ඇත්තේ ය. ඒ කවර සතක් ද යත්;

ආනන්දයෙනි, මෙහිලා භික්ෂුව සැදැහැ ඇත්තේ වෙයි. පවට ලැජ්ජා ඇත්තේ වෙයි. පවට භය ඇත්තේ වෙයි. බහුශ්‍රැත වූයේ වෙයි. අරඹන ලද වීරිය ඇත්තේ වෙයි. සිහි ඇත්තේ වෙයි. ප්‍රඥාවන්ත වෙයි.

ආනන්දයෙනි, මේ වනාහී මා විසින් සිය විශිෂ්ට ඥානයෙන් සාක්ෂාත් කොට පවසන ලද ගරු කටයුතු බවට කරුණු හෙවත් නිද්දස වත්ථු සත යි.

ආනන්දයෙනි, මේ නිද්දසවත්ථු සතින් සමන්විත වූ භික්ෂුව දොළොස් වසකුත් පිරිපුන් ලෙස පිරිසිදු ලෙස බඹසර හැසිරෙයි නම් හේ නිද්දස භික්ෂුව යැයි කියන්නට නිසි වෙයි. විසි හතර වසකුත් පිරිපුන් ලෙස පිරිසිදු ලෙස බඹසර හැසිරෙයි නම් හේ නිද්දස භික්ෂුව යැයි කියන්නට නිසි වෙයි. තිස් හය වසකුත් පිරිපුන් ලෙස පිරිසිදු ලෙස බඹසර හැසිරෙයි නම් හේ නිද්දස භික්ෂුව යැයි කියන්නට නිසි වෙයි. හතළිස් අට වසකුත් පිරිපුන් ලෙස පිරිසිදු ලෙස බඹසර හැසිරෙයි නම් හේ නිද්දස භික්ෂුව යැයි කියන්නට නිසි වෙයි.

සාදු! සාදු!! සාදු!!!

දුතිය නිද්දසවත්ථු සූත්‍රය නිමා විය.

සිව්වෙනි දේවතා වර්ගය අවසන් විය.

- එහි පිළිවෙල උද්දානයයි :

අප්පමාද සූත්‍රය, හිරි සූත්‍රය, සෝවචස්සතා සූත්‍ර දෙක, මිත්‍ර සූත්‍ර දෙක, පටිසම්භිදා සූත්‍ර දෙක, චිත්තවස සූත්‍ර දෙක, නිද්දස සූත්‍ර දෙක වශයෙන් මෙහි සූත්‍ර දොළොසකි.

5. මහායඤ්ඤ වර්ගය

7.1.5.1.
විඤ්ඤාණට්ඨිති සූත්‍රය
විඤ්ඤාණය පැවැත්ම ගැන වදාළ දෙසුම

සැවැත් නුවර දී ය .....

මහණෙනි, මේ විඤ්ඤාණය පවතින තැන් සතකි. ඒ කවර සතක් ද යත්;

1. මහණෙනි, නා නා කයෙන් යුතු, නා නා සංඥාවෙන් යුතු සත්වයෝ ඇත්තාහ. එනම්, මිනිස්සු ය. ඇතැම් දෙවිවරු ය. ඇතැම් විනිපාතිකයෝ ය. මෙය විඤ්ඤාණය පවතින පළමුවෙනි තැන යි.

2. මහණෙනි, නා නා කයෙන් යුතු, එක ම සංඥාවෙන් යුතු සත්වයෝ ඇත්තාහ. එනම්, පඨම ධ්‍යානයෙන් උපන් බ්‍රහ්මකායික දෙවිවරු බඳු ය. මෙය විඤ්ඤාණය පවතින දෙවෙනි තැන යි.

3. මහණෙනි, එක් අයුරු වූ කයෙන් යුතු, නා නා සංඥාවෙන් යුතු සත්වයෝ ඇත්තාහ. එනම්, ආභස්සර දෙවිවරු බඳු ය. මෙය විඤ්ඤාණය පවතින තෙවෙනි තැන යි.

4. මහණෙනි, එක් ස්වභාවයෙන් යුතු කයෙන් ද, එක් ස්වභාවයෙන් යුතු සංඥාවෙන් ද යුතු සත්වයෝ ඇත්තාහ. එනම්, සුභකිණ්ණ දෙවියෝ බඳු ය. මෙය විඤ්ඤාණය පවතින සිව්වෙනි තැන යි.

5. මහණෙනි, සියළු රූප සංඥාවන් ඉක්ම ගිය, ගොරෝසු සංඥාවන් නැති කර දැමූ නා නා සංඥාවන් නොමෙනෙහි කිරීමෙන් අනන්ත වූ ආකාසය යැයි

මෙනෙහි කිරීමෙන් ආකාසානාඤ්චායතනයට පැමිණි සත්වයෝ ඇත්තාහ. මෙය විඤ්ඤාණය පවතින පස්වෙනි තැන යි.

6. මහණෙනි, සියළු ආකාසානාඤ්චායතනය ඉක්ම ගිය, අනන්ත වූ විඤ්ඤාණය යැයි මෙනෙහි කිරීමෙන් විඤ්ඤාණඤ්චායතනයට පැමිණි සත්වයෝ ඇත්තාහ. මෙය විඤ්ඤාණය පවතින හයවෙනි තැන යි.

7. මහණෙනි, සියළු විඤ්ඤාණඤ්චායතනය ඉක්ම ගිය, කිසිවක් නැතැයි මෙනෙහි කිරීමෙන් ආකිඤ්චඤ්ඤායතනයට පැමිණි සත්වයෝ ඇත්තාහ. මෙය විඤ්ඤාණය පවතින සත්වෙනි තැන යි.

මහණෙනි, මේ වනාහී විඤ්ඤාණය පවතින තැන් සත යි.

සාදු! සාදු!! සාදු!!!

විඤ්ඤාණට්ඨිති සූත්‍රය නිමා විය.

7.1.5.2.
සමාධි පරික්ඛාර සූත්‍රය
සමාධියට උපකාරී වන දෙය ගැන වදාළ දෙසුම

සැවැත් නුවර දී ය .....

මහණෙනි, සමාධියට උපකාරී වන කරුණු සතකි. ඒ කවර සතක් ද යත්;

නිවැරදි දෘෂ්ටිය; නිවැරදි සංකල්පනා, නිවැරදි වචන භාවිතය, නිවැරදි කායික ක්‍රියා, නිවැරදි ජීවිකාව, නිවැරදි වීර්යය සහ නිවැරදි සිහිය යි.

මහණෙනි, මේ සප්ත අංගයෙන් පෝෂණය වූ චිත්තයෙහි යම් ඒකාග්‍රතාවයක් ඇද්ද, මහණෙනි, මේ ආර්ය වූ සම්මා සමාධිය හේතු සම්පත් සහිත යැයි ද, මාර්ගයට උපකාර කරුණු සහිත යැයි කියනු ලැබේ.

සාදු! සාදු!! සාදු!!!

සමාධි පරික්ඛාර සූත්‍රය නිමා විය.

7.1.5.3.
පඨම අග්ගි සූත්‍රය
ගින්න ගැන වදාළ පළමු දෙසුම

සැවැත් නුවර දී ය .....

මහණෙනි, මේ ගිනි සතකි. ඒ කවර සතක් ද යත්;

රාගය නම් වූ ගින්න ය. ද්වේෂය නම් වූ ගින්න ය. මෝහය නම් වූ ගින්න ය. මව්පියාදීන්ට සත්කාර කිරීම නම් වූ ආහුනෙය්‍ය ගින්න ය. නිවසේ සිටින්නන්ට සත්කාර කිරීම නම් වූ ගෘහපති ගින්න ය. යහපත් මගට පිළිපන් ශ්‍රමණ බ්‍රාහ්මණවරුන්ට සත්කාර කිරීම නම් වූ දක්ඛිණෙය්‍ය ගින්න ය. දර ලී ආදියෙන් හටගන්නා වූ ගින්න ය.

මහණෙනි, මේ වනාහී සප්ත ගින්න යි.

සාදු! සාදු!! සාදු!!!

පඨම අග්ගි සූත්‍රය නිමා විය.

7.1.5.4.
මහායඤ්ඤ සූත්‍රය
මහා යාගය ගැන වදාළ දෙසුම

එක් සමයක භාග්‍යවතුන් වහන්සේ සැවැත් නුවර ජේතවන නම් වූ අනේපිඬු සිටුහුගේ ආරාමයෙහි වැඩවසන සේක. එසමයෙහි උග්ගතසරීර නමැති බ්‍රාහ්මණාගේ මහා යාගයක් පිළියෙල වූයේ ය. යාගය සඳහා පන්සියයක් වෘෂභයෝ යාග කණුව අසල රැස් කරන ලද්දාහු ය. යාගය සඳහා පන්සියයක් තරුණ වස්සෝ යාග කණුව අසල රැස් කරන ලද්දාහු ය. යාගය සඳහා පන්සියයක් වැස්සියෝ යාග කණුව අසල රැස් කරන ලද්දාහු ය. යාගය සඳහා පන්සියයක් එළුවෝ යාග කණුව අසල රැස් කරන ලද්දාහු ය. යාගය සඳහා පන්සියයක් බැටළුවෝ යාග කණුව අසල රැස් කරන ලද්දාහු ය.

එකල්හී උග්ගතසරීර බ්‍රාහ්මණයා භාග්‍යවතුන් වහන්සේ කරා පැමිණියේ ය. පැමිණ භාග්‍යවතුන් වහන්සේ සමඟ සතුටු වූයේ ය. සතුටු විය යුතු පිළිසඳර කතා බහ නිමවා එකත්පස් ව හිඳගත්තේ ය. එකත්පස් ව හුන් උග්ගතසරීර බ්‍රාහ්මණයා භාග්‍යවතුන් වහන්සේට මෙය පැවසුවේ ය.

"භවත් ගෞතමයන් වහන්ස, මා විසින් අසන ලද්දේ යාගය සඳහා මංගල ගින්න ගැනීම ත්, මංගල යාග කණුව එසවීම ත් මහත්ඵල මහානිශංස ඇති බව යි."

"බ්‍රාහ්මණය, යාගය සඳහා මංගල ගින්න ගැනීම ත්, මංගල යාග කණුව එසවීම ත් මහත්ඵල මහානිශංස ඇති බව මා විසිනුත් අසන ලද්දේ ය."

දෙවෙනි වතාවේ ත් ....(පෙ).... තුන්වෙනි වතාවේ ත් උග්ගතසරීර බ්‍රාහ්මණයා භාග්‍යවතුන් වහන්සේට මෙය පැවසුවේ ය.

"භවත් ගෞතමයන් වහන්ස, මා විසින් අසන ලද්දේ යාගය සඳහා මංගල ගින්න ගැනීම ත්, මංගල යාග කණුව එසවීම ත් මහත්ඵල මහානිශංස ඇති බව යි."

"බ්‍රාහ්මණය, යාගය සඳහා මංගල ගින්න ගැනීම ත්, මංගල යාග කණුව එසවීම ත් මහත්ඵල මහානිශංස ඇති බව මා විසිනුත් අසන ලද්දේ ය."

"භවත් ගෞතමයන් වහන්සේගේ යම් ඇසීමක් ඇද්ද, අපගේ යම් ඇසීමක් ඇද්ද, ඒ සියල්ල හැම ලෙසින් ම සමාන යි නොවැ."

මෙසේ පැවසූ කල්හී ආයුෂ්මත් ආනන්දයන් වහන්සේ උග්ගතසරීර බ්‍රාහ්මණයාට මෙය පැවසූහ.

"බ්‍රාහ්මණය, තථාගතයන් වහන්සේගේ ඔය අයුරින් නොඇසිය යුතුයි. එනම් 'භවත් ගෞතමයන් වහන්ස, මා විසින් අසන ලද්දේ යාගය සඳහා මංගල ගින්න ගැනීම ත්, මංගල යාග කණුව එසවීම ත් මහත්ඵල මහානිශංස ඇති බව යි' කියා. බ්‍රාහ්මණය, තථාගතයන් වහන්සේගෙන් ඇසිය යුත්තේ මේ අයුරිනුයි. 'ස්වාමීනී, මම් වනාහී යාගය පිණිස මංගල ගින්න දල්වනු කැමැත්තෙමි. මංගල යාග කණුව ඔසවනු කැමැත්තෙමි. ස්වාමීනී, භාග්‍යවතුන් වහන්සේ මට අවවාද කරන සේක්වා! ස්වාමීනී, භාග්‍යවතුන් වහන්සේ මට අනුශාසනා කරන සේක්වා! එය මට බොහෝ කල් හිත සුව පිණිස පවතින්නේ ය' යනුවෙනි."

එකල්හී උග්ගතසරීර බ්‍රාහ්මණයා භාග්‍යවතුන් වහන්සේට මෙසේ සැළ කළේ ය.

"භවත් ගෞතමයන් වහන්ස, මම් වනාහී යාගය පිණිස මංගල ගින්න දල්වනු කැමැත්තෙමි. මංගල යාග කණුව ඔසවනු කැමැත්තෙමි. භවත් ගෞතමයන් වහන්සේ මට අවවාද කරන සේක්වා! භවත් ගෞතමයන් වහන්සේ මට අනුශාසනා කරන සේක්වා! එය මට බොහෝ කල් හිත සුව පිණිස පවතින්නේ ය."

"බ්‍රාහ්මණය, යාගය පිණිස ගින්න දල්වන්නේ යාග ස්ථම්භය ඔසවන්නේ හැමට පෙර දුක් උපදවා දෙන, දුක් විපාක ඇති අකුසල් ආයුධ තුනක් උඩට ඔසොවයි. ඒ කවර තුනක් ද යත්; කය නම් වූ ආයුධය ය. වචනය නම් වූ ආයුධය ය. මනස නම් වූ ආයුධය ය.

බ්‍රාහ්මණය, යාගය පිණිස ගිනි දල්වන්නේ, යාගය පිණිස යාග ස්ථම්භය ඔසවන්නේ, යාගයට පෙර ම මෙබඳු සිතක් උපදවයි. එනම්, 'යාගය උදෙසා මෙපමණ වෘෂභයෝ නසත්වා! යාගය උදෙසා මෙපමණ වස්සෝ නසත්වා! යාගය උදෙසා මෙපමණ වැස්සියෝ නසත්වා! යාගය උදෙසා මෙපමණ එළුවෝ නසත්වා! යාගය උදෙසා මෙපමණ බැටළුවෝ නසත්වා!' යි. හේ පින් කරමි යි සිතා පව් කරයි. කුසල් කරමි යි සිතා අකුසල් කරයි. සුගති මාර්ගය සොයමි යි සිතා දුගති මාර්ගය සොයයි. බ්‍රාහ්මණය, යාගය උදෙසා ගිනි දල්වන්නේ, යාගය උදෙසා යාග ස්ථම්භය ඔසොවන්නේ කලින් ම දුක් උපදවන, දුක් විපාක ඇති අකුසල් වූ මේ පළමු මානසික ආයුධය ඔසොවයි.

තව ද බ්‍රාහ්මණය, යාගය පිණිස ගිනි දල්වන්නේ, යාගය පිණිස යාග ස්ථම්භය ඔසවන්නේ, යාගයට පෙර ම මෙබඳු වචනයක් කියයි. එනම්, 'යාගය උදෙසා මෙපමණ වෘෂභයෝ නසත්වා! යාගය උදෙසා මෙපමණ වස්සෝ නසත්වා! යාගය උදෙසා මෙපමණ වැස්සියෝ නසත්වා! යාගය උදෙසා මෙපමණ එළුවෝ නසත්වා! යාගය උදෙසා මෙපමණ බැටළුවෝ නසත්වා!' යි. හේ පින් කරමි යි සිතා පව් කරයි. කුසල් කරමි යි සිතා අකුසල් කරයි. සුගති මාර්ගය සොයමි යි සිතා දුගති මාර්ගය සොයයි. බ්‍රාහ්මණය, යාගය උදෙසා ගිනි දල්වන්නේ, යාගය උදෙසා යාග ස්ථම්භය ඔසොවන්නේ කලින් ම දුක් උපදවන, දුක් විපාක ඇති අකුසල් වූ මේ දෙවෙනි වාචසික ආයුධය ඔසොවයි.

තව ද බ්‍රාහ්මණය, යාගය පිණිස ගිනි දල්වන්නේ, යාගය පිණිස යාග ස්ථම්භය ඔසවන්නේ, යාගයට පෙර ම තමා පළමු කොට යාගය පිණිස වෘෂභයන් නසන්නට අරභයි. යාගයට පෙර ම තමා පළමු කොට යාගය පිණිස වස්සන් නසන්නට අරභයි. යාගයට පෙර ම තමා පළමු කොට යාගය පිණිස වැස්සියන් නසන්නට අරභයි. යාගයට පෙර ම තමා පළමු කොට යාගය පිණිස

එළුවන් නසන්නට අරභයි. යාගයට පෙර ම තමා පළමු කොට යාගය පිණිස බැටළුවන් නසන්නට අරභයි. හේ පින් කරමි යි සිතා පව් කරයි. කුසල් කරමි යි සිතා අකුසල් කරයි. සුගති මාර්ගය සොයමි යි සිතා දුගති මාර්ගය සොයයි. බ්‍රාහ්මණය, යාගය උදෙසා ගිනි දල්වන්නේ, යාගය උදෙසා යාග ස්ථම්භය ඔසොවන්නේ කලින් ම දුක් උපදවන, දුක් විපාක ඇති අකුසල් වූ මේ පළමු කායික ආයුධය ඔසොවයි.

බ්‍රාහ්මණය, යාගය පිණිස ගින්න දල්වන්නේ යාග ස්ථම්භය ඔසවන්නේ හැමට පෙර දුක් උපදවා දෙන, දුක් විපාක ඇති අකුසල් වූ මෙම ආයුධ තුන උඩට ඔසොවයි.

බ්‍රාහ්මණය, මේ තුන් වැදෑරුම් ගින්න අත්හළ යුත්තේ ය. දුරු කළ යුත්තේ ය. සේවනය නොකළ යුත්තේ ය. ඒ කවර තුනක් ද යත්; රාගය නම් වූ ගින්න ය. ද්වේෂය නම් වූ ගින්න ය. මෝහය නම් වූ ගින්න ය.

බ්‍රාහ්මණය, රාගය නම් වූ ගින්න අත්හළ යුත්තේ, දුරු කළ යුත්තේ, සේවනය නොකළ යුත්තේ මක් නිසා ද? බ්‍රාහ්මණය, රාගයට ඇලී ගිය, රාගයෙන් පීඩිත වූ, රාගයෙන් වෙළුණු සිත් ඇති තැනැත්තා කයින් දුසිරිතෙහි හැසිරෙයි. වචනයෙන් දුසිරිතෙහි හැසිරෙයි. මනසින් දුසිරිතෙහි හැසිරෙයි. හේ කයින් දුසිරිතෙහි හැසිර, වචනයෙන් දුසිරිතෙහි හැසිර, මනසින් දුසිරිතෙහි හැසිර කය බිඳී මරණින් මතු අපාය, දුර්ගති, විනිපාත නම් වූ නිරයෙහි උපදින්නේ ය. එනිසා මේ රාගය නම් වූ ගින්න අත්හළ යුත්තේ ය. දුරු කළ යුත්තේ ය. සේවනය නොකළ යුත්තේ ය.

මක් නිසා ද බ්‍රාහ්මණය, ද්වේෂය නම් වූ ගින්න ....(පෙ).... බ්‍රාහ්මණය, මෝහය නම් වූ ගින්න අත්හළ යුත්තේ, දුරු කළ යුත්තේ, සේවනය නොකළ යුත්තේ මක් නිසා ද? බ්‍රාහ්මණය, මෝහයෙන් මුළා ව ගිය, මෝහයෙන් පීඩිත වූ, මෝහයෙන් වෙළුණු සිත් ඇති තැනැත්තා කයින් දුසිරිතෙහි හැසිරෙයි. වචනයෙන් දුසිරිතෙහි හැසිරෙයි. මනසින් දුසිරිතෙහි හැසිරෙයි. හේ කයින් දුසිරිතෙහි හැසිර, වචනයෙන් දුසිරිතෙහි හැසිර, මනසින් දුසිරිතෙහි හැසිර කය බිඳී මරණින් මතු අපාය, දුර්ගති, විනිපාත නම් වූ නිරයෙහි උපදින්නේ ය. එනිසා මේ ද්වේෂය නම් වූ ගින්න අත්හළ යුත්තේ ය. දුරු කළ යුත්තේ ය. සේවනය නොකළ යුත්තේ ය.

බ්‍රාහ්මණය, මේ වනාහී අත්හළ යුතු, දුරුලිය යුතු, නොසෙවිය යුතු තුන් ගින්න යි.

බ්‍රාහ්මණය, සත්කාර කොට, ගරු කොට, බුහුමන් කොට, පූජා කොට මැනැවින් සුවසේ පරිහරණය කළ යුතු තුන් ගින්නක් ඇත්තේ ය. ඒ කවර තුන් ගින්නක් ද යත්, ආහුනෙය්‍ය ගින්න ය, ගෘහපති ගින්න ය, දක්ඛිණෙය්‍ය ගින්න ය.

බ්‍රාහ්මණය, ආහුනෙය්‍ය ගින්න යනු කුමක් ද? බ්‍රාහ්මණය, මෙහිලා යමෙකුට මව හෝ පියා හෝ යමෙක් වෙත් ද, බ්‍රාහ්මණය, මේ ආහුනෙය්‍ය ගින්න යැයි කියනු ලැබේ. එයට හේතුව කුමක් ද? බ්‍රාහ්මණය, මේ පුද්ගලයා මව්පියන් වෙතින් ආයේ ය. මව්පියන්ගෙන් උපන්නේ ය. එහෙයින් මේ ආහුනෙය්‍ය ගින්නට සත්කාර කොට, ගරු කොට, බුහුමන් කොට, පුදා මැනැවින් සුව සේ පරිහරණය කළ යුත්තේ ය.

බ්‍රාහ්මණය, ගෘහපති ගින්න යනු කුමක් ද? බ්‍රාහ්මණය, මෙහිලා යමෙකුට දරුවෝ හෝ බිරින්දෑවරු හෝ දාසයෝ හෝ මෙහෙකරුවෝ හෝ කම්කරුවෝ හෝ යමෙක් සිටිත් ද, බ්‍රාහ්මණය, මේ ගෘහපති ගින්න යැයි කියනු ලැබේ. එහෙයින් මේ ගෘහපති ගින්නට සත්කාර කොට, ගරු කොට, බුහුමන් කොට, පුදා මැනැවින් සුව සේ පරිහරණය කළ යුත්තේ ය.

බ්‍රාහ්මණය, දක්ඛිණෙය්‍ය ගින්න යනු කුමක් ද? බ්‍රාහ්මණය, මෙහිලා යම් මේ ශ්‍රමණබ්‍රාහ්මණවරු මද ප්‍රමාද දෙකෙන් වැළකී ඉවසීමෙන් හා කීකරුකමින් යුතුවූවාහු කෙනෙක් සිත දමනය කරති. තව කෙනෙක් සිත සංසිඳුවති. තව කෙනෙක් සිත පිරිනිවීමට පත් කරති. බ්‍රාහ්මණය, මේ දක්ඛිණෙය්‍ය ගින්න යැයි කියනු ලැබේ. එහෙයින් දක්ඛිණෙය්‍ය ගින්නට සත්කාර කොට, ගරු කොට, බුහුමන් කොට, පුදා මැනැවින් සුව සේ පරිහරණය කළ යුත්තේ ය.

බ්‍රාහ්මණය, සත්කාර කොට, ගරු කොට, බුහුමන් කොට, පුදා, මනාලෙස සුවසේ පරිහරණය කළ යුත්තේ මේ තුන් ගින්න ය.

බ්‍රාහ්මණය, ලී දර ආදියෙන් දල්වන ගින්න කලින් කල දැල්විය යුත්තේ ය. කලින් කල මධ්‍යස්ථ කළ යුත්තේ ය. කලින් කල නිවිය යුත්තේ ය. කලින් කල බැහැර දැමිය යුත්තේ ය."

මෙසේ වදාළ කල්හී උග්ගතසරීර බ්‍රාහ්මණයා භාග්‍යවතුන් වහන්සේට මෙය පැවසුවේ ය.

"භවත් ගෞතමයන් වහන්ස, ඉතා මනහර ය. භවත් ගෞතමයන් වහන්ස, ඉතා මනහර ය. භවත් ගෞතමයන් වහන්සේ අද පටන් දිවි ඇති තෙක් තෙරුවන් සරණ ගිය උපාසකයෙකු ලෙස මාව පිළිගන්නා සේක්වා!

භවත් ගෞතමයන් වහන්ස, ඒ මම පන්සියයක් වෘෂභයන් නිදහස් කරමි. ජීවිතය දෙමි. පන්සියයක් වස්සන් නිදහස් කරමි. ජීවිතය දෙමි. පන්සියයක් වැස්සියන් නිදහස් කරමි. ජීවිතය දෙමි. පන්සියයක් එළුවන් නිදහස් කරමි. ජීවිතය දෙමි. පන්සියයක් බැටළුවන් නිදහස් කරමි. ජීවිතය දෙමි. ඔවුහු නිල් තණ කත්වා! සිහිල් පැන් බොත්වා! ඔවුන් වෙත සිහිල් සුළං හමාවා!"

සාදු! සාදු!! සාදු!!!

මහායඤ්ඤ සූත්‍රය නිමා විය.

7.1.5.5.
සංඛිත්ත සත්ත සඤ්ඤා සූත්‍රය
සංක්ෂේපයෙන් සප්ත සංඥාව ගැන වදාළ දෙසුම

සැවැත් නුවර දී ය .....

මහණෙනි, භාවිත කරන ලද, බහුල ව ප්‍රගුණ කරන ලද, මේ සප්ත සංඥාවෝ මහත්ඵල මහානිශංස වෙති. නිවනට බැසගත්තාහු, නිවනින් අවසන් වන්නාහු වෙති. ඒ කවර සතක් ද යත්;

අසුභ සංඥාව ය, මරණ සංඥාව ය, ආහාරයෙහි පිළිකුල් සංඥාව ය, සියළු ලෝකයෙහි නොඇලෙන සංඥාව ය, අනිත්‍ය සංඥාව ය, අනිත්‍යයෙහි දුක් සංඥාව ය, දුකෙහි අනාත්ම සංඥාව ය.

මහණෙනි, භාවිත කරන ලද, බහුල ව ප්‍රගුණ කරන ලද, මේ සප්ත සංඥාවෝ මහත්ඵල මහානිශංස වෙති. නිවනට බැසගත්තාහු, නිවනින් අවසන් වන්නාහු වෙති.

සාදු! සාදු!! සාදු!!!

සංඛිත්ත සත්ත සඤ්ඤා සූත්‍රය නිමා විය.

7.1.5.6.
විත්ථත සත්ත සඤ්ඤා සූත්‍රය
සවිස්තර සප්ත සංඥාව ගැන වදාළ දෙසුම

සැවැත් නුවර දී ය .....

මහණෙනි, භාවිත කරන ලද, බහුල ව ප්‍රගුණ කරන ලද, මේ සප්ත සංඥාවෝ මහත්ඵල මහානිශංස වෙති. නිවනට බැසගත්තාහු, නිවනින් අවසන් වන්නාහු වෙති. ඒ කවර සතක් ද යත්;

අසුභ සංඥාව ය, මරණ සංඥාව ය, ආහාරයෙහි පිළිකුල් සංඥාව ය, සියළු ලෝකයෙහි නොඇලෙන සංඥාව ය, අනිත්‍ය සංඥාව ය, අනිත්‍යයෙහි දුක් සංඥාව ය, දුකෙහි අනාත්ම සංඥාව ය.

මහණෙනි, භාවිත කරන ලද, බහුල ව ප්‍රගුණ කරන ලද, මේ සප්ත සංඥාවෝ මහත්ඵල මහානිශංස වෙති. නිවනට බැසගත්තාහු, නිවනින් අවසන් වන්නාහු වෙති.

1. මහණෙනි, භාවිත කරන ලද, බහුල ව ප්‍රගුණ කරන ලද, අසුභ සංඥාව මහත්ඵල මහානිශංස වෙයි. නිවනට බැසගන්නේ වෙයි. නිවනින් අවසන් වන්නේ වෙයි යනුවෙන් යමක් පවසන ලද්දේ ද, එය කුමක් සඳහා පවසන ලද්දේ ද යත්;

මහණෙනි, අසුභ සංඥාව මැනැවින් පුරුදු කළ සිතින් බහුල ව වාසය කරන භික්ෂුවගේ සිත මෙවුන්දම් සෙවීමේ අදහස ඉදිරියෙහි මිරිකී යයි. හැකිලෙයි. පෙරළී යයි. ඒ කෙරෙහි ඍජු ව නොසිටියි. උපේක්ෂාව හෝ පිළිකුල හෝ පිහිටයි.

මහණෙනි, එය මෙබඳු දෙයකි. කුකුල් පිහාටුවක් හෝ නහර වැදැල්ලක් හෝ ගින්නට දැමූ කල්හී මිරිකී යයි. හැකිලෙයි. පෙරළී යයි. ඍජු ව නොසිටියි. එසෙයින් ම මහණෙනි, අසුභ සංඥාව මැනැවින් පුරුදු කළ සිතින් බහුල ව වාසය කරන භික්ෂුවගේ සිත මෙවුන්දම් සෙවීමේ අදහස ඉදිරියෙහි මිරිකී යයි. හැකිලෙයි. පෙරළී යයි. ඒ කෙරෙහි ඍජු ව නොසිටියි. උපේක්ෂාව හෝ පිළිකුල හෝ පිහිටයි.

ඉදින් මහණෙනි, අසුභ සංඥාව මැනැවින් පුරුදු කළ සිතින් බහුල ව වාසය කරන භික්ෂුවගේ සිත මෛථුන්දම් සෙවීමේ අදහස ඉදිරියෙහි එයට එකඟ වෙයි නම්, පිළිකුල හෝ නොපිහිටයි නම්, මහණෙනි, ඒ භික්ෂුව විසින් එය මෙසේ දත යුත්තේ ය. 'මා තුළ අසුභ සංඥාව දියුණු වී නැත්තේ ය. භාවනාවට පෙර සිටි අයුරින් ම අසුභ සංඥාව වැඩූ විට ත් විශේෂ ලාභයක් මට ලැබී නැත්තේ ය. භාවනාවෙහි ප්‍රතිඵලය මා විසින් නොලබන ලද්දේ ය' යි. මෙසේ එහිලා හේ නුවණැතියෙක් වෙයි.

ඉදින් මහණෙනි, අසුභ සංඥාව මැනැවින් පුරුදු කළ සිතින් බහුල ව වාසය කරන භික්ෂුවගේ සිත මෛථුන්දම් සෙවීමේ අදහස ඉදිරියෙහි මිරිකෙයි නම්, හැකිලෙයි නම්, පෙරළී යයි නම්, ඍජු ව නොසිටියි නම්, උපේක්ෂාව හෝ පිළිකුල හෝ පිහිටයි නම්, මහණෙනි, ඒ භික්ෂුව විසින් එය මෙසේ දත යුත්තේ ය. 'මා තුළ අසුභ සංඥාව දියුණු වී ඇත්තේ ය. මා හට පෙරට වඩා අසුභ සංඥාව වැඩූ විට විශේෂ ලාභයක් ලැබී ඇත්තේ ය. භාවනාවෙහි ප්‍රතිඵලය මා විසින් ලබන ලද්දේ ය' යි. මෙසේ එහිලා හේ නුවණැතියෙක් වෙයි.

මහණෙනි, භාවිත කරන ලද, බහුල ව ප්‍රගුණ කරන ලද, අසුභ සංඥාව මහත්ඵල මහානිශංස වෙයි. නිවනට බැසගන්නේ වෙයි. නිවනින් අවසන් වන්නේ වෙයි යනුවෙන් යමක් පවසන ලද්දේ ද, එය මේ සඳහා පවසන ලද්දේ ය.

2. මහණෙනි, භාවිත කරන ලද, බහුල ව ප්‍රගුණ කරන ලද, මරණ සංඥාව මහත්ඵල මහානිශංස වෙයි. නිවනට බැසගන්නේ වෙයි. නිවනින් අවසන් වන්නේ වෙයි යනුවෙන් යමක් පවසන ලද්දේ ද, එය කුමක් සඳහා පවසන ලද්දේ ද යත්;

මහණෙනි, මරණ සංඥාව මැනැවින් පුරුදු කළ සිතින් බහුල ව වාසය කරන භික්ෂුවගේ සිත ජීවිතය පිළිබඳ බලවත් ආශාව ඉදිරියෙහි මිරිකී යයි. හැකිලෙයි. පෙරළී යයි. ඒ කෙරෙහි ඍජු ව නොසිටියි. උපේක්ෂාව හෝ පිළිකුල හෝ පිහිටයි.

මහණෙනි, එය මෙබඳු දෙයකි. කුකුල් පිහාටුවක් හෝ නහර වැදැල්ලක් හෝ ගින්නට දැමූ කල්හී මිරිකී යයි. හැකිලෙයි. පෙරළී යයි. ඒ කෙරෙහි ඍජු ව නොසිටියි. එසෙයින් ම මහණෙනි, මරණ සංඥාව මැනැවින් පුරුදු කළ සිතින් බහුල ව වාසය කරන භික්ෂුවගේ සිත ජීවිතය පිළිබඳ බලවත් ආශාව ඉදිරියෙහි මිරිකී යයි. හැකිලෙයි. පෙරළී යයි. ඒ කෙරෙහි ඍජු ව නොසිටියි. උපේක්ෂාව හෝ පිළිකුල හෝ පිහිටයි.

ඉදින් මහණෙනි, මරණ සංඥාව මැනැවින් පුරුදු කළ සිතින් බහුල ව වාසය කරන භික්ෂුවගේ සිත ජීවිතය පිළිබඳ බලවත් ආශාව ඉදිරියෙහි එයට එකඟ වෙයි නම්, පිළිකුල හෝ නොපිහිටයි නම්, මහණෙනි, ඒ භික්ෂුව විසින් එය මෙසේ දත යුත්තේ ය. 'මා තුළ මරණ සංඥාව දියුණු වී නැත්තේ ය. භාවනාවට පෙර සිටි පරිද්දෙන් මරණ සංඥාව වැඩූ විට ත් විශේෂ ලාභයක් මට ලැබී නැත්තේ ය. භාවනාවෙහි ප්‍රතිඵලය මා විසින් නොලබන ලද්දේ ය' යි. මෙසේ එහිලා හේ නුවණැතියෙක් වෙයි.

ඉදින් මහණෙනි, මරණ සංඥාව මැනැවින් පුරුදු කළ සිතින් බහුල ව වාසය කරන භික්ෂුවගේ සිත ජීවිතය පිළිබඳ බලවත් ආශාව ඉදිරියෙහි මිරිකෙයි නම්, හැකිලෙයි නම්, පෙරළී යයි නම්, ඒ කෙරෙහි සෘජු ව නොසිටියි නම්, උපේක්ෂාව හෝ පිළිකුල හෝ පිහිටයි නම්, මහණෙනි, ඒ භික්ෂුව විසින් එය මෙසේ දත යුත්තේ ය. 'මා තුළ මරණ සංඥාව දියුණු වී ඇත්තේ ය. මා හට පෙරට වඩා මරණ සංඥාව වැඩූ විට විශේෂ ලාභයක් ලැබී ඇත්තේ ය. භාවනාවෙහි ප්‍රතිඵලය මා විසින් ලබන ලද්දේ ය' යි. මෙසේ එහිලා හේ නුවණැතියෙක් වෙයි.

මහණෙනි, භාවිත කරන ලද, බහුල ව ප්‍රගුණ කරන ලද, මරණ සංඥාව මහත්ඵල මහානිශංස වෙයි. නිවනට බැසගන්නේ වෙයි. නිවනින් අවසන් වන්නේ වෙයි යනුවෙන් යමක් පවසන ලද්දේ ද, එය මේ සඳහා පවසන ලද්දේ ය.

3. මහණෙනි, භාවිත කරන ලද, බහුල ව ප්‍රගුණ කරන ලද, ආහාරයෙහි පිළිකුල් සංඥාව මහත්ඵල මහානිශංස වෙයි. නිවනට බැසගන්නේ වෙයි. නිවනින් අවසන් වන්නේ වෙයි යනුවෙන් යමක් පවසන ලද්දේ ද, එය කුමක් සඳහා පවසන ලද්දේ ද යත්;

මහණෙනි, ආහාරයෙහි පිළිකුල් සංඥාව මැනැවින් පුරුදු කළ සිතින් බහුල ව වාසය කරන භික්ෂුවගේ සිත රස තණ්හාව ඉදිරියෙහි මිරිකී යයි. හැකිලෙයි. පෙරළී යයි. ඒ කෙරෙහි සෘජු ව නොසිටියි. උපේක්ෂාව හෝ පිළිකුල හෝ පිහිටයි.

මහණෙනි, එය මෙබඳු දෙයකි. කුකුල් පිහාටුවක් හෝ නහර වැදැල්ලක් හෝ ගින්නට දැමූ කල්හී මිරිකී යයි. හැකිලෙයි. පෙරළී යයි. සෘජු ව නොසිටියි. එසෙයින් ම මහණෙනි, ආහාරයෙහි පිළිකුල් සංඥාව මැනැවින් පුරුදු කළ සිතින් බහුල ව වාසය කරන භික්ෂුවගේ සිත රස තණ්හාව ඉදිරියෙහි මිරිකී යයි. හැකිලෙයි. පෙරළී යයි. ඒ කෙරෙහි සෘජු ව නොසිටියි. උපේක්ෂාව හෝ පිළිකුල හෝ පිහිටයි.

ඉදින් මහණෙනි, ආහාරයෙහි පිළිකුල් සංඥාව මැනැවින් පුරුදු කළ සිතින් බහුල ව වාසය කරන භික්ෂුවගේ සිත රස තණ්හාව ඉදිරියෙහි එයට එකඟ වෙයි නම්, පිළිකුල හෝ නොපිහිටයි නම්, මහණෙනි, ඒ භික්ෂුව විසින් එය මෙසේ දත යුත්තේ ය. 'මා තුළ ආහාරයෙහි පිළිකුල් සංඥාව දියුණු වී නැත්තේ ය. භාවනාවට පෙර සිටි අයුරින් ආහාරයෙහි පිළිකුල් සංඥාව වැඩූ විට ත් විශේෂ ලාභයක් මට ලැබී නැත්තේ ය. භාවනාවෙහි ප්‍රතිඵලය මා විසින් නොලබන ලද්දේ ය' යි. මෙසේ එහිලා හේ නුවණැතියෙක් වෙයි.

ඉදින් මහණෙනි, ආහාරයෙහි පිළිකුල් සංඥාව මැනැවින් පුරුදු කළ සිතින් බහුල ව වාසය කරන භික්ෂුවගේ සිත රස තණ්හාව ඉදිරියෙහි මිරිකෙයි නම්, හැකිලෙයි නම්, පෙරළී යයි නම්, ඒ කෙරෙහි ඍජු ව නොසිටියි නම්, උපේක්ෂාව හෝ පිළිකුල හෝ පිහිටයි නම්, මහණෙනි, ඒ භික්ෂුව විසින් එය මෙසේ දත යුත්තේ ය. 'මා තුළ ආහාරයෙහි පිළිකුල් සංඥාව දියුණු වී ඇත්තේ ය. මා හට පෙරට වඩා ආහාරයෙහි පිළිකුල් සංඥාව වැඩූ විට විශේෂ ලාභයක් ලැබී ඇත්තේ ය. භාවනාවෙහි ප්‍රතිඵලය මා විසින් ලබන ලද්දේ ය' යි. මෙසේ එහිලා හේ නුවණැතියෙක් වෙයි.

මහණෙනි, භාවිත කරන ලද, බහුල ව ප්‍රගුණ කරන ලද, ආහාරයෙහි පිළිකුල් සංඥාව මහත්ඵල මහානිශංස වෙයි. නිවනට බැසගන්නේ වෙයි. නිවනින් අවසන් වන්නේ වෙයි යනුවෙන් යමක් පවසන ලද්දේ ද, එය මේ සඳහා පවසන ලද්දේ ය.

4. මහණෙනි, භාවිත කරන ලද, බහුල ව ප්‍රගුණ කරන ලද, සියළු ලෝකයෙහි නොඇලෙන සංඥාව මහත්ඵල මහානිශංස වෙයි. නිවනට බැසගන්නේ වෙයි. නිවනින් අවසන් වන්නේ වෙයි යනුවෙන් යමක් පවසන ලද්දේ ද, එය කුමක් සඳහා පවසන ලද්දේ ද යත්;

මහණෙනි, සියළු ලෝකයෙහි නොඇලෙන සංඥාව මැනැවින් පුරුදු කළ සිතින් බහුල ව වාසය කරන භික්ෂුවගේ සිත විවිධ ලෝකයන් ගැන සිතන කල්හී එය ඉදිරියෙහි මිරිකී යයි. හැකිලෙයි. පෙරළී යයි. ඒ කෙරෙහි ඍජු ව නොසිටියි. උපේක්ෂාව හෝ පිළිකුල හෝ පිහිටයි.

මහණෙනි, එය මෙබඳු දෙයකි. කුකුල් පිහාටුවක් හෝ නහර වැදල්ලක් හෝ ගින්නට දැමූ කල්හී මිරිකී යයි. හැකිලෙයි. පෙරළී යයි. ඍජු ව නොසිටියි. එසෙයින් ම මහණෙනි, සියළු ලෝකයෙහි නොඇලෙන සංඥාව මැනැවින් පුරුදු කළ සිතින් බහුල ව වාසය කරන භික්ෂුවගේ සිත විවිධ ලෝකයන් ගැන සිතන කල්හී එය ඉදිරියෙහි මිරිකී යයි. හැකිලෙයි. පෙරළී යයි. ඒ කෙරෙහි ඍජු ව නොසිටියි. උපේක්ෂාව හෝ පිළිකුල හෝ පිහිටයි.

ඉදින් මහණෙනි, සියළු ලෝකයෙහි නොඇලෙන සංඥාව මැනැවින් පුරුදු කළ සිතින් බහුල ව වාසය කරන භික්ෂුවගේ සිත විවිධ ලෝකයන් ගැන සිතන කල්හී එය ඉදිරියෙහි එයට එකඟ වෙයි නම්, පිළිකුල හෝ නොපිහිටයි නම්, මහණෙනි, ඒ භික්ෂුව විසින් එය මෙසේ දත යුත්තේ ය. 'මා තුළ සියළු ලෝකයෙහි නොඇලෙන සංඥාව දියුණු වී නැත්තේ ය. භාවනාවට පෙර සිටි අයුරෙන් ම සියළු ලෝකයෙහි නොඇලෙන සංඥාව වැඩූ විට ත් විශේෂ ලාභයක් මට ලැබී නැත්තේ ය. භාවනාවෙහි ප්‍රතිඵලය මා විසින් නොලබන ලද්දේ ය' යි. මෙසේ එහිලා හේ නුවණැතියෙක් වෙයි.

ඉදින් මහණෙනි, සියළු ලෝකයෙහි නොඇලෙන සංඥාව මැනැවින් පුරුදු කළ සිතින් බහුල ව වාසය කරන භික්ෂුවගේ සිත විවිධ ලෝකයන් ගැන සිතන කල්හී එය ඉදිරියෙහි මිරිකෙයි නම්, හැකිලෙයි නම්, පෙරළී යයි නම්, ඒ කෙරෙහි ඍජු ව නොසිටියි නම්, උපේක්ෂාව හෝ පිළිකුල හෝ පිහිටයි නම්, මහණෙනි, ඒ භික්ෂුව විසින් එය මෙසේ දත යුත්තේ ය. 'මා තුළ සියළු ලෝකයෙහි නොඇලෙන සංඥාව දියුණු වී ඇත්තේ ය. මා හට පෙරට වඩා සියළු ලෝකයෙහි නොඇලෙන සංඥාව වැඩූ විට විශේෂ ලාභයක් ලැබී ඇත්තේ ය. භාවනාවෙහි ප්‍රතිඵලය මා විසින් ලබන ලද්දේ ය' යි. මෙසේ එහිලා හේ නුවණැතියෙක් වෙයි.

මහණෙනි, භාවිත කරන ලද, බහුල ව ප්‍රගුණ කරන ලද, සියළු ලෝකයෙහි නොඇලෙන සංඥාව මහත්ඵල මහානිශංස වෙයි. නිවනට බැසග න්නේ වෙයි. නිවනින් අවසන් වන්නේ වෙයි යනුවෙන් යමක් පවසන ලද්දේ ද, එය මේ සඳහා පවසන ලද්දේ ය.

5. මහණෙනි, භාවිත කරන ලද, බහුල ව ප්‍රගුණ කරන ලද, අනිත්‍ය සංඥාව මහත්ඵල මහානිශංස වෙයි. නිවනට බැසගන්නේ වෙයි. නිවනින් අවසන් වන්නේ වෙයි යනුවෙන් යමක් පවසන ලද්දේ ද, එය කුමක් සඳහා පවසන ලද්දේ ද යත්;

මහණෙනි, අනිත්‍ය සංඥාව මැනැවින් පුරුදු කළ සිතින් බහුල ව වාසය කරන භික්ෂුවගේ සිත ලාභ සත්කාර කීර්ති ප්‍රශංසා ඉදිරියෙහි මිරිකී යයි. හැකිලෙයි. පෙරළී යයි. ඒ කෙරෙහි ඍජු ව නොසිටියි. උපේක්ෂාව හෝ පිළිකුල හෝ පිහිටයි.

මහණෙනි, එය මෙබඳු දෙයකි. කුකුල් පිහාටුවක් හෝ නහර වැදල්ලක් හෝ ගින්නට දැමූ කල්හී මිරිකී යයි. හැකිලෙයි. පෙරළී යයි. ඍජු ව නොසිටියි. එසෙයින් ම මහණෙනි, අනිත්‍ය සංඥාව මැනැවින් පුරුදු කළ සිතින් බහුල

ව වාසය කරන භික්ෂුවගේ සිත ලාභ සත්කාර කීර්ති ප්‍රශංසා ඉදිරියෙහි මිරිකී යයි. හැකිලෙයි. පෙරළී යයි. ඒ කෙරෙහි ඍජු ව නොසිටියි. උපේක්ෂාව හෝ පිළිකුල හෝ පිහිටයි.

ඉදින් මහණෙනි, අනිත්‍ය සංඥාව මැනැවින් පුරුදු කළ සිතින් බහුල ව වාසය කරන භික්ෂුවගේ සිත ලාභ සත්කාර කීර්ති ප්‍රශංසා ඉදිරියෙහි එයට එකඟ වෙයි නම්, පිළිකුල හෝ නොපිහිටයි නම්, මහණෙනි, ඒ භික්ෂුව විසින් එය මෙසේ දත යුත්තේ ය. 'මා තුළ අනිත්‍ය සංඥාව දියුණු වී නැත්තේ ය. භාවනාවට පෙර සිටි අයුරින් ම අනිත්‍ය සංඥාව වැඩූ විට ත් විශේෂ ලාභයක් මට ලැබී නැත්තේ ය. භාවනාවෙහි ප්‍රතිඵලය මා විසින් නොලබන ලද්දේ ය' යි. මෙසේ එහිලා හේ නුවණැතියෙක් වෙයි.

ඉදින් මහණෙනි, අනිත්‍ය සංඥාව මැනැවින් පුරුදු කළ සිතින් බහුල ව වාසය කරන භික්ෂුවගේ සිත ලාභ සත්කාර කීර්ති ප්‍රශංසා ඉදිරියෙහි මිරිකෙයි නම්, හැකිලෙයි නම්, පෙරළී යයි නම්, ඒ කෙරෙහි ඍජු ව නොසිටියි නම්, උපේක්ෂාව හෝ පිළිකුල හෝ පිහිටයි නම්, මහණෙනි, ඒ භික්ෂුව විසින් එය මෙසේ දත යුත්තේ ය. 'මා තුළ අනිත්‍ය සංඥාව දියුණු වී ඇත්තේ ය. මා හට පෙරට වඩා අනිත්‍ය සංඥාව වැඩූ විට විශේෂ ලාභයක් ලැබී ඇත්තේ ය. භාවනාවෙහි ප්‍රතිඵලය මා විසින් ලබන ලද්දේ ය' යි. මෙසේ එහිලා හේ නුවණැතියෙක් වෙයි.

මහණෙනි, භාවිත කරන ලද, බහුල ව ප්‍රගුණ කරන ලද, අනිත්‍ය සංඥාව මහත්ඵල මහානිශංස වෙයි. නිවනට බැසගන්නේ වෙයි. නිවනින් අවසන් වන්නේ වෙයි යනුවෙන් යමක් පවසන ලද්දේ ද, එය මේ සඳහා පවසන ලද්දේ ය.

6. මහණෙනි, භාවිත කරන ලද, බහුල ව ප්‍රගුණ කරන ලද, අනිත්‍යයෙහි දුක්ඛ සංඥාව මහත්ඵල මහානිශංස වෙයි. නිවනට බැසගන්නේ වෙයි. නිවනින් අවසන් වන්නේ වෙයි යනුවෙන් යමක් පවසන ලද්දේ ද, එය කුමක් සඳහා පවසන ලද්දේ ද යත්;

මහණෙනි, අනිත්‍යයෙහි දුක්ඛ සංඥාව මැනැවින් පුරුදු කළ සිතින් බහුල ව වාසය කරන භික්ෂුව හට අලස බව කෙරෙහි, කුසීත බව කෙරෙහි, භාවනාවෙන් සිත පිටතට යාම කෙරෙහි, ප්‍රමාදය කෙරෙහි, භාවනාවෙහි නොයෙදීම කෙරෙහි, ප්‍රත්‍යවෙක්ෂා නොකිරීම කෙරෙහි, කඩුවක් ඔසොවා ගත් වධකයෙකු කෙරෙහි බිය වන සෙයින් තියුණු වූ භය සංඥාවක් එළඹ සිටියේ වෙයි.

ඉදින් මහණෙනි, අනිත්‍යයෙහි දුක් සංඥාව මැනැවින් පුරුදු කළ සිතින් බහුල ව වාසය කරන භික්ෂුව හට අලස බව කෙරෙහි, කුසීත බව කෙරෙහි, භාවනාවෙන් සිත පිටතට යාම කෙරෙහි, ප්‍රමාදය කෙරෙහි, භාවනාවෙහි නොයෙදීම කෙරෙහි, ප්‍රත්‍යවෙක්ෂා නොකිරීම කෙරෙහි, කඩුවක් ඔසොවා ගත් වධකයෙකු කෙරෙහි බිය වන සෙයින් තියුණු වූ භය සංඥාවක් එළඹ නො සිටියේ නම්, මහණෙනි, ඒ භික්ෂුව විසින් එය මෙසේ දත යුත්තේ ය. 'මා තුළ අනිත්‍යයෙහි දුක් සංඥාව දියුණු වී නැත්තේ ය. භාවනාවට පෙර සිටි අයුරින් ම අනිත්‍යයෙහි දුක් සංඥාව වැඩූ විට ත් විශේෂ ලාභයක් මට ලැබී නැත්තේ ය. භාවනාවෙහි ප්‍රතිඵලය මා විසින් නොලබන ලද්දේ ය' යි. මෙසේ එහිලා හේ නුවණැතියෙක් වෙයි.

ඉදින් මහණෙනි, අනිත්‍යයෙහි දුක් සංඥාව මැනැවින් පුරුදු කළ සිතින් බහුල ව වාසය කරන භික්ෂුව හට අලස බව කෙරෙහි, කුසීත බව කෙරෙහි, භාවනාවෙන් සිත පිටතට යාම කෙරෙහි, ප්‍රමාදය කෙරෙහි, භාවනාවෙහි නොයෙදීම කෙරෙහි, ප්‍රත්‍යවෙක්ෂා නොකිරීම කෙරෙහි, කඩුවක් ඔසොවා ගත් වධකයෙකු කෙරෙහි බිය වන සෙයින් තියුණු වූ භය සංඥාවක් එළඹ සිටියේ නම්, මහණෙනි, ඒ භික්ෂුව විසින් එය මෙසේ දත යුත්තේ ය. 'මා තුළ අනිත්‍යයෙහි දුක් සංඥාව දියුණු වී ඇත්තේ ය. මා හට පෙරට වඩා අනිත්‍යයෙහි දුක් සංඥාව වැඩූ විට විශේෂ ලාභයක් ලැබී ඇත්තේ ය. භාවනාවෙහි ප්‍රතිඵලය මා විසින් ලබන ලද්දේ ය' යි. මෙසේ එහිලා හේ නුවණැතියෙක් වෙයි.

මහණෙනි, භාවිත කරන ලද, බහුල ව ප්‍රගුණ කරන ලද, අනිත්‍යයෙහි දුක්ඛ සංඥාව මහත්ඵල මහානිශංස වෙයි. නිවනට බැසගන්නේ වෙයි. නිවනින් අවසන් වන්නේ වෙයි යනුවෙන් යමක් පවසන ලද්දේ ද, එය මේ සඳහා පවසන ලද්දේ ය.

7. මහණෙනි, භාවිත කරන ලද, බහුල ව ප්‍රගුණ කරන ලද, දුකෙහි අනාත්ම සංඥාව මහත්ඵල මහානිශංස වෙයි. නිවනට බැසගන්නේ වෙයි. නිවනින් අවසන් වන්නේ වෙයි යනුවෙන් යමක් පවසන ලද්දේ ද, එය කුමක් සඳහා පවසන ලද්දේ ද යත්;

මහණෙනි, දුකෙහි අනාත්ම සංඥාව මැනැවින් පුරුදු කළ සිතින් බහුල ව වාසය කරන භික්ෂුව හට මේ විඤ්ඤාණය සහිත කය පිළිබඳ ව ද, බාහිර සියළු නිමිති පිළිබඳ ව ද 'මම' ය, 'මාගේ' ය යන මාන්නය බැහැර වූ සිතක් ඇත්තේ වෙයි. ත්‍රිවිධ මාන්නය ඉක්මවා ගොස්, ශාන්ත වූ මැනැවින් මිදුණු සිතක් ඇත්තේ වෙයි.

ඉදින් මහණෙනි, දුකෙහි අනාත්ම සංඥාව මැනැවින් පුරුදු කළ සිතින් බහුල ව වාසය කරන භික්ෂුව හට මේ විඤ්ඤාණය සහිත කය පිළිබඳ ව ද, බාහිර සියළු නිමිති පිළිබඳ ව ද 'මම' ය, 'මාගේ' ය යන මාන්නය බැහැර වූ සිතක් නැත්තේ වෙයි නම්, ත්‍රිවිධ මාන්නය ඉක්මවා නොගියේ නම්, ශාන්ත වූ මැනැවින් මිදුණු සිතක් නැත්තේ නම්, මහණෙනි, ඒ භික්ෂුව විසින් එය මෙසේ දත යුත්තේ ය. 'මා තුළ දුකෙහි අනාත්ම සංඥාව දියුණු වී නැත්තේ ය. භාවනාවට පෙර සිටි අයුරින් ම දුකෙහි අනාත්ම සංඥාව වැඩූ විට ත් විශේෂ ලාභයක් මට ලැබී නැත්තේ ය. භාවනාවෙහි ප්‍රතිඵලය මා විසින් නොලබන ලද්දේ ය' යි. මෙසේ එහිලා හේ නුවණැතියෙක් වෙයි.

ඉදින් මහණෙනි, දුකෙහි අනාත්ම සංඥාව මැනැවින් පුරුදු කළ සිතින් බහුල ව වාසය කරන භික්ෂුව හට මේ විඤ්ඤාණය සහිත කය පිළිබඳ ව ද, බාහිර සියළු නිමිති පිළිබඳ ව ද 'මම' ය, 'මාගේ' ය යන මාන්නය බැහැර වූ සිතක් ඇත්තේ වෙයි නම්, ත්‍රිවිධ මාන්නය ඉක්මවා ගියේ නම්, ශාන්ත වූ මැනැවින් මිදුණු සිතක් ඇත්තේ නම්, මහණෙනි, ඒ භික්ෂුව විසින් එය මෙසේ දත යුත්තේ ය. 'මා තුළ දුකෙහි අනාත්ම සංඥාව දියුණු වී ඇත්තේ ය. මා හට පෙරට වඩා දුකෙහි අනාත්ම සංඥාව වැඩූ විට විශේෂ ලාභයක් ලැබී ඇත්තේ ය. භාවනාවෙහි ප්‍රතිඵලය මා විසින් ලබන ලද්දේ ය' යි. මෙසේ එහිලා හේ නුවණැතියෙක් වෙයි.

මහණෙනි, භාවිත කරන ලද, බහුල ව ප්‍රගුණ කරන ලද, දුකෙහි අනාත්ම සංඥාව මහත්ඵල මහානිශංස වෙයි. නිවනට බැසගන්නේ වෙයි. නිවනින් අවසන් වන්නේ වෙයි යනුවෙන් යමක් පවසන ලද්දේ ද, එය මේ සඳහා පවසන ලද්දේ ය.

මහණෙනි, භාවිත කරන ලද, බහුල ව ප්‍රගුණ කරන ලද, මේ සප්ත සංඥාවෝ මහත්ඵල මහානිශංස වෙති. නිවනට බැසගත්තාහු, නිවනින් අවසන් වන්නාහු වෙති.

සාදු! සාදු!! සාදු!!!

විත්ථත සත්ත සඤ්ඤා සූත්‍රය නිමා විය.

7.1.5.7.
සත්ත මේථුන සූත්‍රය
සප්ත මෛථුනය ගැන වදාළ දෙසුම

සැවැත් නුවර දී ය .....

එකල්හී ජාණුස්සෝණි බ්‍රාහ්මණයා භාග්‍යවතුන් වහන්සේ වෙත පැමිණියේ ය. පැමිණ භාග්‍යවතුන් වහන්සේ සමඟ සතුටු වූයේ ය. ....(පෙ).... භාග්‍යවතුන් වහන්සේට මෙකරුණ පැවසුවේ ය.

"ශ්‍රමණ භවත් ගෞතමයන් වහන්සේ ත් 'බ්‍රහ්මචාරියෙක්මි' යි ප්‍රතිඥා දෙන්නහු ද?"

"බ්‍රාහ්මණය, යම් පුද්ගලයෙකු අරහයා නිවැරදි අයුරින් මෙසේ කියයි නම්, එනම් නොකැඩුණු, සිදුරු නොවූ, කැලැල් නොවූ, පැල්ලම් නොවූ, පරිපූර්ණ වූ, පරිශුද්ධ වූ බඹසරෙහි හැසිරෙන්නේ ය කියා එකරුණ බ්‍රාහ්මණය, නිවැරදි අයුරින් පවසන්නේ නම් මා අරහයා ම කියන්නේ ය. බ්‍රාහ්මණය, මම වනාහී නොකැඩුණු, සිදුරු නොවූ, කැලැල් නොවූ, පැල්ලම් නොවූ, පරිපූර්ණ වූ, පරිශුද්ධ වූ බඹසරෙහි හැසිරෙන්නෙක්මි."

"කිම, භවත් ගෞතමයන් වහන්ස, බ්‍රහ්මචාරී තැනැත්තාගේ කැඩුණා වූත්, සිදුරු ඇත්තා වූත්, පැල්ලම් ඇත්තා වූත්, කැලැල් ඇත්තා වූත් බඹසර යනු කුමක් ද?"

1. බ්‍රාහ්මණය, මෙහිලා ඇතැම් ශ්‍රමණයෙක් වේවා, බ්‍රාහ්මණයෙක් වේවා, මනාකොට බ්‍රහ්මචාරී වෙමි යි ප්‍රතිඥා දෙන්නේ ය. හේ ස්ත්‍රියක සමඟ දෙදෙනා එක්වීමකට නොපැමිණෙයි. එනමුත් ස්ත්‍රියක් විසින් කරනු ලබන ඇඟ ඉලීම්, පිරිමැදීම්, නැහැවීම්, සම්බාහනය කිරීම් ඉවසයි. හේ එයින් ආශ්වාදය ලබයි. එයට කැමති වෙයි. එයින් සතුටට පත්වන්නේ ද වෙයි. බ්‍රාහ්මණය, මෙය ත් බ්‍රහ්මචාරී තැනැත්තාගේ කැඩී ගිය, සිදුරු ඇති, පැල්ලම් ඇති, කැලැල් ඇති බඹසර යි. බ්‍රාහ්මණය, මෙතෙමේ මෛථුන ධර්මය හා එක්වූයේ අපරිසිදු බඹසරෙහි හැසිරෙන්නේ ඉපදීමෙන්, ජරා මරණයෙන්, ශෝකයෙන්, වැළපීමෙන්, දුකින්, දොම්නසින්, සුසුම් හෙළීමෙන් නොමිදෙන්නේ ය. සසර දුකින් නොමිදෙන්නේ යැයි කියමි.

2. තව ද බ්‍රාහ්මණය, ඇතැම් ශ්‍රමණයෙක් වේවා, බ්‍රාහ්මණයෙක් වේවා, මනාකොට බ්‍රහ්මචාරී වෙමි යි ප්‍රතිඥා දෙන්නේ ය. හේ ස්ත්‍රියක සමඟ දෙදෙනා එක්වීමකට නොපැමිණෙයි. ස්ත්‍රියක් විසින් කරනු ලබන ඇඟ ඉලීම්, පිරිමැදීම්, නැහැවීම්, සම්බාහනය කිරීම් නොඉවසයි. එනමුදු ස්ත්‍රියක් සමඟ කවටකම් කරමින් සිනහසෙයි. ක්‍රීඩා කරයි. මහ හඬින් සිනහසෙයි. හේ එයින් ආශ්වාදය ලබයි. එයට කැමති වෙයි. එයින් සතුටට පත්වන්නේ ද වෙයි. බ්‍රාහ්මණය, මෙය ත් බ්‍රහ්මචාරී තැනැත්තාගේ කැඩී ගිය, සිදුරු ඇති, පැල්ලම් ඇති, කැලැල් ඇති බඹසර යි. බ්‍රාහ්මණය, මෙතෙමේ මෛථුන ධර්මය හා එක්වූයේ අපරිසිදු බඹසරෙහි හැසිරෙන්නේ ඉපදීමෙන්, ජරා මරණයෙන්, ශෝකයෙන්, වැළපීමෙන්, දුකින්, දොම්නසින්, සුසුම් හෙළීමෙන් නොමිදෙන්නේ ය. සසර දුකින් නොමිදෙන්නේ යැයි කියමි.

3. හේ ස්ත්‍රියක් සමඟ කවටකම් කරමින් නොම සිනහසෙයි. ක්‍රීඩා නොකරයි. මහ හඬින් නොම සිනහසෙයි. එනමුදු සිය ඇසින් ස්ත්‍රියකගේ ඇස දෙස නැවත නැවත බලයි. හොඳින් බලයි. හේ එයින් ආශ්වාදය ලබයි. එයට කැමති වෙයි. එයින් සතුටට පත්වන්නේ ද වෙයි. බ්‍රාහ්මණය, මෙය ත් බ්‍රහ්මචාරී තැනැත්තාගේ කැඩී ගිය, සිදුරු ඇති, පැල්ලම් ඇති, කැලැල් ඇති බඹසර යි. බ්‍රාහ්මණය, මෙතෙමේ මෛථුන ධර්මය හා එක්වූයේ අපරිසිදු බඹසරෙහි හැසිරෙන්නේ ඉපදීමෙන්, ජරා මරණයෙන්, ශෝකයෙන්, වැළපීමෙන්, දුකින්, දොම්නසින්, සුසුම් හෙළීමෙන් නොමිදෙන්නේ ය. සසර දුකින් නොමිදෙන්නේ යැයි කියමි.

4. හේ සිය ඇසින් ස්ත්‍රියකගේ ඇස දෙස නැවත නැවත නොබලයි. හොඳින් නොබලයි. එනමුදු බිත්තියෙන් පිටත වේවා, ප්‍රාකාරයෙන් පිටත වේවා සිනහසෙන්නා වූ හෝ කතා බස් කරන්නා වූ හෝ ගයන්නා වූ හෝ හඬන්නා වූ හෝ ස්ත්‍රියකගේ හඬ අසයි. හේ එයින් ආශ්වාදය ලබයි. එයට කැමති වෙයි. එයින් සතුටට පත්වන්නේ ද වෙයි. බ්‍රාහ්මණය, මෙය ත් බ්‍රහ්මචාරී තැනැත්තාගේ කැඩී ගිය, සිදුරු ඇති, පැල්ලම් ඇති, කැලැල් ඇති බඹසර යි. බ්‍රාහ්මණය, මෙතෙමේ මෛථුන ධර්මය හා එක්වූයේ අපරිසිදු බඹසරෙහි හැසිරෙන්නේ ඉපදීමෙන්, ජරා මරණයෙන්, ශෝකයෙන්, වැළපීමෙන්, දුකින්, දොම්නසින්, සුසුම් හෙළීමෙන් නොමිදෙන්නේ ය. සසර දුකින් නොමිදෙන්නේ යැයි කියමි.

5. හේ බිත්තියෙන් පිටත වේවා, ප්‍රාකාරයෙන් පිටත වේවා සිනහසෙන්නා වූ හෝ කතා බස් කරන්නා වූ හෝ ගයන්නා වූ හෝ හඬන්නා වූ හෝ ස්ත්‍රියකගේ හඬ නොඅසයි. එනමුදු හේ බ්‍රහ්මචාරී වීමට කලින් යම් ස්ත්‍රියක් සමඟ කතා කළ, දෙඩූ, ක්‍රීඩා කළ යමක් ඇද්ද, එය සිහි කරයි. හේ එයින් ආශ්වාදය ලබයි. එයට කැමති වෙයි. එයින් සතුටට පත්වන්නේ ද වෙයි. බ්‍රාහ්මණය, මෙය ත් බ්‍රහ්මචාරී

තැනැත්තාගේ කැඩී ගිය, සිදුරු ඇති, පැල්ලම් ඇති, කැලැල් ඇති බඹසර යි. බ්‍රාහ්මණය, මෙතෙමේ මෛථුන ධර්මය හා එක්වූයේ අපරිසිදු බඹසරෙහි හැසිරෙන්නේ ඉපදීමෙන්, ජරා මරණයෙන්, ශෝකයෙන්, වැළපීමෙන්, දුකින්, දොම්නසින්, සුසුම් හෙළීමෙන් නොමිදෙන්නේ ය. සසර දුකින් නොමිදෙන්නේ යැයි කියමි.

6. හේ බ්‍රහ්මචාරී වීමට කලින් යම් ස්ත්‍රියක් සමඟ කතා කළ, දෙඩූ, ක්‍රීඩා කළ යමක් ඇද්ද, එය සිහි නොකරයි. එනමුදු හේ පංච කාමගුණයන් පිරිවරාගෙන එයින් යුක්ත ව, එයින් සතුටු වෙමින් සිටින ගෘහපතියෙකු හෝ ගෘහපති පුත්‍රයෙකු හෝ දකියි. හේ එයින් ආශ්වාදය ලබයි. එයට කැමති වෙයි. එයින් සතුටට පත්වන්නේ ද වෙයි. බ්‍රාහ්මණය, මෙය ත් බ්‍රහ්මචාරී තැනැත්තාගේ කැඩී ගිය, සිදුරු ඇති, පැල්ලම් ඇති, කැලැල් ඇති බඹසර යි. බ්‍රාහ්මණය, මෙතෙමේ මෛථුන ධර්මය හා එක්වූයේ අපරිසිදු බඹසරෙහි හැසිරෙන්නේ ඉපදීමෙන්, ජරා මරණයෙන්, ශෝකයෙන්, වැළපීමෙන්, දුකින්, දොම්නසින්, සුසුම් හෙළීමෙන් නොමිදෙන්නේ ය. සසර දුකින් නොමිදෙන්නේ යැයි කියමි.

7. හේ පංච කාමගුණයන් පිරිවරාගෙන එයින් යුක්ත ව, එයින් සතුටු වෙමින් සිටින ගෘහපතියෙකු හෝ ගෘහපති පුත්‍රයෙකු හෝ නොදකියි. එනමුදු හේ කුමන හෝ දෙව්ලොවක ඉපදීමේ අපේක්ෂාවෙන් බඹසර වසයි. 'මම මේ සීලයෙන් හෝ ව්‍රතයෙන් හෝ තපසින් හෝ බඹසරින් හෝ දෙවියෙක් හෝ වන්නෙමි. අන්‍ය වූ දෙවියෙක් හෝ වන්නේමි' යි. හේ එයින් ආශ්වාදය ලබයි. එයට කැමති වෙයි. එයින් සතුටට පත්වන්නේ ද වෙයි. එයින් සෑහීමකට පත් වෙයි. බ්‍රාහ්මණය, මෙය ත් බ්‍රහ්මචාරී තැනැත්තාගේ කැඩී ගිය, සිදුරු ඇති, පැල්ලම් ඇති, කැලැල් ඇති බඹසර යි. බ්‍රාහ්මණය, මෙතෙමේ මෛථුන ධර්මය හා එක්වූයේ අපරිසිදු බඹසරෙහි හැසිරෙන්නේ ඉපදීමෙන්, ජරා මරණයෙන්, ශෝකයෙන්, වැළපීමෙන්, දුකින්, දොම්නසින්, සුසුම් හෙළීමෙන් නොමිදෙන්නේ ය. සසර දුකින් නොමිදෙන්නේ යැයි කියමි.

බ්‍රාහ්මණය, මම යම්තාක් මේ සප්තවිධ මෛථුන සංයෝගයන්ගෙන් කවර හෝ දෙයක් කවර හෝ මෛථුන සංයෝගයක් තමා තුළ ප්‍රහීණ නොවී ඇති බව දුටුවෙම් ද, බ්‍රාහ්මණය, ඒ තාක් කල් මම දෙවියන් සහිත, බඹුන් සහිත, මරුන් සහිත, ශ්‍රමණ බ්‍රාහ්මණයන් සහිත දෙව් මිනිස් ප්‍රජාව සහිත ලෝකයෙහි අනුත්තර වූ සම්මා සම්බෝධිය අවබෝධ කළ බවට ප්‍රතිඥා නොදුන්නෙමි.

බ්‍රාහ්මණය, මම යම් කලෙක මේ සප්තවිධ මෛථුන සංයෝගයන්ගෙන් කවර හෝ දෙයක් කවර හෝ මෛථුන සංයෝගයක් තමා තුළ ප්‍රහීණ නොවී

ඇති බව නුදුටුවෙම් ද, බ්‍රාහ්මණය, එකල්හී මම දෙවියන් සහිත, බඹුන් සහිත, මරුන් සහිත, ශ්‍රමණ බ්‍රාහ්මණයන් සහිත දෙව් මිනිස් ප්‍රජාව සහිත ලෝකයෙහි අනුත්තර වූ සම්මා සම්බෝධිය අවබෝධ කළ බවට ප්‍රතිඥා දුන්නෙමි.

'මාගේ චිත්ත විමුක්තිය නොසෙල්වී තිබෙයි. මෙය අවසාන ඉපදීම යි. දැන් යළි ඉපදීමක් නැත්තේ ය' යි මා හට ඥාන දර්ශනය පහළ විය."

මෙසේ වදාළ කල්හී ජාණුස්සෝණි බ්‍රාහ්මණයා භාග්‍යවතුන් වහන්සේට මෙය පැවසුවේ ය. ....(පෙ).... භවත් ගෞතමයන් වහන්සේ අද පටන් දිවි ඇති තෙක් තෙරුවන් සරණ ගිය උපාසකයෙකු ලෙස මා පිළිගන්නා සේක්වා!

සාදු! සාදු!! සාදු!!!

සත්ත මේථුන සූත්‍රය නිමා විය.

7.1.5.8.
සංයෝග විසංයෝග ධම්මපරියාය සූත්‍රය
එක්වීම - වෙන්වීම නම් ධර්ම පරියාය ගැන වදාළ දෙසුම

සැවැත් නුවර දී ය .....

මහණෙනි, ඔබට එක්වීම වෙන්වීම නම් ධර්ම පරියාය දේශනා කරන්නෙමි. එය අසව්. ....(පෙ)....

මහණෙනි, ඒ එක්වීම වෙන්වීම නම් ධර්ම පරියාය කුමක් ද?

මහණෙනි, ස්ත්‍රියක් තමා තුළ ඇති ස්ත්‍රී ඉන්ද්‍රිය මෙනෙහි කරයි. ස්ත්‍රී ක්‍රියාව, ස්ත්‍රී ආකල්ප, ස්ත්‍රී මාන්නය, ස්ත්‍රිය කැමති දේ කැමති බව, ස්ත්‍රී ස්වරය, ස්ත්‍රී අලංකාරය මෙනෙහි කරයි. ඇය එයට ආශා කරයි. එය අභිරමණය කරයි. ඇය එහි ඇලී වසන්නී, එහි අභිරමණය කරන්නී, බාහිර පුරුෂ ඉන්ද්‍රිය මෙනෙහි කරයි. පුරුෂ ක්‍රියා, පුරුෂ ආකල්ප, පුරුෂ මාන්නය, පුරුෂයෙකු කැමති දේ, පුරුෂ ස්වරය, පුරුෂ අලංකාර මෙනෙහි කරයි. ඇය එයට ආශා කරයි. එය අභිරමණය කරයි. ඇය එහි ඇලී වසන්නී, එහි අභිරමණය කරන්නී, බාහිර පුරුෂයෙකු සමඟ එක්වන්නට කැමති වෙයි. යම් හෙයකින් ඇයට එසේ එක්වීමෙන් සැපයක් සොම්නසක් උපදියි නම්, එයට ද කැමති වෙයි. මහණෙනි,

ස්ත්‍රී භාවයෙහි ඇලී ගිය සත්වයෝ පුරුෂයන් කෙරෙහි එක්වීමට පැමිණියාහු ය. මහණෙනි, මෙසේ ස්ත්‍රියක් ස්ත්‍රීභාවය ඉක්මවා නොයයි.

මහණෙනි, පුරුෂයෙක් තමා තුළ ඇති පුරුෂ ඉන්ද්‍රිය මෙනෙහි කරයි. පුරුෂ ක්‍රියාව, පුරුෂ ආකල්ප, පුරුෂ මාන්නය, පුරුෂයා කැමති දේ කැමති බව, පුරුෂ ස්වරය, පුරුෂ අලංකාරය මෙනෙහි කරයි. ඔහු එයට ආශා කරයි. එය අභිරමණය කරයි. පුරුෂ එහි ඇලී වසන්නේ, එහි අභිරමණය කරන්නේ, බාහිර ස්ත්‍රී ඉන්ද්‍රිය මෙනෙහි කරයි. ස්ත්‍රී ක්‍රියා, ස්ත්‍රී ආකල්ප, ස්ත්‍රී මාන්නය, ස්ත්‍රීයක කැමති දේ, ස්ත්‍රී ස්වරය, ස්ත්‍රී අලංකාර මෙනෙහි කරයි. ඔහු එයට ආශා කරයි. එය අභිරමණය කරයි. ඔහු එහි ඇලී වසන්නේ, එහි අභිරමණය කරන්නේ, බාහිර ස්ත්‍රීයක සමඟ එක්වන්නට කැමති වෙයි. යම් හෙයකින් ඔහුට එසේ එක්වීමෙන් සැපයක් සොම්නසක් උපදියි නම්, එයට ද කැමති වෙයි. මහණෙනි, පුරුෂ භාවයෙහි ඇලී ගිය සත්වයෝ ස්ත්‍රීන් කෙරෙහි එක්වීමට පැමිණියාහු ය. මහණෙනි, මෙසේ පුරුෂයෙක් පුරුෂභාවය ඉක්මවා නොයයි.

මහණෙනි, මෙසේ එක්වීම වෙයි.

මහණෙනි, වෙන් වන්නේ කෙසේ ද?

මහණෙනි, ස්ත්‍රියක් තමා තුළ ඇති ස්ත්‍රී ඉන්ද්‍රිය මෙනෙහි නොකරයි. ස්ත්‍රී ක්‍රියාව, ස්ත්‍රී ආකල්ප, ස්ත්‍රී මාන්නය, ස්ත්‍රිය කැමති දේ කැමති බව, ස්ත්‍රී ස්වරය, ස්ත්‍රී අලංකාරය මෙනෙහි නොකරයි. ඇය එයට ආශා නොකරයි. එය අභිරමණය නොකරයි. ඇය එහි ඇලී නොවසන්නී, එහි අභිරමණය නොකරන්නී, බාහිර පුරුෂ ඉන්ද්‍රිය මෙනෙහි නොකරයි. පුරුෂ ක්‍රියා, පුරුෂ ආකල්ප, පුරුෂ මාන්නය, පුරුෂයෙකු කැමති දේ, පුරුෂ ස්වරය, පුරුෂ අලංකාර මෙනෙහි නොකරයි. ඇය එයට ආශා නොකරයි. එය අභිරමණය නොකරයි. ඇය එහි ඇලී නොවසන්නී, එහි අභිරමණය නොකරන්නී, බාහිර පුරුෂයෙකු සමඟ එක්වන්නට කැමති නොවෙයි. යම් හෙයකින් ඇයට එසේ එක්වීමෙන් සැපයක් සොම්නසක් උපදියි නම්, එය නොපතයි. මහණෙනි, ස්ත්‍රී භාවයෙහි නොඇලී ගිය සත්වයෝ පුරුෂයන් කෙරෙන් වෙන් වීමට පැමිණියාහු ය. මහණෙනි, මෙසේ ස්ත්‍රියක් ස්ත්‍රීභාවය ඉක්මවා යයි.

මහණෙනි, පුරුෂයෙක් තමා තුළ ඇති පුරුෂ ඉන්ද්‍රිය මෙනෙහි නොකරයි. පුරුෂ ක්‍රියාව, පුරුෂ ආකල්ප, පුරුෂ මාන්නය, පුරුෂයා කැමති දේ කැමති බව, පුරුෂ ස්වරය, පුරුෂ අලංකාරය මෙනෙහි නොකරයි. ඔහු එයට ආශා නොකරයි. එය අභිරමණය නොකරයි. පුරුෂ එහි ඇලී නොවසන්නේ, එහි අභිරමණය නොකරන්නේ, බාහිර ස්ත්‍රී ඉන්ද්‍රිය මෙනෙහි නොකරයි. ස්ත්‍රී ක්‍රියා,

ස්ත්‍රී ආකල්ප, ස්ත්‍රී මාන්නය, ස්ත්‍රීයක කැමති දේ, ස්ත්‍රී ස්වරය, ස්ත්‍රී අලංකාර මෙනෙහි නොකරයි. ඔහු එයට ආශා නොකරයි. එය අභිරමණය නොකරයි. ඔහු එහි ඇලී නොවසන්නේ, එහි අභිරමණය නොකරන්නේ, බාහිර ස්ත්‍රීයක සමඟ එක්වන්නට අකැමති වෙයි. යම් හෙයකින් ඔහුට එසේ එක්වීමෙන් සැපයක් සොම්නසක් උපදියි නම්, එය නොපතයි. මහණෙනි, පුරුෂ භාවයෙහි නොඇලී ගිය සත්වයෝ ස්ත්‍රීන් කෙරෙන් වෙන්වීමට පැමිණියාහු ය. මහණෙනි, මෙසේ පුරුෂයෙක් පුරුෂභාවය ඉක්මවා යයි.

මහණෙනි, මෙසේ වෙන්වීම වෙයි.

මහණෙනි, මේ වනාහී එක්වීම වෙන්වීම නම් වූ ධර්ම පර්යාය යි.

සාදු! සාදු!! සාදු!!!

සංයෝග විසංයෝග ධම්මපරියාය සූත්‍රය නිමා විය.

7.1.5.9.
දාන මහප්ඵල සූත්‍රය
දානයෙහි මහත් විපාක ගැන වදාළ දෙසුම

එක් සමයක භාග්‍යවතුන් වහන්සේ චම්පා නගරයෙහි ගග්ගරා පොකුණු තෙර වැඩවසන සේක. එකල්හී චම්පා නගරවාසී බොහෝ උපාසකවරු ආයුෂ්මත් සාරිපුත්තයන් වහන්සේ කරා පැමිණියහ. පැමිණ ආයුෂ්මත් සාරිපුත්තයන් වහන්සේ සකසා වන්දනා කොට එකත්පස් ව හිඳගත්හ. එකත්පස් ව හුන් චම්පා නගරවාසී උපාසකවරු ආයුෂ්මත් සාරිපුත්තයන් වහන්සේට මෙය පැවසූහ.

"ස්වාමීනී, භාග්‍යවතුන් වහන්සේ වෙතින් අප විසින් ධර්ම කථාවන් අසා බොහෝ කල් ඇත්තේ ය. ස්වාමීනී, අපි භාග්‍යවතුන් වහන්සේ වෙතින් ධර්ම කථාවක් ශ්‍රවණය කරන්නට ලබන්නෙමු නම් ඉතා යහපති."

"එසේ වී නම් ආයුෂ්මත්නි, පොහෝ දිනයට පැමිණෙව්. භාග්‍යවතුන් වහන්සේ වෙතින් ධර්ම කථාවක් ශ්‍රවණය කරන්නට අවස්ථාව ලබන්නාහු නම් මැනැවි."

"එසේ ය, ස්වාමීනී" යි. ඒ චම්පා නුවරවාසී උපාසකවරු ආයුෂ්මත් සාරිපුත්තයන් වහන්සේට පිළිවදන් දී නැගී සිට ආයුෂ්මත් සාරිපුත්තයන්

වහන්සේ සකසා වන්දනා කොට, පැදකුණු කොට පිටත් ව ගියහ.

ඉක්බිති චම්පා නුවරවාසී උපාසකවරු ඒ පොහෝ දිනයෙහි ආයුෂ්මත් සාරිපුත්තයන් වහන්සේ වෙත පැමිණියහ. පැමිණ ආයුෂ්මත් සාරිපුත්තයන් වහන්සේට සකසා වන්දනා කොට එකත්පස් ව සිටියාහු ය. එකල්හී ආයුෂ්මත් සාරිපුත්තයන් වහන්සේ ඒ උපාසකවරුන් සමඟ භාග්‍යවතුන් වහනසේ වෙත එළඹියහ. එළඹ භාග්‍යවතුන් වහන්සේ සකසා වන්දනා කොට එකත්පස් ව හිඳගත්හ. එකත්පස් ව හුන් ආයුෂ්මත් සාරිපුත්තයන් වහන්සේ භාග්‍යවතුන් වහන්සේට මෙය පැවසූහ.

"ස්වාමීනී, මෙහිලා ඇතැමෙකු විසින් දෙන ලද දානය මහත්ඵල නැත්තේ නම්, මහානිශංස නැත්තේ නම්, එබඳු වූ දානයක් ඇද්ද? ස්වාමීනී, මෙහිලා ඇතැමෙකු විසින් දෙන ලද දානය මහත්ඵල ඇත්තේ නම්, මහානිශංස ඇත්තේ නම්, එබඳු වූ දානයක් ඇද්ද?"

"සාරිපුත්තයෙනි, මෙහිලා ඇතැමෙකු විසින් දෙන ලද දානය මහත්ඵල නැත්තේ නම්, මහානිශංස නැත්තේ නම්, එබඳු වූ දානයක් ඇත්තේ ය. සාරිපුත්තයෙනි, මෙහිලා ඇතැමෙකු විසින් දෙන ලද දානය මහත්ඵල ඇත්තේ නම්, මහානිශංස ඇත්තේ නම්, එබඳු වූ දානයක් ඇත්තේ ය."

"ස්වාමීනී, මෙහිලා ඇතැමෙකු විසින් දෙන ලද දානය මහත්ඵල නැත්තේ නම්, මහානිශංස නැත්තේ නම්, එයට හේතුව කුමක් ද? එයට ප්‍රත්‍යය කුමක් ද? ස්වාමීනී, මෙහිලා ඇතැමෙකු විසින් දෙන ලද දානය මහත්ඵල ඇත්තේ නම්, මහානිශංස ඇත්තේ නම්, එයට හේතුව කුමක් ද? එයට ප්‍රත්‍යය කුමක් ද?"

1. "සාරිපුත්තයෙනි, මෙහිලා ඇතැමෙක් අපේක්ෂා සහිත ව දන් දෙයි. විපාක ලබන අදහසින් යුතුව දන් දෙයි. සසරට රැස් කරනු පිණිස දන් දෙයි. මෙම දානයෙහි විපාකය පරලොව දී අනුභව කරන්නෙමි යි දන් දෙයි. හේ ශ්‍රමණයෙකුට වේවා බ්‍රාහ්මණයෙකුට වේවා ආහාරපාන, වස්ත්‍ර, පාවහන්, මල් සුවඳ විලවුන්, සයනාසන, ආවාස, ප්‍රදීප උපකරණ ආදිය දන් දෙයි. සාරිපුත්තයෙනි, ඒ කිමෙකැයි හඟන්නෙහි ද? මෙහිලා ඇතැමෙක් මෙබඳු වූ දන් දෙන්නේ ද?"

"එසේ ය ස්වාමීනී."

"සාරිපුත්තයෙනි, එහිලා ඇතැමෙක් අපේක්ෂා සහිත ව දන් දෙයි නම්, විපාක ලබන අදහසින් යුතුව දන් දෙයි නම්, සසරට රැස් කරනු පිණිස දන්

දෙයි නම්, මෙම දානයෙහි විපාකය පරලොව දී අනුභව කරන්නෙමි යි දන් දෙයි නම්, හේ ඒ දන් දී කය බිඳී මරණින් මතු චාතුම්මහාරාජික දෙවියන් අතර උපදියි. හේ ඒ කර්ම විපාකය ගෙවා දමා ඒ ඉර්ධිය, ඒ යසස, ඒ අධිපති බව ගෙවා දමා මෙලොවට එන සුළු වූයේ වෙයි. එන්නේ ම වෙයි.

2. සාරිපුත්තයෙනි, මෙහිලා ඇතැමෙක් අපේක්ෂා සහිත ව දන් නොදෙයි. විපාක ලබන අදහසින් යුතුව දන් නොදෙයි. සසරට රැස් කරනු පිණිස දන් නොදෙයි. මෙම දානයෙහි විපාකය පරලොව දී අනුභව කරන්නෙමි යි දන් නොදෙයි. එනමුත් දන් දීම නම් හොඳ දෙයක් නොවැයි කියා දන් දෙයි. ....(පෙ)....

3. හේ දන් දීම නම් හොඳ දෙයක් නොවැයි කියා දන් නොදෙයි. එනමුත් අපගේ මව්පියන් විසින් ද, මුතුන් මිත්තන් විසින් ද, පෙර දන් දෙන ලද්දේ ය. පෙර මේ සිරිත කරන ලද්දේ ය. ඒ පුරාණ කුලවංශයට අයත් චාරිත්‍ර ධර්මය පිරිහෙලන්නට සුදුසු නොවෙමි යි කියා දන් දෙයි. ....(පෙ)....

4. හේ අපගේ මව්පියන් විසින් ද, මුතුන් මිත්තන් විසින් ද, පෙර දන් දෙන ලද්දේ ය. පෙර මේ සිරිත කරන ලද්දේ ය. ඒ පුරාණ කුලවංශයට අයත් චාරිත්‍ර ධර්මය පිරිහෙලන්නට සුදුසු නොවෙමි යි කියා දන් නොදෙයි. එනමුත් 'මම ආහාර පිසිමි. මොවුහු ආහාර නොපිසිති. ආහාර පිසින්නා ආහාර නොපිසින්නන් හට නොදීම නොගැලපෙන දෙයකි' යි කියා දන් දෙයි. ....(පෙ)....

5. හේ 'මම ආහාර පිසිමි. මොවුහු ආහාර නොපිසිති. ආහාර පිසින්නා ආහාර නොපිසින්නන් හට නොදීම නොගැලපෙන දෙයකි' යි කියා දන් නොදෙයි. එනමුත් යම් පරිදි පූර්වයෙහි සිටි ඍෂිවරුන් වන අට්ඨක, වාමක, වාමදේව, වෙස්සාමිත්ත, යමතග්ගී, අංගීරස, භාරද්වාජ, වාසෙට්ඨ, කස්සප, භගු යන ඍෂිවරු මහා යාගයෝ කළාහු ද, මා විසින් දෙන මේ දානය එසේ සම බවට පත්වන්නේ යැයි දන් දෙයි. ....(පෙ)....

6. හේ යම් පරිදි පූර්වයෙහි සිටි ඍෂිවරුන් වන අට්ඨක, වාමක, වාමදේව, වෙස්සාමිත්ත, යමතග්ගී, අංගීරස, භාරද්වාජ, වාසෙට්ඨ, කස්සප, භගු යන ඍෂිවරු මහා යාගයෝ කළාහු ද, මා විසින් දෙන මේ දානය එසේ සම බවට පත්වන්නේ යැයි දන් නොදෙයි. එනමුත් මා විසින් මේ දානය දෙන කල්හී සිත පහදියි. සිත පැහැදීමෙන් සොම්නස උපදින්නේ ය කියා දන් දෙයි. ....(පෙ)....

7. හේ මා විසින් මේ දානය දෙන කල්හී සිත පහදියි. සිත පැහැදීමෙන් සොම්නස උපදින්නේ ය කියා දන් නොදෙයි. එනමුත් සමථ විදර්ශනා

භාවනාවන්ට උපකාර වන චිත්තාලංකාරයකි. සිතේ දියුණුවට උපකාරයකි යි කියා දන් දෙයි. හේ ශ්‍රමණයෙකුට වේවා බ්‍රාහ්මණයෙකුට වේවා ආහාරපාන, වස්ත්‍ර, පාවහන්, මල් සුවඳ විලවුන්, සයනාසන, ආවාස, ප්‍රදීප උපකරණ ආදිය දන් දෙයි. සාරිපුත්තයෙනි, ඒ කිමෙකැයි හඟන්නෙහි ද? මෙහිලා ඇතැමෙක් මෙබඳු වූ දන් දෙන්නේ ද?"

"එසේ ය ස්වාමීනී."

"සාරිපුත්තයෙනි, එහිලා ඇතැමෙක් අපේක්ෂා සහිත ව දන් නොදෙයි නම්, විපාක ලබන අදහසින් යුතුව දන් නොදෙයි නම්, සසරට රැස් කරනු පිණිස දන් නොදෙයි නම්, මෙම දානයෙහි විපාකය පරලොව දී අනුභව කරන්නෙමි යි දන් නොදෙයි නම්, - දන් දීම නම් හොඳ දෙයක් නොවැයි කියා දන් නොදෙයි නම්, - අපගේ මව්පියන් විසින් ද, මුතුන් මිත්තන් විසින් ද, පෙර දන් දෙන ලද්දේ ය. පෙර මේ සිරිත කරන ලද්දේ ය. ඒ පුරාණ කුලවංශයට අයත් චාරිත්‍ර ධර්මය පිරිහෙලන්නට සුදුසු නොවෙමි යි කියා දන් නොදෙයි නම්, - 'මම ආහාර පිසිමි. මොවුහු ආහාර නොපිසිති. ආහාර පිසින්නා ආහාර නොපිසින්නන් හට නොදීම නොගැලපෙන දෙයකි' යි කියා දන් නොදෙයි නම්, - යම් පරිදි පූර්වයෙහි සිටි ඍෂිවරුන් වන අට්ඨක, වාමක, වාමදේව, වෙස්සාමිත්ත, යමතග්ගී, අංගීරස, භාරද්වාජ, වාසෙට්ඨ, කස්සප, භගු යන ඍෂිවරු මහා යාගයෝ කළාහු ද, මා විසින් දෙන මේ දානය එසේ සම බවට පත්වන්නේ යැයි දන් නොදෙයි නම්, - මා විසින් මේ දානය දෙන කල්හී සිත පහදියි. සිත පැහැදීමෙන් සොම්නස උපදින්නේ ය කියා දන් නොදෙයි නම්, - එනමුත් සමථ විදර්ශනා භාවනාවන්ට උපකාර වන චිත්තාලංකාරයකි. සිතේ දියුණුවට උපකාරයකි යි කියා දන් දෙයි නම්, හේ එසේ දන් දී කය බිඳී මරණින් මතු බ්‍රහ්මකායික දෙවියන්ගේ ලොවෙහි උපදියි. හේ ඒ කර්ම විපාකය ගෙවා දමා ඒ ඉර්ධිය, ඒ යසස, ඒ අධිපති බව ගෙවා දමා අනාගාමී වෙයි. යළි මිනිස් ලොවට නොඑන සුළු වූයේ වෙයි.

සාරිපුත්තයෙනි, මෙහිලා ඇතැමෙකු විසින් දෙන ලද දානය මහත්ඵල නැත්තේ නම්, මහානිශංස නැත්තේ නම්, එයට හේතුව මෙය යි. එයට ප්‍රත්‍යය මෙය යි. සාරිපුත්තයෙනි, මෙහිලා ඇතැමෙකු විසින් දෙන ලද දානය මහත්ඵල ඇත්තේ නම්, මහානිශංස ඇත්තේ නම්, එයට හේතුව මෙය යි. එයට ප්‍රත්‍යය මෙය යි."

සාදු! සාදු!! සාදු!!!

දාන මහප්ඵල සූත්‍රය නිමා විය.

7.1.5.10.
නන්දමාතු සූත්‍රය
නන්ද මාතාව ගැන වදාළ දෙසුම

මා විසින් මෙසේ අසන ලදී. එක් සමයක ආයුෂ්මත් සාරිපුත්තයන් වහන්සේ ත්, ආයුෂ්මත් මහා මොග්ගල්ලානයන් වහන්සේ ත් දක්ඛිණාගිරියෙහි මහත් භික්ෂු සංඝයා සමඟ චාරිකාවෙහි සැරිසරා වඩින්නාහ. එසමයෙහි වේළුකණ්ටකීයෙහි නන්දමාතා උපාසිකා තොමෝ රාත්‍රියෙහි පශ්චිම යාමයෙහි අවදි ව පාරායන ධර්මය මිහිරි සරින් කියන්නී ය.

එවේලෙහි වෛශ්‍රවණ මහාරාජයා උතුරු දිශාවේ සිට දකුණු දිශාවට කිසියම් කරුණක් උදෙසා යන්නේ ය. වෛශ්‍රවණ මහාරාජයා නන්දමාතා උපාසිකාව පාරායන ධර්මය මිහිරි සරින් පවසනු ඇසුවේ ය. අසා ඒ ධර්ම කථාව අවසන් වන තෙක් බලමින් සිටියේ ය. එකල්හී නන්දමාතා උපාසිකා තොමෝ පාරායන ධර්මය මිහිරි සරින් පවසා නිශ්ශබ්ද වූවා ය. ඉක්බිති වෛශ්‍රවණ මහාරාජයා නන්දමාතා උපාසිකාවගේ ධර්ම කථාව අවසන් වූ බව දැන 'සාධු ! සොයුරියෙනි, සාධු ! සොයුරියෙනි' යි අනුමෝදන් වූයේ ය.

"සොඳුරු මුව ඇතියාණෙනි, ඔබ කවරෙක් ද?"

"සොයුරියෙනි, මම තොපගේ සොහොයුරු වෛශ්‍රවණ මහාරාජයා වෙමි."

"සාධු ! සොඳුරු මුව ඇතියාණෙනි, එසේ වී නම් මා විසින් යම් මේ ධර්ම පරියායක් පවසන ලද්දේ ද, එයින් ලත් පින ඔබට ආගන්තුක පඬුරක් වේවා!"

"සාධු ! සොයුරියෙනි, ඒ පින මට ආගන්තුක පඬුරක් ම වේවා. හෙට දිනයෙහි හීල් දානය නොවැළඳූ සාරිපුත්ත, මොග්ගල්ලානයන් වහන්සේලා ප්‍රමුඛ භික්ෂු සංඝයා වේළුකණ්ටකයට වඩින්නාහ. ඒ භික්ෂු සංඝයාට ද දන් වළඳවා මා හට ඒ පින දෙන්නී නම්, මෙසේ ත් එය මට ආගන්තුක පඬුරක් වන්නේ ය."

ඉක්බිති නන්දමාතා උපාසිකා තොමෝ ඒ රැය ඇවෑමෙන් සිය නිවසෙහි

ප්‍රණීත වූ ඛාද්‍ය භෝජ්‍යයන් පිළියෙල කරවූවා ය. එකල්හී හීල දානය නොවැළඳූ සාරිපුත්ත මොග්ගල්ලානයන් වහන්සේලා ප්‍රමුඛ භික්ෂු සංඝයා වේළුකණ්ටක නගරයට වැඩියහ.

ඉක්බිති නන්දමාතා උපාසිකාවෝ එක්තරා පුරුෂයෙකු ඇමතුවා ය.

"එම්බා පුරුෂය, එව. ආරාමයට ගොස් භික්ෂු සංඝයා හට කල් දැනුම් දෙව. 'ස්වාමීනී, ආර්යා වූ නන්දමාතාවගේ නිවසෙහි බත් පිළියෙල කරන ලද්දේ' යි."

"එසේ ය, ආර්යාවෙනි" යි ඒ පුරුෂයා නන්දමාතා උපාසිකාවට පිළිවදන් දී ආරාමයට ගොස් භික්ෂු සංඝයාට කල් දැනුම් දුන්නේ ය. "ස්වාමීනී, ආර්යා වූ නන්දමාතාවගේ නිවසෙහි බත් පිළියෙල කරන ලද්දේ ය" යි.

ඉක්බිති සාරිපුත්ත, මොග්ගල්ලානයන් වහන්සේලා ප්‍රමුඛ භික්ෂු සංඝයා පෙරවරුවෙහි සිවුරු හැඳ පොරවාගෙන පාත්‍රය හා සිවුරු ගෙන නන්දමාතා උපාසිකාවගේ නිවසට වැඩම කළහ. වැඩම කොට පණවන ලද අසුන්හි වැඩහුන්හ. එකල්හී නන්දමාතා උපාසිකා තොමෝ ප්‍රණීත වූ ඛාද්‍ය භෝජ්‍යයෙන් සාරිපුත්ත, මොග්ගල්ලානයන් වහන්සේලා ප්‍රමුඛ භික්ෂු සංඝයා සියතින් සැතැප්පුවා ය. පැවරුවා ය. මැනැවින් පිළිගැන්වූවා ය.

ඉක්බිති නන්දමාතා උපාසිකා තොමෝ දන් වළඳා පාත්‍රයෙන් ඉවතට ගත් අත් ඇති ආයුෂ්මත් සාරිපුත්තයන් වහන්සේ වෙත පැමිණ එකත්පස් ව හිඳ ගත්තා ය. එකත්පස් ව හුන් නන්දමාතා උපාසිකාවට ආයුෂ්මත් සාරිපුත්තයන් වහන්සේ මෙය පැවසූහ.

"නන්දමාතාවෙනි, භික්ෂු සංඝයාගේ පැමිණීම ගැන ඔබට දැන්වූයේ කවරෙක් ද?"

"ස්වාමීනී, මෙහි මම රාත්‍රියෙහි පශ්චිම යාමයෙහි අවදි ව පාරායන ධර්මය මිහිරි සරින් කියා නිශ්ශබ්ද වූයෙමි. ස්වාමීනී, එවේලෙහි වෛශ්‍රවණ මහාරාජයා මාගේ ධර්ම කථාව අවසන් වූ බව දැන 'සාධු ! සොයුරියෙනි, සාධු ! සොයුරියෙනි' යි අනුමෝදන් වූයේ ය.

'සොඳුරු මුව ඇතියාණෙනි, ඔබ කවරෙක් ද?'

'සොයුරියෙනි, මම තොපගේ සොහොයුරු වෛශ්‍රවණ මහාරාජයා වෙමි.'

'සාධු ! සොඳුරු මුව ඇතියාණෙනි, එසේ වී නම් මා විසින් යම් මේ ධර්ම පරියායක් පවසන ලද්දේ ද, එයින් ලත් පින ඔබට ආගන්තුක් පඬුරක් වේවා!'

'සාධු ! සොයුරියෙනි, ඒ පින මට ආගන්තුක පඬුරක් ම වේවා. හෙට දිනයෙහි හීල් දානය නොවැළඳූ සාරිපුත්ත, මොග්ගල්ලානයන් වහන්සේලා ප්‍රමුඛ භික්ෂු සංඝයා වේළුකණ්ටකයට වඩින්නාහ. ඒ භික්ෂු සංඝයාට ද දන් වළඳවා මා හට ඒ පින දෙන්නී නම් මෙසේ ත් එය මට ආගන්තුක පඬුරක් වන්නේ ය' යැයි පැවසුවේ ය.

ස්වාමීනී, මේ දානයෙන් ලද යම් පිනක් ඇද්ද, එය වෛශ්‍රවණ මහාරාජයා හට සැපය පිණිස වේවා!"

1. "නන්දමාතාවෙනි, ආශ්චර්යයකි. නන්දමාතාවෙනි, අද්භූතයෙකි. යම් හෙයින් මේ සා මහා ඉර්ධිමත් වූ, මේ සා මහේශාක්‍ය වූ දිව්‍ය පුත්‍රයෙකු වන වෛශ්‍රවණ මහාරාජයා සමඟ ත් මුණගැසී කතා සල්ලාප කරන්නී නොවැ."

2. "ස්වාමීනී, මෙකරුණ ම මාගේ ආශ්චර්යය, අද්භූත ධර්මයක් නොවෙයි. මාගේ අන්‍ය වූ ආශ්චර්යය, අද්භූත ධර්මයකුත් ඇත්තේ ය.

ස්වාමීනී, මෙහිලා නන්ද නමින් මා හට එක ම ප්‍රිය මනාප පුත්‍රයෙකු සිටියේ ය. කිසියම් කරුණක් අරභයා රජවරු ඔහු බලහත්කාරයෙන් ඇද මැඩ දිවි තොර කළාහු ය. ස්වාමීනී, ඒ දරුවා අල්ලා ගනු ලබන වේලාවෙහි හෝ අල්ලා ගත් වේලාවෙහි හෝ බඳිනු ලබන වේලෙහි හෝ වධ දෙන වේලෙහි හෝ නසන වේලෙහි හෝ නැසූ වේලෙහි හෝ මාගේ සිතෙහි කිසි වෙනසක් හටගත් බවක් මම නොදනිමි."

"නන්දමාතාවෙනි, ආශ්චර්යයකි. නන්දමාතාවෙනි, අද්භූතයෙකි. යම්හෙයකින් සිතක් ඉපදීම ත් පිරිසිදු කරන්නී ය."

3. "ස්වාමීනී, මෙකරුණ ම මාගේ ආශ්චර්යය, අද්භූත ධර්මයක් නොවෙයි. මාගේ අන්‍ය වූ ආශ්චර්යය, අද්භූත ධර්මයකුත් ඇත්තේ ය.

ස්වාමීනී, මෙහිලා මගේ සැමියා කළුරිය කළේ වෙයි. හේ එක්තරා යක්ෂ යෝනියක උපන්නේ වෙයි. හේ කලින් සිටි ස්වරූපයෙන් මා ඉදිරියෙහි පෙනී සිටියි. ස්වාමීනී, එය හේතුවෙන් මාගේ සිතෙහි කිසි වෙනසක් හටගත් බවක් මම නොදනිමි."

"නන්දමාතාවෙනි, ආශ්චර්යයකි. නන්දමාතාවෙනි, අද්භූතයෙකි.

යම්හෙයකින් සිතක් ඉපදීම ත් පිරිසිඳු කරන්නී ය."

4. "ස්වාමීනී, මෙකරුණ ම මාගේ ආශ්චර්යය, අද්භූත ධර්මයක් නොවෙයි. මාගේ අන්‍ය වූ ආශ්චර්යය, අද්භූත ධර්මයකුත් ඇත්තේ ය.

ස්වාමීනී, යම් කලක සැමියා විසින් ළදරු වයසේ සිටි මම ළදරු වූවා ම ආවාහ කොට ගෙන එන ලද්දීමි. සිතින් වත් සැමියා ඉක්ම වෙන කෙනෙකු පැතූ බවක් නොදනිමි. කයෙන් වරදක් කිරීම ගැන කවර කතා ද?"

"නන්දමාතාවෙනි, ආශ්චර්යයකි. නන්දමාතාවෙනි, අද්භූතයෙකි. යම්හෙයකින් සිතක් ඉපදීම ත් පිරිසිඳු කරන්නී ය."

5. "ස්වාමීනී, මෙකරුණ ම මාගේ ආශ්චර්යය, අද්භූත ධර්මයක් නොවෙයි. මාගේ අන්‍ය වූ ආශ්චර්යය, අද්භූත ධර්මයකුත් ඇත්තේ ය.

ස්වාමීනී, යම් කලක මම උපාසිකා බවට ප්‍රතිඥා කළෙම් ද, එදා සිට දැන දැන ශික්ෂා පදයක් කැඩූ බව නොදනිමි."

"නන්දමාතාවෙනි, ආශ්චර්යයකි. නන්දමාතාවෙනි, අද්භූතයෙකි."

6. "ස්වාමීනී, මෙකරුණ ම මාගේ ආශ්චර්යය, අද්භූත ධර්මයක් නොවෙයි. මාගේ අන්‍ය වූ ආශ්චර්යය, අද්භූත ධර්මයකුත් ඇත්තේ ය.

ස්වාමීනී, මෙහිලා මම යම්තාක් කැමති වෙම් ද, කාමයන්ගෙන් වෙන් ව, අකුසල ධර්මයන්ගෙන් වෙන් ව, විතර්ක විචාර සහිත වූ විවේකයෙන් හටගත් ප්‍රීති සුඛය ඇති පළමුවෙනි ධ්‍යානය උපදවාගෙන ඒ තාක් වාසය කරමි. විතර්ක විචාරයන් සංසිඳීමෙන් තමා තුළ පැහැදීම ඇති කරවන සිතේ එකඟ බවින් යුතුව විතර්ක විචාර රහිත වූ සමාධියෙන් හටගත් ප්‍රීති සැපය ඇති දෙවෙනි ධ්‍යානය උපදවාගෙන වාසය කැමති තාක් වාසය කරමි. ප්‍රීතියට ද නොඇලීමෙන් සිහියෙන් හා නුවණින් යුතුව උපේක්ෂාවෙන් වසමි. කයෙන් සැපයක් ද විඳිමි. ආර්යයන් වහන්සේලා උපේක්ෂාවෙන් යුතු, සිහියෙන් යුතු සැප විහරණය යැයි යම් ධ්‍යානයකට කියන ලද්දේ ද, ඒ තුන්වෙනි ධ්‍යානය උපදවාගෙන කැමති තාක් වාසය කරමි. සැපය ද ප්‍රහාණය කිරීමෙන්, දුක ද ප්‍රහාණය කිරීමෙන් කලින් ම සොම්නස් දොම්නස් ඉක්ම යෑමෙන් දුක් සැප රහිත වූ උපෙක්ෂා සති පාරිශුද්ධියෙන් යුතු සතර වෙනි ධ්‍යානය උපදවාගෙන කැමති තාක් වාසය කරමි.

"නන්දමාතාවෙනි, ආශ්චර්යයකි. නන්දමාතාවෙනි, අද්භූතයෙකි."

7. "ස්වාමීනී, මෙකරුණ ම මාගේ ආශ්චර්යය, අද්භූත ධර්මයක් නොවෙයි. මාගේ අන්‍ය වූ ආශ්චර්යය, අද්භූත ධර්මයකුත් ඇත්තේ ය.

ස්වාමීනී, භාග්‍යවතුන් වහන්සේ විසින් දේශනා කරන ලද යම් මේ පංච ඕරම්භාගීය සංයෝජනයෝ වෙත් ද, ඒ කිසිවක් මා තුළ අප්‍රහීණ ව ඇති බවක් මම නොදකිමි."

"නන්දමාතාවෙනි, ආශ්චර්යයකි. නන්දමාතාවෙනි, අද්භූතයෙකි."

ඉක්බිති ආයුෂ්මත් සාරිපුත්තයන් වහන්සේ නන්දමාතා උපාසිකාවට ධර්ම කථාවෙන් කරුණු දක්වා, සමාදන් කරවා, උත්සාහවත් කරවා, සතුටු කරවා, හුනස්නෙන් නැගිට වැඩි සේක.

සාදු! සාදු!! සාදු!!!

නන්දමාතු සූත්‍රය නිමා විය.

පස්වෙනි මහා යඤ්ඤ වර්ගය අවසන් විය.

- **එහි පිළිවෙල උද්දානයයි :**

විඤ්ඤාණට්ඨිති සූත්‍රය, සමාධි පරික්ඛාර සූත්‍රය, අග්ගි සූත්‍රය, මහා යඤ්ඤ සූත්‍රය, සංඥා සූත්‍ර දෙක, මේථුන සූත්‍රය, සංයෝග සූත්‍රය, දාන මහප්ඵල සූත්‍රය සහ නන්දමාතු සූත්‍රය වශයෙන් මෙහි සූත්‍ර දසයකි.

පළමුවෙනි පණ්ණාසකය නිමා විය.

දෙවෙනි පණ්ණාසකය

1. අබ්‍යාකත වර්ගය

7.2.1.1.
අබ්‍යාකතවත්ථු සූත්‍රය
පිළිතුරු නොදුන් කරුණු ගැන වදාළ දෙසුම

සැවැත් නුවර දී ය .....

එකල්හී එක්තරා භික්ෂුවක් භාග්‍යවතුන් වහන්සේ වෙත පැමිණියේ ය. පැමිණ භාග්‍යවතුන් වහන්සේ සකසා වන්දනා කොට එකත්පස් ව හිඳගත්තේ ය. එකත්පස් ව හුන් ඒ භික්ෂුව භාග්‍යවතුන් වහන්සේට මෙය පැවසුවේ ය.

"ස්වාමීනී, යම් හෙයකින් ශ්‍රැතවත් ආර්ය ශ්‍රාවකයා හට භාග්‍යවතුන් වහන්සේ පිළිතුරු නොදුන් කරුණු පිළිබඳ ව සැකයක් නූපදින්නේ නම්, එයට හේතුව කුමක් ද? ප්‍රත්‍ය කුමක් ද?"

"භික්ෂුව, ශ්‍රැතවත් ආර්ය ශ්‍රාවකයා හට පිළිතුරු නොදුන් කරුණු පිළිබඳ ව සැකය නූපදින්නේ දෘෂ්ටි නිරෝධය නිසා ය.

භික්ෂුව, 'තථාගත තෙමේ මරණින් මතු වෙයි' යන මෙය දෘෂ්ටියකට අයත් වූවකි. භික්ෂුව, 'තථාගත තෙමේ මරණින් මතු නොවෙයි' යන මෙය දෘෂ්ටියකට අයත් වූවකි. භික්ෂුව, 'තථාගත තෙමේ මරණින් මතු වෙයි, නොවෙයි' යන මෙය දෘෂ්ටියකට අයත් වූවකි. භික්ෂුව, 'තථාගත තෙමේ මරණින් මතු නොවෙයි, නොම නොවෙයි' යන මෙය දෘෂ්ටියකට අයත් වූවකි.

භික්ෂුව, අශ්‍රැතවත් පෘථග්ජනයා දෘෂ්ටිය නොදනියි. දෘෂ්ටියෙහි උපත ද නොදනියි. දෘෂ්ටි නිරෝධය ත් නොදනියි. දෘෂ්ටිය නිරුද්ධ වන්නා වූ මාර්ගය

ද නොදනියි. ඔහුගේ ඒ දෘෂ්ටිය වැඩෙයි. ඔහු ඉපදීමෙන්, ජරා මරණයෙන්, ශෝකයෙන්, වැළපීමෙන්, දුකින්, දොම්නසින්, සුසුම් හෙළීම් වලින් නොමිදෙයි. සසර දුකින් නොමිදේ යැයි කියමි.

භික්ෂුව, ශ්‍රැතවත් ආර්ය ශ්‍රාවකයා දෘෂ්ටිය දනියි. දෘෂ්ටියෙහි උපත ද දනියි. දෘෂ්ටි නිරෝධය ත් දනියි. දෘෂ්ටිය නිරුද්ධ වන්නා වූ මාර්ගය ද දනියි. ඔහුගේ ඒ දෘෂ්ටිය නිරුද්ධ වෙයි. ඔහු ඉපදීමෙන්, ජරා මරණයෙන්, ශෝකයෙන්, වැළපීමෙන්, දුකින්, දොම්නසින්, සුසුම් හෙළීම් වලින් මිදෙයි. සසර දුකින් මිදේ යැයි කියමි.

භික්ෂුව, මෙසේ දන්නා වූ ශ්‍රැතවත් ආර්ය ශ්‍රාවකයා මෙසේ දකින්නේ 'තථාගත තෙමේ මරණින් මතු වෙයි' යන්න ප්‍රකාශ නොකරයි. 'තථාගත තෙමේ මරණින් මතු නොවෙයි' යන්න ප්‍රකාශ නොකරයි. 'තථාගත තෙමේ මරණින් මතු වෙයි, නොවෙයි' යන්න ප්‍රකාශ නොකරයි. 'තථාගත තෙමේ මරණින් මතු නොවෙයි, නොම නොවෙයි' යන්න ප්‍රකාශ නොකරයි.

භික්ෂුව, මෙසේ දන්නා වූ ශ්‍රැතවත් ආර්ය ශ්‍රාවකයා මෙසේ දකින්නේ පිළිතුරු නොදුන් කරුණු පිළිබඳ ව නොපවසන ස්වභාවයෙන් යුක්ත වූයේ වෙයි.

භික්ෂුව, මෙසේ දන්නා වූ ශ්‍රැතවත් ආර්ය ශ්‍රාවකයා මෙසේ දකින්නේ පිළිතුරු නොදුන් කරුණු පිළිබඳ ව නොතැති ගනියි. කම්පා නොවෙයි. නොසැලෙයි. නොවෙව්ලයි. සංත්‍රාසයට පත් නොවෙයි.

භික්ෂුව, 'තථාගත තෙමේ මරණින් මතු වෙයි' යන මෙය තෘෂ්ණාවට අයත් දෙයකි. මෙය සංඥාවට අයත් දෙයකි. මෙය මානයෙන් සිතූ දෙයකි. මෙය ප්‍රපංචයකි. මෙය උපාදානයට අයත් දෙයකි. මෙය විපිළිසරයකි. භික්ෂුව, 'තථාගත තෙමේ මරණින් මතු නොවෙයි' යන මෙය ....(පෙ).... භික්ෂුව, 'තථාගත තෙමේ මරණින් මතු වෙයි, නොවෙයි' යන මෙය ....(පෙ).... භික්ෂුව, 'තථාගත තෙමේ මරණින් මතු නොවෙයි, නොම නොවෙයි' යන මෙය ....(පෙ).... මෙය විපිළිසරයකි.

භික්ෂුව, අශ්‍රැතවත් පෘථග්ජනයා විපිළිසර වන කරුණ නොදනියි. විපිළිසර වන කරුණෙහි උපත ද නොදනියි. විපිළිසර වන කරුණෙහි නිරෝධය ත් නොදනියි. විපිළිසර වන කරුණ නිරුද්ධ වන්නා වූ මාර්ගය ද නොදනියි. ඔහුගේ ඒ විපිළිසරය වැඩෙයි. ඔහු ඉපදීමෙන්, ජරා මරණයෙන්, ශෝකයෙන්, වැළපීමෙන්, දුකින්, දොම්නසින්, සුසුම් හෙළීම් වලින් නොමිදෙයි. සසර දුකින්

නොමිදේ යැයි කියමි.

භික්ෂුව, ශ්‍රැතවත් ආර්ය ශ්‍රාවකයා විපිළිසර වන කරුණ දනියි. විපිළිසර වන කරුණෙහි උපත ද දනියි. විපිළිසර වන කරුණෙහි නිරෝධය ත් දනියි. විපිළිසර වන කරුණ නිරුද්ධ වන්නා වූ මාර්ගය ද දනියි. ඔහුගේ ඒ විපිළිසරය නිරුද්ධ වෙයි. ඔහු ඉපදීමෙන්, ජරා මරණයෙන්, ශෝකයෙන්, වැළපීමෙන්, දුකින්, දොම්නසින්, සුසුම් හෙළීම් වලින් මිදෙයි. සසර දුකින් මිදේ යැයි කියමි.

භික්ෂුව, මෙසේ දන්නා වූ ශ්‍රැතවත් ආර්ය ශ්‍රාවකයා මෙසේ දකින්නේ 'තථාගත තෙමේ මරණින් මතු වෙයි' යන්න ප්‍රකාශ නොකරයි. 'තථාගත තෙමේ මරණින් මතු නොවෙයි' යන්න ප්‍රකාශ නොකරයි. 'තථාගත තෙමේ මරණින් මතු වෙයි, නොවෙයි' යන්න ප්‍රකාශ නොකරයි. 'තථාගත තෙමේ මරණින් මතු නොවෙයි, නොම නොවෙයි' යන්න ප්‍රකාශ නොකරයි.

භික්ෂුව, මෙසේ දන්නා වූ ශ්‍රැතවත් ආර්ය ශ්‍රාවකයා මෙසේ දකින්නේ පිළිතුරු නොදුන් කරුණු පිළිබඳ ව නොපවසන ස්වභාවයෙන් යුක්ත වූයේ වෙයි.

භික්ෂුව, මෙසේ දන්නා වූ ශ්‍රැතවත් ආර්ය ශ්‍රාවකයා මෙසේ දකින්නේ පිළිතුරු නොදුන් කරුණු පිළිබඳ ව නොතැති ගනියි. කම්පා නොවෙයි. නොසැලෙයි. නොවෙව්ලයි. සංත්‍රාසයට පත් නොවෙයි.

භික්ෂුව, යම් හෙයකින් ශ්‍රැතවත් ආර්ය ශ්‍රාවකයා හට පිළිතුරු නොදුන් කරුණු පිළිබඳ ව සැකයක් නූපදින්නේ නම්, එයට හේතුව මෙය යි. ප්‍රත්‍යය මෙය යි.

සාදු! සාදු!! සාදු!!!

අබ්‍යාකතවත්ථු සූත්‍රය නිමා විය.

7.2.1.2.
පුරුසගති සූත්‍රය
පුරුෂ ගති ගැන වදාළ දෙසුම

සැවැත් නුවර දී ය .....

මහණෙනි, සත් වැදෑරුම් පුරුෂ ගති පිළිබඳ ව ත්, උපාදාන රහිත පිරිනිවීම පිළිබඳ ව ත් දෙසන්නෙමි. එය අසව්. මැනැවින් මෙනෙහි කරව්. පවසන්නෙමි. 'එසේ ය, ස්වාමීනී' යි ඒ භික්ෂූහු භාග්‍යවතුන් වහන්සේට පිළිවදන් දුන්හ. භාග්‍යවතුන් වහන්සේ මෙය වදාළ සේක.

මහණෙනි, සත් වැදෑරුම් පුරුෂ ගති මොනවා ද?

1. මහණෙනි, මෙහිලා භික්ෂුවක් මෙසේ පිළිපන්නේ වෙයි. 'මට අතීත කර්මයක් නොතිබුණේ නම්, මාගේ මේ වර්තමාන උපත නැත්තේ ය. අනාගතය පිණිස කර්මයක් නොතිබෙන්නේ නම්, මට අනාගත උපතක් ද නොතිබෙන්නේ ය. යමක් ඇද්ද, යමක් ඉපදුණේ ද එය අත්හරින්නෙමි' යි. උපේක්ෂාව ලබයි. හේ භවයෙහි නොඇලෙයි. යළි උපතෙහි ද නොඇලෙයි. මත්තෙහි ශාන්ත වූ නිර්වාණය ඇතැයි මනාකොට නුවණින් දකියි. එනමුදු ඔහු විසින් නිවන පිළිබඳ හැම අයුරින් සාක්ෂාත් නොකරන ලද්දේ වෙයි. ඔහු විසින් මානානුසය හැම අයුරින් ප්‍රහාණය නොකරන ලද්දේ වෙයි. අවිද්‍යා අනුසය හැම අයුරින් ප්‍රහාණය නොකරන ලද්දේ වෙයි. හේ පංච ඕරම්භාගීය සංයෝජන ගෙවා දැමීමෙන් අන්තරා පරිනිබ්බායී වෙයි.

මහණෙනි, එය මෙබඳු දෙයකි. දවස මුළුල්ලෙහි රත් වූ යකඩ පතුරක් තලන කල්හී එහි ගිනි පුපුරු ඉපදී නිවී යන්නේ යම් සේ ද,

එසෙයින් ම මහණෙනි, මෙහිලා භික්ෂුවක් මෙසේ පිළිපන්නේ වෙයි. 'මට අතීත කර්මයක් නොතිබුණේ නම්, මාගේ මේ වර්තමාන උපත නැත්තේ ය. අනාගතය පිණිස කර්මයක් නොතිබෙන්නේ නම්, මට අනාගත උපතක් ද නොතිබෙන්නේ ය. යමක් ඇද්ද, යමක් ඉපදුණේ ද එය අත්හරින්නෙමි' යි. උපේක්ෂාව ලබයි. හේ භවයෙහි නොඇලෙයි. යළි උපතෙහි ද නොඇලෙයි. මත්තෙහි ශාන්ත වූ නිර්වාණය ඇතැයි මනාකොට නුවණින් දකියි. එනමුදු ඔහු විසින් නිවන පිළිබඳ හැම අයුරින් සාක්ෂාත් නොකරන ලද්දේ වෙයි. ඔහු

විසින් මානානුසය හැම අයුරින් ප්‍රහාණය නොකරන ලද්දේ වෙයි. අවිද්‍යා අනුසය හැම අයුරින් ප්‍රහාණය නොකරන ලද්දේ වෙයි. හේ පංච ඕරම්භාගීය සංයෝජන ගෙවා දැමීමෙන් අන්තරා පරිනිබ්බායී වෙයි.

2. මහණෙනි, මෙහිලා භික්ෂුවක් මෙසේ පිළිපන්නේ වෙයි. 'මට අතීත කර්මයක් නොතිබුණේ නම්, මාගේ මේ වර්තමාන උපත නැත්තේ ය. අනාගතය පිණිස කර්මයක් නොතිබෙන්නේ නම්, මට අනාගත උපතක් ද නොතිබෙන්නේ ය. යමක් ඇද්ද, යමක් ඉපදුණේ ද එය අත්හරින්නෙමි' යි. උපේක්ෂාව ලබයි. හේ භවයෙහි නොඇලෙයි. යළි උපතෙහි ද නොඇලෙයි. මත්තෙහි ශාන්ත වූ නිර්වාණය ඇතැයි මනාකොට නුවණින් දකියි. එනමුදු ඔහු විසින් නිවන පිළිබඳ හැම අයුරින් සාක්ෂාත් නොකරන ලද්දේ වෙයි. ඔහු විසින් මානානුසය හැම අයුරින් ප්‍රහාණය නොකරන ලද්දේ වෙයි. අවිද්‍යා අනුසය හැම අයුරින් ප්‍රහාණය නොකරන ලද්දේ වෙයි. හේ පංච ඕරම්භාගීය සංයෝජන ගෙවා දැමීමෙන් අන්තරා පරිනිබ්බායී වෙයි.

මහණෙනි, එය මෙබඳු දෙයකි. දවස මුළුල්ලෙහි රත් වූ යකඩ පතුරක් තලන කල්හී එහි ගිනි පුපුරු ඉපදී උඩට නැගී නිවී යන්නේ යම් සේ ද,

එසෙයින් ම මහණෙනි, මෙහිලා භික්ෂුවක් මෙසේ පිළිපන්නේ වෙයි. 'මට අතීත කර්මයක් නොතිබුණේ නම්, මාගේ මේ වර්තමාන උපත නැත්තේ ය. ....(පෙ).... හේ පංච ඕරම්භාගීය සංයෝජන ගෙවා දැමීමෙන් අන්තරා පරිනිබ්බායී වෙයි.

3. මහණෙනි, මෙහිලා භික්ෂුවක් මෙසේ පිළිපන්නේ වෙයි. 'මට අතීත කර්මයක් නොතිබුණේ නම්, මාගේ මේ වර්තමාන උපත නැත්තේ ය. ....(පෙ).... හේ පංච ඕරම්භාගීය සංයෝජන ගෙවා දැමීමෙන් අන්තරා පරිනිබ්බායී වෙයි.

මහණෙනි, එය මෙබඳු දෙයකි. දවස මුළුල්ලෙහි රත් වූ යකඩ පතුරක් තලන කල්හී එහි ගිනි පුපුරු ඉපදී උඩට නැගී පොළොවට නොවැටී නිවී යන්නේ යම් සේ ද,

එසෙයින් ම මහණෙනි, මෙහිලා භික්ෂුවක් මෙසේ පිළිපන්නේ වෙයි. 'මට අතීත කර්මයක් නොතිබුණේ නම්, මාගේ මේ වර්තමාන උපත නැත්තේ ය. ....(පෙ).... හේ පංච ඕරම්භාගීය සංයෝජන ගෙවා දැමීමෙන් අන්තරා පරිනිබ්බායී වෙයි.

4. මහණෙනි, මෙහිලා භික්ෂුවක් මෙසේ පිළිපන්නේ වෙයි. 'මට අතීත කර්මයක් නොතිබුණේ නම්, මාගේ මේ වර්තමාන උපත නැත්තේ ය. ....(පෙ)....

හේ පංච ඕරම්භාගීය සංයෝජන ගෙවා දැමීමෙන් උපහච්ච පරිනිබ්බායී වෙයි.

මහණෙනි, එය මෙබඳු දෙයකි. දවස මුළුල්ලෙහි රත් වූ යකඩ පතුරක් තලන කල්හී එහි ගිනි පුපුරු ඉපදී උඩට නැගී පොළොවට වැටී නිවී යන්නේ යම් සේ ද,

එසෙයින් ම මහණෙනි, මෙහිලා භික්ෂුවක් මෙසේ පිළිපන්නේ වෙයි. 'මට අතීත කර්මයක් නොතිබුණේ නම්, මාගේ මේ වර්තමාන උපත නැත්තේ ය. ....(පෙ).... හේ පංච ඕරම්භාගීය සංයෝජන ගෙවා දැමීමෙන් උපහච්ච පරිනිබ්බායී වෙයි.

5. මහණෙනි, මෙහිලා භික්ෂුවක් මෙසේ පිළිපන්නේ වෙයි. 'මට අතීත කර්මයක් නොතිබුණේ නම්, මාගේ මේ වර්තමාන උපත නැත්තේ ය. ....(පෙ).... හේ පංච ඕරම්භාගීය සංයෝජන ගෙවා දැමීමෙන් අසංඛාර පරිනිබ්බායී වෙයි.

මහණෙනි, එය මෙබඳු දෙයකි. දවස මුළුල්ලෙහි රත් වූ යකඩ පතුරක් තලන කල්හී එහි ගිනි පුපුරු ඉපදී උඩට නැගී ස්වල්ප වූ තණ රොඩු වේවා, ලී දඬු වේවා ඒ මත වැටෙයි. එය එහි ගිනි උපදවයි. දුම ත් උපදවයි. ගින්න ත් උපදවා, දුම ත් උපදවා ඒ ස්වල්ප වූ තණ රොඩු වේවා, ලී දඬු වේවා දැවී අවසන් ව, ඒ ගින්නට උදව් වෙන කිසිවක් නැතිවීමෙන් නිවී යන්නේ යම් සේ ද,

එසෙයින් ම මහණෙනි, මෙහිලා භික්ෂුවක් මෙසේ පිළිපන්නේ වෙයි. 'මට අතීත කර්මයක් නොතිබුණේ නම්, මාගේ මේ වර්තමාන උපත නැත්තේ ය. ....(පෙ).... හේ පංච ඕරම්භාගීය සංයෝජන ගෙවා දැමීමෙන් අසංඛාර පරිනිබ්බායී වෙයි.

6. මහණෙනි, මෙහිලා භික්ෂුවක් මෙසේ පිළිපන්නේ වෙයි. 'මට අතීත කර්මයක් නොතිබුණේ නම්, මාගේ මේ වර්තමාන උපත නැත්තේ ය. ....(පෙ).... හේ පංච ඕරම්භාගීය සංයෝජන ගෙවා දැමීමෙන් සසංඛාර පරිනිබ්බායී වෙයි.

මහණෙනි, එය මෙබඳු දෙයකි. දවස මුළුල්ලෙහි රත් වූ යකඩ පතුරක් තලන කල්හී එහි ගිනි පුපුරු ඉපදී උඩට නැගී මහත් වූ තණ රොඩු වේවා, ලී දඬු වේවා ඒ මත වැටෙයි. එය එහි ගිනි උපදවයි. දුම ත් උපදවයි. ගින්න ත් උපදවා, දුම ත් උපදවා ඒ මහත් වූ තණ රොඩු වේවා, ලී දඬු වේවා දැවී අවසන් ව, ඒ ගින්නට උදව් වෙන කිසිවක් නැතිවීමෙන් නිවී යන්නේ යම් සේ ද,

එසෙයින් ම මහණෙනි, මෙහිලා භික්ෂුවක් මෙසේ පිළිපන්නේ වෙයි.

'මට අතීත කර්මයක් නොතිබුණේ නම්, මාගේ මේ වර්තමාන උපත නැත්තේ ය. ....(පෙ).... හේ පංච ඕරම්භාගීය සංයෝජන ගෙවා දැමීමෙන් සසංඛාර පරිනිබ්බායී වෙයි.

7. මහණෙනි, මෙහිලා භික්ෂුවක් මෙසේ පිළිපන්නේ වෙයි. 'මට අතීත කර්මයක් නොතිබුණේ නම්, මාගේ මේ වර්තමාන උපත නැත්තේ ය. අනාගතය පිණිස කර්මයක් නොතිබෙන්නේ නම්, මට අනාගත උපතක් ද නොතිබෙන්නේ ය. යමක් ඇද්ද, යමක් ඉපදුණේ ද එය අත්හරින්නෙමි' යි. උපේක්ෂාව ලබයි. හේ භවයෙහි නොඇලෙයි. යළි උපතෙහි ද නොඇලෙයි. මත්තෙහි ශාන්ත වූ නිර්වාණය ඇතැයි මනාකොට නුවණින් දකියි. එනමුදු ඔහු විසින් නිවන පිළිබඳ හැම අයුරින් සාක්ෂාත් නොකරන ලද්දේ වෙයි. ඔහු විසින් මානානුසය හැම අයුරින් ප්‍රහාණය නොකරන ලද්දේ වෙයි. අවිද්‍යා අනුසය හැම අයුරින් ප්‍රහාණය නොකරන ලද්දේ වෙයි. හේ පංච ඕරම්භාගීය සංයෝජන ගෙවා දැමීමෙන් උද්ධං සෝත අකනිට්ඨගාමී වෙයි.

මහණෙනි, එය මෙබඳු දෙයකි. දවස මුළුල්ලෙහි රත් වූ යකඩ පතුරක් තලන කල්හී එහි ගිනි පුපුරු ඉපදී උඩට නැගී මහත් වූ තණ රොඩු වේවා, ලී දඬු වේවා ඒ මත වැටෙයි. එය එහි ගිනි උපදවයි. දුම ත් උපදවයි. ගින්න ත් උපදවා, දුම ත් උපදවා ඒ මහත් වූ තණ රොඩු වේවා, ලී දඬු වේවා දැවී අවසන් ව වනය ද දවන්නේ ය. උයන ද දවන්නේ ය. වනය ද දවා, උයන ද දවා නිල් තණ පිටියකට හෝ පැමිණ, මාවතකට හෝ පැමිණ, ගල්තලාවකට හෝ පැමිණ, ජලය ඇති තැනකට හෝ පැමිණ, රමණීය බිමකට හෝ පැමිණ ඒ ගින්නට උදව් වෙන කිසිවක් නැතිවීමෙන් නිවී යන්නේ යම් සේ ද,

එසෙයින් ම මහණෙනි, මෙහිලා භික්ෂුවක් මෙසේ පිළිපන්නේ වෙයි. 'මට අතීත කර්මයක් නොතිබුණේ නම්, මාගේ මේ වර්තමාන උපත නැත්තේ ය. ....(පෙ).... හේ පංච ඕරම්භාගීය සංයෝජන ගෙවා දැමීමෙන් උද්ධං සෝත අකනිට්ඨගාමී වෙයි.

මහණෙනි, මේ වනාහී පුරුෂ ගති සත යි.

මහණෙනි, අනුපාදා පරිනිබ්බානය යනු කුමක් ද?

මහණෙනි, මෙහිලා භික්ෂුවක් මෙසේ පිළිපන්නේ වෙයි. 'මට අතීත කර්මයක් නොතිබුණේ නම්, මාගේ මේ වර්තමාන උපත නැත්තේ ය. අනාගතය පිණිස කර්මයක් නොතිබෙන්නේ නම්, මට අනාගත උපතක් ද නොතිබෙන්නේ ය. යමක් ඇද්ද, යමක් ඉපදුණේ ද එය අත්හරින්නෙමි' යි. උපේක්ෂාව ලබයි.

හේ භවයෙහි නොඇලෙයි. යළි උපතෙහි ද නොඇලෙයි. මත්තෙහි ශාන්ත වූ නිර්වාණය ඇතැයි මනාකොට නුවණින් දකියි. ඔහු විසින් නිවන පිළිබඳ සියල්ල සියළු අයුරින් සාක්ෂාත් කරන ලද්දේ වෙයි. ඔහු විසින් මානානුසය හැම අයුරින් ප්‍රහාණය කරන ලද්දේ වෙයි. අවිද්‍යා අනුසය හැම අයුරින් ප්‍රහාණය කරන ලද්දේ වෙයි. හේ ආශ්‍රවයන්ගේ ක්ෂය වීමෙන් අනාශ්‍රව වූ චිත්ත විමුක්තිය ත්, ප්‍රඥා විමුක්තිය ත් සිය විශිෂ්ට ඥානයෙන් සාක්ෂාත් කොට එයට පැමිණ වසන්නේ වෙයි.

මහණෙනි, මෙය අනුපාදා පරිනිබ්බානය යැයි කියනු ලැබේ.

මහණෙනි, මෙය වනාහී සත් වැදෑරුම් පුරුෂ ගතිය ත්, අනුපාදා පරිනිබ්බානය ත් ය.

සාදු! සාදු!! සාදු!!!

පුරුසගති සූත්‍රය නිමා විය.

7.2.1.3.
තිස්ස බ්‍රහ්ම සූත්‍රය
තිස්ස බ්‍රහ්මයා ගැන වදාළ දෙසුම

මා විසින් මෙසේ අසන ලදී. එක් සමයක භාග්‍යවතුන් වහන්සේ රජගහ නුවර ගිජ්ඣකූට පර්වතයෙහි වැඩවසන සේක. එකල්හී දෙවිවරු දෙදෙනෙක් මැදියම් රැයෙහි මනස්කාන්ත වර්ණයෙන් යුතුව මුළුමහත් ගිජ්ඣකූටය බබුළුවාගෙන භාග්‍යවතුන් වහන්සේ කරා පැමිණියහ. පැමිණ භාග්‍යවතුන් වහන්සේ සකසා වන්දනා කොට එකත්පස් ව සිටගත්හ. එකත්පස් ව සිටි එක් දෙවියෙක් භාග්‍යවතුන් වහන්සේට මෙය පැවසුවේ ය.

"ස්වාමීනී, මේ භික්ෂුණීහු දුකින් මිදුණාහු ය."

අනෙක් දෙවියා භාග්‍යවතුන් වහන්සේට මෙය පැවසුවේ ය.

"ස්වාමීනී, මේ භික්ෂුණීහු උපාදාන ඉතිරි නැති ව මැනැවින් මිදුණාහු ය."

ඒ දෙවිවරු මෙය පැවසූහ. ශාස්තෘන් වහන්සේ අනුමත කළ සේක.

එකල්හී ඒ දෙවිවරු 'භාග්‍යවතුන් වහන්සේ අපගේ භාෂිතය අනුමත කළ සේකැ'යි භාග්‍යවතුන් වහන්සේ සකසා වන්දනා කොට පැදකුණු කොට එහි ම නොපෙනී ගියහ.

ඉක්බිති භාග්‍යවතුන් වහන්සේ ඒ රාත්‍රිය ඇවෑමෙන් භික්ෂූන් ඇමතූ සේක.

"මහණෙනි, මේ රාත්‍රියෙහි දෙවිවරු දෙදෙනෙක් මැදියම් රැයෙහි මනස්කාන්ත වර්ණයෙන් යුතුව මුළුමහත් ගිජ්ඣකූටය බබුළුවාගෙන මා කරා පැමිණියහ. පැමිණ මා හට සකසා වන්දනා කොට එකත්පස් ව සිටගත්හ. එකත්පස් ව සිටි එක් දෙවියෙක් මා හට මෙය පැවසුවේ ය.

'ස්වාමීනී, මේ භික්ෂුණීහු දුකින් මිදුණාහු ය.'

අනෙක් දෙවියා මා හට මෙය පැවසුවේ ය.

'ස්වාමීනී, මේ භික්ෂුණීහු උපාදාන ඉතිරි නැති ව මැනැවින් මිදුණාහු ය.'

මහණෙනි, ඒ දෙවිවරු මෙය පැවසූහ. මෙය පවසා මා හට සකසා වන්දනා කොට පැදකුණු කොට එහි ම නොපෙනී ගියහ."

එකල්හී ආයුෂ්මත් මහා මොග්ගල්ලානයන් වහන්සේ භාග්‍යවතුන් වහන්සේට නුදුරින් වැඩහුන්හ. ඉක්බිති මහා මොග්ගල්ලානයන් වහන්සේට මේ අදහස ඇතිවූයේ ය. සෝපාදිසේස පුද්ගලයන් පිළිබඳ ව සෝපාදිසේස වශයෙනුත්, අනුපාදිසේස පුද්ගලයන් පිළිබඳ ව අනුපාදිසේස වශයෙනුත් දැනගන්නට මෙබඳු ඥානයක් තිබෙන්නේ කවර දෙවියන් හට දැයි.

එසමයෙහි තිස්ස නම් භික්ෂුවක් නොබෝ කල්හී කළුරිය කළේ එක්තරා බ්‍රහ්ම ලෝකයක උපන්නේ වෙයි. එහි ද ඔහු පිළිබඳ ව මෙසේ දනිති. 'තිස්ස බ්‍රහ්ම තෙමේ මහා ඉර්ධි ඇත්තේ ය. මහානුභාව ඇත්තේ ය' යනුවෙනි.

ඉක්බිති ආයුෂ්මත් මහාමොග්ගල්ලානයන් වහන්සේ බලවත් පුරුෂයෙක් හැකිළූ ඇතක් දිගහරින්නේ යම් සේ ද, දිගු කළ අතක් හකුලන්නේ යම් සේ ද, එබඳු කලක් තුළ ජේතවනයෙන් නොපෙනී ගොස් ඒ බ්‍රහ්ම ලෝකයෙහි පහළ වූ සේක. තිස්ස බ්‍රහ්ම තෙමේ දුරින් ම වඩිනා ආයුෂ්මත් මහා මොග්ගල්ලානයන් වහන්සේ දුටුවේ ය. දැක ආයුෂ්මත් මහා මොග්ගල්ලානයන් වහන්සේට මෙය පැවසුවේ ය.

"මොග්ගල්ලාන නිදුකාණන් වහන්ස, වඩිනා සේක්වා! මොග්ගල්ලාන නිදුකාණන් වහන්ස, මනා වැඩම කිරීමකි. මොග්ගල්ලාන නිදුකාණන් වහන්සේ මෙහි වැඩම කිරීම සඳහා බොහෝ කලකින් ඉඩ ලබා ගත් සේක. මොග්ගල්ලාන නිදුකාණන් වහන්ස, මේ අසුනක් පණවන ලද්දේ ය. වැඩ හිඳිනු මැනැව."

එකල්හී ආයුෂ්මත් මහා මොග්ගල්ලානයන් වහන්සේ පණවන ලද අසුනෙහි වැඩහුන් සේක. තිස්ස බ්‍රහ්ම තෙමේ ද ආයුෂ්මත් මහා මොග්ගල්ලානයන් වහන්සේට සකසා වන්දනා කොට එකත්පස් ව හිඳගත්තේ ය. එකත්පස් ව හුන් තිස්ස බ්‍රහ්මයා හට ආයුෂ්මත් මහා මොග්ගල්ලානයන් වහන්සේ මෙය වදාළ සේක.

"තිස්සයෙනි, සෝපාදිසේස පුද්ගලයන් පිළිබඳ ව සෝපාදිසේස වශයෙනුත්, අනුපාදිසේස පුද්ගලයන් පිළිබඳ ව අනුපාදිසේස වශයෙනුත් දැනගන්නට මෙබඳු ඥානයක් තිබෙන්නේ කවර දෙවියන් හට ද?"

"මොග්ගල්ලාන නිදුකාණෙනි, සෝපාදිසේස පුද්ගලයන් පිළිබඳ ව සෝපාදිසේස වශයෙනුත්, අනුපාදිසේස පුද්ගලයන් පිළිබඳ ව අනුපාදිසේස වශයෙනුත් දැනගන්නට බ්‍රහ්මකායික දෙවියන්ට මෙසේ ඥානයක් ඇත්තේ ය."

"තිස්සයෙනි, සෝපාදිසේස පුද්ගලයන් පිළිබඳ ව සෝපාදිසේස වශයෙනුත්, අනුපාදිසේස පුද්ගලයන් පිළිබඳ ව අනුපාදිසේස වශයෙනුත් දැනගන්නට සියළු ම බ්‍රහ්මකායික දෙවියන් හට එබඳු ඥානයක් ඇත්තේ ද?"

"මොග්ගල්ලාන නිදුකාණෙනි, සෝපාදිසේස පුද්ගලයන් පිළිබඳ ව සෝපාදිසේස වශයෙනුත්, අනුපාදිසේස පුද්ගලයන් පිළිබඳ ව අනුපාදිසේස වශයෙනුත් දැනගන්නට සියළුම බ්‍රහ්මකායික දෙවියන්ට මෙසේ ඥානයක් නැත්තේ ය.

මොග්ගල්ලාන නිදුකාණෙනි, යම් ඒ බ්‍රහ්මකායික දෙවිවරු බ්‍රහ්මයින් සතු ආයුෂයෙන් සතුටු වෙත් ද, බ්‍රහ්ම පැහැයෙන් සතුටු වෙත් ද, බ්‍රහ්ම සැපයෙන් සතුටු වෙත් ද, බ්‍රහ්ම යසසින් සතුටු වෙත් ද, බ්‍රහ්ම අධිපති බවින් සතුටු වෙත් ද, මත්තෙහි ත් එයින් නිදහස් වීමක් පිළිබඳ ව ඒ වූ සැටියකින් නොදනිත් ද, ඔවුන් හට සෝපාදිසේස පුද්ගලයන් පිළිබඳ ව සෝපාදිසේස වශයෙනුත්, අනුපාදිසේස පුද්ගලයන් පිළිබඳ ව අනුපාදිසේස වශයෙනුත් දැනගන්නට මෙබඳු ඥානයක් නැත්තේ ය.

මොග්ගල්ලාන නිදුකාණෙනි, යම් ඒ බ්‍රහ්මකායික දෙවිවරු බ්‍රහ්මයින් සතු ආයුෂයෙන් සතුටු නොවෙත් ද, බ්‍රහ්ම පැහැයෙන් සතුටු නොවෙත් ද,

බ්‍රහ්ම සැපයෙන් සතුටු නොවෙත් ද, බ්‍රහ්ම යසසින් සතුටු නොවෙත් ද, බ්‍රහ්ම අධිපති බවින් සතුටු නොවෙත් ද, මත්තෙහි ත් එයින් නිදහස් වීමක් පිළිබඳ ව ඒ වූ සැටියකින් දනිත් ද, ඔවුන් හට සෝපාදිසේස පුද්ගලයන් පිළිබඳ ව සෝපාදිසේස වශයෙනුත්, අනුපාදිසේස පුද්ගලයන් පිළිබඳ ව අනුපාදිසේස වශයෙනුත් දැනගන්නට මෙබඳු ඥානයක් ඇත්තේ ය.

මොග්ගල්ලාන නිදුකාණෙනි, මෙහිලා භික්ෂුවක් උභතෝභාග විමුක්ත වෙයි. ඔහු පිළිබඳ ව දෙවිවරු මෙසේ දනිති. 'මේ ආයුෂ්මත් තෙමේ උභතෝභාග විමුක්තයෙකි. මොහුගේ කය යම්තාක් පවතියි ද, ඒ තාක් මොහු දෙවි මිනිස්සු දකිති. කය බිඳී යාමෙන් පසු දෙවි මිනිස්සු නොදකිති' යි. මෙසේ ත් මොග්ගල්ලාන නිදුකාණෙනි, ඒ දෙවියන් හට සෝපාදිසේස පුද්ගලයන් පිළිබඳ ව සෝපාදිසේස වශයෙනුත්, අනුපාදිසේස පුද්ගලයන් පිළිබඳ ව අනුපාදිසේස වශයෙනුත් දැනගන්නට මෙබඳු ඥානයක් ඇත්තේ ය.

මොග්ගල්ලාන නිදුකාණෙනි, මෙහිලා භික්ෂුවක් පඤ්ඤාවිමුක්ත වෙයි. ඔහු පිළිබඳ ව ඒ දෙවිවරු මෙසේ දනිති. 'මේ ආයුෂ්මත් තෙමේ පඤ්ඤාවිමුක්තයෙකි. මොහුගේ කය යම්තාක් පවතියි ද, ඒ තාක් මොහු දෙවි මිනිස්සු දකිති. කය බිඳී යාමෙන් පසු දෙවි මිනිස්සු මොහු නොදකිති' යි. මෙසේ ත් මොග්ගල්ලාන නිදුකාණෙනි, ඒ දෙවියන් හට සෝපාදිසේස පුද්ගලයන් පිළිබඳ ව සෝපාදිසේස වශයෙනුත්, අනුපාදිසේස පුද්ගලයන් පිළිබඳ ව අනුපාදිසේස වශයෙනුත් දැනගන්නට මෙබඳු ඥානයක් ඇත්තේ ය.

මොග්ගල්ලාන නිදුකාණෙනි, මෙහිලා භික්ෂුවක් කායසක්ඛී වෙයි. ඔහු පිළිබඳ ව ඒ දෙවිවරු මෙසේ දනිති. 'මේ ආයුෂ්මත් තෙමේ කායසක්ඛී කෙනෙකි. මේ ආයුෂ්මත්හු ගැලපෙන සෙනසුන් සේවනය කරමින්, කලණ මිතුරන් ඇසුරු කරමින්, ශ්‍රද්ධාදී ඉන්ද්‍රියන් සම කරමින් වසන්නාහු නම්, යම් කරුණක් උදෙසා කුලපුත්‍රයෝ මැනැවින් ගිහි ගෙයින් නික්ම අනගාරික පැවිද්ද ලබත් ද, බඹසර අවසන් කොට ඇති ඒ අනුත්තර නිර්වාණය මෙලොව දී ම සිය විශිෂ්ට නුවණින් දැන පසක් කොට පැමිණ වසන්නාහු නම් මැනැවැ' යි. මෙසේ ත් මොග්ගල්ලාන නිදුකාණෙනි, ඒ දෙවියන් හට සෝපාදිසේස පුද්ගලයන් පිළිබඳ ව සෝපාදිසේස වශයෙනුත්, අනුපාදිසේස පුද්ගලයන් පිළිබඳ ව අනුපාදිසේස වශයෙනුත් දැනගන්නට මෙබඳු ඥානයක් ඇත්තේ ය.

මොග්ගල්ලාන නිදුකාණෙනි, මෙහිලා භික්ෂුවක් දිට්ඨප්පත්ත වෙයි. ....(පෙ).... සද්ධාවිමුත්ත වෙයි ....(පෙ).... ධම්මානුසාරී වෙයි ඔහු පිළිබඳ ව ඒ දෙවිවරු මෙසේ දනිති. 'මේ ආයුෂ්මත් තෙමේ ධම්මානුසාරී කෙනෙකි. මේ

ආයුෂ්මත්හු ගැලපෙන සෙනසුන් සේවනය කරමින්, කලණ මිතුරන් ඇසුරු කරමින්, ශ්‍රද්ධාදී ඉන්ද්‍රියන් සම කරමින් වසන්නාහු නම්, යම් කරුණක් උදෙසා කුලපුත්‍රයෝ මැනැවින් ගිහි ගෙයින් නික්ම අනගාරික පැවිද්ද ලබත් ද, බඹසර අවසන් කොට ඇති ඒ අනුත්තර නිර්වාණය මෙලොව දී ම සිය විශිෂ්ට නුවණින් දැන පසක් කොට පැමිණ වසන්නාහු නම් මැනැවි' යි. මෙසේ ත් මොග්ගල්ලාන නිදුකාණෙනි, ඒ දෙවියන් හට සෝපාදිසේස පුද්ගලයන් පිළිබඳ ව සෝපාදිසේස වශයෙනුත්, අනුපාදිසේස පුද්ගලයන් පිළිබඳ ව අනුපාදිසේස වශයෙනුත් දැනගන්නට මෙබඳු ඥානයක් ඇත්තේ ය."

ඉක්බිති ආයුෂ්මත් මහා මොග්ගල්ලානයන් වහන්සේ තිස්ස බ්‍රහ්මයාගේ භාෂිතය සතුටින් පිළිගෙන අනුමෝදන් වී බලවත් පුරුෂයෙක් හැකිලූ අතක් දිග හරින්නේ යම් සේ ද, දික් කළ අතක් හකුලන්නේ යම් සේ ද එසෙයින් ම බඹලොවින් නොපෙනී ගොස් ගිජ්ඣකූටයෙහි පහළ වූහ.

එකල්හී ආයුෂ්මත් මහා මොග්ගල්ලානයන් වහන්සේ භාග්‍යවතුන් වහන්සේ කරා එළඹියහ. එළඹ භාග්‍යවතුන් වහන්සේට සකසා වන්දනා කොට එකත්පස් ව වැඩහුන්හ. එකත්පස් ව වැඩහුන් ආයුෂ්මත් මහා මොග්ගල්ලානයන් වහන්සේ තිස්ස බ්‍රහ්මයා සමඟ යම්තාක් කථා සල්ලාපයක් වූයේ ද, ඒ සියල්ල භාග්‍යවතුන් වහන්සේට සැලකළහ.

"මොග්ගල්ලානයෙනි, තිස්ස බ්‍රහ්මයා සත්වැනි අනිමිත්ත විහාරී පුද්ගලයා පිළිබඳ ව පැවසුවේ නැහැ නොවැ."

"භාග්‍යවතුන් වහන්ස, යම් හෙයකින් භාග්‍යවතුන් වහන්සේ සත්වැනි අනිමිත්ත විහාරී පුද්ගලයා පිළිබඳ ව දෙසන සේක් නම්, මේ එයට කාලය යි. සුගතයන් වහන්ස, මේ එයට කාලය යි. භාග්‍යවතුන් වහන්සේගෙන් අසා භික්ෂූහු දරා ගන්නාහු ය."

"එසේ වී නම් මොග්ගල්ලානයෙනි, අසව. මැනැවින් මෙනෙහි කරව. පවසන්නෙමි."

"එසේ ය, ස්වාමීනී"යි ආයුෂ්මත් මහා මොග්ගල්ලානයන් වහන්සේ භාග්‍යවතුන් වහන්සේට පිළිවදන් දුන්හ. භාග්‍යවතුන් වහන්සේ මෙය වදාළ සේක.

"මොග්ගල්ලානයෙනි, මෙහිලා භික්ෂුව සියළු නිමිති මෙනෙහි නොකිරීමෙන් අනිමිත්ත චිත්ත සමාධිය උපදවාගෙන වාසය කරයි. ඒ දෙවිවරු ඔහු ව මෙසේ දනිති. 'මේ ආයුෂ්මත් තෙමේ සියළු නිමිති මෙනෙහි

නොකිරීමෙන් අනිමිත්ත චිත්ත සමාධිය උපදවාගෙන වාසය කරන කෙනෙකි. මේ ආයුෂ්මත්හු ගැලපෙන සෙනසුන් සේවනය කරමින්, කලණ මිතුරන් ඇසුරු කරමින්, ශ්‍රද්ධාදී ඉන්ද්‍රියන් සම කරමින් වසන්නාහු නම්, යම් කරුණක් උදෙසා කුලපුත්‍රයෝ මැනැවින් ගිහි ගෙයින් නික්ම අනගාරික පැවිද්ද ලබත් ද, බඹසර අවසන් කොට ඇති ඒ අනුත්තර නිර්වාණය මෙලොව දී ම සිය විශිෂ්ට නුවණින් දැන පසක් කොට පැමිණ වසන්නාහු නම් මැනැව' යි. මෙසේ ත් මොග්ගල්ලානයෙනි, ඒ දෙවියන් හට සෝපාදිසේස පුද්ගලයන් පිළිබඳ ව සෝපාදිසේස වශයෙනුත්, අනුපාදිසේස පුද්ගලයන් පිළිබඳ ව අනුපාදිසේස වශයෙනුත් දැනගන්නට මෙබඳු ඥානයක් ඇත්තේ ය."

සාදු! සාදු!! සාදු!!!

තිස්සබ්‍රහ්ම සූත්‍රය නිමා විය.

7.2.1.4.
සීහසේනාපති සූත්‍රය
සීහ සේනාපතිට වදාළ දෙසුම

එක් සමයෙක් හි භාග්‍යවතුන් වහන්සේ විශාලා මහනුවර මහාවනයෙහි කූටාගාර ශාලාවෙහි වැඩවෙසෙන සේක. එකල්හී සීහ සේනාපති භාග්‍යවතුන් වහන්සේ කරා පැමිණියේ ය. පැමිණ භාග්‍යවතුන් වහන්සේ සකසා වන්දනා කොට එකත්පස් ව හිඳගත්තේ ය. එකත්පස් ව හුන් සීහ සේනාපති තෙමේ භාග්‍යවතුන් වහන්සේට මෙය පැවසුවේ ය.

"ස්වාමීනී, සන්දිට්ඨික දානඵල පණවන්නට හැකිසේක් ද?"

"එසේ වී නම් සීහයෙනි, එහිලා ඔබගෙන් ම අසන්නෙමි. ඔබට යම් පරිදි වැටහෙයි නම් ඒ අයුරින් පවසන්න.

1. සීහයෙනි, ඒ කිමෙකැයි හඟනෙහි ද? මෙහිලා පුරුෂයෝ දෙදෙනෙක් සිටිති. ඉන් එක් පුරුෂයෙක් ශ්‍රද්ධා නැති, මසුරු, තද මසුරු, අනුන්ට ගරහන්නෙකි. තව පුරුෂයෙක් සැදැහැවත්, දානපති, දන් දීමෙහි ඇළුණු කෙනෙකි. සීහය, ඒ කිමෙකැයි හඟනෙහි ද? රහත්හු පළමුකොට අනුකම්පා කරත් නම්, කවරක්හුට අනුකම්පා කරන්නාහු ද? යම් ඒ පුරුෂයෙක් ශ්‍රද්ධා නැති, මසුරු, තද මසුරු, අනුන්ට ගරහන්නෙක් වෙයි නම් ඔහුට ද? යම් ඒ පුරුෂයෙක් සැදැහැවත්,

දානපති, දන් දීමෙහි ඇළුණු කෙනෙක් වෙයි නම් ඔහුට ද?"

"ස්වාමීනී, යම් ඒ පුරුෂයෙක් සැදැහැ නැත්තේ, මසුරු වූයේ, දැඩි මසුරු වූයේ, අනුන්ට ගරහන්නේ වෙයි ද, රහත්හු අනුකම්පා කරත් නම්, පළමු කොට මක් නිසා ඔහුට අනුකම්පා කරන්නාහු ද?

ස්වාමීනී, යම් ඒ පුරුෂයෙක් සැදැහැවත් වූයේ, දානපති වූයේ, දන් දීමෙහි ඇළුණේ වෙයි ද, රහත්හු අනුකම්පා කරත් නම්, පළමු කොට ඔහුට අනුකම්පා කරන්නාහු ය."

2. "සීහයෙනි, ඒ කිමෙකැයි හඟනෙහි ද? රහත්හු පළමුකොට එළඹෙත් නම්, කවරක්හු කරා එළඹෙන්නාහු ද? යම් ඒ පුරුෂයෙක් ශ්‍රද්ධා නැති, මසුරු, තද මසුරු, අනුන්ට ගරහන්නෙක් වෙයි නම් ඔහු කරා ද? යම් ඒ පුරුෂයෙක් සැදැහැවත්, දානපති, දන් දීමෙහි ඇළුණු කෙනෙක් වෙයි නම් ඔහු කරා ද?"

"ස්වාමීනී, යම් ඒ පුරුෂයෙක් සැදැහැ නැත්තේ, මසුරු වූයේ, දැඩි මසුරු වූයේ, අනුන්ට ගරහන්නේ වෙයි ද, රහත්හු එළඹෙත් නම්, පළමු කොට මක් නිසා ඔහු කරා එළඹෙන්නාහු ද?

ස්වාමීනී, යම් ඒ පුරුෂයෙක් සැදැහැවත් වූයේ, දානපති වූයේ, දන් දීමෙහි ඇළුණේ වෙයි ද, රහත්හු එළඹෙත් නම්, පළමු කොට ඔහු කරා එළඹෙන්නාහු ය."

3. "සීහයෙනි, ඒ කිමෙකැයි හඟනෙහි ද? රහත්හු පළමුකොට දන් පිළිග න්නාහු නම්, කවරක්හුගේ දන් පිළිගන්නාහු ද? යම් ඒ පුරුෂයෙක් ශ්‍රද්ධා නැති, මසුරු, තද මසුරු, අනුන්ට ගරහන්නෙක් වෙයි නම් ඔහුගේ ද? යම් ඒ පුරුෂයෙක් සැදැහැවත්, දානපති, දන් දීමෙහි ඇළුණු කෙනෙක් වෙයි නම් ඔහුගේ ද?"

"ස්වාමීනී, යම් ඒ පුරුෂයෙක් සැදැහැ නැත්තේ, මසුරු වූයේ, දැඩි මසුරු වූයේ, අනුන්ට ගරහන්නේ වෙයි ද, රහත්හු දන් පිළිගනිත් නම්, පළමු කොට මක් නිසා ඔහුගෙන් දන් පිළිගන්නාහු ද?

ස්වාමීනී, යම් ඒ පුරුෂයෙක් සැදැහැවත් වූයේ, දානපති වූයේ, දන් දීමෙහි ඇළුණේ වෙයි ද, රහත්හු දන් පිළිගනිත් නම්, පළමු කොට ඔහුගේ දන් පිළිග න්නාහු ය."

4. "සීහයෙනි, ඒ කිමෙකැයි හඟනෙහි ද? රහත්හු පළමුකොට දහම් දෙසත් නම්, කවරක්හුට දෙසන්නාහු ද? යම් ඒ පුරුෂයෙක් ශ්‍රද්ධා නැති, මසුරු, තද මසුරු, අනුන්ට ගරහන්නෙක් වෙයි නම් ඔහුට ද? යම් ඒ පුරුෂයෙක් සැදැහැවත්,

දානපති, දන් දීමෙහි ඇළුණු කෙනෙක් වෙයි නම් ඔහුට ද?"

"ස්වාමීනී, යම් ඒ පුරුෂයෙක් සැදැහැ නැත්තේ, මසුරු වූයේ, දැඩි මසුරු වූයේ, අනුන්ට ගරහන්නේ වෙයි ද, රහත්හු දහම් දෙසත් නම්, පළමු කොට මක් නිසා ඔහුට දෙසන්නාහු ද?

ස්වාමීනී, යම් ඒ පුරුෂයෙක් සැදැහැවත් වූයේ, දානපති වූයේ, දන් දීමෙහි ඇළුණේ වෙයි ද, රහත්හු දහම් දෙසත් නම්, පළමු කොට ඔහුට දෙසන්නාහු ය."

5. "සීහයෙනි, ඒ කිමෙකැයි හඟනෙහි ද? කවරක්හුගේ කල්‍යාණ කීර්ති ඝෝෂාවක් පැතිර යන්නේ වෙයි ද? යම් ඒ පුරුෂයෙක් ශ්‍රද්ධා නැති, මසුරු, තද මසුරු, අනුන්ට ගරහන්නෙක් වෙයි නම් ඔහුගේ ද? යම් ඒ පුරුෂයෙක් සැදැහැවත්, දානපති, දන් දීමෙහි ඇළුණු කෙනෙක් වෙයි නම් ඔහුගේ ද?"

"ස්වාමීනී, යම් ඒ පුරුෂයෙක් සැදැහැ නැත්තේ, මසුරු වූයේ, දැඩි මසුරු වූයේ, අනුන්ට ගරහන්නේ වෙයි ද, කුමක් හෙයින් ඔහුගේ කලණ කිතු ගොස පැතිර යන්නේ ද?

ස්වාමීනී, යම් ඒ පුරුෂයෙක් සැදැහැවත් වූයේ, දානපති වූයේ, දන් දීමෙහි ඇළුණේ වෙයි ද, ඔහුගේ ම කලණ කිතු ගොස පැතිර යන්නේ ය."

6. "සීහයෙනි, ඒ කිමෙකැයි හඟනෙහි ද? ක්ෂත්‍රිය පිරිසක් වේවා බ්‍රාහ්මණ පිරිසක් වේවා ගෘහපති පිරිසක් වේවා ශ්‍රමණ පිරිසක් වේවා, යම් ම වූ පිරිසක් කරා කවරෙක් නම් මකු නොවී, විශාරද ව එළඹෙන්නේ ද? යම් ඒ පුරුෂයෙක් ශ්‍රද්ධා නැති, මසුරු, තද මසුරු, අනුන්ට ගරහන්නෙක් වෙයි නම් ඔහු ද? යම් ඒ පුරුෂයෙක් සැදැහැවත්, දානපති, දන් දීමෙහි ඇළුණු කෙනෙක් වෙයි නම් ඔහු ද?"

"ස්වාමීනී, යම් ඒ පුරුෂයෙක් සැදැහැ නැත්තේ, මසුරු වූයේ, දැඩි මසුරු වූයේ, අනුන්ට ගරහන්නේ වෙයි ද, ක්ෂත්‍රිය පිරිසක් වේවා බ්‍රාහ්මණ පිරිසක් වේවා ගෘහපති පිරිසක් වේවා ශ්‍රමණ පිරිසක් වේවා, යම් ම වූ පිරිසක් කරා කුමක් හෙයින් ඔහු මකු නොවී, විශාරද ව එළඹෙන්නේ ද?

ස්වාමීනී, යම් ඒ පුරුෂයෙක් සැදැහැවත් වූයේ, දානපති වූයේ, දන් දීමෙහි ඇළුණේ වෙයි ද, ක්ෂත්‍රිය පිරිසක් වේවා බ්‍රාහ්මණ පිරිසක් වේවා ගෘහපති පිරිසක් වේවා ශ්‍රමණ පිරිසක් වේවා, යම් ම වූ පිරිසක් කරා ඔහු නම් මකු නොවී, විශාරද ව එළඹෙන්නේ ය."

7. "සීහයෙනි, ඒ කිමෙකැයි හඟනෙහි ද? කවරෙක් නම් කය බිඳී මරණින් මතු සුගති සංඛ්‍යාත ස්වර්ග ලෝකයෙහි උපදින්නේ ද? යම් ඒ පුරුෂයෙක් ශ්‍රද්ධා නැති, මසුරු, තද මසුරු, අනුන්ට ගරහන්නෙක් වෙයි නම් ඔහු ද? යම් ඒ පුරුෂයෙක් සැදැහැවත්, දානපති, දන් දීමෙහි ඇළුණු කෙනෙක් වෙයි නම් ඔහු ද?"

"ස්වාමීනී, යම් ඒ පුරුෂයෙක් සැදැහැ නැත්තේ, මසුරු වූයේ, දැඩි මසුරු වූයේ, අනුන්ට ගරහන්නේ වෙයි ද, කුමක් හෙයින් ඔහු කය බිඳී මරණින් මතු සුගති සංඛ්‍යාත ස්වර්ග ලෝකයෙහි උපදින්නේ ද?

ස්වාමීනී, යම් ඒ පුරුෂයෙක් සැදැහැවත් වූයේ, දානපති වූයේ, දන් දීමෙහි ඇළුණේ වෙයි ද, ඔහු නම් කය බිඳී මරණින් මතු සුගති සංඛ්‍යාත ස්වර්ග ලෝකයෙහි උපදින්නේ ය.

ස්වාමීනී, භාග්‍යවතුන් වහන්සේ විසින් යම් ඒ සන්දිට්ඨික වූ දානඵල සයක් පිළිබඳ ව වදාරණ ලද්දේ ද, එහිලා මම හුදෙක් භාග්‍යවතුන් වහන්සේ පිළිබඳ ව ශ්‍රද්ධාවෙන් පමණක් නොගනිමි. මම් මැ මේ දානඵල දනිමි.

ස්වාමීනී, මම දන් දෙන දානපතියෙක්මි. රහත්හු අනුකම්පා කරන්නාහු, මට ම පළමු කොට අනුකම්පා කරති. ස්වාමීනී, මම දන් දෙන දානපතියෙක්මි. රහත්හු එළඹෙන්නාහු, මා කරා ම පළමු කොට එළඹෙති. ස්වාමීනී, මම දන් දෙන දානපතියෙක්මි. රහත්හු දන් පිළිගන්නාහු, පළමු කොට මගේ දන් පිළිග නිති. ස්වාමීනී, මම දන් දෙන දානපතියෙක්මි. රහත්හු දහම් දෙසන්නාහු, මට ම පළමු කොට දහම් දෙසති. ස්වාමීනී, මම දන් දෙන දානපතියෙක්මි. මා පිළිබඳ ව 'සීහ සේනාපති තෙමේ දායකයෙකි. කාරකයෙකි. සංඝෝපස්ථායකයෙකි' යි කලණ කිතුගොසක් පැන නංගේ ය. ස්වාමීනී, මම දන් දෙන දානපතියෙක්මි. ක්ෂත්‍රිය පිරිසක් වේවා බ්‍රාහ්මණ පිරිසක් වේවා ගෘහපති පිරිසක් වේවා ශ්‍රමණ පිරිසක් වේවා යම් ම පිරිසක් අතරට යන්නෙම් නම්, මම විශාරද ව නොමකු ව යමි.

ස්වාමීනී, භාග්‍යවතුන් වහන්සේ විසින් යම් ඒ සන්දිට්ඨික වූ දානඵල සයක් පිළිබඳ ව වදාරණ ලද්දේ ද, එහිලා මම හුදෙක් භාග්‍යවතුන් වහන්සේ පිළිබඳ ව ශ්‍රද්ධාවෙන් පමණක් නොගනිමි. මම් මැ මේ දානඵල දනිමි.

ස්වාමීනී, භාග්‍යවතුන් වහන්සේ මා හට යමක් මෙසේ වදාළ සේක් ද, 'සීහයෙනි, දන් දෙන දානපති තෙමේ කය බිඳී මරණින් මතු සුගති සංඛ්‍යාත ස්වර්ග ලෝකයෙහි උපදින්නේ ය' කියා මෙකරුණ මම නොදනිමි. මෙහිලා

මම වනාහී භාග්‍යවතුන් වහන්සේ කෙරෙහි ශ්‍රද්ධාවෙන් ගනිමි.”

“සීහයෙනි, එය එසේ ම ය. සීහයෙනි, එය එසේ ම ය. සීහයෙනි, දන් දෙන දානපති තෙමේ කය බිඳී මරණින් මතු සුගති සංඛ්‍යාත ස්වර්ග ලෝකයෙහි උපදින්නේ ය.”

සාදු! සාදු!! සාදු!!!

සීහසේනාපති සූත්‍රය නිමා විය.

7.2.1.5.
අරක්ඛෙය්‍ය සූත්‍රය
නොරැක්ක යුතු දේ ගැන වදාළ දෙසුම

සැවැත් නුවර දී ය .....

මහණෙනි, තථාගතයන් වහන්සේගේ මේ නොරැක්ක යුතු කරුණු සතරකි. දොස් නොලැබිය යුතු කරුණු තුනකි.

තථාගතයන් වහන්සේගේ නොරැක්ක යුතු කරුණු සතර මොනවා ද?

1. මහණෙනි, තථාගතයාණෝ පාරිශුද්ධ වූ කාය සමාචාර ඇත්තාහු ය. ‘මාගේ මේ කාය දුෂ්චරිතය අන්‍යයෙකු නොදනීවා’ යි යම් කාය දුෂ්චරිතයක් තථාගතයෝ රකිත් නම්, තථාගතයන්ගේ එබඳු වූ කාය දුෂ්චරිතයක් නැත්තේ ය.

2. මහණෙනි, තථාගතයාණෝ පාරිශුද්ධ වූ වචී සමාචාර ඇත්තාහු ය. ‘මාගේ මේ වචී දුෂ්චරිතය අන්‍යයෙකු නොදනීවා’ යි යම් වචී දුෂ්චරිතයක් තථාගතයෝ රකිත් නම්, තථාගතයන්ගේ එබඳු වූ වචී දුෂ්චරිතයක් නැත්තේ ය.

3. මහණෙනි, තථාගතයාණෝ පාරිශුද්ධ වූ මනෝ සමාචාර ඇත්තාහු ය. ‘මාගේ මේ මනෝ දුෂ්චරිතය අන්‍යයෙකු නොදනීවා’ යි යම් මනෝ දුෂ්චරිතයක් තථාගතයෝ රකිත් නම්, තථාගතයන්ගේ එබඳු වූ මනෝ දුෂ්චරිතයක් නැත්තේ ය.

4. මහණෙනි, තථාගතයාණෝ පාරිශුද්ධ වූ ජීවිකාව ඇත්තාහු ය. ‘මාගේ මේ

මිථ්‍යා ජීවිකාව අන්‍යයෙකු නොදනීවා' යි යම් මිථ්‍යා ජීවිකාවක් තථාගතයෝ රකිත් නම්, තථාගතයන්ගේ එබඳු වූ මිථ්‍යා ජීවිකාවක් නැත්තේ ය.

මේ වනාහී තථාගතයන් වහන්සේගේ නොරැක්ක යුතු කරුණු සතර යි.

තථාගතයන් දොස් නොලබන කරුණු තුන මොනවා ද?

1. මහණෙනි, තථාගතයාණෝ ස්වක්ඛාත ධර්මය ඇත්තාහු ය. එහිලා ශ්‍රමණයෙක් වේවා, බ්‍රාහ්මණයෙක් වේවා, දෙවියෙක් වේවා, මාරයෙක් වේවා, බ්‍රහ්මයෙක් වේවා ලෝකයෙහි කිසිවෙක් වේවා ඒකාන්ත කොට කරුණු සහිත ව මට චෝදනා කරන්නේ නම්, 'මෙසේ ත් ඔබ ස්වාක්ඛාත ධර්මය ඇත්තාහු නොවෙති' යි. මහණෙනි, එබඳු නිමිත්තක් වත් මම නොදකිමි. මහණෙනි, මම එබඳු නිමිත්තක් වත් නොදකින්නෙම්, ක්ෂේමයට පැමිණියෙම්, නිර්භයට පැමිණියෙම්, විශාරදභාවයට පැමිණියෙම් වාසය කරමි.

2. මහණෙනි, යම් අයුරකින් මාගේ ශ්‍රාවකයෝ ආශ්‍රවයන් ක්ෂය වීමෙන් අනාශ්‍රව වූ චිත්ත විමුක්තිය ත්, ප්‍රඥා විමුක්තිය ත් මෙලොව දී ම තම විශිෂ්ට නුවණින් සාක්ෂාත් කොට එයට පැමිණ වාසය කරත් නම්, මා විසින් ශ්‍රාවකයන් හට එබඳු නිර්වාණගාමිනී ප්‍රතිපදාව යහපත් ලෙස පණවන ලද්දේ ය. එහිලා ශ්‍රමණයෙක් වේවා, බ්‍රාහ්මණයෙක් වේවා, දෙවියෙක් වේවා, මාරයෙක් වේවා, බ්‍රහ්මයෙක් වේවා ලෝකයෙහි කිසිවෙක් වේවා ඒකාන්ත කොට කරුණු සහිත ව මට චෝදනා කරන්නේ නම්, 'මෙසේ ත් යම් අයුරකින් තථාගත ශ්‍රාවකයෝ ආශ්‍රවයන් ක්ෂය වීමෙන් අනාශ්‍රව වූ චිත්ත විමුක්තිය ත්, ප්‍රඥා විමුක්තිය ත් මෙලොව දී ම තම විශිෂ්ට නුවණින් සාක්ෂාත් කොට එයට පැමිණ වාසය කරත් නම්, ඔබ විසින් ශ්‍රාවකයන් හට එබඳු නිර්වාණගාමිනී ප්‍රතිපදාව යහපත් ලෙස නොපණවන ලද්දේ' යි. මහණෙනි, එබඳු නිමිත්තක් වත් මම නොදකිමි. මහණෙනි, මම එබඳු නිමිත්තක් වත් නොදකින්නෙම්, ක්ෂේමයට පැමිණියෙම්, නිර්භයට පැමිණියෙම්, විශාරදභාවයට පැමිණියෙම් වාසය කරමි.

3. මහණෙනි, නොයෙක් සිය ගණන් මාගේ ශ්‍රාවකයෝ ආශ්‍රවයන් ක්ෂය වීමෙන් අනාශ්‍රව වූ චිත්ත විමුක්තිය ත්, ප්‍රඥා විමුක්තිය ත් මෙලොව දී ම තම විශිෂ්ට නුවණින් සාක්ෂාත් කොට එයට පැමිණ වාසය කරති. එහිලා ශ්‍රමණයෙක් වේවා, බ්‍රාහ්මණයෙක් වේවා, දෙවියෙක් වේවා, මාරයෙක් වේවා, බ්‍රහ්මයෙක් වේවා ලෝකයෙහි කිසිවෙක් වේවා ඒකාන්ත කොට කරුණු සහිත ව මට චෝදනා කරන්නේ නම්, 'මෙසේ ත් නොයෙක් සිය ගණන් ඔබගේ ශ්‍රාවකයෝ ආශ්‍රවයන් ක්ෂය වීමෙන් අනාශ්‍රව වූ චිත්ත විමුක්තිය ත්, ප්‍රඥා විමුක්තිය ත් මෙලොව දී ම තම විශිෂ්ට නුවණින් සාක්ෂාත් කොට එයට පැමිණ වාසය

නොකරති' යි. මහණෙනි, එබඳු නිමිත්තක් වත් මම නොදකිමි. මහණෙනි, මම එබඳු නිමිත්තක් වත් නොදකින්නෙමි, ක්ෂේමයට පැමිණියෙමි, නිර්භයට පැමිණියෙමි, විශාරදභාවයට පැමිණියෙමි වාසය කරමි.

මේ කරුණු තුනෙන් තථාගතයෝ දොස් නොලබති.

මහණෙනි, තථාගතයන් වහන්සේගේ මේ නොරැක්ක යුතු කරුණු සතරකි. දොස් නොලබන කරුණු තුනකි.

සාදු! සාදු!! සාදු!!!

අරක්ඛෙය්‍ය සූත්‍රය නිමා විය.

7.2.1.6.
කිම්බිල සූත්‍රය
කිම්බිල තෙරුන්ට වදාළ දෙසුම

මා විසින් මෙසේ අසන ලදී. එක් සමයක භාග්‍යවතුන් වහන්සේ කිම්බිලා නගරය අසල වේළුවනයෙහි වැඩවෙසෙන සේක. එකල්හී ආයුෂ්මත් කිම්බිල තෙරණුවෝ භාග්‍යවතුන් වහන්සේ යම් තැනක වැඩසිටි සේක් ද, එතැනට පැමිණියහ. පැමිණ භාග්‍යවතුන් වහන්සේට සකසා වන්දනා කොට එකත්පස් ව හිඳගත්හ. එකත්පස් ව හුන් ආයුෂ්මත් කිම්බිල තෙරණුවෝ භාග්‍යවතුන් වහන්සේට මෙය පැවසූහ.

"ස්වාමීනී, තථාගතයන් වහන්සේ පිරිනිවි කල්හී සද්ධර්මය බොහෝ කලක් නොපවතින්නේ නම් එයට හේතුව කුමක් ද? ප්‍රත්‍යය කුමක් ද?"

"කිම්බිලයෙනි, මෙහිලා තථාගතයන් වහන්සේ පිරිනිවි කල්හී භික්ෂු භික්ෂුණී උපාසක උපාසිකාවෝ ශාස්තෲන් වහන්සේ කෙරෙහි අගෞරවයෙන් යටහත් පැවතුම් නැති ව වාසය කරති. ධර්මය කෙරෙහි අගෞරවයෙන් යටහත් පැවතුම් නැති ව වාසය කරති. සංඝයා කෙරෙහි අගෞරවයෙන් යටහත් පැවතුම් නැති ව වාසය කරති. ශික්ෂාව කෙරෙහි අගෞරවයෙන් යටහත් පැවතුම් නැති ව වාසය කරති. සමාධිය කෙරෙහි අගෞරවයෙන් යටහත් පැවතුම් නැති ව වාසය කරති. අප්‍රමාදී බව කෙරෙහි අගෞරවයෙන් යටහත් පැවතුම් නැති ව වාසය කරති. පිළිසඳර කෙරෙහි අගෞරවයෙන් යටහත් පැවතුම් නැති ව වාසය කරති.

කිම්බිලයෙනි, තථාගතයන් වහන්සේ පිරිනිවි කල්හී සද්ධර්මය බොහෝ කලක් නොපවතින්නේ නම් එයට හේතුව මෙය යි. ප්‍රත්‍යය මෙය යි."

"ස්වාමීනී, තථාගතයන් වහන්සේ පිරිනිවි කල්හී සද්ධර්මය බොහෝ කලක් පවතින්නේ නම් එයට හේතුව කුමක් ද? ප්‍රත්‍යය කුමක් ද?"

"කිම්බිලයෙනි, මෙහිලා තථාගතයන් වහන්සේ පිරිනිවි කල්හී භික්ෂු භික්ෂුණී උපාසක උපාසිකාවෝ ශාස්තෘන් වහන්සේ කෙරෙහි ගෞරවයෙන් යටහත් පැවතුම් ඇති ව වාසය කරති. ධර්මය කෙරෙහි ගෞරවයෙන් යටහත් පැවතුම් ඇති ව වාසය කරති. සංඝයා කෙරෙහි ගෞරවයෙන් යටහත් පැවතුම් ඇති ව වාසය කරති. ශික්ෂාව කෙරෙහි ගෞරවයෙන් යටහත් පැවතුම් ඇති ව වාසය කරති. සමාධිය කෙරෙහි ගෞරවයෙන් යටහත් පැවතුම් ඇති ව වාසය කරති. අප්‍රමාදී බව කෙරෙහි ගෞරවයෙන් යටහත් පැවතුම් ඇති ව වාසය කරති. පිළිසඳර කෙරෙහි ගෞරවයෙන් යටහත් පැවතුම් ඇති ව වාසය කරති. කිම්බිලයෙනි, තථාගතයන් වහන්සේ පිරිනිවි කල්හී සද්ධර්මය බොහෝ කලක් පවතින්නේ නම් එයට හේතුව මෙය යි. ප්‍රත්‍යය මෙය යි."

සාදු! සාදු!! සාදු!!!

කිම්බිල සූත්‍රය නිමා විය.

7.2.1.7.
සත්තධම්ම සූත්‍රය
දහම් සතක් ගැන වදාළ දෙසුම

සැවැත් නුවර දී ය .....

මහණෙනි, සප්ත ධර්මයකින් සමන්විත වූ භික්ෂුව වැඩිකල් නොයා ම ආශ්‍රවයන් ක්ෂය වීමෙන් අනාශ්‍රව වූ චිත්ත විමුක්තිය ත්, ප්‍රඥා විමුක්තිය ත් සිය විශිෂ්ට ඥානයෙන් ප්‍රත්‍යක්ෂ කොට පැමිණ වාසය කරන්නේ ය. ඒ කවර ධර්ම සතකින් ද යත්;

මහණෙනි, මෙහිලා භික්ෂුව සැදැහැවත් වෙයි. සිල්වත් වෙයි. බහුශ්‍රැත වෙයි. භාවනාවෙහි යෙදෙන්නේ වෙයි. අරඹන ලද වීරිය ඇත්තේ වෙයි. සිහි ඇත්තේ වෙයි. ප්‍රඥා ඇත්තේ වෙයි.

මහණෙනි, මේ සප්ත ධර්මයෙන් සමන්විත වූ භික්ෂුව වැඩිකල් නොයා ම ආශ්‍රවයන් ක්ෂය වීමෙන් අනාශ්‍රව වූ චිත්ත විමුක්තිය ත්, ප්‍රඥා විමුක්තිය ත් සිය විශිෂ්ට ඥානයෙන් ප්‍රත්‍යක්ෂ කොට පැමිණ වාසය කරන්නේ ය.

සාදු! සාදු!! සාදු!!!

සත්තධම්ම සූත්‍රය නිමා විය.

7.2.1.8.
පචලායන සූත්‍රය
නිදි කිරා වැටීම ගැන වදාළ දෙසුම

මා විසින් මෙසේ අසන ලදී. එක් සමයක භාග්‍යවතුන් වහන්සේ භග්ග ජනපදයෙහි සුංසුමාරගිර භේසකලා වනයෙහි මිගදායෙහි වැඩවසන සේක. එසමයෙහි ආයුෂ්මත් මහා මොග්ගල්ලානයන් වහන්සේ මගධ ජනපදයෙහි කල්ලවාලමුත්ත ග්‍රාමයෙහි නිදිකිරා වැටෙමින් වාඩි ව හුන්නාහු වෙති. එකල්හී භාග්‍යවතුන් වහන්සේ මිනිස් දැක්ම ඉක්මවාගිය විශුද්ධ වූ දිවැසින් මගධයෙහි කල්ලවාලමුත්ත ග්‍රාමයෙහි වාඩි වී නිදිකිරා වැටෙමින් සිටින ආයුෂ්මත් මහා මොග්ගල්ලානයන් වහන්සේ ව දුටු සේක. දැක බලවත් පුරුෂයෙක් හැකිලූ අතක් දිගු කරන්නේ යම් සේ ද, දිගු කළ අතක් හකුලන්නේ යම් සේ ද, එසෙයින් ම භග්ග ජනපදයෙහි සුංසුමාරගිර භේසකලා වනයෙහි මිගදායෙන් නොපෙනී ගොස් මගධයෙහි කල්ලවාලමුත්ත ග්‍රාමයෙහි ආයුෂ්මත් මහා මොග්ගල්ලායන් වහන්සේ ඉදිරියෙහි පහළ වූ සේක. භාග්‍යවතුන් වහන්සේ පණවන ලද අසුනෙහි වැඩහුන් සේක. එසේ වැඩහුන් භාග්‍යවතුන් වහන්සේ ආයුෂ්මත් මහා මොග්ගල්ලානයන් වහන්සේට මෙය වදාළ සේක.

"මොග්ගල්ලානයෙනි, ඔබ නිදිකිරමින් සිටින්නෙහි නොවැ. මොග්ගල්ලානයෙනි, ඔබ නිදිකිරමින් සිටින්නෙහි නොවැ."

"එසේ ය ස්වාමීනී"

1. "එසේ වී නම් මොග්ගල්ලානයෙනි, ඔබ යම් සංඥාවකින් වාසය කරන කල්හී ඔබ තුළ ඒ නිදිමත බැසගන්නේ නම්, ඒ සංඥාව මෙනෙහි කරන්නට එපා. ඒ සංඥාව බහුල කරන්නට එපා. මොග්ගල්ලානයෙනි, මෙසේ වාසය කරන ඔබට ඒ නිදිමත ප්‍රහාණය වන්නේ නම් එකරුණ විය හැකි දෙයකි.

2. ඉදින් මෙසේ වසන කල්හී ඔබ තුළ ඒ නිදිමත ප්‍රහාණය නොවෙයි නම්, මොග්ගල්ලානයෙනි, එකල්හී ඇසූ පරිදි, හැදෑරූ පරිදි ධර්මය සිතින් අනුවිතර්ක කරන්න. අනුවිචාර කරන්න. මනසින් සළකන්න. මොග්ගල්ලානයෙනි, මෙසේ වාසය කරන ඔබට ඒ නිදිමත ප්‍රහාණය වන්නේ නම් එකරුණ විය හැකි දෙයකි.

3. ඉදින් මෙසේ වසන කල්හී ඔබ තුළ ඒ නිදිමත ප්‍රහාණය නොවෙයි නම්, මොග්ගල්ලානයෙනි, එකල්හී ඇසූ පරිදි, හැදෑරූ පරිදි ධර්මය විස්තර වශයෙන් සජ්ඣායනා කරන්න. මොග්ගල්ලානයෙනි, මෙසේ වාසය කරන ඔබට ඒ නිදිමත ප්‍රහාණය වන්නේ නම් එකරුණ විය හැකි දෙයකි.

4. ඉදින් මෙසේ වසන කල්හී ඔබ තුළ ඒ නිදිමත ප්‍රහාණය නොවෙයි නම්, මොග්ගල්ලානයෙනි, එකල්හී ඔබ දෙකන් පෙති ත්, අත් පා ත්, අත්ලෙන් හොඳින් පිරිමදින්න. මොග්ගල්ලානයෙනි, මෙසේ වාසය කරන ඔබට ඒ නිදිමත ප්‍රහාණය වන්නේ නම් එකරුණ විය හැකි දෙයකි.

5. ඉදින් මෙසේ වසන කල්හී ඔබ තුළ ඒ නිදිමත ප්‍රහාණය නොවෙයි නම්, මොග්ගල්ලානයෙනි, එකල්හී ඔබ හුනස්නෙන් නැගිට සිහිල් දියෙන් දෑස් තෙමා වටපිටාව හොඳින් බලන්න. නැකැත් තරු හොඳින් බලන්න. මොග්ගල්ලානයෙනි, මෙසේ වාසය කරන ඔබට ඒ නිදිමත ප්‍රහාණය වන්නේ නම් එකරුණ විය හැකි දෙයකි.

6. ඉදින් මෙසේ වසන කල්හී ඔබ තුළ ඒ නිදිමත ප්‍රහාණය නොවෙයි නම්, මොග්ගල්ලානයෙනි, එකල්හී ඔබ ආලෝක සංඥාව මෙනෙහි කරන්න. දවල් ය යන සංඥාව අධිෂ්ඨාන කරන්න. 'දහවල් යම් සේ ද, රැය ත් එසේ ය. රැය යම් සේ ද, දහවල ත් එසේ ය.' මෙසේ විවෘත වූ නිදිමත විසින් යට නොකරගත් සිතින් ප්‍රභාෂ්වර සිත වඩන්න. මොග්ගල්ලානයෙනි, මෙසේ වාසය කරන ඔබට ඒ නිදිමත ප්‍රහාණය වන්නේ නම් එකරුණ විය හැකි දෙයකි.

7. ඉදින් මෙසේ වසන කල්හී ඔබ තුළ ඒ නිදිමත ප්‍රහාණය නොවෙයි නම්, මොග්ගල්ලානයෙනි, එකල්හී ඔබ පෙර පසු සංඥාවෙන් යුතුව අභ්‍යන්තර ඉන්ද්‍රියයන්ගෙන් යුක්ත ව බැහැර නොගිය සිතින් සක්මන අධිෂ්ඨාන කරන්න. මොග්ගල්ලානයෙනි, මෙසේ වාසය කරන ඔබට ඒ නිදිමත ප්‍රහාණය වන්නේ නම් එකරුණ විය හැකි දෙයකි.

ඉදින් ඔබ මෙසේ වසද්දී ත්, ඒ නිදිමත ප්‍රහාණය නොවෙයි නම්, මොග්ගල්ලානයෙනි, එකල්හී ඔබ දකුණු පාදයෙන් වම් පාදය මදක් ඇලට තබා සිහියෙන් යුතුව, නුවණින් යුතුව නැගිටිමි යි යන සංඥාව මෙනෙහි කොට

දකුණු පසින් ඇල ව සිංහ සෙය්‍යාවෙන් සැතපෙන්න. මොග්ගල්ලානයෙනි, ඔබ විසින් අවදි වූ සැණින් වහා නැගිටිය යුත්තේ ය. නිද්‍රා සැපයෙහි, ස්පර්ශ සැපයෙහි, අලස සැපයෙහි නැවත නැවත යෙදෙමින් වාසය නොකරන්නෙමි යි මොග්ගල්ලානයෙනි, මෙසේ ඔබ විසින් හික්මිය යුත්තේ ය.

එහෙයින් මොග්ගල්ලානයෙනි, මෙසේ හික්මිය යුත්තේ ය. 'මානය නැමති සොඬවැල දැඩි ව ඔසොවාගෙන දායක පවුල් කරා නොඑළඹෙන්නෙමි' යි මෙසේ ත් ඔබ විසින් හික්මිය යුත්තේ ය.

ඉදින් මොග්ගල්ලානයෙනි, භික්ෂුවක් මාන්නය නැමැති සොඬවැල දැඩි ව ඔසොවාගෙන කුලයන් කරා එළඹෙයි නම්, මොග්ගල්ලානයෙනි, යම් කරුණකින් මිනිස්සු පිඬු සිඟා වැඩි භික්ෂුව මෙනෙහි නොකරත් නම්, දායක පවුල් හි එබඳු කළ යුතු කරුණු ඇතිවෙයි. එහිදී භික්ෂුවට මෙසේ සිතෙයි. 'කවුරුන් හෝ මේ දායක පවුල් කෙරෙහි මා ගැන අපැහැදුවා වත් ද? දැන් මේ මිනිස්සු මා කෙරෙහි නොඇලෙන ස්වභාවයෙන් යුක්තයි නොවැ' යි මෙසේ ඔහු අලාභයෙන් හැකිලී යයි. මකු වූවහුගේ සිත නොසංසුන් වෙයි. නොසංසුන් වූ තැනැත්තා අසංවර වෙයි. අසංවර වූවහුගේ සිත සමාධියෙන් තොර වෙයි.

එහෙයින් මොග්ගල්ලානයෙනි, මෙසේ හික්මිය යුත්තේ ය. 'අර්බුද ඇතිවන කතා නොකරන්නෙමි' යි මොග්ගල්ලානයෙනි, ඔබ විසින් මෙසේ ත් හික්මිය යුත්තේ ය. මොග්ගල්ලානයෙනි, අර්බුද ඇතිවන කතා කරන කල්හී බොහෝ කතා බහ ඇතිවීම කැමති විය යුත්තේ ය. බොහෝ කතා බහ ඇති කල්හී සිත නොසංසුන් වෙයි. නොසංසුන් වූ තැනැත්තා අසංවර වෙයි. අසංවර වූවහුගේ සිත සමාධියෙන් තොර වෙයි.

මොග්ගල්ලානයෙනි, මම සියළු ම එක් ව වාසය කිරීම් වර්ණනා නොකරමි. මොග්ගල්ලානයෙනි, මම සියළු ම එක් ව වාසය කිරීම් නොවර්ණනා ද නොකරමි. මොග්ගල්ලානයෙනි, ගිහියන් හා පැවිද්දන් සමඟ එක් ව වාසය කිරීම මම වර්ණනා නොකරමි. යම් කිසි සේනාසනයෝ අල්ප ශබ්දයෙන් යුතු වෙත් ද, අල්ප ඝෝෂාවෙන් යුතු වෙත් ද, ජනයා පිස හමන සුළඟින් තොර වෙත් ද, මිනිසුන්ගේ ගුප්ත ක්‍රියාවන්ට යෝග්‍ය වෙත් ද, භාවනාවට හිත වෙත් ද, එබඳු වූ සෙනසුන් හා එක් ව වාසය කිරීම මම වර්ණනා කරමි."

මෙසේ වදාළ කල්හී ආයුෂ්මත් මහා මොග්ගල්ලානයන් වහන්සේ භාග්‍යවතුන් වහන්සේට මෙය පැවසූහ.

"ස්වාමීනී, සංක්ෂේපයෙන් කියන්නේ නම්, භික්ෂුවක් තණ්හාව ගෙවා දැමීමෙන්, දුකෙන් නිදහස් වෙයි නම්, අත්‍යන්ත නිෂ්ඨාවට පැමිණෙයි

නම්, අත්‍යන්ත යෝගක්ඛේමී වූයේ නම්, අත්‍යන්ත බ්‍රහ්මචාරී වූයේ නම්, අත්‍යන්තයෙන් ම නිවන් මගෙහි නිමාවට පැමිණියේ නම්, දෙව් මිනිසුන් අතර ශ්‍රේෂ්ඨ වූයේ නම්, ඒ කවර කරුණු මත ද?"

"මොග්ගල්ලානයෙනි, මෙහිලා භික්ෂුව සියළු ධර්මයෝ තෘෂ්ණා දෘෂ්ටි වලින් නොබැසගත යුත්තෝ ය යි අසන ලද්දේ වෙයි. මොග්ගල්ලානයෙනි, මෙසේ භික්ෂුව සියළු ධර්මයෝ තෘෂ්ණා දෘෂ්ටි වලින් නොබැසගත යුත්තෝ ය යි අසන ලද්දේ වෙයි. ඔහු සියළු ධර්මයන් මැනවින් දැනගනියි. ඔහු සියළු ධර්මයන් විශිෂ්ට නුවණින් දැන, සියළු ධර්මයන් පිරිසිඳ දැනගනියි. සියළු ධර්මයන් පිරිසිඳ දැන සැප වේවා, දුක් වේවා, දුක්සැප රහිත වේවා යම් කිසි විඳීමක් විඳියි නම් ඔහු ඒ විඳීම් පිළිබඳ ව අනිත්‍ය වශයෙන් බලමින් වාසය කරයි. නොඇල්ම දකිමින් වාසය කරයි. තෘෂ්ණා නිරෝධය දකිමින් වාසය කරයි. තෘෂ්ණාව දුරුලීම දකිමින් වාසය කරයි. ඔහු ඒ වේදනාවන්හී අනිත්‍ය වශයෙන් බලමින් වාසය කරන්නේ, නොඇල්ම දකිමින් වාසය කරන්නේ, තෘෂ්ණා නිරෝධය දකිමින් වාසය කරන්නේ, තෘෂ්ණාව දුරුලීම දකිමින් වාසය කරන්නේ, ලෝකයෙහි කිසිවකට ග්‍රහණය නොවෙයි. ග්‍රහණය නොවන්නේ නොතැති ගනියි. නොතැති ගන්නේ තමා තුළ ම පිරිනිවී යයි. 'ඉපදීම ක්ෂය වූයේ ය. බඹසර වාසය නිමවන ලද්දේ ය. කළ යුත්ත කරන ලද්දේ ය. නිවන පිණිස කළ යුතු වෙනෙකක් නැතැ'යි දැනගන්නේ ය.

මොග්ගල්ලානයෙනි, සංක්ෂේපයෙන් කියන්නේ නම්, භික්ෂුවක් තණ්හාව ගෙවා දැමීමෙන්, දුකෙන් නිදහස් වෙයි නම්, අත්‍යන්ත නිෂ්ඨාවට පැමිණෙයි නම්, අත්‍යන්ත යෝගක්ඛේමී වූයේ නම්, අත්‍යන්ත බ්‍රහ්මචාරී වූයේ නම්, අත්‍යන්තයෙන් ම නිවන් මගෙහි නිමාවට පැමිණියේ නම්, දෙව් මිනිසුන් අතර ශ්‍රේෂ්ඨ වූයේ නම්, එය මෙපමණකින් කිව හැක්කේ ය.

සාදු! සාදු!! සාදු!!!

පචලායන සූත්‍රය නිමා විය.

7.2.1.9.
මා පුඤ්ඤභායී සූත්‍රය
'පිනට භය නොවෙනු' යි වදාළ දෙසුම

සැවැත් නුවර දී ය .....

මහණෙනි, පින්වලට භය වෙන්නට එපා. මහණෙනි, යම් මේ පින යනු මේ සැපයට කියන නමකි.

මහණෙනි, මම වනාහී බොහෝ කලක් කරන ලද පින්වල ඉෂ්ට වූ, කාන්ත වූ, මනාප වූ විපාක බොහෝ කල් විඳින ලද බව හොඳින් දනිමි. සත් වර්ෂයක් මෛත්‍රී චිත්තය දියුණු කළෙමි. සත් වර්ෂයක් මෛත්‍රී චිත්තය දියුණු කොට නැසෙන වැඩෙන සත් කල්පයක් මේ මිනිස් ලොවට නැවත නොපැමිණියෙමි. ලෝකය නැසෙන කල්හී මම ආභස්සර ලොවට පැමිණියෙමි. ලෝකය හැදෙන කල්හී ශූන්‍ය වූ බ්‍රහ්ම විමානයක උපන්නෙමි. මහණෙනි, එහි ද මම බ්‍රහ්මයා වෙමි. මහා බ්‍රහ්මයා වෙමි. සියල්ල මැඩලමි. අනුන් විසින් නොමැඩිය හැක්කෙමි. සියල්ල දක්නාසුළු වූයෙමි. වසඟයෙහි පැවැත්වූයෙමි. මහණෙනි, මම වනාහී තිස් හය වතාවක් ශක්‍ර දේවේන්ද්‍ර තනතුර ලැබුවෙමි. ධාර්මික වූ, ධර්මරාජ වූ චක්‍රවර්තී රජු වූයෙමි. සිව් මහා සමුදුර හිමි කොට ඇති පෘථිවියෙහි දිනන ලද්දෙමි. ජනපදයන්හි ස්ථිරභාවයට පත්වූයෙමි. සප්ත රත්නයෙන් යුක්ත වූයෙමි. මහණෙනි, ඒ මට මේ සප්ත රත්නයෝ තිබුණාහු ය. එනම් චක්‍රරත්නය, හස්තිරත්නය, අශ්වරත්නය, මාණික්‍යරත්නය, ස්ත්‍රීරත්නය, ගෘහපතිරත්නය සහ සත්වැනි පුත්‍රරත්නය යි. මහණෙනි, මට ශූර වීර වූ පරසෙන් මඩින්නා වූ දහසකට වැඩි පුත්‍රයෝ සිටියාහු ය. එබඳු වූ මම සයුර හිමි කොට පොළොව දඬු මුගුරුවලින් තොර ව, අවි ආයුධ වලින් තොර ව, ධර්මයෙන් දිනා වාසය කළෙමි.

(ගාථා)

1. සැප කැමැත්තනි, කුසල් සංඛ්‍යාත පුණ්‍යයන්ගේ සැප විපාකය දකිව්. මහණෙනි, සත් වසක් මෙත් සිත වඩා නැසෙන සැදෙන සප්ත කල්පයක් මේ මනුලොවට නැවත නොආයෙමි.

2. කල්පය නැසෙන කල්හී ආභස්සර ලොවට ගියෙමි. කල්පය සැදෙන කල්හී ශූන්‍ය වූ බ්‍රහ්ම විමානයකට ගියෙමි.

3. එකල්හී සත් වතාවක් සියල්ල වසඟයෙන් පවත්නා මහා බ්‍රහ්මයා වූයෙමි. තිස් හය වතාවක් සක්දෙව් රජ ව දිව්‍ය රාජ්‍යය කළෙමි.

4. ජම්බුද්වීපයෙහි අධිපති ව සක්විති රජ වූයෙමි. ඔටුණු පැළඳූ ක්ෂත්‍රියයෙකු ව මනුෂ්‍යයන්ට අධිපති ව සිටියෙමි.

5. දඬුවම් රහිත ව, අවිආයුධ රහිත ව මේ පොළොව දිනා නොසැහැසිකමින් දැහැමින් සෙමින් රාජ්‍යානුශාසනා කළෙමි.

6. මේ පෘථිවි මණ්ඩලයෙහි දැහැමින් රාජ්‍යය කොට මහත්ධන ඇති, මහත් භෝග ඇති ආඪ්‍ය වූ කුලයෙහි උපන්මි.

7. සියළු කාම වස්තූන්ගෙන් යුක්ත ව, සප්ත රත්නයෙන් යුක්ත ව සිටියෙමි. ලෝකයෙහි බුදුවරු සංග්‍රහ කරන්නෝ වෙති. උන්වහන්සේලා විසින් මෙය මැනැවින් දෙසන ලද්දේ ය.

8. යම් කරුණකින් පෘථිවියෙහි අධිපති ව බොහෝ සැප සම්පත් වලින් යුතු ව ප්‍රතාපවත් රජෙක් වෙමි යි කියනු ලැබෙයි නම් ඒ මහත් බවට හේතුවකි.

9. ජම්බුද්වීපයෙහි අධිපති වූයෙමි, ඉර්ධිමත් වූයෙමි, යශස්වී වූණෙමි. පින් මඳ ලාමක උපතක් ලද කෙනෙක් වුවත් කවරෙක් නම් එය අසා නොපහදින්නේ ද?

10. එහෙයින් යහපත කැමති වූ මහත්බව පතන්නහු විසින් බුදුරජුන්ගේ අනුශාසනාව සිහි කොට මෛත්‍රිය නම් වූ සද්ධර්මයට ගරු කළ යුත්තේ ය.

සාදු! සාදු!! සාදු!!!

මා පුඤ්ඤභායී සූත්‍රය නිමා විය.

7.2.1.10.
සත්තභරියා සූත්‍රය
සප්ත භාර්යාවන් ගැන වදාළ දෙසුම

එක් සමයක භාග්‍යවතුන් වහන්සේ සැවැත් නුවර ජේතවනයෙහි අනේපිඬු සිටුහුගේ ආරාමයෙහි වැඩවසන සේක. එකල්හී භාග්‍යවතුන් වහන්සේ පෙරවරුවෙහි සිවුරු හැඳ පොරොවා ගෙන පාත්‍රය හා සිවුර ගෙන අනේපිඬු සිටුහුගේ නිවසට වැඩි සේක. වැඩම කොට පණවන ලද අසුනෙහි වැඩහුන් සේක.

එසමයෙහි අනාථපිණ්ඩික ගෘහපතියාගේ නිවසෙහි මිනිස්සු උස් හඬින් මහ හඬින් ඝෝෂා කරමින් සිටිති. එකල්හී අනාථපිණ්ඩික ගෘහපති තෙමේ භාග්‍යවතුන් වහන්සේ වෙත පැමිණියේ ය. පැමිණ භාග්‍යවතුන් වහන්සේට සකසා වන්දනා කොට එකත්පස් ව හිඳ ගත්තේ ය. එකත්පස් ව හුන් අනාථ පිණ්ඩික ගෘහපතියා හට භාග්‍යවතුන් වහන්සේ මෙය වදාළ සේක.

"කිම, ගෘහපතිය, ඔබ නිවසෙහි මිනිස්සු මසුන් මරණ තැනක කෙවුලන් සෙයින් උස් හඬින් මහ හඬින් කුමක් නිසා ඝෝෂා කරන්නහු ද?"

"ස්වාමීනී, මේ සුජාතාවෝ ආඪ්‍ය වූ ආඪ්‍ය කුලයකින් ගෙනෙන ලද්දී කුලදියණිය යි. ඕ නැන්දනියට ද සවන් නොදෙයි. මාමණ්ඩියට ද සවන් නොදෙයි. සැමියාට ද සවන් නොදෙයි. භාග්‍යවතුන් වහන්සේට ද සත්කාර නොකරයි. ගරු නොකරයි. බුහුමන් නොකරයි. නොපුදයි."

එකල්හී භාග්‍යවතුන් වහන්සේ සුජාතා කුලදියණිය ඇමතූ සේක.

"සුජාතාවෙනි, මෙහි එව."

"එසේ ය, ස්වාමීනී" යි සුජාතා කුලදියණිය භාග්‍යවතුන් වහන්සේට පිළිවදන් දී භාග්‍යවතුන් වහන්සේ කරා පැමිණියා ය. පැමිණ භාග්‍යවතුන් වහන්සේට වන්දනා කොට එකත්පස් ව සිටියා ය. එකත්පස් ව හුන් සුජාතා කුලදියණියට භාග්‍යවතුන් වහන්සේ මෙය වදාළ සේක.

"සුජාතාවෙනි, පුරුෂයෙකු හට මේ භාර්යාවෝ සත් දෙනෙකි. ඒ කවර සත් දෙනෙක් ද යත්;

වධකියක හා සමාන වූ බිරිඳකි. සෙරක හා සමාන වූ බිරිඳකි. ආර්යාවක හා සමාන වූ බිරිඳකි. මවක හා සමාන වූ බිරිඳකි. සොයුරියක හා සමාන වූ බිරිඳකි. යෙහෙළියක හා සමාන වූ බිරිඳකි. දාසියක හා සමාන වූ බිරිඳකි.

සුජාතාවෙනි, මේ වනාහී පුරුෂයෙකුට සිටින සප්ත භාර්යාවෝ ය. ඔබ මෙයින් කවර තැනැත්තියක් ද?"

"ස්වාමීනී, භාග්‍යවතුන් වහන්සේ විසින් සංක්ෂේපයෙන් වදාරණ ලද මේ භාෂිතයෙහි අර්ථය විස්තර වශයෙන් නොදනිමි. ස්වාමීනී, මම භාග්‍යවතුන් වහන්සේ විසින් සංක්ෂේපයෙන් වදාරණ ලද මේ භාෂිතයෙහි අර්ථය විස්තර වශයෙන් යම් අයුරකින් දැනගන්නෙම් ද, එසෙයින් භාග්‍යවතුන් වහන්සේ මා හට ධර්ම දේශනා කරන සේක් නම් මැනැවි."

"එසේ වී නම් සුජාතාවෙනි, අසව. මැනැවින් මෙනෙහි කරව. පවසන්නෙමි."

"එසේ ය ස්වාමීනී" යි සුජාතා කුලදියණිය භාග්‍යවතුන් වහන්සේට පිළිවදන් දුන්නා ය. භාග්‍යවතුන් වහන්සේ මෙය වදාළ සේක.

(ගාථා)

1. යම් තැනැත්තියක් දුෂ්ට සිත් ඇත්තී, හිතානුකම්පා නැත්තී, අන්‍ය වූ පුරුෂයන් කෙරෙහි ඇලුනී, තම ස්වාමියා ඉක්මවා සිතන්නී ද, ධනයෙන් මිලට ගන්නා ලද්දී, සැමියාට වධ දීම පිණිස උත්සාහ කරන්නී ද, පුරුෂයෙකුට මෙබඳු බිරිඳක් සිටියේ නම් ඇය වධකියක හා සමාන බිරිඳක් යැයි කියනු ලබන්නී ය.

2. ස්ත්‍රියකගේ ස්වාමියා ශිල්පයෙන් වේවා, වෙළඳාමෙන් වේවා, ගොවිතැන් කර්මාන්තයකින් වේවා යම් ධනයක් උපයයි ද, ඒ ස්ත්‍රිය ඒ ධනයෙන් ස්වල්පයක් නමුත් සොරකම් කරනු කැමැත්තී ද, පුරුෂයෙකුට මෙබඳු බිරිඳක් සිටියේ නම් ඇය සෙරක හා සමාන බිරිඳක් යැයි කියනු ලබන්නී ය.

3. යම් තැනැත්තියක් නිවසෙහි වැඩකරන්නට නොකැමැත්තී ද, අලස වූවා ද, බොහෝ කොට අනුභව කරන්නී ද, සැඩ පරුෂ වූවා ද, දරුණු වචන පවසන්නී ද, ස්වාමියාගේ නැගී සිටි වීරියෙන් කළ යුතු කටයුතු මැඩ සිටින්නී ද, පුරුෂයෙකුට මෙබඳු බිරිඳක් සිටියේ නම් ඇය ආර්යාවක හා සමාන බිරිඳක් යැයි කියනු ලබන්නී ය.

4. යම් තැනැත්තියක් හැම කල්හී සිය සැමියාට හිතානුකම්පා ඇත්තී ද, මවක් දරුවෙකු රකින සෙයින් සැමියා රකින්නී ද, ඔහු විසින් උපයන ධනය ත් රකින්නී ද, පුරුෂයෙකුට මෙබඳු බිරිඳක් සිටියේ නම් ඇය මවක හා සමාන බිරිඳක් යැයි කියනු ලබන්නී ය.

5. යම් තැනැත්තියක් වැඩිමහල් සොයුරා කෙරෙහි බාල නැගණිය යම් සේ පවත්නී ද, එසෙයින් සිය ස්වාමියා කෙරෙහි ගෞරව ඇත්තී, ලැජ්ජා සිත් ඇත්තී, ස්වාමියාගේ වසඟයෙහි සිටින්නී ද, පුරුෂයෙකුට මෙබඳු බිරිඳක් සිටියේ නම් ඇය සොයුරියක හා සමාන බිරිඳක් යැයි කියනු ලබන්නී ය.

6. යම් තැනැත්තියක් මෙහි බොහෝ කලකින් තමන්ට මුණ ගැසුණු යහළුවකු දැක සතුටු වන යෙහෙළියක සෙයින් සිය සැමියා දැක සතුටු වන්නී ද, කුලයෙහි වසන සිල්වත් ව, මනා පිළිවෙත් ඇති ව සිටින්නී ද, පුරුෂයෙකුට මෙබඳු බිරිඳක් සිටියේ නම් ඇය යෙහෙළියක හා සමාන බිරිඳක් යැයි කියනු ලබන්නී ය.

7. ස්වාමියා විසින් දඬු මුගුරු ගෙන පහර දී තර්ජනය කරන ලද්දී නමුත් නොකිපෙන්නී, දුෂ්ට සිත් නැත්තී, සැමියාගේ වරද ඉවසන්නී ද, නොකිපෙන්නී, සැමියාගේ වසඟයෙහි සිටින්නී ද, පුරුෂයෙකුට මෙබඳු බිරිඳක් සිටියේ නම් ඇය දාසියක හා සමාන බිරිඳක් යැයි කියනු ලබන්නී ය.

8. මෙහිලා යම් බිරිඳක් වධකියක් යැයි කියනු ලබන්නී ද, සෙරක් යැයි, ආර්යාවක් යැයි කියනු ලබන්නී ද, දුස්සීල ගති ඇති, ඵරුෂ වූ, ආදර රහිත වූ ඒ බිරින්දෑවරු මරණින් මතු නිරයෙහි උපදිති.

9. මෙහිලා යම් බිරිඳක් මවක් යැයි, සොයුරියක් යැයි, යෙහෙළියක් යැයි, දාසියක් යැයි කියනු ලබන්නී ද, සීලයෙහි පිහිටි, බොහෝ කල් සංවර ව වාසය කරන ඒ බිරින්දෑවරු මරණින් මතු සුගතියෙහි උපදිති.

සුජාතාවෙනි, මේ වනාහී පුරුෂයෙකුට සිටින සප්ත භාර්යාවෝ ය. ඔවුන් අතුරින් ඔබ කවරී ද?"

"ස්වාමීනී, භාග්‍යවතුන් වහන්ස, මම අද පටන් ස්වාමියාගේ දාසියක හා සම වූ බිරිඳ වශයෙන් පිළිගන්නා සේක්වා!"

සාදු! සාදු!! සාදු!!!

සත්තභරියා සූත්‍රය නිමා විය.

7.2.1.11.
කෝධන සූත්‍රය
ක්‍රෝධ කිරීම ගැන වදාළ දෙසුම

සැවැත් නුවර දී ය .....

මහණෙනි, සතුරු බවට කැමති වූ, සතුරු බව ඇති කරවන මේ කරුණු සත ක්‍රෝධ කරන්නා වූ ස්ත්‍රිය කරා හෝ පුරුෂයා කරා හෝ පැමිණෙයි. ඒ කවර කරුණු සතක් ද යත්;

1. මහණෙනි, මෙහිලා සතුරෙක් තම සතුරා ගැන මෙබඳු දෙයක් කැමති වෙයි. 'අහෝ! ඒකාන්තයෙන් මොහු විරූපී වන්නේ නම් මැනැවි' යි. ඒ මක් නිසා ද යත්, මහණෙනි, සතුරෙක් සතුරෙකුගේ සිරුරු පැහැයෙන් සතුටු නොවෙයි. මහණෙනි, මේ පුරුෂ පුද්ගලයා වනාහී ක්‍රෝධ කරන්නේ, ක්‍රෝධයෙන් පීඩිත සිත් ඇත්තේ, ක්‍රෝධයෙන් වෙළී ගිය සිත් ඇත්තේ වෙයි. ඔහු හොඳින් ස්නානය කොට තෙල් ගා මැනවින් අන්දම් තබා හිස පීරා මනා සුදු වතින් සැරසී සිටිය ද, ක්‍රෝධයෙන් පීඩිත වූ ඔහු විරූපියෙක් ම වෙයි. මහණෙනි, සතුරු බවට කැමති වූ, සතුරු බව ඇති කරවන ක්‍රෝධ කරන්නා වූ ස්ත්‍රිය කරා හෝ පුරුෂයා කරා හෝ පැමිණෙන මේ පළමු කරුණ යි.

2. මහණෙනි, මෙහිලා සතුරෙක් තම සතුරා ගැන මෙබඳු දෙයක් කැමති වෙයි. 'අහෝ! ඒකාන්තයෙන් මොහු දුක සේ නිදන්නේ නම් මැනැවි' යි. ඒ මක් නිසා ද යත්, මහණෙනි, සතුරෙක් සතුරෙකුගේ සැප නින්දට සතුටු නොවෙයි. මහණෙනි, මේ පුරුෂ පුද්ගලයා වනාහී ක්‍රෝධ කරන්නේ, ක්‍රෝධයෙන් පීඩිත සිත් ඇත්තේ, ක්‍රෝධයෙන් වෙළී ගිය සිත් ඇත්තේ වෙයි. ඔහු වටිනා පළස් අතුරා, මොළොක් සුදු එළලොම් අතුරා, මැනැවින් පුළුන් පිරවූ මෙට්ට සකසා, කදලි මෘගයන්ගේ සමින් අතුරා, උඩු වියන් සහිත වූ, රත් පැහැ ගත් විල්ලුද කොට්ට දෙපසට තැබූ යහනක සැතපෙන්නේ නමුත් ක්‍රෝධයෙන් පීඩිත වූ ඔහු දුක සේ ම සැතපෙයි. මහණෙනි, සතුරු බවට කැමති වූ, සතුරු බව ඇති කරවන ක්‍රෝධ කරන්නා වූ ස්ත්‍රිය කරා හෝ පුරුෂයා කරා හෝ පැමිණෙන මේ දෙවෙනි කරුණ යි.

3. මහණෙනි, මෙහිලා සතුරෙක් තම සතුරා ගැන මෙබඳු දෙයක් කැමති වෙයි. 'අහෝ! ඒකාන්තයෙන් මොහු දියුණුවට හේතුවන කරුණු නොගන්නේ

නම් මැනැවි' යි. ඒ මක් නිසා ද යත්, මහණෙනි, සතුරෙක් සතුරෙකුගේ දියුණුවට සතුටු නොවෙයි. මහණෙනි, මේ පුරුෂ පුද්ගලයා වනාහී ක්‍රෝධ කරන්නේ, ක්‍රෝධයෙන් පීඩිත සිත් ඇත්තේ, ක්‍රෝධයෙන් වෙළී ගිය සිත් ඇත්තේ වෙයි. ඔහු දියුණුවට හේතු නොවූ ක්‍රෝධය ගෙන මා විසින් දියුණුවට හේතු වූ කරුණක් ගන්නා ලදැයි හඟියි. දියුණුවට හේතු වූ ක්‍රෝධ නොකිරීම ගෙන මා විසින් දියුණුවට හේතු නොවූ කරුණක් ගන්නා ලදැයි හඟියි. මෙසේ ක්‍රෝධයෙන් පීඩිත ඔහු විසින් පටලවා ගත් මේ එකිනෙකට ප්‍රතිවිරුද්ධ ධර්මයෝ බොහෝ කලක් අහිත පිණිස, දුක් පිණිස හේතු වන්නාහ. මහණෙනි, සතුරු බවට කැමති වූ, සතුරු බව ඇති කරවන ක්‍රෝධ කරන්නා වූ ස්ත්‍රිය කරා හෝ පුරුෂයා කරා හෝ පැමිණෙන මේ තෙවෙනි කරුණ යි.

4. මහණෙනි, මෙහිලා සතුරෙක් තම සතුරා ගැන මෙබඳු දෙයක් කැමති වෙයි. 'අහෝ! ඒකාන්තයෙන් මොහු භෝග සම්පත් නොලබන්නේ නම් මැනැවි' යි. ඒ මක් නිසා ද යත්, මහණෙනි, සතුරෙක් සතුරෙකුගේ භෝග සම්පත් වලට සතුටු නොවෙයි. මහණෙනි, මේ පුරුෂ පුද්ගලයා වනාහී ක්‍රෝධ කරන්නේ, ක්‍රෝධයෙන් පීඩිත සිත් ඇත්තේ, ක්‍රෝධයෙන් වෙළී ගිය සිත් ඇත්තේ වෙයි. ක්‍රෝධයෙන් පීඩිත ඔහුට නැගී සිටි වීරියෙන් යුතුව, අතපය වෙහෙසා, ඩහදිය වගුරුවා, ධාර්මික ව, දැහැමින් ලද යම් භෝග සම්පත් ඇත්නම්, ඒවා ත් රජවරු හෝ රාජ භාණ්ඩාගාරයට රැගෙන යති. මහණෙනි, සතුරු බවට කැමති වූ, සතුරු බව ඇති කරවන ක්‍රෝධ කරන්නා වූ ස්ත්‍රිය කරා හෝ පුරුෂයා කරා හෝ පැමිණෙන මේ සිව්වෙනි කරුණ යි.

5. මහණෙනි, මෙහිලා සතුරෙක් තම සතුරා ගැන මෙබඳු දෙයක් කැමති වෙයි. 'අහෝ! ඒකාන්තයෙන් මොහු කීර්තිය සහිත පරිවාර සම්පත් නොලබන්නේ නම් මැනැවි' යි. ඒ මක් නිසා ද යත්, මහණෙනි, සතුරෙක් සතුරෙකුගේ කීර්තිය සහිත පරිවාර සම්පත්තියට සතුටු නොවෙයි. මහණෙනි, මේ පුරුෂ පුද්ගලයා වනාහී ක්‍රෝධ කරන්නේ, ක්‍රෝධයෙන් පීඩිත සිත් ඇත්තේ, ක්‍රෝධයෙන් වෙළී ගිය සිත් ඇත්තේ වෙයි. අප්‍රමාදය හේතුවෙන් තමා වටා කීර්තිය දෙන ස්වල්ප වූ පිරිසක් සිටියේ ක්‍රෝධයෙන් පීඩිත ඔහු ඒ පිරිසෙනුත් පිරිහී යයි. මහණෙනි, සතුරු බවට කැමති වූ, සතුරු බව ඇති කරවන ක්‍රෝධ කරන්නා වූ ස්ත්‍රිය කරා හෝ පුරුෂයා කරා හෝ පැමිණෙන මේ පස්වෙනි කරුණ යි.

6. මහණෙනි, මෙහිලා සතුරෙක් තම සතුරා ගැන මෙබඳු දෙයක් කැමති වෙයි. 'අහෝ! ඒකාන්තයෙන් මොහු මිතුරන් ඇත්තෙක් නොවන්නේ නම් මැනැවි' යි. ඒ මක් නිසා ද යත්, මහණෙනි, සතුරෙක් සතුරෙකුට මිතුරන් ඇතිවීම ගැන සතුටු නොවෙයි. මහණෙනි, මේ පුරුෂ පුද්ගලයා වනාහී ක්‍රෝධ කරන්නේ,

ක්‍රෝධයෙන් පීඩිත සිත් ඇත්තේ, ක්‍රෝධයෙන් වෙළී ගිය සිත් ඇත්තේ වෙයි. ඔහුට යම් මිත්‍රයෝ, සග යහළුවෝ, ලේ ඥාතීහු සිටිත් ද, ඔවුනුත් ක්‍රෝධයෙන් පීඩිත වූ ඔහු දුරින් ම දුරු කරති. මහණෙනි, සතුරු බවට කැමති වූ, සතුරු බව ඇති කරවන ක්‍රෝධ කරන්නා වූ ස්ත්‍රිය කරා හෝ පුරුෂයා කරා හෝ පැමිණෙන මේ සයවෙනි කරුණ යි.

7. මහණෙනි, මෙහිලා සතුරෙක් තම සතුරා ගැන මෙබඳු දෙයක් කැමති වෙයි. 'අහෝ! ඒකාන්තයෙන් මොහු කය බිඳී මරණින් මතු අපාය නම් වූ දුගතිය නම් වූ විනිපාත නම් වූ නිරයෙහි උපදින්නේ නම් මැනැවි' යි. ඒ මක් නිසා ද යත්, මහණෙනි, සතුරෙක් සතුරෙකුගේ සුගතියෙහි ඉපදීම සතුටු නොවෙයි. මහණෙනි, මේ පුරුෂ පුද්ගලයා වනාහී ක්‍රෝධ කරන්නේ, ක්‍රෝධයෙන් පීඩිත සිත් ඇත්තේ, ක්‍රෝධයෙන් වෙළී ගිය සිත් ඇත්තේ වෙයි. ක්‍රෝධයෙන් පීඩිත ඔහු කයෙන් දුසිරිතෙහි හැසිරෙයි. වචනයෙන් දුසිරිතෙහි හැසිරෙයි. මනසින් දුසිරිතෙහි හැසිරෙයි. ඔහු කයෙන් දුසිරිතෙහි හැසිර, වචනයෙන් දුසිරිතෙහි හැසිර, මනසින් දුසිරිතෙහි හැසිර කය බිඳී මරණින් මතු අපාය නම් වූ, දුගතිය නම් වූ, විනිපාත නම් වූ නිරයෙහි උපදියි. මහණෙනි, සතුරු බවට කැමති වූ, සතුරු බව ඇති කරවන ක්‍රෝධ කරන්නා වූ ස්ත්‍රිය කරා හෝ පුරුෂයා කරා හෝ පැමිණෙන මේ සත්වෙනි කරුණ යි.

මහණෙනි, සතුරු බවට කැමති වූ, සතුරු බව ඇති කරවන මේ කරුණු සත ක්‍රෝධ කරන්නා වූ ස්ත්‍රිය කරා හෝ පුරුෂයා කරා හෝ පැමිණෙයි.

(ගාථා)

1. ක්‍රෝධ කරන්නා විරූපී වෙයි. එමෙන් ම දුක සේ නිදයි. එමෙන් ම අර්ථය ගෙන අනර්ථය ගත්තේ යැයි වැරදි ලෙස සිතයි.

2. එමෙන් ම ක්‍රෝධ කරන්නා කයෙන්, වචනයෙන් හිංසා කොට ක්‍රෝධයෙන් පීඩිත ව ධනය වනසා ගන්නේ ය.

3. ක්‍රෝධ මදයෙන් දරුණු ලෙස මත් වූයේ, නින්දාවට බඳුන් වෙයි. ඒ ක්‍රෝධ කරන්නා ව නෑ හිතමිතුරු සහෘදයෝ අත්හැර දමති.

4. ක්‍රෝධය යනු අනර්ථය උපදවන දෙයකි. ක්‍රෝධය යනු සිත ප්‍රකෝප කරන දෙයකි. ඒ ක්‍රෝධය නම් වූ බියජනක කරුණ තම සිත තුළ උපදියි. එහෙත් ජනයා එය තේරුම් නොගනියි.

5. කිපෙන්නා යහපත නොදනියි. කිපෙන්නා ධර්මය නොදකියි. යම්

ක්‍රෝධයක් මිනිසෙකු මැඩගෙන යයි ද, එකල්හී ඔහු අඳුරට පිවිසි අන්ධයෙක් වැනි ය.

6. ක්‍රෝධය තමා තුළට පහසුවෙන් සේ පැමිණ ඉතා දුෂ්කරත්වයට පත් කරයි. පසුව ක්‍රෝධය නැති වී ගිය කල්හී ගින්නෙන් දැවුණු තැනැත්තකු සේ ශෝකයට පත්වෙයි.

7. යම් කලක ක්‍රෝධය උපදියි ද, යම් ක්‍රෝධයකින් මිනිස්සු කිපෙත් ද, ගිනි අළුවෙන් නැගෙන ගින්න සහ දුම මෙන් ඒ පුද්ගලයා ව නිවට බවට පත් කරයි.

8. ඔහුට පවට ඇති ලැජ්ජාව නැති වෙයි. පවට ඇති භය නැතිවෙයි. ගෞරව වචන නැතිවෙයි. ක්‍රෝධයෙන් මැඩුණු තැනැත්තා හට කිසි පිළිසරණක් නැත.

9. ධර්මයෙන් දුරු වූ, පසුතැවීමට කරුණු වූ යම් කර්මයන් ඇද්ද, ඒ පිළිබඳ ව පවසන්නෙමි. ඒ වූ පරිදි එය අසව්.

10. කිපුණු තැනැත්තා ම පියා ව නසයි. කිපුණු තැනැත්තා මව නසයි. කිපුණු තැනැත්තා රහතුන් නසයි. කිපුණු තැනැත්තා පෘථග්ජනයා නසයි.

11. යම් මෑණි කෙනෙකුන් විසින් පෝෂණය කරන ලද දරු තෙමේ මේ ලොව දකියි ද, කිපුණා වූ ඒ පෘථග්ජනයා තමාට ප්‍රාණය දුන් ඇය ද නසයි.

12. ඒ සත්වයෝ තමා උපමා කළ යුත්තාහු ය. තමාට පරම ප්‍රියයා තමා ම ය. නා නා ස්වභාවයෙන් මුසපත් වී ගිය කිපුණු තැනැත්තා බොහෝ කරුණින් තමා ව වනසයි.

13. එසේ මුසපත් වූවෝ තමා ව කඩුවෙනුත් වනසා ගනිති. විෂ අනුභව කරති. රැහැන් පටින් ගෙළ වැළ ලා මිය යති. පර්වත දියඇලි අතරින් පැන මැරෙති.

14. දියුණුව නැසීමට කරුණු වූ සිය දිවි හානි කරගැනීමක් ඇද්ද, ක්‍රෝධය හටගත් සිත් ඇති ඔවුහු එය පිරිහීමට කරුණක් බව අවබෝධ නොකරති.

15. මෙසේ මේ ක්‍රෝධ ස්වරූපයෙන් පැමිණෙන මාරයාගේ මලපුඩුව සිත නැමැති ගුහාවේ ඇත්තේ ය. ආත්ම දමනයෙන් යුතු, ප්‍රඥාවෙන් හා වීරියෙන් යුතු, සම්මා දිට්ඨියෙන් යුතු තැනැත්තා එය මුලින් ම සිඳලයි.

16. නුවණැත්තා මේ ක්‍රෝධය නම් වූ එක ම අකුසලය වනසන්නේ ය. එසෙයින් ම 'අපට ද නිවට බව ඇති නොවේවා' යි මෙත් සිත වැඩීම නම් වූ ධර්මයෙහි හික්මෙන්නේ ය.

17. ක්‍රෝධය දුරු වූ, පීඩා රහිත වූ, මෝහය දුරු වූ, දුසිරිතෙහි උත්සාහ නැති වූ, දමනය වූ තැනැත්තෝ ක්‍රෝධය ප්‍රහාණය කොට ආශ්‍රව රහිත ව පිරිනිවී යති.

සාදු! සාදු!! සාදු!!!

කෝධන සූත්‍රය නිමා විය.

පළමුවෙනි අබ්‍යාකත වර්ගය අවසන් විය.

- එහි පිළිවෙල උද්දානයයි :

අබ්‍යාකත සූත්‍රය, පුරුසගති සූත්‍රය, තිස්සබ්‍රහ්ම සූත්‍රය, සීහසේනාපති සූත්‍රය, අරක්ඛෙය්‍ය සූත්‍රය, කිම්බිල සූත්‍රය, සත්තධම්ම සූත්‍රය, පචලායන සූත්‍රය, මා පුඤ්ඤභායී සූත්‍රය, සත්තභරියා සූත්‍රය සහ කෝධන සූත්‍රය වශයෙන් මෙහි සූත්‍ර එකොළොසකි.

2. මහා වර්ගය

7.2.2.1.
හිරොත්තප්ප සූත්‍රය
ලැජ්ජා භය ගැන වදාළ දෙසුම

සැවැත් නුවර දී ය .....

මහණෙනි, පවට ලැජ්ජා භය නැති කල්හී, පවට ලැජ්ජා භය නැති තැනැත්තා හට ඉන්ද්‍රිය සංවරය නැමැති හේතු සම්පත් නැසුණේ වෙයි. ඉන්ද්‍රිය සංවරය නොමැති කල්හී, ඉන්ද්‍රිය සංවරය නැති තැනැත්තා හට සීලය නැමැති හේතු සම්පත් නැසුණේ වෙයි. සීලය නොමැති කල්හී, සිල් නැති තැනැත්තා හට සම්මා සමාධිය නැමැති හේතු සම්පත් නැසුණේ වෙයි. සම්මා සමාධිය නොමැති කල්හී, සම්මා සමාධිය නැති තැනැත්තා හට යථාභූත ඥානදර්ශනය නැමැති හේතු සම්පත් නැසුණේ වෙයි. යථාභූත ඥාන දර්ශනය නොමැති කල්හී, යථාභූත ඥානදර්ශනය නැති තැනැත්තා හට නිබ්බිදා විරාගය නැමැති හේතු සම්පත් නැසුණේ වෙයි. නිබ්බිදා විරාගය නොමැති කල්හී, නිබ්බිදා විරාගය නැති තැනැත්තා හට විමුක්ති ඥානදර්ශනය නැමැති හේතු සම්පත් නැසුණේ වෙයි.

මහණෙනි, එය මෙබඳු දෙයකි. ගිලිහී ගිය අතුඉති ඇති, ගිලිහී ගිය කොළ ඇති රුකක් ඇත්තේ ය. ඒ රුකෙහි ගැලවුණු පොතු ත් වැඩී පිරිපුන් බවට නොයයි. ඇතුල් සිවිය ත්, එළය ත්, අරටුව ත් වැඩී පිරිපුන් බවට නොයයි. එසෙයින් ම මහණෙනි, පවට ලැජ්ජා භය නැති කල්හී, පවට ලැජ්ජා භය නැති තැනැත්තා හට ඉන්ද්‍රිය සංවරය නැමැති හේතු සම්පත් නැසුණේ වෙයි. ...(පෙ).... විමුක්ති ඥානදර්ශනය නැමැති හේතු සම්පත් නැසුණේ වෙයි.

මහණෙනි, පවට ලැජ්ජා භය ඇති කල්හී, පවට ලැජ්ජා භය ඇති තැනැත්තා හට ඉන්ද්‍රිය සංවරය නැමැති හේතු සම්පත් ඇත්තේ වෙයි. ඉන්ද්‍රිය

සංවරය ඇති කල්හී, ඉන්ද්‍රිය සංවරය ඇති තැනැත්තා හට සීලය නැමැති හේතු සම්පත් ඇත්තේ වෙයි. සීලය ඇති කල්හී, සිල්වත් තැනැත්තා හට සම්මා සමාධිය නැමැති හේතු සම්පත් ඇත්තේ වෙයි. සම්මා සමාධිය ඇති කල්හී, සම්මා සමාධිය ඇති තැනැත්තා හට යථාභූත ඥානදර්ශනය නැමැති හේතු සම්පත් ඇත්තේ වෙයි. යථාභූත ඥානදර්ශනය ඇති කල්හී, යථාභූත ඥාන දර්ශනය ඇති තැනැත්තා හට නිබ්බිදා විරාගය නැමැති හේතු සම්පත් ඇත්තේ වෙයි. නිබ්බිදා විරාගය ඇති කල්හී, නිබ්බිදා විරාගය ඇති තැනැත්තා හට විමුක්ති ඥානදර්ශනය නැමැති හේතු සම්පත් ඇත්තේ වෙයි.

මහණෙනි, එය මෙබඳු දෙයකි. මැනැවින් වැඩී ගිය අතුඉති ඇති, මැනැවින් වැඩී ගිය කොළ ඇති රුකක් ඇත්තේ ය. ඒ රුකෙහි පිට පොතු ත් වැඩී පිරිපුන් බවට යයි. ඇතුල් සිවිය ත්, එළය ත්, අරටුව ත් වැඩී පිරිපුන් බවට යයි. එසෙයින් ම මහණෙනි, පවට ලැජ්ජා භය ඇති කලහී, පවට ලැජ්ජා භය ඇති තැනැත්තා හට ඉන්ද්‍රිය සංවරය නැමැති හේතු සම්පත් ඇත්තේ වෙයි. ....(පෙ).... විමුක්ති ඥානදර්ශනය නැමැති හේතු සම්පත් ඇත්තේ වෙයි.

සාදු! සාදු!! සාදු!!!

හිරොත්තප්ප සූත්‍රය නිමා විය.

7.2.2.2.
සත්ත සුරියුග්ගමන සූත්‍රය
සප්ත සූර්යයන් නැගජ්ම ගැන වදාළ දෙසුම

එක් සමයක භාග්‍යවතුන් වහන්සේ විශාලාවෙහි අම්බපාලී වනයෙහි වැඩවසන සේක. එහිදී භාග්‍යවතුන් වහන්සේ 'මහණෙනි' යි භික්ෂූන් අමතා වදාළ සේක. ඒ භික්ෂූහු ද 'පින්වතුන් වහන්සැ'යි භාග්‍යවතුන් වහන්සේට පිළිවදන් දුන්හ. භාග්‍යවතුන් වහන්සේ මෙය වදාළ සේක.

මහණෙනි, හේතු ප්‍රත්‍යයන්ගෙන් සකස් වූ සංස්කාරයෝ අනිත්‍යයහ. මහණෙනි, හේතු ප්‍රත්‍යයන්ගෙන් සකස් වූ සංස්කාරයෝ අස්ථිරයහ. මහණෙනි, හේතු ප්‍රත්‍යයන්ගෙන් සකස් වූ සංස්කාරයෝ අස්වැසිලි රහිතයහ. මහණෙනි, හේතු ප්‍රත්‍යයන්ගෙන් හටගත් සෑම දෙයක් ම පිළිබඳ ව අවබෝධයෙන් එපා වෙන්නට මෙකරුණ ප්‍රමාණවත් ය. නොඇලෙන්නට ප්‍රමාණවත් ය. නිදහස් වෙන්නට ප්‍රමාණවත් ය.

මහණෙනි, සිනේරු පර්වතරාජයා දිගින් යොදුන් අසූ හාර දහසකි. පළලින් යොදුන් අසූ හාර දහසකි. මහා සමුද්‍රයෙහි යොදුන් අසූ හාර දහසක් ගිලී ඇත්තේ ය. මහ සයුරින් උඩට යොදුන් අසූ හාර දහසක් මතු වී ඇත්තේ ය.

මහණෙනි, යම් හෙයකින් බොහෝ වසර ගණනක්, බොහෝ වසර සිය ගණනක්, බොහෝ වසර දහස් ගණනක්, බොහෝ වසර ලක්ෂ ගණනක් වැස්ස නොවසියි නම්, එබඳු කාලයක් ඇත්තේ ය. මහණෙනි, වැස්ස නොවසින කල්හී යම්කිසි මේ පැළ වෙන ගස් කොළන්, ඖෂධ, තෘණ, සුවිශාල වෘක්ෂ ආදිය ඇද්ද, ඒවා වියළී යයි. දරුණු ලෙස වියළී යයි. යළි හට නොගනියි.

මෙසේ මහණෙනි, හේතු ප්‍රත්‍යයන්ගෙන් සකස් වූ සංස්කාරයෝ අනිත්‍යයහ. මහණෙනි, හේතු ප්‍රත්‍යයන්ගෙන් සකස් වූ සංස්කාරයෝ අස්ථිරයහ. මහණෙනි, හේතු ප්‍රත්‍යයන්ගෙන් සකස් වූ සංස්කාරයෝ අස්වැසිලි රහිතයහ. මහණෙනි, හේතු ප්‍රත්‍යයන්ගෙන් හටගත් සෑම දෙයක් ම පිළිබඳ ව අවබෝධයෙන් එපා වෙන්නට මෙකරුණ ප්‍රමාණවත් ය. නොඇලෙන්නට ප්‍රමාණවත් ය. නිදහස් වෙන්නට ප්‍රමාණවත් ය.

මහණෙනි, යම් හෙයකින් දීර්ඝ කාලයක් ඇවෑමෙන් කිසියම් කාලයක දෙවෙනි සූර්යයෙක් පහළ වෙයි ද, එබඳු කලක් ඇත්තේ ය. මහණෙනි, දෙවෙනි සූර්යයාගේ පහළ වීමෙන් යම් ඒ කුඩා නදීහු, කුඩා විල් ආදිය ඇත්නම්, ඒවා වියළී යති. දරුණු ලෙස වියළී යති. නොවෙති.

මෙසේ මහණෙනි, හේතු ප්‍රත්‍යයන්ගෙන් සකස් වූ සංස්කාරයෝ අනිත්‍යයහ. මහණෙනි, හේතු ප්‍රත්‍යයන්ගෙන් සකස් වූ සංස්කාරයෝ අස්ථිරයහ. මහණෙනි, හේතු ප්‍රත්‍යයන්ගෙන් සකස් වූ සංස්කාරයෝ අස්වැසිලි රහිතයහ. මහණෙනි, හේතු ප්‍රත්‍යයන්ගෙන් හටගත් සෑම දෙයක් ම පිළිබඳ ව අවබෝධයෙන් එපා වෙන්නට මෙකරුණ ප්‍රමාණවත් ය. නොඇලෙන්නට ප්‍රමාණවත් ය. නිදහස් වෙන්නට ප්‍රමාණවත් ය.

මහණෙනි, යම් හෙයකින් දීර්ඝ කාලයක් ඇවෑමෙන් කිසියම් කාලයක තුන්වෙනි සූර්යයෙක් පහළ වෙයි ද, එබඳු කලක් ඇත්තේ ය. මහණෙනි, තුන්වෙනි සූර්යයාගේ පහළ වීමෙන් යම් ඒ මහා නදීහු ඇද්ද, එනම් ගංගා, යමුනා, අචිරවතී, සරභූ, මහී ය. ඒවා වියළී යති. දරුණු ලෙස වියළී යති. නොවෙති.

මෙසේ මහණෙනි, හේතු ප්‍රත්‍යයන්ගෙන් සකස් වූ සංස්කාරයෝ අනිත්‍යයහ. මහණෙනි, හේතු ප්‍රත්‍යයන්ගෙන් සකස් වූ සංස්කාරයෝ

අස්ථිරයහ. මහණෙනි, හේතු ප්‍රත්‍යයන්ගෙන් සකස් වූ සංස්කාරයෝ අස්වැසිලි රහිතයහ. මහණෙනි, හේතු ප්‍රත්‍යයන්ගෙන් හටගත් සෑම දෙයක් ම පිළිබඳ ව අවබෝධයෙන් එපා වෙන්නට මෙකරුණ ප්‍රමාණවත් ය. නොඇලෙන්නට ප්‍රමාණවත් ය. නිදහස් වෙන්නට ප්‍රමාණවත් ය.

මහණෙනි, යම් හෙයකින් දීර්ඝ කාලයක් ඇවෑමෙන් කිසියම් කාලයක සිව්වෙනි සූර්යයෙක් පහළ වෙයි ද, එබඳු කලක් ඇත්තේ ය. මහණෙනි, සිව්වෙනි සූර්යයාගේ පහළ වීමෙන් යම් තැනකින් මහා නදීහු උපදිත් ද, ඒ මහා විල් ඇත්තේ ය. එනම්, අනවතප්ත විල, සීහප්‍රපාත විල, රථකාර විල, කර්ණමුණ්ඩ විල, කුණාල විල, ඡද්දන්ත විල සහ මන්දාකිනී විල යි. ඒවා වියළී යති. දරුණු ලෙස වියළී යති. නොවෙති.

මෙසේ මහණෙනි, හේතු ප්‍රත්‍යයන්ගෙන් සකස් වූ සංස්කාරයෝ අනිත්‍යයහ. මහණෙනි, හේතු ප්‍රත්‍යයන්ගෙන් සකස් වූ සංස්කාරයෝ අස්ථිරයහ. මහණෙනි, හේතු ප්‍රත්‍යයන්ගෙන් සකස් වූ සංස්කාරයෝ අස්වැසිලි රහිතයහ. මහණෙනි, හේතු ප්‍රත්‍යයන්ගෙන් හටගත් සෑම දෙයක් ම පිළිබඳ ව අවබෝධයෙන් එපා වෙන්නට මෙකරුණ ප්‍රමාණවත් ය. නොඇලෙන්නට ප්‍රමාණවත් ය. නිදහස් වෙන්නට ප්‍රමාණවත් ය.

මහණෙනි, යම් හෙයකින් දීර්ඝ කාලයක් ඇවෑමෙන් කිසියම් කාලයක පස්වෙනි සූර්යයෙක් පහළ වෙයි ද, එබඳු කලක් ඇත්තේ ය. මහණෙනි, පස්වෙනි සූර්යයාගේ පහළ වීමෙන් මහා සමුද්‍රයෙහි යොදුන් සියයක් ගැඹුරට ත් දිය පහළට බසියි. යොදුන් දෙසියයක් ගැඹුරට ත් දිය පහළට බසියි. යොදුන් තුන් සියයක් ගැඹුරට ත් දිය පහළට බසියි. ....(පෙ).... යොදුන් සත් සියයක් ගැඹුරට ත් දිය පහළට බසියි. තල් ගස් සතක් උසට මහා සමුද්‍රයෙහි ජලය ඉතිරි වෙයි. තල් ගස් සයක් උසට ද, තල් ගස් පහක් උසට ද, තල් ගස් සතරක් උසට ද, තල් ගස් තුනක් උසට ද, තල් ගස් දෙකක් උසට ද, තල් ගසක් පමණ උසට ද මහා සමුද්‍රයෙහි ජලය ඉතිරි වෙයි. පුරුෂයන් සතක් උසට මහා සමුද්‍රයෙහි ජලය ඉතිරි වෙයි. පුරුෂයන් සයක් උසට ද, පුරුෂයන් පසක් උසට ද, පුරුෂයන් සතරක් උසට ද, පුරුෂයන් තුනක් උසට ද, පුරුෂයන් දෙදෙනෙක් උසට ද, පුරුෂයෙක් උසට ද, පුරුෂයෙකුගේ අඩක් උසට ද, ඉණ ප්‍රමාණයට ද, දණ හිස ප්‍රමාණයට ද, ගොප් ඇටය ප්‍රමාණයට ද මහා සමුද්‍රයෙහි ජලය ඉතිරි වෙයි.

මහණෙනි, සරත් කාලයෙහි මහත් දිය පොද ඇති වැසි වසිනා කල්හී ඒ වැසි ජලය ඒ ඒ තැන ඇති ගව කුරයන්ගෙන් සෑරුණු වළවල්වල රැඳී ඇත්තේ යම් සේ ද, එසෙයින් ම මහණෙනි, මහා සමුද්‍රයෙහි ද, ගව කුරයෙන් සෑරුණු

වළවල් බඳු ඒ ඒ තැන ජලය ඉතිරි වෙයි. මහණෙනි, පස්වෙනි සූර්යයාගේ පහළ වීමෙන් ඇඟිලි පුරුකක් තෙමන ප්‍රමාණයක ජලයකුත් මහා සමුද්‍රයෙහි නොවෙයි.

මෙසේ මහණෙනි, හේතු ප්‍රත්‍යයන්ගෙන් සකස් වූ සංස්කාරයෝ අනිත්‍යයහ. මහණෙනි, හේතු ප්‍රත්‍යයන්ගෙන් සකස් වූ සංස්කාරයෝ අස්ථිරයහ. මහණෙනි, හේතු ප්‍රත්‍යයන්ගෙන් සකස් වූ සංස්කාරයෝ අස්වැසිලි රහිතයහ. මහණෙනි, හේතු ප්‍රත්‍යයන්ගෙන් හටගත් සැම දෙයක් ම පිළිබඳ ව අවබෝධයෙන් එපා වෙන්නට මෙකරුණ ප්‍රමාණවත් ය. නොඇලෙන්නට ප්‍රමාණවත් ය. නිදහස් වෙන්නට ප්‍රමාණවත් ය.

මහණෙනි, යම් හෙයකින් දීර්ඝ කාලයක් ඇවෑමෙන් කිසියම් කාලයක සයවෙනි සූර්යයෙක් පහළ වෙයි ද, එබඳු කලක් ඇත්තේ ය. මහණෙනි, සයවෙනි සූර්යයාගේ පහළ වීමෙන් මේ මහා පෘථිවිය ද, සිනේරු පර්වත රාජයා ද, දුම් දමන්නේ ය. බලවත් ව දුම් දමන්නේ ය. අතිශයින් දුම් දමන්නේ ය. මහණෙනි, යම් සේ කුඹල් කරුවෙක් උඳුනක් ගිනි දල්වන්නේ පළමු පළමු දුම් දමයි ද, බලවත් ව දුම් දමයි ද, අතිශයින් ම දුම් දමයි ද, මහණෙනි, එසෙයින් ම සයවෙනි සූර්යයාගේ පහළ වීමෙන් මේ මහා පෘථිවිය ද, සිනේරු පර්වත රාජයා ද, දුම් දමන්නේ ය. බලවත් ව දුම් දමන්නේ ය. අතිශයින් දුම් දමන්නේ ය.

මෙසේ මහණෙනි, හේතු ප්‍රත්‍යයන්ගෙන් සකස් වූ සංස්කාරයෝ අනිත්‍යයහ. මහණෙනි, හේතු ප්‍රත්‍යයන්ගෙන් සකස් වූ සංස්කාරයෝ අස්ථිරයහ. මහණෙනි, හේතු ප්‍රත්‍යයන්ගෙන් සකස් වූ සංස්කාරයෝ අස්වැසිලි රහිතයහ. මහණෙනි, හේතු ප්‍රත්‍යයන්ගෙන් හටගත් සැම දෙයක් ම පිළිබඳ ව අවබෝධයෙන් එපා වෙන්නට මෙකරුණ ප්‍රමාණවත් ය. නොඇලෙන්නට ප්‍රමාණවත් ය. නිදහස් වෙන්නට ප්‍රමාණවත් ය.

මහණෙනි, යම් හෙයකින් දීර්ඝ කාලයක් ඇවෑමෙන් කිසියම් කාලයක සත්වෙනි සූර්යයෙක් පහළ වෙයි ද, එබඳු කලක් ඇත්තේ ය. මහණෙනි, සත්වෙනි සූර්යයාගේ පහළ වීමෙන් මේ මහා පෘථිවිය ද, සිනේරු පර්වත රාජයා ද, ගිනි ගනියි. ඇවිලෙයි. එක ම ගිනි ජාලාවක් වෙයි. මහණෙනි, මේ පෘථිවිය ත්, සිනේරු පර්වත රාජයා ත්, ගිනි ගන්නේ, දැවෙන්නේ, සුළඟින් උඩ ඇදෙන ගින්න බ්‍රහ්ම ලෝකය දක්වා යයි.

මහණෙනි, ගිනි ගන්නා කල්හී, දැවෙන කල්හී, වැනසෙන කල්හී ඒ මහා ගිනි කඳින් මැඩෙන්නා වූ සිනේරු පර්වත රාජයාගේ යොදුන් සිය ගණන් උසැති

කඳු විනාශ වෙයි. යොදුන් දෙසිය ගණන් උසැති කඳු විනාශ වෙයි. යොදුන් තුන්සිය ගණන් උසැති කඳු විනාශ වෙයි. යොදුන් හාරසිය ගණන් උසැති කඳු විනාශ වෙයි. යොදුන් පන්සිය ගණන් උසැති කඳු විනාශ වෙයි.

මහණෙනි, ඇවිලෙන්නා වූ දැවෙන්නා වූ මහා පොළොවෙහි ද, සිනේරු පර්වත රාජයාගෙන් ද, අළු හා දැලි නොපෙනේ. මහණෙනි, ගිනිගෙන දැවෙන ගිතෙලක හෝ තෙලක හෝ අළු හෝ දැලි හෝ නොපෙනෙන්නේ යම් සේ ද, එසෙයින් ම ගිනි ගෙන දැවෙන මේ මහා පොළොවේ ත්, සිනේරු පර්වත රාජයාගේ ත් අළු හෝ දැලි හෝ නොපෙනේ.

මෙසේ මහණෙනි, හේතු ප්‍රත්‍යයන්ගෙන් සකස් වූ සංස්කාරයෝ අනිත්‍යයහ. මහණෙනි, හේතු ප්‍රත්‍යයන්ගෙන් සකස් වූ සංස්කාරයෝ අස්ථිරයහ. මහණෙනි, හේතු ප්‍රත්‍යයන්ගෙන් සකස් වූ සංස්කාරයෝ අස්වැසිලි රහිතයහ. මහණෙනි, හේතු ප්‍රත්‍යයන්ගෙන් හටගත් සෑම දෙයක් ම පිළිබඳ ව අවබෝධයෙන් එපා වෙන්නට මෙකරුණ ප්‍රමාණවත් ය. නොඇලෙන්නට ප්‍රමාණවත් ය. නිදහස් වෙන්නට ප්‍රමාණවත් ය.

මහණෙනි, එහිලා මේ මහා පෘථිවිය ත්, සිනේරු පර්වත රාජයා ත්, ගින්නෙන් දැවෙන්නේ ය, වැනසෙන්නේ ය, නොවන්නේ ය යන කරුණ මාර්ගඵලලාභීන් හැර වෙන කවරෙක් නම් කතා කරන්නට සමර්ථ වෙයි ද? කවරෙක් නම් විශ්වාස කරන්නට සමර්ථ වෙයි ද?

මහණෙනි, මෙය පෙර සිදු වූ දෙයකි. ආගමික මතයක් දරණ කාමයන්හි වීතරාගී සුනෙත්ත නම් ශාස්තෘවරයෙක් සිටියේ ය. මහණෙනි, සුනෙත්ත ශාස්තෘ හට නොයෙක් සිය ගණන් ශ්‍රාවකයෝ වූහ. සුනෙත්ත ශාස්තෘ තෙමේ ශ්‍රාවකයන් හට බඹලොව ඉපදීම පිණිස ධර්මය දෙසුවේ ය. මහණෙනි, බ්‍රහ්ම ලෝකයෙහි ඉපදීම පිණිස ධර්මය දෙසන සුනෙත්ත ශාස්තෘහුගේ ශාසනය යමෙක් සියල්ල සියළු අයුරින් දැනගත්තාහු ද, ඔවුහු කය බිඳී මරණින් මතු සුගති සංඛ්‍යාත බඹලොවෙහි උපන්හ. යමෙක් සියල්ල සියලු අයුරින් ශාසනය නොදැන ගත්තාහු ද, ඔවුන් ඇතැමෙක් කය බිඳී මරණින් මතු පරනිම්මිත වසවත්ති දෙවියන් අතර උපන්හ. ඇතැමෙක් නිම්මාණරතී දෙවියන් අතර උපන්හ. ඇතැමෙක් තුසිත දෙවියන් අතර උපන්හ. ඇතැමෙක් යාම දෙවියන් අතර උපන්හ. ඇතැමෙක් තාවතිංස දෙවියන් අතර උපන්හ. ඇතැමෙක් චාතුම්මහාරාජික දෙවියන් අතර උපන්හ. ඇතැමෙක් ක්ෂත්‍රිය මහාසාර පවුල්වල උපන්හ. ඇතැමෙක් බ්‍රාහ්මණ මහාසාර පවුල්වල උපන්හ. ඇතැමෙක් ගෘහපති මහාසාර පවුල්වල උපන්හ.

එකල්හී මහණෙනි, සුනෙත්ත ශාස්තෘහු හට මේ අදහස ඇතිවූයේ ය.

'යම් හෙයකින් ඒ මම මරණින් මතු ශ්‍රාවකයන් හා සමසම ව උපදින ස්වභාව ඇත්තෙම් නම් එය මට නොගැලපෙයි. එහෙයින් මම මත්තෙහි මෛත්‍රී ධ්‍යානය වඩන්නෙම් නම් යහපති' යි. එකල්හී මහණෙනි, සුනෙත්ත ශාස්තෘ තෙමේ සත් වර්ෂයක් මෛත්‍රී චිත්තය දියුණු කළේ ය. සත් වර්ෂයක් මෛත්‍රී චිත්තය දියුණු කොට නැසෙන වැඩෙන සත් කල්පයක් මේ මිනිස් ලොවට නැවත නොපැමිණියේ ය. ලෝකය නැසෙන කල්හී ආභස්සර ලොවට පැමිණියේ ය. ලෝකය හැදෙන කල්හී ශූන්‍ය වූ බ්‍රහ්ම විමානයක උපන්නේ ය. මහණෙනි, එහි ද හෙතෙමේ බ්‍රහ්මයා වූයේ ය. මහා බ්‍රහ්මයා වූයේ ය. සියල්ල මැඩළුවේ ය. අනුන් විසින් නොමැඩිය හැකි වූයේ ය. සියල්ල දක්නාසුළු වූයේ ය. වසඟයෙහි පැවැත්වූයේ ය. මහණෙනි, හෙතෙමේ වනාහී තිස් හය වතාවක් ශක්‍ර දේවේන්ද්‍ර තනතුර ලැබුවේ ය. ධාර්මික වූ, ධර්මරාජ වූ චක්‍රවර්තී රජු වූයේ ය. සිව් මහා සමුදුර හිම් කොට ඇති පෘථිවියෙහි දිනන ලද්දේ ය. ජනපදයන්හි ස්ථිරභාවයට පත්වූයේ ය. සප්ත රත්නයෙන් යුක්ත වූයේ ය. මහණෙනි, ඒ ඔහුට මේ සප්ත රත්නයෝ තිබුණාහු ය. එනම් චක්‍රරත්නය, හස්තිරත්නය, අශ්වරත්නය, මාණික්‍යරත්නය, ස්ත්‍රීරත්නය, ගෘහපතිරත්නය සහ සත්වැනි පුත්‍රරත්නය යි. මහණෙනි, ඔහුට ශූර වීර වූ පරසෙන් මඩින්නා වූ දහසකට වැඩි පුත්‍රයෝ සිටියාහු ය. එබඳු වූ ඔහු සයුර හිම් කොට පොළොව දඬු මුගුරුවලින් තොර ව, අවි ආයුධ වලින් තොර ව, ධර්මයෙන් දිනා වාසය කළේ ය.

මහණෙනි, ඒ සුනෙත්ත නම් ශාස්තෘ තෙමේ මෙසේ දීර්ඝ කාලයක් සිටියේ නමුත් ඉපදීමෙන්, ජරා මරණයෙන්, ශෝක වැළපීමෙන්, දුකින් දොම්නසින්, සුසුම් හෙළීමෙන් නොමිදුණේ ය. සසර දුකින් නොමිදුණේ යැයි කියමි.

ඒ මක් නිසා ද යත්, සතරක් වූ ධර්මයන් අවබෝධ නොකිරීම නිසා ය. ප්‍රතිවේධ නොකිරීම නිසා ය. ඒ කවර සතර ධර්මයක් ද යත්;

ආර්ය වූ සීලය අවබෝධ නොකිරීම නිසා ය. ප්‍රතිවේධ නොකිරීම නිසා ය. ආර්ය වූ සමාධිය, ආර්ය වූ ප්‍රඥාව, ආර්ය වූ විමුක්තිය අවබෝධ නොකිරීම නිසා ය. ප්‍රතිවේධ නොකිරීම නිසා ය.

මහණෙනි, එම ආර්ය සීලය මවිසින් අවබෝධ කරන ලද්දේ ය. ප්‍රතිවේධ කරන ලද්දේ ය. ආර්ය සමාධිය, අවබෝධ කරන ලද්දේ ය. ප්‍රතිවේධ කරන ලද්දේ ය. ආර්ය ප්‍රඥාව අවබෝධ කරන ලද්දේ ය. ප්‍රතිවේධ කරන ලද්දේ ය. ආර්ය විමුක්තිය අවබෝධ කරන ලද්දේ ය. ප්‍රතිවේධ කරන ලද්දේ ය. භව තෘෂ්ණාව සිඳින ලද්දේ ය. භව රැහැන් ගෙවී ගියේ ය. දැන් යළි උපතක් නැත්තේ

ය යි භාග්‍යවතුන් වහන්සේ මෙය වදාළ සේක. මෙය වදාළ සුගත වූ ශාස්තෘන් වහන්සේ යළි මේ ගාථාවන් ද වදාළ සේක.

(ගාථා)

1. සීලය ත්, සමාධිය ත්, ප්‍රඥාව ත්, අනුත්තර වූ විමුක්තිය ත් යන මේ ධර්මයෝ පැතිර ගිය කීර්තිය හා පිරිවර ඇති ගෞතමයන් වහන්සේ විසින් අවබෝධ කරන ලද්දාහු ය.

2. මෙසේ බුදුරජාණෝ විශිෂ්ට ඥානයෙන් දැන භික්ෂූන්ට දහම් දෙසූ සේක. සසර දුක් නැති කරන්නා වූ දහම් ඇස් ඇති ශාස්තෘන් වහන්සේ පිරිනිවී වැඩි සේක.

සාදු! සාදු!! සාදු!!!

සත්ත සුරියුග්ගමන සූත්‍රය නිමා විය.

7.2.2.3.
නගරූපම සූත්‍රය
නගරය උපමා කොට වදාළ දෙසුම

සැවැත් නුවර දී ය .....

මහණෙනි, යම් කලක රජෙකුගේ ඈත පිහිටි නගරය සත් වැදෑරුම් නගරාරක්ෂක කරුණුවලින් මනාකොට සුරක්ෂිත කරන ලද්දේ ද, සිව් වැදෑරුම් ආහාරයන් කැමති සේ, නිදුකින්, බොහෝ සෙයින් ලබන්නේ ද, මහණෙනි, රජුගේ මේ ඈත පිහිටි නගරය බාහිර පසමිතුරු සතුරන් හට දිනිය නොහැක්කේ යැයි කියනු ලැබේ.

ඒ සත් වැදෑරුම් නගරාරක්ෂක කරුණු මොනවා ද?

1. මහණෙනි, මෙහිලා රජුගේ ඈත පිහිටි නගරයෙහි ගැඹුරට සාරා සිටුවන ලද නොසැලෙන, නොවෙව්ලන ඒෂිකා ස්ථම්භය ඇත්තේ වෙයි. රජුගේ ඈත පිහිටි නගරය අභ්‍යන්තරවාසීන්ගේ ආරක්ෂාව පිණිස ත්, බාහිර සතුරු බලවේග නැසීම පිණිස ත්, මේ පළමුවැනි නගරාරක්ෂක කරුණෙන් සුරක්ෂිත වූයේ වෙයි.

2. තව ද මහණෙනි, රජුගේ ඈත පිහිටි නගරයෙහි ගැඹුරු වූත්, පළල් වූත්, දිය අගලක් කණිනු ලද්දේ වෙයි. රජුගේ ඈත පිහිටි නගරය අභ්‍යන්තරවාසීන්ගේ ආරක්ෂාව පිණිස ත්, බාහිර සතුරු බලවේග නැසීම පිණිස ත්, මේ දෙවැනි නගරාරක්ෂක කරුණෙන් සුරක්ෂිත වූයේ වෙයි.

3. තව ද මහණෙනි, රජුගේ ඈත පිහිටි නගරයෙහි ඉතා උස් වූ, පළල් වූ නගර පවුර වටා ඇවිද ගිය හැකි මාවතක් ඇත්තේ වෙයි. රජුගේ ඈත පිහිටි නගරය අභ්‍යන්තරවාසීන්ගේ ආරක්ෂාව පිණිස ත්, බාහිර සතුරු බලවේග නැසීම පිණිස ත්, මේ තුන්වැනි නගරාරක්ෂක කරුණෙන් සුරක්ෂිත වූයේ වෙයි.

4. තව ද මහණෙනි, රජුගේ ඈත පිහිටි නගරයෙහි සළාක නම් වූ ද, ජේවනීය නම් වූ ද බොහෝ ආරක්ෂක ආයුධයන් රැස් කරන ලද්දේ වෙයි. රජුගේ ඈත පිහිටි නගරය අභ්‍යන්තරවාසීන්ගේ ආරක්ෂාව පිණිස ත්, බාහිර සතුරු බලවේග නැසීම පිණිස ත්, මේ සිව්වැනි නගරාරක්ෂක කරුණෙන් සුරක්ෂිත වූයේ වෙයි.

5. තව ද මහණෙනි, රජුගේ ඈත පිහිටි නගරයෙහි බොහෝ බලසේනාවෝ වසති. එනම්, ඇතුන් පිට නගින සේනාව ය. අසුන් පිට නගින සේනාවෝ ය. රථයන්හි යන සේනාවෝ ය. දුනුවායෝ ය. ධජ ගෙනයනනෝ ය. සේනා රැස් කරන්නෝ ය. ආහාර ගෙන යන්නෝ ය. යුද බිමෙහි බැසගන්නෝ ය. සතුරන් මතට කඩා පනින්නෝ ය. මහා යෝධයෝ ය. මහා ශූරයෝ ය. සන්නාහකයෝ ය. දාස පුත්‍රයෝ ය. රජුගේ ඈත පිහිටි නගරය අභ්‍යන්තරවාසීන්ගේ ආරක්ෂාව පිණිස ත්, බාහිර සතුරු බලවේග නැසීම පිණිස ත්, මේ පස්වැනි නගරාරක්ෂක කරුණෙන් සුරක්ෂිත වූයේ වෙයි.

6. තව ද මහණෙනි, රජුගේ ඈත පිහිටි නගරයෙහි නොදන්නවුන් වළක්වන, දන්නවුන්ට ඇතුළු වෙන්නට අවසර දෙන, නුවණැති, ප්‍රඥාවන්ත වූ, ව්‍යක්ත වූ, දොරටුපාලයෙක් සිටින්නේ වෙයි. රජුගේ ඈත පිහිටි නගරය අභ්‍යන්තරවාසීන්ගේ ආරක්ෂාව පිණිස ත්, බාහිර සතුරු බලවේග නැසීම පිණිස ත්, මේ සයවැනි නගරාරක්ෂක කරුණෙන් සුරක්ෂිත වූයේ වෙයි.

7. තව ද මහණෙනි, රජුගේ ඈත පිහිටි නගරයෙහි උස් වූ, පළල් වූ, සුණු පිරියම් කළ මහා ප්‍රාකාරයක් ඇත්තේ වෙයි. රජුගේ ඈත පිහිටි නගරය අභ්‍යන්තරවාසීන්ගේ ආරක්ෂාව පිණිස ත්, බාහිර සතුරු බලවේග නැසීම පිණිස ත්, මේ සත්වැනි නගරාරක්ෂක කරුණෙන් සුරක්ෂිත වූයේ වෙයි.

මේ සප්ත නගරාරක්ෂක කරුණු වලින් සුරක්ෂිත වෙයි.

කැමති සේ ලබන, නිදුකින් ලබන, බොහෝ සේ ලබන සතර ආහාරයෝ මොනවා ද?

1. මහණෙනි, මෙහිලා ඈත පිහිටි රජුගේ නගරයෙහි අභ්‍යන්තර ජනයා ඇලී වාසය කිරීම සඳහා ත්, නොතැති ගැනීම සඳහා ත්, පහසුවෙන් වාසය කිරීම සඳහා ත්, බාහිර සතුරු බලවේග නැසීම සඳහා ත් තෘණ - දර - දිය ආදිය බොහෝ සේ රැස් කරන ලද්දේ වෙයි.

2. මහණෙනි, මෙහිලා ඈත පිහිටි රජුගේ නගරයෙහි අභ්‍යන්තර ජනයා ඇලී වාසය කිරීම සඳහා ත්, නොතැති ගැනීම සඳහා ත්, පහසුවෙන් වාසය කිරීම සඳහා ත්, බාහිර සතුරු බලවේග නැසීම සඳහා ත් සහල් - යව ආදිය බොහෝ සේ රැස් කරන ලද්දේ වෙයි.

3. මහණෙනි, මෙහිලා ඈත පිහිටි රජුගේ නගරයෙහි අභ්‍යන්තර ජනයා ඇලී වාසය කිරීම සඳහා ත්, නොතැති ගැනීම සඳහා ත්, පහසුවෙන් වාසය කිරීම සඳහා ත්, බාහිර සතුරු බලවේග නැසීම සඳහා ත් තල - මෑ - මුං ආදී සෙසු ආහාරපාන ආදිය බොහෝ සේ රැස් කරන ලද්දේ වෙයි.

4. මහණෙනි, මෙහිලා ඈත පිහිටි රජුගේ නගරයෙහි අභ්‍යන්තර ජනයා ඇලී වාසය කිරීම සඳහා ත්, නොතැති ගැනීම සඳහා ත්, පහසුවෙන් වාසය කිරීම සඳහා ත්, බාහිර සතුරු බලවේග නැසීම සඳහා ත් බෙහෙත් ඖෂධ ආදිය බොහෝ සේ රැස් කරන ලද්දේ වෙයි. එනම් ගිතෙල්, වෙඬරු, තෙල්, මී පැණි, සකුරු, ලුණු ආදිය යි.

මහණෙනි, කැමති සේ ලබන, නිදුකින් ලබන, බොහෝ සේ ලබන සතර ආහාරයෝ මේවා ය.

මහණෙනි, යම් කලක රජෙකුගේ ඈත පිහිටි නගරය සත් වැදෑරුම් නගරාරක්ෂක කරුණුවලින් මනාකොට සුරක්ෂිත කරන ලද්දේ ද, සිව් වැදෑරුම් ආහාරයන් කැමති සේ, නිදුකින්, බොහෝ සෙයින් ලබන්නේ ද, මහණෙනි, රජුගේ මේ ඈත පිහිටි නගරය බාහිර පසමිතුරු සතුරන් හට දිනිය නොහැක්කේ යැයි කියනු ලැබේ.

මහණෙනි, එසෙයින් ම යම් කලෙක ආර්ය ශ්‍රාවකයා සප්ත ධර්මයකින් සමන්විත වූයේ, ගැඹුරු චිත්ත දියුණුවෙන් යුතු ව මෙලොව සැප විහරණ ඇති සතරක් වූ ධ්‍යානයන් කැමති සේ, නිදුකින්, බොහෝ සෙයින් ලබන්නේ ද, මහණෙනි, මේ ආර්ය ශ්‍රාවකයා ව අනතුරෙහි හෙළීම පිණිස පවිටු මාරයා විසින් කිසිවක් කරගත නොහැක්කේ ය. ඒ කවර සප්ත ධර්මයකින් සමන්විත

වූයේ ද යත්;

1. මහණෙනි, යම් සේ රජුගේ ඈත පිහිටි නගරයෙහි අභ්‍යන්තරවාසීන්ගේ ආරක්ෂාව පිණිස ත්, බාහිර සතුරු බලවේග නැසීම පිණිස ත්, ගැඹුරට සාරා සිටුවන ලද නොසැලෙන, නොවෙව්ලන ඒෂිකා ස්ථම්භය ඇත්තේ වෙයි ද, එසෙයින් ම මහණෙනි, ආර්ය ශ්‍රාවකයා ශ්‍රද්ධා ඇත්තේ වෙයි. තථාගතයන්ගේ අවබෝධය අදහන්නේ වෙයි. එනම් 'ඒ භාග්‍යවතුන් වහන්සේ මේ මේ කරුණින් අරහං වන සේක. සම්මා සම්බුද්ධ වන සේක. විජ්ජාචරණ සම්පන්න වන සේක. සුගත වන සේක. ලෝකවිදූ වන සේක. අනුත්තරෝ පුරිසදම්ම සාරථී වන සේක. සත්ථා දේවමනුස්සානං වන සේක. බුද්ධ වන සේක. භගවා වන සේක' යනුවෙනි. මහණෙනි, ශ්‍රද්ධාව නම් වූ ඒෂිකා ස්ථම්භයෙන් යුතු ආර්ය ශ්‍රාවක තෙමේ අකුසලය අත්හරියි. කුසලය වඩයි. සාවද්‍ය දෙය අත්හරියි. නිරවද්‍ය දේ වඩයි. පිරිසිදු ජීවිතයක් පරිහරණය කරයි. මෙසේ පළමුවෙනි සද්ධර්මයෙන් සමන්විත වූයේ වෙයි.

2. මහණෙනි, යම් සේ රජුගේ ඈත පිහිටි නගරයෙහි අභ්‍යන්තරවාසීන්ගේ ආරක්ෂාව පිණිස ත්, බාහිර සතුරු බලවේග නැසීම පිණිස ත්, ගැඹුරු වූත්, පළල් වූත්, දිය අගලක් කණින ලද්දේ වෙයි ද, එසෙයින් මහණෙනි, ආර්ය ශ්‍රාවකයා ලැජ්ජා ඇත්තේ වෙයි. කයින් දුසිරිත් කිරීමට ත්, වචනයෙන් දුසිරිත් කිරීමට ත්, සිතින් දුසිරිත් කිරීමට ත් ලැජ්ජා වෙයි. ලාමක අකුසල් දහම් ඇති කරගැනීමට ලැජ්ජා වෙයි. මහණෙනි, ලැජ්ජාව නම් වූ දිය අගලින් සමන්විත වූ ආර්ය ශ්‍රාවක තෙමේ අකුසලය අත්හරියි. කුසලය වඩයි. සාවද්‍ය දෙය අත්හරියි. නිරවද්‍ය දේ වඩයි. පිරිසිදු ජීවිතයක් පරිහරණය කරයි. මෙසේ දෙවෙනි සද්ධර්මයෙන් සමන්විත වූයේ වෙයි.

3. මහණෙනි, යම් සේ රජුගේ ඈත පිහිටි නගරයෙහි අභ්‍යන්තරවාසීන්ගේ ආරක්ෂාව පිණිස ත්, බාහිර සතුරු බලවේග නැසීම පිණිස ත්, ඉතා උස් වූ, පළල් වූ නගර පවුර වටා ඇවිද ගිය හැකි මාවතක් ඇත්තේ වෙයි ද, එසෙයින් ම මහණෙනි, ආර්ය ශ්‍රාවකයා භය ඇත්තේ වෙයි. කයින් දුසිරිත් කිරීමට ත්, වචනයෙන් දුසිරිත් කිරීමට ත්, සිතින් දුසිරිත් කිරීමට ත් භය වෙයි. ලාමක අකුසල් දහම් ඇති කරගැනීමට භය වෙයි. මහණෙනි, පවට භය නම් වූ මාර්ග පථයෙන් සමන්විත වූ ආර්ය ශ්‍රාවක තෙමේ අකුසලය අත්හරියි. කුසලය වඩයි. සාවද්‍ය දෙය අත්හරියි. නිරවද්‍ය දේ වඩයි. පිරිසිදු ජීවිතයක් පරිහරණය කරයි. මෙසේ තුන්වෙනි සද්ධර්මයෙන් සමන්විත වූයේ වෙයි.

4. මහණෙනි, යම් සේ රජුගේ ඈත පිහිටි නගරයෙහි අභ්‍යන්තරවාසීන්ගේ ආරක්ෂාව පිණිස ත්, බාහිර සතුරු බලවේග නැසීම පිණිස ත්, සළාක නම් වූ

ද, ජේවනීය නම් වූ ද බොහෝ ආරක්ෂක ආයුධයන් රැස් කරන ලද්දේ වෙයි ද, එසෙයින් ම මහණෙනි, ආර්ය ශ්‍රාවකයා ධර්මය බොහෝ සෙයින් අසන ලද්දේ වෙයි. ඒ ඇසූ දහම් ධරන්නේ වෙයි. ඒ ඇසූ දහම් සිත්හිලා රැස් කැරගන්නේ වෙයි. යම් ඒ ධර්මයෝ කල්‍යාණ වූ පටන් ගැනීමෙකින් යුක්ත වෙත් ද, කල්‍යාණ වූ මැදකින් යුක්ත වෙත් ද, කල්‍යාණ වූ අවසානයෙකින් යුක්ත වෙත් ද, අර්ථ සහිත වෙත් ද, පැහැදිලි වචනයෙන් යුක්ත වෙත් ද, හැම ලෙසින් ම පිරිපුන් පිරිසිදු නිවන් මග පවසත් ද, එබඳු වූ ධර්මයෝ ඔහු විසින් බොහෝ කොට අසන ලද්දාහු ය. ධාරණය කරගන්නා ලද්දාහු ය. වචනයෙන් පිරිවහන ලද්දාහු ය. මනසින් විමසන ලද්දාහු ය. නුවණින් අවබෝධ කරන ලද්දාහු ය. මහණෙනි, ශ්‍රැතය නම් වූ ආයුධයෙන් සමන්විත වූ ආර්ය ශ්‍රාවක තෙමේ අකුසලය අත්හරියි. කුසලය වඩයි. සාවද්‍ය දෙය අත්හරියි. නිරවද්‍ය දේ වඩයි. පිරිසිදු ජීවිතයක් පරිහරණය කරයි. මෙසේ සිව්වෙනි සද්ධර්මයෙන් සමන්විත වූයේ වෙයි.

5. මහණෙනි, යම් සේ රජුගේ ඈත පිහිටි නගරයෙහි අභ්‍යන්තරවාසීන්ගේ ආරක්ෂාව පිණිස ත්, බාහිර සතුරු බලවේග නැසීම පිණිස ත්, බොහෝ බලසේනාවෝ වසත් ද, එනම්, ඇතුන් පිට නගින සේනාව ය. අසුන් පිට නගින සේනාවෝ ය. රථයන්හි යන සේනාවෝ ය. දුනුවායෝ ය. ධජ ගෙනයන්නෝ ය. සේනා රැස් කරන්නෝ ය. ආහාර ගෙන යන්නෝ ය. යුද බිමෙහි බැසගන්නෝ ය. සතුරන් මතට කඩා පනින්නෝ ය. මහා යෝධයෝ ය. මහා ශූරයෝ ය. සන්නාහකයෝ ය. දාස පුත්‍රයෝ ය. එසෙයින් ම මහණෙනි, ආර්ය ශ්‍රාවකයා පටන් ගත් වීරිය ඇත්තේ වෙයි. අකුසල් දහම් ප්‍රහාණය කිරීමට හා කුසල් දහම් උපදවා ගැනීමට දැඩි වීරියෙන් යුතු වූයේ, දැඩි පරාක්‍රමයෙන් යුතු වූයේ, කුසල් දහම් පිළිබඳ ව පසුබට නොවන වීරිය ඇත්තේ වෙයි. මහණෙනි, වීරිය නම් වූ බල සේනාවෙන් සමන්විත වූ ආර්ය ශ්‍රාවක තෙමේ අකුසලය අත්හරියි. කුසලය වඩයි. සාවද්‍ය දෙය අත්හරියි. නිරවද්‍ය දේ වඩයි. පිරිසිදු ජීවිතයක් පරිහරණය කරයි. මෙසේ පස්වෙනි සද්ධර්මයෙන් සමන්විත වූයේ වෙයි.

6. මහණෙනි, යම් සේ රජුගේ ඈත පිහිටි නගරයෙහි අභ්‍යන්තරවාසීන්ගේ ආරක්ෂාව පිණිස ත්, බාහිර සතුරු බලවේග නැසීම පිණිස ත්, නොදන්නවුන් වළක්වන, දන්නවුන්ට ඇතුළු වෙන්නට අවසර දෙන, නුවණැති, ප්‍රඥාවන්ත වූ, ව්‍යක්ත වූ, දොරටුපාලයෙක් සිටින්නේ වෙයි ද, එසෙයින් ම මහණෙනි, ආර්ය ශ්‍රාවකයා සිහි ඇත්තේ වෙයි. උතුම් සිහියෙන් හා අවස්ථාවෝචිත නුවණින් යුක්ත වූයේ වෙයි. බොහෝ කලකට පෙර කළ දෑ ත්, බොහෝ කලකට පෙර කියූ දෑ ත් සිහි කරයි. නැවත නැවත සිහි කරයි. මහණෙනි, සිහිය නම් වූ

දොරටුපාලයාගෙන් සමන්විත වූ ආර්ය ශ්‍රාවක තෙමේ අකුසලය අත්හරියි. කුසලය වඩයි. සාවද්‍ය දෙය අත්හරියි. නිරවද්‍ය දේ වඩයි. පිරිසිදු ජීවිතයක් පරිහරණය කරයි. මෙසේ හයවෙනි සද්ධර්මයෙන් සමන්විත වූයේ වෙයි.

7. මහණෙනි, යම් සේ රජුගේ ඈත පිහිටි නගරයෙහි අභ්‍යන්තරවාසීන්ගේ ආරක්ෂාව පිණිස ත්, බාහිර සතුරු බලවේග නැසීම පිණිස ත්, උස් වූ, පළල් වූ, සුණු පිරියම් කළ මහා ප්‍රාකාරයක් ඇත්තේ වෙයි ද, එසෙයින් ම මහණෙනි, ආර්ය ශ්‍රාවකයා ප්‍රඥාවන්ත වෙයි. හටගැනීම ත්, නැතිවීම ත් දැකීමට සමර්ථ ප්‍රඥාවෙන් යුක්ත වූයේ වෙයි. ආර්ය වූ තියුණු අවබෝධය ඇති කරවන, මැනැවින් දුක් ක්ෂය කරවන ප්‍රඥාවෙන් යුක්ත වූයේ වෙයි. මහණෙනි, ප්‍රඥාව නම් වූ සුණු පිරියම් කරන ලද ප්‍රාකාරයෙන් සමන්විත වූ ආර්ය ශ්‍රාවක තෙමේ අකුසලය අත්හරියි. කුසලය වඩයි. සාවද්‍ය දෙය අත්හරියි. නිරවද්‍ය දේ වඩයි. පිරිසිදු ජීවිතයක් පරිහරණය කරයි. මෙසේ සත්වෙනි සද්ධර්මයෙන් සමන්විත වූයේ වෙයි.

මේ සප්ත ධර්මයෙන් යුක්ත වූයේ වෙයි.

මහණෙනි, ගැඹුරු චිත්ත දියුණුව ඇති, මෙලොව ලබන සැප විහරණ ඇති කැමති සේ ලබන, නිදුකින් ලබන, බොහෝ සේ ලබන සතරක් වූ ධ්‍යානයෝ මොනවා ද?

1. මහණෙනි, යම් සේ ඈත පිහිටි රජුගේ නගරයෙහි අභ්‍යන්තර ජනයා ඇලී වාසය කිරීම සඳහා ත්, නොතැති ගැනීම සඳහා ත්, පහසුවෙන් වාසය කිරීම සඳහා ත්, බාහිර සතුරු බලවේග නැසීම සඳහා ත් තෘණ - දර - දිය ආදිය බොහෝ සේ රැස් කරන ලද්දේ වෙයි ද, එසෙයින් ම මහණෙනි, මෙහිලා ආර්ය ශ්‍රාවකයා කාමයන්ගෙන් වෙන් ව, අකුසල ධර්මයන්ගෙන් වෙන් ව, විතර්ක විචාර සහිත වූ විවේකයෙන් හටගත් ප්‍රීති සුඛය ඇති පළමුවෙනි ධ්‍යානය උපදවාගෙන වාසය කරයි. තමාගේ ඇලී වාසය කිරීම පිණිස ත්, නොතැති ගැනීම පිණිස ත්, පහසු විහරණය පිණිස ත්, නිවනට බැසගැනීම පිණිස ත් ය.

2. මහණෙනි, යම් සේ ඈත පිහිටි රජුගේ නගරයෙහි අභ්‍යන්තර ජනයා ඇලී වාසය කිරීම සඳහා ත්, නොතැති ගැනීම සඳහා ත්, පහසුවෙන් වාසය කිරීම සඳහා ත්, බාහිර සතුරු බලවේග නැසීම සඳහා ත් සහල් - යව ආදිය බොහෝ සේ රැස් කරන ලද්දේ වෙයි ද, එසෙයින් ම මහණෙනි, මෙහිලා ආර්ය ශ්‍රාවකයා විතර්ක විචාරයන් සංසිඳීමෙන් තමා තුළ පැහැදීම ඇති කරවන සිතේ එකඟ බවින් යුතුව විතර්ක විචාර රහිත වූ සමාධියෙන් හටගත් ප්‍රීති සැපය ඇති දෙවෙනි ධ්‍යානය උපදවාගෙන වාසය කරයි. තමාගේ ඇලී වාසය කිරීම පිණිස

ත්, නොතැති ගැනීම පිණිස ත්, පහසු විහරණය පිණිස ත්, නිවනට බැසගැනීම පිණිස ත් ය.

3. මහණෙනි, යම් සේ ඈත පිහිටි රජුගේ නගරයෙහි අභ්‍යන්තර ජනයා ඇලී වාසය කිරීම සඳහා ත්, නොතැති ගැනීම සඳහා ත්, පහසුවෙන් වාසය කිරීම සඳහා ත්, බාහිර සතුරු බලවේග නැසීම සඳහා ත් තල - මෑ - මුං ආදී සෙසු ආහාරපාන ආදිය බොහෝ සේ රැස් කරන ලද්දේ වෙයි ද, එසෙයින් ම මහණෙනි, මෙහිලා ආර්ය ශ්‍රාවකයා ප්‍රීතියට ද නොඇලීමෙන් සිහියෙන් හා නුවණින් යුතුව උපේක්ෂාවෙන් වසයි. කයෙන් සැපයක් ද විඳියි. ආර්යයන් වහන්සේලා උපේක්ෂාවෙන් යුතුව, සිහියෙන් යුතුව ඇති සැප විහරණය යැයි යම් ධ්‍යානයකට කියන ලද්දේ ද, ඒ තුන්වෙනි ධ්‍යානය උපදවාගෙන වාසය කරයි. තමාගේ ඇලී වාසය කිරීම පිණිස ත්, නොතැති ගැනීම පිණිස ත්, පහසු විහරණය පිණිස ත්, නිවනට බැසගැනීම පිණිස ත් ය.

4. මහණෙනි, යම් සේ ඈත පිහිටි රජුගේ නගරයෙහි අභ්‍යන්තර ජනයා ඇලී වාසය කිරීම සඳහා ත්, නොතැති ගැනීම සඳහා ත්, පහසුවෙන් වාසය කිරීම සඳහා ත්, බාහිර සතුරු බලවේග නැසීම සඳහා ත් බෙහෙත් ඖෂධ ආදිය බොහෝ සේ රැස් කරන ලද්දේ වෙයි ද, එනම් ගිතෙල්, වෙඬරු, තෙල්, මී පැණි, සකුරු, ලුණු ආදිය යි. එසෙයින් ම මහණෙනි, මෙහිලා ආර්ය ශ්‍රාවකයා සැපය ද ප්‍රහාණය කිරීමෙන්, දුක ද ප්‍රහාණය කිරීමෙන් කලින් ම සොම්නස් දොම්නස් ඉක්ම යෑමෙන් දුක් සැප රහිත වූ උපෙක්ෂා සති පාරිශුද්ධියෙන් යුතු සතර වෙනි ධ්‍යානය උපදවාගෙන වාසය කරයි. තමාගේ ඇලී වාසය කිරීම පිණිස ත්, නොතැති ගැනීම පිණිස ත්, පහසු විහරණය පිණිස ත්, නිවනට බැසගැනීම පිණිස ත් ය.

මහණෙනි, ගැඹුරු චිත්ත දියුණුව ඇති, මෙලොව ලබන සැප විහරණ ඇති කැමති සේ ලබන, නිදුකින් ලබන, බොහෝ සේ ලබන සතරක් වූ ධ්‍යානයෝ මේවා ය.

මහණෙනි, යම් කලෙක ආර්ය ශ්‍රාවකයා මේ සප්ත සත්ධර්මයෙන් සමන්විත වූයේ, ගැඹුරු චිත්ත දියුණුවෙන් යුතු ව මෙලොව සැප විහරණ ඇති සතරක් වූ ධ්‍යානයන් කැමති සේ, නිදුකින්, බොහෝ සෙයින් ලබන්නේ ද, මහණෙනි, මේ ආර්ය ශ්‍රාවකයා අනතුරෙහි හෙළීම පිණිස පවිටු මාරයා විසින් කිසිවක් කරගත නොහැක්කේ යැයි කියනු ලැබේ.

සාදු! සාදු!! සාදු!!!

නගරූපම සූත්‍රය නිමා විය.

7.2.2.4.
ධම්මඤ්ඤූ සූත්‍රය
ධර්මය දැනගත් කෙනා ගැන වදාළ දෙසුම

සැවැත් නුවර දී ය .....

මහණෙනි, සත් කරුණකින් සමන්විත වූ භික්ෂුව ආහුනෙය්‍ය ....(පෙ).... ලෝකයාගේ අනුත්තර පින් කෙත වෙයි. ඒ කවර සත් කරුණකින් ද යත්;

මහණෙනි, මෙහිලා භික්ෂුව ධර්මය දන්නේ ද වෙයි. අර්ථය දන්නේ ද වෙයි. තමා ව දන්නේ ද වෙයි. ප්‍රමාණය දන්නේ ද වෙයි. කාලය දන්නේ ද වෙයි. පිරිස දන්නේ ද වෙයි. පුද්ගල උස් පහත් බව දන්නේ ද වෙයි.

1. මහණෙනි, භික්ෂුවක් ධර්මය දන්නෙක් වන්නේ කෙසේ ද?

මහණෙනි, මෙහිලා භික්ෂුවක් සුත්ත, ගෙය්‍ය, වෙය්‍යාකරණ, ගාථා, උදාන, ඉතිවුත්තක, ජාතක, අබ්භූතධම්ම, වේදල්ල යන ධර්මය දනියි. ඉදින් මහණෙනි, භික්ෂුවක් සුත්ත, ගෙය්‍ය, වෙය්‍යාකරණ, ගාථා, උදාන, ඉතිවුත්තක, ජාතක, අබ්භූතධම්ම, වේදල්ල ධර්මය නොදන්නේ නම්, මෙසසුනෙහි ධර්මය දන්නෙක් යැයි කියනු නොලබන්නේ ය. මහණෙනි, යම් කරුණක් නිසා භික්ෂුව සුත්ත, ගෙය්‍ය, ...(පෙ).... අබ්භූතධම්ම, වේදල්ල යන ධර්මය දන්නේ වෙයි ද, එහෙයින් භික්ෂුව ධර්මය දන්නේ යැයි කියනු ලැබේ. මෙසේ ධර්මය දන්නේ වෙයි.

2. අර්ථය දන්නේ කෙසේ ද?

මහණෙනි, මෙහිලා භික්ෂුවක් 'මේ වදාරණ ලද කරුණෙහි අර්ථය මෙය යි. මේ වදාරණ ලද කරුණෙහි අර්ථය මෙය යි' වශයෙන් ඒ ඒ බුද්ධ භාෂිතයේ අර්ථය දනියි. ඉදින් මහණෙනි, භික්ෂුවක් 'මේ වදාරණ ලද කරුණෙහි අර්ථය මෙය යි. මේ වදාරණ ලද කරුණෙහි අර්ථය මෙය යි' වශයෙන් ඒ ඒ බුද්ධ භාෂිතයේ අර්ථය නොදනියි නම් මෙසසුනෙහි අර්ථය දන්නෙක් යැයි කියනු නොලබන්නේ ය. මහණෙනි, යම් කරුණක් නිසා භික්ෂුව 'මේ වදාරණ ලද කරුණෙහි අර්ථය මෙය යි. මේ වදාරණ ලද කරුණෙහි අර්ථය මෙය යි' වශයෙන් ඒ ඒ බුද්ධ භාෂිතයේ අර්ථය දන්නේ වෙයි ද, එහෙයින් භික්ෂුව අර්ථය

දන්නේ යැයි කියනු ලැබේ. මෙසේ ධර්ම දන්නේ ද වෙයි. අර්ථය දන්නේ වෙයි.

3. තමා ව දන්නේ කෙසේ ද?

මහණෙනි, මෙහිලා භික්ෂුව මෙතෙක් වූ ශ්‍රද්ධාවෙන්, සීලයෙන්, ශ්‍රැතයෙන්, ත්‍යාගයෙන්, ප්‍රඥාවෙන් සහ ප්‍රතිභානයෙන් යුක්ත වෙමි යි තමා පිළිබඳ ව දනියි. ඉදින් මහණෙනි, භික්ෂුව මෙතෙක් වූ ශ්‍රද්ධාවෙන්, සීලයෙන්, ශ්‍රැතයෙන්, ත්‍යාගයෙන්, ප්‍රඥාවෙන් සහ ප්‍රතිභානයෙන් යුක්ත වෙමි යි තමා පිළිබඳ ව නොදන්නේ නම්, මෙසසුනෙහි තමා ව දන්නෙක් යැයි කියනු නොලබන්නේ ය. මහණෙනි, යම් කරුණක් නිසා භික්ෂුව මෙතෙක් වූ ශ්‍රද්ධාවෙන්, සීලයෙන්, ශ්‍රැතයෙන්, ත්‍යාගයෙන්, ප්‍රඥාවෙන් සහ ප්‍රතිභානයෙන් යුක්ත වෙමි යි තමා පිළිබඳ ව දන්නේ වෙයි ද, එහෙයින් භික්ෂුව තමා ව දන්නේ යැයි කියනු ලැබේ. මෙසේ ධර්මය දන්නේ ද වෙයි. අර්ථය දන්නේ ද වෙයි. තමාව දන්නේ ද වෙයි.

4. ප්‍රමාණය දන්නේ කෙසේ ද?

මහණෙනි, මෙහිලා භික්ෂුව සිවුරු - පිණ්ඩපාත - සෙනසුන් - ගිලන්පස බෙහෙත් පිරිකර පිළිගැනීමෙහි ප්‍රමාණය දන්නේ ය. ඉදින් මහණෙනි, භික්ෂුව සිවුරු - පිණ්ඩපාත - සෙනසුන් - ගිලන්පස බෙහෙත් පිරිකර පිළිගැනීමෙහි ප්‍රමාණය නොදන්නේ නම්, මෙසසුනෙහි ප්‍රමාණය දන්නෙක් යැයි කියනු නොලබන්නේ ය. මහණෙනි, යම් කරුණක් නිසා භික්ෂුව සිවුරු - පිණ්ඩපාත - සෙනසුන් - ගිලන්පස බෙහෙත් පිරිකර පිළිගැනීමෙහි ප්‍රමාණය දන්නේ වෙයි ද, එහෙයින් භික්ෂුව ප්‍රමාණය දන්නේ යැයි කියනු ලැබේ. මෙසේ ධර්මය දන්නේ ද වෙයි. අර්ථය දන්නේ ද වෙයි. තමාව දන්නේ ද වෙයි. ප්‍රමාණය දන්නේ වෙයි.

5. කාලය දන්නේ කෙසේ ද?

මහණෙනි, මෙහිලා භික්ෂුව 'මේ උදෙසීමට කාලය යි. මේ ප්‍රශ්න ඇසීමට කාලය යි. මේ ධර්මයෙහි යෙදීමට කාලය යි. මේ භාවනාවට කාලය යි' වශයෙන් කාලය දන්නේ ය. ඉදින් මහණෙනි, භික්ෂුව 'මේ උදෙසීමට කාලය යි. මේ ප්‍රශ්න ඇසීමට කාලය යි. මේ ධර්මයෙහි යෙදීමට කාලය යි. මේ භාවනාවට කාලය යි' වශයෙන් කාලය නොදන්නේ නම්, මෙසසුනෙහි කාලය දන්නෙක් යැයි කියනු නොලබන්නේ ය. මහණෙනි, යම් කරුණක් නිසා භික්ෂුව 'මේ උදෙසීමට කාලය යි. මේ ප්‍රශ්න ඇසීමට කාලය යි. මේ ධර්මයෙහි

යෙදීමට කාලය යි. මේ භාවනාවට කාලය යි' වශයෙන් කාලය දන්නේ වෙයි ද, එහෙයින් භික්ෂුව කාලය දන්නේ යැයි කියනු ලැබේ. මෙසේ ධර්මය දන්නේ ද වෙයි. අර්ථය දන්නේ ද වෙයි. තමාව දන්නේ ද වෙයි. ප්‍රමාණය දන්නේ ද වෙයි. කාලය දන්නේ ද වෙයි.

6. පිරිස දන්නේ කෙසේ ද?

මහණෙනි, මෙහිලා භික්ෂුව 'මේ ක්ෂත්‍රිය පිරිස ය, මේ බ්‍රාහ්මණ පිරිස ය, මේ ගෘහපති පිරිස ය, මේ ශ්‍රමණ පිරිස ය. එහිලා මෙසේ එළඹිය යුත්තේ ය. මෙසේ සිටිය යුත්තේ ය. මෙසේ කළ යුත්තේ ය. මෙසේ වාඩිවිය යුත්තේ ය. මෙසේ පැවසිය යුත්තේ ය. මෙසේ නිහඬ විය යුත්තේ ය' වශයෙන් පිරිස දන්නේ ය. ඉදින් මහණෙනි, භික්ෂුව 'මේ ක්ෂත්‍රිය පිරිස ය, මේ බ්‍රාහ්මණ පිරිස ය, මේ ගෘහපති පිරිස ය, මේ ශ්‍රමණ පිරිස ය. එහිලා මෙසේ එළඹිය යුත්තේ ය. මෙසේ සිටිය යුත්තේ ය. මෙසේ කළ යුත්තේ ය. මෙසේ වාඩිවිය යුත්තේ ය. මෙසේ පැවසිය යුත්තේ ය. මෙසේ නිහඬ විය යුත්තේ ය' වශයෙන් පිරිස නොදන්නේ නම්, මෙසසුනෙහි පිරිස දන්නෙක් යැයි කියනු නොලබන්නේ ය. මහණෙනි, යම් කරුණක් නිසා භික්ෂුව 'මේ ක්ෂත්‍රිය පිරිස ය, මේ බ්‍රාහ්මණ පිරිස ය, මේ ගෘහපති පිරිස ය, මේ ශ්‍රමණ පිරිස ය. එහිලා මෙසේ එළඹිය යුත්තේ ය. මෙසේ සිටිය යුත්තේ ය. මෙසේ කළ යුත්තේ ය. මෙසේ වාඩිවිය යුත්තේ ය. මෙසේ පැවසිය යුත්තේ ය. මෙසේ නිහඬ විය යුත්තේ ය' වශයෙන් පිරිස දන්නේ වෙයි ද, එහෙයින් භික්ෂුව පිරිස දන්නේ යැයි කියනු ලැබේ. මෙසේ ධර්මය දන්නේ ද වෙයි. අර්ථය දන්නේ ද වෙයි. තමාව දන්නේ ද වෙයි. ප්‍රමාණය දන්නේ ද වෙයි. කාලය දන්නේ ද වෙයි. පිරිස දන්නේ ද වෙයි.

7. පුද්ගල උස් පහත් බව දන්නේ කෙසේ ද?

මහණෙනි, මෙහිලා භික්ෂුව විසින් දෙආකාරයකින් පුද්ගලයෝ දන්නා ලද්දාහු ය. පුද්ගලයෝ දෙදෙනෙකි. එක් කෙනෙක් ආර්යයන්ගේ දර්ශනයට කැමති ය. එක් කෙනෙක් ආර්යයන්ගේ දර්ශනයට අකමැති ය. යම් මේ පුද්ගලයෙක් ආර්යයන්ගේ දර්ශනයට අකමැති වෙයි ද, මෙසේ ඔහු ඒ අංගයෙන් ගැරහිය යුත්තේ ය. යම් මේ පුද්ගලයෙක් ආර්යයන්ගේ දර්ශනයට කැමති වෙයි ද, මෙසේ ඔහු ඒ අංගයෙන් පැසසිය යුත්තේ ය.

පුද්ගලයෝ දෙදෙනෙක් ආර්යයන්ගේ දර්ශනයට කැමැත්තෝ ය. එක් කෙනෙක් සද්ධර්ම ශ්‍රවණයට කැමති ය. එක් කෙනෙක් සද්ධර්ම ශ්‍රවණයට අකමැති ය. යම් මේ පුද්ගලයෙක් සද්ධර්ම ශ්‍රවණයට අකමැති වෙයි ද, මෙසේ ඔහු ඒ අංගයෙන් ගැරහිය යුත්තේ ය. යම් මේ පුද්ගලයෙක් සද්ධර්ම ශ්‍රවණයට

කැමති වෙයි ද, මෙසේ ඔහු ඒ අංගයෙන් පැසසිය යුත්තේ ය.

පුද්ගලයෝ දෙදෙනෙක් සද්ධර්ම ශ්‍රවණයට කැමැත්තෝ ය. එක් කෙනෙක් යොමු කළ කන් ඇති ව ධර්මය අසයි. එක් කෙනෙක් යොමු කළ කන් ඇති ව ධර්මය නොඅසයි. යම් මේ පුද්ගලයෙක් යොමු කළ කන් ඇති ව ධර්මය නොඅසයි ද, මෙසේ ඔහු ඒ අංගයෙන් ගැරහිය යුත්තේ ය. යම් මේ පුද්ගලයෙක් යොමු කළ කන් ඇති ව ධර්මය අසයි ද, මෙසේ ඔහු ඒ අංගයෙන් පැසසිය යුත්තේ ය.

පුද්ගලයෝ දෙදෙනෙක් කන් යොමා ධර්මය අසති. එක් කෙනෙක් ධර්මය අසා දරා ගනියි. එක් කෙනෙක් ධර්මය අසා දරා නොගනියි. යම් මේ පුද්ගලයෙක් ධර්මය අසා දරා නොගනියි ද, මෙසේ ඔහු ඒ අංගයෙන් ගැරහිය යුත්තේ ය. යම් මේ පුද්ගලයෙක් ධර්මය අසා දරා ගනියි ද, මෙසේ ඔහු ඒ අංගයෙන් පැසසිය යුත්තේ ය.

පුද්ගලයෝ දෙදෙනෙක් ධර්මය අසා දරා ගනිති. එක් කෙනෙක් දරණ ලද ධර්මයන්ගේ අර්ථය හොඳින් පිරික්සා බලයි. එක් කෙනෙක් දරණ ලද ධර්මයන්ගේ අර්ථය හොඳින් පිරික්සා නොබලයි. යම් මේ පුද්ගලයෙක් දරණ ලද ධර්මයන්ගේ අර්ථය හොඳින් පිරික්සා නොබලයි ද, මෙසේ ඔහු ඒ අංගයෙන් ගැරහිය යුත්තේ ය. යම් මේ පුද්ගලයෙක් දරණ ලද ධර්මයන්ගේ අර්ථය හොඳින් පිරික්සා බලයි ද, මෙසේ ඔහු ඒ අංගයෙන් පැසසිය යුත්තේ ය.

පුද්ගලයෝ දෙදෙනෙක් දරා ගත් ධර්මයන්ගේ අර්ථය පිරික්සා බලති. එක් කෙනෙක් අර්ථය දැන ධර්මය දැන ධර්මානුධර්ම ප්‍රතිපදාවේ පිළිපන්නේ වෙයි. එක් කෙනෙක් අර්ථය දැන ධර්මය දැන ධර්මානුධර්ම ප්‍රතිපදාවේ පිළිපන්නේ නොවෙයි. යම් මේ පුද්ගලයෙක් අර්ථය දැන ධර්මය දැන ධර්මානුධර්ම ප්‍රතිපදාවේ පිළිපන්නේ නොවෙයි ද, මෙසේ ඔහු ඒ අංගයෙන් ගැරහිය යුත්තේ ය. යම් මේ පුද්ගලයෙක් අර්ථය දැන ධර්මය දැන ධර්මානුධර්ම ප්‍රතිපදාවේ පිළිපන්නේ වෙයි ද, මෙසේ ඔහු ඒ අංගයෙන් පැසසිය යුත්තේ ය.

පුද්ගලයෝ දෙදෙනෙක් අර්ථය දැන ධර්මය දැන ධර්මානුධර්ම ප්‍රතිපදාවේ යෙදුණාහු වෙති. එක් කෙනෙක් තමාට හිත සුව පිණිස පිළිපන්නේ, අනුන්ට හිතසුව පිණිස නොපිළිපන්නේ වෙයි. එක් කෙනෙක් තමාට හිත සුව පිණිස ත් අනුන්ට හිතසුව පිණිස ත් පිළිපන්නේ වෙයි. යම් මේ පුද්ගලයෙක් තමාට හිත සුව පිණිස පිළිපන්නේ, අනුන්ට හිතසුව පිණිස නොපිළිපන්නේ වෙයි ද, මෙසේ ඔහු ඒ අංගයෙන් ගැරහිය යුත්තේ ය. යම් මේ පුද්ගලයෙක් තමාට හිත සුව පිණිස ත් අනුන්ට හිතසුව පිණිස ත් පිළිපන්නේ වෙයි ද, මෙසේ ඔහු ඒ

අංගයෙන් පැසසිය යුත්තේ ය.

මහණෙනි, මෙසේ භික්ෂුව විසින් දෙආකාරයකින් පුද්ගලයෝ දන්නා ලද්දාහු ය. මෙසේ මහණෙනි, භික්ෂුව පුද්ගල උස්පහත් බව දන්නේ වෙයි.

මහණෙනි, මේ සත් කරුණෙන් සමන්විත වූ භික්ෂුව ආහුනෙය්‍ය ....(පෙ).... ලෝකයාගේ අනුත්තර පින් කෙත වෙයි.

සාදු! සාදු!! සාදු!!!

ධම්මඤ්ඤූ සූත්‍රය නිමා විය.

7.2.2.5.
පාරිච්ඡත්තක සූත්‍රය
පරසතු රුක ගැන වදාළ දෙසුම

සැවැත් නුවර දී ය .....

මහණෙනි, යම් කලක තව්තිසාවැසි දෙවියන්ගේ කෝවිලාර නම් පරසතු රුක පඬු පැහැ ගැනෙයි ද, එකල්හී මහණෙනි, තව්තිසාවැසි දෙව්වරු 'දැන් කෝවිලාර නම් පරසතු රුක පඬු පැහැ ගැන්වුණු පත්‍ර ඇත්තේ ය. වැඩිකල් නොයා ගිලිහුණු පත්‍ර ඇති රුකක් වන්නේ ය' යි සතුටු වෙති.

මහණෙනි, යම් කලක තව්තිසාවැසි දෙවියන්ගේ කෝවිලාර නම් පරසතු රුක කොළ හැළුණේ වෙයි ද, එකල්හී මහණෙනි, තව්තිසාවැසි දෙව්වරු 'දැන් කෝවිලාර නම් පරසතු කොළ හැළුණේ ය. වැඩිකල් නොයා කොළ දළු ඇති වන්නේ ය' යි සතුටු වෙති.

මහණෙනි, යම් කලක තව්තිසාවැසි දෙවියන්ගේ කෝවිලාර නම් පරසතු රුකෙහි කොළ දළු ඇති වූයේ වෙයි ද, එකල්හී මහණෙනි, තව්තිසාවැසි දෙව්වරු 'දැන් කෝවිලාර නම් පරසතු රුකෙහි කොළ දළු ඇතිවුණේ ය. වැඩිකල් නොයා අළුත් මල් පොහොට්ටු ඇති වන්නේ ය' යි සතුටු වෙති.

මහණෙනි, යම් කලක තව්තිසාවැසි දෙවියන්ගේ කෝවිලාර නම් පරසතු රුකෙහි මල් පොහොට්ටු ඇතිවූයේ වෙයි ද, එකල්හී මහණෙනි, තව්තිසාවැසි දෙව්වරු 'දැන් කෝවිලාර නම් පරසතු රුකෙහි මල් පොහොට්ටු ඇතිවූයේ ය.

වැඩිකල් නොයා බෙදී ගිය මල් පොහොට්ටු ඇති වන්නේ ය' යි සතුටු වෙති.

මහණෙනි, යම් කලක තව්තිසාවැසි දෙවියන්ගේ කෝවිලාර නම් පරසතු රුකෙහි බෙදීගිය මල් පොහොට්ටු ඇතිවූයේ වෙයි ද, එකල්හී මහණෙනි, තව්තිසාවැසි දෙව්වරු 'දැන් කෝවිලාර නම් පරසතු රුකෙහි බෙදී ගිය මල් පොහොට්ටු ඇතිවූයේ ය. වැඩිකල් නොයා පිපී ගෙන එන මල් ඇති වන්නේ ය' යි සතුටු වෙති.

මහණෙනි, යම් කලක තව්තිසාවැසි දෙවියන්ගේ කෝවිලාර නම් පරසතු රුකෙහි පිපී ගෙන එන මල් ඇතිවූයේ වෙයි ද, එකල්හී මහණෙනි, තව්තිසාවැසි දෙව්වරු 'දැන් කෝවිලාර නම් පරසතු රුකෙහි පිපීගෙන එන මල් ඇතිවූයේ ය. වැඩිකල් නොයා මුළුමනින් ම පිපී ගිය මල් ඇති වන්නේ ය' යි සතුටු වෙති.

මහණෙනි, යම් කලෙක තව්තිසාවැසි දෙවියන්ගේ කෝවිලාර නම් පරසතු රුක මුළුමනින් ම පිපී ගිය මල් ඇත්තේ වෙයි ද, මහණෙනි, එකල්හී තව්තිසාවැසි දෙවියෝ කෝවිලාර පරසතු රුක් සෙවණෙහි දිව්‍ය වර්ෂ ගණනින් සාර මාසයක් (මිනිස් වසරින් දොළොස් දහසක් අවුරුදු) පංච කාම ගුණයෙන් සමන්විත ව පිරිවරාගෙන සතුටින් වසති. ක්‍රීඩාවෙන් කල් ගෙවත්. මහණෙනි, මුළුමනින් ම මල් පිපී ගිය කෝවිලාර පරසතු රුක හාත්පස පනස් යොදුනක් ආලෝකය විහිදා සිටින්නේ වෙයි. එහි සුවඳ යොදුන් සියයක් දුරට හමන්නේ වෙයි. මෙය කෝවිලාර පරසතු රුකෙහි ඇති ආනුභාවය යි.

1. එසෙයින් ම මහණෙනි, යම් කලක ආර්ය ශ්‍රාවකයා ගිහි ගෙයින් නික්ම පැවිදි වීමට සිතයි ද, මහණෙනි, එසමයෙහි තව්තිසාවැසි දෙවියන්ගේ කෝවිලාර පරසතු රුක සෙයින් ආර්ය ශ්‍රාවකයා නමැති පරසතු රුක පඬු පැහැ ඇත්තේ වෙයි.

2. මහණෙනි, යම් කලක ආර්ය ශ්‍රාවකයා කෙස් රැවුල් බහා කසාවත් පොරොවා ගිහි ගෙයින් නික්ම අනගාරික සසුනෙහි පැවිදි වෙත් ද, මහණෙනි, එසමයෙහි තව්තිසාවැසි දෙවියන්ගේ කෝවිලාර පරසතු රුක සෙයින් ආර්ය ශ්‍රාවකයා නමැති පරසතු රුක වැටුණු කොළ ඇත්තේ වෙයි.

3. මහණෙනි, යම් කලක ආර්ය ශ්‍රාවකයා කාමයන්ගෙන් වෙන් ව ....(පෙ).... පළමුවෙනි ධ්‍යානය උපදවා වාසය කරයි ද, මහණෙනි, එසමයෙහි තව්තිසාවැසි දෙවියන්ගේ කෝවිලාර පරසතු රුක සෙයින් ආර්ය ශ්‍රාවකයා නමැති පරසතු රුක කොළ දළු ඇත්තේ වෙයි.

4. මහණෙනි, යම් කලක ආර්ය ශ්‍රාවකයා විතර්ක විචාරයන්ගේ සංසිඳීමෙන්

....(පෙ).... දෙවෙනි ධ්‍යානය උපදවා වාසය කරයි ද, මහණෙනි, එසමයෙහි තව්තිසාවැසි දෙවියන්ගේ කෝවිලාර පරසතු රැක සෙයින් ආර්ය ශ්‍රාවකයා නමැති පරසතු රැක අළුත් මල් පොහොට්ටු ඇත්තේ වෙයි.

5. මහණෙනි, යම් කලක ආර්ය ශ්‍රාවකයා ප්‍රීතියට ද නොඇල්මෙන් ....(පෙ).... තුන්වෙනි ධ්‍යානය උපදවා වාසය කරයි ද, මහණෙනි, එසමයෙහි තව්තිසාවැසි දෙවියන්ගේ කෝවිලාර පරසතු රැක සෙයින් ආර්ය ශ්‍රාවකයා නමැති පරසතු රැක බෙදී ගිය මල් පොහොට්ටු ඇත්තේ වෙයි.

6. මහණෙනි, යම් කලක ආර්ය ශ්‍රාවකයා සැපය ද ප්‍රහාණය කොට ....(පෙ).... සිව්වෙනි ධ්‍යානය උපදවා වාසය කරයි ද, මහණෙනි, එසමයෙහි තව්තිසාවැසි දෙවියන්ගේ කෝවිලාර පරසතු රැක සෙයින් ආර්ය ශ්‍රාවකයා නමැති පරසතු රැක පිපී ගෙන එන මල් ඇත්තේ වෙයි.

7. මහණෙනි, යම් කලක ආර්ය ශ්‍රාවකයා ආශ්‍රවයන් ක්ෂය වීමෙන් අනාශ්‍රව වූ චිත්ත විමුක්තිය ත්, ප්‍රඥා විමුක්තිය ත් මෙලොව දී ම සිය විශිෂ්ට ඥානයෙන් සාක්ෂාත් කොට පැමිණ වාසය කරයි ද, මහණෙනි, එසමයෙහි තව්තිසාවැසි දෙවියන්ගේ කෝවිලාර පරසතු රැක සෙයින් ආර්ය ශ්‍රාවකයා නමැති පරසතු රැක මුළුමනින් ම පිපී ගිය මල් ඇත්තේ වෙයි.

මහණෙනි, එසමයෙහි පොළොවවාසී දෙවියෝ 'මෙබඳු නම් ඇති මේ ආයුෂ්මතුන් වහන්සේගේ සද්ධිවිහාරික වූ මෙබඳු නම් ඇති මේ ආයුෂ්මත් තෙමේ අසවල් ගමෙන් හෝ නියම් ගමෙන් නික්ම අනගාරික සසුනෙහි පැවිදි වූයේ ය. ආශ්‍රවයන් ක්ෂය වීමෙන් අනාශ්‍රව වූ චිත්ත විමුක්තිය ත්, ප්‍රඥා විමුක්තිය ත් මෙලොව දී ම සිය විශිෂ්ට ඥානයෙන් සාක්ෂාත් කොට පැමිණ වාසය කරයි' යි ශබ්ද ඝෝෂා පවත්වති. පොළොවවාසී දෙවියන්ගේ ශබ්දය අසා 'මෙබඳු නම් ඇති මේ ආයුෂ්මතුන් වහන්සේගේ සද්ධිවිහාරික වූ මෙබඳු නම් ඇති මේ ආයුෂ්මත් තෙමේ අසවල් ගමෙන් හෝ නියම් ගමෙන් නික්ම අනගාරික සසුනෙහි පැවිදි වූයේ ය. ආශ්‍රවයන් ක්ෂය වීමෙන් අනාශ්‍රව වූ චිත්ත විමුක්තිය ත්, ප්‍රඥා විමුක්තිය ත් මෙලොව දී ම සිය විශිෂ්ට ඥානයෙන් සාක්ෂාත් කොට පැමිණ වාසය කරයි' යි චාතුම්මහාරාජික දෙව්වරු ශබ්දඝෝෂා පවත්වති. චාතුම්මහාරාජික දෙවියන්ගේ ශබ්දය අසා තව්තිසා දෙවියෝ ....(පෙ).... යාම දෙවියෝ ....(පෙ).... තුසිත දෙවියෝ ....(පෙ).... නිම්මාණරතී දෙවියෝ ....(පෙ).... පරනිම්මිත වසවත්තී දෙවියෝ ....(පෙ).... 'මෙබඳු නම් ඇති මේ ආයුෂ්මතුන් වහන්සේගේ සද්ධිවිහාරික වූ මෙබඳු නම් ඇති මේ ආයුෂ්මත් තෙමේ අසවල් ගමෙන් හෝ නියම් ගමෙන් නික්ම අනගාරික සසුනෙහි පැවිදි වූයේ ය.

ආශ්‍රවයන් ක්ෂය වීමෙන් අනාශ්‍රව වූ චිත්ත විමුක්තිය ත්, ප්‍රඥා විමුක්තිය ත් මෙලොව දී ම සිය විශිෂ්ට ඥානයෙන් සාක්ෂාත් කොට පැමිණ වාසය කරයි' යි බ්‍රහ්මකායික දෙවියෝ ශබ්දඝෝෂා පවත්වති.

මෙසේ එකෙණෙහි ඒ මොහොතෙහි බඹලොව දක්වා ශබ්දය උස් ව පැන නඟින්නේ ය. මේ ක්ෂීණාශ්‍රව අරහත් භික්ෂුවගේ ආනුභාවය යි.

සාදු! සාදු!! සාදු!!!

පාරිච්ඡත්තක සූත්‍රය නිමා විය.

7.2.2.6.
සක්කාර ගරුකාර සූත්‍රය
සත්කාර ගරුකාර කිරීම ගැන වදාළ දෙසුම

සැවැත් නුවර දී ය .....

එකල්හී ආයුෂ්මත් සාරිපුත්තයන් වහන්සේට හුදෙකලාවේ භාවනාවෙන් සිටියදී මෙබඳු අදහසක් ඇතිවූයේ ය. 'භික්ෂුවක් අකුසල් දුරු කරන්නේ ත්, කුසල් දියුණු කරන්නේ ත්, සත්කාර කොට ගරු කොට කවරෙකු ඇසුරු කොට වාසය කරද්දී ද?'

ඉක්බිති ආයුෂ්මත් සාරිපුත්තයන් වහන්සේට මේ අදහස ඇතිවිය. 'භික්ෂුවක් ශාස්තෘන් වහන්සේ සත්කාර කොට ගරුකාර කොට ඇසුරු කොට වාසය කරයි නම් අකුසල් දුරු කරන්නේ ය, කුසල් වඩන්නේ ය. භික්ෂුවක් ධර්මය ....(පෙ).... භික්ෂුවක් සංඝයා ....(පෙ).... භික්ෂුවක් ශික්ෂාව ....(පෙ).... භික්ෂුවක් සමාධිය ....(පෙ).... භික්ෂුවක් අප්‍රමාදය ....(පෙ).... භික්ෂුවක් පිළිසඳර සත්කාර කොට ගරුකාර කොට ඇසුරු කොට වාසය කරයි නම් අකුසල් දුරු කරන්නේ ය, කුසල් වඩන්නේ ය.'

යළි ආයුෂ්මත් සාරිපුත්තයන් වහන්සේට මේ අදහස ඇතිවිය. 'මා සිතූ මේ ධර්මයෝ වනාහී පිරිසිදු ය. ගුණයෙන් බබලයි. ඉදින් මම මේ ධර්මයන් භාග්‍යවතුන් වහන්සේ වෙත ගොස් සැළ කරන්නෙම් නම් මෙසේ මා සිතූ මේ ධර්මයෝ පිරිසිදු ද වන්නාහු ය. වඩා ත් පිරිසිදු ව සකස් වන්නාහු ය. යම්

සේ පුරුෂයෙක් පිරිසිදු වූ බබලන ස්වර්ණාභරණයක් ලබයි ද, ඔහුට මෙසේ සිතෙයි. 'ඉදින් මම මේ ස්වර්ණාභරණය රන්කරුවෙකු වෙත පෙන්වන්නෙම් නම් මෙසේ මේ ස්වර්ණාභරණය රන්කරු අතට ගියේ වඩා ත් පිරිසිදු වන්නේ ය. වඩා ත් පිරිසිදු ලෙස සකස් වන්නේ ය'යි. එසෙයින් ම මාගේ මේ ධර්මයෝ පිරිසිදු ව බබලති. ඉදින් මම මේ ධර්මයන් ගෙන භාග්‍යවතුන් වහන්සේට සැළ කරන්නෙම් නම් මෙසේ මාගේ මේ ධර්මයෝ වඩා ත් පිරිසිදු වන්නාහු ය. වඩා ත් පිරිසිදු ලෙස සකස් වන්නාහු ය.'

එකල්හී ආයුෂ්මත් සාරිපුත්තයන් වහන්සේ සවස් වරුවෙහි භාවනාවෙන් නැගිට භාග්‍යවතුන් වහන්සේ වෙත වැඩියහ. වැඩම කොට භාග්‍යවතුන් වහන්සේට සකසා වන්දනා කොට එකත්පස් ව හිඳගත්හ. එකත්පස් ව හුන් ආයුෂ්මත් සාරිපුත්තයන් වහන්සේ භාග්‍යවතුන් වහන්සේට මෙය පැවසූහ.

"ස්වාමීනී, මෙහි මම හුදෙකලාවේ භාවනාවෙන් සිටියදී මෙබඳු අදහසක් ඇතිවූයේ ය. 'භික්ෂුවක් අකුසල් දුරු කරන්නේ ත්, කුසල් දියුණු කරන්නේ ත්, සත්කාර කොට ගරු කොට කවරෙකු ඇසුරු කොට වාසය කරද්දී ද?'

ස්වාමීනී, ඒ මට මේ අදහස ඇතිවිය. 'භික්ෂුවක් ශාස්තෘන් වහන්සේ සත්කාර කොට ගරුකාර කොට ඇසුරු කොට වාසය කරයි නම් අකුසල් දුරු කරන්නේ ය, කුසල් වඩන්නේ ය. භික්ෂුවක් ධර්මය ....(පෙ).... භික්ෂුවක් සංඝයා ....(පෙ).... භික්ෂුවක් ශික්ෂාව ....(පෙ).... භික්ෂුවක් සමාධිය ....(පෙ).... භික්ෂුවක් අප්‍රමාදය ....(පෙ).... භික්ෂුවක් පිළිසඳර ඇසුරු කරද්දී, සත්කාර කොට ගරුකාර කොට ඇසුරු කොට වාසය කරයි නම් අකුසල් දුරු කරන්නේ ය, කුසල් වඩන්නේ ය.'

ස්වාමීනී, යළි මට මේ අදහස ඇතිවිය. 'මා සිතූ මේ ධර්මයෝ වනාහී පිරිසිදු ය. ගුණයෙන් බබලයි. ඉදින් මම මේ ධර්මයන් භාග්‍යවතුන් වහන්සේ වෙත ගොස් සැළ කරන්නෙම් නම් මෙසේ මා සිතූ මේ ධර්මයෝ පිරිසිදු ද වන්නාහු ය. වඩා ත් පිරිසිදු ව සකස් වන්නාහු ය. යම් සේ පුරුෂයෙක් පිරිසිදු වූ බබලන ස්වර්ණාභරණයක් ලබයි ද, ඔහුට මෙසේ සිතෙයි. 'ඉදින් මම මේ ස්වර්ණාභරණය රන්කරුවෙකු වෙත පෙන්වන්නෙම් නම් මෙසේ මේ ස්වර්ණාභරණය රන්කරු අතට ගියේ වඩා ත් පිරිසිදු වන්නේ ය. වඩා ත් පිරිසිදු ලෙස සකස් වන්නේ ය'යි. එසෙයින් ම මාගේ මේ ධර්මයෝ පිරිසිදු ව බබලති. ඉදින් මම මේ ධර්මයන් ගෙන භාග්‍යවතුන් වහන්සේට සැළ කරන්නෙම් නම් මෙසේ මාගේ මේ ධර්මයෝ වඩා ත් පිරිසිදු වන්නාහු ය. වඩා ත් පිරිසිදු ලෙස සකස් වන්නාහු ය."

"සාදු සාරිපුත්තයෙනි, සාරිපුත්තයෙනි, භික්ෂුවක් ශාස්තෲන් වහන්සේ සත්කාර කොට ගරුකාර කොට ඇසුරු කොට වාසය කරයි නම් අකුසල් දුරු කරන්නේ ය, කුසල් වඩන්නේ ය. සාරිපුත්තයෙනි, භික්ෂුවක් ධර්මය ....(පෙ).... සාරිපුත්තයෙනි, භික්ෂුවක් සංඝයා ....(පෙ).... සාරිපුත්තයෙනි, භික්ෂුවක් ශික්ෂාව ....(පෙ).... සාරිපුත්තයෙනි, භික්ෂුවක් සමාධිය ....(පෙ).... සාරිපුත්තයෙනි, භික්ෂුවක් අප්‍රමාදය ....(පෙ).... සාරිපුත්තයෙනි, භික්ෂුවක් පිළිසඳර සත්කාර කොට ගරුකාර කොට ඇසුරු කොට වාසය කරයි නම් අකුසල් දුරු කරන්නේ ය, කුසල් වඩන්නේ ය."

මෙසේ වදාළ කල්හී ආයුෂ්මත් සාරිපුත්තයන් වහන්සේ භාග්‍යවතුන් වහන්සේට මෙය සැළ කළහ.

"ස්වාමීනී, භාග්‍යවතුන් වහන්සේ විසින් සංක්ෂේපයෙන් වදාරණ ලද භාෂිතයෙහි අරුත මම මේ අයුරින් විස්තර වශයෙන් දනිමි.

ස්වාමීනී, ඒකාන්තයෙන් ඒ භික්ෂුව ශාස්තෲන් වහන්සේ කෙරෙහි ගෞරව නැති ව සිට, ධර්මය කෙරෙහි ගෞරවයෙන් වසන්නේ ය යන කරුණ සිදු විය හැකි දෙයක් නොවෙයි. ස්වාමීනී, යම් මේ භික්ෂුවක් ශාස්තෲන් වහන්සේ කෙරෙහි ගෞරව නැත්තේ ද, හේ ධර්මය කෙරෙහි ත් ගෞරව නැත්තේ ය.

ස්වාමීනී, ඒකාන්තයෙන් ඒ භික්ෂුව ශාස්තෲන් වහන්සේ කෙරෙහි ගෞරව නැති ව සිට, ධර්මය කෙරෙහි ගෞරව නැති ව සිට, සංඝයා කෙරෙහි ගෞරවයෙන් වසන්නේ ය යන කරුණ සිදු විය හැකි දෙයක් නොවෙයි. ස්වාමීනී, යම් මේ භික්ෂුවක් ශාස්තෲන් වහන්සේ කෙරෙහි ගෞරව නැත්තේ ද, ධර්මය කෙරෙහි ගෞරව නැත්තේ ද, හේ සංඝයා කෙරෙහි ත් ගෞරව නැත්තේ ය.

ස්වාමීනී, ඒකාන්තයෙන් ඒ භික්ෂුව ශාස්තෲන් වහන්සේ කෙරෙහි ගෞරව නැති ව සිට, ධර්මය කෙරෙහි ගෞරව නැති ව සිට, සංඝයා කෙරෙහි ගෞරව නැති ව සිට, ශික්ෂාව කෙරෙහි ගෞරවයෙන් වසන්නේ ය යන කරුණ සිදු විය හැකි දෙයක් නොවෙයි. ස්වාමීනී, යම් මේ භික්ෂුවක් ශාස්තෲන් වහන්සේ කෙරෙහි ගෞරව නැත්තේ ද, ධර්මය කෙරෙහි ගෞරව නැත්තේ ද, සංඝයා කෙරෙහි ගෞරව නැත්තේ ද, හේ ශික්ෂාව කෙරෙහි ත් ගෞරව නැත්තේ ය.

ස්වාමීනී, ඒකාන්තයෙන් ඒ භික්ෂුව ශාස්තෲන් වහන්සේ කෙරෙහි ගෞරව නැති ව සිට, ධර්මය කෙරෙහි ගෞරව නැති ව සිට, සංඝයා කෙරෙහි ගෞරව නැති ව සිට, ශික්ෂාව කෙරෙහි ගෞරව නැති ව සිට, සමාධිය කෙරෙහි

ගෞරවයෙන් වසන්නේ ය යන කරුණ සිදු විය හැකි දෙයක් නොවෙයි. ස්වාමීනී, යම් මේ භික්ෂුවක් ශාස්තෘන් වහන්සේ කෙරෙහි ගෞරව නැත්තේ ද, ධර්මය කෙරෙහි ගෞරව නැත්තේ ද, සංඝයා කෙරෙහි ගෞරව නැත්තේ ද, ශික්ෂාව කෙරෙහි ගෞරව නැත්තේ ද, හේ සමාධිය කෙරෙහි ත් ගෞරව නැත්තේ ය.

ස්වාමීනී, ඒකාන්තයෙන් ඒ භික්ෂුව ශාස්තෘන් වහන්සේ කෙරෙහි ගෞරව නැති ව සිට, ධර්මය කෙරෙහි ගෞරව නැති ව සිට, සංඝයා කෙරෙහි ගෞරව නැති ව සිට, ශික්ෂාව කෙරෙහි ගෞරව නැති ව සිට, සමාධිය කෙරෙහි ගෞරව නැති ව සිට, අප්‍රමාදය කෙරෙහි ගෞරවයෙන් වසන්නේ ය යන කරුණ සිදු විය හැකි දෙයක් නොවෙයි. ස්වාමීනී, යම් මේ භික්ෂුවක් ශාස්තෘන් වහන්සේ කෙරෙහි ගෞරව නැත්තේ ද, ධර්මය කෙරෙහි ගෞරව නැත්තේ ද, සංඝයා කෙරෙහි ගෞරව නැත්තේ ද, ශික්ෂාව කෙරෙහි ගෞරව නැත්තේ ද, සමාධිය කෙරෙහි ගෞරව නැත්තේ ද, හේ අප්‍රමාදය කෙරෙහි ත් ගෞරව නැත්තේ ය.

ස්වාමීනී, ඒකාන්තයෙන් ඒ භික්ෂුව ශාස්තෘන් වහන්සේ කෙරෙහි ගෞරව නැති ව සිට, ධර්මය කෙරෙහි ගෞරව නැති ව සිට, සංඝයා කෙරෙහි ගෞරව නැති ව සිට, ශික්ෂාව කෙරෙහි ගෞරව නැති ව සිට, සමාධිය කෙරෙහි ගෞරව නැති ව සිට, අප්‍රමාදය කෙරෙහි ගෞරව නැති ව සිට, පිළිසඳර කෙරෙහි ගෞරවයෙන් වසන්නේ ය යන කරුණ සිදු විය හැකි දෙයක් නොවෙයි. ස්වාමීනී, යම් මේ භික්ෂුවක් ශාස්තෘන් වහන්සේ කෙරෙහි ගෞරව නැත්තේ ද, ධර්මය කෙරෙහි ගෞරව නැත්තේ ද, සංඝයා කෙරෙහි ගෞරව නැත්තේ ද, ශික්ෂාව කෙරෙහි ගෞරව නැත්තේ ද, සමාධිය කෙරෙහි ගෞරව නැත්තේ ද, අප්‍රමාදය කෙරෙහි ගෞරව නැත්තේ ද, හේ පිළිසඳර කෙරෙහි ත් ගෞරව නැත්තේ ය.

ස්වාමීනී, ඒකාන්තයෙන් ඒ භික්ෂුව ශාස්තෘන් වහන්සේ කෙරෙහි ගෞරව ඇති ව සිට, ධර්මය කෙරෙහි අගෞරවයෙන් වසන්නේ ය යන කරුණ සිදු විය නොහැකි දෙයකි. ස්වාමීනී, යම් මේ භික්ෂුවක් ශාස්තෘන් වහන්සේ කෙරෙහි ගෞරව ඇත්තේ ද, හේ ධර්මය කෙරෙහි ත් ගෞරව ඇත්තේ ය.

ස්වාමීනී, ඒකාන්තයෙන් ඒ භික්ෂුව ශාස්තෘන් වහන්සේ කෙරෙහි ගෞරව ඇති ව සිට, ධර්මය කෙරෙහි ගෞරව ඇති ව සිට, සංඝයා කෙරෙහි අගෞරවයෙන් වසන්නේ ය යන කරුණ සිදු විය නොහැකි දෙයකි. ස්වාමීනී, යම් මේ භික්ෂුවක් ශාස්තෘන් වහන්සේ කෙරෙහි ගෞරව ඇත්තේ ද, ධර්මය කෙරෙහි ගෞරව ඇත්තේ ද, හේ සංඝයා කෙරෙහි ත් ගෞරව ඇත්තේ ය.

ස්වාමීනී, ඒකාන්තයෙන් ඒ භික්ෂුව ශාස්තෘන් වහන්සේ කෙරෙහි ගෞරව ඇති ව සිට, ධර්මය කෙරෙහි ගෞරව ඇති ව සිට, සංඝයා කෙරෙහි ගෞරව ඇති ව සිට, ශික්ෂාව කෙරෙහි අගෞරවයෙන් වසන්නේ ය යන කරුණ සිදු විය නොහැකි දෙයකි. ස්වාමීනී, යම් මේ භික්ෂුවක් ශාස්තෘන් වහන්සේ කෙරෙහි ගෞරව ඇත්තේ ද, ධර්මය කෙරෙහි ගෞරව ඇත්තේ ද, සංඝයා කෙරෙහි ගෞරව ඇත්තේ ද, හේ ශික්ෂාව කෙරෙහි ත් ගෞරව ඇත්තේ ය.

ස්වාමීනී, ඒකාන්තයෙන් ඒ භික්ෂුව ශාස්තෘන් වහන්සේ කෙරෙහි ගෞරව ඇති ව සිට, ධර්මය කෙරෙහි ගෞරව ඇති ව සිට, සංඝයා කෙරෙහි ගෞරව ඇති ව සිට, ශික්ෂාව කෙරෙහි ගෞරව ඇති ව සිට, සමාධිය කෙරෙහි අගෞරවයෙන් වසන්නේ ය යන කරුණ සිදු විය නොහැකි දෙයකි. ස්වාමීනී, යම් මේ භික්ෂුවක් ශාස්තෘන් වහන්සේ කෙරෙහි ගෞරව ඇත්තේ ද, ධර්මය කෙරෙහි ගෞරව ඇත්තේ ද, සංඝයා කෙරෙහි ගෞරව ඇත්තේ ද, ශික්ෂාව කෙරෙහි ගෞරව ඇත්තේ ද, හේ සමාධිය කෙරෙහි ත් ගෞරව ඇත්තේ ය.

ස්වාමීනී, ඒකාන්තයෙන් ඒ භික්ෂුව ශාස්තෘන් වහන්සේ කෙරෙහි ගෞරව ඇති ව සිට, ධර්මය කෙරෙහි ගෞරව ඇති ව සිට, සංඝයා කෙරෙහි ගෞරව ඇති ව සිට, ශික්ෂාව කෙරෙහි ගෞරව ඇති ව සිට, සමාධිය කෙරෙහි ගෞරව ඇති ව සිට, අප්‍රමාදය කෙරෙහි අගෞරවයෙන් වසන්නේ ය යන කරුණ සිදු විය නොහැකි දෙයකි. ස්වාමීනී, යම් මේ භික්ෂුවක් ශාස්තෘන් වහන්සේ කෙරෙහි ගෞරව ඇත්තේ ද, ධර්මය කෙරෙහි ගෞරව ඇත්තේ ද, සංඝයා කෙරෙහි ගෞරව ඇත්තේ ද, ශික්ෂාව කෙරෙහි ගෞරව ඇත්තේ ද, සමාධිය කෙරෙහි ගෞරව ඇත්තේ ද, හේ අප්‍රමාදය කෙරෙහි ත් ගෞරව ඇත්තේ ය.

ස්වාමීනී, ඒකාන්තයෙන් ඒ භික්ෂුව ශාස්තෘන් වහන්සේ කෙරෙහි ගෞරව ඇති ව සිට, ධර්මය කෙරෙහි ගෞරව ඇති ව සිට, සංඝයා කෙරෙහි ගෞරව ඇති ව සිට, ශික්ෂාව කෙරෙහි ගෞරව ඇති ව සිට, සමාධිය කෙරෙහි ගෞරව ඇති ව සිට, අප්‍රමාදය කෙරෙහි ගෞරව ඇති ව සිට, පිළිසඳර කෙරෙහි අගෞරවයෙන් වසන්නේ ය යන කරුණ සිදු විය නොහැකි දෙයකි. ස්වාමීනී, යම් මේ භික්ෂුවක් ශාස්තෘන් වහන්සේ කෙරෙහි ගෞරව ඇත්තේ ද, ධර්මය කෙරෙහි ගෞරව ඇත්තේ ද, සංඝයා කෙරෙහි ගෞරව ඇත්තේ ද, ශික්ෂාව කෙරෙහි ගෞරව ඇත්තේ ද, සමාධිය කෙරෙහි ගෞරව ඇත්තේ ද, අප්‍රමාදය කෙරෙහි ගෞරව ඇත්තේ හේ පිළිසඳර කෙරෙහි ත් ගෞරව ඇත්තේ ය.

"ස්වාමීනී, භාග්‍යවතුන් වහන්සේ විසින් සංක්ෂේපයෙන් වදාරණ ලද මේ භාෂිතයෙහි අර්ථය මම විස්තර වශයෙන් මෙසේ දනිමි."

"සාදු සාදු සාරිපුත්තයෙනි, මා විසින් සංක්ෂේපයෙන් පවසන ලද භාෂිතය, ඔබ විසින් විස්තර වශයෙන් දුටු අයුරු ඉතා යහපති. සාරිපුත්තයෙනි, ඒකාන්තයෙන් ඒ භික්ෂුව ශාස්තෘන් වහන්සේ කෙරෙහි ගෞරව නැති ව සිට, ධර්මය කෙරෙහි ගෞරවයෙන් වසන්නේ ය යන කරුණ සිදු විය හැකි දෙයක් නොවෙයි. සාරිපුත්තයෙනි, යම් මේ භික්ෂුවක් ශාස්තෘන් වහන්සේ කෙරෙහි ගෞරව නැත්තේ ද, හේ ධර්මය කෙරෙහි ත් ගෞරව නැත්තේ ය.

සාරිපුත්තයෙනි, ඒකාන්තයෙන් ඒ භික්ෂුව ශාස්තෘන් වහන්සේ කෙරෙහි ගෞරව නැති ව සිට, ධර්මය කෙරෙහි ගෞරව නැති ව සිට, ...(පෙ).... සංඝයා කෙරෙහි ගෞරව නැති ව සිට, ...(පෙ).... ශික්ෂාව කෙරෙහි ගෞරව නැති ව සිට, ...(පෙ).... සමාධිය කෙරෙහි ගෞරව නැති ව සිට, ...(පෙ).... අප්‍රමාදය කෙරෙහි ගෞරව නැති ව සිට, පිළිසඳර කෙරෙහි ගෞරවයෙන් වසන්නේ ය යන කරුණ සිදු විය හැකි දෙයක් නොවෙයි. සාරිපුත්තයෙනි, යම් මේ භික්ෂුවක් ශාස්තෘන් වහන්සේ කෙරෙහි ගෞරව නැත්තේ ද, ධර්මය කෙරෙහි ගෞරව නැත්තේ ද, සංඝයා කෙරෙහි ගෞරව නැත්තේ ද, ශික්ෂාව කෙරෙහි ගෞරව නැත්තේ ද, සමාධිය කෙරෙහි ගෞරව නැත්තේ ද, අප්‍රමාදය කෙරෙහි ගෞරව නැත්තේ ද, හේ පිළිසඳර කෙරෙහි ත් ගෞරව නැත්තේ ය.

සාරිපුත්තයෙනි, ඒකාන්තයෙන් ඒ භික්ෂුව ශාස්තෘන් වහන්සේ කෙරෙහි ගෞරව ඇති ව සිට, ධර්මය කෙරෙහි අගෞරවයෙන් වසන්නේ ය යන කරුණ සිදු විය නොහැකි දෙයකි. සාරිපුත්තයෙනි, යම් මේ භික්ෂුවක් ශාස්තෘන් වහන්සේ කෙරෙහි ගෞරව ඇත්තේ ද, හේ ධර්මය කෙරෙහි ත් ගෞරව ඇත්තේ ය.

සාරිපුත්තයෙනි, ඒකාන්තයෙන් ඒ භික්ෂුව ශාස්තෘන් වහන්සේ කෙරෙහි ගෞරව ඇති ව සිට, ධර්මය කෙරෙහි ගෞරව ඇති ව සිට, ...(පෙ).... සංඝයා කෙරෙහි ගෞරව ඇති ව සිට, ...(පෙ).... ශික්ෂාව කෙරෙහි ගෞරව ඇති ව සිට, ...(පෙ).... සමාධිය කෙරෙහි ගෞරව ඇති ව සිට, ...(පෙ).... අප්‍රමාදය කෙරෙහි ගෞරව ඇති ව සිට, පිළිසඳර කෙරෙහි අගෞරවයෙන් වසන්නේ ය යන කරුණ සිදු විය නොහැකි දෙයකි. සාරිපුත්තයෙනි, යම් මේ භික්ෂුවක් ශාස්තෘන් වහන්සේ කෙරෙහි ගෞරව ඇත්තේ ද, ධර්මය කෙරෙහි ගෞරව ඇත්තේ ද, සංඝයා කෙරෙහි ගෞරව ඇත්තේ ද, ශික්ෂාව කෙරෙහි ගෞරව ඇත්තේ ද, සමාධිය කෙරෙහි ගෞරව ඇත්තේ ද, අප්‍රමාදය කෙරෙහි ගෞරව ඇත්තේ හේ පිළිසඳර කෙරෙහි ත් ගෞරව ඇත්තේ ය.

සාරිපුත්තයෙනි, සංක්ෂේපයෙන් පැවසූ මේ භාෂිතයෙහි අර්ථය මෙසේ විස්තර වශයෙන් දත යුත්තේ ය."

සාදු! සාදු!! සාදු!!!

සක්කාර ගරුකාර සූත්‍රය නිමා විය.

7.2.2.7.
භාවනානුයුක්ත සූත්‍රය
භාවනාවෙහි නැවත නැවත යෙදීම ගැන වදාළ දෙසුම

සැවැත් නුවර දී ය .....

මහණෙනි, භාවනාවෙහි නැවත නැවත නොයෙදී වාසය කරන භික්ෂුවට 'අහෝ! ඒකාන්තයෙන් මාගේ සිත උපාදාන රහිත ව ආශ්‍රවයන්ගෙන් නිදහස් වේවා' යි මෙබඳු වූ ආශාවක් යම් විටක ඇති වුණු නමුත්, ඔහුගේ සිත උපාදාන රහිත ව ආශ්‍රවයන්ගෙන් නිදහස් නොවන්නේ ම ය. ඒ මක් නිසා ද යත්, එයට කිව යුත්තේ දියුණු නොකළ නිසා කියා ය. කුමක් දියුණු නොකළ නිසා ද? සතර සතිපට්ඨාන, සතර සම්‍යක් ප්‍රධාන, සතර ඉර්ධිපාද, පංච ඉන්ද්‍රිය, පංච බල, සප්ත බොජ්ඣංග, ආර්ය අෂ්ටාංගික මාර්ගය දියුණු නොකළ නිසා ය.

මහණෙනි, එය මෙබඳු දෙයකි. කිකිළියකට බිජුවට අටක් හෝ දහයක් හෝ දොළොසක් හෝ ඇත්තේ ය. එනමුත් කිකිළිය ඒවා මනාකොට තමා අතර රඳවා නොගනියි. මනාකොට උණුසුම් නොකරයි. මනාකොට පරිභාවිත නොකරයි. යම් හෙයකින් කිකිළියට 'අහෝ ඒකාන්තයෙන් මාගේ කුකුල් පැටව් පා නිය සිළින් වේවා, මුව තුඩින් වේවා, බිත්තර කටුව පළාගෙන සුව සේ පිටතට පැමිණෙත්වා' යි මෙසේ ආශාවක් ඇතිවෙන නමුත් ඒ කුකුල් පැටව් පා නිල සිළින් හෝ, මුව තුඩින් හෝ බිත්තර කටුව පළාගෙන සුව සේ පිටතට පැමිණෙත් ය යන කරුණ විය නොහැකි දෙයකි. ඒ මක් නිසාද යත්, මහණෙනි, යම් පරිදි කිකිළිය බිජුවට මනාකොට තමා අතර නොරඳවා ගත් නිසා ය. මනාකොට උණුසුම් නොකළ නිසා ය. මනාකොට පරිභාවිත නොකළ නිසා ය.

එසෙයින් ම මහණෙනි, භාවනාවෙහි නැවත නැවත නොයෙදී වාසය කරන භික්ෂුවට 'අහෝ! ඒකාන්තයෙන් මාගේ සිත උපාදාන රහිත ව

ආශ්‍රවයන්ගෙන් නිදහස් වේවා' යි මෙබඳු වූ ආශාවක් යම් විටක ඇති වුණු නමුත්, ඔහුගේ සිත උපාදාන රහිත ව ආශ්‍රවයන්ගෙන් නිදහස් නොවන්නේ ම ය. ඒ මක් නිසා ද යත්, එයට කිව යුත්තේ දියුණු නොකළ නිසා කියා ය. කුමක් දියුණු නොකළ නිසා ද? සතර සතිපට්ඨාන, සතර සම්‍යක් ප්‍රධාන, සතර ඉර්ධිපාද, පංච ඉන්ද්‍රිය, පංච බල, සප්ත බොජ්ඣංග, ආර්ය අෂ්ටාංගික මාර්ගය දියුණු නොකළ නිසා ය.

මහණෙනි, භාවනාවෙහි නැවත නැවත යෙදී වාසය කරන භික්ෂුවට 'අහෝ! ඒකාන්තයෙන් මාගේ සිත උපාදාන රහිත ව ආශ්‍රවයන්ගෙන් නිදහස් වේවා' යි මෙබඳු වූ ආශාවක් ඇති නොවුණු නමුත්, ඔහුගේ සිත උපාදාන රහිත ව ආශ්‍රවයන්ගෙන් නිදහස් වන්නේ ම ය. ඒ මක් නිසා ද යත්, එයට කිව යුත්තේ දියුණු කළ නිසා කියා ය. කුමක් දියුණු කළ නිසා ද? සතර සතිපට්ඨාන, සතර සම්‍යක් ප්‍රධාන, සතර ඉර්ධිපාද, පංච ඉන්ද්‍රිය, පංච බල, සප්ත බොජ්ඣංග, ආර්ය අෂ්ටාංගික මාර්ගය දියුණු කළ නිසා ය.

මහණෙනි, එය මෙබඳු දෙයකි. කිකිළියකට බිජුවට අටක් හෝ දහයක් හෝ දොළොසක් හෝ ඇත්තේ ය. කිකිළිය ඒවා මනාකොට තමා අතර රඳවාග නියි. මනාකොට උණුසුම් කරයි. මනාකොට පරිභාවිත කරයි. යම් හෙයකින් කිකිළියට 'අහෝ ඒකාන්තයෙන් මාගේ කුකුල් පැටව් පා නිය සිළින් වේවා, මුව තුඩින් වේවා, බිත්තර කටුව පළාගෙන සුව සේ පිටතට පැමිණෙත්වා' යි මෙසේ ආශාවක් ඇති නොවෙන නමුත් ඒ කුකුල් පැටව් පා නිල සිළින් හෝ, මුව තුඩින් හෝ බිත්තර කටුව පළාගෙන සුව සේ පිටතට පැමිණෙත් ය යන කරුණ විය හැකි දෙයකි. ඒ මක් නිසාද යත්, මහණෙනි, යම් පරිදි කිකිළිය බිජුවට මනාකොට තමා අතර රඳවා ගත් නිසා ය. මනාකොට උණුසුම් කළ නිසා ය. මනාකොට පරිභාවිත කළ නිසා ය.

එසෙයින් ම මහණෙනි, භාවනාවෙහි නැවත නැවත යෙදී වාසය කරන භික්ෂුවට 'අහෝ! ඒකාන්තයෙන් මාගේ සිත උපාදාන රහිත ව ආශ්‍රවයන්ගෙ න් නිදහස් වේවා' යි මෙබඳු වූ ආශාවක් ඇති නොවුණු නමුත්, ඔහුගේ සිත උපාදාන රහිත ව ආශ්‍රවයන්ගෙන් නිදහස් වන්නේ ම ය. ඒ මක් නිසා ද යත්, එයට කිව යුත්තේ දියුණු කළ නිසා කියා ය. කුමක් දියුණු කළ නිසා ද? සතර සතිපට්ඨාන, සතර සම්‍යක් ප්‍රධාන, සතර ඉර්ධිපාද, පංච ඉන්ද්‍රිය, පංච බල, සප්ත බොජ්ඣංග, ආර්ය අෂ්ටාංගික මාර්ගය දියුණු කළ නිසා ය.

මහණෙනි, එය මෙබඳු දෙයකි. ලී වඩුවෙකුගේ හෝ ලී වඩු අතවැසියෙකුගේ හෝ වෑ මිටෙහි ඇඟිලි සටහන් දිස්වෙයි. ඇඟිලි සටහන් දුටු කල්හී ඔහුට මෙබඳු ඥානයක් නැත්තේ ය. 'අද මාගේ වෑ මිටෙහි මෙතෙක්

ගෙවී ගියේ ය. ඊයේ මෙතෙක් ගෙවී ගියේ ය. පෙරේදා මෙතෙක් ගෙවී ගියේ ය' කියා. එනමුදු වෑ මිට ගෙවී ගිය කල්හී ගෙවුණේ ම යන ඥානය වෙයි. එසෙයින් ම මහණෙනි, නැවත නැවත භාවනාවෙහි යෙදී වාසය කරන භික්ෂුව හට 'අද මාගේ ආශ්‍රවයන් මෙතෙක් ගෙවී ගියේ ය. ඊයේ මෙතෙක් ගෙවී ගියේ ය. පෙරේදා මෙතෙක් ගෙවී ගියේ ය' යන මෙබඳු ඥානයක් නැත්තේ ය. නමුත් ආශ්‍රවයන් ක්ෂය වූ කල්හී 'ක්ෂය වී ගියේ ම ය' යන ඥානය ඇත්තේ ය.

මහණෙනි, එය මෙබඳු දෙයකි. මුහුදේ ඇති නැව බඳින ලද වේවැල් කඹය සය මසක් දියෙහි තිබී ශීත කාලයෙහි ගොඩට ගෙනවුත් තබන ලද්දේ අව් සුළඟින් ඒ කඹ මැඩෙනා ලද්දේ වැසි වසිනා කල්හී පහසුවෙන් ම ඒ කඹ ගැලවී යයි ද, කුණු වී යයි ද, එසෙයින් ම මහණෙනි, නැවත නැවත භාවනාවෙහි යෙදී වාසය කරන භික්ෂුව හට නිදුකින් ම සංයෝජනයෝ ගැලවී යති. කුණු වී යති.

සාදු! සාදු!! සාදු!!!

භාවනානුයුත්ත සූත්‍රය නිමා විය.

7.2.2.8.
අග්ගික්ඛන්ධෝපම සූත්‍රය
ගිනි කඳ උපමා කොට වදාළ දෙසුම

එක් සමයක භාග්‍යවතුන් වහන්සේ කොසොල් ජනපදයෙහි මහත් භික්ෂු සංඝයා සමඟ චාරිකාවෙහි සැරිසරා වඩින සේක. දීර්ඝ මාර්ගයට පිළිපන් භාග්‍යවතුන් වහන්සේ එක්තරා ප්‍රදේශයක දී ගිනි ඇවිල ගත්, බුර බුරා ගිනි ඇවිලගත්, ගිනි දැල් සහිත වූ, මහත් ගිනි කඳක් දුටු සේක. දැක මගින් බැහැරට වැඩම කොට එක්තරා රුක් සෙවණක පණවන ලද අසුනෙහි වැඩහුන් සේක. වැඩහිඳ භික්ෂූන් අමතා වදාළ සේක.

"මහණෙනි, අර ගිනි ඇවිලෙන, බුර බුරා ගිනි ඇවිලෙන, ගිනි දැල් විහිදෙන මහත් වූ ගිනි කඳ දකිව් ද?"

"එසේ ය, ස්වාමීනී"

"මහණෙනි, ඒ කිමෙකැයි හඟින්නහු ද? වඩා ත් උතුම් කුමක් ද? අර ගිනි ඇවිලෙන, බුර බුරා ගිනි ඇවිලෙන, ගිනි දැල් විහිදෙන මහත් වූ ගිනි කඳ

වැළඳගෙන හිඳීම හෝ සැතපීම ද? එසේ ත් නැත්නම් මොළොක් යොවුන් අත් පා ඇති ක්ෂත්‍රීය කන්‍යාවක හෝ බ්‍රාහ්මණ කන්‍යාවක හෝ ගෘහපති කන්‍යාවක හෝ වැළඳ ගෙන හිඳීම හෝ සැතපීම ද?"

"ස්වාමීනී, මොළොක් යොවුන් අත් පා ඇති යම් ක්ෂත්‍රීය කන්‍යාවක හෝ බ්‍රාහ්මණ කන්‍යාවක හෝ ගෘහපති කන්‍යාවක හෝ වැළඳ ගෙන හිඳීම හෝ සැතපීම උතුම් ය. ස්වාමීනී, අර ගිනි ඇවිලෙන, බුර බුරා ගිනි ඇවිලෙන, ගිනි දැල් විහිදෙන මහත් වූ ගිනි කඳ වැළඳගෙන හිඳීම හෝ සැතපීම නම් දුකක් ම ය."

"මහණෙනි, ඔබට කියා සිටිමි. ඔබට වගකීමෙන් යුතුව කියා සිටිමි. පවිටු ධර්ම ඇති, අපිරිසිදු ක්‍රියා ඇති, රහසේ කරන පාපී ක්‍රියා ඇති, අශ්‍රමණයෙකු ව සිටියදී ශ්‍රමණයෙකු ලෙස පෙනී සිටින, අබ්‍රහ්මචාරී ව සිටිය දී බ්‍රහ්මචාරියෙකු ලෙස පෙනී සිටින, ඇතුළත ගුණදහම් කුණු වී ගිය, කෙලෙස් වැගිරෙන, කෙලෙස් කසල ඇති යම් ඒ දුස්සීලයෙක් ඇද්ද, ඔහුට යම් සේ අර ගිනි ඇවිලෙන, බුර බුරා ගිනි ඇවිලෙන, ගිනි දැල් විහිදෙන මහත් වූ ගිනි කඳ වැළඳගෙන හිඳීම හෝ සැතපීම හෝ උතුම් ය. ඒ මක් නිසාද යත්, මහණෙනි, ඒ දුසිල් පුද්ගලයා ඒ හේතුවෙන් මරණයට හෝ පත් වෙයි. මරණීය දුකකට හෝ පත්වෙයි. නමුත් ඒ හේතුවෙන් කය බිඳී මරණින් මතු අපාය, දුර්ගති, විනිපාත නම් වූ නිරයෙහි නූපදින්නේ ය. මහණෙනි, පවිටු ධර්ම ඇති, අපිරිසිදු ක්‍රියා ඇති, ...(පෙ).... කෙලෙස් කසල ඇති යම් ඒ දුස්සීලයෙක් ඇද්ද, ඔහු මොළොක් යොවුන් අත් පා ඇති ක්ෂත්‍රීය කන්‍යාවක හෝ බ්‍රාහ්මණ කන්‍යාවක හෝ ගෘහපති කන්‍යාවක හෝ වැළඳ ගෙන හිඳින්නේ හෝ සැතපෙන්නේ හෝ නම් මහණෙනි, එය ඔහුට බොහෝ කාලයක් අහිත පිණිස, දුක් පිණිස පවතින්නේ ය. කය බිඳී මරණින් මතු අපාය, දුර්ගති, විනිපාත නම් වූ නිරයෙහි උපදින්නේ ය.

"මහණෙනි, ඒ කිමෙකැයි හඟින්නහු ද? වඩා ත් උතුම් කුමක් ද? යම් බලවත් පුරුෂයෙක් දැඩි වරපටකින් දෙකෙණ්ඩා ඇට දැඩි ව වෙලයි නම්, ඒ වරපටින් සිවිය සිඳියි නම්, සිවිය සිඳ සම සිඳියි නම්, සම සිඳ මස් සිඳියි නම්, මස් සිඳ නහර සිඳියි නම්, නහර සිඳ ඇට සිඳියි නම් ඇට සිඳ ඇටමිදුළු වලට වැදී සිටියි නම් එය උතුම් ද? එසේ ත් නැත්නම් ක්ෂත්‍රීය මහාසාරයන්ගේ හෝ බ්‍රාහ්මණ මහාසාරයන්ගේ හෝ ගෘහපති මහාසාරයන්ගේ හෝ වැඳුම් පිදුම් ඉවසයි නම් එය උතුම් ද?"

"ස්වාමීනී, යම් ක්ෂත්‍රීය මහාසාරයන්ගේ හෝ බ්‍රාහ්මණ මහාසාරයන්ගේ හෝ ගෘහපති මහාසාරයන්ගේ හෝ වැඳුම් පිදුම් ඉවසයි නම් එය උතුම් ය.

ස්වාමීනී, යම් බලවත් පුරුෂයෙක් දඩි වරපටකින් දෙකෙණ්ඩා ඇට දැඩි ව වෙලයි නම්, ඒ වරපටින් සිවිය සිඳියි නම්, සිවිය සිඳ මස් සිඳියි නම්, මස් සිඳ නහර සිඳියි නම්, නහර සිඳ ඇට සිඳියි නම් ඇට සිඳ ඇටමිදුළු වලට වැදී සිටියි නම් එය දුකක් ම ය."

"මහණෙනි, ඔබට කියා සිටිමි. ඔබට වගකීමෙන් යුතුව කියා සිටිමි. පවිටු ධර්ම ඇති, අපිරිසිදු ක්‍රියා ඇති, ...(පෙ).... කෙලෙස් කසල ඇති යම් ඒ දුස්සීලයෙක් ඇද්ද, ඔහුට යම් සේ බලවත් පුරුෂයෙක් දැඩි වරපටකින් දෙකෙණ්ඩා ඇට දැඩි ව වෙලයි නම්, ඒ වරපටින් සිවිය සිඳියි නම්, සිවිය සිඳ සම සිඳියි නම්, සම සිඳ මස් සිඳියි නම්, මස් සිඳ නහර සිඳියි නම්, නහර සිඳ ඇට සිඳියි නම් ඇට සිඳ ඇටමිදුළු වලට වැදී සිටියි නම් උතුම් ය. ඒ මක් නිසාද යත්, මහණෙනි, ඒ දුසිල් පුද්ගලයා ඒ හේතුවෙන් මරණයට හෝ පත් වෙයි. මරණීය දුකකට හෝ පත්වෙයි. නමුත් ඒ හේතුවෙන් කය බිඳී මරණින් මතු අපාය, දුර්ගති, විනිපාත නම් වූ නිරයෙහි නූපදින්නේ ය. මහණෙනි, පවිටු ධර්ම ඇති, අපිරිසිදු ක්‍රියා ඇති, ...(පෙ).... කෙලෙස් කසල ඇති යම් ඒ දුස්සීලයෙක් ඇද්ද, ඔහු ක්ෂත්‍රිය මහාසාරයන්ගේ හෝ බ්‍රාහ්මණ මහාසාරයන්ගේ හෝ ගෘහපති මහාසාරයන්ගේ හෝ වැඳුම් පිදුම් ඉවසයි නම් මහණෙනි, එය ඔහුට බොහෝ කාලයක් අහිත පිණිස, දුක් පිණිස පවතින්නේ ය. කය බිඳී මරණින් මතු අපාය, දුර්ගති, විනිපාත නම් වූ නිරයෙහි උපදින්නේ ය.

මහණෙනි, ඒ කිමෙකැයි හඟින්නහු ද? වඩා ත් උතුම් කුමක් ද? යම් බලවත් පුරුෂයෙක් තෙල් ගා මැනැවින් මුවහත් කළ තියුණු ආයුධයකින් පපුවට පහර දෙයි නම්, එය උතුම් ද? එසේ ත් නැත්නම් ක්ෂත්‍රිය මහාසාරයන්ගේ හෝ බ්‍රාහ්මණ මහාසාරයන්ගේ හෝ ගෘහපති මහාසාරයන්ගේ හෝ ඇඳිලි බැඳ වැඳුම් ඉවසයි නම් එය උතුම් ද?"

"ස්වාමීනී, යම් ක්ෂත්‍රිය මහාසාරයන්ගේ හෝ බ්‍රාහ්මණ මහාසාරයන්ගේ හෝ ගෘහපති මහාසාරයන්ගේ හෝ ඇඳිලි බැඳ වැඳුම් ඉවසයි නම් එය උතුම් ය. ස්වාමීනී, යම් බලවත් පුරුෂයෙක් තෙල් ගා මැනැවින් මුවහත් කළ තියුණු ආයුධයකින් පපුවට පහර දෙයි නම් එය දුකක් ම ය."

"මහණෙනි, ඔබට කියා සිටිමි. ඔබට වගකීමෙන් යුතුව කියා සිටිමි. පවිටු ධර්ම ඇති, අපිරිසිදු ක්‍රියා ඇති, ...(පෙ).... කෙලෙස් කසල ඇති යම් ඒ දුස්සීලයෙක් ඇද්ද, ඔහුට යම් සේ බලවත් පුරුෂයෙක් තෙල් ගා මැනැවින් මුවහත් කළ තියුණු ආයුධයකින් පපුවට පහර දෙයි නම් එය උතුම් ය. ඒ මක් නිසාද යත්, මහණෙනි, ඒ දුසිල් පුද්ගලයා ඒ හේතුවෙන් මරණයට හෝ පත්

වෙයි. මරණීය දුකකට හෝ පත්වෙයි. නමුත් ඒ හේතුවෙන් කය බිඳී මරණින් මතු අපාය, දුර්ගති, විනිපාත නම් වූ නිරයෙහි නූපදින්නේ ය. මහණෙනි, පව්ටු ධර්ම ඇති, අපිරිසිදු ක්‍රියා ඇති, ...(පෙ).... කෙලෙස් කසල ඇති යම් ඒ දුස්සීලයෙක් ඇද්ද, ඔහු ක්ෂත්‍රිය මහාසාරයන්ගේ හෝ බ්‍රාහ්මණ මහාසාරයන්ගේ හෝ ගෘහපති මහාසාරයන්ගේ හෝ ඇඳිලි බැඳ වැඳුම් ඉවසයි නම් මහණෙනි, එය ඔහුට බොහෝ කාලයක් අහිත පිණිස, දුක් පිණිස පවතින්නේ ය. කය බිඳී මරණින් මතු අපාය, දුර්ගති, විනිපාත නම් වූ නිරයෙහි උපදින්නේ ය.

මහණෙනි, ඒ කිමෙකැයි හඟින්නහු ද? වඩා ත් උතුම් කුමක් ද? යම් බලවත් පුරුෂයෙක් ගිනි ඇවිලගත්, බුර බුරා ඇවිලගත්, ගිනි දැල් සහිත වූ රත් වූ යකඩ වස්ත්‍රයකින් කය හොඳින් වෙළයි නම්, එය උතුම් ද? එසේ ත් නැත්නම් ක්ෂත්‍රිය මහාසාරයන්ගේ හෝ බ්‍රාහ්මණ මහාසාරයන්ගේ හෝ ගෘහපති මහාසාරයන්ගේ හෝ ශ්‍රද්ධාවෙන් පුදන සිවුරු පරිභෝග කරන්නේ නම් එය උතුම් ද?"

"ස්වාමීනී, යම් ක්ෂත්‍රිය මහාසාරයන්ගේ හෝ බ්‍රාහ්මණ මහාසාරයන්ගේ හෝ ගෘහපති මහාසාරයන්ගේ හෝ ශ්‍රද්ධාවෙන් පුදන සිවුරු පරිභෝග කරන්නේ නම් එය උතුම් ය. ස්වාමීනී, යම් බලවත් පුරුෂයෙක් ගිනි ඇවිලගත්, බුර බුරා ඇවිලගත්, ගිනි දැල් සහිත වූ රත් වූ යකඩ වස්ත්‍රයකින් කය හොඳින් වෙළයි නම් එය දුකක් ම ය."

"මහණෙනි, ඔබට කියා සිටිමි. ඔබට වගකීමෙන් යුතුව කියා සිටිමි. පව්ටු ධර්ම ඇති, අපිරිසිදු ක්‍රියා ඇති, ...(පෙ).... කෙලෙස් කසල ඇති යම් ඒ දුස්සීලයෙක් ඇද්ද, ඔහුට යම් සේ බලවත් පුරුෂයෙක් ගිනි ඇවිලගත්, බුර බුරා ඇවිලගත්, ගිනි දැල් සහිත වූ රත් වූ යකඩ වස්ත්‍රයකින් කය හොඳින් වෙළයි නම් උතුම් ය. ඒ මක් නිසාද යත්, මහණෙනි, ඒ දුසිල් පුද්ගලයා ඒ හේතුවෙන් මරණයට හෝ පත් වෙයි. මරණීය දුකකට හෝ පත්වෙයි. නමුත් ඒ හේතුවෙන් කය බිඳී මරණින් මතු අපාය, දුර්ගති, විනිපාත නම් වූ නිරයෙහි නූපදින්නේ ය. මහණෙනි, පව්ටු ධර්ම ඇති, අපිරිසිදු ක්‍රියා ඇති, ...(පෙ).... කෙලෙස් කසල ඇති යම් ඒ දුස්සීලයෙක් ඇද්ද, ඔහු ක්ෂත්‍රිය මහාසාරයන්ගේ හෝ බ්‍රාහ්මණ මහාසාරයන්ගේ හෝ ගෘහපති මහාසාරයන්ගේ හෝ ශ්‍රද්ධාවෙන් පුදන සිවුරු පරිභෝග කරයි නම් මහණෙනි, එය ඔහුට බොහෝ කාලයක් අහිත පිණිස, දුක් පිණිස පවතින්නේ ය. කය බිඳී මරණින් මතු අපාය, දුර්ගති, විනිපාත නම් වූ නිරයෙහි උපදින්නේ ය.

මහණෙනි, ඒ කිමෙකැයි හඟින්නහු ද? වඩා ත් උතුම් කුමක් ද? යම් බලවත් පුරුෂයෙක් ගිනි ඇවිලගත්, බුර බුරා ඇවිලගත්, ගිනි දැල් සහිත වූ රත්

වූ යකඩ අඬුවකින් මුඛය පළල් කොට ගිනි ඇවිලගත්, බුර බුරා ඇවිලගත්, ගිනි දැල් සහිත වූ රත් වූ යකඩ ගුලියක් මුඛයෙහි බහාලන්නේ නම්, එය ඔහුගේ තොල් ද දවයි නම්, මුඛය ද දවයි නම්, දිව ද දවයි නම්, උගුර ද දවයි නම්, පපුව ද දවයි නම්, අතුණු ද අතුණු බහන් ද ගෙන අධෝ මාර්ගයෙන් පිටතට විසි වෙයි නම්, එය උතුම් ද? එසේ ත් නැත්නම් ක්ෂත්‍රිය මහාසාරයන්ගේ හෝ බ්‍රාහ්මණ මහාසාරයන්ගේ හෝ ගෘහපති මහාසාරයන්ගේ හෝ ශ්‍රද්ධාවෙන් පුදන ප්‍රණීත ආහාරපාන අනුභව කරන්නේ නම් එය උතුම් ද?"

"ස්වාමීනී, යම් ක්ෂත්‍රිය මහාසාරයන්ගේ හෝ බ්‍රාහ්මණ මහාසාරයන්ගේ හෝ ගෘහපති මහාසාරයන්ගේ හෝ ශ්‍රද්ධාවෙන් පුදන ප්‍රණීත ආහාරපාන අනුභව කරන්නේ නම් එය උතුම් ය. ස්වාමීනී, යම් බලවත් පුරුෂයෙක් ගිනි ඇවිලගත්, බුර බුරා ඇවිලගත්, ගිනි දැල් සහිත වූ රත් වූ යකඩ අඬුවකින් මුඛය පළල් කොට ගිනි ඇවිලගත්, බුර බුරා ඇවිලගත්, ගිනි දැල් සහිත වූ රත් වූ යකඩ ගුලියක් මුඛයෙහි බහාලන්නේ නම්, එය ඔහුගේ තොල් ද දවයි නම්, මුඛය ද දවයි නම්, දිව ද දවයි නම්, උගුර ද දවයි නම්, පපුව ද දවයි නම්, අතුණු ද අතුණු බහන් ද ගෙන අධෝ මාර්ගයෙන් පිටතට විසි වෙයි නම්, එය දුකක් ම ය."

"මහණෙනි, ඔබට කියා සිටිමි. ඔබට වගකීමෙන් යුතුව කියා සිටිමි. පවිටු ධර්ම ඇති, අපිරිසිදු ක්‍රියා ඇති, ...(පෙ).... කෙලෙස් කසල ඇති යම් ඒ දුස්සීලයෙක් ඇද්ද, ඔහුට යම් සේ යම් බලවත් පුරුෂයෙක් ගිනි ඇවිලගත්, බුර බුරා ඇවිලගත්, ගිනි දැල් සහිත වූ රත් වූ යකඩ අඬුවකින් මුඛය පළල් කොට ගිනි ඇවිලගත්, බුර බුරා ඇවිලගත්, ගිනි දැල් සහිත වූ රත් වූ යකඩ ගුලියක් මුඛයෙහි බහාලන්නේ නම්, එය ඔහුගේ තොල් ද දවයි නම්, මුඛය ද දවයි නම්, දිව ද දවයි නම්, උගුර ද දවයි නම්, පපුව ද දවයි නම්, අතුණු ද අතුණු බහන් ද ගෙන අධෝ මාර්ගයෙන් පිටතට විසි වෙයි නම්, එය උතුම් ය. ඒ මක් නිසා ද යත්, මහණෙනි, ඒ දුසිල් පුද්ගලයා ඒ හේතුවෙන් මරණයට හෝ පත් වෙයි. මරණීය දුකකට හෝ පත්වෙයි. නමුත් ඒ හේතුවෙන් කය බිඳී මරණින් මතු අපාය, දුර්ගති, විනිපාත නම් වූ නිරයෙහි නූපදින්නේ ය. මහණෙනි, පවිටු ධර්ම ඇති, අපිරිසිදු ක්‍රියා ඇති, ...(පෙ).... කෙලෙස් කසල ඇති යම් ඒ දුස්සීලයෙක් ඇද්ද, ඔහු ක්ෂත්‍රිය මහාසාරයන්ගේ හෝ බ්‍රාහ්මණ මහාසාරයන්ගේ හෝ ගෘහපති මහාසාරයන්ගේ හෝ ශ්‍රද්ධාවෙන් පුදන ප්‍රණීත ආහාරපාන අනුභව කරයි නම් මහණෙනි, එය ඔහුට බොහෝ කාලයක් අහිත පිණිස, දුක් පිණිස පවතින්නේ ය. කය බිඳී මරණින් මතු අපාය, දුර්ගති, විනිපාත නම් වූ නිරයෙහි උපදින්නේ ය.

මහණෙනි, ඒ කිමෙකැයි හඟින්නහු ද? වඩා ත් උතුම් කුමක් ද? යම් බලවත් පුරුෂයෙක් හිසෙන් හෝ කඳෙන් හෝ ඇදගෙන ගොස් ගිනි ඇවිලගත්, බුර බුරා ඇවිලගත්, ගිනි දැල් සහිත වූ රත් වූ යකඩ ඇඳක හෝ යකඩ පුටුවක හෝ බලෙන් හිඳුවයි නම්, බලෙන් නිදිකරවයි නම්, එය උතුම් ද? එසේ ත් නැත්නම් ක්ෂත්‍රිය මහාසාරයන්ගේ හෝ බ්‍රාහ්මණ මහාසාරයන්ගේ හෝ ගෘහපති මහාසාරයන්ගේ හෝ ශ්‍රද්ධාවෙන් පුදන ඇඳ පුටු පරිහරණය කරන්නේ නම් එය උතුම් ද?"

"ස්වාමීනී, යම් ක්ෂත්‍රීය මහාසාරයන්ගේ හෝ බ්‍රාහ්මණ මහාසාරයන්ගේ හෝ ගෘහපති මහාසාරයන්ගේ හෝ ශ්‍රද්ධාවෙන් පුදන ඇඳ පුටු පරිහරණය කරන්නේ නම් එය උතුම් ය. ස්වාමීනී, යම් බලවත් පුරුෂයෙක් හිසෙන් හෝ කඳෙන් හෝ ඇදගෙන ගොස් ගිනි ඇවිලගත්, බුර බුරා ඇවිලගත්, ගිනි දැල් සහිත වූ රත් වූ යකඩ ඇඳක හෝ යකඩ පුටුවක හෝ බලෙන් හිඳුවයි නම්, බලෙන් නිදිකරවයි නම්, එය දුකක් ම ය."

"මහණෙනි, ඔබට කියා සිටිමි. ඔබට වගකීමෙන් යුතුව කියා සිටිමි. පවිටු ධර්ම ඇති, අපිරිසිදු ක්‍රියා ඇති, ...(පෙ).... කෙලෙස් කසල ඇති යම් ඒ දුස්සීලයෙක් ඇද්ද, ඔහුට යම් සේ බලවත් පුරුෂයෙක් හිසෙන් හෝ කඳෙන් හෝ ඇදගෙන ගොස් ගිනි ඇවිලගත්, බුර බුරා ඇවිලගත්, ගිනි දැල් සහිත වූ රත් වූ යකඩ ඇඳක හෝ යකඩ පුටුවක හෝ බලෙන් හිඳුවයි නම්, බලෙන් නිදිකරවයි නම්, එය උතුම් ය. ඒ මක් නිසාද යත්, මහණෙනි, ඒ දුසිල් පුද්ගලයා ඒ හේතුවෙන් මරණයට හෝ පත් වෙයි. මරණීය දුකකට හෝ පත්වෙයි. නමුත් ඒ හේතුවෙන් කය බිඳී මරණින් මතු අපාය, දුර්ගති, විනිපාත නම් වූ නිරයෙහි නූපදින්නේ ය. මහණෙනි, පවිටු ධර්ම ඇති, අපිරිසිදු ක්‍රියා ඇති, ...(පෙ).... කෙලෙස් කසල ඇති යම් ඒ දුස්සීලයෙක් ඇද්ද, ඔහු ක්ෂත්‍රීය මහාසාරයන්ගේ හෝ බ්‍රාහ්මණ මහාසාරයන්ගේ හෝ ගෘහපති මහාසාරයන්ගේ හෝ ශ්‍රද්ධාවෙන් පුදන ඇඳ පුටු පරිහරණය කරයි නම් මහණෙනි, එය ඔහුට බොහෝ කාලයක් අහිත පිණිස, දුක් පිණිස පවතින්නේ ය. කය බිඳී මරණින් මතු අපාය, දුර්ගති, විනිපාත නම් වූ නිරයෙහි උපදින්නේ ය.

මහණෙනි, ඒ කිමෙකැයි හඟින්නහු ද? වඩා ත් උතුම් කුමක් ද? යම් බලවත් පුරුෂයෙක් පා උඩුකුරු කොට, හිස යටට හරවා ගිනි ඇවිලගත්, බුර බුරා ඇවිලගත්, ගිනි දැල් සහිත වූ රත් වූ යකඩ සැළියක බහාලන්නේ නම්, ඔහු එහි පෙණ සහිත සිරුරකින් යුතුව පැසෙමින් වරක් උඩට එයි නම්, වරක් යටට යයි නම්, වරක් හරහට යයි නම්, එය උතුම් ද? එසේ ත් නැත්නම් ක්ෂත්‍රීය මහාසාරයන්ගේ හෝ බ්‍රාහ්මණ මහාසාරයන්ගේ හෝ ගෘහපති මහාසාරයන්ගේ

හෝ ශ්‍රද්ධාවෙන් පුදන විහාරයක වාසය කරන්නේ නම් එය උතුම් ද?"

"ස්වාමීනී, යම් ක්ෂත්‍රිය මහාසාරයන්ගේ හෝ බ්‍රාහ්මණ මහාසාරයන්ගේ හෝ ගෘහපති මහාසාරයන්ගේ හෝ ශ්‍රද්ධාවෙන් පුදන විහාරයක වාසය කරන්නේ නම් එය උතුම් ය. ස්වාමීනී, යම් බලවත් පුරුෂයෙක් පා උඩුකුරු කොට, හිස යටට හරවා ගිනි ඇවිලගත්, බුර බුරා ඇවිලගත්, ගිනි දැල් සහිත වූ රත් වූ යකඩ සැළියක බහාලන්නේ නම්, ඔහු එහි පෙණ සහිත සිරුරකින් යුතුව පැසෙමින් වරක් උඩට එයි නම්, වරක් යටට යයි නම්, වරක් හරහට යයි නම්, එය දුකක් ම ය."

"මහණෙනි, ඔබට කියා සිටිමි. ඔබට වගකීමෙන් යුතුව කියා සිටිමි. පව්ටු ධර්ම ඇති, අපිරිසිදු ක්‍රියා ඇති, ...(පෙ).... කෙලෙස් කසල ඇති යම් ඒ දුස්සීලයෙක් ඇද්ද, ඔහුට යම් සේ බලවත් පුරුෂයෙක් පා උඩුකුරු කොට, හිස යටට හරවා ගිනි ඇවිලගත්, බුර බුරා ඇවිලගත්, ගිනි දැල් සහිත වූ රත් වූ යකඩ සැළියක බහාලන්නේ නම්, ඔහු එහි පෙණ සහිත සිරුරකින් යුතුව පැසෙමින් වරක් උඩට එයි නම්, වරක් යටට යයි නම්, වරක් හරහට යයි නම්, එය උතුම් ය. ඒ මක් නිසාද යත්, මහණෙනි, ඒ දුසිල් පුද්ගලයා ඒ හේතුවෙන් මරණයට හෝ පත් වෙයි. මරණීය දුකකට හෝ පත්වෙයි. නමුත් ඒ හේතුවෙන් කය බිඳී මරණින් මතු අපාය, දුර්ගති, විනිපාත නම් වූ නිරයෙහි නූපදින්නේ ය. මහණෙනි, පව්ටු ධර්ම ඇති, අපිරිසිදු ක්‍රියා ඇති, ...(පෙ).... කෙලෙස් කසල ඇති යම් ඒ දුස්සීලයෙක් ඇද්ද, ඔහු ක්ෂත්‍රීය මහාසාරයන්ගේ හෝ බ්‍රාහ්මණ මහාසාරයන්ගේ හෝ ගෘහපති මහාසාරයන්ගේ හෝ ශ්‍රද්ධාවෙන් පුදන විහාරයක වාසය කරයි නම් මහණෙනි, එය ඔහුට බොහෝ කාලයක් අහිත පිණිස, දුක් පිණිස පවතින්නේ ය. කය බිඳී මරණින් මතු අපාය, දුර්ගති, විනිපාත නම් වූ නිරයෙහි උපදින්නේ ය.

එහෙයින් මහණෙනි, මෙසේ හික්මිය යුත්තේ ය. 'අපි යමෙකුන්ගේ සිවුරු, පිණ්ඩපාත, සේනාසන, ගිලන්පස, බෙහෙත් පිරිකර පරිභෝග කරමු නම් ඔවුන්ට එය මහත්ඵල මහානිශංස වන්නේ ය. අපගේ පැවිද්ද ද වඳ නොවන්නේ ය. සඵල වන්නේ ය. දියුණුවට පත්වන්නේ ය' කියා ය. මහණෙනි, මෙසේ ම ඔබ හික්මිය යුත්තේ ය.

මහණෙනි. ආත්මාර්ථය දකින්නා විසින් හෝ අප්‍රමාදී ව කුසල් කිරීමට මෙකරුණ ප්‍රමාණවත් ය. මහණෙනි. පරාර්ථය දකින්නා විසින් හෝ අප්‍රමාදී ව කුසල් කිරීමට මෙකරුණ ප්‍රමාණවත් ය. මහණෙනි. ආත්මාර්ථ පරාර්ථ දෙකම දකින්නා විසින් හෝ අප්‍රමාදී ව කුසල් කිරීමට මෙකරුණ ප්‍රමාණවත් ය.

භාග්‍යවතුන් වහන්සේ මෙය වදාළ සේක. මේ ගාථා රහිත දේශනය වදාරණ කල්හී සැටක් පමණ භික්ෂූන් හට මුවින් උණු ලේ නැගී ගියේ ය. සැටක් පමණ භික්ෂූහු 'භාග්‍යවතුන් වහන්ස, දුෂ්කර ය. භාග්‍යවතුන් වහන්ස, ඉතා දුෂ්කර ය' යි ශික්ෂාව ප්‍රතික්ෂේප කොට හීන වූ ගිහි බවට පත්වූහ. සැටක් පමණ භික්ෂූන්ගේ සිත් උපාදාන රහිත ව ආශ්‍රවයන්ගෙන් නිදහස් ව ගියේ ය.

සාදු! සාදු!! සාදු!!!

අග්ගික්ඛන්ධෝපම සූත්‍රය නිමා විය.

7.2.2.9.
සුනෙත්ත සූත්‍රය
සුනෙත්ත ශාස්තෘහු ගැන වදාළ දෙසුම

සැවැත් නුවර දී ය .....

මහණෙනි, මෙය පෙර සිදු වූ දෙයකි. ආගමික මතයක් දරණ කාමයන්හි වීතරාගී සුනෙත්ත නම් ශාස්තෘවරයෙක් සිටියේ ය. මහණෙනි, සුනෙත්ත ශාස්තෘ හට නොයෙක් සිය ගණන් ශ්‍රාවකයෝ වූහ. සුනෙත්ත ශාස්තෘ තෙමේ ශ්‍රාවකයන් හට බඹලොව ඉපදීම පිණිස ධර්මය දෙසුවේ ය. මහණෙනි, යමෙක් බඹලොව ඉපදීම පිණිස දහම් දෙසන සුනෙත්ත ශාස්තෘ කෙරෙහි සිත් නොපහදවාගත්තාහු නම් ඔවුහු කය බිඳී මරණින් මතු අපාය දුර්ගති විනිපාත නම් වූ නිරයෙහි උපන්හ. යමෙක් මහණෙනි, බඹලොව ඉපදීම පිණිස දහම් දෙසන සුනෙත්ත ශාස්තෘ කෙරෙහි සිත් පහදවාගත්තාහු නම් ඔවුහු කය බිඳී මරණින් මතු සුගති සංඛ්‍යාත ස්වර්ග ලෝකයෙහි උපන්හ.

මහණෙනි, මෙය පෙර සිදු වූ දෙයකි. ආගමික මතයක් දරණ කාමයන්හි වීතරාගී මූගපක්ඛ නම් ශාස්තෘවරයෙක් සිටියේ ය. ....(පෙ).... මහණෙනි, මෙය පෙර සිදු වූ දෙයකි. ආගමික මතයක් දරණ කාමයන්හි වීතරාගී අරණේමි නම් ශාස්තෘවරයෙක් සිටියේ ය. ....(පෙ).... මහණෙනි, මෙය පෙර සිදු වූ දෙයකි. ආගමික මතයක් දරණ කාමයන්හි වීතරාගී කුද්දාලක නම් ශාස්තෘවරයෙක් සිටියේ ය. ....(පෙ).... මහණෙනි, මෙය පෙර සිදු වූ දෙයකි. ආගමික මතයක් දරණ කාමයන්හි වීතරාගී හත්ථිපාල නම් ශාස්තෘවරයෙක් සිටියේ ය. ....(පෙ).... මහණෙනි, මෙය පෙර සිදු වූ දෙයකි. ආගමික මතයක් දරණ කාමයන්හි

වීතරාගී ජෝතිපාල නම් ශාස්තෘවරයෙක් සිටියේ ය. ....(පෙ).... මහණෙනි, මෙය පෙර සිදු වූ දෙයකි. ආගමික මතයක් දරණ කාමයන්හි වීතරාගී අරක නම් ශාස්තෘවරයෙක් සිටියේ ය. මහණෙනි, අරක ශාස්තෘ හට නොයෙක් සිය ගණන් ශ්‍රාවකයෝ වූහ. අරක ශාස්තෘ තෙමේ ශ්‍රාවකයන් හට බඹලොව ඉපදීම පිණිස ධර්මය දෙසුවේ ය. මහණෙනි, යමෙක් බඹලොව ඉපදීම පිණිස දහම් දෙසන අරක ශාස්තෘ කෙරෙහි සිත් නොපහදවාගත්තාහු නම් ඔවුහු කය බිඳී මරණින් මතු අපාය දුර්ගති විනිපාත නම් වූ නිරයෙහි උපන්හ. යමෙක් බඹලොව ඉපදීම පිණිස දහම් දෙසන අරක ශාස්තෘ කෙරෙහි සිත් පහදවාගත්තාහු නම් ඔවුහු කය බිඳී මරණින් මතු සුගති සංඛ්‍යාත ස්වර්ග ලෝකයෙහි උපන්හ.

මහණෙනි, ඒ කිමෙකැයි හඟින්නහු ද? යමෙක් ආගමික මතයක් පැවසූ, කාමයන්හී වීතරාගී වූ, නොයෙක් සිය ගණන් පිරිවර වූ ශ්‍රාවක සංඝයා සහිත මේ ශාස්තෘවරුන් සත් දෙනා කෙරෙහි දූෂිත සිත් ඇති ව ආක්‍රෝශ කරයි නම්, පරිභව කරයි නම්, ඒ තැනැත්තා බොහෝ පව් රැස් කරන්නේ ද?"

"එසේ ය, ස්වාමීනී."

"මහණෙනි, යමෙක් ආගමික මතයක් පැවසූ, කාමයන්හී වීතරාගී වූ, නොයෙක් සිය ගණන් පිරිවර වූ ශ්‍රාවක සංඝයා සහිත මේ ශාස්තෘවරුන් සත් දෙනා කෙරෙහි දූෂිත සිත් ඇති ව ආක්‍රෝශ කිරීමෙන්, පරිභව කිරීමෙන් ඒ තැනැත්තා බොහෝ පව් රැස් කරයි නම්, යමෙක් එක් දිට්ඨිසම්පන්න සෝවාන් පුද්ගලයෙකුට දුෂ්ට වූ සිතින් ආක්‍රෝශ කරයි ද, පරිභව කරයි ද, මෙතෙමේ එයට වඩා බොහෝ පව් රැස් කරන්නේ ය. එයට හේතුව කුමක් ද යත්, මහණෙනි, මාගේ සසුනෙහි සබ්‍රහ්මචාරීන් වහන්සේලා අතර යම්බඳු ඉවසීමක් ඇද්ද, එබඳු වූ ඉවසීමක් මෙයින් බැහැර වූ අන් තැනක ඇතැයි මම නොකියමි. එහෙයින් මහණෙනි, මෙසේ හික්මිය යුත්තේ ය. 'තම සබ්‍රහ්මචාරීන් වහන්සේලා කෙරෙහි දුෂ්ට වූ සිත් අපට නොවේවා' යි. මහණෙනි, ඔබ විසින් හික්මිය යුත්තේ ඔය අයුරිනි.

සාදු! සාදු!! සාදු!!!

සුනෙත්ත සූත්‍රය නිමා විය.

7.2.2.10.
අරක සූත්‍රය
අරක ශාස්තෲහු ගැන වදාළ දෙසුම

සැවැත් නුවර දී ය .....

මහණෙනි, මෙය පෙර සිදු වූ දෙයකි. ආගමික මතයක් දරණ කාමයන්හි වීතරාගී අරක නම් ශාස්තෲවරයෙක් සිටියේ ය. මහණෙනි, අරක ශාස්තෲ හට නොයෙක් සිය ගණන් ශ්‍රාවකයෝ වූහ. අරක ශාස්තෲ තෙමේ ශ්‍රාවකයන් හට මෙබඳු වූ ධර්මයක් දේශනා කරයි. 'බ්‍රාහ්මණවරුනි, මනුෂ්‍යයන්ගේ ජීවිතය පවතින්නේ ඉතා සුළු කලකි. සුළු මොහොතකි. ඉතා කෙටි ය. බොහෝ දුක් ඇත්තේ ය. බොහෝ පීඩා ඇත්තේ ය. එය නුවණින් අවබෝධ කළ යුත්තේ ය. කුසල් කළ යුත්තේ ය. බඹසරෙහි හැසිරිය යුත්තේ ය. උපන්නහුට නොමැරී සිටීමක් නැත්තේ ය.

බ්‍රාහ්මණවරුනි, එය මෙබඳු දෙයකි. තණ අග ඇති පිණි බිඳ හිරු උදාවන කල්හී සැණෙකින් සිඳී යයි. බොහෝ කලක් නොපවතියි. එසෙයින් ම බ්‍රාහ්මණවරුනි, තණ අග පිණි බිඳුවකට උපමා කළ හැකි මනුෂ්‍යයන්ගේ ජීවිතය පවතින්නේ ඉතා සුළු කලකි. සුළු මොහොතකි. ඉතා කෙටි ය. බොහෝ දුක් ඇත්තේ ය. බොහෝ පීඩා ඇත්තේ ය. එය නුවණින් අවබෝධ කළ යුත්තේ ය. කුසල් කළ යුත්තේ ය. බඹසරෙහි හැසිරිය යුත්තේ ය. උපන්නහුට නොමැරී සිටීමක් නැත්තේ ය.

බ්‍රාහ්මණවරුනි, එය මෙබඳු දෙයකි. මහත් දිය බිඳු ඇති ව වැස්ස වසින කල්හී හටගන්නා දිය බුබුළු සැණෙකින් සිඳී බිඳී යයි. බොහෝ කල් නොපවතියි. එසෙයින් ම බ්‍රාහ්මණවරුනි, දිය බුබුලකට උපමා කළ හැකි මනුෂ්‍යයන්ගේ ජීවිතය පවතින්නේ ඉතා සුළු කලකි. සුළු මොහොතකි. ඉතා කෙටි ය. බොහෝ දුක් ඇත්තේ ය. බොහෝ පීඩා ඇත්තේ ය. එය නුවණින් අවබෝධ කළ යුත්තේ ය. කුසල් කළ යුත්තේ ය. බඹසරෙහි හැසිරිය යුත්තේ ය. උපන්නහුට නොමැරී සිටීමක් නැත්තේ ය.

බ්‍රාහ්මණවරුනි, එය මෙබඳු දෙයකි. දියෙහි ඇඳි ඉර සැණෙකින් නොපෙනී යයි. බොහෝ කලක් නොපවතියි. එසෙයින් ම බ්‍රාහ්මණවරුනි,

දියෙහි ඇඳි ඉරකට උපමා කළ හැකි මනුෂ්‍යයන්ගේ ජීවිතය පවතින්නේ ඉතා සුළු කලකි. ....(පෙ).... උපන්නහුට නොමැරී සිටීමක් නැත්තේ ය.

බ්‍රාහ්මණවරුනි, එය මෙබඳු දෙයකි. කඳු මුදුනින් හටගත් ඉතා දුර යන්නා වූ, වේගවත් සැඩ පහර ඇති, එයට වැටෙන සියල්ල ගසාගෙන යන්නා වූ යම් නදියක් ඇද්ද, එය නැවතී සිටින ක්ෂණයක් හෝ ලයක් හෝ මොහොතක් හෝ නැත්තේ ය. එනමුදු එය යන්නේ ම ය. යමින් සිටින්නේ ම ය. ගලන්නේ ම ය. එසෙයින් ම බ්‍රාහ්මණවරුනි, කන්දෙන් ගලා බසින නදියකට උපමා කළ හැකි මනුෂ්‍යයන්ගේ ජීවිතය පවතින්නේ ඉතා සුළු කලකි. ....(පෙ).... උපන්නහුට නොමැරී සිටීමක් නැත්තේ ය.

බ්‍රාහ්මණවරුනි, එය මෙබඳු දෙයකි. බලවත් පුරුෂයෙක් දිව අගට රැස් කළ කෙළ පිඬ ඉතා පහසුවෙන් ම බැහැර කරයි ද, එසෙයින් ම බ්‍රාහ්මණවරුනි, කෙළ පිඬකට උපමා කළ හැකි මනුෂ්‍යයන්ගේ ජීවිතය පවතින්නේ ඉතා සුළු කලකි. ....(පෙ).... උපන්නහුට නොමැරී සිටීමක් නැත්තේ ය.

බ්‍රාහ්මණවරුනි, එය මෙබඳු දෙයකි. දවසක් මුළුල්ලෙහි ගිනියම් වූ යකඩ බඳුනක දමන මස් වැදැල්ල සැණෙකින් පිළිස්සී නැසී යයි ද, බොහෝ කල් නොතිබෙයි ද, එසෙයින් ම බ්‍රාහ්මණවරුනි, එබඳු මස් වැදැල්ලකට උපමා කළ හැකි මනුෂ්‍යයන්ගේ ජීවිතය පවතින්නේ ඉතා සුළු කලකි. ....(පෙ).... උපන්නහුට නොමැරී සිටීමක් නැත්තේ ය.

බ්‍රාහ්මණවරුනි, එය මෙබඳු දෙයකි. මරණයට නියම වූ ගවදෙනක් ගවඝාතකාගාරයට ඇදගෙන යනු ලබන්නේ, යම් ම පාදයක් ඇය ඔසවයි නම්, වධකයාට ම ළං වෙයි. මරණයට ම ළං වෙයි. එසෙයින් ම බ්‍රාහ්මණවරුනි, මරණයට කැප වූ ගව දෙනකට උපමා කළ හැකි මනුෂ්‍යයන්ගේ ජීවිතය පවතින්නේ ඉතා සුළු කලකි. සුළු මොහොතකි. ඉතා කෙටි ය. බොහෝ දුක් ඇත්තේ ය. බොහෝ පීඩා ඇත්තේ ය. එය නුවණින් අවබෝධ කළ යුත්තේ ය. කුසල් කළ යුත්තේ ය. බඹසරෙහි හැසිරිය යුත්තේ ය. උපන්නහුට නොමැරී සිටීමක් නැත්තේ ය.'

මහණෙනි, එසමයෙහි මිනිසුන්ගේ ආයු ප්‍රමාණය වසර සැට දහසක් විය. කුමරියක් පන්සියයක් අවුරුදු වියපත් වූ කල්හී පතිකුලයට නිසි වූවා ය. මහණෙනි, එසමයෙහි මිනිසුන් හට සයක් ම වූ ආබාධයෝ ඇතිවූහ. එනම් සීතල, උණුසම, බඩගින්න, පිපාසය, මලපහ කිරීම, මූත්‍රා කිරීම යන මෙය යි. මහණෙනි, එබඳු වූ අරක ශාස්තෘ තෙමේ මෙසේ දීර්ඝායුෂ මිනිසුන් සිටි යුගයක, මෙසේ බොහෝ කල් ජීවත් වූ යුගයක, මෙසේ අල්පාබාධ තිබූ යුගයක, මෙබඳු

වූ ධර්මයක් දෙසන ලද්දේ ය. එනම්, 'බ්‍රාහ්මණවරුනි, මනුෂ්‍යයන්ගේ ජීවිතය පවතින්නේ ඉතා සුළු කලකි. සුළු මොහොතකි. ඉතා කෙටි ය. බොහෝ දුක් ඇත්තේ ය. බොහෝ පීඩා ඇත්තේ ය. එය නුවණින් අවබෝධ කළ යුත්තේ ය. කුසල් කළ යුත්තේ ය. බඹසරෙහි හැසිරිය යුත්තේ ය. උපන්නහුට නොමැරී සිටීමක් නැත්තේ ය' යි.

මහණෙනි, යමෙක් 'මනුෂ්‍යයන්ගේ ජීවිතය පවතින්නේ ඉතා සුළු කලකට ය, සුළු මොහොතකට ය, ඉතා කෙටි ය, බොහෝ දුක් ඇත්තේ ය, බොහෝ පීඩා ඇත්තේ ය, එය නුවණින් අවබෝධ කළ යුත්තේ ය, කුසල් කළ යුත්තේ ය, බඹසරෙහි හැසිරිය යුත්තේ ය, උපන්නහුට නොමැරී සිටීමක් නැත්තේ ය' යැයි මැනවින් කිව යුතු නම් මේ කාලය සඳහා කිව යුතුය. මහණෙනි, මේ කාලයෙහි යමෙක් බොහෝ කල් ජීවත් වෙයි නම්, ඔහු සිය වසරක් හෝ එයට ස්වල්පයක් වැඩියෙන් ජීවත් වෙයි.

මහණෙනි, සිය වසරක් ජීවත් වන්නෙක් ඍතු වාර තුන්සියයක් ජීවත් වෙයි. එනම් හිම වැටෙන ඍතු සියයකි. ග්‍රීස්ම ඍතු සියයකි. වස්සාන ඍතු සියයකි.

මහණෙනි, ඍතු සියයක් ජීවත් වන්නෙක් මාස එක්දහස් දෙසීයක් ජීවත් වෙයි. හිම වැටෙන මාස හාර සියයකි. ග්‍රීස්ම මාස හාර සියයකි. වැසි මාස හාර සියයකි.

මහණෙනි, මාස එක් දහස් දෙසියයක් ජීවත් වන්නෙක් අර්ධ මාස දෙදහස් හාරසියයක් ජීවත් වෙයි. හිම වැටෙන අර්ධ මාස අට සියයකි. ග්‍රීස්ම අර්ධ මාස අට සියයකි. වැසි අර්ධ මාස අට සියයකි.

මහණෙනි, අර්ධ මාස දෙදහසක් හාරසියයක් ජීවත් වන්නෙක් රාත්‍රී තිස් හය දහසක් ජීවත් වෙයි. හිම වැටෙන රාත්‍රී දොළොස් දහසකි. ග්‍රීස්ම රාත්‍රී දොළොස් දහසකි. වැසි රාත්‍රී දොළොස් දහසකි.

මහණෙනි, රාත්‍රී තිස් හය දහසක් ජීවත් වන්නෙක් හැත්තෑ දෙදහස් වාරයක් බත් අනුභව කරයි. හිම වැටෙන කාලයෙහි විසිහතර දහස් වාරයක් බත් අනුභව කරයි. ග්‍රීස්ම කාලයෙහි විසිහතර දහස් වාරයක් බත් අනුභව කරයි. වැසි කාලයෙහි විසිහතර දහස් වාරයක් බත් අනුභව කරයි. එය ද, මව්කිරි බිව් කාලය ත්, බත් වැරදුණු කාලය ත් එක්කොට ය. එහිලා බත් වැරදුණු කාලය මෙය යි. කෝප වූ විට ත් බත් අනුභව නොකරයි. දුකට පත් වූ විට ත් බත් අනුභව නොකරයි. රෝගී වූ විට ත් බත් අනුභව නොකරයි. උපෝසථ සිල් ගත් විට ත් බත් අනුභව නොකරයි. අලාභයක් සිදු වූ විට ත් බත් අනුභව නොකරයි.

මහණෙනි, මෙසේ වසර සියයක් ජීවත් වෙන මිනිසෙකුගේ ආයුෂය ද මා විසින් ගණන් කොට කියන ලදී. ආයු ප්‍රමාණය ද ගණන් කොට කියන ලදී. ඍතු ද ගණන් කොට කියන ලදී. අවුරුදු ද ගණන් කොට කියන ලදී. මාස ද ගණන් කොට කියන ලදී. අර්ධ මාස ද ගණන් කොට කියන ලදී. රාත්‍රී ද ගණන් කොට කියන ලදි. දහවල ද ගණන් කොට කියන ලදී. බත් ද ගණන් කොට කියන ලදී. බත් වැරදුණු කාලය ද ගණන් කොට කියන ලදී.

මහණෙනි, ශ්‍රාවකයන්ට හිතෛෂී වූ, අනුකම්පා ඇත්තා වූ, ශාස්තෘවරයෙකු විසින් අනුකම්පාව උපදවා යමක් කළ යුත්තේ ද, මා විසින් එය ඔබට කරන ලද්දේ ය. මහණෙනි, ඔය තිබෙන්නේ රුක් සෙවණ ය. ඔය තිබෙන්නේ ශූන්‍යාගාරයෝ ය. මහණෙනි, ධ්‍යාන වඩව්. ප්‍රමාදයට පත්වෙන්නට එපා. ප්‍රමාදයට පත් ව පසු කලක පසුතැවෙන්නට එපා. මෙය ඔබට අපගේ අනුශාසනය යි.

සාදු! සාදු!! සාදු!!!

අරක සූත්‍රය නිමා විය.

දෙවෙනි මහා වර්ගය අවසන් විය.

- **එහි පිළිවෙල උද්දානයයි :**

හිරි සූත්‍රය, සූරිය සූත්‍රය, නගරූපම සූත්‍රය, ධම්මඤ්ඤූ සූත්‍රය, පාරිච්ඡත්තක සූත්‍රය, සක්කච්ච සූත්‍රය, භාවනා සූත්‍රය, අග්ගික්ඛන්ධෝපම සූත්‍රය, සුනෙත්ත සූත්‍රය සහ අරක සූත්‍රය වශයෙන් මෙහි සූත්‍ර දශයකි.

3. විනය වර්ගය

7.2.3.1.
පඨම විනයධර සූත්‍රය
විනයධර භික්ෂුව ගැන වදාළ පළමු දෙසුම

සැවැත් නුවර දී ය .....

මහණෙනි, සත් කරුණකින් සමන්විත වූ භික්ෂුව විනයධරයෙක් වෙයි. ඒ කවර සත් කරුණකින් ද යත්;

ආපත්තිය දන්නේ ය. අනාපත්තිය දන්නේ ය. සුළු ආපත්තිය දන්නේ ය. බරපතල ආපත්තිය දන්නේ ය. සිල්වත් ව ප්‍රාතිමෝක්ෂ සංවරයෙන් සංවර ව යහපත් ඇවතුම් පැවතුම් ඇති ව, අණුමාත්‍ර වරදෙහි ත් බිය දකිමින් වාසය කරයි. සික පදයන්හි සමාදන් ව හික්මෙයි. ගැඹුරු චිත්ත දියුණුවෙන් යුතු මෙලොව ලබන සැප විහරණ ඇති සතරක් වූ ධ්‍යානයන් කැමති සේ, නිදුකින්, බහුල වශයෙන් ලබන්නේ ය. ආශ්‍රවයන් ක්ෂයයෙන් අනාශ්‍රව වූ චිත්ත විමුක්තිය ත් ප්‍රඥා විමුක්තිය ත් මෙලොවෙහිදී ම සිය විශිෂ්ට ඥානයෙන් සාක්ෂාත් කොට පැමිණ වාසය කරන්නේ ය.

මහණෙනි, මේ සත් කරුණෙන් සමන්විත වූ භික්ෂුව විනයධරයෙක් වෙයි.

සාදු! සාදු!! සාදු!!!

පඨම විනයධර සූත්‍රය නිමා විය.

7.2.3.2.
දුතිය විනයධර සූත්‍රය
විනයධර භික්ෂුව ගැන වදාළ දෙවෙනි දෙසුම

සැවැත් නුවර දී ය .....

මහණෙනි, සත් කරුණකින් සමන්විත වූ භික්ෂුව විනයධරයෙක් වෙයි. ඒ කවර සත් කරුණකින් ද යත්;

ආපත්තිය දන්නේ ය. අනාපත්තිය දන්නේ ය. සුළු ආපත්තිය දන්නේ ය. බරපතල ආපත්තිය දන්නේ ය. භික්ඛු - භික්ඛුණී ප්‍රාතිමෝක්ෂයෝ විස්තර වශයෙන්, විභාග වශයෙන්, යහපත් ලෙස පවත්වමින් සූත්‍ර වශයෙන් ද, ඛන්ධක පරිවාර වශයෙන් මනා විනිශ්චයෙන් යුතුව හොඳින් ප්‍රගුණ කරන ලද්දාහු ය. ගැඹුරු චිත්ත දියුණුවෙන් යුතු මෙලොව ලබන සැප විහරණ ඇති සතරක් වූ ධ්‍යානයන් කැමති සේ, නිදුකින්, බහුල වශයෙන් ලබන්නේ ය. ආශ්‍රවයන් ක්ෂයයෙන් අනාශ්‍රව වූ චිත්ත විමුක්තිය ත් ප්‍රඥා විමුක්තිය ත් මෙලොවෙහිදී ම සිය විශිෂ්ට ඥානයෙන් සාක්ෂාත් කොට පැමිණ වාසය කරන්නේ ය.

මහණෙනි, මේ සත් කරුණෙන් සමන්විත වූ භික්ෂුව විනයධරයෙක් වෙයි.

සාදු! සාදු!! සාදු!!!

දුතිය විනයධර සූත්‍රය නිමා විය.

7.2.3.3.
තතිය විනයධර සූත්‍රය
විනයධර භික්ෂුව ගැන වදාළ තෙවෙනි දෙසුම

සැවැත් නුවර දී ය .....

මහණෙනි, සත් කරුණකින් සමන්විත වූ භික්ෂුව විනයධරයෙක් වෙයි.

ඒ කවර සත් කරුණකින් ද යත්;

ආපත්තිය දන්නේ ය. අනාපත්තිය දන්නේ ය. සුළු ආපත්තිය දන්නේ ය. බරපතල ආපත්තිය දන්නේ ය. විනයෙහි ආපත්ති විනිශ්චයෙහිලා ස්ථිර ව සැක රහිත ව සිටියේ වෙයි. ගැඹුරු චිත්ත දියුණුවෙන් යුතු මෙලොව ලබන සැප විහරණ ඇති සතරක් වූ ධ්‍යානයන් කැමති සේ, නිදුකින්, බහුල වශයෙන් ලබන්නේ ය. ආශ්‍රවයන් ක්ෂයයෙන් අනාශ්‍රව වූ චිත්ත විමුක්තිය ත් ප්‍රඥා විමුක්තිය ත් මෙලොවෙහිදී ම සිය විශිෂ්ට ඥානයෙන් සාක්ෂාත් කොට පැමිණ වාසය කරන්නේ ය.

මහණෙනි, මේ සත් කරුණෙන් සමන්විත වූ භික්ෂුව විනයධරයෙක් වෙයි.

සාදු! සාදු!! සාදු!!!

තතිය විනයධර සූත්‍රය නිමා විය.

7.2.3.4.
චතුත්ථ විනයධර සූත්‍රය
විනයධර භික්ෂුව ගැන වදාළ සිව්වෙනි දෙසුම

සැවැත් නුවර දී ය .....

මහණෙනි, සත් කරුණකින් සමන්විත වූ භික්ෂුව විනයධරයෙක් වෙයි. ඒ කවර සත් කරුණකින් ද යත්;

ආපත්තිය දන්නේ ය. අනාපත්තිය දන්නේ ය. සුළු ආපත්තිය දන්නේ ය. බරපතල ආපත්තිය දන්නේ ය. නොයෙක් අයුරින් පෙර විසූ කඳ පිළිවෙල සිහි කරයි. එනම් එක් ජාතියක් ද, ජාති දෙකක් ද, ...(පෙ).... මෙසේ කරුණු සහිත ව, සවිස්තර ව නොයෙක් අයුරින් පෙර විසූ කඳ පිළිවෙල සිහි කරයි. මිනිස් ඇස ඉක්මවා ගිය දිවැසින් ....(පෙ).... කර්මානුරූප ව උපදින සත්වයන් දකියි. ආශ්‍රවයන් ක්ෂයයෙන් අනාශ්‍රව වූ චිත්ත විමුක්තිය ත් ප්‍රඥා විමුක්තිය ත් මෙලොවෙහිදී ම සිය විශිෂ්ට ඥානයෙන් සාක්ෂාත් කොට පැමිණ වාසය කරන්නේ ය.

මහණෙනි, මේ සත් කරුණෙන් සමන්විත වූ භික්ෂුව විනයධරයෙක් වෙයි.

සාදු! සාදු!! සාදු!!!

චතුත්ථ විනයධර සූත්‍රය නිමා විය.

7.2.3.5.
පඨම විනයධරසෝභන සූත්‍රය
විනයධර සෝභන භික්ෂුව ගැන වදාළ පළමු දෙසුම

සැවැත් නුවර දී ය .....

මහණෙනි, සත් කරුණකින් සමන්විත වූ භික්ෂුව විනයධර වූයේ සංඝයා ශෝභමාන කරන්නේ වෙයි. ඒ කවර සත් කරුණකින් ද යත්;

ආපත්තිය දන්නේ ය. අනාපත්තිය දන්නේ ය. සුළු ආපත්තිය දන්නේ ය. බරපතල ආපත්තිය දන්නේ ය. සිල්වත් වූයේ ....(පෙ).... සික පදයන්හි සමාදන් ව හික්මෙයි. ගැඹුරු චිත්ත දියුණුවෙන් යුතු මෙලොව ලබන සැප විහරණ ඇති සතරක් වූ ධ්‍යානයන් කැමති සේ, නිදුකින්, සුව සේ ලබන්නේ ය. ආශ්‍රවයන් ක්ෂයයෙන් ....(පෙ).... සිය විශිෂ්ට ඥානයෙන් සාක්ෂාත් කොට පැමිණ වාසය කරන්නේ ය.

මහණෙනි, මේ සත් කරුණෙන් සමන්විත වූ භික්ෂුව විනයධර වූයේ සංඝයා ශෝභමාන කරන්නේ වෙයි.

සාදු! සාදු!! සාදු!!!

පඨම විනයධරසෝභන සූත්‍රය නිමා විය.

7.2.3.6.
දුතිය විනයධරසෝභන සූත්‍රය
විනයධර සෝභන භික්ෂුව ගැන වදාළ දෙවෙනි දෙසුම

සැවැත් නුවර දී ය .....

මහණෙනි, සත් කරුණකින් සමන්විත වූ භික්ෂුව විනයධර වූයේ සංඝයා ශෝභමාන කරන්නේ වෙයි. ඒ කවර සත් කරුණකින් ද යත්;

ආපත්තිය දන්නේ ය. අනාපත්තිය දන්නේ ය. සුළු ආපත්තිය දන්නේ ය. බරපතල ආපත්තිය දන්නේ ය. භික්ඛු - භික්ඛුණී ප්‍රාතිමෝක්ෂයෝ විස්තර වශයෙන්, විභාග වශයෙන්, යහපත් ලෙස පවත්වමින් සූත්‍ර වශයෙන් ද, ඛන්ධක පරිවාර වශයෙන් මනා විනිශ්චයෙන් යුතුව හොඳින් ප්‍රගුණ කරන ලද්දාහු ය. ගැඹුරු චිත්ත දියුණුවෙන් යුතු මෙලොව ලබන සැප විහරණ ඇති සතරක් වූ ධ්‍යානයන් කැමති සේ, නිදුකින්, සුව සේ ලබන්නේ ය. ආශ්‍රවයන් ක්ෂයයෙන් ....(පෙ).... සිය විශිෂ්ට ඥානයෙන් සාක්ෂාත් කොට පැමිණ වාසය කරන්නේ ය.

මහණෙනි, මේ සත් කරුණෙන් සමන්විත වූ භික්ෂුව විනයධර වූයේ සංඝයා ශෝභමාන කරන්නේ වෙයි.

සාදු! සාදු!! සාදු!!!

දුතිය විනයධරසෝභන සූත්‍රය නිමා විය.

7.2.3.7.
තතිය විනයධරසෝභන සූත්‍රය
විනයධර සෝභන භික්ෂුව ගැන වදාළ තෙවෙනි දෙසුම

සැවැත් නුවර දී ය .....

මහණෙනි, සත් කරුණකින් සමන්විත වූ භික්ෂුව විනයධර වූයේ සංඝයා

ශෝභමාන කරන්නේ වෙයි. ඒ කවර සත් කරුණකින් ද යත්;

ආපත්තිය දන්නේ ය. අනාපත්තිය දන්නේ ය. සුළු ආපත්තිය දන්නේ ය. බරපතල ආපත්තිය දන්නේ ය. විනයෙහි ආපත්ති විනිශ්චයෙහිලා ස්ථිර ව සැක රහිත ව සිටියේ වෙයි. ගැඹුරු චිත්ත දියුණුවෙන් යුතු මෙලොව ලබන සැප විහරණ ඇති සතරක් වූ ධ්‍යානයන් කැමති සේ, නිදුකින්, සුව සේ ලබන්නේ ය. ආශ්‍රවයන් ක්ෂයයෙන් ....(පෙ).... සිය විශිෂ්ට ඥානයෙන් සාක්ෂාත් කොට පැමිණ වාසය කරන්නේ ය.

මහණෙනි, මේ සත් කරුණෙන් සමන්විත වූ භික්ෂුව විනයධර වූයේ සංඝයා ශෝභමාන කරන්නේ වෙයි.

සාදු! සාදු!! සාදු!!!

තතිය විනයධරසෝභන සූත්‍රය නිමා විය.

7.2.3.8.
චතුත්ථ විනයධරසෝභන සූත්‍රය
විනයධර සෝභන භික්ෂුව ගැන වදාළ සිව්වෙනි දෙසුම

සැවැත් නුවර දී ය .....

මහණෙනි, සත් කරුණකින් සමන්විත වූ භික්ෂුව විනයධර වූයේ සංඝයා ශෝභමාන කරන්නේ වෙයි. ඒ කවර සත් කරුණකින් ද යත්;

ආපත්තිය දන්නේ ය. අනාපත්තිය දන්නේ ය. සුළු ආපත්තිය දන්නේ ය. බරපතල ආපත්තිය දන්නේ ය. නොයෙක් අයුරින් පෙර විසූ කඳ පිළිවෙල සිහි කරයි. එනම් එක් ජාතියක් ද, ජාති දෙකක් ද, ...(පෙ).... මෙසේ කරුණු සහිත ව, සවිස්තර ව නොයෙක් අයුරින් පෙර විසූ කඳ පිළිවෙල සිහි කරයි. මිනිස් ඇස ඉක්මවා ගිය දිවැසින් ....(පෙ).... කර්මානුරූප ව උපදින සත්වයන් දකියි. ආශ්‍රවයන් ක්ෂයයෙන් අනාශ්‍රව වූ චිත්ත විමුක්තිය ත් ප්‍රඥා විමුක්තිය ත් මෙලොවෙහිදී ම සිය විශිෂ්ට ඥානයෙන් සාක්ෂාත් කොට පැමිණ වාසය කරන්නේ ය.

මහණෙනි, මේ සත් කරුණෙන් සමන්විත වූ භික්ෂුව විනයධර වූයේ සංඝයා ශෝභමාන කරන්නේ වෙයි.

සාදු! සාදු!! සාදු!!!

චතුත්ථ විනයධරසෝභන සූත්‍රය නිමා විය.

7.2.3.9.
සත්ථුසාසන සූත්‍රය
ශාස්තෘ ශාසනය ගැන වදාළ දෙසුම

සැවැත් නුවර දී ය .....

එකල්හී ආයුෂ්මත් උපාලි තෙරණුවෝ භාග්‍යවතුන් වහන්සේ වෙත පැමිණියහ. පැමිණ භාග්‍යවතුන් වහන්සේට සකසා වන්දනා කොට එකත්පස් හිඳගත්හ. එකත්පස් ව හුන් ආයුෂ්මත් උපාලි තෙරණුවෝ භාග්‍යවතුන් වහන්සේට මෙය පැවසූහ

"ස්වාමීනී, මම භාග්‍යවතුන් වහන්සේගෙන් යම් ධර්මයක් අසා තනි ව හුදෙකලා වී අප්‍රමාදී ව කෙලෙස් තවන වෙර ඇති ව, කාය ජීවිත දෙකෙහි අපේක්ෂා රහිත ව වාසය කරන්නෙම් නම්, භාග්‍යවතුන් වහන්සේ මා හට එබඳු වූ ධර්මයක් දේශනා කරන සේක් නම් යහපති."

"උපාලි, ඔබ යම් ධර්මයක් දන්නේ නම් 'මේ ධර්මයෝ ඒකාන්තයෙන් ම අවබෝධයෙන් කළකිරීම පිණිස ත්, විරාගය පිණිස ත්, නිරෝධය පිණිස ත්, සංසිඳීම පිණිස ත්, විශිෂ්ට ඥානය පිණිස ත්, මාර්ගඵලාවබෝධය පිණිස ත්, නිවන පිණිස ත් නොපවතින්නාහු යැයි' එකල්හී උපාලි, ඒකාන්තයෙන් දරාගත යුත්තේ මෙය ධර්මය නොවේ ය, මෙය විනය නොවේ ය, මෙය ශාස්තෘ ශාසනය නොවේ ය කියා ය.

උපාලි, ඔබ යම් ධර්මයක් දන්නේ නම් 'මේ ධර්මයෝ ඒකාන්තයෙන් ම අවබෝධයෙන් කළකිරීම පිණිස ත්, විරාගය පිණිස ත්, නිරෝධය පිණිස ත්, සංසිඳීම පිණිස ත්, විශිෂ්ට ඥානය පිණිස ත්, මාර්ගඵලාවබෝධය පිණිස ත්, නිවන පිණිස ත් පවතින්නාහු යැයි' එකල්හී උපාලි, ඒකාන්තයෙන් දරාගත්තේ යුත්තේ මෙය ධර්මය ය, මෙය විනය ය, මෙය ශාස්තෘ ශාසනය ය කියා ය."

සාදු! සාදු!! සාදු!!!

සත්ථුසාසන සූත්‍රය නිමා විය.

7.2.3.10.
අධිකරණසමථ සූත්‍රය
ආරවුල් සංසිඳවීම ගැන වදාළ දෙසුම

සැවැත් නුවර දී ය .....

මහණෙනි, උපනුපන් ආරවුල් සංසිඳවීම පිණිස, වඩා ත් සංසිඳවීම පිණිස මේ අධිකරණ සමථ සතක් ඇත්තේ ය. ඒ කවර සතක් ද යත්;

මුණගැසී සාකච්ඡා කොට විසඳීම නම් වූ සම්මුඛාවිනය දිය යුත්තේ ය. සිහිය උපදවා විසඳීම නම් වූ සතිවිනය දිය යුත්තේ ය. මුළා වූ කරුණු සාකච්ඡා කොට විසඳීම නම් වූ අමූළ්හවිනය දිය යුත්තේ ය. ප්‍රතිඥාවෙන් විසඳීම නම් වූ පටිඤ්ඤාතකරණය දිය යුත්තේ ය. අර්බුද අවස්ථාවන්හීදී ධර්මවාදී මතය ස්ථාපිත කිරීම නම් වූ යේභුය්‍යසිකාව දිය යුත්තේ ය. සංඝයා වෙතින් බැහැර කිරීමෙන් හෝ සංඝයා වෙතට ගැනීමෙන් හෝ විසඳීම නම් වූ තස්සපාපිය්‍යසිකාව දිය යුත්තේ ය. කොහෙත් ම විසඳාගත නොහැකි වූ දෙය අසූචියක් තණරොඩු ආදිය දමා වැසීම සෙයින් තිණවත්ථාරකය දිය යුත්තේ ය.

මහණෙනි, උපනුපන් ආරවුල් සංසිඳවීම පිණිස, වඩා ත් සංසිඳවීම පිණිස මේ අධිකරණ සමථ සතක් ඇත්තේ ය.

සාදු! සාදු!! සාදු!!!

අධිකරණසමථ සූත්‍රය නිමා විය.

තෙවෙනි විනය වර්ගය අවසන් විය.

- **එහි පිළිවෙල උද්දානයයි :**

විනයධර සූත්‍ර සතර, විනයධරසෝභන සූත්‍ර සතර, සත්ථුසාසන සූත්‍රය සහ අධිකරණ සමථ සූත්‍රය වශයෙන් මෙහි සූත්‍ර දශයකි.

4. සමණ වර්ගය

7.2.4.1.
භික්ඛුධම්ම සූත්‍රය
භික්ෂුවගේ ධර්මය ගැන වදාළ දෙසුම

සැවැත් නුවර දී ය .....

මහණෙනි, සත් කරුණක් බිඳ දැමූ හෙයින් භික්ෂුව නම් වෙයි. ඒ කවර සත් කරුණක් ද යත්;

සක්කාය දිට්ඨිය බිඳුණේ වෙයි. සැකය බිඳුණේ වෙයි. සීලබ්බත පරාමාස බිඳුණේ වෙයි. රාගය බිඳුණේ වෙයි. ද්වේෂය බිඳුණේ වෙයි. මෝහය බිඳුණේ වෙයි. මාන්නය බිඳුණේ වෙයි.

මහණෙනි, මේ සත් කරුණ බිඳ දැමූ හෙයින් භික්ෂුව නම් වෙයි.

සාදු! සාදු!! සාදු!!!

භික්ඛුධම්ම සූත්‍රය නිමා විය.

7.2.4.2.
සමණධම්ම සූත්‍රය
ශ්‍රමණයාගේ ධර්මය ගැන වදාළ දෙසුම

සැවැත් නුවර දී ය .....

මහණෙනි, සත් කරුණක් සංසුන් බවට පත් කළ හෙයින් ශ්‍රමණයා නම් වෙයි. ....(පෙ)....

7.2.4.3.
බ්‍රාහ්මණධම්ම සූත්‍රය
බ්‍රාහ්මණයාගේ ධර්මය ගැන වදාළ දෙසුම

සැවැත් නුවර දී ය .....

මහණෙනි, සත් කරුණක් බැහැර කළ හෙයින් බ්‍රාහ්මණයා නම් වෙයි. ....(පෙ)....

7.2.4.4.
සොත්ථියධම්ම සූත්‍රය
යහපත් කෙනාගේ ධර්මය ගැන වදාළ දෙසුම

සැවැත් නුවර දී ය .....

මහණෙනි, සත් කරුණක් අත්හැර දැමූ හෙයින් සොත්ථිය නම් වෙයි. ....(පෙ)....

7.2.4.5.
නහාතකධම්ම සූත්‍රය
ස්නානය කළ කෙනාගේ ධර්මය ගැන වදාළ දෙසුම

සැවැත් නුවර දී ය .....

මහණෙනි, සත් කරුණක් සෝදා හළ හෙයින් නහාතක නම් වෙයි. ....(පෙ)....

7.2.4.6.
වේදගූධම්ම සූත්‍රය
දැනුමෙන් මුදුන්පත් කෙනාගේ ධර්මය ගැන වදාළ දෙසුම

සැවැත් නුවර දී ය .....

මහණෙනි, සත් කරුණක් අවබෝධ කළ හෙයින් වේදගූ නම් වෙයි. ....(පෙ)....

7.2.4.7.
අරියධම්ම සූත්‍රය
ආර්යයාගේ ධර්මය ගැන වදාළ දෙසුම

සැවැත් නුවර දී ය .....

මහණෙනි, සත් කරුණක් මැනැවින් නැසූ හෙයින් අරිය නම් වෙයි. ....(පෙ)....

7.2.4.8.
අරහන්තධම්ම සූත්‍රය
රහතුන්ගේ ධර්මය ගැන වදාළ දෙසුම

සැවැත් නුවර දී ය .....

මහණෙනි, සත් කරුණක් දුරු කරන ලද හෙයින් අරහන්ත නම් වෙයි. ඒ කවර සත් කරුණක් ද යත්;

සක්කාය දිට්ඨිය දුරු කරන ලද්දේ වෙයි. සැකය දුරු කරන ලද්දේ වෙයි. සීලබ්බත පරාමාස දුරු කරන ලද්දේ වෙයි. රාගය දුරු කරන ලද්දේ වෙයි. ද්වේෂය දුරු කරන ලද්දේ වෙයි. මෝහය දුරු කරන ලද්දේ වෙයි. මාන්නය දුරු කරන ලද්දේ වෙයි.

මහණෙනි, මේ සත් කරුණ දුරු කරන ලද හෙයින් අරහන්ත නම් වෙයි.

සාදු! සාදු!! සාදු!!!

අරහන්තධම්ම සූත්‍රය නිමා විය.

7.2.4.9.
අසද්ධම්ම සූත්‍රය
අසද්ධර්මය ගැන වදාළ දෙසුම

සැවැත් නුවර දී ය .....

මහණෙනි, මේ අසද්ධර්මයෝ සතකි. ඒ කවර සතක් ද යත්;

ශ්‍රද්ධාව නැත්තේ වෙයි. පවට ලැජ්ජාව නැත්තේ වෙයි. පවට භය නැත්තේ වෙයි. අල්පශ්‍රැතයෙක් වෙයි. කුසීත වෙයි. මුලා සිහි ඇත්තේ වෙයි. ප්‍රඥාව නැත්තේ වෙයි.

මහණෙනි, මේ වනාහී සතක් වූ අසද්ධර්මයෝ ය.

සාදු! සාදු!! සාදු!!!

අසද්ධම්ම සූත්‍රය නිමා විය.

7.2.4.10.
සද්ධම්ම සූත්‍රය
සද්ධර්මය ගැන වදාළ දෙසුම

සැවැත් නුවර දී ය .....

මහණෙනි, මේ සද්ධර්මයෝ සතකි. ඒ කවර සතක් ද යත්;

ශ්‍රද්ධාව ඇත්තේ වෙයි. පවට ලැජ්ජාව ඇත්තේ වෙයි. පවට භය ඇත්තේ වෙයි. බහුශ්‍රැතයෙක් වෙයි. අරඹන ලද වීරිය ඇත්තේ වෙයි. සිහි ඇත්තේ වෙයි. ප්‍රඥාව ඇත්තේ වෙයි.

මහණෙනි, මේ වනාහී සතක් වූ සද්ධර්මයෝ ය.

සාදු! සාදු!! සාදු!!!

සද්ධම්ම සූත්‍රය නිමා විය.

සිව්වෙනි සමණ වර්ගය අවසන් විය.

- **එහි පිළිවෙල උද්දානයයි :**

භික්ඛුධම්ම සූත්‍රය, සමණධම්ම සූත්‍රය, බ්‍රාහ්මණධම්ම සූත්‍රය, සොත්ථියධම්ම සූත්‍රය, නහාතකධම්ම සූත්‍රය, වේදගුධම්ම සූත්‍රය, අරියධම්ම සූත්‍රය, අරහන්තධම්ම සූත්‍රය, අසද්ධම්ම සූත්‍රය සහ සද්ධම්ම සූත්‍රය වශයෙන් මෙහි සූත්‍ර දශයකි.

5. ආහුනෙය්‍ය වර්ගය

7.2.5.1.
චක්ඛු අනිච්චානුපස්සී සූත්‍රය
ඇස අනිත්‍ය වශයෙන් දැකීම ගැන වදාළ දෙසුම

සැවැත් නුවර දී ය .....

මහණෙනි, මේ පුද්ගලයෝ සත් දෙනා ආහුනෙය්‍ය, පාහුනෙය්‍ය, දක්ඛිණෙය්‍ය, අංජලිකරණීය වෙති. ලෝකයාගේ උතුම් පින්කෙත වෙති. ඒ කවර සත් දෙනෙක් ද යත්;

මහණෙනි, මෙහිලා ඇතැම් පුද්ගලයෙක් ඇස පිළිබඳ ව අනිත්‍ය වශයෙන් දකිමින් වාසය කරයි. අනිත්‍ය සංඥාවෙන් යුතුව, අනිත්‍යයට සංවේදී වෙමින්, හැමකල්හී, නිරතුරු ව, වෙනත් අරමුණුවලට මිශ්‍ර නොවුණු සිතින්, එහි ම ස්ථිරව පිහිටුවමින්, ප්‍රඥාවෙහි බැසගනිමින් වෙසෙයි. ඔහු ආශ්‍රවයන් ක්ෂය කොට අනාශ්‍රව වූ චිත්ත විමුක්තිය ත්, ප්‍රඥා විමුක්තිය ත් මෙලොව දී ම සිය විශිෂ්ට ඥානයෙන් සාක්ෂාත් කොට එයට පැමිණ වාසය කරයි. මහණෙනි, මේ ආහුනෙය්‍ය වූ, පාහුනෙය්‍ය වූ, දක්ඛිණෙය්‍ය වූ, අංජලිකරණීය වූ, ලෝකයාගේ අනුත්තර පින්කෙත වූ පළමු වෙනි පුද්ගලයා ය.

තව ද මහණෙනි, ඇතැම් පුද්ගලයෙක් ඇස පිළිබඳ ව අනිත්‍ය අනුව බලමින්, අනිත්‍ය සංඥාවෙන් යුතුව, අනිත්‍යයට සංවේදී වෙමින්, හැම කල්හි නිරතුරුව, වෙනත් සිතක් හා මුසු නොවී, විදර්ශනාවට බැස ගනිමින්, ප්‍රඥාවෙන් අවබෝධ කරමින් වාසය කරයි. පෙර පසු නොවී ඔහුගේ ආශ්‍රවයන් නැති වීම ත්, ජීවිතය නැති වීම ත් එකවර සිදුවෙයි. මහණෙනි, මේ ආහුනෙය්‍ය වූ, ...(පෙ).... ලෝකයාගේ අනුත්තර පින්කෙත වූ දෙවෙනි පුද්ගලයා ය.

තව ද මහණෙනි, ඇතැම් පුද්ගලයෙක් ඇස පිළිබඳ ව අනිත්‍ය අනුව බලමින්, අනිත්‍ය සංඥාවෙන් යුතුව, අනිත්‍යයට සංවේදී වෙමින්, හැම කල්හි නිරතුරුව, වෙනත් සිතක් හා මුසු නොවී, විදර්ශනාවට බැස ගනිමින්, ප්‍රඥාවෙන් අවබෝධ කරමින් වාසය කරයි. හේ ඕරම්භාගීය සංයෝජනයන් ප්‍රහාණය කොට සුද්ධාවාස බඹලොව උපදින අතරේ පිරිනිවන් පාන්නේ වෙයි. මහණෙනි, මේ ආහුනෙය්‍ය වූ, ...(පෙ).... ලෝකයාගේ අනුත්තර පින්කෙත වූ තෙවෙනි පුද්ගලයා ය.

....(පෙ).... සුද්ධාවාස බඹලොව ඉපිද අඩක් ආයු ගෙවා පිරිනිවන් පාන්නේ වෙයි. මහණෙනි, මේ ආහුනෙය්‍ය වූ, ...(පෙ).... ලෝකයාගේ අනුත්තර පින්කෙත වූ සිව්වෙනි පුද්ගලයා ය .....(පෙ).... සුද්ධාවාස බඹලොව ඉපිද උත්සාහ රහිත ව පිරිනිවන් පාන්නේ වෙයි. මහණෙනි, මේ ආහුනෙය්‍ය වූ, ...(පෙ).... ලෝකයාගේ අනුත්තර පින්කෙත වූ පස්වෙනි පුද්ගලයා ය. ....(පෙ).... සුද්ධාවාස බඹලොව ඉපිද උත්සාහ සහිත ව පිරිනිවන් පාන්නේ වෙයි. මහණෙනි, මේ ආහුනෙය්‍ය වූ, ...(පෙ).... ලෝකයාගේ අනුත්තර පින්කෙත වූ සයවෙනි පුද්ගලයා ය. ....(පෙ).... සුද්ධාවාස බඹලොව ඉපිද අකණිටා බඹලොව තෙක් යන සුළු ව පිරිනිවන් පාන්නේ වෙයි. මහණෙනි, මේ ආහුනෙය්‍ය වූ, ...(පෙ).... ලෝකයාගේ අනුත්තර පින්කෙත වූ සත්වෙනි පුද්ගලයා ය.

මහණෙනි, මේ පුද්ගලයෝ සත් දෙනා ආහුනෙය්‍ය වෙති. පාහුනෙය්‍ය වෙති. දක්ඛිණෙය්‍ය වෙති. අංජලිකරණීය වෙති. ලෝකයාගේ අනුත්තර පින් කෙත වෙති.

සාදු! සාදු!! සාදු!!!

චක්ඛු අනිච්චානුපස්සී සූත්‍රය නිමා විය.

7.2.5.2.-8.
චක්ඛු දුක්ඛානුපස්සී ආදී සූත්‍රයෝ
ඇස දුක් වශයෙන් දැකීම ආදිය ගැන වදාළ දෙසුම්

සැවැත් නුවර දී ය .....

මහණෙනි, මේ පුද්ගලයෝ සත් දෙනා ආහුනෙය්‍ය, ...(පෙ).... ලෝකයාගේ

උතුම් පින්කෙත වෙති. ඒ කවර සත් දෙනෙක් ද යත්;

මහණෙනි, මෙහිලා ඇතැම් පුද්ගලයෙක් ඇස පිළිබඳ ව දුක් වශයෙන් දකිමින් වාසය කරයි. ....(පෙ)....

3. ....(පෙ).... ඇස පිළිබඳ ව අනාත්ම වශයෙන් දකිමින් වාසය කරයි. ....(පෙ)....

4. ....(පෙ).... ඇස පිළිබඳ ව ක්ෂය වීම දකිමින් වාසය කරයි. ....(පෙ)....

5. ....(පෙ).... ඇස පිළිබඳ ව වැනසී යාම දකිමින් වාසය කරයි. ....(පෙ)....

6. ....(පෙ).... ඇස පිළිබඳ ව විරාගය දකිමින් වාසය කරයි. ....(පෙ)....

7. ....(පෙ).... ඇස පිළිබඳ ව නිරෝධය දකිමින් වාසය කරයි. ....(පෙ)....

8. ....(පෙ).... ඇස පිළිබඳ ව ඇල්ම දුරලීම දකිමින් වාසය කරයි. ....(පෙ)....

7.2.5.9.-520
සෝත අනිච්චානුපස්සී ආදී සූත්‍රයෝ
කන අනිත්‍ය වශයෙන් දැකීම ආදිය ගැන වදාළ දෙසුම්

සැවැත් නුවර දී ය .....

9-96 කනෙහි ....(පෙ).... නාසයෙහි ....(පෙ).... දිවෙහි ....(පෙ).... කයෙහි ....(පෙ).... මනසෙහි ....(පෙ).... රූප පිළිබඳ ව ....(පෙ).... ශබ්ද පිළිබඳ ව ....(පෙ).... ගන්ධ පිළිබඳ ව ....(පෙ).... රස පිළිබඳ ව ....(පෙ).... ස්පර්ශ පිළිබඳ ව ....(පෙ).... අරමුණු පිළිබඳ ව ....(පෙ)....

97-144 ඇසේ විඤ්ඤාණයෙහි ....(පෙ).... කනේ විඤ්ඤාණයෙහි ....(පෙ).... නාසයේ විඤ්ඤාණයෙහි ....(පෙ).... දිවේ විඤ්ඤාණයෙහි ....(පෙ).... කයේ විඤ්ඤාණයෙහි ....(පෙ).... මනසේ විඤ්ඤාණයෙහි ....(පෙ)....

145-192 ඇසේ ස්පර්ශයෙහි ....(පෙ).... කනේ ස්පර්ශයෙහි ....(පෙ).... නාසයේ ස්පර්ශයෙහි ....(පෙ).... දිවේ ස්පර්ශයෙහි ....(පෙ).... කයේ ස්පර්ශයෙහි ....(පෙ).... මනසේ ස්පර්ශයෙහි ....(පෙ)....

193-240 ඇසේ ස්පර්ශයෙන් හටගත් වේදනාවෙහි ....(පෙ).... කනේ ස්පර්ශයෙන් හටගත් වේදනාවෙහි ....(පෙ).... නාසයේ ස්පර්ශයෙන් හටගත් වේදනාවෙහි ....(පෙ).... දිවේ ස්පර්ශයෙන් හටගත් වේදනාවෙහි ....(පෙ).... කයේ ස්පර්ශයෙන් හටගත් වේදනාවෙහි ....(පෙ).... මනසේ ස්පර්ශයෙන් හටගත් වේදනාවෙහි ....(පෙ)....

241-288 රූප සංඥාවෙහි ....(පෙ).... ශබ්ද සංඥාවෙහි ....(පෙ).... ගන්ධ සංඥාවෙහි ....(පෙ).... රස සංඥාවෙහි ....(පෙ).... ස්පර්ශ සංඥාවෙහි ....(පෙ).... අරමුණු සංඥාවෙහි ....(පෙ)....

289-336 රූප සංචේතනාවෙහි ....(පෙ).... ශබ්ද සංචේතනාවෙහි ....(පෙ).... ගන්ධ සංචේතනාවෙහි ....(පෙ).... රස සංචේතනාවෙහි ....(පෙ).... ස්පර්ශ සංචේතනාවෙහි ....(පෙ).... අරමුණු සංචේතනාවෙහි ....(පෙ)....

337-384 රූප තණ්හාවෙහි ....(පෙ).... ශබ්ද තණ්හාවෙහි ....(පෙ).... ගන්ධ තණ්හාවෙහි ....(පෙ).... රස තණ්හාවෙහි ....(පෙ).... ස්පර්ශ තණ්හාවෙහි ....(පෙ).... අරමුණු තණ්හාවෙහි ....(පෙ)....

385-432 රූප විතර්කයෙහි ....(පෙ).... ශබ්ද විතර්කයෙහි ....(පෙ).... ගන්ධ විතර්කයෙහි ....(පෙ).... රස විතර්කයෙහි ....(පෙ).... ස්පර්ශ විතර්කයෙහි ....(පෙ).... අරමුණු විතර්කයෙහි ....(පෙ)....

433-480 රූප විචාරයෙහි ....(පෙ).... ශබ්ද විචාරයෙහි ....(පෙ).... ගන්ධ විචාරයෙහි ....(පෙ).... රස විචාරයෙහි ....(පෙ).... ස්පර්ශ විචාරයෙහි ....(පෙ).... අරමුණු විචාරයෙහි ....(පෙ)....

481-520 රූප ස්කන්ධයෙහි ....(පෙ).... වේදනා ස්කන්ධයෙහි ....(පෙ).... සංඥා ස්කන්ධයෙහි ....(පෙ).... සංස්කාර ස්කන්ධයෙහි ....(පෙ).... විඤ්ඤාණ ස්කන්ධයෙහි අනිත්‍ය අනුව බලමින් වාසය කරයි ....(පෙ).... දුක අනුව බලමින් වාසය කරයි ....(පෙ).... අනාත්ම අනුව බලමින් වාසය කරයි ....(පෙ).... ක්ෂයවීම අනුව බලමින් වාසය කරයි ....(පෙ).... වැනසීම අනුව බලමින් වාසය කරයි ....(පෙ).... විරාගය අනුව බලමින් වාසය කරයි ....(පෙ).... නිරෝධය අනුව බලමින් වාසය කරයි ....(පෙ).... තණ්හාව දුරුලීම අනුව බලමින් වාසය කරයි ....(පෙ)....

පස්වෙනි ආහුනෙය්‍ය වර්ගය අවසන් විය.

1.-510. රාගාදීපෙය්‍යාල සූත්‍රයෝ

සැවැත් නුවර දී ය ....

1. මහණෙනි, රාගය විශිෂ්ට ඥානයෙන් දකිනු පිණිස සත් ධර්මයක් වැඩිය යුත්තේය. ඒ කවර සතක් ද යත්; සති සම්බොජ්ඣංගය ....(පෙ).... උපෙක්ඛා සම්බොජ්ඣංගය ය. මහණෙනි, රාගය විශිෂ්ට ඥානයෙන් දකිනු පිණිස මේ සත් ධර්මය වැඩිය යුත්තේය.

2. මහණෙනි, රාගය විශිෂ්ට ඥානයෙන් දකිනු පිණිස සත් ධර්මයක් වැඩිය යුත්තේය. ඒ කවර සතක් ද යත්; අනිත්‍ය සංඥාව, අනාත්ම සංඥාව, අසුභ සංඥාව, ආදීනව සංඥාව, ප්‍රහාණ සංඥාව, විරාග සංඥාව, නිරෝධ සංඥාව ය. මහණෙනි, රාගය විශිෂ්ට ඥානයෙන් දකිනු පිණිස මේ සත් ධර්මය වැඩිය යුත්තේය.

3. මහණෙනි, රාගයවිශිෂ්ට ඥානයෙන් දකිනු පිණිස සත් ධර්මයක් වැඩිය යුත්තේය. ඒ කවර සතක් ද යත්; අසුභ සංඥාව, මරණ සංඥාව, ආහාරයේ පටික්කූල සංඥාව, සියළු ලෝකයෙහි නොඇලෙන සංඥාව, අනිත්‍ය සංඥාව, අනිත්‍යයෙහි දුක්ඛ සංඥාව, දුකෙහි අනාත්ම සංඥාව ය. මහණෙනි, රාගය විශිෂ්ට ඥානයෙන් දකිනු පිණිස මේ සත් ධර්මය වැඩිය යුත්තේය.

4.-30. මහණෙනි, රාගය විශිෂ්ට ඥානයෙන් දකිනු පිණිස සත් ධර්මයක් වැඩිය යුත්තාහු ය. ....(පෙ).... නැසීම පිණිස ....(පෙ).... ප්‍රහාණය පිණිස ....(පෙ).... ක්ෂය වීම පිණිස ....(පෙ).... වැනසීම පිණිස ....(පෙ).... නොඇල්ම පිණිස ....(පෙ).... නිරෝධය පිණිස ....(පෙ).... අත්හැරීම පිණිස ....(පෙ).... දුරුකිරීම පිණිස මේ සත් ධර්මයෝ වැඩිය යුත්තාහු ය.

31.-60. මහණෙනි, ද්වේෂය විශිෂ්ට ඥානයෙන් දකිනු පිණිස සත් ධර්මයක් වැඩිය යුත්තාහු ය. ....(පෙ).... ද්වේෂය පිරිසිඳ අවබෝධ කරනු පිණිස

....(පෙ).... නැසීම පිණිස ....(පෙ).... ප්‍රහාණය පිණිස ....(පෙ).... ක්ෂය වීම පිණිස ....(පෙ).... වැනසීම පිණිස ....(පෙ).... නොඇල්ම පිණිස ....(පෙ).... නිරෝධය පිණිස ....(පෙ).... අත්හැරීම පිණිස ....(පෙ).... දුරුකිරීම පිණිස මේ සත් ධර්මයෝ වැඩිය යුත්තාහු ය.

61. - 90. මහණෙනි, මෝහය විශිෂ්ට ඥානයෙන් දකිනු පිණිස සත් ධර්මයක් වැඩිය යුත්තාහු ය. ....(පෙ).... මෝහය පිරිසිඳ අවබෝධ කරනු පිණිස ....(පෙ).... නැසීම පිණිස ....(පෙ).... ප්‍රහාණය පිණිස ....(පෙ).... ක්ෂය වීම පිණිස ....(පෙ).... වැනසීම පිණිස ....(පෙ).... නොඇල්ම පිණිස ....(පෙ).... නිරෝධය පිණිස ....(පෙ).... අත්හැරීම පිණිස ....(පෙ).... දුරුකිරීම පිණිස මේ සත් ධර්මයෝ වැඩිය යුත්තාහු ය.

91.- 120. මහණෙනි, ක්‍රෝධය විශිෂ්ට ඥානයෙන් දකිනු පිණිස ....(පෙ)....

121.- 150. මහණෙනි, බද්ධ වෛරය විශිෂ්ට ඥානයෙන් දකිනු පිණිස ....(පෙ)....

151. - 180. මහණෙනි, ගුණමකු බව විශිෂ්ට ඥානයෙන් දකිනු පිණිස....(පෙ)....

181. - 210. මහණෙනි, තරඟයට වැඩකිරීම විශිෂ්ට ඥානයෙන් දකිනු පිණිස ....(පෙ)....

211. - 240. මහණෙනි, ඊර්ෂ්‍යාව විශිෂ්ට ඥානයෙන් දකිනු පිණිස....(පෙ)....

241. - 270. මහණෙනි, මසුරුකම විශිෂ්ට ඥානයෙන් දකිනු පිණිස....(පෙ)....

271. - 300. මහණෙනි, මායාව විශිෂ්ට ඥානයෙන් දකිනු පිණිස....(පෙ)....

301. - 330. මහණෙනි, වංචනික බව විශිෂ්ට ඥානයෙන් දකිනු පිණිස....(පෙ)....

331. - 360. මහණෙනි, දැඩි බව විශිෂ්ට ඥානයෙන් දකිනු පිණිස....(පෙ)....

361. - 390. මහණෙනි, එකට එක කිරීම විශිෂ්ට ඥානයෙන් දකිනු පිණිස....(පෙ)....

391. - 420. මහණෙනි, මාන්නය විශිෂ්ට ඥානයෙන් දකිනු පිණිස....(පෙ)....

421. - 450. මහණෙනි, අතිමාන්නය විශිෂ්ට ඥානයෙන් දකිනු පිණිස....(පෙ)....

451. - 480. මහණෙනි, මදය විශිෂ්ට ඥානයෙන් දකිනු පිණිස....(පෙ)....

481. - 510. මහණෙනි, ප්‍රමාදය විශිෂ්ට ඥානයෙන් දකිනු පිණිස සත් ධර්මයක්

වැඩිය යුත්තාහු ය. ....(පෙ).... පිරිසිඳ අවබෝධ කරනු පිණිස ....(පෙ).... නැසීම පිණිස ....(පෙ).... ප්‍රහාණය පිණිස ....(පෙ).... ක්ෂය වීම පිණිස ....(පෙ).... වැනසීම පිණිස ....(පෙ).... නොඇල්ම පිණිස ....(පෙ).... නිරෝධය පිණිස ....(පෙ).... අත්හැරීම පිණිස ....(පෙ).... දුරුකිරීම පිණිස මේ සත් ධර්මයෝ වැඩිය යුත්තාහු ය.

සාදු! සාදු!! සාදු!!!

රාගාදී පෙය්‍යාලය නිමා විය.

සත්තක නිපාතය අවසන් විය.

දසබලසේලප්පභවා නිබ්බානමහාසමුද්දපරියන්තා
අට්ඨංග මග්ගසලිලා ජිනවචනනදී චිරං වහතූති.

දසබලයන් වහන්සේ නමැති ශෛලමය පර්වතයෙන් පැන නැගී
අමා මහ නිවන නම් වූ මහා සාගරය අවසන් කොට ඇති
ආර්ය අෂ්ටාංගික මාර්ගය නම් වූ සිහිල් දිය දහරින් හෙබි
උතුම් ශ්‍රී මුඛ බුද්ධ වචන ගංගාව (ලෝ සතුන්ගේ සසර දුක නිවාලමින්)
බොහෝ කල් ගලාබස්නා සේක්වා !

(සළායතන සංයුත්තය - උද්දාන ගාථා)

සාදු! සාදු!! සාදු!!!

නමෝ තස්ස භගවතෝ අරහතෝ සම්මාසම්බුද්ධස්ස.
ඒ භාග්‍යවත් අරහත් සම්මා සම්බුදුරජාණන් වහන්සේට නමස්කාර වේවා!

මේ උතුම් ගෞතම බුදු සසුනේදීම මේ ආශ්චර්යවත් ශ්‍රී සද්ධර්මය මැනැවින් උගෙන තම තමන්ගේ නුවණ මෙහෙයවා ධර්මයෙහි හැසිරීමෙන් ආර්ය ශ්‍රාවකයන් බවට පත්ව සතර අපා දුකෙන් සදහටම මිදෙනු කැමැති ලංකාවාසී සැදැහැවත් නුවණැතියන් හට වඩාත් හොඳින් තේරුම් ගැනීම පිණිස මහත් ශ්‍රද්ධාවෙන් යුතුව සිංහල භාෂාවට අංගුත්තර නිකායෙහි ඡක්ක නිපාතය සහ සත්තක නිපාතය ඇතුළත් සිව්වෙනි කොටස පරිවර්තනය කිරීමෙන් ලත් සකල විපුල පුණ්‍ය සම්භාර ධර්මයන් පින් කැමැති සියල්ලෝම සතුටින් අනුමෝදන් වෙත්වා! අප සියලු දෙනාටම වහ වහා උතුම් චතුරාර්ය සත්‍ය ධර්මය සත්‍ය ඥාණ වශයෙන්ද, කෘත්‍ය ඥාණ වශයෙන්ද, කෘත ඥාණ වශයෙන්ද අවබෝධ වීම පිණිස ඒකාන්තයෙන්ම මේ පුණ්‍ය වාසනාව උපකාර වේවා!

සාදු! සාදු!! සාදු!!!

නමෝ තස්ස භගවතෝ අරහතෝ සම්මාසම්බුද්ධස්ස.

www.ingramcontent.com/pod-product-compliance
Lightning Source LLC
Chambersburg PA
CBHW062057090426
42741CB00015B/3257